L'ART
DE VÉRIFIER LES DATES
DES FAITS HISTORIQUES,
DES CHARTES, DES CHRONIQUES,

ET AUTRES ANCIENS MONUMENTS,

DEPUIS LA NAISSANCE DE NOTRE-SEIGNEUR.

Cet ouvrage se trouve aussi :

Chez ARTHUS-BERTRAND, libraire, rue Hautefeuille, à Paris.

L'ART
DE VÉRIFIER LES DATES
DES FAITS HISTORIQUES,
DES CHARTES, DES CHRONIQUES,
ET AUTRES ANCIENS MONUMENTS,
DEPUIS LA NAISSANCE DE NOTRE-SEIGNEUR;

Par le moyen d'une Table Chronologique, où l'on trouve les Olympiades, les Années de J. C., de l'Ère Julienne ou de Jules César, des Ères d'Alexandrie et de Constantinople, de l'Ère des Séleucides, de l'Ère Césaréenne d'Antioche, de l'Ère d'Espagne, de l'Ère des Martyrs, de l'Hégire; les Indictions, le Cycle Pascal, les Cycles Solaire et Lunaire, le Terme Pascal, les Pâques, les Épactes, et la Chronologie des Éclipses;

Avec deux Calendriers Perpétuels, le Glossaire des Dates, le Catalogue des Saints; le Calendrier des Juifs; la Chronologie historique du Nouveau Testament; celle des Conciles, des Papes, des quatre Patriarches d'Orient, des Empereurs Romains, Grecs; des Rois des Huns, des Vandales, des Goths, des Lombards, des Bulgares, de Jérusalem, de Chypre; des Princes d'Antioche; des Comtes de Tripoli; des Rois des Parthes, des Perses, d'Arménie; des Califes, des Sultans d'Iconium, d'Alep, de Damas; des Empereurs Ottomans; des Schahs de Perse; des Grands-Maîtres de Malte, du Temple; de tous les Souverains de l'Europe; des Empereurs de la Chine; des grands Feudataires de France, d'Allemagne, d'Italie; des Républiques de Venise, de Gênes, des Provinces-Unies, etc., etc., etc.

PAR UN RELIGIEUX DE LA CONGRÉGATION DE SAINT-MAUR;

Réimprimé avec des corrections et annotations, et continué jusqu'à nos jours,

Par M. DE SAINT-ALLAIS, chevalier de plusieurs Ordres, auteur de l'Histoire généalogique des Maisons souveraines de l'Europe.

TOME TROISIÈME.

A PARIS,
RUE DE LA VRILLIÈRE, N°. 10, PRÈS LA BANQUE.

VALADE, IMPRIMEUR DU ROI, RUE COQUILLIÈRE.

1818.

L'ART
DE
VÉRIFIER LES DATES.

SUITE
DE LA
CHRONOLOGIE HISTORIQUE
DES CONCILES.

553 CONSTANTINOPOLITANUM, cinquième concile général, composé de huit conférences, tenues le 4, le 8, le 9, le 12, le 17, le 19, le 26 mai et le 2 juin, au sujet des trois chapitres; 151 évêques y assistèrent; mais le pape Vigile, qui était alors à Constantinople, refusa de s'y trouver. Cependant, il dressa son *Constitutum*, où il condamnait les erreurs, sans toucher à la mémoire des auteurs; 17 évêques et 3 diacres le souscrivirent. Il est daté du 14 mai : cet écrit ne fit aucun effet. On continua les conférences, dans la dernière desquelles on reçut les quatre conciles généraux, et on condamna les trois chapitres. On y fit aussi 15 canons qui condamnent les principales erreurs d'Origène, et portent le titre des 160 *Pères du cinquième concile général*. Le pape Vigile se rendit enfin à l'avis du concile, comme on le voit par une lettre écrite six mois après (le 8 décembre), au patriarche Eutychius, où il avoue qu'il a manqué à la charité, en se séparant de ses frères, et où il dit anathème à ceux qui croient que l'on doit défendre les trois chapitres.

Saint Grégoire le Grand, qui vivait dans un tems où

l'affaire de ces trois chapitres n'était point encore entièrement finie, n'avait pas, pour le cinquième concile, où il ne s'était agi que des personnes, la même vénération que pour les quatre premiers qui avaient traité de la foi. Il recevait ceux-ci comme l'Evangile ; mais il ne dit point la même chose du cinquième, et il se dispensait même quelquefois d'en parler. M. de Saint-Marc décrit ainsi de quelle manière ce concile s'est accrédité. « Durant un » tems considérable, dit-il, beaucoup d'églises refusè- » rent d'accepter ce concile de Constantinople. Il serait » même impossible de prouver que les églises des Gaules » et d'Espagne en aient jamais fait aucune acceptation. » Ce ne fut qu'à la longue que, les trois chapitres étant » tombés dans l'oubli, ce concile prit insensiblement le » rang de cinquième concile général. »

On remarque, parmi les souscripteurs des actes de cette assemblée, deux prêtres et supérieurs de monastères, Etienne et Zotique, qui empruntent pour souscrire, l'un la main d'un diacre, l'autre celle d'un prêtre. Il n'était pas rare alors de voir des évêques même qui ne savaient pas écrire.

553   *Jerosolymitanum*. Les évêques de Palestine y approuvèrent le cinquième concile, excepté Alexandre d'Abyle, qui, pour cela, fut déposé de l'épiscopat.

554   *Arelatense*, le 29 juin. Onze évêques et huit députés y firent 7 canons.

556   * *Aquileiense*, d'Aquilée, par l'évêque Paulin I. On y condamne le dernier concile de Constantinople, et l'on se sépare de la communion de ceux qui le reçoivent, sans excepter le pape. Ce schisme fut embrassé par tous les évêques de Vénétie, d'Istrie et de Ligurie, c'est-à-dire par tous les suffragants d'Aquilée et de Milan. Le pape Pélage I excommunia ces évêques à son tour, et pria le général Narsès d'envoyer Paulin captif à Constantinople, ce qui ne fut point exécuté. (*Edit. Venet.* Tome V. Muratori, *Ann. d'Ital.*)

557   *Parisiense III*, où l'on fit dix canons, qui tendent particulièrement à empêcher l'usurpation du bien des églises. Ces canons furent souscrits par quinze évêques.

560   *Landavensia tria*, de Landaff, au pays de Galles. Dans le premier, on excommunie Mouric, roi de Clamorgan, pour avoir tué le roi Cynétu, malgré la paix qu'ils avaient jurée ensemble sur les saintes reliques. Dans le second, on en use de même envers le roi Morcant, qui avait tué Frioc, son oncle, après lui avoir pareillement juré la paix.

Dans le troisième, autre excommunication prononcée contre le roi Guidnert, pour avoir mis à mort son frère, qui lui disputait la couronne. Ces trois princes réparèrent leurs crimes par une pénitence éclatante et sincère.

562 *Santonense*, de Saintes, par Léonce, évêque de Bordeaux. On y déposa Emérius, qui avait été placé sur le siége de Saintes par Clotaire I, sans l'avis du métropolitain, et on mit à sa place Héraclius; ce que Chérebert, fils de Clotaire I, trouva très-mauvais. Il punit les évêques de ce concile, maintint Emérius, et condamna Léonce à une amende de mille pièces d'or, et les évêques ses adhérents proportionnément à leurs facultés.

563 *Bracarense I*, de Brague, le 1er. mai, par Lucrétius, archevêque de Brague, où se consomma la conversion du roi Théodemir, et de toute la nation des Suèves, à la foi catholique. On y publia dix-sept articles contre les Ariens et les Priscillianistes; après quoi l'on dressa vingt-deux canons, dont la plupart concernent les cérémonies. (Ferréras.) Pagi met ce concile en 560.

565 * Assemblée, ou conventicule d'évêques à Constantinople, qui, pour faire leur cour à l'empereur Justinien, condamnent le patriarche Eutychius, parce qu'il s'opposait à la fausse doctrine de ce prince, sur l'incorruptibilité prétendue de la chair de Jésus-Christ avant la résurrection. Eutychius fut ensuite relégué dans l'île du prince, et et de là au monastère d'Amasée.

566 *Lugdunense II*, de Lyon, par Saint-Nicet. Quatorze évêques, huit présents et six par députés, y firent six canons. Ce concile est daté de la sixième année du roi Gontran, de la huitième du pape Jean III, et de l'indiction XIV. (Le P. Labbe, d'après le P. Sirmond, place ce concile en 567, et emploie l'indiction XV, ce qui s'accorde mieux avec la huitième année du pape Jean III.)

567 *Turonense II*, de Tours, le 17 novembre. Neuf évêques y firent vingt-sept canons, et quelques réglements touchant la discipline et les cérémonies de la religion. Le troisième canon porte: *Ut corpus Domini, non imaginario ordine, sed sub crucis titulo, componatur*. On dispute sur le sens de ces paroles. L'explication la plus vraisemblable est qu'on ne doit point arranger sur l'autel d'une manière arbitraire les hosties offertes par les fidèles, mais qu'on doit les ranger en forme de croix. Dans le vingt-troisième, il est dit que l'évêque qui est marié doit vivre avec sa femme comme avec une sœur. La femme de l'évêque est appelée, dans ce canon, *épíscopa*. Ce concile est daté de la sixième année du roi

Chérebert. Une lettre circulaire, écrite par les évêques après cette assemblée, paraît ordonner le paiement de la dîme, mais comme d'une aumône.

569   *Lucense I*, de Lugo, en Espagne, le 1er. janvier. Cette ville y est érigée en métropole. Cette église est aujourd'hui soumise à Compostelle. Ce concile est daté *sub era DCVII die kalendarum januarii*, ce qui revient à l'an de Jésus-Christ 569. Ainsi, M. Fleuri se trompe en le rapportant à l'an 562. (Pagi.)

572   *Bracarense II*, le 1er. juin, par saint Martin de Dumie, archevêque de Brague. L'onze évêques y dressèrent dix canons. La date de ce concile porte : *Regnante Domino nostro Jesu Christo, currente era DCX*. C'est de l'ère d'Espagne qu'il s'agit. Ce concile est le premier où l'on ait employé la formule *regnante Christo*, quoique long-tems auparavant usitée en d'autres actes (d'Aguirre, Pagi). Loyasa et Ferréras mettent ce concile au 15 décembre 571.

572   *Lucense II*, par Nitigius, métropolitain de Lugo, où le roi confime la division des diocèses, établie dans le premier concile de cette ville.

573   *Parisiense IV*, le 11 septembre, assemblé par le roi Gontran, pour terminer un différend entre ses deux frères. Promotus, sacré évêque de Châteaudun par Gilles, évêque de Reims, à la réquisition de Sigebert, roi d'Austrasie, y fut déposé; mais Sigebert le maintint dans cette ville, malgré les évêques qui assistèrent à ce concile au nombre de trente-deux, dont six étaient métropolitains. Promotus ne fut chassé de Châteaudun qu'après la mort de Sigebert. Ce concile a pour date le 3 *des ides de septembre, année XI de nos rois, indiction VI*.

576   * *Seleuciense*, de Séleucie, en Perse, par Ezéchiel, catholique des Nestoriens, au mois de février. On y fit trente-neuf canons sur la discipline. Ce concile est daté, dans le Nomocanon arabique, de l'an 45 de Chosroès. (Mansi, *Suppl.* tome 1.)

577   *Parisiense V*, au printems, dans l'église de Saint-Pierre, aujourd'hui Sainte-Geneviève, où quarante-cinq évêques assistèrent. Le roi Chilperic, qui les avait assemblés, s'y porta pour accusateur de Prétextat, évêque de Rouen, comme ayant favorisé, disait-il, la révolte de son fils Mérouée. En conséquence, il demanda que sa robe fût déchirée, ou qu'on prononçât sur lui les malédictions contenues au pseaume 108, ou que, par le jugement des évêques, il fut pour toujours séparé de la communion. Saint Grégoire, évêque de Tours, s'étant opposé à ces deman-

des, comme contraires à la promesse du roi, suivant laquelle tout devait se passer conformément aux canons, Prétextat fut enlevé de force, traîné en prison, et peu de tems après envoyé en exil. Ce ne fut que par un complot de quelques particuliers qu'on plaça Mélaine sur le siége de Rouen, et Frédégonde s'autorisa de cette ordination pour soutenir que Prétextat avait été déposé. Grégoire de Tours dit que Chilpéric reçut les évêques dans une salle faite à la hâte et couverte de feuillages : *Stabat rex juxta tabernaculum ex ramis factum... Et erat ante eos scamnum pane desuper plenum cum diversis ferculis.* Qu'était donc devenu ce palais que Clovis, suivant quelques-uns de nos historiens, avait fait élever près de la basilique de Saint-Pierre ?

578 * *Ægyptiacum*, peut-être d'Alexandrie, par Jacques Zanzale, évêque eutychien, où l'on dépose Paul Beth-Ucham, patriarche jacobite d'Antioche, pour avoir abjuré l'hérésie à CP. quoiqu'il eût depuis révoqué son abjuration. Ce concile, dans la Chronique du patriarche Denis, est daté de l'an 889 des Grecs; ce qui revient à l'an de Jésus-Christ 578, avant l'automne. (Assemani, *Bibl. Orient.* tome III.)

579 *Cabilonense*, de Châlons-sur-Saône. Salonius d'Embrun et Sagittaire de Gap, y furent déposés pour leurs mœurs. Ils furent ensuite rétablis par le roi Gontran, à la demande du pape, et déposés enfin de nouveau à Châlons, où il paraît qu'il y eut deux conciles en cette année 579.

579 * *Gradense*, de l'île de Grado, par le patriarche Elie, le 3 novembre, où l'on détermine que le siége patriarcal d'Aquilée serait transféré à Grado, parce que les Lombards étaient maîtres d'Aquilée. A cette assemblée, composée d'évêques schismatiques, on vit paraître le prêtre Laurent, chargé de lettres du pape Pélage II, qu'on n'avait sûrement pas demandées, portant confirmation de la translation du siége d'Aquilée à Grado. Les prélats y firent éclater leur opposition au cinquième concile général, et Laurent n'osa insister sur son acceptation. C'est le doge André Dandolo, premier historien de Venise, qui nous fournit ce récit, contre lequel s'inscrit en faux le P. de Rubeis (de Rossi) dans une longue et belle dissertation sur le schisme d'Aquilée.

580 *Brennacense*, de Berni, près Compiègne, où Grégoire de Tours est justifié, par son propre serment, d'une accusation que le comte Leudaste avait portée contre lui, le 23 mai.

581 *Alexandrinum*, d'Alexandrie, par saint Euloge, sur la discipline. Ce concile est mal à propos dit d'Antioche dans l'édition de Venise. (Mansi.)

581 ou 582. * *Toletanum*, de Tolède, par les Ariens, où le roi Leuvigilde fait défendre de rebaptiser les catholiques qui passaient à l'Arianisme. (Mansi, *Suppl.* tom. I.)

582 ou environ. *Matisconense I*, de Mâcon, le 1er. novembre. Vingt-et-un évêques y firent dix-neuf canons, dont le sixième est le plus ancien monument, suivant D. Rivet, où le titre d'archevêque soit donné aux métropolitains. Mais Baronius, *ad an.* 508, le Cointe, *ad an.* 542, et le P. Longueval, tom. III, p. 473, citent le testament de saint Césaire d'Arles, mort en 542, où il donne à son successeur cette dénomination. Néanmoins il faut avouer que ce ne fut que vers l'an 800 que tous les métropolitains, en Occident, furent décorés de ce titre. Le neuvième canon du même concile ordonne que l'on jeûne tous les mercredis et vendredis depuis la saint Martin jusqu'à Noël, et que ces jours on célèbre le saint sacrifice comme on fait en carême, *ordine quadragesimali*. Ce concile est daté de l'indiction xv.

583 *Lugdunense III*, de Lyon, au mois de mai. Huit évêques avec douze députés, y firent six canons, dont le dernier ordonne qu'en chaque ville il y aura un logement séparé pour les lépreux, qui seront nourris et vêtus aux dépens de l'Eglise. La lèpre régnait donc en France longtems avant les croisades.

585 ou environ. *Valentinum*, de Valence, le 23 mai. Dix-sept évêques confirment les donations faites aux églises par le roi Gontran, la reine, sa femme, et ses deux filles, qui étaient consacrées à Dieu.

585 *Matisconense II*, de Mâcon, le 23 octobre, présidé par Prisque, évêque de Lyon, à qui les actes donnent le titre de patriarche, comme on le donnait alors en Occident à tous les métropolitains. Quarante-trois évêques y firent vingt canons, dont le premier, que le roi Gontran appuya ensuite d'un édit, ordonne la cessation de toute œuvre servile et de toute plaidoierie, le jour du dimanche : le second défend de baptiser en d'autre tems qu'à Pâques, hors le cas de nécessité ; le cinquième enjoint de payer la dîme aux prêtres et ministres de l'Eglise, sous peine d'excommunication. C'est le premier concile qui fasse mention expresse de la dîme ecclésiastique comme dette ; et cependant il est dit dans le canon cité, que tous les Chrétiens autrefois étaient exacts à la payer. Le sixième

canon ordonne de ne célébrer le messe qu'à jeun, excepté le jour de la cène du Seigneur. On voit par-là l'usage où l'on était alors de célébrer, le jeudi saint, la messe après le souper, pour mieux se conformer à l'institution du Sacrement. Dans ce concile on déposa Faustin de Dax, qui avait été ordonné évêque par l'autorité de Gondebaud. On voit parmi les souscriptions les noms de deux autres évêques qui n'avaient point de siége. C'étaient Promotus, ordonné contre les règles évêque de Châteaudun, puis interdit par le concile de Paris, et Fronimus, évêque d'Agde, chassé par les Goths. Ce concile est daté de la vingt-quatrième année du roi Gontran; ce qui prouve que Binius s'est trompé, en le rapportant à l'an 588.

586 ou environ. *Altissiodorense*, d'Auxerre, sous l'évêque Aunacaire, où l'on fit quarante-cinq canons, qui semblent n'être faits que pour l'exécution du concile précédent. Le premier porte: *Non licet kalendis januarii cervulo aut vetula (vitula) facere*; c'est contre la coutume païenne, où l'on était de se déguiser en cerf, en vache et en d'autres animaux le 1er. janvier, que ce canon est fait. Le douzième défend de donner la communion aux morts. Le trente-sixième et le trente-septième défendent aux femmes de recevoir l'Eucharistie dans la main nue, et de toucher la palle du Seigneur ou le corporal; ce qui prouve qu'on recevait encore alors l'Eucharistie dans la main, que les hommes avaient nue, les femmes couverte d'un linge. Par le quarante-deuxième, les femmes sont obligées, lorsqu'elles communient, d'avoir, sur la tête, leur *dominical*, ou voile, qu'elles portaient le dimanche.

587 ou environ. *Arvernense III*, de Clermont, en Auvergne. On y termine le différend d'Innocent de Rodez et d'Ursicin de Cahors, touchant quelques paroisses que l'un et l'autre s'attribuaient. (Pagi.)

588 *Constantinopolitanum*, de Constantinople, vers le mois juin. Grégoire, patriarche d'Antioche, y fut justifié des crimes dont on l'accusait; et Jean le Jeûneur s'y fit donner le titre de patriarche œcuménique. (Pagi.)

589 *Toletanum III*, de soixante-quatre évêques et huit députés, le 8 mai. Le roi Récarède y fit une belle profession de foi en son nom et en celui de tous les Goths, qui abjurèrent l'Arianisme; après quoi l'on fit, à la demande du roi, vingt-trois canons sur la discipline, dont quelques-uns se ressentent un peu de la dureté gothique. Le quatrième défend de faire aucun travail le dimanche,

sous peine au contrevenant, s'il est libre, de payer six sols d'amende au comte de la cité, et s'il est serf, de cent coups de fouet. Ce concile est daté, *anno IV regnante Reccaredo rege, die octavo iduum maïarum, era DCXXVII.*

589   *Narbonense*, le 1er. novembre. On y fait plusieurs réglements de discipline, dont le cinquième proscrit un reste de Paganisme, qui consistait à s'abstenir de travailler le jeudi, parce qu'il était consacré à Jupiter. Ce concile est daté de l'ère d'Espagne 627.

589   *Alexandrinum*, à l'occasion du verset 15 du chap. 18 du Deutéronôme, sur le sens duquel les Juifs et les Samaritains étaient divisés: les premiers l'appliquant à Josué, les seconds à un certain Dosithée, contemporain de Simon le magicien. Saint Euloge, patriarche d'Alexandrie, choisi pour arbitre de la dispute, assembla plusieurs savants évêques, à la tête desquels, après un mur examen, il décida que ce verset regarde Jésus-Christ. (Photius, *Cod.* 227.) Remarquez que dans les éditions de Photius il est dit que ce concile se tint la septième année de Marcien ; il faut lire Maurice, au lieu de Marcien. (*Editio Veneta*, tome VI.)

590   *Pictaviense*. Chrodielde, fille du roi Chérebert, et Basine, religieuses de Sainte-Croix de Poitiers, révoltées contre leur abbesse Leubouère, y furent excommuniées.

590   *Sauriciacum*, de Saurci ou Sourci, à trois lieues de Soissons vers le Nord, où l'on permet à Droctégisile, évêque de Soissons, de revenir dans sa ville épiscopale, d'où les évêques de la province l'avaient obligé, quatre ans auparavant, de s'éloigner à cause de son ivrognerie. (*Greg. Turon. L.* IX, n. 37.)

590   *Metense*, de Metz, au mois d'octobre. Gilles, archevêque de Reims, y fut déposé et exilé, comme coupable du crime de lèze-majesté. Chrodielde et Basine y furent reçues à la communion. Celle-ci rentra dans son couvent. Chrodielde fut envoyée dans une terre que le roi lui donna.

590   *Gabalitanum*, du Gévaudan, à-peu-près où est aujourd'hui la ville de Marvejols, où l'on condamne Tétradie, femme d'Eulalius, comte auvergnat, et devenue concubine du comte Didier, du vivant de son époux, à rendre à celui-ci, sur ses propres biens, quatre fois autant qu'elle avait emporté de sa maison, avec la note de bâtardise, attachée aux enfants qu'elle avait eus de Didier. (Vaissète, *tom. I, p.* 317.)

590 * *Maranense*, de Marano, ou Mariano, dans l'Istrie, ou

le Frioul. Sévère, patriarche de Grado, ayant été forcé, par l'exarque de Ravenne, de signer la condamnation des trois chapitres, présenta dans ce concile, assemblé pour le punir, un acte par lequel il désavouait cette signature. Ce concile, composé de dix évêques, écrivit à l'empereur Maurice une lettre pour se plaindre de l'exaction de la signature des trois chapitres, et des entreprises des évêques de France sur celui d'Aquilée. (*Edit. Venet.* t. VI. Mansi, *Suppl. Conc.* tom. I.)

590   *Hispalense I*, de Séville, le 4 ou le 5 novembre (*die primo nonarum novembrium*). Huit évêques y firent trois décrets. (Pagi.)

590   *Romanum I*, de Rome, au mois de décembre, où le pape saint Grégoire le Grand, instruit de la rechûte du patriarche de Grado, le cite, de l'avis de l'assemblée, à venir rendre compte de sa conduite. (Mansi, *Suppl.* tom. I.)

591   * *Istrium*, d'Istrie, par les schismatiques, au commencement de l'année. Le résultat de cette assemblée fut une lettre synodique écrite à l'empereur, pour le prier de faire cesser les poursuites du pape contre le patriarche Sévère, et lui promettre qu'il irait plaider lui-même sa cause à Constantinople, dès que l'état des affaires d'Italie le permettrait. Le P. Pagi se trompe en confondant ce concile avec celui de Marano, tenu l'année précédente. (Mansi.)

591   *Romanum II*, au mois de février. Saint Grégoire y écrivit une grande lettre synodale aux quatre patriarches, où il dit qu'il reçoit et révère les quatre conciles généraux comme les quatre évangiles. Il ajoute aussi qu'il porte le même respect au cinquième; ce qui doit s'expliquer.

592   *Cæsaraugustanum*, de Saragosse, le 1er. novembre. Onze évêques et deux diacres députés, y firent trois canons touchant les ariens convertis.

594   *Cabilonense*, de Châlons-sur-Saône, où l'on établit, dans le monastère de Saint-Marcel, la même manière de psalmodier qu'on suivait à Saint-Martin de Tours, à Saint-Denis, en France, et à Saint-Germain-des-Prés. (Aimoin, liv. 3.)

595   *Romanum III*, sous saint Grégoire, le 5 juillet. Il y proposa six canons, que vingt-deux évêques, trente-trois prêtres, assis comme les évêques, et les diacres debout, approuvèrent. On y absout aussi Jean, prêtre de Calcédoine, qui avait appelé au pape de la condamnation que Jean de Constantinople, surnommé le Jeûneur, avait

portée contre lui. Les députés du patriarche, qui suivaient cet appel, y furent déboutés. On voit par-là que Jean le Jeûneur reconnaissait la juridiction du pape, dans le tems même qu'il prenait le titre de patriarche universel.

597 *Toletanum*, le 17 mai. Seize évêques y firent deux canons, dit ce concile ; mais on n'y en voit que treize dans les souscriptions (1), entre lesquelles est celle de Migèce, archevêque de Narbonne. Jean Pérez tient ce concile pour supposé. Pagi n'en parle pas. Ferréras le compte pour le quatrième de Tolède.

598 *Oscense*, de Huesca, dans la province de Tarragone. On n'en conserve que deux canons, dont l'un ordonne le célibat aux prêtres, diacres et sous-diacres. (Ferréras.)

599 *Barcinonense II*, de Barcelonne, le 1er. novembre. Douze évêques y firent quatre canons sur la discipline.

600 *Romanum IV*, sous saint Grégoire, au mois de novembre. Un imposteur grec, nommé André, y fut condamné, et l'on y permit à Probus, abbé de Saint-André à Rome, de faire un testament.

601 *Romanum V*, sous saint Grégoire, le 5 avril. On y fit une constitution en faveur des moines, qui fut souscrite par vingt et un évêques.

601 ou environ. *Senonense*, de Sens, où l'on traita de la réformation des mœurs, de la simonie et des ordinations des Néophytes. Le P. Mansi conjecture que ce fut à ce concile que saint Colomban fut appelé, et refusa de se trouver, parce qu'on devait y agiter la question touchant le jour de Pâques, qui divisait les Français et les Bretons : question qui consistait à savoir, non si l'on devait célébrer la fête de Pâques le quatorzième de la lune pascale, en quelque jour de la semaine qu'il tombât ; mais si, ce quatorzième jour tombant un dimanche, on devait ou non renvoyer la fête au dimanche suivant. Les Bretons étaient pour la négative, et célébraient en conséquence la fête de Pâques le quatorzième de la lune, quand ce quantième arrivait un dimanche.

603 * *Cabilonense*, de Châlons-sur-Saône, par Arédius, évêque de Lyon. La reine Brunehaut y fait déposer saint Didier, évêque de Vienne, pour l'avoir reprise de ses désordres. (Fleuri, D. Cellier.)

604 ou environ. *Britannicum*. Saint Augustin de Cantorberi y exhorta sept évêques bretons, avec leurs docteurs et savants, à célébrer la fête de Pâques le dimanche après le

---

(1) Il y en a 15 dans le tom. VI, cap. 5, de la *Spaña Sagrada*.

14 de la lune, à conférer le baptême suivant l'usage de l'église romaine, à prêcher de concert l'Evangile aux Anglais. Ces évêques et docteurs schismatiques ayant refusé, saint Augustin leur prédit les malheurs qui leur arrivèrent quelque tems après. (Béda, *Hist. Angl.* l. 2, c. 2.) D. Cellier met ce concile à Worcester.

605 *Cantuariense*, de Cantorberi, pour confirmer la fondation de l'abbaye de Saint-Pierre et Saint-Paul, la première qu'on ait bâtie en Angleterre.

605 ou environ. *Londinense*, de Londres, par saint Augustin de Cantorberi, où l'on déclare nuls les mariages contractés au troisième degré de parenté, et avec des femmes qui avaient reçu le voile. (Mansi, *Suppl.* tom. I.)

606 *Romanum*, sous Boniface III, de soixante-douze évêques, trente-quatre prêtres, plusieurs diacres, et de tout le bas clergé. Il y fut défendu, sous peine d'anathême, que, du vivant du pape, ou de quelque autre évêque, personne fût assez hardi pour parler de son successeur; et on ne permit de procéder à une nouvelle élection que trois jours après les funérailles du défunt.

610 *Romanum*, le 27 février, en faveur des moines, contre ceux qui prétendaient qu'étant morts au monde, ils ne pouvaient exercer aucun ministère ecclésiastique. (*Holstenius Collect. Rom.*)

610 *Toletanum IV*, le 23 octobre. Quinze évêques y reconnaissent celui de Tolède pour leur métropolitain.

615 *Egarense*, d'Egara, aujourd'hui Térassa, dans la province de Catalogne, à quatre lieues de Barcelonne, le 13 janvier. On y confirme les décisions du concile d'Huesca, tenu en 598, touchant le célibat des prêtres, diacres et sous-diacres. (Pagi.)

615 *Parisiense VI*, de toutes les provinces des Gaules nouvellement réunies sous le roi Clotaire. Soixante-dix-neuf évêques y firent quinze canons, dont le dixième porte que les donations des évêques et des clercs, en faveur de l'Eglise, auront leur effet indépendamment des formalités. Ce concile, le plus nombreux des Gaules en ce tems-là, est appelé général en celui de Reims, de l'an 625. Le roi Clotaire donna, le 18 octobre, jour même de la tenue de ce concile, son édit pour l'exécution de ses canons. Les grands du royaume assistèrent à cette assemblée; et Clotaire, par son édit, leur donna la satisfaction qu'ils demandaient sur les cens et péages établis par ses prédécesseurs, et sur les biens qu'ils leur avaient enlevés. (D. Cellier, tom. XVII, p. 779. D. Bouquet, tom. III.)

619 *Hispalense II*, de Séville, le 13 novembre. Huit évê-

ques, saint Isidore de Séville à la tête, y firent des décrets divisés en treize actions, ou chapitres. (d'Aguirre, Ferréras.) Pagi met ce concile en 618.

622 *Charnense seu Theodosiopolitanum*, de Charne, ou Théodosiopolis, en Arménie, par le patriarche Jéser Nécaïn. On y révoque tout ce qui avait été fait au concile de Thévis, on y reçoit le concile de Calcédoine, et on supprime l'addition *qui crucifixus es pro nobis*, faite au Trisagion. (Galanus, *Conc. Arm.* tom. I, et *Edit. Venet.* tom. VI.)

624 au plus tard. *Matisconense III*, de Mâcon, où le moine Agrestin est confondu par saint Eustase, abbé de Luxeu, sur les calomnies qu'il avançait contre la règle de saint Colomban. (Mansi.)

625 *Remense*, de Reims, sous l'archevêque Sonnace, avec plus de 40 évêques. On y fit 25 canons, dont l'un dit qu'on observera ceux du concile de Paris, de 615. Un autre (c'est le premier), porte que, quelque tems qui se soit écoulé depuis qu'on possède les biens d'une église à titre de précaire, c'est-à-dire pour une certaine redevance annuelle, on ne pourra se les approprier, et que l'église est toujours en droit d'y rentrer. On voit par-là que l'usage des précaires ecclésiastiques était établi dès le commencement du septième siècle. Il ne commença donc pas, comme le dit un moderne, sous le maire Ebroin, en 660.

626 * *Constantinopolitanum*, sous le patriarche Sergius, où les Acéphales décidèrent qu'il n'y a qu'une volonté et une opération en Jésus-Christ. (Pagi.)

627 *Clippiacense*, de Clichi, près Paris, le 26 mai. Assemblée mixte, convoquée par Clotaire pour régler tout ce qui pourrait contribuer à la tranquillité de l'état et à l'utilité de l'Eglise. (Aimoin.) Les actes en sont perdus.

630 * *Leniense*, de Lénia, en Irlande, au sujet de la Pâque. On y décide qu'on continuera de célébrer ce saint jour comme par le passé, c'est-à-dire le 14 de la lune, quand il tombera un dimanche. C'est le seul point où les Hibernois s'accordaient avec les Juifs pour la célébration de la Pâque, quoique d'anciens auteurs les appellent Quartodécimans. (*Edit. Venet.* tome VI.)

633 * *Alexandrinum*, par le patriarche Cyrus, en faveur des Monothélites. Ce concile, dans l'original, est daté du mois payni, qui répond à mai et à juin. (Mansi.)

633 *Toletanum V*, le 9 décembre. Soixante-deux évêques, que saint Isidore de Séville présidait, y firent soixante-quinze

canons, dont le quatrième prescrit en détail la forme de tenir les conciles, qui vient apparemment d'une tradition plus ancienne, mais qu'on ne trouve point auparavant.

Dans le premier canon il est dit, en termes exprès, que le Saint-Esprit procède du père et du fils: *Spiritum sanctum nec creatum nec genitum, sed procedentem à Patre et Filio profitemur.* Le 49 porte, *Monachum aut paterna devotio, aut propria professio facit. Quidquid horum fuerit, alligatum tenebit.* Le 65 favorise ouvertement l'usurpation du roi Sisenand, et dépouille la nation de son droit, en remettant l'élection des rois aux évêques et aux grands. (Mansi, saint Marc.) Ce fut par l'ordre de ce concile que saint Isidore composa l'office nommé d'abord Gothique, parce que l'Espagne était alors sous la domination des Goths, et ensuite Mozarabique, depuis que les Arabes furent devenus maîtres du pays. Ce concile est daté de l'an 671 de l'ère d'Espagne.

634 *Jerosolymitanum*, des évêques de Palestine. Ce fut de ce concile que saint Sophrone écrivit sa belle lettre synodale, pour donner aux patriarches avis de son élection. Il y prouve les deux volontés et les deux opérations en Jésus-Christ.

636 *Clippiacum*, de Clichi, près de Paris, le premier mai, où saint Agile fut établi premier abbé du monastère de Rebais, nouvellement fondé par saint Eloi. (Mabil. *Sæc.* 2, *Bened.* p. 323.)

636 *Toletanum VI*, sous le roi Cinthilla, qui y fit faire 9 canons, lesquels regardent presque tous sa puissance. Le troisième défend d'élever d'autre personne qu'un visigoth de naissance à la royauté. Vingt-deux évêques et deux députés d'absents souscrivirent ces canons.

638 ou environ. *Aurelianense VI*, contre un hérétique qu'on croit avoir été grec et monothélite. (Le Cointe.) Le père Labbe, d'après le P. Sirmond, met ce concile en 645, et le père Mansi, en 642. Mais D. Rivet prouve (*Hist. Lit.* tome IX, *Avert.* p. 7) que ce concile précède l'an 640, puisque saint Eloi, qui ne fut élu évêque qu'en 639, y assista, n'étant alors que laïque.

638 *Toletanum VII*, le 9 janvier, la deuxième année du roi Cinthilla. Quarante-deux évêques d'Espagne et de cette partie de la Gaule narbonnaise qui obéissait aux Visigoths, y ordonnèrent, avec le consentement du roi et des grands, qu'à l'avenir aucun roi ne montera sur le trône, qu'il ne promette de conserver la foi catholique, etc.

638 * *Constantinopolitanum.* On y lut et on y confirma l'ec-thèse de l'empereur Héraclius, composée par Sergius de Constantinople. Elle reconnaissait deux natures en Jésus-Christ ; mais elle défendait de dire qu'il y eût deux volontés ou deux opérations. Elle disait que c'est un seul et même Jésus-Christ qui opère les choses divines et humaines, et que les unes et les autres opérations procèdent du même Verbe, incarné sans division ni confusion.

* Pyrrus, successeur de Sergius, approuva l'ecthèse dans un concile tenu à la hâte, et sans les formalités ordinaires, l'année 639 ou la suivante, et ordonna qu'elle serait souscrite par les évêques, tant présents qu'absents, sous peine d'excommunication.

640 *Romanum*, où le pape Severin condamne l'ecthèse. (Pagi.)

641 *Romanum*, par le pape Jean IV, au mois de janvier, contre le Monothélisme. (Pagi.)

643 ou 644. *Cabilonense*, de Châlons-sur-Saône, le 25 octobre, par ordre de Clovis II. On y fit 20 canons, qui furent souscrits par 39 évêques présents, 6 députés d'absents, etc. (Fleuri.) Voyez aussi Pagi à l'an 662, n. 111. Labbe met ce concile en 650. Parmi les souscriptions des actes de cette assemblée, on trouve celle de *Betto episcopus de Juliobona.* C'est Lillebonne, et non pas Dieppe, comme le prétend M. de Valois. Cet évêché ne subsiste pas.

645 Conférence de Pyrrus de Constantinople avec saint Maxime, abbé de Chrysopolis, près de Calcédoine. Elle se tint en Afrique, au mois de juillet, en présence du patrice Grégoire, et de quelques évêques. Saint Maxime y démontra qu'il y avait deux volontés et deux opérations en Jésus-Christ. Pyrrus se rendit à ses preuves, et alla ensuite à Rome ; où il rétracta ce qu'il avait enseigné auparavant d'une seule volonté et d'une seule opération, et il y fut ainsi reçu à la communion ; mais il retourna ensuite à la même erreur.

646 *Africana.* Il y eut plusieurs conciles en Afrique, cette année, contre les Monothélites, un en Numidie, un autre dans la Byzacène, un troisième en Mauritanie, et un quatrième à Carthage, dans la province proconsulaire.

646 *Toletanum VIII.* Vingt-huit évêques et onze députés pour les absents y firent six canons.

648 *Romanum*, où l'on croit que le pape Théodore déposa Paul de Constantinople, de même qu'il y anathématisa Pyrrus, dont il souscrivit la sentence du sang de Jésus-Christ mêlé avec de l'encre.

649   *Lateranense*, dont la première session se tint le 5 octobre, et la dernière le 31 du même mois. Il y avait 105 évêques, compris le pape saint Martin. Tous souscrivirent la condamnation de Théodore, jadis évêque de Pharan, de Cyrus d'Alexandrie, de Sergius de Constantinople, de Pyrrus et de Paul, ses successeurs, avec leurs écrits hérétiques, et de l'ecthèse impie et du type qu'ils avaient autorisés. Ce type de l'empereur Constant, qui imposait silence aux deux partis, avait été publié en 648.

649 ou 650 ★ *Thessalonicensia duo*, par Paul, métropolitain de Thessalonique. Dans le premier, ce prélat, infecté du Monothélisme, dressa une exposition de cette doctrine, qu'il envoya au pape saint Martin, avec une lettre synodique pour la défendre. Le pape, pour réponse, lui renvoya deux députés chargés d'une profession de foi catholique, avec ordre, à lui, de la signer, sous peine d'anathème; sur quoi Paul, ayant assemblé un nouveau concile, signa l'écrit de Martin; mais après l'avoir tronqué dans un point essentiel, et le remit ensuite aux députés.

650   *Romanum*, de Rome. Le pape saint Martin, indigné de la fourberie de Paul de Thessalonique, commença par imposer une peine canonique à ses députés, pour s'être mal acquittés de leur commission ; puis, dans un concile qu'il tint le premier novembre, il anathématisa Paul et tout ce qu'il avait fait dans les deux conciles de Thessalonique, mentionnés ci-dessus. (Mansi, *Suppl. Conc.* tome I.)

652 *Clippiacense*, de Clichi. Privilége de l'abbaye de Saint-Denis, souscrit par le roi Clovis II, par Béroalde, son référendaire, et par 24 évêques, le 22 juin.

653   *Toletanum IX*, commencé au mois de décembre, et fini au mois suivant. Le roi Récesvinte y lut sa profession de foi, où il recevait les quatre conciles généraux. On y fit ensuite douze canons d'un style si diffus et si figuré, qu'il n'est point aisé de les entendre. Le premier n'est autre chose que le symbole de Nicée, avec l'addition *Filioque*, en parlant de la procession du Saint-Esprit. Le dixième porte que « l'élection du roi se fera dans l'endroit » où son prédécesseur sera mort, et qu'elle sera faite par » les évêques qui s'y trouveront présents, et par les grands » (officiers) du palais ». Ce concile fut souscrit par 52 évêques.

655   *Toletanum X*, le 2 novembre. Seize évêques y firent 17 canons, la plupart pour réprimer les abus que les évêques commettaient dans l'administration des biens ecclésiastiques.

656   *Toletanum XI*, le premier décembre. Vingt évêques y firent 7 canons, dont le sixième porte que les enfants, offerts dans les monastères par leurs parents, jusqu'à l'âge de dix ans, ne pourront plus revenir dans le siècle. Potamius, évêque de Brague, s'étant confessé, par écrit, d'avoir péché avec une femme, y fut condamné à une prison perpétuelle. Cependant on lui laissa le nom d'évêque par compassion pour son repentir. Mais son évêché fut donné à saint Fructueux, évêque de Dumes. On transféra, dans ce concile, la fête de l'Annonciation au huitième jour avant Noël, ou 18 décembre, suivant l'usage de plusieurs églises étrangères. *Nam in multis ecclesiis*, disent les pères, *a nobis et spatio remotis et terris hic mos agnoscitur retineri.* Cela s'observe encore, dit le père Pagi, dans l'église de Tolède.

659   *Mansolacense*, de Malay-le-Roi, sur la rivière de Vanne, à une lieue de Sens, célébré par Emmon, archevêque de cette ville. On y fit quelques réglements sur la discipline. La date de ce concile porte : *Actum Mansolaco in curte Dominicâ anno tertio Domini nostri Chlotarii.* (Mabillon, *Act. SS. Sæc.* 3, part. 2, pag. 614.)

660   ou environ. *Nannetense*, de Nantes. On y fit vingt canons, que le P. Labbe rapporte à un autre concile, tenu au même lieu, sur la fin du neuvième siècle. Le sixième de ces canons permet d'enterrer les morts dans le parvis, ou porche, *exedra*, de l'église, c'est-à-dire dans un de ses bâtiments extérieurs, mais jamais dans l'église. Le neuvième porte que le prêtre, chaque dimanche, bénira le reste des pains offerts et non consacrés, pour être distribué à ceux qui n'auront pas communié; que s'il n'y a pas de reste des pains offerts, il y pourvoira d'ailleurs. On voit ici que le pain béni est comme le supplément de la communion.

664   *Pharense*, en Angleterre. La question de la Pâque y fut agitée entre les Anglais, qui suivaient l'usage de Rome, et les Ecossais, *Scoti*, qui en suivaient un autre. On y agita aussi quelques autres questions de discipline. Les Ecossais perdirent leur cause. (Pagi.)

666   *Emeritense*, de Mérida, en Espagne, le 6 novembre. Douze évêques y firent 23 canons, dont le huitième ordonne que chaque évêque aura, dans sa cathédrale, un archiprêtre, un archidiacre et un primicier. C'étaient les chefs des trois ordres du clergé. Le primicier était le chef des clercs inférieurs. Le douzième porte que l'évêque pourra tirer des paroisses les prêtres et les diacres qu'il

jugera propres à le soulager, et les mettre dans sa cathédrale, leur laissant le revenu et l'inspection sur les églises d'où ils sont tirés, avec pouvoir d'établir, de son consentement, des vicaires, payés par eux, pour y servir à leur place. Telle est l'origine des curés primitifs et des vicaires, d'abord amovibles, et devenus perpétuels en France par les ordonnances de nos rois. Le dix-neuvième canon ordonne que lorsque plusieurs églises sont confiées à un seul prêtre, parce que chacune est trop pauvre pour entretenir le sien, celui qui est préposé pour les desservir, doit offrir le sacrifice, tous les dimanches, dans chacune de ces églises. On voit, par ce canon, combien l'usage de biner est ancien.

667 *Cretense*, de l'île de Crète. Paul, archevêque de cette île, ayant cité, à ce concile, Jean, évêque de Lappa, pour un sujet qu'on ignore, fit prononcer contre lui une sentence dont Jean appela aussitôt au saint siége. Paul, regardant cet appel comme un acte de révolte, mit l'évêque en prison; mais Jean, s'étant échappé, eut le bonheur d'arriver à Rome. (Mansi, T. I.)

667 *Romanum*, le 19 décembre, par le pape Vitalien, où l'appel de Jean, évêque de Lappa, est reçu, et la procédure de l'archevêque Paul cassée. (Mansi, D. Cellier)

670 *Augustodunense*; voyez plus bas *Christiacum*, à l'an 676.

670 *Burdigalense*, de Bordeaux, en présence du comte Loup, par les métropolitains de Bourges, de Bordeaux et d'Eause, assistés de leurs comprovinciaux. On y travailla au rétablissement de la paix dans le royaume, et à la réformation de la discipline. D. Vaissète et d'autres critiques mettent te concile en 673, fondés sur l'inscription du manuscrit de l'église d'Albi, qui le renferme, et à la tête duquel on lit : *Hic liber recuperatus fuit, Domino auxiliante, sub die VIII kal. augusti, anno IV regnantis Domini nostri Kilderici regis.* Or, cette année quatrième du règne de Childéric, doit s'entendre de son règne sur toute la France, et répond par conséquent à l'an 673. Mais ce n'est pas l'époque du concile; c'est seulement celle du recouvrement du manuscrit où il est contenu : recouvrement qui fut fait, comme il est dit une ligne plus haut, après un incendie de la ville, *post incendium civitatis*. Le concile dont il s'agit doit s'être tenu la première année du règne de Childéric sur toute la France; car il fut assemblé par ses ordres, *per jussorium Childerici regis*, dans un diocèse du royaume de Neustrie, et pour la stabilité de son règne, *pro stabilitate regni*; ce qui désigne le commence-

ment de son élévation sur le trône de Neustrie. Le duc Loup, en présence duquel il fut tenu, était vraisemblablement un seigneur envoyé pour faire reconnaître Childéric à la place de Thierri III, qu'on venait de détrôner.

673 *Herfordiense*, d'Herford, le 24 septembre. Ce concile d'Angleterre n'était composé que de six évêques. Saint Théodore de Cantorberi y proposa dix articles extraits des canons, que tous les évêques promirent d'observer. Le premier regarde la Pâque, qu'il faut célébrer le premier dimanche après le 14 de la lune du premier mois, qui était alors le mois de mars. (Wilkins, Mansi.)

675 *Toletanum XII*, le 7 novembre. On y fit 16 canons, qui furent souscrits par dix-sept évêques, deux députés d'absents, par six abbés et par l'archidiacre de Tolède. Le cinquième canon défend d'exiger des évêques, pour crimes, les compositions pécuniaires fixées par les lois barbares, à moins qu'ils n'aient des biens en propre. Le sixième défend aux évêques de prononcer des jugements de mort ou de mutilation, et condamne à la prison perpétuelle ceux qui en auront prononcé. Le septième ordonne de corriger publiquement les pécheurs scandaleux. Que si l'on condamne à l'exil ou à la prison, la sentence sera prononcée devant trois témoins, et souscrite de la main de l'évêque. Les évêques condamnaient donc dès-lors à ces sortes de peines.

675 *Bracarense III*, de Brague. Huit évêques y firent neuf canons, dont quelques-uns sont des plaintes contre les évêques. On n'est point sûr de la date de ce concile. (Pagi.)

676 *Christiacum*, de Cressi, ou Créci, dans le Ponthieu, suivant la conjecture du P. Mabillon. Saint Léger, évêque d'Autun, y assista; ce qui a porté quelques copistes à placer ce concile à Autun, en quoi ils ont été suivis par les éditeurs des Conciles. Ceux-ci ont fait une autre faute, en rapportant ce concile à l'an 670, au lieu de 676, que D. Mabillon prouve être sa vraie date. (*Voyez* le seizième livre de ses Annales, et ses Œuvres posthumes, tom. I, pag. 530.) Les statuts qui nous restent de ce concile, concernent presque tous la discipline monastique. Le premier ordonne que les prêtres et les clercs sauront par cœur le symbole de saint Athanase. C'est la première fois qu'il est parlé de ce symbole en France. Le quinzième canon enjoint aux moines et aux abbés d'observer la règle de saint Benoît.

677 *Marlacense*, de Morlay, au diocèse de Toul, suivant D. Mabillon, de Marli, près de Paris, selon le P. Pagi,

au mois de septembre. Les évêques de Neustrie et de Bourgogne, assemblés par ordre et en présence du roi Thierri, y déposent Chramlin, qui s'était emparé de l'évêché d'Embrun, et lui déchirent ses habits pour marque de sa dégradation. (*Edit. Venet.* tom. VII. Mansi.)

674 au plus tard. * *Gallicanum*, des Gaules, assemblé par ordre du roi Thierri, et du maire Ebroin, dans un palais royal qu'on ne désigne point. On y presse saint Léger, évêque d'Autun, de s'avouer coupable de la mort du roi Childéric II, et malgré les protestations qu'il fait de son innocence, on le dégrade, puis on le livre au comte du palais, pour le faire mourir.

679 *Mediolanense*, de Milan, par l'archevêque Mansuétus, vers le commencement de l'année. Le prêtre Damien, qui fut, peu après, évêque de Pavie, composa une lettre synodale de ce concile, à l'empereur, où les deux volontés et les deux opérations en Jésus-Christ sont expliquées avec netteté, et défendues avec force. (Muratori, *Ann. d'It.*, T. IV.)

679 *Gallicanum*, vers le commencement de l'année, contre le Monothélisme. On croit communément qu'il se tint pour envoyer des députés au concile suivant.

679 *Romanum*, au mois d'octobre. Saint Wilfrid, archevêque d'Yorck, chassé de son siège par le roi Egfrid et Théodore, archevêque de Cantorberi, y est rétabli par un jugement contradictoire, où l'on entendit les accusations alléguées contre lui par le moine Coenvald, député de Théodore, et les défenses que le saint y opposa; mais on ne tint compte de ce jugement en Angleterre. (Dom Cellier.) Pagi met ce concile en 678.

680 *Romanum*, sous le pape Agathon, le mardi de Pâques, 27 mars. Cent vingt-cinq évêques y assistèrent; saint Wilfrid était de ce nombre. On y envoya des députés à CP. pour le concile général, avec une lettre du pape et une autre du concile, à l'empereur Constantin Pogonat, où le pape et le concile reconnaissent deux volontés et deux opérations en Jésus-Christ. (D. Cellier.) Pagi et Muratori mettent ce concile, mais mal, en 679. Quelle apparence, en effet, qu'on ait envoyé des députés à un concile plus de dix huit mois avant qu'il se tînt, et même avant qu'il fût indiqué. C'est très-vraisemblablement à ce concile que Théodore, archevêque de Ravenne, fut obligé de renoncer à l'autocéphalie, ou indépendance de son siége, que Maur, son prédécesseur, avait obtenue de

l'empereur, en 666; et qu'il reconnaît, pour son supérieur, l'évêque de Rome. Cette soumission fut renouvelée en 682; et l'on croit que ce fut à l'empereur Constantin Pogonat que l'église romaine en fut redevable.

680 *Anglicanum*, ou *Anglo-Saxonicum*, dans la campagne de Hapfeld, le 17 septembre, par Théodore, archevêque de Cantorberi, contre l'erreur des Monothélites. Pagi prouve que ce concile se tint cette année, et non pas l'an 679.

680 et 681 *CONSTANTINOPOLITANUM*. Sixième concile général, commencé le 7 novembre 680, et fini le 16 septembre 681. Ce concile ne rejeta pas seulement les dogmes impies des Monothélites; mais, comme disent les pères en la treizième session : « Nous croyons aussi que leurs noms doivent être bannis de l'Eglise; savoir, de Sergius, jadis évêque de cette ville de Constantinople, qui a commencé d'écrire sur cette erreur; de Cyrus d'Alexandrie; de Pyrrus, Paul et Pierre, aussi évêques de Constantinople; de Théodore, évêque de Pharan.... Nous les déclarons tous frappés d'anathème. Avec eux, nous croyons devoir chasser de l'Eglise et anathématiser Honorius, jadis pape de l'ancienne Rome; parce que nous avons trouvé, dans sa lettre à Sergius, qu'il suit en tout son erreur, et autorise sa doctrine impie. » Tous ces anathèmes furent renouvelés en présence de l'empereur, à la dernière session, où l'on anathématisa aussi Macaire d'Antioche et le moine Etienne, son disciple. Il y avait à cette session plus de cent soixante évêques.

681 *Toletanum XIII*, le 9 janvier, jusqu'au 25 du même mois. Trente-cinq évêques, et, à leur tête, saint Julien de Tolède, y firent treize canons, dans le premier desquels ils confirmèrent la renonciation du roi Vamba au royaume, publiée solennellement le dimanche 14 octobre de l'année précédente. En conséquence, ils déclarèrent le peuple délié du serment de fidélité envers ce prince, et assurèrent le royaume à son successeur Ervige. Le deuxième ordonne que ceux qui ont une fois reçu la pénitence, sans le savoir, (comme il était arrivé au roi Vamba) l'observeront inviolablement, sans pouvoir retourner aux fonctions militaires. C'est ici le premier exemple, suivant M. Fleuri, d'une pareille entreprise des évêques. Jusqu'alors, on n'avait pas cru que l'imposition de la pénitence leur donnât droit d'interdire aux souverains l'exercice de la puissance temporelle, ni de dispenser leurs sujets de l'obéissance qu'ils leur doivent.

683   *Toletanum XIV*, le 4 novembre. Quarante-huit évêques y firent treize canons, dont environ la moitié regarde des intérêts temporels. Le cinquième défend aux veuves des rois de se remarier, même à un roi, sous peine d'excommunication. Ce concile dura trois jours.

684   *Toletanum XV*, depuis le 14 novembre, jusqu'au 20 du même mois, pour la réception du sixième concile général dans toute l'Espagne et la Gaule gothique, à la demande de Léon II. Ce pape, dans sa lettre aux évêques, dit que le sixième concile a condamné Honorius, qui au lieu d'éteindre, dans sa naissance, la flamme de l'hérésie, comme il convenait à l'autorité apostolique, l'a fomentée par sa négligence. Léon dit à peu près la même chose de la condamnation d'Honorius, dans sa lettre au roi. Les évêques d'Espagne examinèrent les actes du concile, et l'approuvèrent en tout.

687   ou environ. * *Manaschiertense*, dans l'Arménie, sur les confins de l'Hircanie, par le patriarche Jean d'Oznia. On y admit le dogme des Acéphales, on y défendit l'usage de l'eau et du pain levé, dans l'eucharistie, et on y fit d'autres changements dans la discipline. (*Edit. Venet.* T. VII.) Galanus le place vers 680.

688   *Toletanum XVI*, le 11 mai. Soixante et un évêques y expliquèrent quelques propositions, qui avaient déplu au pape Benoît, et y décidèrent que deux serments du roi Egica, qui paraissaient contraires, ne l'étaient point. Il ne faut pas croire, disent les évêques, qu'il ait promis de soutenir les intérêts de ses beaux-frères autrement que selon la justice. Mais en cas qu'il fallût choisir, le dernier serment, fait en faveur du peuple, devrait l'emporter, puisque le bien public est préférable à tous les intérêts particuliers. Le roi Egica confirma, par son ordonnance, les décrets du concile.

689   *Rothomagense*, de Rouen, par saint Ansbert, et seize évêques, *ubi plurima Deo accepta et sanctæ Ecclesiæ utilitatibus profutura, disputata sunt*, dit l'auteur de la Vie de saint Ansbert. C'est tout ce qu'on sait de ce concile, à la réserve d'un privilége de l'abbaye de Fontenelle, qu'on y confirma (Bouquet, T. III.)

691   *Cæsaraugustanum III*, de Saragosse, le premier de novembre. On y fit cinq canons sur la discipline, dont le cinquième ordonne que les veuves des rois prendront l'habit de religieuse, et s'enfermeront dans un monastère le reste de leurs jours. Le concile donne pour motifs de ce réglement, le manque de respect et même les insultes

auxquels ces reines douairières s'exposaient, en demeurant dans le monde.

691 *Constantinopolitanum*, dit *in Trullo*, parce qu'il se tint dans le dôme du palais, nommé *Trullus* en latin, et *Quinisextum*, parce qu'il est regardé comme un supplément aux v et vi conciles, où l'on n'avait fait aucun canon pour la discipline et pour les mœurs. Dans celui-ci, qui se tint, ou du moins s'ouvrit en automne, on en fit cent deux, qui furent souscrits par deux cent onze évêques. Entre ces cent deux canons, il y en a de fort bons, que les papes ont approuvés, et d'autres mauvais, qu'ils ont condamnés : c'est ainsi qu'il en faut penser, et ne pas dire simplement, comme un auteur moderne : *Ce concile est rejeté*. Entre les canons que l'église latine n'admet point, le plus remarquable est celui qui permet aux sous-diacres, diacres et prêtres qui étaient mariés (pour la première fois) avant leur ordination, de garder leurs femmes, et d'user, comme auparavant, du mariage, excepté le tems où ils doivent toucher les choses saintes. Anastase le bibliothécaire se trompe en disant que les légats du pape eurent la faiblesse de souscrire les actes de ce concile. Leur souscription ne paraît, en effet, dans aucun exemplaire de ces actes. L'empereur Justinien II les ayant envoyés au pape Sergius III, ce pontife refusa non-seulement de les souscrire, mais il ne daigna pas même les lire. (Voyez son *article*.) Dans le troisième canon de ce concile, il est dit que l'année qui le précéda, était la 6199, indiction IV ; ce qu'il faut entendre de l'ère mondaine de Constantinople, dont la 6199 année finit, ainsi que l'indiction IV, au 31 août de l'an de J. C. 691. (V. Pagi *ad an.* 692.)

692 *Britanicum*, de presque toute la Bretagne, ou l'Angleterre, dit Bède. Il fut assemblé par le roi Ina, pour réunir les Bretons avec les Saxons : les premiers, quoique chrétiens, différaient encore en plusieurs usages, comme sur la Pâque, etc. *Voyez* Pagi.

693 *Toletanum XVII*, le 2 mai ; cinquante-neuf évêques, cinq abbés, et trois députés d'évêques absents y assistèrent, avec le roi Egica et seize comtes. On y fit dix canons de discipline, et on y confirma le *livre de la Loi gothique*, c'est-à-dire, le code d'Alaric, augmenté par les rois ses successeurs, et composé de la loi romaine et de la loi gothique, fondues ensemble, pour ne faire qu'un seul code, qui devait régir tous les sujets, sans distinction, de l'empire des Visigoths. Enfin on déposa, dans cette

assemblée, Sisbert, archevêque de Tolède, comme ayant conspiré contre le roi, qui le condamna à une prison perpétuelle.

694 *Toletanum XVIII*, le 9 novembre. On y fit huit canons sur la discipline. On ne trouve point, dans les actes de ce concile, les souscriptions des évêques qui y assistèrent.

694 *Bacanceldense*, de Bancanceld, en Angleterre. Saint Britoualde de Cantorberi, avec Tobie de Rochester, des abbés, des abbesses, des prêtres, des diacres, des seigneurs, et Vitred, roi de Kent, y assistèrent. Ce prince y promit de conserver la liberté et l'immunité des églises et des monastères.

697 *Bergamstedense*, de Bergamsted, en Angleterre. Saint-Britoualde y présida. L'évêque de Rochester et plusieurs autres prélats, avec le roi Vitred, y assistèrent. On y fit vingt-huit canons, qui peuvent être aussi comptés pour lois, puisque les deux puissances y concouraient, et qu'ils ordonnaient des amendes et d'autres punitions temporelles, outre les spirituelles.

698 *Aquileiense*, d'Aquilée, par le patriarche Pierre et les évêques de son ressort. Ces prélats, sur les remontrances du pape Sergius, comme le dit Bède (*L. de sex œtatibus*), renoncent unanimement au schisme qui les tenait séparés de l'église romaine, depuis le tems du pape Pélage I, à l'occasion de la condamnation des trois chapitres. (*Voy.* Zanetti, *Del regno de Longob.* p. 465.)

701 *Toletanum XIX*, et le dernier, sous le roi Vitiza, qui venait de succéder à son père Egica. Il ne reste de ce concile ni actes ni canons.

703 *Nesterfieldense*, de Nestrefield, en Angleterre, contre saint Wilfrid d'Yorck, qui en appela à Rome, où il avait déjà été justifié et rétabli.

704 *Romanum*, où saint Wilfrid fut absous de nouveau, et renvoyé à son église par Jean VI, qui en écrivit au roi des Merciens, Ethelrède, et à celui de Northumbre, Alfrede, ou Alfride.

705 *Niddanum*, près la rivière de Nid, en Angleterre, où les évêques anglais se réconcilièrent avec saint Wilfrid, qui fut enfin rétabli dans son église. Il mourut le 24 avril 709.

712 * *Constantinopolitanum*, par le patriarche Jean et les Monothélites, contre le VI concile général, sous l'empereur Filépique. (Théophane.)

715 *Constantinopolitanum*, au mois d'août, en présence du prêtre Michel, apocrisiaire du saint siège, où, du consen-

tement du clergé, du sénat et du peuple, on transfère Germain, métropolitain de Cyzique, sur le siége de Constantinople. (Mansi, *Suppl.* T. I.)

715 *Constantinopolitanum*, par le patriarche Germain, contre les Monothélites, en faveur du sixième concile, sous l'empereur Anastase.

721 *Romanum*, sous Grégoire II, le 5 avril. On y fit dix-sept canons, dont plusieurs regardent les mariages illégitimes. Ils furent souscrits par vingt-trois évêques, le pape compris, par quatorze prêtres et quatre diacres.

730 * *Constantinopolitanum*, le 7 janvier, par l'empereur Léon l'Isaurien, où il fit un décret contre les images, et voulut engager saint Germain de CP. à le souscrire. Ce prélat, l'ayant refusé, fut chassé de son siége avec outrage.

731 *Romanum I*, par le pape Grégoire III, contre le prêtre Georges, qui, ayant été chargé de porter une lettre de ce pape aux empereurs Léon et Constantin, pour les engager à cesser de faire la guerre aux saintes images, s'en était revenu sans avoir osé la remettre. Grégoire voulait le déposer; mais les évêques ayant intercédé pour le coupable, il se contenta de lui imposer une pénitence, et le renvoya porter la lettre à CP., en lui faisant promettre de la rendre aux empereurs. Georges fut arrêté par les officiers impériaux, en Sicile, où, après s'être saisis de la lettre, ils le retinrent en prison près d'un an. (Muratori.)

732 *Romanum II*, par le pape Grégoire III, à la tête de quatre-vingt-treize évêques. On y ordonna que quiconque mépriserait l'usage de l'Eglise, touchant la vénération des saintes images, quiconque les ôterait des églises, les détruirait, les profanerait, ou en parlerait avec mépris, serait privé du corps et du sang de Jésus-Christ, et séparé de la communion de l'Eglise. Ce concile, suivant la lettre de convocation de Grégoire III, publiée par le père Mansi, (*Suppl. Conc* T. I) se tint le premier novembre de l'année qui suivait la quinzième indiction; ce qui revient à l'an 732, en prenant l'indiction du premier septembre, comme faisaient alors les papes.

742 *Germanicum*, (probablement de Ratisbonne) Carloman le fit assembler le 21 avril, et saint Boniface y présida. C'était pour y chercher les moyens de rétablir la loi de Dieu et la discipline ecclésiastique, tombées sous les règnes précédents, et empêcher le peuple fidèle d'être trompé par de faux prêtres, comme par le passé. On y fit seize canons, que quelques-uns réduisent à sept. Ils

sont énoncés au nom de Carloman, qui se qualifie duc et prince des Français. Voici comme il y parle: « Par le conseil
» des prélats et des seigneurs de nos états, nous avons
» établi des évêques dans les villes.... Nous avons ôté les
» biens de l'Eglise aux faux prêtres, aux diacres et aux
» clercs fornicateurs. 2° Nous avons absolument défendu
» aux serviteurs de Dieu (c'est-à-dire aux clercs et aux
» moines), de porter les armes, de combattre et d'aller
» à la guerre, excepté ceux qui suivent l'armée pour y
» faire l'office divin, célébrer la messe, et porter, les
» reliques des Saints. Ainsi que le prince ait (à l'armée)
» un ou deux évêques, avec des prêtres et des chapelains ».
(C'est la première fois que l'on trouve ce dernier nom. Il
dérive du nom de *Chapelle*, que l'on donna à l'Oratoire,
où l'on conservait la chape de saint Martin, estimée la
plus précieuse relique de France; et tous les clercs qui le
desservaient, étaient nommés chapelains : (noms qui pas-
sèrent à tous les Oratoires et à tous leurs desservants);
« que chaque *préfet* (colonel) ait un prêtre pour juger
» des péchés de ceux qui se confessent, et leur imposer
» pénitence. » (On voit, par ce canon, qu'il y avait dès-
lors des aumôniers pour confesser les soldats, etc.) Ce
concile est le premier de France et d'Allemagne, qui
porte la date de l'année de l'Incarnation. Le père Mansi
soupçonne, mais sans fondement, qu'elle a été ajoutée
par quelque copiste. C'est avec aussi peu d'apparence qu'il
recule d'une année ce concile. (Hartzheim, *Conc. Germ.*
T. I.)

743 *Romanum I*, par le pape Zacharie, avec quarante évêques,
vingt-deux prêtres, six diacres et tout le clergé de Rome.
On y dressa quinze canons, la plupart sur la vie cléricale
et les mariages illicites. Ce concile est daté du XI des
calendes d'avril (22 mars) la deuxième année d'Artabasde,
(que Rome tenait pour légitime empereur à la place de
Copronyme), et la trente-deuxième du roi Liutprand.
(C'est la première fois, dit Muratori, qu'on voit des
actes romains datés du règne des rois des Lombards.)
De ces notes chronologiques, le père Mansi conclut que
ce concile se tint l'an 744, sans faire attention que
Liutprand était mort au mois de janvier de cette année,
et qu'Artabasde était dépossédé dès l'année précédente.

743 *Liptinense*, de Liptines, aujourd'hui les Estines, dans
le Hainaut, près de Binch. Carloman l'y assembla le
premier mars, et saint Boniface y présida. Ce concile
confirma les canons du concile précédent, tenu en Alle-

magne. Les moines y reçurent la règle de saint Benoît, que les pères nomment la *sainte règle*, pour rétablir la discipline régulière. De là, quelques critiques ont inféré que cette règle fut alors introduite, pour la première fois, dans les monastères de France, sans faire attention que, long-tems auparavant, saint Léger, avec d'autres évêques de France, assemblés dans le concile d'Autun ou de Cressi, l'an 676, en avaient ordonné la pratique dans les mêmes monastères ; ce qu'on ne doit pas même entendre de la première réception, mais de la pratique plus exacte, comme plusieurs monuments l'attestent. On fit, à Liptines, quatre nouveaux canons, dans le second desquels il fut réglé que le prince, afin de se mettre en état de soutenir la guerre contre les Sarrasins, les Saxons et les Bretons, qui infestaient le royaume, prendrait, pour un tems, une partie des biens de l'Eglise, à titre de précaire et de cens, à la charge de payer, tous les ans, à l'Eglise ou au monastère, un sol, c'est-à-dire douze deniers (vingt-cinq sols de notre monnaie actuelle) par chacune des familles auxquelles les fonds seraient distribués ; mais à condition qu'à la mort de ceux qui les auraient possédés, ils seraient restitués à l'Eglise; qu'ils pourraient, cependant, être de nouveau donnés au même titre de précaire, si le besoin de l'état l'exigeait, et que le prince l'ordonnât. Toutefois, le concile veut que l'on examine si les églises où les monastères ne seraient pas exposés, par cette concession, à l'indigence et à la pauvreté; dans ce cas, dit-il, on doit les laisser jouir de tout leur revenu. Ce précaire était, comme l'on voit, une espèce de fief accordé à un homme de guerre, pour faire le service, et seulement à vie. Le mot que nous avons rendu ici par famille, est appelé dans le canon du concile, *casata*, qui signifie, dans le style ancien, une habitation ou une maison, avec une certaine étendue de terre, suffisante pour nourrir une famille de serfs. (Du Cange, *Gloss.* Fleuri, *Hist. Eccl.*, T. IX, p. 307.) On condamne aussi, dans ce concile, Adalbert et Clément, deux prêtres rebelles envers saint Boniface. (*Conc. Germ.*, T. I.) Le père Mansi place ce concile en 745, et se trompe. Le père Papebrock tombe dans une autre erreur, en rejetant comme supposés, les actes de ce concile et du précédent, sur ce qu'ils portent qu'un prince laïque, tel que Carloman, présida à ces deux assemblées. Dom Mabillon (*de re Diplom.*, p. 187, 188) dément, par des faits incontestables, l'imagination de ce critique.

744 *Suessionense*, de Soissons, le 2 mars. Vingt-trois évêques, assemblés par ordre et en présence de Pepin, maire du palais, y firent dix canons. On ne doute point que saint Boniface n'y ait présidé, comme aux deux précédents. Ce concile est daté *anno* DCCXLIV *ab Incarnatione Christi, sub die* VI *nonas martii, lunâ* XIV, *in anno* II *Childerici regis;* par où l'on voit que cette assemblée commençait l'année, soit au premier mars, soit au premier janvier, ou même à Noël précédent. Car le XIV de la lune tombait réellement au 2 mars de l'année 744, telle que nous la comptons aujourd'hui; mais il y a faute, ou dans les actes de ce concile, ou dans ceux du concile de Liptines, tenu l'année précédente, pour l'année du règne de Childéric, attendu que les uns et les autres sont datés de la deuxième année de ce prince. Une autre remarque à faire sur ce concile, c'est que les actes n'en sont souscrits que par quatre personnes, qui sont Pepin, Radbod, Aribert et Helmingaud. On ignore si ces trois derniers sont des évêques ou des seigneurs de la suite de Pepin.

745 *Germanicum*, sous Carloman, par saint Boniface. On y examina plusieurs clercs hérétiques, séduits par Adalbert et Clément, et on y déposa Gévilieb de Mayence, qui avait commis un homicide.

745 *Romanum II*, le 25 octobre. Le pape Zacharie, sept évêques, dix-sept prêtres et le clergé de Rome, y déposèrent Adalbert et Clément du sacerdoce, avec anathème.

747 *Germanicum*, par saint Boniface, assemblé vers le mois de janvier, par ordre de Carloman avant sa retraite. On y reçut les quatre conciles généraux. (Pagi.)

747 *Cloveshoviense I*, de Cliffe, ou Cloveshou, dit aussi d'Abbengdon, au commencement de septembre. Il y avait douze évêques, plusieurs prêtres et moindres clercs, et le roi des Merciens, Ethelbade, y assistait avec les grands du royaume. On y fit trente canons, qui ne contiennent guère que des avis généraux aux évêques de remplir leurs devoirs.

752 ou 753 *Moguntinum*, de Mayence, où saint Boniface ordonna Lulle évêque de Mayence, et confirma, dans leurs dignités, les autres évêques et abbés ci-devant établis. (*Conc. Germ.*, tom. I.)

753 *Vermeriense*, de Verberie, par le roi Pepin. On y fit, comme l'on croit, vingt et un canons qui, pour la plupart, regardent les mariages. Le deuxième de ces règlements porte qu'un homme, ayant eu commerce avec sa belle-fille, *cum filiastra*, ne pourra plus habiter avec la mère, ni contracter mariage avec la fille, et que les deux com-

plices seront obligés de passer le reste de leurs jours dans la continence. A l'égard de la mère de cette fille, il est dit que si, d'après la connaissance qu'elle a du crime de son époux, elle ne le reconnaît plus en cette qualité, et que d'ailleurs elle ne se trouve point disposée à vivre dans la continence, elle peut prendre un autre époux.

Dans le cinquième réglement, il est dit que le mari, qui a tué, en se défendant, un assassin aposté par sa femme pour se défaire de lui, peut la renvoyer et en prendre une autre. Baluze, rapportant ce réglement, ajoute, d'après la collection de Réginon, que la femme sera mise en pénitence publique, sans espérance de pouvoir jamais se remarier.

Le septième est le plus remarquable. « Si un serf, porte-t-il, a pour concubine son esclave, il peut la quitter, s'il le veut, pour épouser sa pareille, l'esclave de son maître. Mais il vaut mieux qu'il garde son esclave. *Si servus suam ancillam concubinam habuerit, si ita placet, potest, illâ dimissâ, comparem suam ancillam domini sui accipere; sed melius est suam ancillam tenere.* » On voit par-là qu'il y avait une sorte d'esclaves qui avaient à leur service d'autres esclaves. Ils avaient même la liberté de les affranchir, tandis qu'eux-mêmes demeuraient dans les liens de la servitude. On peut voir dans Lindenbrok (*Cod. leg. antiq. formulâ* 105). un modèle de cette sorte d'affranchissement.

Le neuvième réglement pose le cas où, le mari se trouvant obligé d'aller demeurer dans une terre étrangère, la femme refuse de le suivre. Alors il lui est défendu de prendre un autre mari avant la mort de celui qu'elle abandonne. Mais il n'en est pas de même du mari. Il lui est libre de prendre une autre femme en se soumettant à la pénitence canonique.

Un autre cas fait la matière du dixième réglement; c'est celui d'un fils d'un premier lit qui a commerce avec sa belle-mère. On décide que ni l'un ni l'autre ne pourront jamais se marier. Mais le mari outragé pourra prendre une autre femme. L'imprimé du P. Sirmond ajoute que néanmoins il est mieux de s'en abstenir, *sed melius est abstinere;* ce qui ne se rencontre point dans Réginon.

Enfin, par le dix-huitième réglement, il est ordonné qu'un mari qui a commerce avec la cousine de sa femme, soit privé et de sa femme et de toute autre, c'est-à-dire condamné à une continence perpétuelle. Sa femme, au contraire, aura la liberté de faire ce qu'elle voudra, c'est-à-dire de se remarier. Le texte ajoute ce correctif, que l'église ne reçoit point cette décision, *hoc Ecclesia non recipit*.

Il est difficile, nous en convenons, de justifier ces règlements, surtout par rapport aux nouveaux mariages qu'ils permettent. Des auteurs respectables l'ont néanmoins entrepris, et entre autres le savant père le Cointe, dans ses Annales Ecclésiastiques de France. Selon lui, la liberté que donne le concile de se remarier, doit s'entendre seulement après la mort de la partie coupable. Mais il faut, ce semble, tordre le texte pour lui donner cette interprétation, qu'on ne peut étayer des expressions dont il est composé.

Si le concile paraît se relâcher de la sévérité des règles, en permettant à la partie outragée de se remarier, il donne au contraire, dans l'excès, en défendant absolument le mariage à celui qui s'est rendu coupable d'un inceste. Saint Paul n'a point fait une pareille défense à l'incestueux de Corinthe, et personne n'a le droit de passer les bornes dans lesquelles ce grand apôtre s'est renfermé.

753 *Metense*, de Metz, (assemblée mixte). On y fit, de concert avec les officiers du roi, huit statuts, dont le cinquième roule sur la monnaie, et porte que « désormais » la livre pésante ne contiendra plus que vingt-deux sols, » dont le monétaire en retiendra un, et donnera les autres » à celui qui aura fourni la matière. » (Muratori.) Le père Hartzheim met ce concile en 733, et Baluze, en 736.

754 * *Constantinopolitanum*, ou du palais d'Hiérie, sur la côte d'Asie, vis-à-vis de Constantinople, depuis le 10 février jusqu'au 8 août, sous l'empereur Constantin Copronyme. Trois cent trente-huit évêques iconoclastes y firent un long décret contre les saintes images, et ensuite plusieurs articles en forme de canons avec anathème. Ceux qui regardent la Trinité et l'Incarnation, sont catholiques; mais ils en ajoutent plusieurs contre les images de Jésus-Christ et des Saints.

755 *Vernense*, de Ver ou Vern, château royal, suivant M. le Beuf, qui le place entre Paris et Compiègne, le 11 juillet. On y fit vingt-cinq canons. Dans le quatorzième, les pères n'approuvent pas l'opinion alors commune parmi le peuple, *que le jour de dimanche, il ne fallait pas se servir de chevaux, de bœuf, ou de voiture, pour voyager, ni préparer quoi que ce fût pour manger*: ce que les pères regardent comme des coutumes judaïques, plutôt que chrétiennes. Suivant le vingtième canon, les monastères

de fondation royale rendaient compte au roi de leurs biens, les épiscopaux à l'évêque. Les premiers étaient indépendants des évêques, et soumis seulement à l'inspection de l'archichapelain. Le vingt-cinquième canon défend aux évêques et aux abbés de recevoir des présents, pour rendre la justice. Enfin on y ordonna qu'il se tiendrait deux conciles tous les ans : le premier, le 1er. mars ; le second, le 1er. octobre. Ce concile est daté de la quatrième année du roi Pepin. Mansi le met en 756.

756 *Anglicum*, par Cuthbert, archevêque de Cantorberi, où l'on ordonne que la fête de saint Boniface, archevêque de Mayence, sera célébrée dans toute l'Angleterre, le 5 juin. (*Edit. Venet.* tom. VIII.)

756 *Compendiense*, de Compiègne, le 22 juin, sous la présidence de Georges et Jean, légats du saint-siége. Ce concile était composé des évêques et des seigneurs, suivant l'usage de ce tems-là. On y fit dix-huit canons, qui, presque tous, regardent les mariages, et dont quelques-uns sont peu conformes à la doctrine de l'Eglise. Tel est le treizième, qui permet au mari, dont la femme aura, de son consentement, embrassé la vie monastique, d'en épouser une autre. Tel est encore celui qui accorde la même permission pour cause de lèpre.

L'année suivante (757), on tint au même endroit, un autre concile, où Tassillon, duc de Bavière, prêta serment de fidélité au roi Pepin. (Mansi.)

765 *Attiniacense*, d'Attigni sur Aisne, la quatorzième année du règne de Pepin. Saint Chrodégand de Metz y présida, et il y assista vingt-sept évêques et dix-sept abbés. Il n'en reste que la promesse réciproque qu'ils se firent, que quand quelqu'un d'eux viendrait à mourir, chacun ferait dire cent pseautiers, et célébrer cent messes par ses prêtres, et que l'évêque lui-même dirait trente messes pour le défunt. On trouve d'autres promesses semblables dans les conciles de ce tems-là. Ce concile ne diffère point de celui que le P. Pagi met en 762, comme le prouve le P. Mansi. (*Suppl.* tom. I, pag. 622.)

766 ou 767 *Hierosolymitanum*, de Jérusalem, par le patriarche Théodore, en faveur des saintes images. (Mansi, *Suppl. Conc.* tom. I.)

767 *Gentiliacense*, de Gentilli, près de Paris, par le roi Pepin. Il y avait des légats du pape et des Grecs. Ceux-ci reprochèrent aux Latins d'avoir ajouté au symbole de Constantinople le mot *Filioque*. Il y fut aussi parlé des images : *utrumne pingendæ an fingendæ essent imagines* (*Ado Vien.*),

mais on ne sait point quelle fut la décision. Mansi le met à Noël 756.

768 ou 769 *Ratisbonense*, de Ratisbonne, où l'on interdit aux chorévêques les fonctions épiscopales. (Hartzheim, *Conc. Germ.* tom. I.)

769 *Romanum*, le 12 avril, où le pape Etienne III, douze évêques de France et plusieurs autres de Toscane, de Campanie et du reste de l'Italie, condamnèrent, à une pénitence perpétuelle, le faux pape Constantin. On y brûla les actes du concile qui avait confirmé son élection, et on fit un décret touchant l'élection du pape, avec défense de la troubler. Enfin, on y ordonna que les reliques et les images seraient honorées suivant l'ancienne tradition, et on anathématisa le concile tenu en Grèce l'an 754, contre les images. Les actes en sont plus entiers dans Mansi qu'ailleurs. La date en est singulière. Elle porte : *Regnante una et eadem sanctâ Trinitate*, sans faire mention des années de l'empereur ; ce qui montre que son autorité n'était plus reconnue à Rome.

772 *Dingolvingense*, de Dingelfind, en Bavière, par ordre du duc Tassillon, le 14 octobre. Six évêques, avec plusieurs seigneurs laïques, le duc à la tête, y firent quatorze décrets concernant les affaires ecclésiastiques et civiles.

774 * *Romanum*, où le pape Adrien I accorde à Charlemagne le droit d'élire le pontife romain, et de donner l'investiture à tous les évêques. C'est ce que rapporte Albéric de Trois-Fontaines, en citant pour garant le moine Hélinand, son frère et son contemporain. La même chose se trouve dans la première édition de Sigebert ; mais elle a été supprimée, comme une fourrure dans celle qu'a donnée Aubert-le-Mire, d'après les plus anciens manuscrits ; cependant il est vraisemblable que cette fourrure était déjà faite du tems d'Albéric. On a tout lieu de croire, avec Baronius et Pagi, que ce concile est une fable. Sans parler en effet du silence que gardent sur ce privilège le diacre Florus et Loup, abbé de Ferrières, en traitant de l'intervention des princes dans le choix des évêques, nous avons deux lettres de ce même Adrien à Charlemagne, postérieures à ce prétendu concile, où il soutient, comme une vérité constante, que l'intervention des princes n'est point nécessaire dans les élections ecclésiastiques. (Mansi.)

777 *Paderbonense*, de Paderborn, où un grand nombre de Saxons reçoivent le baptême. (*Conc. Germ.* tom. I.)

779 *Duriense*, de Duren, aujourd'hui dans le duché de Juliers, sur la Roer, composé de prélats et de comtes. On y

fit vingt-quatre canons, dont le septième porte que « cha-
» cun paiera la dîme pour être dispensée suivant les ordres
» de l'évêque ». C'est la première fois, suivant M. Eccard,
(*Hist. Franc.* liv. 24), qu'il est fait mention, en Allemagne, de la dîme proprement dite, comme d'une dette envers le clergé.

780 *Paderbornense, vel Luppiense*, de Paderborn, ou de Lipstadt, (assemblée mixte) où Charlemagne jeta les fondements des cinq évêchés detinés pour affermir la religion chrétienne dans la Saxe. Ces évêchés sont Minden, Halberstad, Ferden, Paderborn et Munster. (*Conc. Germ.*, T. I.)

782 *Coloniense*, (assemblée mixte) où Charlemagne reçoit les soumissions des Saxons, à l'exception de Witikind. (*Conc. Germ.*, T. I.)

782 *Paderbornense*, (assemblée mixte) où Charlemagne concerte avec les comtes et les prélats, la forme civile et ecclésiastique qu'il désire donner à la république des Saxons. (*Ibid.*)

785 *Paderbornense*, (assemblée mixte) où Charlemagne donne la dernière main à la forme civile et ecclésiastique de la république des Saxons, et nomme des évêques pour remplir les siéges qu'il y avait créés. (*Conc. Germ.*, T. I.)

786 *Constantinopolitanum*, commencé le premier août, et dissous par la violence des Iconoclastes et des soldats. Les Catholiques furent obligés de se retirer, quoiqu'ils fussent protégés par l'empereur Constantin et l'impératrice Irène, sa mère. (Théophane.)

787 *NICÆNUM II*, de Nicée. Septième concile général, commencé le 24 septembre, et fini le 23 octobre, sous le pape Adrien et sous l'empereur Constantin, fils de Léon et d'Irène. Les légats du pape y présidèrent. Taraise de Constantinople y assista, et les députés des trois autres patriarches. On y compta jusqu'à trois cent soixante-dix-sept évêques. L'impiété des Iconoclastes y fut anathématisée, et le culte des saintes images expliqué et rétabli dans l'Eglise. On y fit vingt-deux canons. L'église grecque fait mémoire des pères de ce concile, le 11 octobre.

787 *Calcuthense*, de Celchyt, en Northumbre. Le roi Elfuold ou Alphécad s'y trouva avec les évêques et les seigneurs. On y dressa vingt canons, dont le premier recommande la foi de Nicée et des six conciles généraux. Le septième n'y était point encore connu.

788 *Ingelheimense*, d'Ingelheim, près de Mayence, (assemblée mixte) où Tassillon, duc de Bavière, est jugé défi-

nitivement et condamné à être enfermé dans un cloître.
(*Conc. Germ.* , T. I.)

791 *Narbonense*, le 27 juin, au sujet de Félix d'Urgel. Vingt-six évêques et deux députés d'absents y assistèrent : mais on ne voit point que Félix, qui était présent, y ait été condamné. Ce concile, dans un fragment que nous en avons, est daté du 27 juin de l'an 788, la vingt-troisième année du règne de Charlemagne, indiction XII. Voilà des contradictions visibles. L'année 788 n'était que la vingtième du règne de Charlemagne, et l'indiction XI courait seulement alors. C'est ce qui porte dom Vaissète à croire que ces dates ont été ajoutées après coup. Le père Pagi doute même l'authenticité du fragment où elles se trouvent.

792 *Ratisbonense*, de Ratisbonne, en Bavière, vers le mois d'août. Félix d'Urgel, convaincu d'erreur, y fut condamné, et envoyé à Rome vers le pape Adrien, en présence duquel il confessa et abjura son hérésie dans l'église de saint Pierre : puis il retourna chez lui à Urgel. Il soutenait, comme Elipand, que Jésus-Christ homme n'était fils de Dieu que par adoption.

793 *Verolamense*, de Verlam, en Angleterre, au mois d'août pour fonder l'abbaye de Saint-Albans.

793 ou environ. * *Hispanum*, peut-être de Tolède, par les évêques d'Espagne, où l'erreur d'Elipand est approuvée, et d'où l'on écrit une lettre synodique aux évêques des Gaules, pour les engager dans le même parti. (Mansi, *Suppl. Conc.*, T. I, p. 730.)

794 *Francofordiense*, de Francfort sur le Mein, près de Mayence, au commencement de l'été, de tous les évêques de Germanie, de Gaule, d'Aquitaine, et de deux autres évêques, légats du pape. On y condamna l'hérésie d'Elipand de Tolède et de Félix d'Urgel, touchant l'adoption qu'ils attribuaient au fils de Dieu, et on y fit cinquante-six canons. Le second est conçu en ces termes : « On a proposé la question du nouveau concile des Grecs...... touchant l'adoration des images, où il était écrit que, *Quiconque ne rendra pas aux images des Saints le service, l'adoration, comme à la Trinité, sera jugé anathême.* Les pères du concile ont rejeté et méprisé absolument cette adoration et cette servitude, et l'ont condamnée unanimement. » Le mot d'adoration n'est pas pris ici dans le même sens que les pères du deuxième concile de Nicée l'expliquent. Les Livres Carolins entendent aussi mal ce mot. Mais le concile de Francfort et les Livres

Carolins font voir clairement que les Français étaient persuadés que la seule autorité du Pape ne suffisait pas pour faire recevoir un concile, sans le consentement des principales églises. On voit, par Hincmar, que le septième concile n'était point encore reçu en France en 870. (Fleuri.)

796 *Gallicanum*, vraisemblablement de Tours, où l'on déposa Joseph, évêque du Mans, pour sa conduite tyrannique et barbare envers son clergé. (Mabill. *Anal.* in-fol. pag. 292.)

796 *Forojuliense*, de Cividad di Friuli, par Paulin, patriarche d'Aquilée, et ses suffragants, avant le 15 avril. Il y combat deux erreurs; la première, que le Saint-Esprit ne procède que du Père et non du Fils; l'autre qu'en Jésus-Christ il y a deux fils, l'un naturel et l'autre adoptif: erreurs qu'il condamne sans en nommer les auteurs. Pagi prouve que ce concile s'est tenu en 796; d'autres le rapportent à 791.

799 au plus tard. *Altinense*, d'Altino, dans la Marche trévisane, tenu par saint Paulin, patriarche d'Aquilée, qui en envoya les actes à Charlemagne, avec une supplique tendante à ce que ce prince daignât arrêter le cours des violences qui s'exerçaient contre des prêtres. (Labbe, *Conc.* tom. VII. *col.* 1187.) On met ordinairement ce concile à l'an 801, dans la supposition qu'il fut tenu à l'occasion du meurtre de Jean, patriarche de Grado, que le duc de Venise fit mourir cette année. Mais étant certain, par les annales de Fulde, la chronique d'Herman le Contract, les annales publiées par Lambécius et les calendriers de l'église d'Aquilée, que Paulin mourut le 11 janvier 802, il n'est nullement probable que le concile dont il s'agit se soit tenu cette même année. D'ailleurs, l'église de Grado faisant partie de l'empire d'Orient, ce n'était point à Charlemagne, mais à l'empereur d'Orient que Paulin aurait dû s'adresser pour avoir justice du meurtre du patriarche Jean. La lettre de Paulin à Charlemagne avait donc un autre objet que la punition de cet attentat. Enfin, le simple titre de roi que Paulin donne à ce prince dans cette lettre, suivant quelques exemplaires, semble prouver que le concile d'Altino, dont elle est le seul monument qui nous reste, est antérieur à l'an 800. (*Voyez* Murat. *Annal. Ital.* tom. IV, pag. 449.)

799 *Ratisbonense*, de Risbach, au diocèse de Ratisbonne, le 20 janvier. On y fit douze canons. (*Conc. Germ.* tom. II.) Mansi le rapporte à l'an 803.

799   *Becanceldense*, de Bécanceld, en Angleterre, en présence du roi Quénulfe. On y défendit aux laïques d'usurper les biens des églises, et dix-sept évêques avec quelques abbés souscrivirent ce décret. (Wilkins.)

799   ou environ. *Finchalense*, de Finklei, en Angleterre. Echembal d'Yorck y présida, et l'on y ordonna le rétablissement de l'ancienne discipline, principalement sur l'observation de la Pâque.

799   *Romanum*. L'écrit de Félix d'Urgel, contre Alcuin, y fut condamné, et Félix lui-même excommunié, s'il ne renonçait à l'hérésie dans laquelle il était retombé. Cinquante-sept évêques assistèrent à ce concile avec le pape Léon III qui y présida.

799   *Urgellense*, d'Urgel, par Leidrade de Lyon, que Charlemagne avait envoyé à Félix, avec Néfride de Narbonne, Benoît, abbé d'Aniane, et plusieurs autres, tant évêques qu'abbés. Ils y persuadèrent à Félix de venir trouver le roi, en lui promettant une entière liberté de produire en sa présence les passages des PP., qu'il prétendait favorables à son opinion.

799   *Aquisgranense*, d'Aix-la-Chapelle, où Félix, entendu en présence du roi et des seigneurs, et réfuté par les évêques, renonça à son erreur, et fut néanmoins déposé à cause de ses rechûtes. Il écrivit lui-même son abjuration, en forme de lettre, adressée à son clergé et à son peuple d'Urgel. Félix fut relégué à Lyon, où il passa le reste de sa vie.

800   *Cloveshovense II*, de Cliffe, en Angleterre. On y reconnut la foi telle qu'elle avait été reçue de saint Grégoire, et on y traita des usurpations des biens d'église. Les actes de ce concile sont datés, *anno adventus* DCCC. C'est la même chose que l'année de l'Incarnation.

800   *Romanum*, au mois de décembre, tenu en présence de Charlemagne, et composé d'archevêques, d'évêques, de prêtres, et de toute la noblesse romaine et française, pour procéder à l'examen des accusations intentées contre le pape Léon III. Les prélats y débutent par déclarer que « personne n'est assez hardi pour appeler le pape en juge- » ment, parce que le siége apostolique étant le chef de » toutes les églises, et le juge de tous les ecclésiastiques, » aucun siége ne peut le juger. » Charles, avec qui cette déclaration avait été concertée, s'en contente, et le reste de l'assemblée imite son exemple. Le pape, de son côté, proteste « qu'il veut imiter l'exemple de ses prédéces- » seurs; » et le lendemain, étant monté sur l'ambon de

la basilique de Saint-Pierrre, il jure sur la croix et l'évangile, « qu'il ne se sent coupable ni d'avoir commis, ni
» d'avoir fait commettre les crimes dont quelques ro-
» mains, ses persécuteurs, l'avaient accusé. » Ensuite
» le pape, dit l'annaliste de Moissac, les pères du concile
» et le reste du peuple chrétien, jugèrent qu'il était de
» leur devoir de nommer empereur Charles, roi des
» Français; lequel était maître de Rome même, où les
» césars avaient coutume de fixer leur principal séjour,
» et de tous les autres lieux d'Italie, de la Gaule et de la
» Germanie, devenus en différents tems le siége de l'em-
» pire: le Dieu tout-puissant ayant soumis tous ces siéges
» à la puissance de ce prince; que pour cette raison,
» il leur paraissait juste, qu'à la requête de tout ce peuple
» chrétien, il reçut, le jour même de la naissance de notre
» seigneur Jésus-Christ, le nom d'empereur, et fût
» consacré par la main du pape Léon. » Si le pape et
les principaux membres du concile, dit M. de Saint-Marc, n'avaient pas été certains que Charles ne refuserait pas le titre d'empereur, quand on le prierait de l'accepter, il est à croire que cette assemblée, dont il était l'âme, n'eût pas décidé qu'il était juste de le proclamer empereur.

803 *Aquisgranense*, grand concile assemblé par Charlemagne, au mois d'octobre. Les évêques avec les prêtres y lurent les canons; et les abbés avec les moines la règle de saint Benoît, afin que les uns et les autres vécussent selon la loi qui leur était prescrite. Il n'y avait point alors de moines ou religieux qui suivissent une autre règle que celle de saint Benoît. (*Conc. Germ.* tome II.) Labbe et Pagi mettent ce concile en 802.

803 *Cloveshovense III*, le 12 octobre, par Adhelard ou Ethelard II, archevêque de Cantorberi, à la tête de douze évêques, des abbés et des prêtres de sa dépendance. Ce prélat y rend compte d'un voyage qu'il avait fait à Rome, pour s'opposer à l'élection qu'Offa, roi des Merciens, avait faite d'un archevêché, dans l'abbaye de Lichfield, en vertu d'une bulle qu'il avait obtenue du pape Adrien. Adhelard ayant fait déclarer cette bulle obreptice par le pape Léon III, avec défense de donner aucune atteinte à la juridiction de l'église de Cantorberi, le concile, après avoir pris communication de ces lettres, ordonna que l'archevêché de Lichfield demeurerait supprimé, avec anathême contre ceux qui voudraient le maintenir. (*Wilkins.*)

806 * *Constantinopolitanum.* Le patriarche Nicéphore, avec environ 15 évêques, y rétablit, par condescendance, le prêtre Joseph, qui avait été déposé par Tharaise, en 797. Saint Théodore Studite s'opposa au décret de ce concile, et se sépara, en conséquence, de la communion du patriarche. Ce fut dans ce concile qu'on régla les cérémonies pour la consécration d'un archimandrite. (Mansi, *in pagium.*)

807 *Saltzburgense*, de Saltzbourg, le 26 janvier, où l'on décida, selon les canons, que les dîmes devaient être partagées en quatre portions; la première à l'évêque, la seconde aux clercs, la troisième aux pauvres, la quatrième à la fabrique des églises. (Le Cointe, Pagi, Hartzheim, *Conc. Germ.* tome II.)

809 * *Constantinopolitanum*, au mois de janvier. Un grand nombre d'évêques déclarèrent que le mariage de Constantin avec Théodote, fille de la chambre de l'impératrice Marie qu'il avait répudiée, était valide par dispense; et on y excommunia saint Platon, saint Théodore Studite, et son frère Joseph, archevêque de Thessalonique, qui regardaient ce mariage comme un adultère, et qui refusaient de communiquer avec le prêtre Joseph pour l'avoir fait. La persécution contre les moines fut très grande à l'occasion de ce mariage.

809 *Aquisgranense*, au mois de novembre. On y traita cette question : Si le Saint-Esprit procède du Fils comme du Père. Pour la décider, l'empereur envoya Bernaire, évêque de Worms, et Adelard, abbé de Corbie, consulter le pape Léon, avec lequel ces députés eurent une grande conférence sur le mot *Filioque*, chanté dans le symbole par les églises de France et d'Espagne. On ne le chantait point à Rome. Le pape aurait souhaité qu'on eût été dans la même réserve partout; mais il ne condamnait point ceux qui chantaient *Filioque*. Il avouait même que ce mot expliquait la vraie foi; mais il respectait les conciles qui avaient défendu de rien ajouter au symbole. Il fit plus ; pour montrer son attachement à l'antiquité, et pour ne pas blesser la délicatesse des Grecs, il fit attacher, dans la basilique de Saint Pierre, deux tables d'argent, sur l'une desquelles était gravé le symbole en grec, et sur l'autre le même symbole en latin ; mais tous deux sans l'addition *Filioque*.

812 *Constantinopolitanum*, le premier novembre. L'empereur Michel Curopalate assembla ce concile, pour délibérer sur les offres que faisaient les Bulgares de lui accor-

der la paix, à condition de rendre les transfuges de leur nation. Les avis furent partagés. L'empereur et le patriarche étaient pour la paix. Saint Théodore Studite, avec plusieurs autres s'y opposa, et son parti prévalut. (Théophane, page 421, Cedrène, page 486.)

813 *Arelatense*, le 10 mai, *Hemense*, à la mi-mai, *Moguntiacum*, le 9 juin, *Cabilonense* et *Turonense*. Cinq conciles, tenus par ordre de Charlemagne, pour corriger les abus et rétablir la discipline ecclésiastique. On fit dans tous un grand nombre de canons. Dans celui de Tours, on avertit les évêques de faire en sorte que chaque prêtre ait pardevers lui les Homélies des pères, traduites en langue romaine rustique, ou en langue théotisque ; ce qui prouve que le latin avait déjà cessé d'être la langue vulgaire. Dans le trentième canon de celui de Châlons, il est défendu de rompre les mariages entre les serfs, quoiqu'ils appartiennent à différents maîtres, pourvu qu'ils se soient mariés de leur consentement et selon les lois.

813 *Aquisgranense*, au mois de septembre. Charlemagne fit lire dans une grande assemblée tous les canons des cinq conciles précédents, et fit publier un capitulaire de 28 articles, contenant ceux de ces canons dont l'exécution avait plus de besoin de la puissance temporelle.

814 *Noviomense*, de Noyon, par Vulfaire, archevêque de Reims, où l'on règle les limites des diocèses de Noyon et de Soissons. Il y fut décidé que les villages qui étaient au-delà de l'Oise, dans le territoire de Noyon, et qui sont spécifiés par Flodoard, seraient de ce premier diocèse ; et que les autres, qui étaient aussi au-delà de cette rivière, non compris au territoire de Noyon, appartiendraient au diocèse de Soissons.

814 *Constantinopolitanum*, vers les fêtes de Noël, par le patriarche Nicéphore, à la tête de 270 évêques. On y condamne Antoine, métropolitain de Silée, en Pamphylie, convaincu de l'hérésie des Iconoclastes, et on y confirme la vraie doctrine sur le culte des saintes images. (Labbe, *Conc.* tome IX. Mansi, *Suppl.* tome I.)

815 * *Constantinopolitanum*, par les Iconoclastes, au mois de février, où le saint patriarche Nicéphore fut déposé.

815 * *Constantinopolitanum*, au mois d'avril. Grand concile des Iconoclastes, sous l'empereur Léon. Toutes les peintures des églises furent effacées par-tout avec de la chaux, les vases sacrés brisés, les ornements déchirés, etc. La persécution fut grande contre les Catholiques. Ce con-

cile, auquel présida le faux patriarche Théodote Cassitère, est une suite du précédent.

816   *Celichytense*, de Celchyt, en Angleterre, le 27 juillet. Quénulfe, roi des Merciens, y était présent. On y fit 11 canons, dans l'un desquels il est ordonné à tous les évêques de dater leurs actes de l'année de l'Incarnation. Vulfred de Cantorberi y présida, assisté de 12 évêques, de plusieurs abbés, des prêtres et des diacres.

816   *Aquisgranense*, au mois d'octobre. On y fit une règle pour les chanoines, composée de 145 articles. On en fit aussi une pour les chanoinesses, qui contient 8 articles. C'étaient de vraies religieuses, engagées par le vœu de chasteté, et gardant exactement la clôture, voilées et vêtues de noir.

816   *Romanum*, où le pape Etienne IV publie un canon, portant que l'élection du pape se fera par les évêques et le clergé, en présence du sénat et du peuple, et sa consécration devant les députés de l'empereur. Ce canon, à la vérité, ne se trouve que dans le Décret de Gratien (*Dist.* 63, c. 28.) Baronius et plusieurs autres le rejettent comme supposé. Le P. Pagi, qui l'admet, l'attribue à Etienne VI, et prétend qu'il fut dressé dans le concile romain de l'an 897. On se fonde, de part et d'autre, sur ce que dans ce canon, il est dit que la présence des députés de l'empereur à l'ordination du pape est d'un usage ancien et conforme aux règles; ce qui était faux en 816, puisque Eugène II est le premier qui ait admis cette loi dans la formule de serment qu'il donna, de concert avec l'empereur Lothaire, en 824. Mansi (*Suppl.* tome I. page 788) avance que Muratori a clairement démontré que le canon rapporté par Gratien est d'Etienne VI. Mais Muratori (*Rer. Ital.* tome II, *part.* 2, page 128.) ne parle que de la défense qui est faite dans ce canon de contester au clergé de Rome le droit d'élire le pontife romain. Et, sans entrer dans d'autre discussion, il laisse la liberté de croire que les successeurs d'Eugène ont inséré des clauses étrangères dans ce canon.

817   *Aquisgranense*, au mois de juin, où l'on fit des constitutions sur la règle de saint Benoît, que l'empereur Louis confirma, et fit exécuter par son autorité.

821   *Constantinopolitanum*. L'empereur Michel-le-Bègue ayant ordonné que les évêques catholiques s'assembleraient avec les Iconoclastes pour délibérer ensemble sur les moyens de rendre la paix à l'Eglise, les premiers, à leur arrivée à Constantinople, tinrent entre eux un concile

pour examiner, s'ils pouvaient s'assembler en synode avec des hérétiques : et ayant conclu que non, ils se retirèrent. (Mansi.)

822   *Apud Theodonis Villam*, de Thionville, par 32 évêques, au mois d'octobre. On y fit, pour la sûreté des ecclésiastiques, 4 articles que l'empereur et les grands des Gaules et de Germanie confirmèrent l'année suivante, par un capitulaire qui commence ainsi : *Placuit nobis et fidelibus nostris*. Le P. Labbe et le P. Hartzheim ne s'accordent pas dans le récit de ce qui se passa à ce concile. Le P. Mansi le place en 813, d'après un manuscrit de Lucques.

822   *Cloveshovense IV*, de Cliffe, en Angleterre, où Vulfred de Cantorberi se fit restituer une terre que le roi Quénulfe lui avait enlevée, et que l'abbesse Cynédride, sa fille et son héritière, retenait encore malgré le prélat.

822   *Attinianense*, d'Attigni, où Louis le Débonnaire, par le conseil des évêques et des seigneurs, se reconcilia avec ses trois jeunes frères, Hugues, Drogon et Théodoric, qu'il avait fait tondre malgré eux. Il se confessa publiquement de cette action, et de la rigueur dont il avait usé envers son neveu, Bernard, roi d'Italie, et envers l'abbé Adelard, et Vala, son frère : il en fit pénitence publique, se proposant d'imiter celle de l'empereur Théodose. Il témoigna aussi un grand désir de réformer tous les abus introduits par la négligence des évêques et des seigneurs; et il confirma la règle des chanoines et celle des moines, qui avaient été faites à Aix-la-Chapelle.

823   *Romanum*, où le pape Pascal, en présence de 34 évêques, se purge, par serment, de l'accusation intentée contre lui d'avoir fait crever les yeux au primicier Théodore et au nomenclateur Léon. (Mansi. *Suppl.* tome I.)

823   *Compendieuse*, de Compiègne, sur le mauvais usage des choses saintes. Il faut distinguer ce concile d'un autre qui se tint au même lieu en 816, et dont les actes sont perdus. (Mansi.)

824   *Cloveshovense V*. On y termina un différend entre Hébert de Worcester et les moines de Berclei, touchant le monastère de Westbury, qui fut rendu à l'évêque. Le décret, daté du 30 octobre, fut souscrit par le roi Bernulfe, 12 évêques, 4 abbés, un député du pape et plusieurs seigneurs. Ce concile est daté de l'indiction 11, ce qui est bien.

825   *Parisiense VII*, au mois de novembre. Les évêques trouvèrent bon que le pape Adrien eût blâmé ci-devant ceux

qui brisaient les images ; mais il le blâmèrent d'avoir ordonné de les adorer superstitieusement. Adrien n'ordonnait pas d'adorer superstitieusement les images ; mais les évêques de France, par une erreur de fait, le croyaient ainsi. Ils blâmèrent aussi le deuxième concile de Nicée, et encore plus celui des Iconoclastes, tenu en 754, et ils s'en tinrent aux Livres Carolins. (Goldast.)

825 *Aquisgranense.* C'est une suite de celui de Paris, d'où les évêques envoyèrent leur décision à l'empereur, qui était à Aix-la-Chapelle, le 6 décembre. Le tout fut porté au pape par deux évêques. On ne sait point quelle fut la suite de la négociation de ces évêques auprès du pape ; mais il est certain que les Français soutinrent encore quelque tems qu'il ne fallait ni briser, ni adorer les images, sans recevoir le deuxième concile de Nicée, ni se soumettre, en ce point, à l'autorité du pape qui l'avait approuvé ; et toutefois il est également certain qu'ils furent toujours en communion avec le saint siége, sans que l'on y voie un moment d'interruption. (Fleuri.)

826 *Ingelhenheimense*, d'Ingelheim sur la Saltz, le premier juin. Le P. Hartzheim lui attribue un capitulaire en sept articles, qui se trouve dans Baluze ; mais le fait est, pour le moins, très-douteux. On le fonde sur ce que dans le VIe. livre des Capitulaires, d'où ces articles sont extraits, il est marqué, dit-on, qu'ils furent arrêtés dans une assemblée d'Ingelheim : ce qui néanmoins ne s'y trouve pas. Tout ce qu'on sait de cette assemblée, c'est que l'empereur y reçut plusieurs ambassades et deux légats du pape, qu'Hériold, prince danois, y fut instruit et converti ; et que la mission de saint Anschaire en Danemarck y fut déterminée.

826 *Romanum*, le 15 novembre, sous Eugène II. Soixante-deux évêques, 18 prêtres, 6 diacres et plusieurs autres clercs y assistèrent. On y fit 38 canons, la plupart pour la réformation du clergé. Un de ces canons ordonne (conformément à une loi de Charlemagne) qu'on établisse des maîtres dans les maisons des évêques, et partout où besoin sera, pour enseigner la grammaire et l'écriture sainte. Un autre porte que les abbés, pour avoir une plus grande autorité dans les monastères, seront revêtus du caractère de la prêtrise. Mais ce canon n'eut point d'exécution en France. Nous voyons en effet, long-tems après, des abbés dans ce royaume qui n'étaient que diacres. Tel fut le célèbre Geoffroi, abbé de Vendôme, qui ne reçut la prêtrise qu'après son élévation au cardinalat.

827 *Mantuanum*, de Mantoue, composé de 72 évêques, où l'on rend au patriarche d'Aquilée toute l'étendue de son ancienne juridiction, c'est-à dire qu'on lui soumet l'Istrie, qui continuait d'obéir au patriarche de Grado, depuis l'an 579, époque de la translation du siége patriarcal en cette ville, sans égard pour le rétablissement du même siége patriarcal à Aquilée, fait par les évêques lombards en 605. (Mansi, *Suppl.* tome I.)

829 *Parisiense* VII, le dimanche 6 juin. Dans l'assemblée tenue à Aix-la-Chapelle, sur la fin de 828, l'empereur Louis ordonna quatre conciles, à Mayence, à Paris, à Lyon et à Toulouse. Ces quatre conciles se sont tenus: mais nous n'avons les actes que de celui de Paris. Il fut tenu dans une église dédiée à saint Etienne, qui était l'ancienne cathédrale, voisine de la nouvelle, et qui n'existe plus. Quatre métropolitains y assistèrent, et en tout 25 évêques. Les actes de ce concile sont divisés en trois livres. Le premier contient 54 articles, dont la plupart regardent les évêques. Le second en comprend 13, qui regardent les devoirs des rois. Dans le troisième livre les évêques rendent compte aux empereurs Louis et Lothaire, et répétent 27 articles du premier, en demandant en particulier, aux empereurs, l'exécution de dix de ces articles. Le plus important de ce concile est sur les entreprises des deux puissances; de la royale, en ce que les princes depuis long-tems s'ingèrent dans les affaires ecclésiastiques; de l'ecclésiastique, en ce que les évêques partie par ignorance, partie par cupidité, s'occupent plus qu'il ne devraient des affaires temporelles.

829 *Moguntinum*, de Mayence, au mois de juin, par l'archevêque Otgaire et 23 autres évêques. C'est un des quatre conciles dont on vient de parler. Gothescalc, moine de Fulde, y comparaît avec Raban, son abbé, pour demander à être renvoyé libre des engagements de la vie monastique, attendu qu'il avait été offert à la religion par ses parents, dans son enfance, sans le savoir ni le vouloir. Les prélats adjugèrent à Gothescalc sa demande. Mais Raban appela de cette décision à l'empereur, auquel il envoya un traité de sa composition sur l'offrande des enfants Otgaire l'ayant lu, rétracta son jugement et permit seulement à Gothescalc de retourner à Orbais, son premier monastère. (*Conc. Germ.* tome II.)

829 *Vormatiense*, de Worms, après les quatre conciles précédents. On y fit un capitulaire de plusieurs articles, dont le plus considérable défend l'épreuve de l'eau froide,

pratiquée jusqu'alors. Nous avons un traité d'Agobard composé vers ce tems-ci contre toutes les épreuves, que le peuple nommait alors jugements de Dieu.

829 * *Constantinopolitanum* ; où l'empereur Théophile fait proscrire les saintes images.

829 *Lugdunense*, de Lyon. Il n'en reste qu'une lettre synodique d'Agobard, archevêque de Lyon, de Bernard, archevêque de Vienne, d'Éaof, évêque de Châlons-sur-Saône, à l'empereur Louis le Débonnaire, pour se plaindre de la protection que ses officiers accordaient aux Juifs, et des inconvénients qui en résultaient pour les Chrétiens. (Mansi, *Suppl. Conc.* tome I.)

830 *Noviomagense*, de Nimègue, où Jessé, évêque d'Amiens, fut déposé pour avoir été l'un des chefs de la révolte contre l'empereur Louis. Dans le même concile il fut décidé que l'empereur reprendrait Judith, son épouse ; et que si quelqu'un formait quelque accusation contre cette princesse, elle se défendrait par l'autorité des lois, ou subirait le jugement des Français, c'est-à-dire l'épreuve. D. Cellier met ce concile en 831.

831 *Aquisgranense*, où l'impératrice Judith est déclarée innocente des accusations formées contre elle. Dans la seconde action, il fut décidé que saint Anschaire, moine de Corvei, qui, l'an 826, avait été envoyé en mission dans le Danemarck, serait ordonné archevêque de Magdebourg, ce qui fut exécuté sur le champ par Drogon, évêque de Metz, assisté des autres pères du concile.

832 *San-Dionysianum*, de Saint-Denis, en France, le 1er février, par ordre de l'empereur Louis le Débonnaire, et à la sollicitation de l'abbé Hilduin, pour la réformation de ce monastère. D. Mabillon a donné les actes de ce concile sur l'original en parchemin, mais si mutilé, que la meilleure partie en est inintelligible. (*Dipl* L. 6, n. 74.)

833 * *Compendiense*, de Compiègne, le 1er octobre. Assemblée digne de l'horreur de tous les siècles, où l'empereur Louis fut mis en pénitence publique, et regardé comme ne pouvant plus porter les armes, ou comme étant déposé.

834 *San-Dionysianum*, de Saint-Denis, où l'empereur Louis voulut être réconcilié avec l'Église par le ministère des évêques, et recevoir de leur main l'épée qu'ils lui avaient ôtée, et non pas la couronne, qu'il ne tenait que de Dieu. C'était le deuxième dimanche de Carême, 1er. mars.

835 *Apud Theodonis Villam*, de Thionville, au mois de février. Plus de quarante évêques y déclarèrent nul tout ce qui avait été fait contre Louis le Débonnaire, et le

conduisirent à la cathédrale de Metz, pour rendre plus solennelle sa réhabilitation, qui se fit le dimanche de la Quinquagésime, pendant la messe, le dernier jour de février. Agobard de Lyon et Bernard de Vienne furent ensuite déposés, après le retour des évêques à Thionville, et enfin, Ebbon de Reims, le fut plus solennellement que les deux autres, qui étaient absents, ayant consenti lui-même à sa déposition, et renoncé pour toujours à l'épiscopat.

835 *Stramiacense*, de Crémieu, dans le Dauphiné, suivant M. de Valois: de Tramoye, en Bresse, selon M. de Lumina, dont le sentiment paraît le mieux fondé, puisque l'Astronome, dans la vie de Louis le Débonnaire, met ce concile dans le Lyonnais. Il se tint au mois de juin, en présence de ce prince et de ses deux fils Louis et Pepin. L'empereur y demanda que l'on pourvût aux sièges de Lyon et de Vienne, vacants par la déposition d'Agobard et de Bernard, déposés au concile de Thionville. Mais ces deux prélats étant absents, l'assemblée ne voulut rien prononcer. (Pagi, *ad. an.* 836.)

836 *Aquisgranense*, le 6 de février. Il contient beaucoup d'avis aux ecclésiastiques, aux moines, à l'empereur lui-même, à ses enfants, à ses ministres, et en particulier à Pepin, roi d'Aquitaine, pour l'obliger à la restitution des biens ecclésiastiques, qu'il restitua en effet, et qu'il fit restituer par ceux qui en avaient usurpé.

837 *Aquisgranense*, le 30 avril, touchant le différend d'Aldric, évêque du Mans, avec l'abbaye d'Anisole ou de Saint-Calès, qui se prétendait exempte de sa juridiction. L'évêque gagna son procès d'une voix unanime; mais les moines refusant de se soumettre à ce jugement, dont il pressait l'exécution, allèrent trouver l'empereur, qui les renvoya au concile suivant. Le P. Mansi, d'après les actes de cette assemblée d'Aix-la-Chapelle, la place en 838. Mais Eccard prétend qu'il y a faute dans ces actes, pour la date de l'incarnation, attendu qu'ils sont datés d'ailleurs de la vingt-cinquième année de l'empereur Louis, laquelle commence au mois de janvier 837.

838 *Carisiacum I*, de Quiersi-sur-Oise, le 6 septembre, en présence de l'empereur, où le diacre Florus dénonce et fait condamner les ouvrages liturgiques d'Amalaire, chorévêque de Lyon. On y jugea aussi de nouveau le différend de l'évêque du Mans avec l'abbaye de Saint-Calès, en faveur du premier. Pagi met ce concile en 837, quoi-

que la Vie de saint Aldric le place en 838. (Mansi, *Suppl. Concil.* tom. I.)

839. *Cabilonense*, de Châlons-sur-Saône, vers le mois d'octobre. L'empereur Louis le Débonnaire y exposa, aux prélats et aux seigneurs, les raisons qu'il avait eues de donner le royaume d'Aquitaine à son fils Charles, préférablement aux enfants de Pepin.

840 *Ingelhenheimense*, d'Ingelheim, le 25 août. Ebbon fut rétabli à Reims par un acte de l'empereur Lothaire, souscrit de vingt évêques. Il ordonna quelques clercs après son rétablissement; mais Charles le Chauve chassa Ebbon de Reims l'année suivante. Les actes de ce concile portent la date du VIII des calendes de juillet ou du 24 juin. Mais le P. Le Cointe et Baluze prétendent qu'il faut lire le VIII des calendes de septembre. La raison qu'ils en donnent, est que Louis le Débonnaire étant mort le 20 juin de cette année, tandis que son fils Lothaire était en Italie, ce dernier n'aurait pas pu se rendre à Mayence le 24 du même mois.

841 *Tauriacense*, et non pas *Germanicum*, comme le marque le P. Hartzheim. Ce fut effectivement dans un lieu voisin de Fontenai, nommé *Tauriacus*, où les deux frères Louis et Charles avaient campé avant la bataille de Fontenai, et où ils se retirèrent après l'avoir gagnée, que cette assemblée se tint, et voilà pourquoi M. la Lande, qui en a fait la découverte dans Nithard, lui donne pour titre, *Concilium Tauriacense in Pago Autissiodorensi*. On y décida que le succès de la journée de Fontenai était le jugement de Dieu, et on y décerna des prières, accompagnées d'un jeûne de trois jours, pour tous ceux qui étaient restés de part et d'autre sur le champ de bataille.

841 *Turonense*, par l'archevêque Ursmarus, après que les Normands, obligés de lever le siège de Tours, eurent été défaits par ce prélat à Saint-Martin-le-Beau, en latin *de Bello*; ce qui arriva le 12 mai de cette année. On y ordonna que tous les ans on célébrerait solennellement, le 12 mai, la fête de la subvention de saint Martin dans tout le diocèse; règlement qui s'observe encore à présent. (Maan, *Metrop. Turon.* p. 54.)

842 *Constantinopolitanum*, sous l'empereur Michel et l'impératrice Théodora, sa mère, le premier et non le second dimanche de carême, 19 février. Ce concile très-nombreux, auquel présida le patriarche Méthodius, confirma le second concile de Nicée, anathématisa les Iconoclastes, ratifia la déposition de Jean Léconomante, et l'ordination

de Méthodius, son successeur. Les Grecs, en mémoire de ce concile, appellent le premier dimanche de carême *la fête de l'Orthodoxie*. (*Voyez* Méthodius, patriarche de Constantinople.)

842 *Aquisgranense*, assemblé par les deux rois Louis et Charles le Chauve, pour délibérer avec les évêques s'ils pouvaient partager la portion de Lothaire, leur frère, dans le royaume de France, que ce prince abandonnait après avoir perdu l'espérance de s'y maintenir. Tous unanimement osent déclarer Lothaire déchu de ses droits à la couronne, et ses sujets déliés du serment de fidélité. *Promettez-vous de mieux gouverner?* dirent-ils ensuite aux deux princes. *Nous le promettons*, répondirent-ils. *Et nous*, dit l'évêque qui présidait, *nous vous permettons, par l'autorité divine, de régner à la place de votre frère, pour gouverner son royaume suivant la volonté de Dieu. Nous vous y exhortons, nous vous le commandons.* D'après cette décision où les évêques s'attribuaient une autorité qui ne leur appartenait pas, les deux frères partagèrent les états de Lothaire. Mais l'année suivante, plus équitables que ces prélats, s'étant raccomodés avec ce prince, ils les lui rendirent presque en entier, et lui assurèrent le titre d'empereur.

843 *In villa Colonia*, de Coulène, proche de la ville du Mans, ou de Coulaine, en Touraine, sur la Vienne. Charles le Chauve y fit un capitulaire de six articles, qui furent rappelés au concile de Meaux de l'an 845.

843 *Apud Lauriacum*, de Loiré, près d'Angers, au mois d'octobre. On y fit quatre canons, dont les deux premiers anathématisent ceux qui n'obéissent point au roi. Le père Sirmond croit que ce concile fut assemblé par ordre du roi Charles le Chauve, à l'occasion de la révolte de Lambert, comte de Nantes et de ses adhérents, qui avaient pris les armes contre ce prince.

843 *Germaniciense*, de Germigni, dans l'Orléanais, où l'on traite de plusieurs affaires importantes de l'Eglise, et, en particulier, de la réformation de l'ordre monastique.

844 *Apud Theodonis Villam*, de Thionville, au mois d'octobre, en un lieu nommé alors *Judicium*, aujourd'hui Jeust. Lothaire, Louis et Charles y promirent de garder entre eux une amitié fraternelle, et de rétablir l'état de l'Eglise troublée par leurs divisions. Les évêques y firent six articles, que les rois promirent d'observer.

844 *Vernense II*, du château de Vern, en décembre. Ebroin, archichapelain du roi Charles, et évêque de Poitiers, y

présida en présence de Vénilon de Sens. On y fit douze canons, dont le onzième est remarquable, en ce que les évêques y déclarent qu'ils ne peuvent, sans le consentement d'une plus grande assemblée, reconnaître pour légat du saint siege Drogon, évêque de Metz, que le pape Sergius II avait décoré de ce titre. Dans la préface, on exhorte le roi à conserver la paix avec ses frères.

845 *Bellovacense*, de Beauvais, au mois d'avril, par dix évêques. Hincmar, moine de Saint-Denis, y fut élu archevêque de Reims, et on y fit huit articles que le roi Charles fit serment d'observer.

845 *Meldense*, de Meaux, le 17 juin, par les évêques de trois provinces, Sens, Reims, Bourges. On y recueillit les canons de quelques conciles précédents, auxquels on en ajouta cinquante-six, faisant en tout quatre-vingts. Ces canons, dont plusieurs, sur-tout ceux qui défendaient l'aliénation des biens ecclésiastiques, incommodaient les seigneurs laïques, excitèrent leurs plaintes. Le roi Charles le Chauve, pour y faire droit, indiqua, l'année suivante, une assemblée générale à Epernai sur Marne, où ils demandèrent que les statuts du concile de Meaux leur fussent représentés, et qu'afin de pouvoir les examiner avec plus de liberté, les évêques eussent ordre de se retirer. Le roi acquiesça à leur demande, et fit sortir les prélats. Les grands, après avoir discuté les actes du concile de Meaux, firent choix de dix-neuf canons qui ne blessaient en rien leurs intérêts ni leurs prétentions. Ils les présentèrent aux évêques, et leur dirent qu'ils n'en avaient accepté que cette portion, le roi et eux n'en voulant pas adopter davantage. Ces canons furent mis au nombre des capitulaires de Charles le Chauve. Les évêques furent fort mal menés dans cette assemblée; et jamais l'ordre épiscopal, dit l'annaliste de Saint-Bertin, ne reçut un si grand affront.

846 *Parisiense VIII*, le 14 février, pour l'affaire d'Ebbon, que Lothaire, pour se venger de Charles, entreprit de rétablir à Reims, plus d'un an après l'ordination de Hincmar, qu'il savait être fidèle à Charles. Cette entreprise fut inutile. On y confirma les priviléges de Corbie, et vingt évêques y souscrivirent.

Ce concile a pour caractères chronologiques le 16 des calendes de mars de l'an 846, indiction 10 : d'où le père Labbe infère qu'il est de 847, suivant le nouveau style, parce que l'indiction 10 appartient réellement à cette année. Mais ce concile étant une continuation de celui de Meaux, comme il est marqué dans la préface, peut-on supposer qu'il y aura eu un intervalle de vingt mois entre l'un et l'autre? Nous disons donc avec le P. Pagi, qu'il y a faute dans l'indiction.

846 *Senonense*, de Sens, où Vénilon ordonne chorévêque Audradus Modicus. Ce concile est daté, dans Albéric, *anno tertio induciarum*. Ce mot *induciarum* marque la paix qui fut faite en 843, entre les fils de Louis le Débonnaire. (Mansi, *Suppl.*, tom. I.)

847 *Constantinopolitanum*, par le patriarche saint Ignace, où Grégoire, évêque de Syracuse, est déposé pour divers crimes dont il est convaincu. Tous les modernes, à l'exception du P. Mansi, placent ce concile, mais mal, en 854.

847 *Moguntinum I*, de Mayence, en septembre ou octobre, par Raban Maur, à la tête de douze évêques et de plusieurs abbés, principalement pour remédier aux usurpations des biens ecclésiastiques. On y fit trente et un canons. On y condamna au fouet une fausse prophétesse, nommée Thiote, qui annonçait, comme très-prochain, le jugement dernier. Des serfs, soupçonnés de certains crimes, y furent soumis à l'épreuve du feu; ce que le pape Etienne ayant appris, il s'éleva contre cet abus dans une lettre à l'évêque de Mayence.

848 *Moguntium II*, au commencement d'octobre, par le même. Gothescalc y présenta un écrit, où il disait qu'il y a deux prédestinations, et que comme Dieu, avant la création du monde, a prédestiné incommutablement tous les élus à la vie éternelle, par sa grâce gratuite, de même il a prédestiné à la mort éternelle tous les méchants à cause de leurs démérites. Il reprenait Raban de dire que les méchants ne sont pas prédestinés à la damnation; mais qu'elle est seulement prévue. La doctrine de Gothescalc est condamnée à Mayence, et lui renvoyé à Hincmar. Raban lui fait dire ce qui n'est point dans son écrit, que Dieu prédestine pour le mal comme pour le bien : il recommande à Hincmar de le renfermer.

848 *Lemovicense*, de Limoges, où les chanoines de Saint-Martial demandent au roi Charles le Chauve présent, et obtiennent la permission d'embrasser la vie monastique.

848 au plus tard. *Britannicum*, par ordre de Nomenoé, duc de Bretagne, sur ce que les évêques de ce duché n'ordonnaient, sans argent, ni prêtres, ni diacres. On envoya à Rome deux évêques, et Nomenoé pria saint Convoyon, fondateur et premier abbé de Redon, de les accompagner.

848 au plus tard. *Romanum*, où le pape Léon déclara, aux évêques bretons, qu'aucun évêque ne doit rien prendre pour conférer les ordres, sous peine de déposition; mais il ne les déposa point pour le passé, et il les renvoya, après leur avoir donné différents avis. (Mabillon, *Sæc. IV, Bened.* p. 221.) Nomenoé fit ce que le pape n'avait pas fait; il déposa tous ces évêques simoniaques, et en mit d'autres en leur place. (*Voy.* les ducs de Bretagne.)

848 au plus tard. *Rotonense*, au monastère de Saint-Sauveur de Redon, en Bretagne, où Nomenoé obligea quatre évêques bretons de renoncer à leurs sièges, en mit d'autres à leurs places, et érigea trois nouveaux évêchés, Dol, Saint-Brieux, Tréguier, en donnant à Dol, pour séparer de Tours ces sept évêchés, le nom de métropole, qu'il a conservé, malgré Tours, pendant trois cents ans. Les 7 évêques furent sacrés à Dol, et Nomenoé déclaré roi, qui était ce qu'il s'était proposé dans tous ces changements.

848 *Lugdunense*, dans la ville ou dans la province de Lyon, par l'archevêque Amolon, où l'on ordonne qu'Usuard, abbé et archidiacre, on ne sait de quelle église, relâchera le prêtre Godelcaire. On n'a connaissance de ce concile que par la quatre-vingtième lettre de Loup de Ferrières, adressée à cet Usuard. On trouve encore aujourd'hui (1780) quelques exemples de ces abbés-archidiacres. Tel est l'archidiacre de Clermont, qui porte le nom d'abbé.

849 * *Carisiacense II*, de Quiersi-sur-Oise, en avril ou mai, où Gothescalc fut condamné par Hincmar et douze évêques, à être fouetté et renfermé à Hautvilliers. Il écrivit, dans cette prison, deux professions de foi, dans le sens de l'écrit qu'il avait donné au concile de Mayence en 848. On écrivit alors pour et contre Gothescalc.

849 *Carnotense*, de Chartres, où l'on donne la tonsure à Charles, frère cadet de Pépin, roi d'Aquitaine.

849 *Parisiense IX*, vers l'automne, de vingt-deux évêques. On y écrivit une lettre de reproches à Nomenoé, prétendu roi de Bretagne, sur tout ce que nous en avons rapporté en 848; mais elle ne servit qu'à irriter ce prince, qui, l'année suivante, alla prendre Angers et le Mans. Dans ce concile, appelé quelquefois de Tours, parce que l'archevêque de Tours y présida, tous les chorévêques de France, suivant le témoignage d'Albéric, furent déposés. On en voit cependant encore quelques-uns depuis.

849 *Moguntinum. Voy.* les Archevêques.

849 Il y eut cette année deux conciles en Allemagne, au sujet de l'union des églises de Brême et de Hambourg.

III.   7

C'est M. Eccard qui les rapporte, (*Comment. sur Franc. Orient.*, t. 2, p. 404) d'après Rimbert, dans la Vie de saint Anschaire, c. 36.

850 *Ticinense* ou *Papiense*, de Pavie, auquel présida Angilbert, archevêque de Milan. On y fit vingt-cinq canons. Ce concile est daté de l'an de l'Incarnation 850, indiction XIV, la trentième année de l'empereur Lothaire, et la première de Louis, son fils. Le P. Pagi soupçonne, avec assez de fondement, qu'au lieu de l'indiction XIV il faut lire indiction XIII, parce que dès le mois de mai 850, Lothaire comptait la trente et unième année de son empire; d'où il faut conclure que ce concile s'est tenu dans les premiers mois de 850.

850 *Apud Murittum*, de Moret, au diocèse de Sens. On ne sait point quel a été l'objet de cette assemblée, dont il ne reste d'autre monument que le fragment d'une lettre qu'elle écrivit à Erchenrad, évêque de Paris.

851 *Benningdonense*, de Béningdon, au royaume de Mercie, en Angleterre, le 27 mars, par Céolnoth, archevêque de Cantorbéri, en présence de Bertulfe, roi des Merciens, où, après avoir traité des affaires du royaume, ce prince accorde un ample et magnifique privilége au monastère de Croyland.

852 * *Cordubense*, de Cordoue, où les évêques, par complaisance pour Abderame, l'ennemi le plus cruel du nom chrétien, font un règlement portant défense aux fidèles de s'exposer au martyre, et même d'honorer ceux qui avaient terminé leur vie par ce glorieux genre de mort, sous prétexte qu'il n'y avait que la violence qui fut une raison de le justifier.

852 *Moguntinum III*, de Mayence, au mois de mai, sous Raban, où l'on fit divers règlements sur la discipline. Le P. Hartzheim, d'après Mansi, en a donné des actes inconnus au P. Labbe. (*Conc. Germ.*, tom. II.)

852 *Francofurtense*, de Francfort sur le Mein, par Raban, archevêque de Mayence, et ses suffragants, en présence de Louis, roi de Germanie, où ce prince fit expédier le diplôme par lequel il détermina les droits qui appartenaient à Gozbert, évêque d'Osnabruck, sur les églises dépendantes de l'abbaye d'Hérifort, ou Herfort, dans le comté de Ravensberg, en Westphalie. (*Gall. chr.*, tom. V, Col. 447.)

853 *Suessionense*, le 26 avril, dans l'église de Saint-Médard, de vingt-six évêques de cinq provinces, en présence du roi Charles. L'ordination d'Hincmar fut reconnue légi-

time, et les ordinations faites par Ebbon, depuis sa déposition, déclarées nulles, etc.

853 *Carisiacense III*, de Quiersi-sur-Oise, où quelques évêques et quelques abbés souscrivirent 4 articles composés par Hincmar, contre la doctrine de Gothescalc.

853 *Parisiense X*, de Paris, pour l'ordination d'Enée. Saint Prudence de Troyes, ne pouvant s'y trouver, y envoya quatre articles contraires à ceux d'Hincmar, pour les faire souscrire par Enée, avant que de consentir à son ordination.

853 *Vermeriense*, de Verberie, au mois d'août, quoique indiqué pour le 1er. septembre. Quatre métropolitains et plusieurs évêques y approuvèrent les articles que le roi avait publiés au concile de Soissons.

853 *Romanum*, le 8 décembre, sous Léon IV, de soixante-sept évêques. On y déposa le prêtre Anastase, cardinal du titre de Saint-Marcel, parce qu'il était absent depuis cinq ans de son titre. Ensuite on y publia quarante-deux canons, dont les trente-huit premiers sont tirés du concile tenu par Eugène II en 826, avec quelques additions : les quatre derniers sont nouveaux.

855 *Valentinum III*, de Valence, en Dauphiné, assemblé par l'empereur Lothaire, le 8 janvier, pour juger l'évêque de cette ville, accusé de plusieurs crimes. Quatorze évêques des provinces de Lyon, de Vienne et d'Arles, y firent, avec leurs métropolitains, vingt-trois canons, dont les six premiers sont de doctrine. Dans le troisième, les évêques disent : « Nous confessons hardiment la prédes-
» tination des élus à la vie, et la prédestination des mé-
» chans à la mort; mais dans le choix de ceux qui seront
» sauvés, la miséricorde de Dieu précède leur mérite; et
» dans la condamnation de ceux qui périront, leur dé-
» mérite précède le juste jugement de Dieu. » Ils rejettent ensuite, comme inutiles, nuisibles et contraires à la vérité, les quatre articles de Quiersi, et dix-neuf autres de Jean Scot, qui avait été engagé par Hincmar à écrire sur des matières qu'il n'entendait point : néanmoins, Hincmar dit, dans la suite, qu'il n'avait pu découvrir l'auteur de ces articles, en quoi il montre plus d'artifice que de bonne foi. (Fleuri.) Le P. Sirmond, qui, le premier, a donné les canons de ce concile sur un manuscrit du Vatican, a supprimé cette censure des quatre articles de Quiersi, quoiqu'elle se rencontre dans cet exemplaire, suivant la remarque de M. Foggini. (*SS. Patrum op. selecta de gr. et præd. t. VI, part. 2, p.* 439.)

855 *Ticinense*, ou *Papiense*, de Pavie, au mois de février. A la demande de Louis, fils de Lothaire, on y dressa dix-neuf articles pour réformer divers abus. Le 12º, adressé en forme de supplique à l'empereur, condamne l'usage abusif, où étaient la plupart des seigneurs laïques, d'appliquer, sans le consentement de l'évêque, les dîmes qui se levaient dans leurs territoires, à leurs oratoires particuliers, préférablement aux églises paroissiales ; *ce que nous prions,* disent les prélats, *votre autorité de réformer, comme contraire à la loi divine et aux saints canons.* « On prit dans
» ce concile, dit un moderne, de sages mesures pour
» s'assurer de la vérité des chartes accusées de faux. C'est
» tout dire, ajoute-il, qu'elles étaient conformes aux
» lois prescrites par Justinien sur le même sujet. Comme
» lui, les pères du concile faisaient dépendre la validité
» de ces pièces du témoignage du notaire et des témoins.
» Mais ils différaient du législateur, en ce qu'au défaut de
» ceux-ci le serment du premier ne faisait foi qu'autant
» qu'il était soutenu de celui de douze personnes. » (*Nou. Traité de Diplom.* tom. VI, p. 147.)

855 *Apud villam Bonoilum*, ou *Bonogisilum*, de Bonœuil, près de la Marne, à trois lieues de Paris, le 25 août, par les archevêques Amauri de Tours, Vénilon de Sens, Hincmar de Reims, Paul de Rouen, vingt-trois évêques et treize abbés, sur les différends de l'évêque du Mans avec l'abbaye d'Anisole, ou de Saint-Calès. Ce concile est daté, *anno Incarnationis* DCCCLV. *Karoli regis* XVI, *indict.* I, *die* VIII, *kal. septemb.* Ces dates ne s'accordent pas. Le P. Mabillon prétend qu'il faut lire *indict.* III. Le P. Mansi soutient, au contraire, que l'erreur est dans l'année de l'Incarnation, qui doit être, selon lui, DCCCLIII, et cela sur le fondement que Charles ayant commencé à régner en 837, la seizième année de son règne tombe en 853. Mais nous ferons voir, à l'article de ce prince, qu'il faut distinguer quatre différentes époques de son règne, dont la principale et la plus commune est celle de 840, après la mort de son père.

855 *Vintoniense*, de Winchester, au mois de novembre. On y ordonna, en présence de trois rois de différentes provinces d'Angleterre, qu'à l'avenir la dixième partie de toutes les terres du royaume de Wetsex, appartiendrait, franche de toutes charges, à l'Eglise, pour la dédommager du pillage des barbares, ou Normands, qui ne ravageaient pas moins l'Angleterre que la France.

857 *Carisiacense IV*, de Quiersi, où Charles assembla, le 25

février, les évêques et les seigneurs pour remédier aux maux de l'Eglise et de l'Etat.

857 *Moguntinum*, de Mayence, vers le mois d'octobre, sous la présidence de l'archevêque Charles, fils du roi Pepin, sur des matières de droit ecclésiastique, dont le détail n'est pas venu jusqu'à nous. (*Conc. Germ.* tom. II.)

858 *Wormatiense*, de Worms, en carême, où l'on conclut l'union de l'église de Hambourg à celle de Brême ; ce qui fut ratifié par le pape Nicolas I. (*Conc. Germ.* tom. II.) Le P. Mansi renvoie ce concile en 864.

858 *Carisiacense V*, de Quiersi-sur-Oise, au mois de mars, d'où les évêques des provinces de Reims et de Rouen écrivirent, le 25 novembre, une grande lettre de reproches au roi Louis, de ce qu'il venait en France pour appuyer les seigneurs mécontents du gouvernement du roi Charles.

858 *Constantinopolitanum*. Saint Ignace ayant été chassé de Constantinople, le 23 novembre 857, par le césar Bardas, à qui il avait refusé très-justement la communion, et Photius ayant été ordonné à sa place le 25 décembre de la même année, les évêques de la province de Constantinople tinrent un concile dans l'église de Sainte-Irène, où ils déclarèrent Photius déposé avec anathême, tant contre lui que contre quiconque le reconnaîtrait pour patriarche.

* Pendant la tenue de ce concile, qui dura quarante jours, Photius, ayant assemblé ses partisans dans l'église des Apôtres, usa de représailles envers saint Ignace, exilé pour lors dans l'île de Mitylène. Il le déclara déchu de la dignité patriarcale, le priva de la communion, et l'anathématisa. (*Nicetas in vitâ S. Ignatii.*) Le P. Pagi met ces deux assemblées en 859.

859 *Lingonense*, de l'abbaye de Saint-Jome, près de Langres, le 19 avril, où présidaient Remi de Lyon, et Agilmar de Vienne. On y fit seize canons, dont les six premiers sont les six du concile de Valence, sur la prédestination.

859 *Metense*, de Metz, le 28 mai, pour procurer la paix de Charles le Chauve, et de Lothaire, son neveu, avec Louis le Germanique.

859 *Tullense I*, de Toul, ou de Savonnières, *apud Saponarias*, le 14 de juin, de douze provinces des trois royaumes de Charles le Chauve, de Lothaire et de Charles, ses neveux, qui y assistèrent tous trois. On y fit treize canons, dont la plupart regardent des affaires particulières. On y relut encore les canons de Valence, sur quoi quelques-

uns du parti d'Hincmar voulurent faire quelques remontrances ; mais Remi de Lyon les appaisa, et le concile prononça que ces articles seraient examinés au premier concile après la paix rétablie ; ce qu'on ne voit point avoir été fait : aussi nous n'avons, dans ce neuvième siècle de décision authentique touchant la grâce et la prédestination, que ces six canons publiés en trois conciles, et qui paraissent aussi avoir été confirmés à Rome, puisque l'annaliste de Saint-Bertin dit, sur l'année 859 : « Le pape » Nicolas confirme la doctrine catholique touchant la » grâce de Dieu et le libre arbitre, la vérité de la double » prédestination, et le sang de Jésus-Christ répandu pour » tous les croyants ». Charles le Chauve, irrité contre Vénilon, archevêque de Sens, qui avait abandonné son parti pour embrasser celui de Louis de Germanie, présenta, aux pères de cette assemblée, une requête contre lui, dans laquelle il disait : *Vénilon, que j'avais fait archevêque de Sens, m'a sacré, et je ne pouvais être chassé du royaume par personne, au moins avant d'avoir comparu devant les évêques qui m'avaient sacré roi, et avec lesquels il m'avait sacré lui-même. Il fallait auparavant que j'eusse subi le jugement de ces prélats, qui sont appelés les trônes de Dieu, dans lesquels Dieu est assis, et par lesquels Dieu prononce ses arrêts, ayant toujours été prêt à me soumettre à leurs corrections paternelles et aux châtiments qu'ils voudraient m'imposer, comme je m'y soumets encore.* Tel est l'étrange préambule de la requête de ce monarque. Les évêques y firent droit, et citèrent Vénilon à comparaître et à se justifier. Mais il fit défaut et ne fut point jugé, parce que ses confrères ménagèrent une réconciliation avec le roi, qui lui pardonna. (Fleuri.)

860 * *Aquisgranense*, le 9 janvier, au sujet de la reine Thietberge, femme de Lothaire, qui se reconnaît coupable d'un grand crime devant les évêques. Elle fit le même aveu au roi, à quelques seigneurs, et le renouvela aux évêques, dans une seconde assemblée tenue encore à Aix-la-Chapelle à la mi-février. On la renferma dans un monastère, d'où ensuite elle se sauva.

860 *Confluentinum*, de Coblentz, le 5 juin. Les cinq rois, Louis et Charles, et leurs trois neveux, Louis, Lothaire et Charles, se firent une promesse de secours mutuels, avec serment, et convinrent de quelques articles entr'eux.

860 ou environ. *Moguntinum*, par Charles, archevêque de Mayence et neuf autres évêques, où l'on déclare nul le mariage d'Abbon, contracté avec une parente au qua-

trième degré. Grimold, abbé séculier de Saint-Gal, présent à ce concile, y produisit, en faveur de ce mariage, une bulle du saint siége, que le pape Nicolas, dans sa réponse au concile, déclara fausse et supposée. (*Conc. Germ.* tom. II.)

860 *Romanum I*, où le pape Nicolas I nomme ses légats, Rodoalde, évêque de Porto, et Zacharie, évêque d'Anagnie, pour aller s'informer à Constantinople des causes de la déposition du patriarche Ignace, et de la consécration de Photius. (Mansi.)

860 *Tullense II*, ou plutôt *Tusiacense*, de Tusey, près de Vaucouleurs, au diocèse de Toul, de quarante évêques de quatorze provinces, le 22 octobre jusqu'au 7 novembre. On y dressa cinq canons contre les pillages, les parjures et les autres crimes qui régnaient alors. Cinquante-huit évêques y souscrivirent, quoiqu'il n'y en ait que quarante qui y aient assisté. On envoyait quelquefois les décrets des conciles aux évêques absents pour les souscrire. Outre les cinq canons qu'on y fit sur la discipline, on y éclaircit les disputes sur la prédestination. (Mabillon, *Analect.* tom. I, p. 58.)

861 * *Constantinopolitanum*, de trois cent dix-huit évêques, en comptant les deux légats du pape, le 25 mai. Saint Ignace présent y fut de nouveau déposé, et Photius confirmé patriarche de Constantinople. On y fit aussi, pour la forme, un décret en faveur des images, et enfin dix-sept canons, dont la plupart regardent les moines et les monastères.

861 *Romanum II*, où le pape Nicolas déclare, en présence de Léon, ambassadeur de l'empereur Michel, qu'il n'avait point envoyé ses légats à Constantinople pour approuver la déposition du patriarche Ignace, ni la consécration de Photius, et qu'il ne consentira jamais ni à l'une ni à l'autre. (Mansi.)

861 *Romanum III*, contre Jean de Ravenne, sur les plaintes de ses diocésains. Il est cité au concile qui devait se tenir au 1er novembre de la même année, et ne s'y trouva pas. Le pape va sur les lieux, et le condamne à rendre les biens qu'il avait usurpés. Jean voulut se pourvoir devant l'empereur qu'il alla trouver à Pavie; mais ce prince lui conseilla de se soumettre au pape et de se réconcilier avec lui. Il refusa de suivre ce conseil, et la rupture dura encore l'espace d'environ trois ans entre le pape et lui.

861 * *Suessionense*, de Soissons, à Saint-Crepin. Rothade de Soissons y fut excommunié par Hincmar, pour avoir re-

fusé de rétablir, comme il le lui avait enjoint, un de ses prêtres, qu'il avait puni, suivant les canons, pour un crime capital dont il avait été convaincu.

861 *Pistense I*, de Pîtres sur la Seine, à trois lieues au-dessus de Rouen, commencé le 25 juin. Ce concile, composé d'évêques de diverses provinces, et appelé pour cela général, dura jusqu'à l'année suivante, comme le prouve D. Mabillon. (*Diplom.* p. 316.) On y publia un capitulaire de Charles le Chauve contre les pillages. Rothade y appela au pape de l'excommunication qu'Hincmar avait prononcée contre lui.

862 * *Suessionense*, par les PP. du concile de Pîtres, transféré à Soissons par Charles le Chauve, où Hincmar, ayant fait arrêter Rothade, pour l'empêcher d'aller poursuivre son appel à Rome, le déposa, mit un autre évêque à sa place, et le fit enfermer dans un monastère. Hincmar obtint par surprise la confirmation de ce concile du pape Nicolas, qui bientôt après la révoqua. Ce concile, comme Pagi le prouve, est le même que celui de Senlis, qu'on met à l'année suivante, sur cette fausse adresse d'une lettre du pape Nicolas I : *Ad episcopos Silvanectensis concilii ;* au lieu qu'il faut lire, *Suessionensis concilii.*

862 * *Aquisgranense*, d'Aix-la-Chapelle, le 20 avril. Les évêques, supposant sans raison la nullité du mariage de Lothaire avec Thietberge, lui permirent d'épouser une autre femme, et il épousa Valdrade, sa concubine, au grand déplaisir de ses plus fidèles sujets.

862 *Romanum IV*, où l'on condamne l'hérésie des Théopaschistes, qui commençait à renaître.

863 *Romanum V*, au commencement de l'année. Tout ce qui avait été fait contre saint Ignace, à Constantinople, en 861, y fut condamné, un légat du pape déposé et excommunié, la sentence de l'autre, qui était absent, remise à un autre concile, Photius privé de tout honneur sacerdotal et de toute fonction cléricale, etc.

863 *Romanum VI*, avant le mois de juin, où l'on casse les actes du concile de Soissons, et l'on ordonne que Rothade soit envoyé à Rome. (Mansi.)

863 * *Metense*, de Metz, à la mi-juin, en faveur du roi Lothaire, même en présence des légats qui, séduits par les présents de ce prince, n'exécutèrent point les ordres du pape. On donna un nouveau tour à l'affaire du mariage de ce prince, en voulant faire entendre que Valdrade avait reçu sa foi avant Thietberge, et qu'il avait épousé celle-ci malgré lui.

863 *Vermeriense*, de Verberie, le 25 octobre. Charles le Chauve y permit à Rothade d'aller à Rome, suivant les ordres du pape. On y examina les titres produits par Robert, évêque du Mans, pour s'assujettir l'abbaye de Saint-Calès, et l'on reconnut qu'ils n'étaient pas véritables, *non vera*. Sur quoi l'évêque s'étant désisté de sa prétention, le roi ordonna que, dans le terme de quatorze jours, les pièces de l'église du Mans, dont on avait prouvé la fausseté, seraient apportées en sa présence, pour être supprimées et détruites, de peur qu'elles ne fournissent matière à de nouveaux procès. Le pape Nicolas I confirma ce jugement par sa soixante-douzième lettre. Ainsi finit la grande et longue contestation de l'église du Mans avec l'abbaye de Saint-Calès.

863 *Romanum VII*, où le concile de Metz, en faveur de Lothaire, fut cassé, Theutgaud de Trèves et Gonthier de Cologne, dépouillés de toute puissance épiscopale; les évêques, qui avaient tenu ce concile avec eux, déposés; mais à condition d'être rétablis s'ils reconnaissaient leur faute, etc. Dans ce même concile on déposa Jean de Ravenne, qui prit enfin le parti de la soumission. (*Conc. Germ.*, tom. II.)

864 ou environ. *Schirvanum*, de Schirvan, en Arménie, par le patriarche ou catholique Zacharie, où l'on condamna les erreurs de Nestorius et d'Eutychès; après quoi l'on fit quinze canons qui se trouvent dans les actes de ce concile, publiés par Clément Galanus, tom. I, part. 2, pag. 139, et ensuite par Hardouin, qui met cette assemblée en 863. D'autres la mettent en 862.

864 *Pistense II*, de Pîtres, le 25 juin, pour les affaires de l'Eglise et de l'Etat. (Mab. *Dipl.*, pag. 316.)

864 *Lateranense*, le premier novembre, où Rodoalde de Porto, légat prévaricateur à Constantinople, en 861, et à Metz, en 863, fut déposé et excommunié, et où probablement Rothade de Soissons fut rétabli. Il le fut encore plus solennellement dans un nouveau concile commencé à Rome le 23 décembre 864, et fini au mois de janvier 865.

Le pape Nicolas écrivit de ce concile une lettre à tous les évêques de Gaule, où, sur l'autorité des fausses décrétales, il prétend qu'on ne peut déposer un évêque sans l'autorité du saint siège : ce qui était alors très-nouveau dans l'Eglise. (D. Cellier.)

864 *Coloniense*, le 26 septembre, où l'on confirma les statuts de Gonthier, prédécesseur de Guillebert, alors

archevêque de Cologne, portant que les chanoines de cete église auraient leur mense particulière, avec la liberté d'elire leur prévôt. (*Hontheim, pr..... Hist. Trevir.*)

865 *Attiniacense*, d'Attigni, où l'évêque Arsène, légat du pape, oblige le roi Lothaire à quitter Valdrade, sa concubine, et à reprendre Thietberge, son épouse. Dans ce même concile, Rothade de Soissons fut reconnu pour innocent et reçu comme évêque. (Mansi, *Suppl.*, tom. I.)

866 *Ticinense*, de Pavie, dans la semaine de la Sexagésime. Les pères de ce concile écrivirent au pape Nicolas en faveur des archevêques Theutgaud et Gonthier. Ce dernier adressa une lettre en son particulier à Hincmar, archevêque de Reims, pour le mettre dans ses intérêts. Le pape, dans sa réponse aux pères du concile de Pavie, les blâme fort de souhaiter le rétablissement de Theutgaud et de Gonthier. Il écrivit de même à l'empereur Louis pour le prier de ne plus le solliciter en faveur de ces deux prélats. (*Conc. Germ.*, tom. II.)

866 *Suessionense*, le 18 août, où trente-cinq évêques, assemblés par ordre du pape, à la réquisition du roi Charles, rétablirent par indulgence les clercs ordonnés par Ebbon, que le concile de Soissons avait déposés en 853. Vulfade, qui était un de ces clercs, fut ordonné archevêque de Bourges la même année 866, au mois de septembre, et le pape Adrien ratifia son ordination en lui envoyant le *pallium* le 2 février 868. Bernard, abbé de Soliguac, en Limosin, étant à cette assemblée, y exposa que les titres de son abbaye avaient péri dans les incursions des Normands, et demanda au roi et au synode un privilège de liberté qu'il obtint : *Cujus piis petitionibus*, disent les pères, *simul cum regia sublimi clementia annuentes hoc præsens privilegium adjectá regiæ præsidentiæ authoritate decrevimus roborandum.* L'évêque de Limoges était sans doute présent à l'assemblée. Ainsi le privilège fut en règle sans qu'on imposât pour condition à l'abbé de le faire confirmer par le pape. Ce fut dans ce concile que l'on couronna la reine Hermintrude, femme de Charles le Chauve. (Bouquet, tom. VII.)

867 * *Constantinopolitanum*, forgé par Photius, dont il fit souscrire, vers le mois de janvier, les prétendus actes par vingt-un évêques, en y ajoutant ensuite environ mille fausses souscriptions. Il ose y déposer et excommunier le pape Nicolas. Il écrit ensuite contre les Latins, sans garder aucune mesure, et attaque particulièrement le *Filioque*

ajouté au symbole. Nous suivons Pagi et Assemani, en rapportant ce prétendu concile à l'an 867.

867 *Tricassinum*, de Troyes, le 25 octobre. Les évêques du royaume de Louis de Germanie, y étaient invités; mais il n'y en eut que vingt des royaumes de Charles et de Lothaire qui y assistèrent. Ils écrivirent une longue lettre au pape Nicolas, où, après avoir parlé au long de toute l'affaire d'Ebbon, ils prient le pape de ne point toucher à ce que ses prédécesseurs avaient réglé, et de ne point souffrir qu'à l'avenir, aucun évêque fut déposé sans la participation du saint siége, suivant les *fausses* décrétales des papes; ce qui a fait mettre cette note vis-à-vis de l'endroit même de cette lettre, dans un manuscrit de la cathédrale de Laon, écrit dans le même tems: *Hæc quidam episcopi conscientiâ suâ mordente inseri fecerunt, quod sinceri propter scandalum penitus non rejecerunt.*

867 *Constantinopolitanum.* L'empereur Basile ayant rappellé saint Ignace, le dimanche 23 novembre, Photius fut déposé dans un concile tenu peu de jours après. (Pagi.)

868 *Wormatiense*, de Worms, le 16 mai, en présence de Louis de Germanie. On en compte quatre-vingts canons; mais on ne trouve que les quarante-quatre premiers dans les meilleurs exemplaires. Ce furent les reproches des Grecs qui occasionnèrent cette assemblée.

868 *Romanum*, avant le mois d'août. Le pape Adrien y relève la témérité de Photius, d'avoir osé condamner Nicolas, son prédécesseur. Il avoue que le pape Honorius a été anathématisé après sa mort; « Mais, ajoute-t-il, il faut savoir qu'il avait été accusé d'hérésie, qui est la seule cause pour laquelle il est permis aux inférieurs de résister à leurs supérieurs; et toutefois aucun, ni patriarche, ni évêque, n'aurait eu droit de prononcer contre lui, si l'autorité du saint siége n'avait précédé. » Enfin, il condamne les écrits de Photius au feu, en le chargeant lui-même d'anathème, etc., cette sentence fut souscrite par trente évêques, dont les deux premiers sont le pape Adrien et l'archevêque Jean, légat du patriarche Ignace.

868 ou environ. *Gallicanum*, de Gaule et de Bourgogne. Les pères de ce concile y répondent à deux lettres du pape Adrien, sur l'ordination des évêques nommés par l'empereur. Le pape se déclarait pour l'empereur, le concile réclamait la liberté des élections. (Labbe, T. VIII, p. 1942.)

868 *Romanum*, le 4 octobre, où le pape Adrien II condamne de nouveau le cardinal Anastase, qui, après s'être tenu

caché sous le pontificat de Nicolas, avait reparu, couvert de nouveaux crimes, sous celui de son successeur. Ce concile est différent du précédent concile de Rome, tenu avant le mois d'août. (Mansi.)

869 *Vermeriense*, de Verberie, le 24 avril, en présence de Charles le Chauve. Hincmar de Laon, accusé de violences envers ses diocésains, et d'infidélité envers le roi, se voyant près d'être condamné, appelle au saint siége.

869 *Pistense III*, de Pîtres, au mois d'août, où l'on dresse quinze capitules sur les affaires de l'Eglise et de l'Etat. (D'Acheri, *Spicil.*, T. II, p. 712. Mabil. *Diplomat.*, p. 316.)

869 *Metense*, le 9 septembre, où Charles le Chauve fut couronné roi de Lorraine, après la mort de Lothaire, son neveu. Hincmar, archevêque de Reims, qui présidait à cette assemblée, composée des suffragants de Trèves, y lut, à la prière des prélats, quatre capitules, touchant le droit qu'avaient les archevêques de Reims de gouverner la province de Trèves, lorsque le siége métropolitain était vacant. Le cas existait, alors, par la déposition de l'archevêque Theutgaud. (Bouquet, T. VII.)

869 *CONSTANTINOPOLITANUM.* Huitième concile général, sous Adrien II et l'empereur Basile, commencé le 5 octobre et fini le 28 février 870. Photius y fut déposé et anathématisé, et saint Ignace rétabli. On y fit ensuite vingt-sept canons, dont la plupart regardent l'affaire de Photius, et enfin une ample profession de foi, avec anathème contre les Hérétiques, particulièrement les Monothélites, entre lesquels Honorius n'est point oublié, et contre les Iconoclastes. On y approuve aussi les sept conciles généraux, auxquels on joint celui-ci comme le huitième. Les trois légats du pape souscrivirent les premiers, ensuite le patriarche Ignace ; puis, Joseph, légat d'Alexandrie, Thomas, archevêque de Tyr, représentant le siége d'Antioche vacant, et Elie, légat de Jérusalem ; puis, l'empereur, et Constantin et Léon, ses deux fils, enfin les évêques, au nombre de cent deux. C'était peu, vu la quantité d'évêques qui dépendaient encore de l'empire de Constantinople ; mais Photius avait déposé la plupart de ceux que ses prédécesseurs avaient ordonnés, et en avait mis d'autres à leur place, dont aucun ne fut reconnu pour évêque dans ce concile. Il ne se trouva que ces cent deux qui eussent été sacrés par les patriarches précédents.

Les légats, après le concile, tinrent, avec les Grecs, en présence de l'empereur, une conférence, dont l'objet était de savoir à quelle juridiction, celle de l'église romaine ou celle de CP., devait ressortir la nouvelle eglise de Bulgarie. Les Grecs décidèrent en leur propre faveur, et l'emportèrent, malgré la réclamation des légats. La hauteur avec laquelle ces derniers soutinrent la prééminence du siége de Rome, comme ils avaient déjà fait dans le concile, jeta, parmi les Grecs, un levain d'aigreur qui fermenta avec le tems, et produisit le funeste schisme qui sépare les deux églises.

870 *Viennense*, de Vienne, en Dauphiné, au mois d'avril, où l'on traite des privilèges monastiques. (Mabil. *Sæc. IV*, *Bened.*, part. 2, p. 296.) Ce n'était, à ce qu'il paraît, qu'un synode diocésain, auquel présidait Adon.

870 *Attiniacum*, d'Attigni, au mois de mai, de trente évêques de dix provinces. Le roi Charles, présent, y fit juger son fils Carloman, à qui il ôta ses abbayes, et le fit mettre en prison. Hincmar de Laon y promit fidélité au roi, et obéissance à Hincmar de Reims ; mais il se retira ensuite et écrivit au pape des plaintes contre le roi et contre l'archevêque, son oncle : ce qui brouilla le roi avec le pape, qui prit le parti de l'évêque de Laon.

870 *Coloniense*, de Cologne, le 26 septembre. On y régla plusieurs points de discipline. Les actes de ce concile sont perdus.

870 ou environ. *Spalatense*, de Spalatro, en Dalmatie, par un légat du pape, où l'on défend l'usage de la langue esclavone dans la célébration du service divin. Ce décret fut confirmé par le pape Alexandre II ; mais il faut convenir qu'il ne regardait que les églises situées vers la Moravie et la Pologne, ou dire qu'il ne fut jamais exécuté. Il y a encore aujourd'hui, dans le diocèse de Spalatro, dix chapitres et plusieurs paroisses qui célèbrent la Liturgie en esclavon. Robert Sala atteste lui-même, dans ses observations sur les Livres liturgiques du cardinal Bona, qu'il n'y a dans ce diocèse que huit paroisses qui fassent usage de la langue latine.

871 *Duziacense*, de Douzi-lès-Prés, dans le territoire de Mouzon, le 5 août et les jours suivants. Hincmar de Laon y fut déposé, n'ayant point voulu répondre aux plaintes que le roi avait faites contre lui. Sa déposition fut souscrite par vingt et un évêques présents, par les députés de huit évêques absents, et par huit autres ecclésiastiques. Le pape Adrien III, à qui l'évêque de Laon en avait appellé,

écrivit au roi pour lui enjoindre, *par la puissance apostolique*, d'envoyer les parties à Rome, pour y être jugées, ajoutant qu'il lui confiait la garde des biens de l'église de Laon. Sur ces dernières paroles, Charles lui repondit : *Apprenez que les rois de France ne sont pas les vidames des évêques, mais les maîtres de l'Etat.* Le pape, alors, changea de ton, et prit celui de la douceur pour appaiser le roi. La lettre de ce monarque a été donnée par M. La Lande; mais le père Labbe n'a pas jugé à propos de l'employer.

871 *Compendiense*, de Compiégne, dans lequel Hincmar, archevêque de Reims, excommunie les fauteurs de Carloman, qui s'était révolté contre le roi Charles le Chauve, son père. (Mansi.)

872 *Romanum*, où le pape Jean VIII absout l'empereur Louis d'un serment qu'Adalgise, duc de Bénévent, lui avait fait faire, de ne point tirer vengeance de son emprisonnement. (Mansi, *Suppl.*, T. l.)

873 *Silvanectense*, de Senlis, où, sur la plainte du roi Charles, Carloman, son fils, fut déposé du diaconat et de tout degré ecclésiastique, et réduit à la communion laïque. Mais sur ce que ses partisans disaient que n'étant plus clerc, il était habile à régner, le roi Charles le fit juger de nouveau pour les crimes dont les évêques n'avaient pu prendre connaissance, et il fut condamné à mort. Charles n'osa mettre ce jugement à exécution. On lui fit seulement crever les yeux, et telle fut la triste fin de son ordination forcée.

874 *Duziacense*, de Douzi-lès-Prés, au territoire de Mouzon, le 13 juin. On y écrivit une grande lettre aux évêques d'Aquitaine, contre deux abus fréquents en ce tems-là, les mariages incestueux et l'usurpation des biens de l'Eglise.

874 *Ravennatense*, de Ravenne, par le pape Jean VIII, de soixante-dix évêques. On y termina un différend entre Orso Particiato, duc de Venise, et Pierre, patriarche de Grado. Nous suivons Pagi et de Rossi, pour l'époque que nous donnons à ce concile. Il paraît néanmoins qu'il s'est tenu plus tard, puisque André Dandolo le rapporte après la mort de l'empereur Louis II. Ce concile, au jugement de Muratori, pourrait bien être le même que celui de 877.

874 *Remense*, de Reims, au mois de juillet. Hincmar y publie un réglement en cinq articles, pour les prêtres de son diocèse.

875 *Romanum*, sur la fin de l'année, où le pape Jean VIII

propose d'élire empereur le roi Charles le Chauve : ce qui fut accepté. (Mansi, *Suppl.*, T. I.)

876 *Ticinense*, de Pavie, au mois de février, par Anspert, archevêque de Milan, et dix-sept évêques d'Italie, où l'on reconnaît pour empereur Charles le Chauve présent, et couronné par Jean VIII, le 25 décembre précédent. Ce prince publia dans ce concile, ou cette diète, un capitulaire, divisé en vingt articles. (*Edit. Venet.*, T. XI.)

876 *Romanum*, vers la mi-avril, où le pape Jean VIII donne un jour préfixe à Formose, évêque de Porto, pour comparaître devant lui. (Mansi. *Suppl.*, T. I.)

876 *Pontigonense*, de Pontion, au diocèse de Châlons-sur-Marne, près de Vitri, le 21 juin et jours suivants, jusqu'au 16 juillet que se tint la huitième session. L'élection de l'empereur y fut confirmée, et on y agita plusieurs fois l'affaire d'Ansegise de Sens, que le pape venait de nommer primat des Gaules et de Germanie. C'est depuis ce tems-là que les archevêques de Sens prennent ce titre, qui n'est qu'un nom, sans aucune réalité, ni juridiction. Dans un des canons, on défend de piller les meubles de l'évêque après sa mort, et on ordonne qu'ils soient mis en réserve, par l'économe, pour le successeur, ou pour être employés à quelques usages pieux. C'est de cette coutume de piller les meubles de l'évêque défunt qu'est venu le proverbe : *Disputer de la chape à l'évêque*, pour signifier deux personnes qui se disputent une chose qui n'appartient ni à l'une ni à l'autre.

877 *Ovetanum*, d'Oviédo, vers la fin de mars, en présence du roi Alfonse. L'évêque d'Oviédo y fut déclaré métropolitain, et, en cette qualité, présida au concile. On y fit divers réglements sur la discipline ; mais il ne reste des actes sincères de cette assemblée que ce qui s'en trouve dans l'histoire de l'évêque Sampire. Ceux que d'Aguirre en a publiés, sont visiblement faux, comme le démontre Ferréras. Mais cet historien se trompe en rapportant ce concile à l'an 900, puisque Sampire dit formellement qu'il se tint sous le pape Jean VIII et Charles, empereur des Romains et roi de France, qui n'est autre que Charles le Chauve : *Ad celebrandum concilium cum authoritate Domini Joannis papæ et consilio Caroli magni imperatoris Romanorum et regis Francorum.*

877 *Compendiense*, de Compiègne, où l'empereur assembla, le premier mai, les évêques de la province de Reims et de quelques autres. Il y fit dédier, avec grande solennité, en sa présence et celle des légats, l'église de Saint-Corneille

et de Saint-Cyprien. Il y donna, ensuite, ordre à l'état du royaume pendant son voyage d'Italie.

877 *Romanum*, au commencement de juillet. Il ne nous en reste que la confirmation de l'élection de l'empereur Charles. (Pagi, et *Edit. Venet.*, T. XI.)

877 *Ravennatense*, de Ravenne, commencé le 22 juillet, terminé au mois de septembre. Le pape et cent trente évêques y firent dix-neuf canons. (*V. le concile, tenu au même lieu en* 874.)

877 *Compendiense*, le 8 décembre, où Louis le Bègue est couronné roi de France par Hincmar. (Bouquet., *T. IX*.)

878 *In Neustriâ*, dans la Neustrie, par Hincmar, archevêque de Reims, contre Hugues, bâtard du roi Lothaire, qui pillait les états de Louis II, roi de Germanie. (*Edit. Venet.*, T. XI.)

878 *Romanum*, où le pape Jean VIII excommunie Lambert, duc de Spolette, pour les maux qu'il avait faits et pour ceux qu'il menaçait de faire aux Romains. (Mansi. *Suppl.* T. I.)

878 *Tricassinum*, de Troyes, commencé le 11 août, par le pape Jean et trente évêques. Ce concile eut cinq sessions, dans la troisième desquelles on ordonna que les cadavres de ceux qui mourraient dans l'excommunication, resteraient sans sépulture, le long des chemins, ou dans les places publiques, pour être la pâture des bêtes carnacières. Cet usage de refuser toute sépulture aux excommuniés, était dès lors fort ancien. La seule grâce qu'on leur accordait quelquefois, était de les couvrir de gazon ou d'un monceau de pierres ; ce qui s'appelait *imblocare*. (V. Du Cange sur ce mot.) C'était alors une opinion assez reçue, et qui règne encore chez les Grecs, que ces corps ne pourrissaient point. Mais comme la même chose arrive quelquefois aux cadavres de personnes recommandables par leur sainteté, les Grecs disent qu'on discerne ceux-ci par l'odeur suave qu'ils exhalent, et par des traits de beauté qu'on y remarque, au lieu que les autres, ajoutent-ils, sont hideux, noirs, infects, et enfin, sont enflés comme des tambours ; marques qu'ils prétendent être constatées par une longue expérience. (V. Goar. *Euchol. Græc.*, p. 688.) Revenons au concile de Troyes. Dans la quatrième session on lut sept canons sur la discipline, que le pape avait dressés. Après la cinquième, il couronna le roi Louis le Bègue ; mais il refusa de couronner Adélaïde, son épouse, parce qu'Ansgarde, qu'il avait d'abord épousée, et que Charles, son père, l'avait obligé de répu-

dier, vivait encore. On fit aussi, dans ce concile, un décret qui défend aux laïques de quitter leurs femmes, pour en épouser d'autres, et aux évêques de quitter un moindre siége, pour un plus grand. On y permit à Hincmar de Laon, à qui l'on avait fait crever les yeux auparavant, de chanter la messe, s'il le voulait ; mais on y ordonna qu'Hédenulfe garderait le siége de Laon. Le pape, à la fin du concile, pressa les évêques de s'unir à lui pour la défense de l'église romaine, avec tous leurs vassaux armés en guerre. Il adressa, ensuite, la parole au roi, le conjurant de venir, sans délai, défendre et délivrer cette même église, comme ses prédécesseurs avaient fait. Quoiqu'il eût demandé au prince, ainsi qu'aux évêques, une réponse précise, on ne voit point dans l'histoire qu'on lui en ait fait aucune de part ni d'autre ; sans doute parce qu'on ne croyait pas qu'il fût permis au pape de prescrire au roi comment il devait employer ses forces et user du droit de glaive, ni qu'il n'eût rien à commander aux évêques, en tant que seigneurs temporels et vassaux du roi.

Dans ce concile, le pape produisit un diplôme de Charles le Chauve, par lequel ce prince donnait au saint siége les abbayes de Saint-Denis et de Saint-Germain-des-Prés, possédées l'une et l'autre par l'abbé Goslen. Mais il eut le désagrément de voir sa demande rejetée. Trop de gens savaient que c'étaient Frotaire, archevêque de Bourges, et Adalgaire, évêque d'Autun, qui avaient fabriqué l'acte de cette prétendue donation, pour faire perdre à Goslen ses abbayes, qu'ils espéraient de tirer ensuite, pour eux-mêmes, des mains du pape. Ainsi la la cupidité des deux prélats, jointe à leur mauvaise foi, ne fit que tourner à leur propre confusion. (Félibien, *Hist. de Saint-Denis*, pag. 98, *Gall. Chr.*, T. VII, col. 359 et 429.)

879 *Romanum*, le premier mai. Le pape se proposait d'y faire élire un empereur, attendu que Carloman, roi de Bavière, qui aspirait à l'être, était incapable d'agir par sa mauvaise santé. L'élection ne se fit point.

879 * *Romanum II*, au mois d'août. Le pape, après la mort de saint Ignace, reconnaît Photius pour patriarche de Constantinople, contre toutes les règles de l'église, usant, dit-il, d'indulgence avec lui, à cause des circonstances du tems. Il écrivit plusieurs lettres à ce sujet, et envoya un troisième légat pour se joindre aux deux qui étaient déjà

à Constantinople, avec une instruction souscrite par dix-sept évêques.

879 * *Hierosolymitanum*, *Antiochenum*, *Alexandrinum*. Ces trois conciles furent tenus par chacun des trois patriarches d'Orient, pour approuver le rétablissement de Photius dans le siége de Constantinople. (Le Quien, Mansi.)

879 *Romanum III*, le 15 octobre. On y déposa Anspert, archevêque de Milan, et le pape écrivit à l'église de Milan d'élire un autre évêque à sa place.

879 *Mantalense*, de Mantaille, entre Vienne et la rivière d'Isère, près de la terre de Mante, ou Mantoz le 15 octobre. Vingt-trois évêques y accordent le titre de roi au duc Boson. Parmi ces prélats on voit *Richardus Agathensis*; c'est une faute de copiste. Il faut lire *Richardus Aptensis*. Le royaume de Boson ne s'est jamais étendu jusqu'à Agde, et d'ailleurs celui qui occupait alors le siége d'Agde se nommait Alaric.

879 * *Constantinopolitanum*, sous Photius, de trois cent quatre-vingts évêques, commencé au mois de novembre, et fini le dimanche 13 mars 880. Les lettres du pape y furent lues, mais altérées dans tous les endroits peu favorables à Photius, sans que les trois légats y trouvassent à redire. Dans les acclamations, Photius y fut mis avant le pape Jean. Partout Photius y paraît comme un homme irré-prochable, quoique le pape eût marqué qu'il devait se reconnaître coupable, en demandant pardon au concile. On termina cette assemblée par une profession de foi, qui embrasse celle du concile de Nicée, expliquée, ou confirmée par les six conciles généraux suivants, sans addition ni restriction. Le huitième est condamné; et celui-ci en tient la place chez tous les grecs schismatiques. A la fin des actes tels que nous les avons, on voit une lettre du pape Jean, où il fait entendre clairement que l'église romaine n'avait point encore ajouté *Filioque*, au symbole. Il range avec Judas ceux qui ont osé faire cette addition ; mais, ajoute-t-il, on ne doit contraindre personne à la quitter. Tout ceci est-il bien vrai, ayant été dressé sous les yeux de Photius, et peut-être par Photius lui-même, à qui l'imposture et le mensonge ne coûtaient rien ?

881 *Apud sanctam Macram*, de Fîmes, au diocèse de Reims, le 2 avril. Hincmar y présidait, et on reconnaît son style dans les huit articles qui nous en restent. Ce sont plutôt de longues exhortations que des canons.

886 *Cabilonense*, de Châlons sur-Saône, le 18 mai, pour

établir la paix et régler les autres affaires de l'Eglise. « Ce concile, dans toutes les éditions, est daté dans l'an 886; cependant il est certainement de l'année suivante, dit D. Vaissète. L'indiction v est marquée, ajoute-t-il, dans tous les actes donnés par le même concile : et cette indiction ne convient nullement au mois de mai 886, mais bien à l'année 887. » Ne serait-on pas, néanmoins, également fondé à dire que c'est l'indiction qui est fautive, et non l'année ?

887   *Coloniense*, de Cologne, le 1er. avril. On y renouvela les anciens canons, en prononçant des menaces et des censures contre ceux qui pillaient les églises. (*Conc. Germ.* tome II.)

887   *De Portu*, de Port, sur les confins des diocèses de Maguelone et de Nismes, le 17 novembre, par Théodard, archevêque de Narbonne. On y déposa deux évêques intrus. (*Édit. Venet.* tome XI.)

887   *Urgellense*, d'Urgel. On y confirme la déposition des deux évêques ci-dessus. On vit, à ce concile, Frodoin, évêque de Barcelonne, demander pardon en chemise et pieds nus, pour avoir ordonné l'un de ces deux évêques. (Vaissète, *Hist. de Lang.* tom. II, p. 526.)

887   *Turonense*, vers la mi-décembre, où l'on arrête que la fête du retour des reliques de saint Martin se célébrera, tous les ans, le 13 décembre. Le P. Labbe met ce concile en 912, fondé sur la relation du retour des reliques de saint Martin, attribuée (faussement) à saint Odon. Mais il est aujourd'hui démontré que l'auteur inconnu de cette pièce s'est mépris, et que les reliques de saint Martin ont été rapportées à Tours en 887.

888   *Agaunense*, d'Agaune, ou Saint-Maurice, en Valais, où Rodolfe est reconnu et couronné roi de la Bourgogne transjurane. (Labbe, tom. IX, p. 400.)

888   *Metense*, de Metz, le premier mai, par Ratbod, archevêque de Trèves. On y fit treize canons.
    Le P. Mansi prétend que ce concile n'a pas pu se tenir avant le milieu de 888, parce qu'Adalgaire de Hambourg, dont on y voit la souscription, ne fut élevé sur ce siège qu'après la mort de saint Rembert, arrivée, suivant les Bollandistes, le 11 juin de cette année.

888   *Moguntiacum*, de Mayence, au mois d'octobre, selon M. Eccard, par ordre d'Arnoul, élu roi de Germanie. Ce concile était composé de 6 archevêques et de 15 évêques, avec plusieurs abbés. On y fit vingt-six canons.

tirés la plupart des conciles précédents. (*Conc. Germ.* tom. II.)

889 *Ticinense*, de Pavie, où l'on confirme l'élection de Gui, roi d'Italie. On y fit de plus dix canons sur la discipline. (*Edit. Venet.* t. XI.)

890 *In civitate Vangionum, seu Wormatiense*, de Worms, par Foulques, archevêque de Reims, qui présida à cette assemblée, comme légat né du saint siège, en présence de Sunderholde, archevêque de Mayence, métropolitain de Worms, qui s'y trouva par ordre du pape Étienne V. (Frodoard, L. 4, c. 1.) Les actes de ce concile sont perdus

890 *Valentinum*, de Valence, en Dauphiné. Les évêques des provinces d'Arles, d'Embrun et de Vienne y élisent et sacrent roi Louis, fils de Boson, âgé de 10 ans. (*Conc. Germ.* t. II.)

890 *Forcheimeuse*, de Forcheim, au mois de mai, par Sunderholde, archevêque de Mayence, où l'on confirme la fondation du monastère d'Hérisiem, à la demande de Bison, évêque de Paderborn, après quoi le roi Arnoul, les évêques et les seigneurs laïques reconnurent, pour les successeurs de ce prince, ses deux bâtards, Zwentibolde et Ratolde, au défaut d'héritiers légitimes. (*Conc. Germ.* t. II.)

891 *Magdunense*, de Meun-sur-Loire, où l'on défend à l'archevêque de Sens d'ordonner un autre abbé de Saint-Pierre-le-Vif que celui qui serait élu par les moines. (Bouquet tom. IX.)

892 *Viennense*, de Vienne, par ordre du pape Formose, où présidèrent ses deux légats, Pascal et Jean. On y fit quatre canons contre les usurpateurs des biens de l'Église, les meurtriers, les mutilations, et autres outrages faits aux clercs, etc. Plusieurs évêques y souscrivirent.

893 *Remense*, le 28 janvier, où l'archevêque Foulques fait proclamer roi de France Charles, fils de Louis le Bègue, âgé de quatorze ans, et le sacre en présence des archevêques de Mayence, de Cologne et de Trèves. On y menaça d'excommunication Baudouin, comte de Flandre, pour avoir fait fustiger un prêtre, et pour s'être emparé de plusieurs biens ecclésiastiques. Mais on s'abstint de prononcer cette peine, en considération des services que ce comte rendait à l'état. Frodoard et Reginon mettent ce concile en 892, parce qu'ils commencent l'année au 25 mars.

894 *Cabilonense*, de Châlons-sur-Saône, le 1er mai. On y

examina l'affaire de Gerfroi, moine de Flavigni, accusé, par la voix publique, d'avoir empoisonné Adalgaire, évêque d'Autun ; mais il ne se trouva ni preuve ni accusateur contre lui. Il fut néanmoins ordonné que, pour rendre sa justification plus authentique, Gerfroi recevrait publiquement, en témoignage de son innocence, le corps et le sang de Notre-Seigneur dans un synode diocésain qui se tiendrait incessamment à Flavigni même, ce qui fut exécuté.

895   *Triburiense*, de Tribur, ou Teuver, près de Mayence, dans les premiers jours d'août au plus tard. Vingt-deux évêques y assistèrent avec le roi Arnoul. On y fit cinquante-huit canons, tendants principalement à réprimer les violences et l'impunité des crimes. Le vingt-deuxième porte que *ceux qui sont accusés de quelque crime, dont il n'y a point de preuve, se purgeront par serment; mais que s'il y a du fondement à les soupçonner, ils subiront l'épreuve du fer ardent, en présence de l'évêque ou de celui qu'il aura commis*. Il ne faut pas néanmoins conclure de là que l'Eglise universelle approuvât ces sortes d'épreuves. Agobard, archevêque de Lyon, s'était élevé avec force, soixante ans auparavant, contre cet abus, dans son Traité contre le *Jugement de Dieu*, où il prouvait que rien n'était plus contraire à la saine raison et à l'esprit de la religion. Le trentième est une preuve de l'asservissement où la cour de Rome avait déjà réduit les églises d'Allemagne. *Honoremus*, porte-t-il, *sanctam romanam et apostolicam sedem, ut quæ nobis sacerdotalis mater est dignitatis, debeat esse magistra ecclesiasticæ rationis. Quare...... licet vix ferendum ab illa sancta sede imponatur jugum, conferamus et piâ devatione toleremus.*

Il se tint, vers le même tems, plusieurs conciles en Angleterre, par des évêques d'une grande vertu, qui s'élevaient avec force contre les déréglements des princes, et qui les punissaient par les peines canoniques. On ignore les années précises de ces conciles. *Voyez* Pagi, *ad an.* 895, n. 6.

896   * ou au commencement de 897. *Romanum*, où Etienne VI fit apporter le corps du pape Formose, qu'il avait fait déterrer ; lui reprocha d'avoir quitté l'évêché de Porto, pour usurper celui de Rome, comme s'il avait pu l'entendre. Il le condamna ensuite, le dépouilla des habits sacrés dont on l'avait revêtu, lui fit couper trois doigts, et enfin la tête, puis on jeta le tronc dans le Tibre. Etienne y déposa aussi tous ceux que Formose avait or-

donnés. On y déclara, de plus, nulle l'élection du pape Boniface VI, parce qu'il avait été dégradé deux fois, l'une du sous diacocat, l'autre de la prêtrise.

898 *Romanum*, où le pape Théodore réhabilite les clercs ordonnés par Formose, que son prédécesseur, Etienne, avait déposés. (Mansi, *Suppl.* t. I.)

898 *Romanum*, par Jean IX, en présence de l'empereur Lambert. On y cassa tout ce qui avait été fait au concile tenu par Etienne en 896. On fit un décret en 12 articles, dont le huitième rétablit la mémoire de Formose, et les évêques qu'Etienne avait déposés. Le dixième porte que le pape ne pourra être sacré qu'en présence des députés de l'empereur. Le onzième est conçu en cette manière : « il s'est introduit une détestable coutume, qu'à la mort » du pape, on pille le palais patriarcal ; le pillage s'étend » même par toute la ville et jusques dans les faubourgs. » On traite pareillement les maisons des évêques après leur » décès. C'est ce que nous défendons à l'avenir sous peine, » non seulement des censures ecclésiastiques, mais de l'in- » dignation de l'empereur. »

898 *Ravennense*, de Ravenne, par le pape Jean IX, encore en présence de l'empereur Lambert. On y relut les actes du concile de Rome, et on y approuva douze autres articles. (Pagi, Muratori.)

900 *Remense*, le 6 juillet, où l'on excommunie les meurtriers de l'archevêque Foulques. En prononçant les malédictions usitées en pareil cas, les évêques jetèrent à terre les lampes qu'ils tenaient à la main et les éteignirent : premier exemple d'une semblable formalité. Toute sorte d'inhumation fut interdite aux auteurs et aux complices de ce crime. « Que leur sépulture, dit le concile, soit celle » de l'âne ; qu'ils restent comme le fumier sur la surface » de la terre, afin qu'ils soient, pour les races présentes » et futures, un exemple d'opprobre et de malédiction. » Que devenaient donc les cadavres des excommuniés ? On a déjà vu plus haut qu'ils restaient exposés en proie aux bêtes, ou bien qu'on les couvrait de gazon ou de pierres. Quelquefois aussi on les enfermait dans des creux d'arbres.

900 *Lateranense*, par Benoît IV, au mois d'août, en faveur d'Argrim, évêque de Langres, qui, chassé de son siège par une faction, demandait d'y être rétabli, ce qui lui fut accordé (*Edit. Venet.* t. XI.)

902 *Attilianum*, d'Asille ou Asillan, au diocèse de Narbonne, par Rostaing, archevêque d'Arles, et Arnuste, archevêque de Narbonne, assistés de leurs comprovin-

ciaux. Tetbald, *prêtre titré*, ou curé de Sainte-Marie-de-Vic, était en différend, touchant cette église, avec le diacre Thierri, qui la voulait assujétir à celle de Cruzi ; le premier avait prouvé son droit par l'épreuve du feu et de l'eau, qu'un représentant avait subie pour lui sans en être endommagé. Ce qui, ayant été attesté au concile par l'archevêque Arnuste, l'assemblée donna gain de cause à Tetbald. (*Edit. Venet.* t. XI.)

903 *Forcheimense*, contre Adalbert, comte de Bamberg, qui pillait les terres de l'église de Wurtzbourg. Le roi de Germanie, Louis IV, présent à cette assemblée, composée d'évêques et de seigneurs laïques, priva le comte de ses châteaux ; et l'année suivante Adalbert, ayant été pris en trahison, fut amené, le 9 décembre, devant le roi, qui le condamna à perdre la tête, ce qui fut exécuté. Les biens d'Adalbert, après sa mort, retournèrent partie aux ducs de Saxe dont il descendait, et partie au fisc impérial. (*Conc. Germ.*, tom. II, pag. 583.)

906 *Constantinopolitanum*, vers la mi-janvier, par le patriarche Nicolas le Mystique, où l'on condamne le mariage de l'empereur Léon le Sage avec Zoé, parce qu'il était contracté en quatrièmes noces. Le prêtre Thomas, qui avait béni les deux époux, fut déposé, et l'empereur privé de l'entrée de l'église. (*Edit. Venet.*, tom. XI.)

906 * *Constantinopolitanum*, vers la fin de janvier, où l'empereur Léon fait déposer le patriarche Nicolas et mettre Euthymius à sa place. (*Manque dans les Collections.*)

906 *Barcinonense*, de Barcelone. On y fit plusieurs réglements de discipline, qui ne sont pas venus jusqu'à nous. L'évêque de Vic-d'Ausonne s'y plaignit d'une redevance annuelle que l'archevêque de Narbonne avait imposée à son église, en consentant que le siège épiscopal y fût rétabli. On fit droit sur cette plainte au concile suivant. (Vaissète, tom. II, p. 43, et *Edit. Venet.*, tom. XI.) Baluze met ce concile en 907, et Mansi en 908.

907 *Apud S. Tiberium*, à l'abbaye de Saint-Tiberi, en Languedoc. On y déclare l'église d'Ausonne franche envers l'église de Narbonne. (Vaissète, tom. II.) Ce concile est le même que celui que Ferréras met cette année à Barcelonne.

909 *De Juncheriis*, de Jonquières, au diocèse de Maguelone, le 3 mai, où l'on absout le comte Suniarius des censures qu'il avait encourues. (Labbe, tom. IX.)

909 *Trosleianum*, de Troli, près de Soissons, le 26 juin, sous Hervé de Reims. Les décrets de ce concile, souscrits

par douze prélats, sont distribués en quinze chapitres, qui sont plutôt de longues exhortations que des canons, et font voir le triste état de l'Eglise.

911 *Constantinopolitanum*, au mois de mai, où l'on rétablit le patriarche Nicolas. (Pagi.)

916 *Altheimense*, d'Altheim dans la Rhétie, ou le pays nommé le Ries, en Suabe; assemblée mixte, tenue en présence de l'empereur ou roi Conrad, le 20 septembre. Un légat du pape y assista, et l'on y fit dix-huit canons. Les états y firent le procès aux princes révoltés contre le roi Conrad. Erchanger, duc de Suabe, et son frère Berthold, quoique beaux-frères de Conrad, furent condamnés, comme rebelles, à perdre la tête, et subirent leur sentence en vertu d'un arrêt de la diète de Mayence. Le synode et la diète d'Altheim prononcèrent, de concert, anathême et arrêt de proscription contre tous ceux qui manqueraient à la fidelité due au roi Conrad. (*Conc. Germ.*, tom. II, et Pfeffel, *Abr. Chr.*)

920 *Constantinopolitanum*, au mois de juillet, par le patriarche Nicolas, où la paix est rendue à cette église, divisée à l'occasion des quatrièmes noces de l'empereur Léon, mort l'an 911. On défend d'en contracter de pareilles. Ce concile fut appelé *l'assemblée d'union*. (Mansi, *Suppl.*, tom. I.)

921 *Trosleianum*, de Troli, près de Soissons, par Hervé de Reims, où, à la prière du roi Charles, on donne l'absolution à un seigneur nommé Erlebaud, mort dans l'excommunication.

922 *Confluentinum*, de Coblentz, composé de huit évêques, assemblés par ordre des deux rois Charles de France et Henri de Germanie. Il nous en reste huit canons.

923 *Remense*, où Seulfe de Reims, avec ses suffragants, ordonna à ceux qui s'étaient trouvés à la bataille de Soissons, entre Robert et Charles, de faire pénitence pendant trois carêmes consécutifs. C'est qu'il était d'usage en France d'imposer une pénitence à tous ceux qui s'étaient trouvés dans une bataille donnée entre français.

927 *Trevirense*, par Ruotger, ou Roger, archevêque de Trèves. On y fit plusieurs réglements pour la réformation du clergé, et on y approuva un livre de Ruotger sur le même sujet. Le tout est devenu la proie du tems. (*Conc. Germ.*, tom. II.)

927 *Troslcianum*, convoqué par Herbert, comte de Vermandois, malgré le roi Raoul, avec lequel il était brouillé pour lors. On ignore quel fut l'objet principal de cette

assemblée, à laquelle Herbert assista. Les évêques n'y furent qu'au nombre de six. Herluin, comte de Ponthieu, qu'on avait excommunié pour avoir pris une seconde femme du vivant de la première, y obtint son absolution. (*Frodoard.*)

928 *Grateleanum*, de Gratlei, en Angleterre. Le roi Ethelstan y publie plusieurs lois civiles et ecclésiastiques.

931 ou environ. *Altheimense*. d'Altheim, dans la Rhétie. On y fit trente-sept capitules que nous n'avons plus. (Pagi.)

931 * *Constantinopolitanum*, le 2 septembre, à la sollicitation de Romain Lécapène, où l'on engage le patriarche Tryphon à mettre son nom au bas d'une feuille blanche, qu'on remplit ensuite de la formule de son abdication. (Pagi, Fleuri, le Quien.)

932 *Ratisbonense*, le 14 janvier, par cinq évêques et un chorévêque. On y instruisit le peuple de ses devoirs, relativement aux abus régnants. Les prélats y convinrent entre eux de certains secours spirituels qu'ils se donneraient mutuellement après leur mort. Ce concile est daté *Anno ab Incarnatione Domini DCCCXXXII. indict. V. XIX. kol. febr. regnante Arnolfo ven. duce, anno X* Tous caractères qui conviennent à l'an 932, suivant le nouveau style, et prouvent, par conséquent, que l'année commençait alors en Allemagne à Noël ou au premier janvier. (Mansi, *Suppl.*, tom. I, Hatzheim, *Conc. Germ.*, tom. II, *Deest in Veneta*)

932 *Erpfordiense*, d'Erfort, en Allemagne, le premier juin. On y fit cinq canons.

932 *Dingolvingense*, de Dingelfind, au diocèse de Ratisbonne, où l'on traite de la réformation du clergé. (Mansi, Hartzheim, *ibid.*)

935 *Apud sanctam Macram*, de Fîmes, au diocèse de Reims, contre les usurpateurs des biens ecclésiastiques. On les avertit de se corriger.

941 * *Suessionense*, où, sur de vains prétextes, l'on dépose Artaud, archevêque de Reims, et l'on met à sa place Hugues, fils d'Herbert, comte de Vermandois, jeune homme de vingt ans, qui fut ensuite ordonné à Reims. Artaud ne laissa point son rival en paisible jouissance de son usurpation. (Labbe, tom. IX, et *Edit. Venet.*, tom. XI.)

942 *Bonnâ-Castello præclaris synodus a 22 episcopis habetur*, dit le continuateur de Réginon. L'Annaliste Saxon le rapporte à l'année suivante.

943 *Landavense*, de Landaff, au pays de Galles. Le roi

Nougui restitue à l'évêque Patre tout ce qu'il avait enlevé à son église de Landaff, et lui accorde une de ses terres. (Pagi.)

946 *Asturicense*, d'Astorga, le premier septembre, en présence de Ramire II, roi de Léon. On y remédie à divers abus qui s'étaient glissés dans la discipline ecclésiastique. Les actes de ce concile sont perdus. Il n'en est resté que la mémoire dans une charte de l'église d'Astorga. (Ferréras, tom. III, p. 60.)

947 *Narbonense*, de Narbonne, le 27 mars, par Aymeric, archevêque de cette ville. On y délibère sur les moyens de rétablir la discipline ecclésiastique dans la province. (Vaissète, *Hist. de Lang.* tome II p. 81 *Deest alibi*.) On prétend que les évêques de la province tinrent un concile la même année à Fontaines, dans le diocèse d'Elne; mais c'est un fait certainement supposé. (*Ibid.*)

947 *Virdunense*, de Verdun, vers la mi-novembre. Sept évêques, Robert de Trèves à la tête, y maintinrent par provision Artaud dans la possession du siège de Reims.

948 *Mosomense*, de Mouzon, le 13 janvier. Robert archevêque de Trèves et ses suffragants, avec quelques évêques de la métropole de Reims, y jugent définitivement qu'Artaud devait conserver la communion ecclésiastique et la possession du siège de Reims, et que Hugues devait être privé de l'une et de l'autre jusqu'à ce qu'il vînt se justifier devant le concile général, qui était indiqué au premier jour d'août.

948 *Ingelhenheimense*, d'Ingelheim, près de Mayence, le 7 juin, en présence des deux rois Otton et Louis d'Outremer. Le légat Marin y présidait, et il y avait 23 évêques en tout, avec bon nombre d'abbés, de chanoines et de moines. Le roi Louis se plaignit de la persécution qu'il souffrait de la part de Hugues, comte de Paris; et Artaud de Reims de celle de Hugues, son compétiteur. Sigebolde, diacre de ce dernier, y fut déposé comme calomniateur, Hugues excommunié et Artaud rétabli. Hugues, comte de Paris, sera aussi excommunié, ajoute-t-on, s'il ne se soumet au jugement d'un concile. Enfin on dressa 10 canons.

948 *Laudunense*, de l'abbaye de Saint-Vincent de Laon, où l'on cite le comte Hugues, pour venir rendre compte des maux qu'il avait faits au roi Louis d'Outremer et aux évêques. (Labbe, tome IX.)

948 *Trevirense*, le 6 septembre. Le légat Marin, l'archevêque de Trèves et plusieurs évêques de France y excom-

munièrent Hugues, comte de Paris, jusqu'à ce qu'il vint à résipiscence; deux prétendus évêques, ordonnés par l'archevêque Hugues de Reims, y furent aussi privés de la communion. Ce concile dura trois jours.

948 *Londinense*, de Londres, le 8 septembre, où Turquetil fut fait abbé de Croyland, après avoir refusé deux évêchés que le roi voulait lui donner. Cette nomination fut souscrite par deux archevêques, quatre évêques et par deux abbés, dont l'un est saint Dunstan.

949 *Romanum*, où le pape Agapit confirma les censures portées en France contre l'archevêque Hugues, et Hugues, comte de Paris.

952 *Augustanum*, d'Ausbourg, le 7 août. Vingt-quatre évêques de Germanie et de Lombardie y firent onze canons, dont le premier porte que si un évêque, un prêtre, un diacre, un sous-diacre, se marie, il sera déposé; mais il n'annule point le mariage. Ainsi la défense de se marier, faite à ceux qui étaient dans les ordres sacrés, ne formait encore alors qu'un empêchement prohibitif, et non un empêchement dirimant. Le roi Otton assista au concile, et promit d'appuyer de son autorité ce que les évêques y avaient résolu.

955 *Landavense*, de Landaff. Un diacre ayant tué un paysan qui l'avait blessé, s'enfuit dans une église. Six des personnes de la maison du roi Nougui l'y poursuivent, et le massacrent au pied de l'autel. Le concile ordonne que tous les biens des coupables seront confisqués au profit de l'Eglise. (Labbe, tome IX.)

958 *Ingelhenheimense*, d'Ingelheim, près de Mayence, aux fêtes de Pâques, où l'on substitue Frédéric de Chiemgan à Hérolde, archevêque de Saltzbourg, qu'Henri, frère de l'empereur Otton, avait privé de la vue, pour avoir appuyé la révolte du prince Liutolfe contre son père. (*Conc. Germ.* tome II.)

963 *Constantinopolitanum*, par le patriarche Polyeucte, vers la fin de septembre, sur la validité du mariage de l'empereur Nicéphore Phocas avec Théophanon, veuve de l'empereur Romain. Ce mariage est confirmé contre l'avis du patriarche. (*Edit. Venet.* tome XI.)

963 *Romanum*, par l'empereur Otton, à la prière des Romains, depuis le 6 jusqu'au 22 novembre. Le pape Jean XII y fut accusé d'un grand nombre de crimes, et n'ayant point voulu comparaître, il fut déposé. On mit à sa place Léon VIII, qui tint le saint siége jusqu'à sa mort, arrivée un an et 4 mois après son élection.

Boranius, Pagi, et d'autres modernes traitent cette assemblée de conciliabule. Le cardinal Turrecremata la tenait pour si légitime qu'il en tire son cinquième argument, pour prouver l'utilité des conciles. (*Summa Ecclesiæ*, L. 3, c. 10.) Du reste il faudrait avoir les actes de cette assemblée pour en bien juger, mais nous n'avons que le récit qui s'en trouve à la fin de l'histoire de Liutprand. Il est vrai que cet écrivain ayant assisté à ce concile, et y ayant porté la parole, son témoignage est d'un grand poids. Mais son dévouement trop marqué pour l'empereur fait craindre qu'il n'ait un peu déguisé la vérité. (*Voyez* Léon VIII, pape.)

964 *Romanum*, le 26 février, où le pape Jean XII déposa Léon VIII, par une procédure encore moins régulière que celle du concile précédent. Léon VIII absent, y est condamné dans la première session, sans avoir été cité une seule fois, et sans qu'il paraisse contre lui d'accusateurs, ni de témoins. (Fleuri.)

964 *Romanum*, entre la Saint-Jean et la Saint-Pierre. Léon VIII y déposa Benoît V, qui avait été élu après la mort de Jean XII. Benoît s'y jeta aux pieds de Léon VIII et de l'empereur Otton, criant qu'il avait péché, et qu'il était usurpateur du saint siège. On le laissa dans l'ordre de diacre, en l'envoyant en exil. Ce concile, composé d'évêques italiens, lorrains et saxons, fit ensuite un décret par lequel le pape Léon, avec tout le clergé et le peuple de Rome, accorda et confirma à Otton et à ses successeurs la faculté de se choisir un successeur pour le royaume d'Italie, d'établir le pape, et de donner l'investiture aux évêques, en sorte qu'on ne pourrait élire ni patrice, ni pape, ni évêque, sans son consentement, le tout sous peine d'excommunication, d'exil perpétuel, et de mort. En ce concile la puissance temporelle était jointe à la spirituelle. (Fleuri.) « Il est vrai, dit M. de Pfeffel, que
» plusieurs auteurs respectables ont douté de l'authenti-
» cité de ce décret, qui ne se trouve dans aucun auteur
» contemporain, et que Thierri de Niem, secrétaire du
» pape Jean XXIII, a le premier publié au commence-
» ment du quinzième siècle, d'après une copie qui s'en
» trouvait dans la bibliothèque Ambrosienne. Cependant
» quand on considère que Luitprand, évêque de Vérone,
» qui a porté la parole au nom de l'empereur au concile
» de Rome, raconte exactement, dans son histoire, les
» mêmes choses qu'on trouve dans ce décret; que les
» fameux canonistes Yves de Chartres et Waltram de

» Naumbourg l'ont cité et reconnu pour véritable dès le
» onzième siècle ; que le moine Gratien l'a inséré par
» extrait dans son *Decretum* ; que les souverains pon-
» tifes, qui ont corrigé cette compilation, n'ont jamais
» songé à l'en effacer ; et qu'enfin il n'attribue point à
» Otton I de droits que les anciens empereurs romains,
» les exarques et les empereurs carlovingiens n'eussent
» exercés, et que l'histoire des successeurs d'Otton ne jus-
» tifie ; il n'est guère possible de ne pas se déclarer pour la
» vérité de cette célèbre constitution. Au surplus, ajoute
» le même auteur, la formule que Thierri de Niem en
» a produite peut très bien avoir été forgée par un faus-
» saire, sur les récits de Luitprand et de Sigebert de
» Gemblours, et sur l'extrait du texte original que Gra-
» tien nous a conservé. La collection de Goldast est rem-
» plie de lois et de constitutions dont le fond est incon-
» testablement vrai, mais dont la forme n'est qu'un tissu
» d'impostures. »

967 *Romanum*, au mois de janvier, par le pape Jean XIII,
en présence de l'empereur Otton I. Il ne nous reste de ce
concile qu'un diplôme, donné par l'empereur, avec
l'approbation de l'assemblée, en faveur de l'abbaye de
Sublac. Mais, si l'on en croit M. Muratori, ce fut dans
ce concile que l'on confirma le titre de métropole de
toute la Vénetie à l'église de Grado. Sigonius ajoute que
dans ce même concile il fut proposé d'abolir la loi qui
ordonnait de confirmer les actes publics par un serment
solennel, comme étant une source de parjures ; mais que
l'affaire fut renvoyée à un autre concile. *Statutum est
ut ejus rei judicium in alium conventum rejiceretur*. Cette
loi ne fut effectivement abolie que l'an 983, dans une
diète que tint l'empereur Otton II, au retour de sa funeste expédition contre les Grecs. Mais à cette loi dangereuse, on en substitua une autre encore pire. Ce fut d'o-
bliger ceux qui formeraient une inscription en faux
contre un titre, de la prouver par le duel. (Muratori,
Mansi, saint Marc.)

967 *Ravennense*, le 20 avril, après Pâques. L'empereur Otton
y confirma au saint siége les donations et les priviléges
que les anciens empereurs lui avaient accordés ; et lui fit
restituer les terres et les autres revenus de saint Pierre,
qui étaient tombés en mains étrangères. Le concile approuva la déposition d'Hérolde, archevêque de Saltzbourg,
que le duc de Bavière avait fait aveugler, et l'élection de
l'archevêque Frédéric, que la noblesse bavaroise lui avait

substitué. Otton y proposa de fonder un nouvel archevêché à Magdebourg en faveur des provinces récemment con-
quises sur les Venèdes et les Slaves ; ce qui fut approuvé
par le pape Jean XIII, avec l'agrément de l'archevêque
de Mayence, métropolitain de Magdebourg. « Le pape
» accorda au nouvel archevêque le *pallium* avec la *com-*
» *plétion des droits primatiaux appartenants aux archevê-*
» *ques de Mayence, de Trèves et de Cologne.* Ces expres-
» sions de la bulle de fondation prouvent évidemment
» l'erreur dans laquelle plusieurs auteurs sont tombés, en
» attribuant à l'archevêché de Magdebourg une primatie
» absolue sur toute l'Allemagne. Cette hypothèse chimé-
» rique est d'ailleurs réfutée par l'usage constant des 10e et
» 11e siècles, pendant lesquels ces prélats ont constam-
» ment roulé par rang d'ancienneté avec les trois arche-
» vêques du Rhin et ceux de Saltzbourg, jusqu'à ce que
» ces derniers ont été pourvus du caractère de légats nés
» du saint siége. Au surplus le pape soumit à la nouvelle
» métropole de Magdebourg les évêchés de Brandebourg,
» de Havelberg, de Meissen, de Naumbourg et de Mers-
» bourg, tous fondés par Otton I, et l'évêché de Posna-
» nie, en Pologne. » (Pfeffel.) Mais les Bollandistes (*Sup-
plém. Junii*, par. I page. 44), prouvent que la bulle dont
il s'agit ici est fausse.

967, 968 *Romanum*, commencé à la fin de la première de
ces deux années, et fini au commencement de l'autre, en
présence des empereurs Otton I et Otton II. Ce concile
fut célèbre ; mais il n'en reste que trois priviléges du pape
Jean XIII, dont le dernier a pour objet l'érection déjà
faite de l'évêché de Meissen, capitale de Misnie. (Mansi,
Suppl. Conc. tome I.)

968 *Ravennense*, où plusieurs évêques d'Italie et de Germanie souscrivirent un échange entre l'église d'Halberstadt
et celle de Magdebourg. (Pagi.)

968 *Romanum*, où le pape Jean XIII approuve et ratifie la
fondation de l'évêché de Minden, faite l'an 935, par
Henri l'Oiseleur. (*Conc. Germ.* tome II.)

969 *Anglicanum*, de toute l'Angleterre, par saint Dunstan ;
en présence du roi Edgard, qui y fit un discours aux évêques sur les dérèglements des clercs, et en chargea trois, en
particulier, d'y remédier.

969 Conférence tenue à Constantinople entre les Catholiques
et les Jacobites, par Polyeucte, patriarche de Constantinople d'une part, et Jean, patriarche jacobite d'Antioche, de l'autre, en présence de l'empereur, des évêques

DES CONCILES. 79

et du sénat. Elle commença le jour de Pâques et fut continuée les deux jours suivants. Nous n'avons d'autre acte de cette conférence que la lettre synodique du patriarche Jean à Mennas, patriarche cophte d'Alexandrie; lettre où il fait le récit à sa manière, de tout ce qui fut dit de part et d'autre. Elle fut écrite la 25 août, de la prison où l'empereur avait fait enfermer le patriarche Jean, pour n'avoir pas voulu se rendre aux raisons qu'on lui avait apportées, afin de le ramener à la foi orthodoxe. (Assemani, *Bibl. Orient.* tome II. Mansi, *Suppl.* tome I.)

969 *Romanum*, par le pape Jean XIII, le 26 mai. Il n'est connu que par la bulle du pape, portant érection de l'évêché de Bénévent en archevêché. (*Edit. Venet.* tome XI.)

971 *Romanum*, par le pape Jean XIII, le 23 avril, où l'on confirme l'établissement des moines dans l'abbaye de Mouzon, à la place des chanoines. (*Gall. Chr.* tome VIII.) Mansi met ce concile en 972.

971 *Compostellanum*, le 29 novembre, où Césaire, abbé de Mont-Serrat, fut élu et sacré archevêque de Tarragone; mais l'archevêque de Narbonne s'y opposa, avec les évêques d'Espagne, qui le reconnaissaient pour métropolitain. (Pagi, à l'an 900, n. 8, etc.)

972 *Apud Montem Sanctæ Mariæ*, du Mont-Sainte-Marie, en Tardénois, au diocèse de Soissons, dans le mois de mai, par Adalberon, archevêque de Reims, où l'on fait lecture de la bulle de Jean XIII, pour l'introduction des moines dans l'abbaye de Mouzon. (Mabillon, *Ann.* T. III, page. 622.) Il ne faut pas confondre ce concile avec un autre qui se tint au même lieu dans le mois de décembre de l'année suivante.

972 *Ingelhenheimense*, d'Ingelheim. On y blâme publiquement Adalberon, neveu de saint Udalric, évêque d'Ausbourg, et son coadjuteur, qui s'ingérait de porter le bâton pastoral du vivant de son oncle, et on le déclare incapable de lui succéder, à moins qu'il ne jure qu'il ignorait que ce fut une hérésie (c'est-à-dire une violation des canons) d'usurper la puissance épiscopale.

973 *Marzaliense*, de Marzaille, au diocèse de Parme, aujourd'hui de celui de Modène, par Honestus, archevêque de Ravenne. La date et l'objet de ce concile varient dans les différentes éditions qui en ont été données. Celle de Rubeus, ou Rossi, qui en a rapporté les actes dans son Histoire de l'Eglise de Ravenne, la date de la première année du pape Benoît VI, de la sixième de l'empereur Otton II, du 9 de septembre, et de l'indiction II. L'édi-

tion de Sillingardi, qui les a reproduits dans son Catalogue des évêques de Modène, leur donne pour notes chronologiques l'an de l'Incarnation 973, premier du pontificat de Benoît, 8 de l'empire d'Otton, 3 de l'épiscopat d'Honestus, métropolitain de Ravenne. Mais il y a là quelque faute, dit M. Muratori sans rien décider. A l'égard de l'objet de cette assemblée, c'est, suivant l'édition de Sillingardi, une contestation d'Adalbert, évêque de Bologne, avec Ubert, évêque de Parme, touchant certains domaines que le dernier possédait, et que l'autre revendiquait comme appartenants à son église. Dans l'édition de Rossi, ce sont des nobles qui redemandent à l'évêque de Parme des terres de leurs maisons, dont Otton le Grand l'avait investi. Sur cette différence de leçons, le P. Labbe, d'un concile en fait deux, l'un de Marzaille et l'autre de Modène.

975 *Romanum*, par le pape Benoît VII, où l'on excommunie Boniface Francon, pour avoir usurpé le saint siége. (*Edit Venet.*, tom. XI.)

975 *Remense*, par le diacre Etienne, légat de Benoît VII, où l'on excommunie Thibaut, usurpateur du siége d'Amiens. Thibaut avait déjà subi la même sentence au concile de Trèves en 948; mais il en avait appelé à Rome.

978 *Calnense*, de Calne, château royal en Angleterre, où l'on propose de chasser les moines des églises qu'ils possédaient, pour y substituer des clercs séculiers. Saint Dunstan se déclare en faveur des moines, et plusieurs prélats se rangent à son avis. (*Edit. Venet.*, tom. XI.)

979 *Ingelhenheimense*, d'Ingelheim, en présence de l'empereur Otton II, où l'on fit plusieurs réglements de discipline, qui ne sont point venus jusqu'à nous. La réunion des abbayes de Malmédi et de Stavelo sous un même abbé, y fut confirmée; après quoi Egbert, archevêque de Trèves, fit part au concile de la découverte qu'il avait faite du corps de saint Celse, l'un de ses prédécesseurs, mort, à ce que l'on croit, l'an 143. (*Conc. Germ.*, tom. II.) Mansi place ce concile en 980.

987 *Remense* de Reims, où l'on excommunie Arnould, fils naturel du roi Lothaire, neveu de Charles de Lorraine, et alors chanoine de Laon, comme étant convaincu de connivence avec le prince, son oncle, qui ravageait la France pour en obtenir le trône. Adalberon, évêque de Laon, le releva bientôt après de cette excommunication. (Mansi, *Suppl. Conc.*, tom. I, p. 1193.)

988 *Remense*, le 23 janvier, où l'on élit archevêque de

Reims ce même Arnoul, en présence du roi Hugues Capet et de son fils Robert. (*Edit. Venet.*, tom. XI. Mansi, *Suppl.*, tom. I.)

988 *Landavense*, de Landaff, au pays de Galles. Arthmail, roi de Galles, y fut mis en pénitence pour avoir tué son frère, et excommunié jusqu'à ce qu'il eût expié son crime. (Pagi.)

988 *Silvanectense*, au mois de juillet, où l'on confirme l'excommunication portée, par Arnoul de Reims, contre ceux qui s'étaient emparés de la ville de Reims, par l'autorité d'Arnoul même, qui trahissait Hugues Capet, à qui il avait fait serment de fidélité.

989 *Romanum*, par Jean XV, où saint Adalbert, évêque de Prague, demande, mais inutilement, la permission d'abdiquer.

989 ou environ. *Carrofense* de l'abbaye de Charroux, en Poitou, le premier juin. On y fit trois canons contre les brigands, et ceux qui frapperaient les clercs.

990 ou environ *Narbonense*, par Ermengaud, archevêque de Narbonne; plusieurs seigneurs laïques y assistèrent. On y délibéra sur les moyens de réprimer les usurpations des biens ecclésiastiques. (Vaissète.)

991 * *Remense*, de Saint-Basle, à trois lieues de Reims, le 17 juin, par Seguin, archevêque de Sens, à qui la présidence fut déférée, préférablement à l'archevêque de Bourges qui s'y trouvait aussi, à raison de son ancienneté. L'archevêque Arnoul, à la demande du roi Hugues Capet, et sur sa propre confession, y fut déposé comme traître et parjure envers ce prince, et Gerbert mis en sa place. Les actes de ce concile sont en partie dans le père Labbe, et en partie dans le deuxième tome des Historiens de France, donné par du Chêne : ils sont très-intéressants. On y voit une lettre du roi Hugues au pape, touchant la perfidie d'Arnoul, et une des évêques, qui étaient au nombre de treize, sur le même sujet : mais on soupçonne Gerbert de les avoir altérées. Arnoul, évêque d'Orléans, prononça, dans cette assemblée, un discours plein de force contre les fausses décrétales et les désordres de la cour de Rome, qu'on peut lire aussi dans du Chêne, mais qui ne se trouve ni dans Labbe ni dans Hardouin. L'archevêque Arnoul réclama, dans la suite, contre sa renonciation. Rome annulla sa déposition, et le fit rétablir sur son siege.

992 *Aquisgranense*, d'Aix-la Chapelle, où l'on défend les noces pendant l'Avent, depuis la Septuagésime jusqu'à

Pâques, et pendant les quatorze jours avant la Saint-Jean. (*Conc. Germ.* t. II.)

993 *Lateranense*, le 31 janvier. Saint Udalric y fut canonisé après qu'on y eut entendu le récit de ses miracles, que Liutolfe, évêque d'Ausbourg, y fit lire. Le P. Mabillon croit que le but de Liutolfe était d'étendre dans les autres églises, par l'autorité du pape, le culte de saint Udalric, qui était déjà établi à Ausbourg, dont il avait été évêque. Il y avait vingt ans qu'il était mort. C'est le premier acte de canonisation qui soit connu, et dont nous ayons la bulle du pape. Elle est signée par Jean XV et par cinq évêques des environs de Rome, neuf prêtres cardinaux et trois diacres.

Ce fut peut-être dans le même concile que le pape cassa la déposition d'Arnoul de Reims, et l'ordination de Gerbert.

993 *Remense*, par Gerbert, contre les usurpateurs des biens ecclésiastiques, et ceux qui maltraitent les clercs. (Labbe, t. IX, p. 740.)

994 *Ansanum*, d'Anse, à quatre lieues au-dessus de Lyon, par Burchard, archevêque de Lyon, et dix autres prélats. On y fit neuf canons, dont le septième défend les œuvres serviles le samedi depuis nones; le huitième ordonne l'abstinence le mercredi, et le jeûne le vendredi. Nous avons deux priviléges expédiés au concile d'Anse : l'un pour confirmer, à la demande de l'abbé saint Odilon, les priviléges de l'abbaye de Cluni; l'autre en faveur des chanoines de Romans. Le premier est daté de l'an 990, le deuxième de l'an 994. Ainsi, ou il y a eu deux conciles d'Anse, tenus dans l'une de ces deux années, ou il y a faute dans la date de l'un de ces deux priviléges. Le premier ne porte qu'une partie des souscriptions; au lieu que celles de tous les prélats de l'assemblée se trouvent dans le second. (Mansi, *Suppl.* t. I.)

995 *Mosomense*, de Mouzon, le 2 (et non le 8) juin, où Léon, légat du pape, avec quatre évêques, ordonna à Gerbert, malgré le discours, plus éloquent que solide, qu'il prononça pour sa défense, de s'abstenir de l'office divin jusqu'au concile de Reims, indiqué au mois de juillet. Ce concile, qui se tint effectivement le premier juillet, prononça en faveur d'Arnoul, *pro Arnulfo judicatum*; et le jugement qu'il rendit fut envoyé à Rome. Cependant Arnoul ne fut point alors rétabli. Abbon, à la vérité, selon le témoignage d'Aimoin, fut à Rome, solli-

citer, auprès du pape Grégoire V, le rétablissement d'Arnoul, auquel il apporta le *pallium*. Mais il paraît que l'affaire de ce rétablissement ne fut absolument terminée qu'au concile de Pavie, tenu en 997. Au moins le concile de Rome de l'an 998 l'insinue par un de ses canons, où il est dit qu'il a plu à l'assemblée de suspendre de leurs fonctions, tous les évêques d'Occident qui se sont trouvés à la déposition d'Arnoul, archevêque de Reims, et ont dédaigné de comparaître au concile de Pavie. Les actes de celui de Mouzon portent qu'Aimon, évêque de Verdun, y harangua en français : *Aimo episcopus surrexit, et gallicè concionatus est.* Godefroi, duc de Lorraine, et d'autres seigneurs laïques étaient à ce concile.

996 *San-Dionysianum*, de Saint-Denis, vers le mois de mai, touchant les dîmes qu'on voulait ôter aux moines et aux laïques qui les possédaient. Un homme de l'abbaye, tandis qu'on délibère sur ce sujet, va semer l'effroi dans la ville, et occasionne par-là une émeute qui oblige les évêques à prendre la fuite. (Fleuri, Mansi.)

996 *Romanum*, par Grégoire V, en présence de l'empereur Otton III. Sur les plaintes d'Herluin, que le pape venait de sacrer évêque de Cambrai, on y excommunie les usurpateurs des biens de cette église. Quelques écrivains attribuent à ce concile, mais à tort, l'institution des sept électeurs pour l'élection de l'empereur. Voyez Du Cange, au mot *Electores*.

997 *Ticinense*, de Pavie, par Grégoire V. Crescence y fut excommunié avec l'antipape Jean XVII, qu'il avait fait élire la même année. Mais ce tyran s'étonna si peu de l'excommunication, qu'il mit en prison les légats que Grégoire avait envoyés à Rome pour la lui notifier. Ce concile rétablit, comme on l'a dit, Arnoul sur le siége de Reims. (Muratori, *Ann. d'Ital.* t. V.)

998 *Romanum*, de vingt-huit évêques, sous Grégoire V, le 24 avril, en présence de l'empereur Otton III. On y fit huit canons, dont le premier porte que le roi Robert quittera Berte, sa parente, qu'il a épousée contre les canons, et qu'il fera pendant sept ans pénitence, suivant les degrés prescrits dans l'Eglise : le tout sous peine d'anathême.

998 *Ravennense*, le 1er. mai. Gerbert, devenu archevêque de Ravenne, le célébra avec huit suffragants de sa métropole. Les éditeurs des Conciles mettent celui-ci en 997 ; mais Gerbert n'était pas encore alors sur le siége de Ravenne. Voyez Mabillon, *Ann. Lib.* 51. On y fit trois canons,

dont le premier condamne une mauvaise coutume introduite à la consécration des évêques. Un sous-diacre leur vendait le corps de Notre-Seigneur, c'est-à-dire l'hostie qu'ils recevaient dans cette cérémonie.

999 *Gnesnense*, de Guesne, en Pologne, où l'empereur Otton III, dans un voyage qu'il fit en Pologne, au tombeau de saint Adalbert, érigea l'église de Gnesne en métropole, à laquelle il attribua trois évêchés en Pologne, et sept en Esclavonie, puis en désigna pour premier archevêque Gaudence, frère de saint Adalbert : le tout avec le seul consentement du pape, sans avoir consulté l'archevêque de Magdebourg, métropolitain de ces églises. Cette conduite est regardée comme irrégulière, même par les écrivains du tems Mansi, d'après l'Annaliste d'Hildesheim, met ce concile en l'an 1000. L'assemblée finie, l'empereur fit enfermer les reliques de saint Adalbert, sous un autel qu'il avait fait élever, et partit pour aller à Magdebourg, le dimanche des Rameaux.

1000 ou environ. *Pictaviense*, de Poitiers, le 13 janvier, pour le rétablissement de la discipline ecclésiastique. On y fit trois canons, dont le dernier défend, sous peine de dégradation, aux prêtres et aux diacres, d'avoir des femmes chez-eux. (Labbe, t. IX.)

1000 *Magdeburgense*, le lundi de Pâques, où l'on somme, mais envain, Gésilier, archevêque de Magdebourg, de quitter l'évêché de Mersbourg, qu'il retenait avec son archevêché, comme Grégoire V l'avait ordonné au concile de Rome tenu l'an 998. Gésilier demanda un délai qui lui fut accordé. On tint encore cette année deux autres conciles sur le même sujet ; l'un à Quedelimbourg, et l'autre à Aix-la-Chapelle. Gésilier éluda les procédures de ces deux conciles par un appel au concile général, et mourut l'an 1004, possesseur des deux sièges. (*Conc. Germ.* t. II.)

1001 *Romanum*, le 6 janvier, sous Gerbert ou Silvestre II, de dix-sept évêques d'Italie et de trois d'Allemagne, en présence de l'empereur. Saint Bernouard, évêque d'Hildesheim, y fut confirmé dans la possession du monastère de Gandersheim, que Villigise de Mayence lui disputait.

1001 *Poldense*, de Polden près de Brandebourg, le 22 juillet. On y exhorta l'archevêque de Mayence à satisfaire Bernouard d'Hildesheim ; ce que n'ayant point fait, il fut suspendu, par le légat, de toute fonction épiscopale.

1001 *Francofurtense*, de Francfort après l'Assomption. On y convint que, ni Villigise de Mayence, ni Bernouard d'Hildesheim n'exercerait aucun droit sur l'abbaye de

Gandersheim jusqu'à l'octave de la Pentecôte de l'année suivante, où les évêques s'assembleraient à Frislar. (*Conc. Germ.* t. III, p. 22.)

1002   *Romanum*, le 3 décembre. Il y eut dans ce concile, entre le pape et l'évêque de Pérouse, une contestation dont il est important de rendre compte, pour faire connaître la jurisprudence canonique de ces tems-là sur les exemptions. L'évêque soutenait qu'un certain monastère de sa ville lui était soumis et ne le serait à aucun autre. Le pape, qui en était en possession pour la juridiction, répondait : « Je n'ai point soustrait ce monastère à votre
» église, ni ne l'ai fait soustraire ; mais je l'ai trouvé sous
» le régime et le gouvernement de notre église ; et l'ayant
» ainsi possédé jusqu'à présent, je demande qu'on rap-
» porte les priviléges donnés par les papes, nos prédé-
» cesseurs, et que, sur la lecture entière, nos frères les
» évêques jugent ce qui est juste en droit. » L'évêque répliqua : « Je soutiens que ce privilége a été donné sans
» le consentement de mon prédécesseur, au tems duquel
» il a été accordé. Si je voyais son consentement, je gar-
» derais un silence éternel. Tout le clergé de la sainte
» église romaine lui répondit : nous avons tous vu la lettre
» de votre prédécesseur évêque, par laquelle, non-seu-
» lement il convenait de ce que nous disons, mais priait
» instamment que le monastère fut exempté. C'est de
» quoi nous sommes témoins ; et nous approuvons
» l'exemption, parce qu'elle a été faite selon les canons.
» *Cui è contra omnis Clerus S. Ecclesiæ Romanæ ait : vidi-*
» *mus omnes epistolam antecessoris tui, in qua et consensus*
» *erat, et precibus, ut hoc fieret, Episcopus obnixè postu-*
» *labat, cujus rei testes sumus, et secundum Canonicam*
» *sanctionem verum fuisse comprobamus.* » (Labbe, *Conc.* t. IX. col. 1248.) On voit par là qu'à Rome on convenait alors de la nécessité du consentement de l'évêque diocésain pour la validité des priviléges d'exemption.

1003   *Theodonis Villæ*, de Thionville, en présence du roi de Germanie Henri II, où l'on condamne le mariage de Conrad, depuis duc de Carinthie, et de Mathilde, fille d'Herman II, duc de Suabe, à raison de parenté. Mais ce jugement fut sans effet. (*Conc. Germ.* tome III, p. 28.)

1005   *Constantiense*, de Constance, où l'on condamne des lettres qui se débitaient comme venues du ciel, à l'occasion d'une famine qui désolait l'Allemagne. (*Conc. German.* tom. III.)

1005   *Arneborchiense*, d'Arneberg, dans le Brandebourg, en présence du roi Henri II, où l'on défend de contracter des noces contraires à la bienséance, de vendre les chrétiens aux Gentils, et de violer les lois de la justice. (*Conc. Germ.* t. III, p. 28.)

1005 *Tremoniense*, de Dortmont, en Westphalie, le 7 juillet, en présence du roi Henri II et de la Reine Cunégonde, par 14 évêques. On y discuta la question de la validité des mariages contractés entre parents au troisième degré. Mais Conrad, duc de Carinthie, qui était personnellement intéressé à cette contestation, empêcha l'assemblée de prononcer. Les canons de ce concile sont perdus. Il n'en reste qu'un acte par lequel ces évêques conviennent de certains jeûnes et autres secours spirituels, les uns pour les autres, après leur mort. (*Conc. Germ.* t. III, p. 31.) Mansi place ce concile en 1006.

1007 *Romanum*, où le pape Jean XVIII donne une bulle pour confirmer l'érection de l'évêché de Bamberg. (*Edit. Venet.* t. XI.)

1007 *Francofurtense*, de Francfort, le 1er novembre, par Villigise, archevêque de Mayence, et trente six évêques, où l'on reçoit et confirme la bulle de l'érection de l'évêché de Bamberg. (*Conc. Germ.* tom. III, p. 36.)

1009 *Ænhamense*, d'Enham, en Angleterre, le jour de la Pentecôte, où l'on fit trente-deux canons, pour la réformation des mœurs et de la discipline. L'un de ces canons ordonne aux prêtres concubinaires de quitter leurs femmes, et accorde à ceux qui garderont la continence les priviléges des nobles. (*Edit. Venet.* tom. XI.) Ce concile était proprement une assemblée mixte composée de seigneurs laïques et d'évêques rassemblés à la cour du roi Ethelrède. Saint Wulstan, archevêque d'Yorck, était à la tête des prélats.

1009 et non 1015 *Mediolanense*. Depuis que Henri II était devenu roi d'Italie, après la défaite d'Ardouin, marquis d'Ivrée, ce dernier ne cessait de faire des tentatives pour recouvrer la couronne usurpée qu'il avait perdue, et l'évêque d'Asti était regardé comme un de ses partisans. Pour lui ôter cet appui, le roi Henri fit déposer le prélat, et mettre à sa place Olderic, hommme puissant, et d'une naissance distinguée. Il s'agissait de le faire consacrer; Arnoul, archevêque de Milan, son métropolitain, le refusa sur ce qu'il n'était point canoniquement élu. Olderic se pourvut au saint siége pour ce refus. L'archevêque, offensé de ce recours, assembla son concile, dans lequel il frappa d'anathême Olderic. Ce ne fut pas tout; il leva des troupes, et poursuivit, les armes à la main, Olderic et Magnifrède son frère, les battit et les contraignit à lui faire satisfaction d'une manière qui, en les couvrant d'ignominie, fit voir en même tems la hauteur et la dureté de son caractère. (*Arnulphus*, *Hist. Mediol.* l. I, c. 18.)

1012 *Confluentinum*, de Coblentz, après la Saint-Martin, assemblé par ordre de Henri II, roi de Germanie, pour juger la félonie de plusieurs évêques (et particulièrement de Thierri de Metz), qui s'étaient révoltés contre ce prince. Les prélats coupables, qui avaient sujet de craindre les suites qu'aurait pour eux cette asssemblée, tentèrent, par leurs députés, quelque voie d'accomodement. Mais le roi, que cette révolte encore récente affectait vivement, ne les écouta qu'à demi. Cependant, il permit à leurs commettants de le venir voir à Mayence, où ils obtinrent leur pardon. Le seul évêque de Metz fut puni par le concile, qui lança contre lui un interdit.

1014 *Ravennense*, où l'empereur Henri II fait replacer Arnoul, son frère, sur le siége de Ravenne, et chasser Adalbert, qui s'en était emparé (*Edit. Venet.* t. XI. Mansi, *Suppl.* t. I.)

1015 *Remense*, le 12 mai, par l'archevêque Arnoul et neuf de ses comprovinciaux. Il n'en reste d'autre acte qu'une confirmation des privilèges de l'abbaye de Mouzon. (Marten. *Anecdot.* t. IV, col. 77.)

1016 *Ravennense*, par Arnoul, archevêque de Ravenne, le 30 avril et les deux jours suivants, où l'on suspend les clercs ordonnés par l'usurpateur Adalbert, jusqu'à un plus mur examen. (*Edit. Venet.* t. XI, Mansi, *Suppl.* t. I.)

1018 *Noviomagense*, de Nimègue, le 16 mars, où l'on ordonne que le corps de Jésus-Christ sera placé à la gauche du prêtre, et le calice à sa droite sur l'autel pendant la messe. (*Conc. Germ.* t. III, Mansi, t. I.)

1018 *Goslariense*, de Goslar, pendant le carême, où l'on décide, après avoir séparé deux époux pour cause de parenté, que les enfants d'un serf qui a épousé une femme libre, sont sujets à la servitude avec leur mère. (*Edit. Venet.* tom. XI, *Conc. Germ.* t. III.)

1020 *Bambergense*, par le pape Benoît VIII, aux fêtes de Pâques. Ce pontife, en présence de soixante-douze évêques, y confirme les priviléges de l'église de Bamberg. Le P. Pagi et le P. Hartzheim mettent ce concile en 1019; mais M. Muratori prouve qu'il est de 1020.

1020 *Airiacense*, d'Airi, dans l'Auxerrois, tenu en présence du roi Robert et de Gauzlin, archevêque de Bourges, qui, vraisemblablement y présida. On ne le connaît que par la Chronique de Saint-Pierre-le-Vif, qui n'en marque pas l'objet. Elle nous apprend seulement qu'on y apporta les reliques de Saint-Pierrre-le-Vif et de Saint-Germain d'Auxerre. C'est d'après le P. Pagi et le *Gallia Christiana* que nous mettons ce concile en 1020. Le P. Mansi le recule jusqu'en 1023, sur ce que, dans un diplôme du roi Robert de l'an 1024, il est cité comme nouvellement tenu.

1020 *Legionense*, de Léon en Espagne, le 1er août, par ordre du roi Alphonse V. Ce fut une assemblée mixte de prélats et de grands du royaume de Léon. On y fit des réglements divisés en quarante-huit articles, dont les sept premiers concernent l'administration ecclésiastique, et les autres, le gouvernement civil. Les Collecteurs des conciles, d'après Baronius, placent mal à propos ce concile en 1012. La ville de Léon n'était point encore, alors rebâtie, ni le roi Alphonse marié avec la reine Elvire, qui assista à cette assemblée, dont les actes originaux portent la date de l'an 1058 de l'ère d'Espagne. L'erreur vient de ce qu'on a séparé le dernier nombre de cette date, pour l'appliquer aux calendes; ce qui a fait lire, *Æra* ML. VIII *kal. aug.* (Ferréras, t. III, p. 148.) « J'ai découvert, dit le père André-Marc Burriel, que c'est dans ce concile qu'existe le principe du droit primitif du royaume de Léon, que se trouvent les lois fondamentales de ce royaume. »

1022 *Ticinense*, ou *Papiense*, de Pavie, le premier août. Benoît VIII, qui présidait à cette assemblée, s'y plaignit de la vie licencieuse du clergé, et fit un décret en sept articles pour le réformer. L'empereur le confirma, et ajouta des peines temporelles contre ceux qui ne l'observeraient pas. (*Edit. Venet.*, t. XI.)

1022 *Salegunstadiense*, de Selingstad, abbaye sur le Mein, au diocèse de Mayence, par l'archevêque Aribon et cinq de ses suffragants, le 11 août. On y fit vingt canons, dont le cinquième défend aux prêtres de dire plus de trois messes par jour. Le dix-huitième défend à ceux qui se sentent coupables de quelque crime capital, d'aller à Rome, pour en recevoir du pape l'absolution, avant de s'être présentés à leurs propres prêtres, et d'avoir accompli la pénitence qu'ils leur auront imposée. Alors, dit le concile, ils pourront se rendre à Rome, après, toutefois, en avoir obtenu de leur évêque la permission, avec ses lettres pour le pape. (*Edit. Venet.* et *Conc. Germ.*, t. III.) M. Fontanini met ce concile, par erreur, en 1023.

1022 *Germanicum*, auquel assista l'empereur Henri II. Ce

concile, dont on ne sait ni le lieu, ni l'objet, était composé d'un grand nombre d'évêques, suivant le témoignage de l'Annaliste ou du Chronographe Saxon. Ce n'était donc pas le même, quoi qu'en dise le père Sollier, (*Acta SS.* 14 *Jul.*) que le concile de Sélingstad, où, comme on vient de le voir, il ne se trouva que cinq suffragants de Mayence, avec leur métropolitain. D'ailleurs on ne voit pas que l'empereur ait assisté à celui-ci ; et comment l'aurait-il pu, étant encore à Lucques, suivant l'un de ses diplômes, le 25 juillet précédent ?

Le P. Hartzheim ne fait point mention de ce concile dans sa Collection de ceux d'Allemagne. Peut-être est-ce le même que celui d'Aix-la-Chapelle, tenu la même année en présence de l'empereur.

1022 *Aurelianense*, *VII*, d'Orléans, par Léotheric, archevêque de Sens et ses suffragants ; en présence du roi Robert et de la reine Constance. On y condamna au feu treize manichéens nouvellement découverts, dont les chefs étaient Etienne, ou Héribert, et Lisoye, ecclésiastiques d'Orléans. (Pagi, *ad an.* 1017, et *Edit. Venet.*, tom. XI.) M. Fleuri met ce concile en 1017, d'après Raoul Glaber. Mais un diplôme du roi Robert, donné à Orléans en faveur de l'abbaye de Saint-Mêmin, prouve que Glaber se trompe. La date porte : *Anno Incarnat. Dom. MXXII, regni Roberti regis XXVIII, indict. V, quando Stephanus heresiarches et complices ejus damnati sunt et arsi Aurelianis.* (Labbe, *Meslang.*, tom. II, pag. 51.)

1023 *Moguntinum*, aux fêtes de la Pentecôte. Aribon de Mayence y tint ce concile national d'Allemagne, où il corrigea plusieurs désordres ; mais il ne put séparer Otton, comte de Hamersteim, d'avec Irmengarde, quoique ce seigneur eût promis de la quitter.

1023 ou environ. *Pictaviense*, de Poitiers, touchant la contestation qui s'était élevée entre les clercs de Limoges, l'évêque Jourdain à leur tête, et les moines de Saint-Martial, sur le rang qu'on devait donner à ce saint dans les litanies. Les premiers soutenaient qu'il fallait s'en tenir à la coutume, qui était de nommer saint Martial parmi les confesseurs ; les seconds voulaient qu'il fût mis au nombre des apôtres. Sur quoi, dit-on, le duc d'Aquitaine, Guillaume IV, qui était présent, produisit un livre ancien, qui lui avait été envoyé par Canut le Grand, roi d'Angleterre, et dans lequel étaient peintes les images de divers saints, au nombre desquelles était saint Martial parmi celles des apôtres. Puis, adressant la parole à l'archevêque

de Bordeaux et aux autres évêques : « Vous pouvez juger
» par là, leur dit-il, combien était grande autrefois l'au-
» torité du patron d'Aquitaine, lui que saint Grégoire
» a recommandé à l'église d'Angleterre en la fondant. »
Malgré ce discours, supposé que le duc l'ait réellement
tenu, rien ne fut décidé. (Pagi.)

1023 *Pampelonense*, de Pampelune, en présence du roi San-
che, où l'on rétablit dans cette ville le siége épiscopal,
qui avait été transféré au monastère de Leire, depuis
l'invasion des Sarrasins. Il y est ordonné que l'évêque de
Pampelune sera pris d'entre les moines de Leire, et
choisi par les évêques de la province. D. Mabillon prouve
(*Ann. Lib.* 55), que ce concile est de 1023, et non de
1032, comme le prétendent Baronius et le P. Labbe.

1024 *Parisiense XI*, où l'on donna le titre d'apôtre à saint
Martial de Limoges. (Pagi.)

1025 *Ansense*, d'Anse, à quatre lieues au-dessus de Lyon.
Bouchard de Vienne y fit satisfaction à Gauslin de Mâcon, pour avoir ordonné à Cluni des moines contre les
canons, mais suivant le privilége du pape, que les évê-
ne regardèrent point comme au-dessus des canons. Saint
Odilon y était présent.

1027 *Constantinopolitanum*, par le patriarche Alexis, au
mois de janvier. On y fit plusieurs réglements sur la discipline. (D. Cellier, tom. XXIII.)

1027 *Romanum*, par le pape Jean XIX, en présence de
l'empereur Conrad, et à la tête d'un grand nombre de
prélats, le 6 avril. La contestation qui régnait depuis
long-tems entre le patriarche d'Aquilée et celui de
Grado, y fut terminée à l'avantage du second. (Mansi,
Suppl., tom. I.)

1027 *Constantinopolitanum*, au mois de novembre, par le
patriarche Alexis, sur les charisticaires, ou donataires
des monastères. (D. Cellier, tom. XXIII.)

1027 ou 1028. *Carrofense*, de Charroux, en Poitou, contre des
manichéens. (Pagi, *à l'an* 1027, n. 12.)

1028 *Geitzletense*, de Geislar, près de Mayence, où un homme
accusé de l'assassinat du comte Sigefroy, se purgea par
l'épreuve du fer chaud, qui se fit pendant deux nuits,
per duas noctes probatus, c'est-à-dire l'espace de deux
jours. (On comptait encore alors par nuits en Allemagne.)
(*Edit. Venet.*, tom. XI.) Le P. Hartzheim met ce concile en 1027.

1029 *Constantinopolitanum*, de Constantinople, où l'on
condamna Jean Abdon, patriarche jacobite d'Antioche,

que l'empereur romain Argyre avait fait amener en cette ville avec quatre évêques et trois moines. (Mansi, *Suppl.*, tom. 1.)

1029 *Palithense*, de Palith, près de Mayence, où l'archevêque de cette église renonce enfin à ses prétentions sur le monastère de Gandersheim, et en abandonne la juridiction à l'évêque d'Hildesheim. (*Conc. Germ.*, tom. III.) Il s'était déjà tenu plusieurs conciles sur ce sujet ; savoir : à Rome, le 6 janvier 1001 ; à Polden, le 22 juillet suivant ; à Francfort, la même année après l'Assomption ; à Todi, aux fêtes de Noël suivant ; à Francfort, l'an 1027. Voyez ci-dessus les trois premiers.

1029 *Lemovicense*, où il fut décidé que saint Martial de Limoges était apôtre. C'est ce qu'on lit dans une Histoire de sa Vie, connue au onzième siècle.

1031 *Bituricense*, de Bourges, le premier novembre. Nous en avons vingt-cinq canons, dont le premier ordonne de mettre le nom de saint Martial parmi les apôtres. Le 5e. prescrit le célibat aux sous-diacres comme aux prêtres et aux diacres. C'est la première fois qu'on voit le sous-diaconat compris formellement dans les ordres sacrés. Le septième ordonne que les ministres ecclésiastiques, séculiers et réguliers, aient la barbe rasée et la tonsure en forme de couronne.

1031 *Lemovicense*, le 18 novembre. L'apostolat de saint Martial y fut confirmé, et on y prononça une excommunication terrible contre ceux qui ne garderaient point la paix et la justice, comme le concile le prescrivait. Pendant que le diacre la lisait, les évêques jetèrent à terre les cierges allumés qu'ils tenaient, et les éteignirent. Le peuple en frémit d'horreur, et cria tout d'une voix : *Ainsi Dieu éteigne la lumière de ceux qui ne veulent pas recevoir la paix !* Le lendemain on relut les canons du concile de Bourges, dont quelques-uns furent modifiés ; tel que celui qui ordonnait de renouveler l'eucharistie tous les huit jours. Au lieu de ce terme on mit celui d'un mois, attendu, disent les pères, que les prêtres ne peuvent pas toujours se rendre tous les huit jours à leur église. On permit de prêcher non-seulement dans la cathédrale, mais dans toute autre église, pourvu que le prédicateur, clerc ou moine, eût au moins l'ordre de lecteur. On y voit aussi le discours que nous avons rapporté du duc d'Aquitaine, sur l'an 1023, au concile de Poitiers. Il y fut de plus statué que personne ne recevrait du pape la pénitence et l'absolution sans le consentement de son évêque.

1034 Il s'est tenu cette année differents conciles en Aquitaine, dans la province d'Arles et dans celle de Lyon, pour le rétablissement de la paix, pour la foi, pour porter les peuples à reconnaître la bonté de Dieu, et les détourner des crimes par le souvenir des maux passés. Il y fut aussi réglé qu'on jeûnerait le vendredi, et qu'on s'abstiendrait de viande le samedi. (Pagi.)

1036 *Triburiense*, de Tribur, ou Teuver, près de Mayence, peu de jours après Pâques. On y renouvela d'anciens canons, auxquels on en ajouta de nouveaux. (*Conc. Germ.*, tom. III.) Le P. Pagi, d'après Herman le Contract, met ce concile en 1035.

1037 *Trevirense*, de Trèves, le 20 octobre, pour la translation des reliques de saint Materne. (*Conc. Germ.*, tom. III.)

1038 *Italicum*, peut-être de Rome, où le pape dépose Aribert, archevêque de Milan, pour avoir refusé de satisfaire l'empereur Conrad, qu'il avait outragé dans l'assemblée de Salone, et qui, pour cette raison, l'avait mis à la garde du patriarche d'Aquilée. (Mansi, *Suppl.*, tom. I.)

1039 ou 1040. *Romanum*, où le pape Benoît IX condamne Brétislas, duc de Bohême, à construire un monastère à ses dépens, pour avoir enlevé de Gnesne, dans le pillage de cette ville, les reliques de saint Adalbert, et les avoir transportées à Prague. (Mansi.)

1040 *Venetum*, de Venise, en présence du duc Flabanico, où l'on fit plusieurs canons, dont nous n'avons que les sommaires. L'un de ces canons fixait l'âge du diaconat à vingt-six ans, et celui de la prêtrise à trente. (*Edit. Venet.*, tom. XI.)

1041 Il se tint cette année en France plusieurs conciles, où l'on établit la trève de Dieu, qui ordonnait que, depuis le mercredi au soir jusqu'au lundi matin, personne ne prendrait rien par force, ne tirerait vengeance d'aucune injure, et n'exigerait point de gage d'une caution. On avait arrêté que quiconque y contreviendrait, payerait la composition des lois, comme ayant mérité la mort, ou serait excommunié et banni du pays. On avait déjà fait des tentatives pour établir cette convention; mais elle ne fut bien établie qu'en 1041. L'un des conciles dont nous parlons, est celui qui fut tenu au diocèse d'Elne dans la prairie de Tuluje, à trois milles de Perpignan, par Guifred, archevêque de Narbonne. C'était une assemblée mixte, composée des prélats et des seigneurs du pays. Le P. Cossart et M. Baluze le placent mal à propos, l'un en 1065, l'autre en 1045. (Vaissète, *Hist. de Lang.*, tom. II, pag. 608.)

1042   *Cæsenense*, de Césène, dans la Romagne, le 2 de juin. Jean, évêque de cette ville, y fait approuver le dessein qu'il avait d'établir la vie commune dans sa cathédrale.

1042   *S. Ægidii*, de Saint-Gilles, en Languedoc, le 4 septembre. Vingt-deux évêques y firent trois canons et y confirmèrent la trève de Dieu. (D. Vaissète, tom. II, p. 183 et n. XXXIV.)

1043   *Narbonensia duo*, l'un le 17 mars, et l'autre le 8 août. Tous les deux par Guifred, archevêque de Narbonne, qui, dans le second, déposa l'habit militaire qu'il portait, avec serment de ne jamais le reprendre. Dans l'autre, on excommunia les usurpateurs des biens ecclésiastiques. (*Edit Venet.*, t. XI. Vaissète, t. II, p. 185.)

1043   *Constantiense*, de Constance, synode et diète en même tems. Henri III, roi de Germanie, y monta lui-même en chaire, et après avoir défendu sévèrement les défis particuliers et publics, il établit dans toute l'Allemagne *une paix publique et universelle*, qu'il eut soin de maintenir. (Pfeffel.) Le père Labbe met ce concile en 1044, mais mal, comme le prouve le père Pagi.

1044   *Romanum*, sur la fin de l'année, par le pape Benoît IX, où ce pontife révoque le décret par lequel il avait déclaré, peu de mois auparavant, l'église de Grado suffragante d'Aquilée, quoiqu'elle en eût été déclarée indépendante au concile de Rome, en 1027. C'était Poppon, patriarche d'Aquilée, qui avait obtenu, à force d'argent, ce décret, dont il avait poursuivi l'exécution à main armée; et ce furent les plaintes de Contaréno, doge de Venise, et d'Orso, patriarche de Grado, qui en obtinrent la révocation. (*Edit Venet.*, t. XI.)

1046   *Sutrinum*, de Sutri, près de Rome, peu avant Noël, par Henri III, roi de Germanie. Il y invita Grégoire VI, qui s'y trouva, espérant d'être reconnu seul pape légitime; mais y trouvant de la difficulté, il renonça au pontificat, se dépouilla des ornements et remit le bâton pastoral, après avoir tenu le saint siége environ vingt mois. On renouvela, dans cette assemblée, la loi fondamentale, qu'il ne serait plus élu de souverain pontife sans le consentement de l'empereur. Le roi Henri vint ensuite à Rome, avec les évêques du concile de Sutri, et d'un commun consentement, tant des Romains, que des Allemands, il fit élire pape Suidger, saxon de naissance et évêque de Bamberg. Le nouveau pape prit le nom de Clément II, et fut sacré le jour de Noël. Le roi Henri fut couronné empereur le même jour, et la reine Agnès, impératrice.

1047 *Romanum*, au mois de janvier, par le pape Clément II, en présence de l'empereur Henri III. L'extirpation de la simonie, qui régnait impunément alors dans tout l'Occident, fut probablement le premier objet de ce concile. On y ordonna de plus, suivant Pierre de Damien qui nous a conservé la mémoire de ce concile (*Opusc.* 27, *c.* 36), qu'à l'avenir ce ne sera qu'avec la permission de l'empereur que l'église de Rome sera pourvue d'un évêque. Enfin c'est à ce concile qu'on rapporte une bulle de Clément II, qui donne la préséance à l'archevêque de Ravenne sur ceux de Milan et d'Aquilée. Mais cette bulle est très-suspecte. Ce qui est certain, c'est qu'on voit dans la suite le même archevêque de Milan, Gui de Vélate, qui fut présent à ce concile, jouir de la préséance en d'autres occasions. (Murat, *Ann.* tom. VI, p. 144)

1047 *Tulugiense II*, de Tuluje, au diocèse d'Elne, le premier de juin. Ce n'était qu'un synode diocésain. On y confirma la trêve de Dieu. M. Baluze se trompe, ainsi que le P. Labbe, sur la date de cette assemblée, qu'ils mettent en 1027. (Vaissète, *tom. II, p.* 608).

1047 *Germanicum*, convoqué par l'empereur Henri III contre les Simoniaques. (*Edit. Venet.* tom. XI et *Conc. Germ.* tome III).

1048 *Senonense*, de Sens, où l'on confirme la fondation du prieuré de Saint-Ayoul de Provins, faite par le comte Thibaut. (*Edit. Venet.* tom. XI).

1048 *Wormatiense*, de Worms, au mois de décembre, où l'on élit pape Brunon, évêque de Toul, en présence et par les soins de l'empereur Henri III. Ce pape prit le nom de Léon IX. (*Conc. Germ.* tom. III).

1049 *Romanum*, le 11 avril, sous Léon IX, des évêques d'Italie et des Gaules. On y déclare nulles toutes les ordinations des Simoniaques; « ce qui causa, dit M. Fleuri, » un grand tumulte. Après de longues disputes, ajoute-» t-il, on représenta au pape le décret de Clément II, » portant, que ceux qui étaient ordonnés par les Simonia-» ques, pouvaient exercer leurs fonctions après quarante » jours de pénitence ; ce qui fut suivi par Léon IX ».

1049 *Ticinense*, de Pavie, par le même pape, dans la semaine de la Pentecôte. Ce n'est qu'une répétition de celui de Rome.

1049 *Remense*, le 3 octobre, lendemain de la dédicace de l'église de Saint-Remi, par le pape Léon IX. Il y avait vingt évêques, près de cinquante abbés, et plusieurs autres ecclésiastiques. Dans la troisième session, il fut défendu, sous peine d'anathême, à tout autre évêque que celui de Rome, de prendre le titre d'apostolique. Dans les suivantes, on fit le procès à quelques évêques simoniaques, et à quelques abbés ; et l'on excommunia les évêques qui, ayant été invités au concile, n'y étaient point venus, et n'avaient point envoyé d'excuse par écrit. Ensuite on dressa douze canons pour renouveler les décrets des PP, méprisés depuis long-tems ; et l'on condamna, sous peine d'anathême, plusieurs abus qui avaient cours dans l'église gallicane, comme la simonie, etc. On chanta, pour la première fois, à la troisième session de ce concile, l'hymne *Veni, Creator*. Saint Hugues, abbé de Cluni, est le premier qui ait ordonné de la chanter à tierce le jour de la Pentecôte, usage que presque toutes les églises ont adopté. Le P. Pagi observe que les actes de ce concile sont plus corrects dans l'édition de Marlot que dans les grandes collections des Conciles ; et cependant ni Hardouin, ni Coleti, ni Mansi, n'ont fait usage de cette remarque.

1049 *Moguntinum*, au mois de novembre, par Léon IX. Il y avait environ quarante évêques. On y condamna la simonie et les mariages des prêtres. Le pape y créa les archevêques de Cologne archi-chanceliers de l'église de Rome, et cardinaux-prêtres nés de l'église de Saint-Jean devant la porte latine. Ces deux dignités sont tombées en désuétude, et il n'en reste aux archevêques de Cologne que le droit de se vêtir de rouge, à l'exemple des cardinaux. (*Conc. Germ.* tom. III.)

1049 ou environ. *Rotomagense*, de Rouen, par l'archevêque Mauger. On y fit dix-neuf canons, dont la plupart sont contre la simonie.

1050 *Sipontinum*, de Siponto, dans la Pouille, au carême. Le pape Léon IX y dépose deux archevêques pour crime de simonie. (Pagi.)

1050 *Turonense*, par le légat Giraud, contre l'hérésie naissante de Bérenger. C'est le premier tenu sur cette matière. (Bouquet. tom. XI, p. 527.)

1050 *Romanum*, le 2 mai, par Léon IX et cinquante-cinq évêques. Berenger y fut privé de la communion de l'Eglise à cause de ses sentiments hérétiques sur l'eucharistie. Ce fut dans ce même concile, suivant Pagi, que Léon IX canonisa saint Gérard, évêque de Toul, et assigna sa fête au 24 avril (Pagi). D. Bouquet prétend (tom. XI, p. 474) que ce concile est de l'an 1049.

1050 *Brionense*, de Brionne, en Normandie, au mois d'août. C'est une conférence plutôt qu'un concile, où Bérenger fut réduit au silence, et ensuite à la confession, quoique forcée, de la foi catholique.

1050 *Vercellense*, de Verceil, le 1er. septembre, par Léon IX. Il y avait des évêques de divers pays. Bérenger n'y vint point, quoiqu'il y eût été appelé. On y condamna et brûla le livre de Jean Scot sur l'Eucharistie. L'erreur de Bérenger y fut encore condamnée.

1050 *Parisiense XII*, le 17 octobre, d'un grand nombre d'évêques, par ordre et en présence du roi Henri. On y lut une lettre de Bérenger, qui ne comparut point. Le concile fut très-scandalisé de cette lettre. Bérenger fut condamné avec tous ses complices, de même que le livre de Jean Scot sur l'Eucharistie.

1050 *Coyacense*, de Coyança, en Espagne, de neuf évêques, en présence du roi de Léon, Ferdinand Ier, et de la reine Sancha, qui est nommée la première, parce que c'était elle qui était proprement reine de Léon. On y fit treize canons, dont le cinquième défend de baptiser hors les veilles de Pâques et de Pentecôte, sans nécessité. Le douzième ordonne de jeûner tous les vendredis comme en carême. Les actes de ce concile sont plus amples et plus corrects dans l'édition de Mansi qu'ailleurs.

1051 *Augustanum*, d'Ausbourg, au mois de février, par le pape Léon IX, où ce pontife absout Humphroi, archevêque de Ravenne, qu'il avait interdit au concile de Verceil, tenu l'année précédente. (*Conc. Germ.* tom. III.)

1051 *Romanum*, après Pâques, par Léon IX. Il y excommunia, pour adultère, l'évêque de Verceil qui était absent. Ce prélat ayant ensuite promis satisfaction, fut rétabli dans ses fonctions.

1051 *Moguntinum*. Le pape et l'empereur y président. Sibicon, évêque de Spire, accusé d'adultère, est obligé de s'y justifier par l'épreuve de l'eucharistie. Il s'en tira mal; à peine eut il avalé les saintes espèces, qu'il fut frappé de paralysie, et sa bouche demeura torse. On fit dans le même concile un décret contre le mariage des prêtres. (Bouquet, tom. XI, p. 427, 641.)

1052 *Bambergense*, par le pape Léon IX, en présence de l'empereur Henri III, où ce pontife confirme les priviléges de l'église de Bamberg. (*Conc. Germ.* tom. III.)

1053 *Mantuanum*, de Mantoue, par le pape Léon IX, dans la Quinquagésime. Les évêques, qui redoutaient la sévérité de ce pontife, rendirent cette assemblée inutile par le trouble qu'ils y excitèrent. (*Edit. Venet.* tom. XI.) Labbe met ce concile, non sans quelque fondement, en 1052.

1053 *Romanum*, après Pâques, par Léon IX. Il n'en reste que la lettre aux évêques de Vénétie et d'Istrie, en faveur de Dominique, patriarche de Grado, portant que cette église sera reconnue métropole de ces deux provinces, suivant les priviléges des papes.

1054 * *Constantinopolitanum*, au mois de juin, par Michel Cérulaire, où l'on anathématisa les légats du pape, avec l'écrit qu'ils avaient déposé sur l'autel de la grande église de Constantinople, avant leur départ. (*Edit. Venet.* t. XI.)

1054 *Narbonense*, de 10 évêques, le 25 août. On y confirma la trêve de Dieu, et on y fit vingt-neuf canons.

1054 *Barcinonense*, de Barcelone, le 20 novembre, contre les usurpateurs des biens de l'Eglise. (*Marca Hisp.*)

1055 *Moguntinum*, au mois de mars, où Gebbehard, évêque d'Eischstat, est élu pape, sous le nom de Victor II.

1055 *Florentinum*, de Florence, vers la Pentecôte, par le pape Victor II, en présence de l'empereur Henri III. On y corrigea plusieurs abus, et on y renouvela les défenses d'aliéner les biens des églises.

1055 *In Lugdunensi Gallia*, par Hildebrand, légat, touchant la simonie. On prétend que ce légat y fit un miracle pour convaincre un évêque de ce crime. Ce concile est peut-être le même que le suivant.

1055 *Turonense*, par Hildebrand, et par Gérard, cardinal. On y donna à Bérenger la liberté de défendre son opinion; mais ses moyens ayant été réfutés d'une manière victorieuse, il se rendit, confessa publiquement la foi commune de l'Eglise, et jura que dès-lors il croirait ainsi. Il souscrivit de sa main cette abjuration, et les légats le croyant converti, le reçurent à la communion. A ce concile assistèrent les ambassadeurs de l'empereur Henri III, envoyés pour rendre plainte contre Ferdinand, roi de Castille et de Léon, qui refusait de reconnaître leur maître, et usurpait lui-même le titre d'empereur. Les PP. du concile, après avoir délibéré sur ce sujet, ordonnèrent une députation de leur part à Ferdinand, pour l'exhorter à reconnaître l'empereur Henri, et à se départir du titre qu'il avait usurpé: à quoi il obéit.

1055 *Lexoviense*, de Lisieux, en Normandie, où Mauger, archevêque de Rouen, fut déposé à la demande du duc Guillaume le Bâtard, son neveu, contre lequel il s'était révolté, et Maurille fut mis à sa place. On y ordonna qu'on sonnerait une cloche tous les soirs pour inviter à prier Dieu, et pour avertir de fermer sa porte et de ne plus sortir. C'est ce qu'on appelle le couvre-feu, *ignitegium* : usage qui fut introduit en Angleterre par ce même Guillaume, devenu roi. (Bessin, *Conc. Norm.*)

1055 *Rotomagense*, de Rouen, sous l'archevêque Maurille. On y traita de la continence des clercs, et de l'observation des canons. On croit que c'est dans ce concile que l'on dressa une profession de foi, portant que le pain et le vin sont changés au corps et au sang de Jésus-Christ par la consécration, avec anathème contre quiconque attaquerait cette croyance. (Fleuri.) Pagi le rapporte à l'an 1063, ainsi que D. Bessin.

1055 *Narbonense*, le 1er. octobre, de six évêques, qui déclarèrent excommuniés les usurpateurs des biens de l'église d'Ausonne. (D. Vaissète.)

1055 ou environ. *Andegavense*, contre Bérenger. L'année et le mois en sont incertains. (Pagi.)

1056 *Compostellanum*, le 15 janvier, où l'on fit d'excellents réglements sur la discipline. (Pagi.)

1056 *Landavense*, de Landaff, au pays de Galles, où la famille royale est excommuniée pour une insulte faite à l'évêque de Landaff. (Wilkins.)

1056 *Tolosanum III*, le 13 septembre, de dix huit évêques. On y fit treize canons pour abolir la simonie, et ordonner le célibat aux ecclésiastiques, pour empêcher l'usurpation des biens des églises, et remédier à divers abus.

1057 *Coloniense*, pour la réforme du clergé. Baudouin, comte de Flandre, s'y réconcilie, par l'entremise du pape Victor, avec le jeune roi Henri IV. (*Conc. Germ.*)

1057 *Romanum*, le 18 avril, appelé général par Etienne IX, où, entre autres choses, Victor II excommunia Guifred de Narbonne, pour crime de simonie, comme le prouve D. Vaissète, Hist. de Languedoc, *tom. II, p.* 198.

1057 * *Apud Fontanetum*, de Fontaneto, au diocèse de Novarre, par Gui de Vélate, archevêque de Milan, à la tête d'un grand nombre de prélats et de clercs, où l'on excommunia le diacre Arialde et Landolfe, son compagnon, ces deux grands adversaires de l'incontinence des clercs et de la simonie. Le pape Etienne IX déclara cette excommunication nulle. (*Edit. Venet.* tom. XII. Mansi, *Suppl.* tom. I.)

1058 *Senense*, de Sienne, le 28 décembre, où Gérard, évêque de Florence, est élu pape par les seigneurs allemands et romains. C'est le pape Nicolas II. (Muratori, *Ann.* tom. VI.)

1059   *Sutrinum*, de Sutri, par le pape Nicolas II, vers la fin de janvier, où l'on dépose l'antipape Benoît X. (*Edit. Venet.* tom. XII.)

1059   *Romanum*, le 13 avril, par Nicolas II, à la tête de cent treize évêques. Ce pontife y publia d'abord un décret portant que le saint siége vacant, *les cardinaux-évêques, avec les cardinaux-clercs s'assembleront pour faire l'élection d'un nouveau pape; et que le reste du clergé, ainsi que le peuple, y donnera son consentement; sauf toutefois*, ajoute-t-il, *l'honneur et le respect dû à notre cher fils Henri, présentement roi, et qui sera un jour empereur, comme nous l'espérons de la grâce de Dieu.* Après quoi l'on fit treize canons, dont le quatrième, qui ordonne la vie commune aux clercs, est l'origine des chanoines réguliers. On y fit une profession de foi sur l'eucharistie. Bérenger la signa avec serment ; mais ensuite il écrivit contre, chargeant d'injures le cardinal Humbert, qui en était l'auteur.

1059   *Melfitanum*, de Melfe, vers le mois de mai, par Nicolas II, avec qui les Normands se réconcilièrent, en remettant à sa libre disposition toutes les terres de Saint-Pierre dont ils s'étaient emparés ; le pape en conséquence leur donna l'absolution, et les reçut dans les bonnes grâces du saint siége. (Murat. *Ann.*)

1059   *Beneventanum*, le 1er. d'août, par le pape Nicolas, à qui les Normands rendirent de grands services, en commençant à délivrer Rome des petits seigneurs qui la tyrannisaient depuis long-tems. (Murat. *Ann.*)

1059   *Arelatense*, d'Arles, par les légats du pape. Bérenger, vicomte de Narbonne, y présente une requête contre Guifred, archevêque de Narbonne, qui l'avait injustement excommunié. Sur la date de ce concile, voyez l'Histoire de Languedoc, tom. II, note XXXV.

1059 ou 1060. *Spalatense*, de Spalatro, en Dalmatie, par un légat du saint siége, où l'on publia les décrets du dernier concile romain, et l'on élut Laurent pour archevêque. (Assemani, *Kalend. ant.* tom. IV.)

1060   *Viennense*, le lundi 31 janvier, par Etienne, légat. On y fit dix canons, qui regardent principalement la simonie et l'incontinence des clercs. Ce concile est daté, *anno* MLX, *indict.* XIII, *prid. kal. febr. luna* XXIV, *secundâ feriâ*: tous caractères qui conviennent à l'an 1060, selon l'usage présent, et prouvent par conséquent que dans le Dauphiné l'année commençait alors à Noël, ou au 1er. janvier. (D. Cellier.)

1060 *Turonense*, par Etienne, légat, et dix évêques. On y répéta les dix canons du concile de Vienne. Ce concile de Tours est daté du mercredi 1er. mars de l'an 1060, indiction XIII, par où l'on voit que le commencement de l'année se prenait alors de Noël, ou du 1er. janvier, dans la Touraine.

1060 ou environ. *Tolosanum IV*, par saint Hugues, abbé de Cluni, en qualité de légat. On n'en sait pas l'objet ; mais ce concile est différent de celui qui se tint dans la même ville en 1056. (Vaissète.)

1061 *Romanum*, contre les Simoniaques, par Nicolas II. Aldrède, archevêque de Cantorberi, député à Rome par le roi saint Edouard, avec deux autres ecclésiastiques, assista à ce concile, où ils furent honorablement placés. Le prélat, trouvant le tems favorable, présenta au pape les lettres du roi. Nicolas, de concert avec l'assemblée, accorda au prince ce qu'il sollicitait, c'est-à-dire la confirmation des priviléges accordés aux rois d'Angleterre. Des voleurs ayant pillé Aldrède et ses compagnons sur la route, le concile les excommunia. (Pagi.)

1061 * *Basileense*, de Bâle, au mois d'octobre, après la mort du pape Nicolas II. Ce fut une diète qui se convertit en concile. L'impératrice mère et son conseil, ayant appris qu'Anselme de Lucques venait d'être élu pape sans leur consentement, engagent les évêques de Lombardie, qui se trouvaient à la diète, à lui opposer Cadaloüs, évêque de Parme. Cette élection se fit le 28 octobre. (*Conc. Germ.* tom. III.)

1061 *Slesvicense*, de Sleswic, par Adalbert, archevêque de Hambourg, où l'on traite des qualités que doivent avoir les évêques qui seront ordonnés pour les nouveaux siéges établis en Danemark. (*Conc. Germ.* tom. III.)

1062 *Andegavense*, le 4 avril, par Hugues, archevêque de Besançon, accompagné des évêques Eusèbe d'Angers, Wlgrin du Mans et Quiriace de Nantes. Il se tint dans la chapelle de Saint-Sauveur d'Angers, et fut indiqué par le comte Foulques le Rechin. On y condamna l'hérésie de Bérenger. (Bouquet, tom. XI, p. LXVIII, et p. 529.)

1062 *Aragonense*, de Saint-Jean de la Pegna, le 25 juin, où l'on décida que les évêques d'Aragon devaient être choisis parmi les moines de ce monastère. Ce concile est ainsi daté : *Data est sententia VII, kal. julii æra MLXII.* L'ère se prend ici pour l'année du Seigneur, quoi qu'en disent Labbe et Pagi. (Mansi.)

1062 *Osboriense*, du château d'Osbor, le 27 octobre, par Annon, archevêque de Cologne, en faveur d'Alexandre II, et contre l'antipape Cadaloüs. (Pagi, Hartzheim, *Conc. Germ.* tom. III.)

1062 *Lucense*, de Lucques, par le pape Alexandre II, le 12 décembre. On y anathématise l'antipape Cadaloüs; puis on y absout Éritte, abbesse de Sainte-Justine de Lucques, faussement accusée de crimes par trois de ses religieuses. (Mansi, *Suppl.* tom. I.)

1063 *Romanum I*, de plus de cent évêques, sous Alexandre II, le 9 mai. Les moines de Vallombreuse y accusèrent de simonie Pierre, évêque de Florence, et s'offrirent de le prouver par le feu; mais le pape ne voulut ni déposer l'évêque, ni accorder aux moines l'épreuve du feu. On y fit ensuite douze canons, qui sont tirés, presque mot pour mot, du concile de Rome de l'an 1059. Le P. Mansi renvoie à l'an 1068, sur l'autorité d'un ancien manuscrit, ce concile, que nous mettons avec Pagi en 1063.

1063 *Jacctanum*, de Jacca, en Aragon, par Austinde, archevêque d'Auch, et cinq (non pas huit) de ses suffragants. On transfère d'Huesca le siége épiscopal à Jacca, parce que la première de ses deux villes était au pouvoir des infidèles, mais à condition que, lorsque les Chrétiens auront recouvré celle-ci, l'église de Jacca lui demeurera soumise comme à sa mère. On y fit de plus divers réglements pour le rétablissement des mœurs et de la discipline, altérées par les guerres continuelles: et enfin on y voulut abolir le rit gothique pour suivre le romain. Baronius et le P. Labbe mettent ce concile, d'après Zurita, en 1060, sur quoi ils sont réfutés par le P. Pagi. De ce que l'archevêque d'Auch présida à ce concile, M. de Marca (*Hist. de Béarn*, p. 244,) conclut qu'il exerçait alors les droits de métropolitain dans la province de Tarragone.

1063 *Cabilonense*, de Châlons-sur-Saône. Le légat Pierre de Damien y corrigea, avec les évêques, plusieurs abus, et y confirma, du consentement de tous les prélats de l'assemblée, la juridiction de Cluni que Drogon, évêque de Mâcon, attaquait. Ce prélat, suivant une charte conservée à Cluni, fut condamné à jeûner huit jours au pain et à l'eau pour réparer sa faute. On ne pouvait contredire plus formellement la décision du concile d'Anse, tenu l'an 1025, sur la même juridiction.

1065 *Romanum II*, par le pape Alexandre II, dans les premiers mois de l'année, où l'on décide que les dégrés de consanguinité, par rapport au mariage, doivent se compter, non suivant les lois romaines, qui mettent les frères et sœurs au second degré, mais suivant les canons, qui les placent au premier. Ce concile n'est connu que par un fragment de décret que Gratien rapporte, et par des fragments de lettres d'Alexandre II aux évêques d'Arezzo, de Venise, de Bâle, et aux Napolitains, lesquels se trouvent dans le décret d'Yves de Chartres. Pierre de Damien (*Opusc.* 22, ch. 29,) fait mention d'un second concile tenu la même année sur le même sujet, dans lequel on ajoute au décret du premier l'excommunication contre ceux qui ne s'y soumettaient pas. Ce décret ainsi muni souffrit néanmoins de grandes contradictions. L'opinion de ceux qui s'y opposèrent fut appelée l'*hérésie des incestueux*. (Pagi, Saint-Marc.)

1065 *Helenense*, de Tuluje, près d'Elne, en Roussillon. Voyez ce concile en 1041.

1065 *Londinense*, en présence du roi saint Edouard, qui accorde une pleine immunité au monastère de Westminster, près de Londres. Cette charte est souscrite par le roi, la reine, deux archevêques, dix évêques, cinq abbés, le 28 décembre 1066, en commençant l'année à Noël. (Pagi.)

1066 *Constantinopolitanum*, par le patriarche Jean Xiphilin, contre les mariages incestueux. (Mansi, tom. II. *App.* p. 99.)

1067 *Constantinopolitanum*, par le même, contre ceux qui, après s'être fiancés à une personne, se mariaient à une autre. (*Ibid.* p. 106.)

1067 *Mantuanum*, de Mantoue, très-nombreux. (On prétend qu'il y eut cent treize évêques.) Le pape Alexandre s'y purgea par serment de la simonie dont il était accusé, et prouva, par de si bonnes raisons, la validité de son élection, qu'il se réconcilia les évêques de Lombardie, qui lui avaient été opposés : au contraire l'antipape Cadaloüs fut condamné, tout d'une voix, comme simoniaque. (Pagi, à l'an 1064, n. 1.) Mansi met ce concile en 1071 ou 1072 ; et ses raisons ne sont point à mépriser.

1068 *Leirense*, du monastère de Leire, où le roi Sanche-Ramirez fit tenir ce concile par le cardinal Hugues le Blanc, légat. On y confirma les priviléges du monastère, et l'on y traita peut-être de l'introduction du rit romain, au lieu du gothique ou mosarabique : ce qui ne put encore être exécuté.

1068 *Gerundense*, de Gironne, par le même légat. Il y confirma, par l'autorité du pape, la trêve de Dieu, sous peine d'excommunication contre les infracteurs. On y fit aussi quatorze canons contre les abus. (*Edit. Venet.* tom. XII.)

1068 *Barcinonense*, par le même légat, selon Pagi, qui prouve, à l'an 1064, que ce concile de Barcelonne s'est tenu en 1068, et que la continence y fut ordonnée aux Clercs. Il y fut aussi proposé de quitter le rit gothique pour le romain, de même que dans l'assemblée des grands de substituer aux lois gothiques de nouvelles coutumes.

1068 *Auscense*, d'Auch, de toute la province, par le même légat. On y ordonna que toutes les églises du diocèse paieraient à la cathédrale le quart de leurs dîmes. Celle de Saint-Orens en fut exempte, et quelques autres.

1068 *Tolosanum V*, de Toulouse, par le même légat. On y extirpa la simonie, et on y rétablit l'évêché de Lectoure, changé en monastère.

1069 ou environ. *Spalatense*, de Spalatro, en Dalmatie, par Mainard, légat du saint siége, où l'on interdit aux Dalmates l'usage de la langue esclavone dans la célébration de l'office divin. Le clergé de Dalmatie appela de cette défense au pape, qui la confirma, loin de la révoquer. La Dalmatie, malgré cela, continue encore de nos jours à suivre l'ancien usage. Mais il est bon d'observer que l'esclavon de la Liturgie dalmatique est très-différent de l'esclavon vulgaire. (Assemani, *Kal. ant.* tom. IV.)

1069 *Moguntinum*, de Mayence, au mois d'octobre, où Pierre de Damien, légat, défendit au roi Henri, de la part du pape, de répudier Berthe, sa femme, comme il le voulait.

1070 *Ansanum*, d'Anse, diocèse de Lyon. Dans ce concile, dont on ignore l'objet, ou immédiatement après, Achard, évêque de Châlons-sur-Saône, donna une charte datée du 27 janvier, le 10 de la lune, indiction VIII. Ces caractères prouvent que dans ces contrées on commençait alors l'année à Noël, ou au 1er janvier. Il faut le 11 de la lune.

1070 *Vintoniense*, de Winchester, dans l'octave de Pâques, où le roi Guillaume le Conquérant fait déposer Stigand, archevêque de Cantorberi, avec plusieurs évêques et abbés qui lui étaient suspects. (Wilkins.) Orderic Vital confond ce concile avec celui de Windsor, tenu à la Pentecôte de la même année, dans lequel, suivant Roger de Hoveden, le roi Guillaume remplit les siéges de ceux qu'il avait fait déposer à Winchester.

Il y eut, la même année, deux autres conciles, tenus par ordre du roi Guillaume, l'un en Angleterre, l'autre en Normandie. Le légat Ermenfroi présida à tous les deux. Dans le premier, Agéleric de Sussex et plusieurs abbés furent déposés. Dans le second, Lanfranc fut contraint de passer en Angleterre pour y remplir le siége de Cantorberi, auquel le roi Guillaume l'avait nommé.

1070 *Romanum III*, sous Alexandre II, de soixante-douze évêques, où l'on approuve la fondation du monastère de Vissegrad, près de Prague, faite par le duc Wratislas. (Pagi.)

1071 *Moguntinum*, de Mayence, au sujet de Charles de Thuringe, que le clergé de Constance ne voulait point avoir pour évêque. Charles, après bien des contestations, remit l'anneau et le bâton pastoral entre les mains du roi, disant que, selon les décrets du pape Célestin, il ne voulait point être évêque de ceux qui ne voulaient point de lui. Ce concile commença le 15 août, et dura trois ou quatre jours.

1072 *Cabilonense*, de Châlons-sur-Saône, sur un différend de l'évêque de Valence avec les chanoines de Romans. Ce concile est daté du 2 mars, le 19 de la lune, l'an 1072, indiction x; nouvelle preuve que l'année commençait alors à Noël ou au 1er. janvier dans ce pays. (Mansi.) Il faut le 9 de la lune.

1072 *Anglicanum*, commencé à Pâques et fini à la Pentecôte, le roi présent. La primatie y fut confirmée à Lanfranc de Cantorberi, contre Thomas d'Yorck, qui la lui disputait.

1072 *Rotomagense*, de Rouen, par l'archevêque Jean de Bayeux avec ses suffragants. On y fit vingt-quatre canons, dont le cinquième défend aux prêtres de baptiser sans être à jeun hors le cas de nécessité; le sixième défend de réserver l'eucharistie et l'eau bénite au-delà de huit jours; le quatorzième porte que les mariages ne se feront ni en secret ni après dîner, mais que les prêtres et les parties contractantes seront à jeun. Le quinzième déclare nuls les mariages entre parents jusqu'au septième degré inclusivement. Un homme veuf, porte le dix-septième, ne pourra épouser une femme avec laquelle il aura été en mauvais commerce pendant la vie de sa première femme. Les prêtres, suivant le vingt-deuxième, seront déposés par six évêques, ou leurs fondés de procuration, et les diacres par trois. Il n'est permis, par le dernier, de faire des baptêmes généraux qu'aux veilles de Pâques et de la Pentecôte. On pourra néanmoins baptiser les enfants quand on le demandera, excepté la veille des Rois ; le quinzième est contre les clercs mariés.

1072 *Romanum IV*, par le pape Alexandre II, où Godefroi de Castillon, qui avait acheté l'archevêché de Milan, fut excommunié. (Pagi.)

1073 *Rotomagense*, en présence du roi Guillaume, au sujet d'un tumulte arrrivé dans l'église de Saint-Ouen, le 24 août de la même année. (Sur le tumulte de Saint-Ouen, voyez Mabil. *Annal. Bened.* tom. V, p. 68, et le *Nouv. Trait. de Diplom.* tom. IV, p. 453, note 1.)

1073 *Pictaviense*, au monastère de Moutier-Neuf, par le légat Amé, et Goselin, archevêque de Bordeaux, et plusieurs de ses suffragants, pour obliger Guillaume VI, comte de Poitiers, à quitter Hildegarde de Bourgogne, sa femme, pour cause de parenté, quoiqu'il en eût déjà trois enfants. Ce concile était à peine commencé qu'Isambert, évêque de Poitiers, étant survenu, par ordre du comte, avec une troupe de soldats, rompit les portes du monastère et chassa tous les prélats ; sur quoi le pape Grégoire VII écrivit une lettre fulminante (L. I, *ép.* 1.) à l'évêque de Poitiers, pour le citer en sa présence : Le comte satisfit le pape, en renvoyant Hildegarde, après avoir inutilement demandé de la garder jusqu'à ce que la validité de mariage fût décidée dans un synode. Son obéissance lui valut une lettre de félicitation que Grégoire lui écrivit. (*Ibid. liv. II, ép.* 3.) A l'égard de l'évêque de Poitiers, le pape l'ayant interdit de ses fonctions, s'il ne comparaissait au jour marqué, chargea l'archevêque de Bordeaux du spirituel de l'église de Poitiers, et, par un exemple inouï, confia le temporel au comte de Poitiers. Tout ce grand fracas, néanmoins, tourna à la honte du pape. La prétendue parenté de Guillaume et d'Hildegarde ne fut point prouvée. Le comte reprit sa femme, et Grégoire leva l'interdit prononcé contre l'évêque de Poitiers.

1073 *Cabilonense*, de Châlons-sur-Saône, le 19 octobre, par Girard, évêque d'Ostie et légat, en présence duquel on substitue à Lancelin, évêque de Die, déposé pour simonie, Hugues, chambrier de l'église de Lyon.

1074 * *Erpfordiense*, d'Erford, le 10 mars et les jours suivants, pour y partager entre le roi Henri et Sigefroi, archevêque de Mayence, les dîmes de Thuringe, dont les principales étaient dues aux abbayes de Fulde et d'Herfeld. (*Lambert Schafnab.*)

1074 *Erpfordiense*, au mois d'octobre, où l'archevêque de Mayence, Sigefroi, voulut soumettre les ecclésiastiques aux décrets de Rome sur la continence; mais ce concile fut troublé, particulièrement au sujet des dîmes de Thuringe. (Eccard, *Corpus histor. med. œvi*, tom. II, p. 124.)

1074 *Pictaviense*, de Poitiers, le 13 janvier, où en présence du cardinal Girard, légat, on agita la matière de l'eucharistie avec tant de chaleur, que Bérenger, qui niait la présence réelle, pensa y être tué. Ceux qui mettent, d'après la Chronique de Maillezais, ce concile en 1075, ne font pas attention que le légat Girard était de retour à Rome en 1074. La même Chronique de Maillezais parle d'un autre concile tenu le 25 juin précédent à Saint-Maixent, sans en marquer ni l'objet ni le résultat.

1074 *Romanum*, la première semaine de carême. Grégoire VII y ordonna que ceux qui étaient entrés dans les ordres sacrés par simonie, seraient à l'avenir privés de toutes fonctions; que ceux qui avaient donné de l'argent pour obtenir des églises, les perdraient; que ceux qui vivaient dans le concubinage, ne pourraient célébrer la messe, ni servir à l'autel pour les fonctions inférieures. Il y excommunia aussi Robert Guiscard, duc de la Pouille, pour avoir pris quelques terres de l'Église, etc. Ce concile est le premier tenu sous Grégoire VII.

1074 *Rotomagense*, de Rouen, par l'archevêque Jean. On y fit quatorze canons sur la discipline.

1074 ou environ * *Parisiense*, où saint Gautier, abbé de Pontoise, est couvert d'opprobres, chargé de coups et chassé honteusement pour avoir pris la défense du décret de Grégoire VII, qui ne permettait pas d'entendre la messe des prêtres concubinaires. (Mansi, *Suppl*. t. II.)

1075 *Romanum II*, depuis le 24 février jusqu'au dernier du même mois. Il était composé de 50 évêques et d'un grand nombre d'abbés. Les menaces et même les décrets d'excommunication et de suspense ne furent point épargnés. On y fit un décret contre les investitures et l'incontinence des clercs. Ce concile est daté, *Anno Incarn. Dni millesimo septuagesimo quarto, pontificatus Dni Gregorii papæ secundo, indictione XIII*. Sur quoi Baronius fait deux remarques: la première, que ce n'est point de la Nativité que ce concile fait partir le commencement de l'année, mais de l'Annonciation, suivant le style de Florence; la deuxième, qu'en janvier 1075, ce n'était encore que la deuxième année du pontificat de Grégoire VII, la troisième année ne commençant qu'au 22 avril suivant. Grégoire tint à Rome, vers la fin de la même année, un second concile dont nous ignorons le détail. (Mansi, *Suppl*. tom. II.)

1075 ou environ. *Anglicanum generale*, sous la présidence de Lanfranc, archevêque de Cantorberi, touchant les femmes et les vierges qui s'étaient réfugiées dans des monastères, et y avaient pris le voile pour se mettre à couvert des insultes des Normands. On y décida qu'elles pouvaient retourner au siècle. (Wilkins.)

1075 *Londinense*, de toute l'Angleterre, par Lanfranc. On y renouvela les anciens canons touchant le rang des évêques, et l'on y défendit les superstitions, les divinations, les sortilèges, etc. On y régla que personne, excepté les évêques et les abbés, ne parlerait dans les conciles sans la permission du métropolitain. (Wilkins.)

1075 *Moguntinum*, au mois d'octobre, dans lequel Sigefroi, archevêque de Mayence, court risque d'être mis en pièces pour y avoir publié les décrets de Grégoire VII, contre les clercs concubinaires.

1075 *Spalatense*, de Spalatro, en Dalmatie, au mois de novembre, par Girard, évêque de Siponte et légat du saint siége. On y fit plusieurs réglements sur la discipline, qui ne sont pas venus jusqu'à nous. (Assemani, *Kalend. ant.* tom. IV.)

1076 * *Wormatiense*, de Worms, le 23 janvier. Grégoire VII y fut déposé par le roi Henri IV, assisté du cardinal Hugues le Blanc, condamné par Grégoire, pour ses mœurs déréglées et comme fauteur des Simoniaques. Tous les évêques souscrivirent à la déposition du pape, et le roi en écrivit aux évêques de Lombardie, de la Marche d'Ancône et au pape même, soutenant que ce n'est point de lui, mais de Dieu seul qu'il tenait son royaume, et que, suivant la tradition des pères, un souverain n'a que Dieu pour juge, et ne peut être déposé pour aucun crime.

1076 *Romanum III*, la première semaine de carême. Un clerc de Parme, nommé Roland, y présenta les lettres du roi et du concile de Worms au pape, en lui disant : « Le roi mon maître, et tous les évêques ultramontains » et italiens vous ordonnent de quitter maintenant le » saint siége que vous avez usurpé. » Puis se retournant vers le clergé de Rome, il ajouta : « Vous êtes avertis, » mes frères, de vous trouver à la Pentecôte en présence » du Roi, pour y recevoir un pape de sa main, puisque » celui-ci n'est pas un pape, mais un loup ravissant. » Roland pensa payer bien cher sa témérité ; le préfet de Rome et toute la milice voulant le tuer dans l'église où se tenait le concile. Mais Grégoire le couvrit de son corps, et lui sauva la vie. Le lendemain, il prononça une sen-

tence par laquelle le roi Henri fut excommunié et anathématisé, privé de son royaume, et ses sujets absouts du serment de fidélité. C'est la première fois qu'une telle sentence a été prononcée contre un souverain. « L'empire
» fut d'autant plus indigné de cette nouveauté, dit
» Otton, évêque de Frisingue, historien très-catholique
» et très-attaché aux papes, qui écrivait au siècle sui-
» vant, que jamais auparavant il n'avait vu de pareille
» sentence prononcée contre aucun empereur romain. »
Il dit ailleurs : « Je ne trouve nulle part qu'aucun d'eux
» ait été excommunié par un pape, ou privé du royaume. »
Une ancienne chronique (du Chêne, t. IV, p. 89) dit
que cette sentence fut prononcée contre l'avis du concile.
Plusieurs évêques furent aussi, ou suspendus de leurs
fonctions, ou excommuniés par Grégoire VII, dans la
même assemblée.

1076 *Vintoniense I*, de Winchester, assemblé par Lanfranc, le 1er avril, sur le concubinage des prêtres, et autres points de discipline. On y décida que les prêtres de la campagne qui avaient des femmes, ne seraient point obligés à les renvoyer : mais on défendit à ceux qui n'en avaient point, d'en prendre. Celui qui aura tué à la guerre, y est-il dit, fera autant d'années de pénitence qu'il aura tué d'hommes. S'il a frappé sans savoir qu'il a tué, il fera autant de quarantaines de pénitence qu'il aura frappé d'hommes. S'il ignore le nombre de ceux qu'il aura tués ou frappés, il fera un jour de pénitence chaque semaine, tant qu'il vivra, à la volonté de l'évêque ; ou, s'il le peut, il bâtira ou dotera une église.

1076 *Vintoniense II*, assemblé par le même Lanfranc, à la Pentecôte, sur le même sujet.

1076 *Apud Oppenheim*, entre Mayence et Worms, tenu à la mi-septembre. Assemblée mixte, où les légats, avec plusieurs seigneurs saxons et suabes, delibèrent d'élire un nouveau roi d'Allemagne à la place de Henri. Mais les Suabes voulaient un roi saxon, et les Saxons un roi suabe ; *Saxones ex suevis, Suevis ex saxonibus unum quemlibet volebant eligere*, dit l'annaliste saxon d'Eccard, sur quoi l'on ne put s'accorder. Henri, cependant, campé de l'autre côté du Rhin, vint à bout de les appaiser par ses ambassadeurs, en promettant de réparer les torts qu'il leur avait faits, et de se faire absoudre par le pape dans le mois de février prochain. (Mansi *Suppl.* tom. II.)

1076 *Triburiense*, de Tribur, ou Teuver, près de Mayence, le 16 octobre. Autre assemblée mixte, où les légats, avec plusieurs seigneurs et quelques évêques d'Allemagne, veulent encore déposer le roi Henri. On y rappela toutes les infamies de sa première jeunesse, les injustices qu'il avait faites à chacun en particulier, et à tous en général, le mépris qu'il faisait de la haute noblesse pour donner sa confiance à des hommes de néant et sans mérite personnel, les déprédations que ses ministres exerçaient sous son nom et de son aveu ; après quoi, l'on conclut que si, avant l'an expiré de son excommunication, il ne se faisait pas absoudre, il serait déchu du trône sans aucune espérance de retour. Henri, pour prévenir ce coup, part de Spire quelques jours avant Noël, avec sa femme et son fils Conrad, encore enfant, dirige sa route pour l'Italie, par la Bourgogne et la Savoie, arrive le 25 janvier 1077 au château de Canosse, en Lombardie, où était le pape avec la comtesse Mathilde, passe trois jours à l'air dans la seconde des trois enceintes de cette place, nu-pieds, à jeun, et vêtu d'une simple tunique de laine, est admis enfin le quatrième jour (28 janvier) à l'audience du pape, qui lui accorde son absolution à des conditions très-humiliantes et très-dures, dont il lui fait jurer l'observation par tout ce qu'il y a de plus sacré. Les Lombards, ennemis du pape, se plaignirent si haut de cette réconciliation du roi, qu'il en rompit lui-même le traité environ quinze jour après qu'il eût été conclu.

1076 *Salonitanum*, de Salone, en Dalmatie, au mois d'octobre. Les légats du saint siége y couronnent roi de Dalmatie Démétrius, autrement dit Zuonimir. En reconnaissance de cette faveur, Démétrius s'oblige à payer annuellement un tribut de 200 besants au saint siége. (Mansi, *in Pagium*.)

1077 *Foracheimense*, assemblée de Forcheim, en Franconie, le 13 mars, et les quatre jours suivants. Rodolphe, duc de Suabe, y fut élu roi à la place de Henri, le 15 du même mois; de là, il fut conduit à Mayence, où il fut sacré le 26. Le pape garda le silence sur cette élection, et envoya des légats en Allemagne pour décider lequel des deux, Henri ou Rodolphe, était roi légitime, comme si le droit du premier eût été douteux.

1077 *Divionense*, de Dijon, vers la fin de juillet. On y déposa les clercs simoniaques, et on en mit d'autres à leur place. (*Edit. Venet.*, tom. XII.)

1077 *Augustodunense*, d'Autun, le 10 août, par le légat Hugues de Die. Manassés de Reims, accusé, par saint Bruno, de simonie, et d'avoir usurpé cet archevêché, y fut suspendu de ses fonctions. On y jugea encore quelques autres évêques de France. Le légat interdit les archevêques de Tours, de Sens, de Besançon, et l'évêque de Chartres, pour ne s'être point trouvés à ce concile. Ces prélats s'étant humiliés, Grégoire VII les releva, par sa lettre du 9 mars de l'année suivante.

1077 *Bisuldinense*, du château de Bésalu, en Catalogne, le 6 décembre, par le légat Amé, évêque d'Oléron, trois évêques et plusieurs abbés. Guifred, archevêque de Narbonne, y fut déposé avec six abbés, pour crime de simonie. On y fit divers canons sur cette matière. Ce concile avait été commencé à Gironne.

1078 *Pictaviense*, de Poitiers, par le légat Hugues de Die, le 15 janvier. Il y eut du trouble dans ce concile, auquel on attribue dix canons, dont le sixième porte que les abbés qui n'ont pas reçu la prêtrise, doivent ou la recevoir, ou perdre leur prélature; ce qui avait déjà été ordonné sous le pape Eugène II, dans le concile de Rome, tenu l'an 826. Le huitième exclut les bâtards des dignités ecclésiastiques. Dans un exemplaire manuscrit de Saint-Aubin d'Angers, ce concile est daté de l'an 1077, ce qui vient apparemment de ce qu'on commençait alors, en Anjou, l'année au 25 mars ou à Pâques.

1078 *Londinense*, de Londres, présidé par Lanfranc. On y ordonne que quelques siéges épiscopaux qui étaient dans des bourgs et des bourgades, seraient transférés dans des villes; ce qui procura aux villes de Bath, de Lincoln, d'Excester, de Cester, de Cicester, la dignité de villes épiscopales. On y déposa aussi Vulstan, évêque de Worchester, parce qu'il était ignorant, quoique de mœurs très-édifiantes.

1078 *Romanum IV*, sous Grégoire VII, la première semaine de carême, d'environ cent évêques. Il y fut résolu qu'on enverrait en Allemagne des légats pour tenir une assemblée générale, et y rétablir la paix. Le décret du concile ajouta une menace d'excommunication contre ceux qui traverseraient cette commission des légats. On y lit ces paroles remarquables: *Nous le lions* (Henri IV) *par l'autorité apostolique, non seulement quant à l'esprit, mais quant au corps, et lui ôtons toute la prospérité de cette vie, et la victoire à ses armes.* Tous les Normands qui pillaient les terres de Saint-Pierre, furent excommuniés dans ce concile. Mais le pape, par sa bulle du 3 mars suivant, restreignit cette excommunication, en déclarant que les femmes, les enfants et les serviteurs des excommuniés, ainsi que ceux qui communiquaient avec eux par nécessité ou par ignorance, en étaient exceptés. Cette indulgence, dit M. Fleuri, était nécessaire : car les excommunications s'étendaient à l'infini, et devenaient impraticables à la rigueur.

1078 *Romanum V*, sous Grégoire VII, au mois de novembre. Bérenger y fit une courte profession de foi, et y reçut ordre de rester à Rome jusqu'au concile prochain, où il devait rendre un compte plus exact de sa doctrine. On y excommunia l'empereur de Constantinople, Nicéphore Botoniate, pour avoir usurpé la couronne impériale sur Michel Parapinace, dont Grégoire espérait beaucoup pour la réunion des deux églises. (Voyez cet empereur.) Dans ce concile, les députés de Henri et de Rodolphe, jurèrent que leurs maîtres n'useraient d'aucune fraude pour empêcher la conférence que les légats devaient tenir en Allemagne. Enfin, ce concile fit des réglements pour l'utilité de l'Eglise.

1079 *Armoricanum*, célébré par le légat Amé, évêque d'Oléron, pour détruire l'abus qui régnait en Basse-Bretagne, d'absoudre les pécheurs publics qui persévéraient dans leurs vices.

1079 *Romanum VI*, sous Grégoire VII, au mois de février, de cent cinquante évêques. Bérenger y fit profession de la foi de l'Eglise sur l'eucharistie, contre laquelle il écrivit encore étant de retour en France. Les députés du roi Rodolphe, s'y plaignirent des violences qu'exerçait le roi Henri dans l'Allemagne ; sur quoi le pape envoya sur les lieux trois légats qui revinrent sans avoir rien fait. (*Edit. Venet.*, tom. XII.) Le P. Mansi prétend que Grégoire tint cette année un second concile à Rome, sur le même sujet, dans l'octave de la Pentecôte.

1079 *Tolosanum VI*, de Toulouse, par Hugues, évêque de Die, et légat du pape, où l'on déposa Frotard, évêque d'Albi, pour cause de simonie. (Mansi, *Suppl. Conc.*, tom. II.)

1079 * *Ultrajectense*, d'Utrecht, où les partisans de l'empereur Henri IV excommunient le pape Grégoire VII. (*Conc. Germ.*, tom. III.)

1079 ou au commencement de 1080. *Lugdunense*, par Hugues, de Die, légat, où l'on déposa Manassés de Reims. Cette déposition fut confirmée au concile suivant ; et Manassés ensuite excommunié, et chassé de Reims, se retira auprès du roi Henri, où il mourut vagabond et sans absolution.

1080   *Romanum VII*, sous Grégoire VII, terminé le 7 mars, après la bataille gagnée le 27 janvier, par Rodolphe, sur Henri. Celui-ci fut déposé du royaume et excommunié, et Rodolphe déclaré le vrai roi dans ce concile. On y réitéra aussi la defense aux laïques de recevoir ou donner des investitures, et on y renouvela les excommunications contre Tédald de Milan, Guibert de Ravenne, et quelques autres évêques, et contre les Normands, qui pillaient en Italie les terres de l'Eglise.

1080   *Wirtzeburgense*, de Wurtzbourg. L'empereur Henri IV y est reconcilié à l'Eglise; mais non pas rétabli sur le trône. (*Edit. Venet.*, tom. XII.)

1080   *Burgense*, de Burgos, dans la vieille Castille, par le cardinal Richard, abbé de Saint-Victor de Marseille et légat. Le roi don Alphonse VI y fit ordonner que l'office romain serait substitué à l'office gothique, en Espagne. Ce décret ayant causé beaucoup de troubles dans le pays, on convint de remettre cette affaire à la décision d'un duel entre deux chevaliers, dont l'un tiendrait pour l'office gothique et l'autre, pour le romain. L'avantage du combat fut pour le champion du gothique; mais le roi persista dans sa résolution, et l'office romain prévalut. Ferréras met ce concile en 1077. Mais Pagi prouve qu'il appartient à l'an 1080.

1080   *Meldense*, par le légat Hugues de Die, dans lequel Ursion, évêque de Soissons, fut déposé, et Arnoul, abbé de Saint-Médard, mis à sa place (Labbe.) On y confirma, de plus, la donation que Geoffroi, comte du Perche, avait faite récemment à Cluni, du monastère de Saint-Denis de Nogent, malgré la réclamation de l'abbé de Saint-Père de Chartres, qui prétendait qu'il lui appartenait. (*Mabil. Ann.*, tom. V, p. 157.)

1080   *Juliobonense*, de Lillebonne, en Normandie, aux fêtes de la Pentecôte, en présence de Guillaume le Conquérant. On y fit treize canons, suivant une leçon, et quarante-six, suivant une autre. Mais les deux leçons sont les mêmes, quant aux expressions, de manière que les quarante-six canons ne disent pas plus que les treize, et ne sont que des phrases différemment numérotées. On voit, dans ce concile, que les évêques négligeant de punir les clercs concubinaires, le roi avait pris connaissance de ce cas, sur quoi il fut ordonné que désormais on porterait devant l'évêque diocésain les accusations contre les clercs qui entretiendraient des femmes. Au reste, dit Orderic Vital, le roi, par son ordonnance, n'avait eu dessein d'ôter pour toujours aux évêques, la connaissance de ce crime ; mais il voulait seulement suppléer à leur négligence sur ce point, afin de ne pas laisser un libre cours au désordre par l'impunité. (*Editio Veneta*, tom. XII, *et Conc. Norm.*)

1080 * *Moguntinum*, de Mayence, après les fêtes de la Pentecôte, où les partisans de l'empereur Henri IV condamnent le pape Grégoire VII, avec tous ses adhérents, et confirment l'élection de l'antipape Guibert. (*Conc. Germ.*, tom. III.)

1080 *Avenionense*, d'Avignon, par le cardinal Hugues de Die, légat. Achard, usurpateur du siége d'Arles, y fut déposé et Gibelin élu en sa place. Lantelme y fut aussi élu archevêque d'Embrun, Hugues, évêque de Grenoble, et Didier, évêque de Cavaillon ; le légat les mena à Rome, où ils furent sacrés par le pape.

1080 * *Brixinense*, de Brixen, dans le Tyrol, le 23 juin. Hugues le Blanc, cardinal, trente évêques et plusieurs seigneurs d'Italie et d'Allemagne y déposèrent Grégoire VII, et choisirent, à sa place, Guibert de Ravenne, qui se fit nommer Clément III. La date de cette élection est du jeudi 25 juin.

1080 *Burdigalense*, assemblé par Amé, évêque d'Oléron et légat du saint siége, le 6 octobre, où Bérenger, qui était retourné à son erreur, rend compte de sa foi. On n'en sait pas davantage sur ce concile, si ce n'est qu'on y régla quelques affaires entre des églises particulières ; mais il est certain que Bérenger mourut dans la communion de l'Eglise (le 5 janvier 1088, à l'âge de quatre-vingt-dix ans.).

1080 ou environ. *Carrofonse*, de l'abbaye de Charroux, en Poitou. L'abbé de Saint-Maixent y porta plainte devant le légat Amé, évêque d'Oléron, contre l'abbé de Moutier-Neuf, à qui le comte Gui-Geoffroi avait transporté des biens qu'il avait enlevés à Saint-Maixent. (*Cartul. S. Maxenii*, Labbe, Mabillon, *Annal. ad an.* 1081.)

1081 *Santonense*, de Saintes, au mois de janvier. L'évêque de Dol, présent, sommé par le légat Hugues de Die, de représenter, comme il l'avait promis à Grégoire VII. les bulles sur lesquelles il fondait le titre de métropolitain qu'il s'attribuait, demeura muet. Mais un de ses clercs produisit une bulle d'Adrien, qui fut rejetée comme fausse. Cependant rien ne fut décidé. (Mansi, tom. II, Col. 41.)

1081 * *Ticinense*, de Pavie, vers la mi-mars, en présence de l'empereur, où l'on confirme l'élection de l'antipape Guibert. (Mansi, *Suppl.*, tom. II.)

1081 * *Romanum VIII*, le 4 mai, sous Grégoire VII, où il excommunia de nouveau Henri et tous ceux de son parti, et confirma la déposition prononcée par ses légats, contre les archevêques d'Arles et de Narbonne.

1081 *Exolidunense*, d'Issoudun, le 18 mars, sous la présidence des légats Hugues de Die et Amé d'Oléron, et de Richard, archevêque de Bourges (et non pas d'Aimon, son prédécesseur, comme le dit Guillaume Godel, *apud* Bouquet, tom. XI, p. 285). On y excommunia les clercs d'Issoudun, pour n'avoir pas reçu processionnellement le second de ces deux légats ; mais ils furent relevés des censures par Urbain II, sans être obligés à faire aucune satisfaction. On frappa des mêmes censures les chanoines de Saint-Martin de Tours, pour n'avoir pas voulu recevoir processionnellement, et la croix levée, Rodolphe, archevêque de cette ville, se prétendant exempts de sa juridiction. Les chanoines se plaignirent au roi de cette excommunication, dont ils accusaient Rodolphe d'être le principal auteur. Dans cette plainte, ils firent entrer l'entreprise des légats qui s'ingéraient d'assembler des conciles sans la permission du roi, et la désobéissance de Rodolphe, qui avait assisté à ces assemblées contre la défense du monarque, et favorisait ouvertement le dessein formé par les légats, d'enlever au roi les investitures. L'archevêque, mandé en cour pour se justifier, refusa de comparaître; sur quoi le comte d'Anjou, Foulques le Rechin, par ordre du roi, le chassa de son siége, et saisit tous les revenus de l'archevêché. Rodolphe eut recours au pape Grégoire VII, qui fulmina une excommunication contre Foulques, défendant à la noblesse et aux peuples de ses états d'avoir communication avec lui, et ordonnant de rétablir Rodolphe. Cette affaire s'accommoda dans la suite, et Rodolphe rentra dans son siége. (Bouquet, tom. XII.) Ceci est un supplément à ce qui manque de ce concile dans toutes les éditions. (Labbe, Hardouin, etc.)

1082 *Meldense*, de Meaux, par les légats Hugues de Die, et Amé d'Oléron, en présence de Thibaut III, comte de Champagne, et de la comtesse Adèle, sa femme. Il n'y assista que deux évêques de la province de Sens, ceux de Nevers et de Troyes. Les souscriptions portent, d'ailleurs, les noms de l'archevêque de Bourges et des évêques de Grenoble, de Mâcon, de Châlons, d'Autun, de Langres, de Soissons et d'Amiens. Robert, abbé de Rebais, y fut élu et sacré évêque de Meaux. Richer, archevêque de Sens, indigné de ce que cette élection s'était faite sans sa participation, excommunia Robert, le 2 novembre 1085, de concert avec ses suffragants, et lui substitua Gautier de Chambli dans le siége de Meaux. Dans ce concile, que l'on compte pour le quatrième de Meaux, il fut réglé que les monastères qui ne pourraient entretenir que dix religieux, seraient soumis à Marmoutier ou à Cluni. (Du Plessis, *Hist. de l'Egl. de Meaux*, tom. I., p. 114.)

1083   *Romanum IX*, le 20 novembre, sous Grégoire VII. Il y parla si fortement de la foi, de la morale chrétienne et de la constance nécessaire dans la persécution présente, qu'il tira les larmes de toute l'assemblée. Il n'y renouvela point l'excommunication contre Henri; mais il la prononça contre quiconque l'avait empêché de venir à Rome. Les actes de ce concile sont datés, dans le P. Labbe, de l'an 1084, et de la onzième année du pontificat de Grégoire VII, ce qui se contredit, puisque la douzième année de ce pape courait au mois de novembre 1084. Peut-être même que Grégoire n'était plus à Rome pour lors.

Henri s'y rendit le 21 mars 1084, et il y fit introniser l'antipape Guibert, sous le nom de Clément III, le dimanche suivant, jour des Rameaux. Il reçut ensuite, de ses mains, la couronne impériale, le jour de Pâques, pendant que Grégoire VII était retiré au château Saint-Ange.

1084   *Romanum X*, sous Grégoire VII, tiré du château Saint-Ange par Robert Guischard. Le pape y réitéra l'excommunication contre l'antipape Guibert, l'empereur Henri et leurs partisans.

1085 * *Romanum*, par l'antipape Guibert, au mois de janvier, où l'on déclare nulle l'excommunication prononcée par Grégoire VII, contre l'empereur. Le père Mansi prétend que Guibert avait tenu, l'année précédente, un autre concile à Rome, sur le même sujet, en présence de Henri IV.

1085 * *Gerstungense*, de Gerstungen, dans la Thuringe, où deux orateurs, Wezilon, archevêque de Mayence, et Geberhard, archevêque de Saltzbourg, plaident, le premier pour l'empereur Henri IV, et le second pour le pape Grégoire VII. Cette dispute n'éclaircit rien, et ne servit qu'à augmenter l'animosité des partis. (*Conrad Abbas Usperg*).

1085   *Quintiliburgense*, de Quedlimbourg, la semaine de Pâques, par le légat Otton. On y déclara nulles toutes les ordinations faites par les excommuniés, et on y anathématisa l'antipape Guibert, avec onze autres évêques ou cardinaux. On y interdit l'usage des œufs et du fromage en Carême. On y ordonna la continence aux clercs contitués dans les ordres sacrés. Le roi Herman, nouveau rival de l'empereur Henri IV, était présent à ce concile, où l'autorité du pape fut défendue et portée au-delà de ses bornes.

1085 * *Moguntinum*, de Mayence, par les Schismatiques en présence de l'empereur Henri et des légats de l'antipape Guibert. On y reconnut Guibert pour pape légitime, et on y confirma la déposition de Grégoire VII, avec excommunication contre lui et tous ceux qui le reconnaissaient pour pape. On y établit aussi la trève de Dieu. (*Conc. Germ.* tom. II.)

1085 *Compendiense*, de Saint-Corneille de Compiègne, par 10 évêques et 19 abbés. Evrard, abbé de Corbie, y fut déposé, et on y confirma les priviléges de l'église de Saint-Corneille.

1087 *Capuanum*, de Capoue, le 21 mars. Didier, abbé du Mont-Cassin, y accepta enfin la papauté qu'il avait refusée. Il fut sacré à Rome le dimanche après l'Ascension, 9 de mai, et on l'appela Victor III.

1087 *Beneventanum*, par Victor III, au mois d'août. Le pape y déposa Guibert et l'anathématisa. Il y excommunia aussi Hugues de Lyon et Richard, abbé de Marseille, qui faisaient schisme avec lui. Il y défendit enfin les investitures, sous peine d'excommunication, avec le consentement de tout le concile.

1088 *Fuselense*, de Huzillos, près de Palencia, en Espagne, par Richard, abbé de Saint-Victor de Marseille, légat d'Urbain II, l'archevêque de Tolède, et 11 évêques, plusieurs abbés et nombre de seigneurs laïques. On y déposa l'évêque de Compostelle, accusé de haute trahison; on le mit en prison et on lui donna un successeur. Dans le même concile on marqua les limites des diocèses de Burgos et d'Osma. (Pagi.)

1089 *Romanum*, sous Urbain II, de cent quinze évêques; où ce pape, dit Berthold, confirme les statuts de ses prédécesseurs; Guibert, chassé de Rome, s'en retourna à Ravenne. Il est remarquable que depuis l'assemblée de Brixen, où il fut fait antipape, il continua de se nommer Guibert, archevêque de Ravenne, dans toutes ses chartes, hors une seule où il prend le nom de Clément; et ce qu'il y a de plus singulier encore, celles où il se nomme Guibert, sont datées du pontificat de Clément, comme si c'étaient deux hommes différents.

1089 *Melfitanum*, de Melfe, dans la Pouille, par Urbain II, le 10 septembre, de soixante-dix évêques et douze abbés. Le duc Roger y fit hommage-lige au pape, et on y

publia seize canons, sur la simonie, sur le luxe et l'incontinence des clercs. Romuald de Salerne met ce concile en 1090, au mois de septembre, indiction XIII,
sur quoi D. Ruinart observe que Romuald commence
l'année comme les Grecs, au mois de septembre, ce qui
revient à l'an 1089, suivant notre manière de commencer l'année. Mais, en ce cas, l'indiction serait fautive (1).
Le Pellegrino pense qu'il y a ici faute de copiste, et
pour l'année et pour l'indiction ; ce qui est plus vraisemblable. Il est vrai, cependant, que Loup Protospathe,
qui suit aussi l'usage des Grecs pour le commencement
de l'année, place au mois de septembre 1089, le concile dont il s'agit. Mais il faut supposer que cet historien n'est pas uniforme dans sa manière de compter les
années, et que quelquefois, par inattention sans doute, il
emploie l'année vulgaire des Latins. (S. Marc.)

1089 *Santonense*, le 4 novembre, dans lequel Amé, évêque
d'Oléron, passe à l'archevêché de Bordeaux. La plupart
des modernes le mettent en 1088 ; mais D. Ruinart (*Vit.
Urbani II*, p. 70) prouve qu'il est de 1089.

1090 *Tolosanum VII*, de Toulouse, au printems, par les
légats, assistés des évêques de diverses provinces, et, en
particulier, par Bernard, archevêque de Tolède, retournant de Rome en Espagne. On y corrigea divers abus,
et, à la prière du roi de Castille, on envoya une légation
à Tolède pour y rétablir la religion.

1091 *Narbonense*, en faveur de l'abbaye de la Grasse, et
contre la simonie. La date de ce concile est ainsi marquée : *Factum est hoc anno Domini MXC XIII. kal. apr.
regnante Ludovico.* Comme on commençait alors l'année à
Pâques, dans le Languedoc, le 20 mars de l'année 1091,
selon notre usage, appartenait, dans le comput de cette
province, à l'an 1090. Pour le nom du prince *Louis
régnant alors*, c'est une faute du copiste, qui aura mis
au lieu de Philippe Ier., Louis le Gros, son fils, quoiqu'il ne fût pas encore associé à la royauté. (Vaissète.)

1091 *Beneventanum*, par Urbain II, le 28 mars. On y réitéra
l'anathème contre Guibert et ses partisans, et l'on y fit
quatre canons.

1091 *Legionense*, de Léon, par le légat Rainier (depuis
pape Pascal II), que le pape Urbain II avait substitué
au légat Richard, sur les plaintes des évêques espagnols,

---

(1) Il semble que l'indiction serait exacte. *Voyez* ce qu'on a dit de
l'indiction, pag. 36 et suiv.

contre ce dernier. Cette assemblée se tint à la suite des obsèques de don Garcie, roi de Galice, mort le 22 mars de cette année. Après avoir cassé les actes du concile de Huzillos, on ordonna l'élargissement de l'évêque de Compostelle, dont la déposition fut néanmoins confirmée, et on déclara illégitime l'ordination de son successeur. Ensuite, prenant en considération les plaintes portées sur la confusion qui régnait dans la célébration de l'office divin, on fit deux décrets, dont l'un portait que la Liturgie de saint Isidore serait suivie autant qu'elle se trouverait conforme à l'ordre romain, et l'autre que, pour l'uniformité, l'écriture gauloise serait substituée à la gothique dans les livres d'église. L'écriture gauloise, dit le P. Mabillon, avait déjà prévalu dans toute l'Europe. Guillaume le Conquérant la porta en Angleterre; les empereurs de la seconde race la firent recevoir en Allemagne et en Italie. Elle fut introduite en Espagne, par les moines de Cluni, et sur-tout par Bernard, tiré de cette congrégation pour être placé sur le siége de Tolède, et l'un des présidents de ce concile.

1091 ou 1092 *Stampense*, d'Etampes. Le pape Urbain II ayant déposé à Rome Geoffroi, évêque de Chartres, le clergé de cette église, regardant le siége comme vacant, avait élu, pour le remplir, Yves, abbé de Saint-Quentin; et ce choix avait été approuvé par le roi. Mais Richer, archevêque de Sens, refusa de consacrer l'élu, regardant la déposition de Geoffroi comme illégale, attendu que son affaire n'avait point été portée au tribunal de la province. Yves, sur cette difficulté, prit le parti d'aller se faire sacrer à Rome. C'est au sujet de cette élection, et de cette ordination, également irrégulières, que le concile dont il s'agit fut assemblé. Mais Yves, voyant qu'on se disposait à lui faire subir le sort de son prédécesseur, appela au pape.

1092 ou environ. *Suessionense*, où Roscelin fut convaincu d'erreur et obligé de l'abjurer, mais par crainte d'être assommé par le peuple, comme il le déclara depuis. Il disait que les trois personnes divines étaient trois choses séparées, comme trois anges; en sorte, toutefois, qu'elles n'avaient qu'une volonté et qu'une puissance : autrement, il aurait fallu dire, selon lui, que le Père et le Saint-Esprit s'étaient incarnés. Il ajoutait que l'on pourrait dire véritablement que c'étaient trois dieux, si l'usage le permettait.

1092 *Szabolchense*, de Szabolchs, dans le comté de Niyr, en Hongrie, par Séraphin, archevêque de Strigonie, en présence du roi Ladislas. On y fit, de concert avec ce prince et la noblesse, un corps de lois ecclésiastiques et civiles, divisé en trois livres. (Péterfi, *Conc. Hung.* tom. I, Mansi, tom. II.) *Deest in Venetâ.*

1093   *Remense*, avant Pâques, par l'archevêque Rainaud de Martigné, où l'on oblige Robert le Frizon, comte de Flandre, à cesser de s'emparer de la succession des clercs après leur mort. On y reçoit la bulle d'Urbain II, qui permettait au clergé d'Arras de se donner un évêque propre. Cette église était réunie depuis long-tems à celle de Cambrai.

1093   *Trojanum*, de Troja, dans la Pouille, le 11 mars, par Urbain II, d'environ soixante-quinze évêques, et douze abbés. On y parla des mariages entre parents, et on y confirma la trève de Dieu.

1093   *Cantuariense*, de Cantorberi, le 4 décembre, pour le sacre de saint Anselme, élu archevêque de cette église. Sur les remontrances de Thomas, archevêque d'Yorck, on y corrigea le décret d'élection, où l'église de Cantorberi était appelée métropole de toute l'Angleterre, et au lieu du mot *métropole*, on mit celui de *primatiale*. (D. Cellier.)

1094   *Rockinghamiæ*, du château de Rockingham, en Angleterre, les 11 et 12 mars, où l'on décide, contre l'avis de saint Anselme, archevêque de Cantorberi, que ce prélat ne peut, sans le consentement du roi, promettre obéissance, ni demander le *pallium* au pape Urbain II, attendu que ce prince ne l'avait pas encore reconnu. (*Edit. Venetâ.*)

1094   *Moguntinum*, de tous les évêques d'Allemagne, avec les princes de l'empire, à la mi-Carême. On n'en sait point l'objet. Nous suivons Côme de Prague pour la date de ce concile, que le P. Mansi place en 1095. Le P. Hartzheim n'en parle point.

1094   *Constantiense*, dans la semaine sainte, par Gebehard, évêque de Constance, et légat du pape en Allemagne. On y renouvela la défense d'entendre l'office célébré par les prêtres simoniaques ou incontinents, et on y fixa les quatre-tems de mars à la première semaine de Carême, et ceux de la Pentecôte à la semaine de l'octave de la même fête. On y régla, de plus, qu'il n'y aurait que trois fêtes dans la semaine de Pâques et dans celle de la Pentecôte, car jusqu'alors on chomait la semaine entière.

1094   *Remense*, le 17 septembre, et les trois jours suivants. Le roi Philippe espérait y faire approuver son mariage avec Bertrade, vu que Berthe, sa première femme, était morte la même année. Trois archevêques et huit évêques y assistèrent; mais Yves de Chartres ne voulut point s'y trouver, et en appela au pape. Il ne lui aurait point été permis, disait-il, de dire la vérité impunément dans cette assemblée. Il ajouta après: que le roi fasse contre moi tout ce que Dieu lui permettra de faire; qu'il m'enferme, qu'il m'éloigne, qu'il me proscrive; j'ai résolu, avec la grâce de Dieu, de tout souffrir pour sa loi.

1094 *Augustodunense*, d'Autun, le 16 octobre, par Hugues Lyon, légat, avec trente deux évêques et plusieurs abbés. On y renouvela l'excommunication contre l'empereur Henri et l'antipape Guibert, et l'on excommunia, pour la première fois, le roi Philippe, pour avoir épousé Bertrade du vivant de sa femme légitime. Ceux qui s'étonnent que ces légats aient osé prononcer une excommunication contre Philippe, dans son propre royaume, ne font pas attention qu'Autun faisait partie de la Bourgogne dont le duc était, à peu de chose près, aussi maître dans ses domaines que le roi dans les siens.

1095 *Placentinum*, de Plaisance, en Lombardie, commencé de le premier mars, et fini le 7 du même mois, par Urbain II. D. Mabillon fait commencer ce concile le 4 mars, sans rien opposer à l'autorité de deux anciens manuscrits, qui portent le premier de ce mois, suivant le P. Labbe. Deux cents évêques s'y trouvèrent, avec près de quatre mille clercs et plus de trente mille laïques. La première et la troisième sessions se tinrent en pleine campagne. L'impératrice Praxède, ou Adélaïde, vint s'y plaindre de son époux l'empereur Henri, et l'y accusa publiquement des infamies qu'il lui avait fait souffrir en sa personne. Philippe, roi de France, y obtint un délai jusqu'à la Pentecôte. Les ambassadeurs de l'empereur de Constantinople y vinrent demander du secours contre les infidèles. On y renouvela la condamnation de l'hérésie de Bérenger, et on y établit clairement la foi de la présence réelle de Jésus-Christ dans l'eucharistie. Les Nicolaïtes, les prêtres ou clercs majeurs incontinents, les Simoniaques, y furent aussi condamnés, de même que les ordinations faites par Guibert et par les autres excommuniés. Le jeûne des quatre-tems fixé aux mêmes jours que nous l'observons aujourd'hui: ce qui doit être remarqué pour certaines dates des chartes avant ce concile, où l'on fit encore d'autres réglements qui ne peuvent être ici tous rapportés. On dit que ce fut à ce concile que le pape institua la préface que l'on chante aux messes de la Vierge.

1095 *Anglicanum*, dans la troisième semaine de Carême. Les évêques y font un crime à saint Anselme d'avoir reconnu le pape Urbain II sans le consentement du roi. On passe trois jours en contestations. Saint Anselme, ferme dans sa résolution, demande un sauf-conduit pour sortir du royaume. Les barons lui obtiennent un sursis jusqu'à la Pentecôte.

1095 *Claromontanum*, de Clermont, en Auvergne, commencé le 18 novembre, par Urbain II, et terminé le 28 du même mois. Treize archevêques vinrent à ce concile, et deux cent cinq prélats portant crosse, tant évêques qu'abbés, selon Berthold; d'autres en comptent quatre cents. On y confirma tous les décrets des conciles que le pape Urbain avait tenus à Melfe, à Bénévent, à Troja et à Plaisance. On y fit plusieurs nouveaux canons, dont il ne nous reste que les sommaires pour la plupart. Le 28ᵉ canon est conçu en ces termes: *Ne quis communicet de altari, nisi corpus separatim et sanguinem similiter sumat, nisi per necessitatem et per cautelam.* Le vrai sens de ce canon, comme le démontre M. de Marca, n'est pas d'obliger les laïques à toujours communier sous les deux espèces, mais de proscrire l'usage de donner le corps du Seigneur, trempé dans le sang, comme on faisait dans l'église grecque, et en tant d'endroits de l'église latine, qu'Yves de Chartres était d'avis qu'on tolérât cet abus. A l'égard de la communion sous la seule espèce du pain, elle était en usage de tems immémorial dans l'église de Jérusalem : et depuis la première croisade, elle devint fréquente en Occident. Le dix-neuvième canon porte que si quelqu'un, poursuivi par ses ennemis, se réfugie auprès de quelques croix sur les chemins, il doit y trouver un asile comme dans les églises. De là l'usage de planter beaucoup de croix sur les grandes routes. Le pape confirma dans ce concile la primatie accordée à l'église de Lyon par Grégoire VII. On y établit le petit office de la Vierge pour tous les jours, et son office canonial pour tous les samedis non empêchés. (*Gaufrid.*, t. V, p. 5; *Labbe*, Biblioth., t. III, p. 292.) On y confirma la trêve de Dieu, et on y excommunia le roi Philippe, à cause de son mariage avec Bertrade. Le pape y défendit, de plus, qu'aucun évêque rendît foi lige au roi ou à des laïques. Mais de tous les actes de ce concile, le plus fameux est celui de la publication de le croisade pour le recouvrement de la Terre-Sainte. Les suites en ont été importantes pour toute l'Europe, et pour la France en particulier. *Voyez les rois de Jérusalem.*

1096   *Rotomagense*, de Rouen, au mois de février. On y examina les décrets du concile de Clermont ; et, après avoir confirmé les ordonnances du pape, on fit huit canons, dont le sixième défend aux laïques, comme aux clercs, de porter de longs cheveux, sous peine d'excommunication.

1096   *Turonense*, la troisième semaine de Carême, par le pape Urbain II, dans l'église cathédrale, nommée alors de Saint-Maurice, aujourd'hui de Saint-Gatien, et non dans celle de Saint-Martin, comme le marque la Chronique de Maillezais. On y confirma les décrets du concile de Clermont, et le pape refusa d'absoudre le roi Philippe, comme les évêques en partie le demandaient. L'assemblée fut terminée par une procession générale à Saint-Martin. L'auteur contemporain de la Chronique de Tours, rapporte qu'Urbain se fit couronner à l'entrée de la porte d'une couronne de palmier, *suivant l'usage qui se pratiquait à Rome*. Comme cette coutume ne s'observe plus, et que c'est ici le seul exemple qu'on en remarque dans l'histoire, on peut croire que les papes employaient alors cette cérémonie pour exciter les peuples au voyage de la Terre-Sainte. Car les pèlerins, à leur retour, en rapportaient des branches de palmier, qu'ils déposaient sur un autel pour les consacrer à Dieu. Ce concile, où se trouvèrent soixante-quatre évêques, et le précédent, sont datés de l'an 1095, *more Gallico*, selon les Français, qui commençaient alors l'année à Pâques.

1096   *Nemausense*, de Nismes, depuis le 6 juillet jusqu'au 14, par le pape Urbain II, quatre cardinaux et plusieurs évêques. On y fit seize canons, qui ne sont la plupart que ceux de Clermont, que le pape confirma dans tous les conciles qu'il tint ensuite. Le plus remarquable de ceux de Nismes est celui qui maintient les moines dans le droit d'exercer les fonctions sacerdotales. Le roi Philippe, à ce qu'on prétend, y fut absout de l'excommunication, après avoir promis de quitter Bertrade. Cependant D. Vaissète, d'après D. Ruinart, soutient que Philippe ne fut absout qu'au commencement de l'année suivante, et nous sommes de cet avis.

1096   *Hiberniense*, d'Irlande. Il nous en reste une lettre écrite au nom du roi Murchertach, du clergé et du peuple de cette île, à saint Anselme, pour l'engager à ériger l'église de Waterford en évêché.

1097   *Sanctonense*, de Saintes, le 2 mars, par le légat Amé. On y ordonna qu'on jeûnerait toutes les veilles des fêtes d'apôtres. Ce concile est daté de l'an 1096, indiction IV, dans une charte de Saint-Jean-d'Angeli, (Cart. fol. 33). Il est daté de l'an 1097, dans le *Gallia Christ.* tome II, page 807.

1097 *Remense*, de Reims, par l'archevêque Manassés II, où l'on condamne Robert, abbé de Saint-Remi, à continuer de rendre obéissance à l'abbé de Marmoutier dont il avait été moine. Robert ayant appelé de ce jugement à Rome, le pape Urbain II déclara qu'un moine, tiré d'une abbaye pour être mis à la tête d'une autre, n'appartenait plus à la première, et devenait moine du lieu dont il était abbé. (Mansi, *Suppl.* tome II.)

1097 *Gerundense*, de Gironne, le 13 décembre, par l'archevêque de Tarragone et trois évêques. On y prend des mesures pour maintenir les libertés ecclésiastiques.

1098 * *Romanum*, par huit cardinaux, quatre évêques et quatre prêtres schismatiques. (Guibert était absent.) Ils écrivirent une lettre, datée du 7 août, pour s'attirer des partisans; mais cette lettre fut méprisée par tous les Catholiques.

1098 *Barense*, de Bari, le premier octobre, par le pape Urbain, à la tête de cent quatre-vingt-trois évêques. Saint Anselme y prouva, en présence des Grecs, avec tant de netteté, que le Saint-Esprit procède du Père et du Fils, qu'on y prononça anathème contre tous ceux qui le nieraient. Le même saint obtint, par ses prières, qu'on n'y excommuniât point le roi d'Angleterre qui le persécutait. Loup Protospata et le Chronographe de Bari mettent ce concile en 1099, parce qu'ils commençaient l'année le 1er. septembre, comme les Grecs.

1099 *Romanum*, la troisième semaine après Pâques, 25 avril, par le pape Urbain, à la tête de cent cinquante évêques, du nombre desquels était encore saint Anselme. Entre autres choses, on y fit dix-huit canons, dont les onze premiers sont mot pour mot tirés de ceux de Plaisance; ensuite on y prononça excommunication contre tous les laïques qui donneraient les investitures des églises, et contre tous les ecclésiastiques qui les recevraient.

1099 *Audomarense*, de Saint-Omer, le 14 de juillet, par Manassés de Reims, et quatre de ses suffragants. On y publia cinq articles touchant la trève de Dieu, avec ordre de les observer, sous peine d'excommunication.

1100 *Lambethense*, de Lambeth, en Angleterre, par saint Anselme. Le roi Henri I voulait épouser Mathilde, fille de Malcolme, roi d'Écosse. Mais on l'en détournait sur ce qu'on disait que Mathilde, élevée dès son enfance dans un monastère, y avait été offerte à Dieu par ses parents. Ce fut pour éclaircir ce fait qu'il assembla le concile de Lambeth. Mathilde y ayant comparu, protesta et s'offrit de prouver par témoins qu'elle n'avait jamais été engagée à la vie religieuse, ni par son choix, ni par le vœu de ses parents. La princesse gagna sa cause, et devint femme de Henri. (Wilkins.)

1100 *Valentinum*, de Valence, en Dauphiné, le 30 septembre. Norgaud, évêque d'Autun, accusé de simonie, y fut déclaré suspens de toute fonction épiscopale et sacerdotale; mais Hugues de Flavigni, accusé du même crime, fut renvoyé absout dans son abbaye.

1100 *Melphitanum*, de Melphe, dans la Pouille, au mois d'octobre, où le pape Pascal II excommunia la ville de Bénévent pour s'être soustraite (on ne sait pour quel sujet) à l'obéissance du saint siége. (Mansi, *Suppl. Conc.*, tom. II.)

1100 *Pictaviense*, de Poitiers, le 18 novembre, par deux légats, assistés d'un grand nombre d'évêques et d'abbés. Norgaud d'Autun y fut déposé, et l'on fit seize canons, dont le premier porte que les évêques donneront la tonsure aux clercs, et les abbés aux moines. Le cinquième défend aux abbés l'usage des gants, des sandales et de l'anneau dans les fonctions ecclésiastiques, sans une permission expresse du pape. *Il n'est point parlé là de mitre*, dit D. Mabillon (*Ann.*, tom. V, pag. 428); *et je n'en trouve aucun vestige dans les priviléges des tems antérieurs.* Le dixième canon déclare habiles aux fonctions curiales les chanoines réguliers, et le onzième les interdit aux moines. On voulut renouveler ensuite l'excommunication du roi Philippe et de Bertrade. Mais le duc d'Aquitaine qui était présent, et qui avait alors publiquement une maîtresse, s'opposa vivement à l'entreprise des légats, déclarant qu'il ne souffrirait jamais qu'on excommuniât, en sa présence, le roi, son seigneur. Ses gens firent un si grand vacarme, que les prélats, craignant pour leur vie, cherchèrent leur salut dans la fuite. Hugues de Flavigni dit au contraire qu'ils demeurèrent fermes, ôtant leurs mitres pour présenter aux coups leurs têtes nues; ce qui désarma leurs ennemis, et leur laissa, dit-il, la liberté d'achever de prononcer l'excommunication. (Pagi.)

1100 *Ansanum*, d'Anse, sur la fin de l'année, composé de quatre archevêques (entre lesquels était saint Anselme), et de huit évêques. Hugues, archevêque de Lyon, y demanda un subside pour les frais du voyage qu'il devait faire à Jérusalem avec la permission du pape. On y excommunia ceux qui, ayant pris la croix pour la Terre-Sainte, négligeaient d'accomplir leur vœu.

1102 *Romanum*, vers la fin du mois de mars, par Pascal II, de tous les évêques d'Italie, et des députés de plusieurs ultramontains. Le pape avait écrit à l'empereur pour l'inviter à s'y rendre, afin de rétablir l'ancienne union entre le sacerdoce et l'empire. Henri promit de s'y trouver; mais il manqua de parole, et n'envoya pas même faire ses excuses au pape. On sut au contraire qu'il travaillait à prolonger le schisme, et à faire élire un nouvel antipape; ce qui irrita Pascal au point qu'il engagea le concile à confirmer l'excommunication prononcée contre ce prince, par Grégoire VII et Urbain II. Pascal la prononça de sa bouche le jeudi-saint, 3 avril, dans l'église de Latran, en présence d'un peuple infini de diverses nations. Mais comme l'empereur et la plupart de ses partisans méprisaient hautement les foudres de l'Eglise, et publiaient par-tout qu'elles n'avaient aucune force (ce que les partisans du pape appelaient *l'herésie henricienne*); le pape fit dresser dans le concile cette formule de serment : « J'ana-
» thématise toute hérésie, et sur-tout celle qui trouble
» l'état présent de l'Eglise, et qui enseigne qu'il faut mé-
» priser l'anathème et les censures ; et je promets obéis-
» sance au pape Pascal et à ses successeurs. »

1103 *Londinense*, de toute l'Angleterre, vers la fin de septembre, par saint Anselme. On y condamna la simonie, et on y déposa six abbés qui en furent convaincus. On fit ensuite plusieurs réglements, dont le 9e. défend aux clercs d'avoir des habits de différentes couleurs, sans déterminer celle qui leur est propre.

1103 *Mediolanense*, de Milan. Le prêtre Liprand, qui avait déjà perdu le nez et les oreilles pour avoir accusé l'archevêque Pierre Grossolan de simonie, y renouvelle cette accusation, et s'offre de la prouver par l'épreuve du feu. Les pères du concile veulent l'en empêcher ; mais pressé par Grossolan de sortir du pays ou de faire l'épreuve, il passe entre deux bûchers allumés sans en être endommagé dans ses habits. Il lui resta néanmoins une blessure à la main et une autre à un pied, qui rendirent, aux yeux de quelques-uns, l'épreuve suspecte, quoiqu'elles lui fussent étrangères ; car l'une lui était venue des encensements qu'il avait faits avant d'entrer dans le bûcher ; l'autre du cheval d'un cavalier qui avait appuyé son fer sur le pied de Liprand, comme il sortait du bûcher. Grossolan lui-même, jugeant que ces deux blessures étaient pour lui une ressource insuffisante, prit le parti de sortir de la ville, ainsi que les évêques, qui partagèrent avec lui toute la honte et la confusion de ce singulier évènement. (*Edit. Veneta*, tom. XII, Muratori. *Ann.*, tom. VI.)

1104 *Romanum*, par le pape Pascal II, dans le Carême. Le pape y fit une sévère réprimande à Brunon, archevêque de Trèves, de ce qu'il avait reçu l'investiture de l'empereur Henri. Brunon donna sa démission; mais trois jours après il fut rétabli.

Il ne paraît pas que le pape ait fait aucun reproche à Brunon de son attachement à l'empereur Henri, tout excommunié qu'il était, comme il n'en fit point à saint Otton pour le même sujet, lorsqu'il le sacra évêque de Bamberg, le 17 mai 1103. Ces exemples, et d'autres encore du même tems, font voir qu'on ne laissait pas d'être catholique, même aux yeux du saint siége, quoiqu'on n'exécutât point à la rigueur les condamnations prononcées contre Henri; en un mot, que le pouvoir du pape sur le temporel des souverains ne passait point pour article de foi.

Pour être bon catholique, il fallait obéir au pape pour le spirituel, et à son roi pour le temporel, sans lui manquer de fidélité, quoique le pape en dispensât. *Voyez* Fleuri, tom. XIV, pag. 78 et suivantes. *Voyez* aussi Pagi et Hartzheim sur la différence de ce concile de Rome d'avec celui de l'année suivante.

1104 *Trecense*, de Troyes, le 2 avril, par le légat Richard, évêque d'Albane, et plusieurs évêques. Hubert, évêque de Senlis, accusé d'avoir vendu les ordres sacrés, s'y purgea par serment; et Godefroi, abbé de Nogent, y fut nommé, malgré lui, évêque d'Amiens. La Chronique de Saint-Pierre-le-Vif se trompe en rapportant ce concile à l'an 1105, car sa date porte *quarto nonas aprilis*, anno ab *Incarn. Dom.* MCIV, *indict.* XII, *epacta* XXII.

1104 *Balgenciacense*, de Beaugenci, le 30 juillet, par le légat Richard et plusieurs évêques, en présence du roi Philippe et de Bertrade, qui promirent avec serment de vivre séparés, non pour toujours, mais jusqu'à ce qu'ils eussent obtenu dispense du pape, comme Yves de Chartres le mande à sa sainteté, *usque ad vestram dispensationem*. Cependant, malgré cette promesse, ils ne furent point encore absouts dans ce concile, parce que les évêques ne purent convenir entre eux de la forme d'absolution.

1104   *Parisiense XIII*, le 2 décembre, où le roi et Bertrade furent absouts, après avoir promis par serment de n'avoir plus ensemble aucun commerce criminel, et même de ne se voir qu'en présence de témoins non suspects; promesse qu'ils n'accomplirent point. Cette assemblée était composée des prélats des trois provinces de Tours, de Sens et de Reims, suivant la lettre de convocation du pape Pascal, rapportée dans le troisième tome du Spicilége, page 128.

1105   *Romanum*, au palais de Latran, le 26 mars. Pascal II y excommunia le comte de Meulent et ses complices, que l'on accusait d'être cause que le roi d'Angleterre s'opiniâtrait à soutenir les investitures; il y excommunia aussi ceux qui les avaient reçues.

1105   *Romanum*, dans le mois de mai, où le pape rétablit Pierre Grossolan sur le siége de Milan. Mais il ne put jamais faire exécuter le décret de son rétablissement, tant était puissant, dit Muratori, le parti qui lui était opposé.

1105   *Quintiliburgense vel Northusense*, de l'abbaye de Quedlimbourg, selon les uns, de Northausen, en Thuringe, suivant les autres, le 29 mai, dans la semaine après la Pentecôte. On y condamna la simonie et le concubinage des prêtres, et on y confirma la paix de Dieu. On promit aussi de réconcilier, par l'imposition des mains, ceux qui avaient été ordonnés par les Schismatiques, et on ordonna que ces évêques schismatiques seraient déposés. Le roi Henri V, révolté contre l'empereur, son père, étant survenu à cette assemblée, y protesta avec larmes qu'il n'avait accepté le sceptre que malgré lui, ajoutant qu'il était prêt à le rendre à son père, pourvu qu'il satisfît le pape. Le concile parut persuadé de la sincérité de ce discours. (*Conc. Germ.* tom. III.)

1105   *Remense*, le 2 juillet, où l'on substitue Odon, abbé de Saint-Martin de Tournai, à Gaucher, évêque de Cambrai, déposé au concile de Clermont en 1095, pour son attachement à l'empereur Henri IV. Gaucher se maintint dans son siége tant que ce prince vécut. (*Spicileg.* tom. XII.)

1105   *Conventus Moguntinus*, diète de Mayence, assemblée le jour de Noël par le roi Henri V. Les légats du pape y assistèrent avec plus de cinquante-deux seigneurs laïques de l'empire, et un grand nombre de prélats. On y renouvela les anathèmes prononcés contre l'empereur, l'antipape Guibert et leurs adhérents. Le premier, renfermé dans le château de Binghem, envoie demander à la diète la permission de s'y rendre. On ne lui fait point de réponse; le peuple de Mayence en murmure. Les seigneurs laïques, craignant une émeute, transportent la diète, le 29 décembre, à Gilenheim, où ils font venir ce prince. Le légat Richard y survient inopinément. L'empereur se jette à ses pieds, confesse ses crimes, et lui en demande l'absolution. Richard le renvoie au pape. La diète, également sourde à ses remontrances, confirme sa déposition, et le fait reconduire à Binghem. Le jeune Henri retourne avec les seigneurs à Mayence, d'où il envoie demander à son père les ornements royaux. L'empereur les remet; le fils en est revêtu solennellement le jour de l'Epiphanie 1106, par Rothard, archevêque de Mayence, en présence des légats qui lui imposent les mains. Telle est l'époque du sacre de Henri V, avec ses principales circonstances, suivant l'Annaliste Saxon, qui met cette assemblée en 1106, parce que l'année commençait alors à Noël en Allemagne.

1105 *Florentinum*, de Florence, sur la fin de l'année, par le pape Pascal II. On y disputa beaucoup contre l'évêque du lieu, qui disait que l'Antechrist était déjà né. Le tumulte fut si grand qu'on ne put rien décider. (Muratori.)

1106 *Pictaviense*, de Poitiers, le 25 juin (et non le 26 mai), par le légat Brunon, évêque de Segni. Boëmond, prince d'Antioche, y était présent, et l'on y publia solennellement la croisade. On y traita aussi diverses matières ecclésiastiques.

1106 *Lexoviense*, de Lisieux, vers la mi-octobre, assemblé par Henri I, roi d'Angleterre. Les réglements de ce concile regardent plus le civil que l'ecclésiastique. Aussi, les seigneurs laïques y étaient-ils en plus grand nombre que les prélats.

1106 *Guastallense*, de Guastalle, sur le Pô, le 22 octobre. Pascal II, assisté d'un grand nombre d'évêques et de clercs, des ambassadeurs de Henri V, roi d'Allemagne, et de la princesse Mathilde en personne, y ordonna que la province d'Emilie ne serait plus soumise à la métropole de Ravenne : ainsi, il ne lui resta que la province de Flaminie. On y usa d'indulgence en faveur des évêques ordonnés dans le schisme, pourvu qu'ils ne fussent ni usurpateurs, ni simoniaques, ni coupables d'autres crimes, et on y renouvela les défenses faites aux laïques, de donner les investitures.

1107 *Trecense*, de Troyes, vers l'Ascension. Pascal II exhorta les peuples à la croisade, et le concile excommunia tous ceux qui violeraient la trève de Dieu. Le mariage de Louis le Gros avec Lucienne de Rochefort y fut déclaré nul, sous prétexte de parenté. On y rétablit la liberté des élections, et on y confirma la condamnation des investitures, sur lesquelles les Allemands ne s'étaient point accordés avec les Romains dans la conférence de Châlons, tenue quelques jours auparavant. (*Edit. Venet.* tom. XI. Mansi, *Suppl.* tom. II.)

1107 *Londinense*, de Londres, le 1er. août, par saint Anselme. On y accorda les hommages au roi, comme le pape le permettait, et on y défendit les investitures par la crosse et l'anneau. Anselme écrivit cette bonne nouvelle au pape, en lui marquant le service que Robert, comte de Meulent, avait rendu à l'Eglise en cette occasion.

1107 *Jerosolymitanum*. Gibelin d'Arles, légat, assisté des évêques du royaume, y ayant déposé Ebremar, intrus à Jérusalem du vivant de Daïmbert, lui donna l'église de Césarée, à cause de sa simplicité. Gibelin fut ensuite élu, par le concile, patriarche de Jérusalem.

1108 *Londinense*, de Londres, par saint Anselme, à la cour de la Pentecôte, 24 mai. On y fit dix canons, qui portent, entre autres choses, que les prêtres qui n'ont pas observé la défense du concile de Londres de 1102, s'ils veulent encore célébrer la messe, quitteront leurs femmes, et ne pourront plus leur parler que hors de leurs maisons et en présence de deux témoins.

1108 *Beneventanum*, le 12 octobre, par le pape Pascal II, touchant les investitures et le luxe des habits des clercs.

1109 Les éditeurs des Conciles placent, en 1109, un prétendu concile de Reims, où Godefroi, évêque d'Amiens, convainquit de faux le titre d'exemption de l'abbaye de Saint-Valeri. Voyez la réfutation de cette fable dans l'Hist. Litt. de la Fr. *tom.* XI, pp. 730-736.

1110 *Romanum*, le 7 de mars. Pascal II y renouvela les décrets contre les investitures, et les canons qui défendent aux laïques de disposer des biens des églises.

La même année, Richard, évêque d'Albane, tint trois conciles en France, l'un à Clermont, en Auvergne, à la Pentecôte, le second à Toulouse, peu de tems après la Pentecôte (c'est le huitième de cette ville), et le troisième a Saint-Benoît-sur-Loire, le 1er. octobre. Il se tenait alors peu de conciles sans légats du pape.

1110 *Coloniense*, de Cologne, par Frédéric, archevêque de Cologne, où Sigebert, moine et député de Gemblours, célèbre écrivain, obtint la canonisation de Guibert, qui avait fondé ce monastère cent quarante-huit ans auparavant. Cette cérémonie se fit solennellement quelque tems après ce concile, en levant de terre le corps du saint. (*Conc. Germ.* tom. III.)

1110 *Constantinopolitanum*, où l'on condamne l'hérésie des Bogomiles. L'empereur Alexis Comnène y publie aussi une constitution sur les élections et sur les devoirs des prélats. (*Edit. Venet.* tom. XII, Mansi, *Supp.* tom. II.)

1111 *Verulanum*, de Véroli, entre Anagni et Vélétri, où l'on obligea Grimald, archichanoine de Saint-Paterne, à reconnaître la juridiction de l'évêque diocésain. Fabricius met ce concile en 1140; mais D. Mabillon prouve qu'il est de 1111. (*Mus. Ital.* tom. I, p. 242.)

1111 *Lateranense I.* Le roi Henri V étant convenu avec le pape Pascal II que le clergé lui rendrait les régales, et que lui, réciproquement, se désisterait des investitures, ce prince vint à Rome pour faire ratifier solennellement ce traité. On assembla à ce sujet, le 12 février, le concile dont nous parlons. Mais lorsqu'on était sur le point de conclure, il arrive du trouble, l'assemblée est rompue, on court aux armes. Le pape est emmené prisonnier par Henri, qui lui fait signer, le 11 avril, un autre traité par lequel Henri laisse au clergé les régales et reprend les investitures. Le lendemain le pape célébra la messe, et donna la communion et le baiser de paix au prince en signe d'une amitié que rien ne devait altérer. Ensuite de ces actes religieux, on prit gaîment le chemin de Rome, où Henri reçut des mains du pape la couronne impériale. (Mansi, *Suppl.* tom. II.)

1112 *Lateranense II*, le 18 mars et les cinq jours suivants, d'environ cent évêques. Pascal II y révoqua le privilége des investitures. Le fameux Gérard, évêque d'Angoulême, fut chargé de porter à l'empereur le décret de révocation, contenant qu'il est contre le Saint-Esprit et contre l'institution canonique d'exiger qu'un évêque, élu suivant les règles par le clergé et le peuple, ne soit pas sacré, qu'il n'ait reçu auparavant l'investiture du roi. Le légat s'acquitta de cette commission périlleuse avec une fermeté qui désarma le prince. Les actes de ce concile sont datés du lundi 28 mars dans l'édition du P. Labbe, mais mal, parce que le 28 mars ne tombait pas un lundi. Il faut y substituer le 18, comme porte l'édition de Mansi.

1112 *Ansanum*, d'Anse. Les évêques de la province de Sens, appelés à ce concile par l'archevêque de Lyon, refusèrent de s'y trouver, ne voulant point reconnaître sa juridiction. Nous avons, dans les Collections des Conciles, leur réponse à ce prélat, avec sa réplique. On n'est point sûr que ce concile se soit tenu : du moins il n'en reste aucun acte.

1112 *Viennense*, le 16 septembre, par Gui, archevêque de Vienne, et légat. Les évêques y jugent que l'investiture reçue d'une main laïque, est une hérésie. Ils condamnent le privilége extorqué par le roi Henri, anathématisent ce prince, et le séparent du sein de l'Eglise, jusqu'à une pleine satisfaction. C'est ce que n'avait point fait le pape au concile de Latran; mais il confirma celui-ci par une lettre du 20 actobre.

Yves de Chartres ne croyait point l'investiture permise, mais il ne la croyait point aussi une hérésie, comme on le voit dans une lettre qu'il écrivit à Joceran, archevêque de Lyon, cette année 1112. Joceran lui répond que l'investiture en soi n'est point une hérésie, mais que l'hérésie consiste à soutenir qu'elle est permise. Geoffroi de Vendôme soutient au contraire que l'investiture est une hérésie suivant la tradition, et que celui qui l'autorise est un hérétique. On le croit le premier auteur qui se soit servi de l'allégorie des deux glaives.

1112 *Aquense*, d'Aix, en Provence. On y fit trois canons, dont le premier ordonne que l'archevêque d'Aix percevra la quatrième partie de tous les revenus ecclésiastiques de son archevêché. (*Edit. Venet. sola*, tom. XII.)

1112 ou environ. *Jerosolymitanum*, par Conon, légat en Palestine. On y excommunie l'empereur Henri V, pour les mauvais traitements qu'il avait faits au pape Pascal II.

1114 *Strigoniense*, de Gran, ou Strigonie, vers le mois de janvier, par l'archevêque Laurent, avec six de ses suffragants et quatre autres évêques. On y fit soixante-cinq canons sur la discipline, dont le trente-et-unième est conçu en ces termes : *Presbyteris uxores, quas legitimis ordinibus acceperint, moderatiùs habendas, prævisu fragilitate, indulsimus.* (Péterfi, tom. I.)

111 *Vindsoriense*, de Windsor, près de Londres, où l'on élut pour archevêque de Cantorberi, après cinq ans de vacance, Raoul, évêque de Rochester, le 26 avril.

1114 *Cyperanum*, ou *Ceperanum*, de Céperano, petite ville sur le Garillan, le 12 octobre, par le pape Pascal II. L'archevêque de Bénévent y fut déposé pour une affaire purement temporelle; et celui de Cassano remit aux pieds du pape, du consentement de l'abbé du Mont-Cassin, l'habit monastique qu'il avait été contraint de recevoir dans cette abbaye, pour obéir à Roger, comte de Sicile. Dans ce même concile, Pascal donna l'investiture des duchés de Calabre et de la Pouille à Guillaume, fils du comte Roger.

1114 *Legionense*, de Léon, le 18 octobre, par Bernard, archevêque de Tolède, et tous les prélats des Asturies, de Léon et de Galice. On y fit dix canons sur la discipline. (Ferréras.)

1114 *Palentinum*, de Palencia. On y déclara nul le mariage d'Alphonse, roi d'Aragon, et d'Urraque, pour cause de parenté. Ferréras met ce concile au 25 octobre.

1114 *Compostellanum*, le 17 novembre. On adopta dans celui-ci les dix canons qui avaient été dressés dans celui de Léon, et on y en ajouta quinze autres. (D'Aguirre, Hardouin, Ferréras.)

1114 *Bellovacense*, de Beauvais, le 6 décembre, par Conon, cardinal et légat, assisté des évêques de trois provinces. On y excommunia l'empereur Henri; on y frappa des mêmes censures Thomas de Marle, qui pillait impunément les églises de son voisinage, et on y renouvela plusieurs décrets des derniers papes, touchant la conservation des biens ecclésiastiques, et les autres points de discipline les plus nécessaires alors. On y parla aussi de quelques hérétiques que le peuple brûla à Soissons, sans attendre le jugement des ecclésiastiques, craignant qu'il ne fût trop doux, et on remit à délibérer au concile suivant sur saint Godefroi, qui avait quitté son évêché d'Amiens pour se retirer à la Chartreuse.

1115 *Suessionense*, le 6 de janvier, d'où l'on envoya aux frères de la Chartreuse, pour les prier et leur ordonner de renvoyer Godefroi, évêque d'Amiens; ce qui fut exécuté dans le Carême suivant.

1115 *Remense*, le 28 mars, par le légat Conon. Il y excommunia encore l'empereur Henri, et renvoya à son siége d'Amiens l'évêque Godefroi. Ce prélat fut reçu de son peuple avec joie, parce qu'il était fort regretté; quoiqu'en dise au contraire Guibert, abbé de Nogent, trop passionné contre Godefroi, qui l'avait précédé dans son abbaye, pour mériter créance dans le mal qu'il en dit. On déposa dans ce même concile Adalberon IV, évêque de Metz, pour son attachement à l'empereur. Mais il ne fut remplacé que quatre ans après.

Le même légat tint deux autres conciles cette année, l'un à Cologne, le lundi de Pâques, 19 avril; l'autre, à Châlons-sur-Marne, le 12 juillet; dans l'un et dans l'autre, il réitéra l'excommunication contre l'empereur. Plusieurs évêques et abbés de Normandie ayant refusé de se trouver au concile de Châlons, Conon les déposa. Le roi d'Angleterre, Henri I, irrité de cette conduite du légat, en porta ses plaintes au pape, qui rétablit les prélats déposés.

1115 *Trenorchiense*, de Tournus, le 15 août, par Gui, archevêque de Vienne, légat et depuis pape, sous le nom de Calliste II. Ce prélat y décide en faveur des chanoines de Saint-Jean de Besançon, la contestation sur la dignité d'église matrice, que les chanoines de Saint-Étienne, de la même ville, leur disputaient. Le pape Pascal n'approuva pas ce jugement; il ordonna d'assembler un nouveau concile, qui se tint la même année à Dijon, et par le même légat, mais sans aucun fruit. Cette contestation ne fut terminée que l'an 1253. (Labbe, tom. X. Pagi.)

1115 *Trojanum*, de Troja, dans la Pouille, le 24 août, par le pape Pascal II. On y établit la trêve de Dieu pour trois ans.

1115 *Ovetanum*, d'Oviédo, en présence de la reine Urraque et de sa cour. On y fit des réglements contre ceux qui pillaient les églises, et contre ceux qui violaient les asyles sacrés (Pagi.)

1115 *Colomiense*, de Cologne, aux fêtes de Noël, où l'on renouvelle l'excommunication contre l'empereur Henri. Le légat Dietéric devait y présider; mais il mourut en chemin. Ce concile est daté dans Trithème (*Chron. Hirsaug.*), de l'an 1116, parce que l'année commençait alors à Noël en Allemagne. (Pagi *et Ed. Veneta*, tom. XII.)

1115 *Syriacum*, de Syrie, après Noël, par l'évêque d'Orange, légat du pape, où Arnoul, patriarche de Jérusalem, fut déposé.

1116 *Lateranense*, le 5 mars. Pascal II y condamna le privilége extorqué par l'empereur, sous un anathème perpétuel, et tout le concile, qui était très-nombreux, s'écria: Ainsi soit-il. Brunon, évêque de Ségni, dit ensuite: « Rendons grâces à Dieu de ce que le pape, notre chef et notre maître, témoigne tant de regret d'avoir accordé un privilége qui contient une hérésie. Qu'appelez-vous hérésie? reprit avec chaleur Jean, évêque de Vulturne. Oui, hérésie, repliqua Brunon. Apprenez, lui repartit Jean, que l'hérésie suppose une volonté libre de la part de celui qui en est l'auteur, et que le privilége accordé par le pape n'est que le fruit de la contrainte et de la force ». L'empereur n'y fut point excommunié; mais le pape y approuva ce que les légats avaient fait dans leurs conciles, où ce prince l'avait été plusieurs fois. On y renouvela la défense de donner ou recevoir l'investiture. Dans ce concile, Ponce, abbé de Cluni, qui s'arrogeait le titre d'*abbé des abbés*, fut refuté par Jean, chancelier de l'église romaine, qui lui prouva que ce titre n'appartenait qu'à l'abbé du Mont-Cassin.

1116   *Salisberiense*, de Salisbéri, le 20 mars, en présence du roi Henri I. On veut y contraindre Turstain, élu archevêque d'Yorck, de promettre obéissance à l'archevêque de Cantorberi. Il le refuse et aime mieux renoncer à son siége. Il y monta néanmoins dans la suite, et sans faire l'acte qu'on exigeait de lui (Wilkins.)

1116   *Lingonense*, célébré en pleine campagne, entre Lux et Thil-Châtel, au diocèse de Langres, aujourd'hui de Dijon, à une lieue de Bèze, le 8 juin, par Gui, archevêque de Vienne. L'objet de ce concile fut les brigandages qui se commettaient, principalement à l'égard des biens ecclésiastiques. L'archevêque de Vienne y fit un discours si pathétique, que les peuples, émus jusqu'aux larmes, jurèrent de mener désormais une vie modérée et paisible. Les reliques qu'on y avait apportées de l'abbaye de Bèze, dont la principale était celle de saint Prudent, martyr, opérèrent, dit-on, des miracles si évidents et si bien prouvés, que le duc de Bourgogne, Hugues II, s'en étant fait rendre compte, marqua son indignation à ceux qui les attribuaient à la supercherie intéressée des moines de Bèze. (*Edit. Venet. tom. XII.*)

1116   *Divionense*, de Dijon, par le même. On y ordonna aux chanoines réguliers de Saint-Etienne de retourner à cette église, qu'ils avaient abandonnée pour aller vivre dans la solitude. Ce concile est vraisemblablement le même que celui dont parle la Chronique de Bonneval, sous l'an 1017, sans en marquer aucun détail. (*Edit. Venet. tom. XII.*)

1117   *Mediolanense*, de Milan, par l'archevêque Jourdain, vers la fin de février. Ce fut dans une prairie, nommée le Broglio, que ce concile se tint. On y éleva deux théâtres, sur l'un desquels étaient les évêques, les abbés, et autres prélats inférieurs; sur l'autre étaient les consuls avec les jurisconsultes; et autour des uns et des autres, une grande multitude de clercs, de vierges et de laïques. L'objet de cette assemblée était la réformation des mœurs. C'est tout ce qu'on en sait. (Pagi.)

1117   *Beneventanum*, au mois d'avril, où Pascal II excommunia Maurice Bourdin, archevêque de Brague, son légat, pour avoir couronné l'empereur à Rome, durant la retraite du pape au Mont-Cassin.

1118 *Tolosanum IX*, de Toulouse, vers le mois de février, où l'on conclut le voyage d'Espagne pour le secours d'Alphonse, roi d'Aragon, qui gagna une grande bataille contre les Maures, le 6 décembre. Le 10 du même mois, il prit Sarragosse, etc. (Vaissète.)

1118 *Capuanum*, de Capoue, où Gélase II excommunia l'empereur Henri et son antipape Bourdin, qu'il venait de faire élire.

1118 *Coloniense*, par le légat Conon, où l'on publia l'excommunication de l'empereur Henri V. (Labbe et Mansi.)

1118 *Fritzilariense*, de Fritzlar, dans la Hesse, le 28 juillet, par le légat Conon. On y renouvela l'excommunication contre l'empereur. Saint Norbert y comparut pour se défendre contre ceux qui l'accusaient de prêcher sans mission. Il se justifia par les termes de son ordination, suivant l'auteur de sa Vie. (Mansi, *Suppl.* t. II. Bolland.)

1118 *Rotomagense*, de Rouen, le 7 octobre, ou plutôt, suivant Pagi, le 5 novembre. (Assemblée mixte.) Henri, roi d'Angleterre, y traita de la paix du royaume avec les seigneurs et Raoul de Cantorberi, tandis que Geoffroi de Rouen y traitait des affaires de l'Eglise, avec quatre de ses suffragants et plusieurs abbés. Conrad, légat du pape Gélase, s'y plaignit de l'empereur et de l'antipape Bourdin, en demandant aux églises de Normandie le secours de leurs prières, et encore plus de leur argent, dit Orderic, auteur du tems.

1118 vers la fin de l'année, *Viennense*, par le pape Gélase. Les actes en sont perdus. La réalité de ce concile est attestée contre le P. Pagi et M. de Saint-Marc, qui la combattent, par la Chronique de Saxe, par celle de l'abbé d'Usperg, et par celle des archevêques de Vienne, donnée par extrait, dans le XIIe. tome de D. Bouquet, pag. 346.

1119 *Beneventanum*, le 10 mars, par l'archevêque Landulphe. On y dit anathème à ceux qui ravageaient le pays et dépouillaient les églises. (Labbe, t. X. Pagi, *ad hunc ann.*)

1119 *Tolosanum X*, de Toulouse, le 8 juillet, par Calliste II, assisté des cardinaux, des évêques et des abbés de Languedoc, etc. On y fit dix canons, dont le troisième chasse de l'Eglise les Manichéens, et ordonne qu'ils soient réprimés par les puissances séculières. Les actes de ce concile sont datés du 6 juin 1220, double faute de copiste, relevée par D. Vaissète.

1119 *Remense*, de Reims, par le pape Calliste II, assisté de quinze archevêques, de plus de deux cents évêques et d'environ autant d'abbés; depuis le 19 octobre jusqu'au

30 du même mois. Louis le Gros y porta ses plaintes au sujet de la Normandie, dont le roi d'Angleterre privait son neveu; mais le concile n'en jugea point. Saint Norbert y étant venu nu-pieds et en habit de pénitent, y fit confirmer par Calliste les pouvoirs que Gélase lui avait accordés de prêcher l'Evangile en tous lieux. On fit dans ce concile cinq décrets contre les principaux abus du tems, contre la simonie, les investitures, les usurpations, et l'incontinence des ecclésiastiques. Dans le quatrième, on défend de rien exiger pour le baptême, les saintes huiles ou l'onction des malades, et la sépulture. On y dressa un autre décret pour la trêve de Dieu; mais on n'y put conclure la paix projetée entre le pape et l'empereur. Ce dernier était à Mouzon, où le pape se transporta pendant la tenue du concile. Mais son voyage fut inutile. L'empereur ne voulut point exécuter la promesse qu'il avait faite, avec serment, de renoncer aux investitures. Le pape, à son retour, prit le parti de l'excommunier avec l'antipape Bourdin.

1119 *Rotomagense*, au mois de novembre, par l'archevêque Geoffroi. On y défend aux prêtres tout commerce avec les femmes, ce qui excita une sédition.

1120 *Bellovacense*, depuis le 18 jusqu'au 29 octobre, par le légat Conon et les évêques de trois provinces. On y canonisa saint Arnoul de Soissons. Le reste est ignoré.

1120 *Neapolitanum*, de Naplouse, en Palestine. On y exhorta le peuple à la conversion de ses mœurs, pour appaiser la colère de Dieu, et on y fit vingt-cinq canons sur la discipline.

1122 *Suessionense*, par le légat Conon. On y obligea Abélard de brûler de sa propre main son Livre de la Trinité, et on l'envoya à Saint-Médard, d'où il fut, peu de tems après, renvoyé à Saint-Denis. Le P. Labbe met ce concile en 1120, le P. Pagi en 1121. Mais comme il est certain, par le témoignage d'Abélard lui-même (*Epist. I, c. 9.*), qu'il se tint peu après la mort de Guillaume de Champeaux, arrivée au mois de janvier 1122 (n. s.), suivant le nouveau *Gallia Christiana*, on ne peut le placer que dans le cours de cette même année.

1122 *Vormatiense*, assemblée de Worms, le 8 septembre. L'empereur y renonça aux investitures, et le pape lui conserva le droit de donner les régales, qui sont les droits royaux de justice, de monnaie, de péage, ou autres semblables, accordés à des églises ou à des particuliers. C'est ainsi que l'union de l'empire et du sacerdoce fut rétablie, le 22 ou le 23 septembre. (Pagi, Hartzheim.)

DES CONCILES.

1123 *LATERANENSE*, de Latran, neuvième concile général, et le premier d'Occident, sous Calliste II, depuis le 18 mars jusqu'au 5 avril (Mansi.) Il s'y trouva plus de trois cents évêques et plus de six cents abbés, en tout, près de mille prélats. Il ne nous reste de ce concile que vingt-deux canons, dont la plupart sont répétés de plusieurs conciles précédents.

1124 On rapporte à cette année différents conciles, tenus en France par le légat Pierre de Léon, qui fut depuis antipape, sous le nom d'Anaclet. Ces conciles sont ceux de Chartres, de Clermont, de Beauvais et de Vienne; mais on ne sait rien de ce qui s'y est passé (Pagi, Hardouin.)

1124 *Bisuntinum*. Le sujet de cette assemblée fut précisément le même qui détermina, en 1116, celle de la plaine de Lux, au diocèse de Langres. On voulut guérir les peuples de la fureur de piller les églises. C'est de l'auteur des Miracles de saint Prudent, martyr, que nous tirons ce récit. Il rapporte qu'Anseric, archevêque de Besançon, ayant fait publier l'annonce d'une assemblée pour une de ces fêtes, où il était d'ordinaire aux peuples d'aller en pélerinage, et d'y aller presque nus, dans la crainte d'être dévalisés et dépouillés par les voleurs, il se trouva, non loin des murs de Besançon, dans une plaine qu'arrose le Doubs, un nombre prodigieux de personnes de tout âge et de toute condition; qu'on y apporta, comme à Lux, les reliques de Bèze, et entr'autres un bras de saint Remi, que le peuple prenait pour celui de saint Prudent; et qu'il se fit plusieurs miracles par l'intercession du saint martyr. L'auteur donne lieu de conjecturer que l'une de ces fêtes était celle de la Pentecôte.

1125 *Londinense*, ou *Westmonasteriense*, de Westminster, près de Londres, le 8 ou le 9 de septembre, et les deux jours suivants, par Jean de Crême, légat du pape Honorius II, assisté des archevêques de Cantorberi et d'Yorck, de vingt évêques et d'environ quarante abbés. On y fit dix-sept canons qui ne font que confirmer les anciens. Le légat y harangua avec beaucoup de force contre le concubinage des prêtres. Mais si l'on en croit Roger d'Hoveden, Henri d'Huntington, Mathieu Paris, et Walter Hemingford, il corrompit, par sa conduite, le fruit de son discours, ayant été surpris la nuit suivante avec une courtisanne. La Chronique de Siméon de Durham met ce concile en l'an 1126 de J. C., et l'an 25 du règne de Henri. C'est une faute de copiste; il faut l'an 26 du règne de

Henri, et l'an 1125 de J. C., puisque Siméon ajoute à ces dates celle de la première année d'Honorius II.

1127   *Wormatiense*, au mois d'avril, par le cardinal Pierre, en vertu des ordres du pape Honorius II, où l'on examine l'élection de Godefroi, archevêque de Trèves, faite près de trois ans auparavant, et taxé de simoniaque par le clergé de Trèves. On ignore le résultat de cette assemblée: On sait seulement qu'après qu'elle fut terminée, Godefroi, soit de gré, soit de force, abdiqua (*Conc. Germ.* tom. III.) Manque *in Venetâ*.

1127   *Londinense*, ou *Westmonasteriense*, le 13 mai, et les deux jours suivants, où l'on fit douze canons pour la réformation des mœurs (Wilkins.)

1127 ou environ. *Nannetense*, de Nantes, sous le comte Conan, par les évêques de Bretagne. On y abolit la coutume qui attribuait au seigneur tous les meubles d'un mari ou d'une femme, après la mort de l'un et de l'autre, lorsqu'ils ne laissaient point d'enfants; et celle qui attribuait au prince les débris des naufrages. On y fit aussi quelques réglements de discipline.

1127   *Trojanum*, de Troja, dans la Pouille, sur la fin de novembre, où le pape Honorius II confirme l'excommunication qu'il avait prononcée à Bénévent contre Roger, pour avoir pris le titre de duc de la Pouille et de Calabre, et pour s'être emparé des terres de ce duché.

1128   *Trecense*, de Troyes, en Champagne, le 13 janvier, par le légat Mathieu d'Albane, assisté des archevêques de Reims et de Sens, de treize évêques en tout, de saint Bernard et de quelques autres abbés. On y jugea qu'il était à propos de donner une règle par écrit et l'habit blanc aux Templiers, dont l'ordre avait commencé en 1118. (*Voyez* Hugues de Pains *parmi les grands maîtres du Temple.*)

1128   *Ravennense*, de Ravenne, où le pape Honorius II déposa les patriarches d'Aquilée et de Venise, ou de Grado, pour avoir été favorables aux Schismatiques. (Pagi.)

1128   *Rotomagense*, au mois d'octobre, par le légat Mathieu d'Albane. Ce prélat, après avoir conféré avec le roi d'Angleterre sur les besoins de l'Eglise, assembla, par son ordre, les évêques et les abbés de Normandie, avec lesquels il fit trois réglements de discipline en présence du roi. (*Order. Vital.*)

1128   *Papiense*, de Pavie, par le cardinal Jean de Crême, où l'on excommunia Anselme, archevêque de Milan, pour avoir couronné roi d'Italie Conrad, duc de Franconie, rebelle envers l'empereur Lothaire. (*Edit. Venet. solu*, tom. XII.)

1129   *Parisiense XIV*, dans l'abbaye de Saint-Germain-des-Prés, en présence du roi, par Mathieu d'Albane. On y parla de la réforme de plusieurs monastères, et en particulier de celui d'Argenteuil, dont on dispersa les religieuses, pour y mettre des moines de Saint-Denis. Le décret touchant Argenteuil fut confirmé par l'évêque de Paris, ensuite par le pape, et enfin par le roi. (D. Cellier.)

1129   *Catalaunense*, de Châlons-sur-Marne, le 2 février. Henri de Verdun y abdiqua l'épiscopat, suivant le conseil de saint Bernard.

1129   *Palentinum*, de Palencia, au royaume de Léon, la première semaine de Carême. On y fit dix-sept canons, relatifs aux abus du tems.

1129   *Londinense*, le premier août. Les évêques y furent trompés par le roi, qui s'appropria le droit de punir les prêtres incontinents, dont il tira beaucoup d'argent sans les corriger. (Wilkins.)

1129   *Tolosanum*, suivant le P. Labbe et dom Cellier. *Voyez* ce concile à l'an 1229.

1130   *Aniciense*, du Pui, en Velai, vers le mois de mars ou d'avril, au sujet de la double élection d'Innocent II et d'Anaclet II, à la papauté. Saint Hugues, évêque de Grenoble, persuadé que l'élection d'Innocent, quoique faite clandestinement, et par le plus petit nombre des cardinaux, était légitime, engage l'assemblée à le reconnaître pour pape, et à excommunier Anaclet, comme schismatique. La grande réputation de saint Hugues, et l'autorité que ses vertus et cinquante ans d'épiscopat lui donnaient dans l'Eglise, portèrent au parti d'Anaclet un coup dont il ne put se relever. Mais il faut faire attention que saint Hugues, alors accablé d'infirmités, avait soixante-dix-huit ans, que c'est sa dernière action d'éclat, et qu'on nous apprend, dans sa Vie, que bientôt après il perdit la mémoire. Il mourut le 1er. avril 1132; et deux ans après, Innocent, par reconnaissance, le mit au nombre des saints. (Saint-Marc.) Le P. Daniel se trompe, en disant que le pape Innocent assista en personne à ce concile. Il était pour lors à Avignon. (Baronius.)

1130   *Stampense*, d'Etampes, au mois d'avril; assemblée mixte de prélats et de seigneurs, en présence de Louis le

Gros. On s'en rapporta à saint Bernard, qui déclara le vrai pape Innocent II, et Pierre de Léon antipape. Il était donné à ce saint de subjuguer tous les esprits par la force de son éloquence, indépendamment du mérite des moyens ; car ceux qu'il employa dans la cause d'Innocent, ne prévaudraient aujourd'hui dans aucun tribunal réglé.

1130 *Herbipolense*, de Wurtzbourg, au mois d'octobre. Innocent II y fut reconnu pape en présence de son légat, et confirmé par l'empereur Lothaire.

1130 *Claromontanum*, de Clermont, en Auvergne, vers la fin de novembre, par Innocent II, qui reçut Conrad, archevêque de Saltzbourg, et Eribert de Munster, envoyés du roi Lothaire. On y fit treize canons.

1130 *Carrionense*, au royaume de Léon, par Hugues, cardinal-prêtre, et légat du saint siége, avec les trois archevêques de Tarragone, de Tolède et de Compostelle, et quatorze évêques, le roi Alphonse VIII présent. Il ne reste de cette assemblée, qu'un jugement rendu en faveur de l'abbaye de Cluni, contre les religieux de Saint-Facond, au diocèse de Burgos, qui réclamaient la terre nommée la Vallée-Verte, dont les clunistes avaient la possession, où ils furent maintenus. (*Archiv. de Cluni*, *tiroir*, Espagne, 4ᵉ. *liasse cottée* 40.)

1131 *Leodiense*, de Liége, le 29 mars. Lothaire, présent avec la reine, son épouse, et trente-six évêques, y reçut le pape avec honneur; et on y rétablit Otton, évêque d'Halberstadt, déposé, trois ans auparavant, au concile de Mayence. (*Conc. Germ. tom. III.*)

1131 *Remense*, le 19 octobre, par Innocent II. Treize archevêques, deux cent soixante-trois évêques et un grand nombre d'abbés, de clercs et de moines français, allemands, anglais et espagnols, y assistèrent. Le plus distingué des abbés était saint Bernard. L'élection du pape Innocent y fut confirmée, et Pierre de Léon excommunié, s'il ne revenait à résipiscence. On y publia dix-sept canons, qui sont à-peu-près les mêmes que les treize du concile de Clermont, de l'année précédente. Le sixième défend aux chanoines réguliers et aux moines d'exercer la plaidoirie et la médecine, à raison de leur profession. Mais comme ces arts ne pouvaient être exercés que par des personnes lettrées, et que les laïques ne l'étaient pas, il était nécessaire que l'Eglise tolérât qu'ils fussent exercés par les clercs séculiers. Le onzième ordonne de garder la trève de Dieu, sous peine d'excommunication ; 1°. *depuis le coucher du so-*

scil. de la 4e. férie (ou du mercredi), *jusqu'au lever du soleil de la 2e. férie* (ou du lundi); 2°. *depuis l'avent du Seigneur jusqu'à l'octave de l'Epiphanie*; 3°. *depuis la Quinquagésime jusqu'à la Pentecôte.* Le douzième porte : *Nous défendons en toute maniere ces féries, ou fêtes détestables, où les nobles s'assemblent et combattent témérairement pour faire parade de leur force et de leur audace, d'où souvent il arrive mort d'homme et danger pour les ames.* Mais il ne paraît pas, dit M. Fleuri, que ces défenses de l'Eglise, quoique souvent réitérées, aient eu aucun effet pour empêcher les joutes et les tournois, dont l'usage a continué d'être fréquent pendant quatre cents ans. Le pape sacra, le 25 octobre, dans ce concile, le roi Louis le Jeune, en présence du roi Louis le Gros, son père.

1131 *Moguntinum*, de Mayence, où Brunon de Strasbourg accusé d'être intrus dans ce siège, remit sa dignité entre les mains de Mathieu, légat du pape. (Pagi.)

1132 *Placentinum*, de Plaisance, après Pâques, par Innocent II, assisté de plusieurs évêques de Lombardie, etc.

1132 *Creissanum*, de Creixan, dans le territoire de Narbonne, le 5 décembre, par Arnauld, archevêque de Narbonne. On y établit une sauve-garde à Creixan, dont les évêques marquèrent les limites par des croix qu'ils y firent planter, avec anathème, contre ceux qui donneraient atteinte à cette sauve-garde (Vaissète.)

1133 *Jotrense*, de l'abbaye de Jouarre, au diocèse de Meaux. On y frappa d'excommunication les auteurs du meurtre de Thomas, prieur de Saint-Victor, commis le 20 août de la même année. (Pagi, *ad an.* 1135.)

1134 *Pisanum*, de Pise, le 30 mai, à la Pentecôte, de tous les évêques d'Occident, par Innocent II. Saint Bernard y assista. On y excommunia de nouveau Pierre de Léon et ses fauteurs, sans espérance de rétablissement. Ce concile est daté de l'an 1135, suivant le calcul pisan.

1136 *Londinense*, au mois de janvier, où l'on traita des besoins de l'Eglise et de l'Etat, en présence du roi Etienne. (Pagi, à l'an 1135, n°. XXXVII et suivants.)

1136 *Northamptoniense*, en Northumbre, le 29 mars, convoqué par le roi Etienne. On y élut l'archidiacre Robert, son parent, pour remplir le siège d'Excester, vacant par le décès de Guillaume de Waravast. On y nomma aussi à deux abbayes. Les éditeurs des Conciles se trompent en rapportant celui-ci à l'an 1133, puisque le roi Etienne ne fut reconnu qu'à la fin de 1135.

1136 *Burgense*, de Burgos, au mois d'octobre, par Gui,

cardinal-légat, venu en Espagne pour l'introduction du rit romain dans les offices divins, et pour réconcilier ensemble les rois de Navarre et de Castille, qui étaient en guerre. (Pagi, *ad hunc an.* et *Edit. Venet. tom. XII.*)

1137 *Melfense*, au lieu nommé Lago-Pésole, près de Melfe, le 18 juillet, où l'empereur Lothaire, assisté de plusieurs évêques, réconcilia l'abbé et les moines du Mont-Cassin, avec le pape Innocent II.

1138 *Londinense*, le 13 décembre, par le légat Albéric, assisté de dix-huit évêques et d'environ trente abbés. On y fit dix-sept canons, la plupart répétés des derniers conciles. (Wilkins.)

1139 *LATERANENSE II*, dixième concile général, sous Innocent II, le 20 avril. Il s'y trouva environ mille évêques. Le principal objet de ce concile était la réunion de l'Eglise. Dans le discours que le pape fit à l'ouverture de cette assemblée, il dit ces paroles remarquables : « Vous » savez que Rome est la capitale du monde, que l'on re- » çoit les dignités ecclésiastiques par la permission du » pontife romain, comme à titre de fief, et qu'on ne peut » sans cela les posséder légitimement ». (*Chron. Mauriniac.*) Cette comparaison des dignités ecclésiastiques, avec les fiefs, était inouie jusqu'alors, et devait surprendre par sa nouveauté. On fit ensuite trentre canons, qui sont presque les mêmes que ceux du concile de Reims en 1131, répétés mot pour mot, mais divisés autrement. Le vingt-neuvième, néanmoins, est neuf, en ce qu'il défend l'usage de l'arbalète à la guerre. C'est qu'on ne regardait alors comme légitimes que les armes avec lesquelles on pouvait montrer de la force et de l'adresse. Enfin, on y condamna les erreurs d'Arnaud de Bresse, ancien disciple d'Abélard. Il déclamait contre le pape, les évêques, les clercs et les moines, ne flattant que les laïques.

1139 *Vintoniense*, de Winchester, le 29 août et les deux jours suivants, par Henri de Blois, évêque de Winchester, contre le roi Etienne, son frère. Ce prince, en montant sur le trône, avait permis imprudemment aux évêques et aux barons de fortifier leurs châteaux ; ce qui facilita les moyens à Mathilde, sa rivale, de se faire un puissant parti en Angleterre, et fournit aux seigneurs l'occasion de supposer des sujets de mécontentement, et de se révolter. Etienne reconnut sa faute ; et lorsqu'il crut sa puissance bien affermie, il voulut retirer aux évêques la permission qu'il leur avait accordée ; n'osant point cependant les attaquer en corps, il commença par trois d'entre eux dont la fidélité lui était suspecte, savoir ceux d'Eli, de Lincoln et de Salisberi, qu'il somma de lui remettre leurs châteaux pour garants de leur fidélité. Sur leur refus, il envoya des troupes pour s'en emparer. Elles y trouvèrent des sommes considérables. » Tout le clergé prit feu » pour ces trois prélats; et l'évêque de Winchester, » homme inconséquent et mauvais frère, assembla le » concile dont il s'agit, auquel il cita le roi. Un célèbre » jurisconsulte prouva que les trois prélats avaient été » punis, non comme évêques, mais comme sujets désobéissants. L'archevêque de Rouen, qui se trouvait » alors en Angleterre, et qu'on avait invité à se trouver » à ce concile, demanda si les évêques pouvaient prouver par les canons qu'ils dussent avoir, en cette qualité, » des châteaux fortifiés; si, lorsque le royaume était » menacé d'une invasion, ils pouvaient, sans être coupables de révolte, refuser de remettre au roi leurs châteaux, et si des sujets dans ce cas pouvaient sans crime » ne pas ouvrir leurs places à leur souverain. La cohue » épiscopale, dit M. de Saint-Marc que nous copions, ne » fut point touchée de ces raisons; et le légat, dont » l'avis ne fut point suivi, proposa d'excommunier le » roi. Les autres évêques se contentèrent de lui députer » pour demander réparation de l'injure faite à leur » corps. » Depuis ce tems la guerre continua de déchirer également l'Angleterre et la Normandie.

1140 *Constantinopolitanum*, au mois de mai, par le patriarche Léon Stipyote. On y condamna les écrits de Constantin Chrysomale, mort auparavant, comme étant remplis, non seulement de nouveautés et d'extravagances, mais d'hérésies manifestes, et principalement de celles des Enthousiastes et des Bogomiles.

1140 *Senonense*, le 2 juin, par l'archevêque Henri Sanglier, en présence du roi Louis le Jeune. Abélard, qui avait demandé ce concile pour justifier sa doctrine, y est confondu par saint Bernard dès la première interpellation. On censura sa doctrine, en réservant sa personne au saint siége, auquel il avait appelé. Le pape Innocent le condamna comme hérétique, le 16 juillet de la même année, fit brûler ses livres, et ordonna qu'il fût enfermé, ainsi qu'Arnaud de Bresse. Abélard se désista de son appel, et se retira dans l'abbaye de Cluni, où il consacra le reste de ses jours à la pénitence. Sa mort arriva le 21 avril de l'an 1142, au prieuré de Saint-Marcel de Châlons.

1141 *Vintoniense*, de Winchester, le 7 avril. Henri, évêque de Winchester et légat du pape, y fit reconnaître Mathilde pour reine d'Angleterre, au préjudice d'Etienne, frère du prélat, qu'elle tenait alors en prison, et y fit même excommunier ce prince. (Pagi. *ad hunc an. n°. 8.*) Wilkins met ce concile en 1142; mais Guillaume de Malmesburi, sur lequel il se fonde, dit lui-même que l'année où se tint le concile de Winchester, le 14 des des calendes de mars, ou le 16 février, tombait au premier dimanche de Carême; ce qui ne convient qu'à l'an 1141.

1141 *Antiochenum*, le dernier de novembre, par le légat Albéric, assisté des évêques de Syrie. On y déposa le patriarche Raoul, et l'on mit à sa place, sur le siége d'Antioche, Aimeri, qui en était doyen. (Guillaume de Tyr, *liv. V.*)

1141 *Westmonasteriense*, de Westminster, le 7 décembre. L'évêque de Winchester s'y excuse d'avoir reconnu Mathilde pour reine, et determine les assistants à fournir des secours à Etienne, son frère, délivré de prison, et présent à cette assemblée, pour se maintenir. (Pagi, *ad hunc an.*) Wilkins met ce concile en 1142.

1141 *Nugaroliense*, de Nogaro, en Armagnac, où l'on termina la querelle de Bonhomme, évêque d'Aire, et de Raimond-Sanche, abbé de Saint-Séver-Cap-de-Gascogne, touchant l'église de la nouvelle ville de Mont-de-Marsan, que celui-ci avait permis de bâtir sans le consentement du prélat. (*Voyez* Béatrix II, comtesse de Bigorre.)

1142 *Latiniacense*, de Lagni. Les moines de Marchiennes s'y défendent contre Alvise, évêque d'Arras, qui se prétendait en droit de leur donner un abbé. Le pape Innocent II avait pris la défense des moines, saint Bernard, celle de l'évêque. Les premiers gagnèrent leur cause. Le légat Yves, qui présidait à cette assemblée, reprit, dit-on, l'abbé de Clairvaux, des lettres trop vives qu'il avait écrites contre ces religieux; et celui-ci, ajoute-t-on, eut l'humilité de reconnaître son tort. L'assemblée se termina par l'excommunication de Raoul, comte de Vermandois, qui avait épousé Pétronille d'Aquitaine, du vivant de sa femme, Eléonore de Champagne.

1142 *Londoniense*, de Londres, à la mi-Carême, par le même, en présence du roi Etienne, contre ceux qui maltraitaient les clercs, et les emprisonnaient. Roger de Hoveden met ce concile en 1143, et Mathieu Paris en 1142.

1143 *Jerosolymitanum*, par le légat Albéric, aux fêtes de

Pâques. Le patriarche des Arméniens y assista. On y conféra avec lui sur les articles de croyance où il différait de nous; et il promit de les corriger. (Hardouin, *Conc.* tom. VI.)

1143   *Constantinopolitanum I*, le 20 août, contre deux prétendus évêques, dont les ordinations, faites par le seul métropolitain, furent déclarées nulles : on les condamna encore comme étant de la secte des Bogomiles. (*Edit. Venet.*, tom. XII.)

1143   *Constantinopolitanum II*, le 1er octobre. Le moine Niphon y fut renfermé dans un monastère, en attendant une plus ample information de ce qui le regardait (*Ibid.*)

1144   *Constantinopolitanum III*, le 22 février. Niphon y fut enfin condamné, pour avoir dit, entre autres choses, anathème au dieu des Hébreux. On le renferma ensuite, et il demeura dans sa retraite forcée, pendant tout le patriarcat de Michel Oxite.

1144   *Romanum*, où Lucius II soumet à l'église de Tours, comme à leur métropole, toutes les églises de Bretagne, avec cette restriction pour celle de Dol, que tant que Geoffroi, qui en était évêque, la gouvernera, il aura le *pallium*, et ne sera soumis qu'au pape. La bulle est du 15 mai.

Ce différend, entre Tours et Dol, ne fut entièrement terminé, en faveur de Tours, que par la bulle d'Innocent III, datée du 1er juin 1199, et signée par 19 cardinaux.

1145   *Bituricense*. Assemblée des prélats et des barons, tenue à Bourges, le jour de Noël, en présence du roi Louis le Jeune, pour leur manifester la résolution où il était de se croiser. C'était la coutume alors qu'aux fêtes solennelles nos rois se fissent couronner par l'évêque ou le métropolitain du diocèse où ils se trouvaient. Samson, archevêque de Reims, ayant fait cette cérémonie en l'absence de Pierre de la Châtre, archevêque de Bourges, celui-ci s'en plaignit au pape Eugène, comme d'une entreprise faite sur ses droits. Le pape, en conséquence, interdit à Samson l'usage du *pallium* par ses lettres datées de Sutri, le 26 mars 1146. Saint Bernard, ami de Samson, écrivit au pape (*Epist.* 246) pour lui faire des remontrances sur la sévérité de ce jugement. (Pagi, Martenne, *Ampl. Coll.* tom. I, *Præfat.*)

1146   *Vizeliacense*, de Vézelai, le jour de Pâques, 31 mars. Louis le Jeune s'y croisa avec la reine Aliénor, ou Eléonore, et grand nombre de seigneurs, à la persuasion de saint Bernard, qui prêcha la croisade dans cette assemblée, et appuya sa prédication de plusieurs miracles.

1146 *Lugduni Clavati*, *vel Laudunense*, assemblée des évêques et des seigneurs, convoquée à Laon, par le Roi Louis le Jeune, pour délibérer sur les préparatifs de la croisade. On renvoya l'affaire à l'assemblée suivante, sans doute parce que celle-ci n'était par assez nombreuse. (Suger, *Vita Ludov. VII.*)

1146 *Carnotense*, Assemblée de Chartres, le 21 avril. On y veut élire saint Bernard pour être le chef de la croisade. Mais il refuse constamment cet emploi, comme n'étant nullement assorti à son goût ni à sa profession.

1147 *Constantinopolitanum*, le 26 février, où l'on dépose le patriarche Côme à cause de ses liaisons avec l'hérétique Niphon. (*Edit Venet.* tom. XII.)

1147 *Parisiense XV*, après les fêtes de Pâques, par le pape Eugène III. On y examina les erreurs de Gilbert de la Porrée, évêque de Poitiers, sur la Trinité. Saint Bernard y disputa contre Gilbert ; mais le pape remit la décision de cette dispute au concile qu'il devait tenir l'année suivante, à la mi-Carême.

1147 *Trevirense*, au mois de décembre, ou dans les premiers jours de 1148, par Eugène III, avec dix-huit cardinaux, plusieurs évêques et abbés On y examina les écrits de sainte Hildegarde ; le pape lui-même les lut en présence de tout le clergé : tous les assistants en rendirent grâces à Dieu et à saint Bernard en particulier. Le pape en écrivit à la sainte, lui recommandant de conserver par l'humilité la grâce qu'elle avait reçue, et de déclarer avec prudence ce qui lui serait révélé. (Pagi, Mabillon.)

1148 *Remense*, commencé le 21 mars, par le pape Eugène III, (et non par le légat Albéric, comme le marque un moderne) assisté de plusieurs évêques de France, de quelques-uns d'Allemagne, d'Angleterre et d'Espagne. On y fit plusieurs canons, la plupart répétés d'autres conciles et rapportés diversement en divers exemplaires. Le sixième prive de la sépulture ecclésiastique les avoués, *s'ils exigent des églises au-delà de ce qui a été anciennement réglé.* Il abolit les sous avoués qui faisaient hommage à ceux qu'on appelait grands et souverains avoués. Ces nouveaux officiers, moins puissants, et par conséquent plus avides que ceux dont ils dépendaient, n'étaient, pour l'ordinaire, occupés que du soin de s'enrichir. C'étaient moins des conservateurs des églises que des destructeurs et des brigands. Dans cette assemblée, saint Bernard entra de nouveau en lice avec Gilbert de la Porrée. La dispute dura deux jours. Gilbert ayant été forcé de convenir que la nature divine, sa bonté, sa sagesse et ses autres attributs étaient Dieu même, et non pas seulement la forme par laquelle il est Dieu, Geoffroi, disciple de saint Bernard, lui soutint qu'il avait, auparavant, dit le contraire, à quoi, Gilbert répondit : « Quoi que » j'aie ci-devant dit, voilà ce que je dis maintenant. » Vous avez donc, répliqua Geoffroi, votre dit et votre » dédit, comme le roi : *Ergo, sicut rex, habes dictum » et dedictum.* » C'était une allusion qu'il faisait à cet ancien proverbe, qu'on appliquait à celui qui désavouait ce qu'il avait avancé, et dont nous ignorons l'origine : *Habet dictum et dedictum, sicut Dominus rex.* Le résultat de la dispute fut qu'on condamna quatre articles de Gilbert de la Porrée ; auxquels les évêques opposèrent quatre autres articles énoncés dans leur profession de foi, qu'ils présentèrent au pape et aux cardinaux, déclarant qu'ils ne s'en départiraient point. Gilbert ne fut point condamné personnellement, parce qu'il promit de corriger ce qu'il avait mal enseigné. Eon de l'Etoile, gentilhomme breton, du pays de Loudéac, fut aussi condamné dans cette assemblée. C'était une manière de fou, qui, entendant souvent prononcer dans l'église ces paroles, *per eum, qui venturus est*, s'imagina qu'on parlait de lui, confondant *eum* avec Eon, dont la prononciation était semblable dans le pays ; et sur ce fondement, il se regardait comme le maître des vivants et des morts, et celui qui devait les juger tous à la fin du monde. Quelques mois avant ce concile, il avait comparu, en Bretagne, devant le légat Albéric, et Hugues, archevêque de Rouen, un bâton fourchu à la main. On lui demanda ce que signifiait ce bâton : *ces deux pointes, qui regardent le ciel*, répondit-il, *signifient que Dieu, maître des deux tiers du monde, m'a cédé le troisième ; et si je tournais ces deux pointes en bas, les deux tiers du monde seraient à moi, et je n'en laisserais qu'un tiers à Dieu.* Il fut condamné, par le concile, à une prison perpétuelle. Sa folie n'aurait mérité que du mépris, s'il n'avait point fait de disciples. Mais il en eut, à la honte de l'humanité ; et, contre les lois de cette même humanité, des seigneurs, et même des évêques, en firent brûler un grand nombre.

1150 *Bambergense*, de Bamberg, par Eberhart, archevêque
de Saltzbourg, où l'on examine la doctrine de Gérohus,
prévôt des chanoines réguliers de Reichersperg, sur
Jésus-Christ, qu'il soutenait devoir être adoré, dans
son humanité, comme dans sa divinité. Cette doctrine
fut jugée irrépréhensible; et Folmar, accusateur de
Gérohus, rejeté avec mépris. (*Conc. Germ.* tom. III. *Deest
alibi.*)

1151 *Londinense*, de Londres, à la mi-Carême, par Thibaud,
archevêque de Cantorberi, en présence du roi Etienne.
Il fut principalement question dans ce concile des appellations à Rome. Un historien anglais (Henri de Huntington) dit qu'auparavant ces sortes d'appels n'étaient
pas en usage, et que Henri, évêque de Winchester, fut
le premier qui les fit valoir, étant légat du saint siége.
Il en fut bien puni, ajoute le même auteur; car on appela trois fois dans cette assemblée de ses jugements.
(Pagi, *ad hunc an.*) L'éditeur de Venise a publié, d'après
Baluze, huit canons de ce concile, sur la discipline.

1152 *Balgentiacense*, de Baugenci, le 18 mars. Après avoir
ouï les témoins qui déposèrent de la parenté de Louis VII
avec la reine Aliénor, leur mariage fut déclaré nul, du
consentement des parties, par les évêques, pour cette
raison. Ils étaient parents, disait-on, du troizième ou
quatrième degré, étant issus, l'un et l'autre, de Robert,
roi de France. Mais il est bien étonnant que les évêques
aient gardé, pendant quinze ans, le silence sur cette
parenté, qu'ils ne pouvaient ignorer, et qu'ils ne l'aient
rompu que lorsqu'ils ont vu les deux époux disposés par
mésintelligence à se séparer. Comment saint Bernard lui-
même, qui cria si haut contre ce mariage (*Ep.* 224)
lorsqu'il s'agit d'assembler un concile pour le casser,
n'avait-il pas dit le mot quand il fut célébré? Parmi les
anciens chroniqueurs, les uns placent ce concile en 1151,
les autres en 1152. Cela vient de ce que les premiers commençaient l'année à Pâques, et les seconds à Noël, ou
au premier janvier.

1152 *Hibernicum*, au monastère de Mellifont, ordre de Cîteaux, en Irlande, après le mois de septembre, par le
cardinal Paperon, légat. On y établit quatre archevêchés,
à Armach, à Dublin, à Cashel et à Thouam, et on
leur assigna leurs suffragants.

1153 *Wormatiense*, par les cardinaux Bernard et Grégoire,
aux fêtes de la Pentecôte. Henri, archevêque de Mayence, y est déposé, sur les accusations calomnieuses de plusieurs de ses clercs; et Arnold de Sélehoven, prévôt de

cette église, est mis à sa place. (*Conc. Germ.* tom. III, p. 374.)

1153 *Constantiense*, de Constance, où l'empereur Frédéric fait divorce avec son épouse Adélaïde, en présence des légats et par le conseil des évêques, suivant Otton de Frisingue. (*Conc. Germ.* tom. III, p. 376.)

1154 *Londinense*, pendant le Carême. On y fait revivre les anciennes coutumes énoncées dans la charte de saint Édouard, et les priviléges du clergé.

1154 *Apud Moretum*. Ce concile, qui eut deux sessions, tint la deuxième dans un bois près de Moret, en présence du roi Louis le Jeune, et de plusieurs seigneurs. Le fragment des actes de cette assemblée, publié par D. d'Acheri, (*Spicil. tom. II*) ne porte les noms que de quelques évêques, à la tête desquels se trouve celui de l'archevêque de Reims. Il résulte de ce fragment que les habitants de Vezelai, excités par Guillaume II, comte de Nevers, contre l'abbaye de Vezelai, y commirent de grands désordres; sur quoi les moines ayant porté leurs plaintes au cardinal Paperon, qui revenait de sa légation d'Irlande, et au cardinal Jourdain, qui remplissait la même fonction en France; ces deux prélats étant à Cluni, lancèrent une sentence d'excommunication contre les rebelles qui s'en moquèrent, et continuèrent leurs déprédations. La dernière ressource des moines fut dans le roi Louis VII, qui indiqua ce concile, où l'on contraignit le comte Guillaume à faire arrêter les chefs des mutins, pour être représentés au roi quand il jugerait à propos de les faire punir. Ces dernières dispositions produisirent leur effet; elles rétablirent le calme dans la ville, et firent rentrer les habitants dans le devoir.

1155 *Suessionense*, le 10 juin. Le roi Louis le Jeune et les barons y jurent la paix pour dix ans.

1157 *Constantinopolitanum*, le 26 janvier, par le patriarche Luc Chrysoberge, où l'on décide que le sacrifice de l'autel s'offre au Fils comme au Père et au Saint-Esprit.

1157 *Remense*, par l'archevêque Samson, le 26 octobre, contre les Pifres, secte d'albigeois, composée, pour la plus grande partie, de tisserands, et répandue en Picardie et dans les Pays-Bas. On ordonne de les renfermer et de les marquer d'un fer chaud, s'ils sont convaincus. On fit ensuite sept canons sur la discipline. (Mansi, tom. II, p. 499.)

1159 *Moguntinum*, après le 1er. octobre, par Arnoul, archevêque de Mayence. On ne sait pas l'objet de cette assemblée, qui fut interrompue par la révolte des citoyens. L'archevêque s'étant mis en devoir, l'année suivante, de réprimer ces mutins, fut attaqué par eux dans le monastère de Saint-Jacques, et mis à mort le 24 juin. (*Conc. Germ.* tom. III.)

1160 * *Papiense*, de Pavie, commencé le 5 février, par ordre de l'empereur. Environ cinquante évêques avec plusieurs abbés s'y déclarèrent, le 11 février, en faveur d'Octavien, ou Victor IV, antipape, et y anathématisèrent Alexandre III, avec tous ses fauteurs, qui avaient refusé de venir à ce concile.

1160 *Anagninum*, d'Anagni, où Alexandre III, assisté des évêques et des cardinaux de sa suite, excommunia solennellement, le jeudi-saint, 24 mars, l'empereur Frédéric, et déclara tous ceux qui avaient juré fidélité à ce prince absouts de leur serment. Il ne paraît pas, dit M. Fleuri, que Frédéric ait été moins obéi, ni moins reconnu empereur après cette excommunication qu'avant.

1160 *Oxoniense*, d'Oxford, où l'on condamna plus de trente hérétiques poplicains, qui détestaient le baptême, l'eucharistie et le mariage, et comptaient pour rien l'autorité de l'Église. On les abandonna au prince, pour être punis corporellement.

1160 *Nazareth*, vers la fin de l'année. Alexandre y est reconnu pape.

1161 * *Laudense*, de Lodi, commencé le 19 juin, et fini le jour de Saint-Jacques, 25 juillet, par l'antipape Victor, en présence de l'empereur. L'élection de Victor y fut confirmée. La chronique de Lobbes, composée par un partisan de Victor, met un concile tenu à Crémone par cet antipape, sous les yeux de l'empereur, au mois de mai précédent.

1161 *Apud Novum Mercatum*, de Neuf-Marché, au diocèse de Rouen ; *Bellovacense*, de Beauvais. Dans l'un et l'autre, tenus au mois de juillet, on reconnaît pape Alexandre III.

1161 *Tolosanum XI*, vers la fin de l'année, où le roi de France et le roi d'Angleterre, avec cent prélats, tant évêques qu'abbés des deux royaumes, reconnurent le pape Alexandre plus solennellement qu'ils ne l'avaient fait précédemment, dans les assemblées qu'ils avaient tenues chacun de leur côté, à Beauvais, à Neuf-Marché et à Londres. (*Histoire de Languedoc*, tom. II, pag. 487.)

1162 *Monspeliense*, de Montpellier, le jour de l'Ascension, 17 mai, où Alexandre III, assisté de dix évêque, réitéra publiquement l'excommunication contre Octavien, ou l'antipape Victor, et ses complices.

1162 *Westmonasteriense*, de Westminster, à Londres, le 26 mai, veille de la Pentecôte, où Thomas Becquet, chancelier du royaume, est élu archevêque de Cantorberi.

1163 *Turonense*, le 19 mai, par le pape Alexandre III, assisté de dix-sept cardinaux, cent vingt-quatre évêques, quatre cent quatorze abbés, etc. Labbe en a publié dix canons, la plupart répétés des conciles précédents. Le quatrième est contre les Manichéens, depuis nommés Albigeois, avec lesquels il est défendu d'avoir aucun commerce, sous peine d'excommunication. Le cinquième défend de gager des prêtres pour desservir des églises en leur donnant une certaine somme ou redevance annuelle. L'affluence de monde, et sur-tout de seigneurs, qu'attira ce concile à Tours, y rendit les logements si chers que le roi de France fut obligé d'y mettre la police pour la partie de Tours, nommée le Château-Neuf de Saint-Martin, qui dépendait de lui; ordonnant que les plus chers ne passeraient pas six livres. (*Voyez* sa lettre sur ce sujet dans du Chêne, (*Script. Hist. Fr.*, tom. IV, pag. 732.) Il y a apparence que le roi d'Angleterre fit un semblable réglement pour la ville de Tours, dont il était seigneur. Saint Thomas de Cantorberi se rendit à cette assemblée avec ses suffragants, et y fut reçu avec des honneurs extraordinaires. Arnoul, évêque de Lisieux, fit l'ouverture de ce concile par un très-beau discours. Dans le neuvième canon, les ordinations faites par Octavien et par les autres schismatiques sont déclarées nulles. D. Martenne a découvert et publié trois nouveaux canons de ce concile. (*Edit. Venet.*, tom. XIII.)

1164 * *Clarendonense*, assemblée de tout le royaume à Clarendon, le 25 janvier. Saint Thomas de Cantorberi y promit, avec tous les évêques d'Angleterre, d'observer de bonne foi et en vérité les coutumes royales, dont les unes étaient bonnes et les autres mauvaises. Les évêques s'étonnèrent de les avoir souscrites. Le pape les condamna : le primat les désavoua; et quand on voulut les lui opposer, il répondit que le pape les ayant condamnées, il ne lui restait plus qu'à gémir devant Dieu de la faiblesse qu'il avait eue de les signer. Le roi les soutenant, faisait poursuivre devant les juges séculiers les clercs accusés de vol, d'homicide, ou d'autres crimes: afin qu'ayant été convaincus, ils fussent déposés et livrés à la cour laïque; mais l'archevêque, fondé sur les fausses décrétales, ne trouvait point que la puissance séculière eût aucun droit dans une cause criminelle d'un clerc, ni qu'elle pût le punir corporellement, à moins qu'il ne commît un nouveau crime après sa déposition. (*Voyez* Henri II, roi d'Angleterre.)

1164 *Remense*, par le pape Alexandre. On y traita du secours de la Terre-Sainte. Ce concile se tint après le mois de mai. (Pagi.)

1164 * *Northamptonense*, de Northampton, le 13 octobre, où saint Thomas de Cantorbéri fut accusé et condamné par le roi, les seigneurs et les évêques, comme parjure et traître. Le saint en appela au pape, qui cassa la sentence rendue à Northampton.

1165 * *Herbipolense*, de Wurtzbourg, le 23 mai, jour de la Pentecôte. L'empereur et une quarantaine d'évêques, en comptant ceux qui n'étaient point encore sacrés, jurèrent qu'ils ne reconnaîtraient jamais le pape Alexandre, et qu'ils demeureraient inviolablement attachés à Pascal, qui avait été nommé pape par les Schismatiques, à la mort d'Octavien. Deux envoyés d'Angleterre, jurèrent au nom de leur roi, qu'il observerait inviolablement tout ce que l'empereur avait juré.

1165 *Lumbariense*, de Lombers, (petite ville, à deux lieues d'Albi, qu'il ne faut point confondre avec Lombès, en Gascogne) par Pons d'Arsac, archevêque de Narbonne, contre les Bons-hommes, qui étaient Manichéens, appelés dans la suite Albigeois, ou Vaudois. *Voyez* l'époque de ce concile, dans D. Vaissète; il le met vers le mois de juin de cette année. (*Hist. de Lang.* tom. III.)

1165 *Aquisgranense*. Cour plénière de l'empereur Frédéric, pour la canonisation de Charlemagne. La cérémonie s'en fit le 29 décembre. Aucun pape n'a contredit cette canonisation, quoique faite par les Schismatiques et par l'autorité d'un antipape; et depuis ce tems-là, on a fait la fête de Charlemagne comme d'un saint dans quelques églises.

1166 *Chinonense*, d'où l'évêque de Séez, et celui de Lisieux, sont députés à saint Thomas de Cantorbéri, retiré à Pontigni, pour lui signifier un appel de l'excommunication dont il menaçait le roi d'Angleterre; mais ne l'ayant point rencontré, leur voyage fut inutile. Ce concile est aussi placé en 1167. (Pagi, *Édit. Venet.*)

1166 *Londinense*. Les évêques d'Angleterre y appelèrent au pape de la légation et des sentences de Thomas de Cantorbéri, réfugié en France depuis le mois d'octobre 1164.

1166 *Constantinopolitanum*, le 11 avril, par le patriarche

Luc Chrysoberge et trente métropolitains. On y condamna l'abus qui tolérait le mariage du sixième au septième degré, à moins qu'on eût demandé la permission de le contractrer. (D. Cellier.)

1166 *Constantinopolitanum*, de cinquante-six évêques. On y fit neuf canons, dont le premier dit anathème à ceux qui ne prennent pas bien les paroles des saints docteurs de l'Eglise, et qui détournent à de fausses interprétations ce qu'ils ont nettement expliqué par la grâce du Saint-Esprit. Il s'agit particulièrement du sens qu'on doit donner à ces paroles du Sauveur: *Mon père est plus grand que moi*, que les canons expliquent comme les pères les ont expliquées, et comme l'Eglise les explique encore aujourd'hui. (*Leo Allatius*.)

1167 *Lateranum*, avant le mois d'avril, où Alexandre III excommunie de nouveau l'empereur Frédéric, et absout tous ses sujets du serment de fidélité.

1170 * *Constantinopolitanum*, par le patriarche Michel d'Anchiale, où, par les artifices de ce prélat, on rejette les propositions que faisait l'empereur Manuel Comnène, pour la réunion des deux églises. L'éditeur de Venise met ce concile, mais mal, en 1168. *Voyez* Pagi, *ad hunc an.*

1171 *Armachanum*, d'Armach, en Irlande, où l'on met en liberté tous les anglais qui se trouvaient réduits en esclavage dans cette île. (Wilkins.)

1171 *Cassiliense*, de Cashel, en Irlande, au commencement de novembre. On y dressa sept canons pour remédier aux maux qui régnaient dans le pays. (Wilkins.)

1172 *Abrincatense*, d'Avranches, le 21 mai. Henri II, roi d'Angleterre, après avoir fait un serment tel que les légats du pape le demandaient, et après avoir cassé toutes les coutumes illicites qu'il avait établies de son tems, et reçu la pénitence, fut absout de l'assassinat de saint Thomas de Cantorberi, arrivé le 29 décembre 1170. Ceci s'est plutôt passé dans une assemblée que dans un concile.

Le vrai concile d'Avranches de cette année 1172, ne s'est tenu que le 27 et le 28 septembre. Le 27, le roi y réitéra son serment, en ajoutant quelques clauses d'attachement et d'obéissance au pape Alexandre; et le 28, les légats et les évêques y firent treize canons.

1173 *Westmonasteriense*, de Westminster, à Londres, le 6 de juillet, où l'on élit Richard, prieur de Douvres, pour archevêque de Cantorberi. On y lut ensuite la bulle de

III.

canonisation de saint Thomas, après quoi l'on fit vingt-sept canons sur la discipline. (Wilkins.)

1175 *Londinense*, de Londres, à Westminster, le 18 mai. On y fit dix-neuf canons, la plupart tirés des anciens conciles. Le seizième dit qu'on ne donnera point l'eucharistie trempée, sous prétexte de rendre la communion plus complète. C'était donc dès-lors l'usage le plus commun de ne prendre que l'espèce du pain.

1175 *Hallense*, de Hall, par Wicman, archevêque de Magdebourg, contre les tournois. (*Conc. Germ.* tom. III.)

1176 *Northamptonense*, le 25 janvier, par le cardinal Hugues, légat. L'archevêque d'Yorck veut y contraindre les évêques d'Ecosse, présents, à reconnaître sa juridiction. Ils s'en défendent, soutenant que de tout tems ils étaient immédiatement soumis au saint siége. L'archevêque de Cantorberi les appuie sous main par jalousie, et l'affaire demeure indécise. (Spelman, Wilkins)

1176 *Londinense*, à Westminster, dans la chapelle de l'infirmerie, le 14 mars, par le légat Hugues, en présence du roi. Les archevêques de Cantorberi et d'Yorck, s'étant disputés à qui s'asseoirait à la droite du président, la querelle en vint au point que les partisans de l'archevêque de Cantorberi tombèrent sur ceux de l'archevêque d'Yorck, terrassèrent ce prélat et le foulèrent aux pieds, de manière qu'il fut emporté à demi-mort. L'assemblée plus calme, condamna l'archevêque de Cantorberi à donner au légat, une somme d'argent pour assoupir cette affaire. (Wilkins.)

1176 *Lumbariense*, de Lombers. Mal cette année, dans M. Fleuri. *Voyez-le* en 1165.

1177 *Northamptonense*, à la mi-janvier, assemblée mixte et très-nombreuse, où le roi Henri II rend à Robert, comte de Leicester, les terres qu'il avait confisquées sur lui; substitue des chanoines réguliers aux séculiers dans l'église de Waltham, et concerte avec Richard, archevêque de Cantorberi, de mettre des religieuses de Fontevrault dans l'abbaye d'Ambresberi. (Wilkins.)

1177 *Tarsense*, de Tarse, par ordre de Léon, roi d'Arménie. Les Arméniens, leur patriarche Grégoire à la tête, satisfont aux propositions que les Grecs leur avait faites, pour se réunir à eux, et leur en font réciproquement d'autres, tendantes à la même fin. On voit par ce concile que les Arméniens étaient alors très-attachés à l'église romaine. Il est daté de l'an 626 de l'ère des Arméniens, ce qui répond à l'an de Jésus-Christ 1177, après le 9 juillet. (Galanus.)

1177 *Venetum*, de Venise, le 14 août, par Alexandre III, assisté de ses cardinaux et de plusieurs évêques d'Italie, d'Allemagne, de Lombardie et de Toscane. L'empereur, qui avait renoncé au schisme, et juré la paix le premier d'août, y assistait. Le pape y prononça excommunication contre quiconque troublerait cette paix.

1178 *Saltzburgense*, de Hochenau, dans le diocèse de Saltzbourg, le 1er. février, par l'archevêque Conrad, avec ses suffragants. Ces prélats y renoncent à l'obédience de l'antipape Calliste et embrassent celle d'Alexandre III. (*Conc. Germ.* tom. III, et *Edit. Venet.* tom. XIII.)

1179 *LATERANENSE III*. Onzième concile général, de trois cent-deux évêques de tous les pays catholiques, avec un abbé qui y assistait pour les Grecs, sous Alexandre III. La première session se tint le 5 mars, la seconde le 14, et la dernière le 19. On y fit vingt-sept canons, dont le premier donne ou confirme aux cardinaux le droit exclusif d'élire le pape, et fixe aux deux tiers du sacré collége le nombre nécessaire de voix pour une élection canonique. Le troisième défend d'ordonner un évêque avant l'âge de trente ans. Le cinquième oblige l'évêque à donner de quoi vivre à un diacre ou à un prêtre qu'il aura ordonné, sans lui assigner un titre certain et suffisant pour le faire subsister, à moins que ce diacre ou prêtre n'ait un patrimoine dont il puisse s'entretenir. C'est la première fois, suivant M. Fleuri, qu'il est parlé de patrimoine, au lieu d'un titre ecclésiastique. Le dixième défend à un religieux d'avoir un pécule, si ce n'est pour l'exercice de son obédience. Le quatorzième défend aux laïques, de transférer les dîmes à d'autres laïques; et leur enjoint de les restituer à l'Eglise, sous peine d'anathème. Ce canon, dit M. Pfeffel, ne fut jamais exécuté; mais s'il empêcha les usurpations et les aliénations ultérieures des dîmes, les seigneurs laïques trouvèrent aussi moyen, à la faveur d'une distinction adoptée par tous les canonistes, de s'en faire un titre pour posséder tranquillement les dîmes inféodées avant l'époque de 1179. Le quatorzième canon défend aux évêques et archidiacres de mener avec eux, dans leurs visites, des chiens et des oiseaux pour la chasse.

1180 *Tarragonense*, de Tarragone, commencé le 24 juin, et fini le 18 octobre, où le calcul de l'ère d'Espagne est supprimé dans la Catalogne, et l'ère de l'Incarnation établie, avec défense d'employer désormais dans les actes, comme par le passé, les années des rois de France. Cependant on voit encore, en 1184, un accord du roi d'Aragon et du comte de Toulouse, daté du règne de Philippe-Auguste, tant cet usage, dit M. de Marca, était profondément gravé dans les esprits. (Mabillon, *Dipl.* l. 2, c. 23. *Marca Hispan.* l. 4, p. 514.)

1181 *Aniciense*, du Puy, le 15 septembre; *Vasatense*, de Bazas, le 8 décembre : l'un et l'autre par le cardinal Henri. On n'en sait point l'objet. (Vaissète, tom. III.)

1182 *Lemovicense*, des deux provinces de Bourges et de Bordeaux, par le même légat, le troisième dimanche de Carême, sur la discipline. (*Ibid.*)

1182 *Signiense*, de Segni, en Italie, où saint Brunon, qui en avait été évêque, fut canonisé par le pape Lucius III. (Pagi, *ad an.* 1125, n. XIV.)

1184 *Veronense*, de Vérone, commencé le premier août, et continué au moins jusqu'au 4 novembre. Le pape Lucius y fit, en présence de l'empereur, une constitution contre les Hérétiques, où l'on voit le concours des deux puissances pour l'extirpation des hérésies. L'Eglise y emploie les peines spirituelles, et l'empereur, les seigneurs et les magistrats les temporelles. C'est qu'on voulait réprimer la fureur des Cathares, Patarins, Vaudois, et autres hérétiques du tems; et les cruautés inouies qu'ils exerçaient contre les ecclésiastiques, exigeaient la même sévérité dont les empereurs romains avaient autrefois usé contre les Circoncellions. On excommunia aussi dans ce concile les Arnaldistes et les romains désobéissants et rebelles à l'autorité temporelle du pape. Nous trouvons de plus, dans Arnold de Lubeck, liv. 3, ch. 7, qu'on débattit ensuite divers points contestés entre le pape et l'empereur, et principalement celui du *patrimoine de la comtesse Mathilde*. L'empereur en était en possession, et le pape le réclamait, comme biens donnés à l'église romaine. On disputa long-tems ; on produisit divers actes ; mais à la fin les choses restèrent au même état. Le pape et l'empereur ne s'accordèrent pas davantage au sujet des différents prélats ou schismatiques, ou bien élus pendant la querelle du sacerdoce et de l'empire. Frédéric voulut aussi que le pape donnât au roi Henri, son fils, la couronne impériale ; mais le pape le refusa, en disant que ce n'était pas l'usage d'avoir deux empereurs à la fois, et qu'il ne pouvait donner la couronne au fils, si le père n'y renonçait auparavant. Enfin ils se séparèrent mécontents l'un de l'autre.

Le pape resta à Véronne, où il mourut le 25 novembre 1185.

1185 *Parisiense XVI*, au mois de janvier, où Philippe-Auguste ordonna à tous les prélats assemblés à Paris, d'exhorter tous ses sujets à faire le voyage de Jérusalem, pour la défense de la foi.

1185 *Londinense*, le 18 mars. On y jugea qu'il était plus sage et plus convenable que le roi restât dans son royaume, pour gouverner ses sujets et défendre ses états propres, que d'aller exposer sa personne pour la défense de l'Orient.

1185 *Spalatense*, de Spalatro, en Dalmatie, par l'archevêque Pierre, où l'on marque les églises soumises à cet archevêché. (Assemani, *Kal. ant.*, tom. IV.)

1186 *Constantinopolitanum*, par les patriarches de Constantinople, de Jérusalem et d'Antioche, avec vingt-trois métropolitains, en présence de l'empereur Isaac l'Ange. Jean, métropolitain de Cyzique, s'y plaignit de ce qu'on avait violé à son égard les canons touchant les élections, en ce que le patriarche de Constantinople et son concile avaient élu, sans l'appeler, quoiqu'il fût dans cette ville, cinq évêques de sa province. L'empereur, à cette occasion, donne une novelle par laquelle il déclare nulles ces élections, et ordonne d'inviter, à celles qui se feront dorénavant à Constantinople, tous les évêques qui s'y rencontreront. Il n'est donc pas vrai que, dès le neuvième siècle, l'Eglise eût abandonné aux empereurs les élections, comme l'avance M. de Marca. *Voyez* la novelle d'Isaac, dans Mansi, *Suppl. Conc.*, tom. II, pag. 722.

1186 *Hibernicum*, d'Irlande, par Jean, archevêque de Dublin, et ses suffragants, le 23 mars, touchant la réformation du clergé, et sur-tout contre les clercs concubinaires. (Wilkins, Mansi, *Suppl. Conc.*, tom. II.)

1186 *Carrofense*, de Charroux, par Henri de Sulli, archevêque de Bourges, où l'on fit quelques réglements de discipline.

1186 *Coloniense*, par Philippe, archevêque de Cologne. On y publie la canonisation de saint Annon, l'un des prédécesseurs de ce prélat. (*Conc. Germ.*, tom. III.)

1187 *Mosomense*, de Mouzon, au diocèse de Reims, le premier dimanche de Carême, par Folmar, archevêque de Trèves et légat du saint siège, avec les évêques de sa province, excepté ceux de Toul et de Verdun, dont il excommunia le premier et déposa l'autre. Il prononça, dans le même concile, des censures et des sentences de déposition contre d'autres personnes qui refusaient de le reconnaître pour archevêque ; ce qu'il fit avec si peu de discrétion que le pape Grégoire VIII lui défendit d'en user de même par la suite, sans la participation du saint siége. (*Edit. Venet.* tom. XIII. *Conc. Germ.* tom. III.) Brouver met ce concile en 1186, d'après ceux qui commençaient l'année à Pâques. (Voyez *les archevêques de Trèves.*)

1187   *Coloniense*, par Philippe, archevêque de Cologne. Ce prélat y confirme certaines donations faites à l'abbaye de Steinfeld, et délibère, avec ses comprovinciaux, sur les moyens de résister à l'empereur Frédéric I, qui, pour se venger de certains sujets de mécontentements que le pape lui avait donnés, ménaçait de faire une irruption à Cologne. (*Conc. Germ.* tom. III.)

1188   Il y eût cette année plusieurs assemblées pour la croisade. L'une, depuis le 13 janvier jusqu'au 21, entre Gisors et Trie, où les rois de France et d'Angleterre prirent la croix; la seconde au Mans, peu de tems après, où le roi d'Angleterre ordonna que chacun donnerait, pendant cette année, la dîme de ses revenus et de ses meubles, pour le secours de la Terre-Sainte; la troisième à Paris, des prélats et des seigneurs du royaume, où Philippe Auguste fit une semblable ordonnance le 27 mars. Cette dîme fut appelée *la dîme Saladine.*

1190   *Rotomagense*, de Rouen, le 11 février, par Gautier, archevêque de cette ville. On y fit trente-deux canons, tirés la plupart des conciles précédents. Celui-ci porte la date de l'an 1189, *sous le règne de Richard, roi d'Angleterre.* Mais comme Richard, au mois de février 1189, ne régnait pas encore, ni en Angleterre, ni en Normandie, c'est une preuve que l'année est ici comptée suivant le style de France, en la commençant à Pâques.

1193   *Cantuariense*, de Cantorberi. Le roi Richard ayant appris, dans sa prison en Allemagne, que le siége de Cantorberi était vacant, écrivit aux suffragants et au doyen de cette église de procéder à une nouvelle élection. En conséquence les évêques, sur la présentation des moines de Cantorberi, élurent, le 30 mai, pour archevêque, Hubert, évêque de Salisberi. (Wilkins.)

1193   *Compendiense*, parlement de Compiègne, tenu le 4 novembre, où l'archevêque de Reims, légat du saint siége, prononça, avec les évêques, que le mariage du roi avec Ingeburge était nul pour cause de parenté. Ingeburge en appela à Rome, comme elle put, ne parlant ni le français ni le latin. (*Gall. Chr.* tom. IX, pag. 98.) Le père Mansi met ce parlement en 1195 ; ce qui est une méprise, puisqu'il se tint quatre-vingt-deux jours après le mariage qu'il déclara nul.

1195. *Eboracense*, d'Yorck, les 14 et 15 juin, par Hubert de Cantorberi, légat du pape. Il y publia douze canons, divisés en dix-huit, selon une autre édition.

La même année, Célestin III suspendit Geoffroi, archevêque d'Yorck, de toute fonction épiscopale, et déclara nulle l'excommunication publiée par le même prélat, contre quelques chanoines qui avaient appelé au pape avant cette excommunication, ordonnant néanmoins de les absoudre pour plus grande sûreté, *ad majorem cautelam*. On ne voit point d'absolution *ad cautelam* avant celle-ci.

1195. *Monspeliense*, de Montpellier, au mois de décembre. Le docteur Michel, légat du pape en Espagne, avec plusieurs prélats de la province de Narbonne, y publie quelques réglements, et un, entr'autres, en faveur de ceux qui marcheront en Espagne contre les infidèles.

1196. *Parisiense XVIII*, de deux légats, avec tous les évêques et les abbés du royaume, pour examiner la validité du mariage de Philippe Auguste, avec Ingeburge de Danemark. On n'y décida rien, la crainte ayant empêché d'agir sur le vrai sujet de la légation et du concile.

1198. *Senonense*, de Sens, contre les Poplicains, espèce de Manichéens, découverts en Nivernais. Le P. Mansi place ce concile au commencement de l'année suivante.

1199. *Dalmaticum*, de Dalmatie, où deux religieux légats, assistés de l'archevêque de Dioclée et de six évêques ses suffragants, publièrent douze canons qui tendent à retrancher les abus, et à établir en Dalmatie les usages de Rome. (Hardouin, *tom. VI.*)

1199. *Divionense*, de Dijon, dans l'église de Saint-Bénigne. Il commença le 6 décembre, selon Raoul de Diceto, et dura sept jours. Pierre de Capoue, cardinal-légat, assisté de quatre archevêques et de dix-huit évêques, y traita du mariage de Philippe Auguste avec la reine Ingeburge. Le roi craignant les censures, en appela au pape, et le légat ne décida rien, quoiqu'en dise un moderne, qui avance que le légat prit la fuite, après avoir prononcé une sentence d'interdit. La Chronique de Saint-Bénigne met ce concile en 1200.

1200. *Viennense*, de Vienne, en Dauphiné, au mois de janvier. C'est une continuation du précédent. Le légat étant sur les terres de l'empire déploya son autorité contre le roi de France. Alors, en présence de plusieurs évêques, entre lesquels il y avait des français, il publia l'interdit sur toutes les terres de l'obéissance du roi, avec ordre à tous les prélats de l'observer, sous peine de suspense. Le pape Innocent III confirma la sentence du légat, mais il excepta les croisés. Cet interdit dura huit mois, et fut observé avec une telle rigueur, que les églises étaient fermées, et les corps morts demeuraient sur terre sans sépulture. Il ne fut levé qu'après que le roi Philippe Auguste eut reprit Ingeburge.

1200 *Londinense*, de toute l'Angleterre, sous Hubert de Cantorberi. On y publia un décret de quatre articles, tirés la plupart du dernier concile de Latran.

1200 *Romanum*, où le pape Innocent III canonisa sainte Cunégonde, femme de l'empereur Henri II. (*Conc. Germ.* tom. III.)

1200 *Nigellense*, de Néelle, en Vermandois, le 7 septembre. Le roi ayant repris Ingeburge, et juré qu'il la traiterait en reine, le légat Octavien leva l'interdit qui avait duré huit mois. Le roi éloigna aussi Agnès, qui mourut à Poissi l'année suivante 1201, peu de tems après ses couches. Ses deux enfants furent légitimés par une bulle du 2 novembre de la même année. Un moderne confond mal-à-propos ce concile avec le suivant.

1201 *Suessionense*, depuis la mi-mars jusqu'à la fin d'avril. On y traita, sans rien finir, du mariage du roi avec Ingeburge, qui fut ensuite enfermée au château d'Etampes, où le roi lui fournissait sa subsistance, et le pape la consolait par ses lettres.

1201 *Perthanum*, de Perth, en Ecosse, par le légat Jean, cardinal de Saint-Etienne, pour la réformation des mœurs. Les actes de ce concile, qui dura quatre jours, sont perdus. Nous savons seulement qu'on y ordonna que le samedi les œuvres serviles cesseraient depuis midi. (Wilkins.)

1201 *Parisiense XIX*. Octavien, légat, avec les évêques du royaume, y convainquit d'hérésie Evrard de Nevers, qui fut conduit à Nevers même, et brûlé publiquement, au grand contentement du peuple qu'il avait auparavant opprimé, étant gouverneur de la terre de ce comté.

1204 *Meldense*, de Meaux, sur la paix que l'abbé de Casemare, légat, aurait voulu établir entre les rois de France et d'Angleterre.

1205 *Arelatense*, d'Arles, par le légat Pierre de Castelnau. On y dressa des réglements pour le gouvernement de cette église. (*Gall. Christ. no. tom. I, col. 165, Deest in Veneta.*)

1206   *Cantuariense*, de Lambeth, par Etienne de Langton, archevêque de Cantorberi. On y fit un statut en trois articles sur la discipline.

1209   *Montis-Limarii*, ou *Montiliense*, de Montelimar, dans les premiers jours de juin. Le légat Milon, après avoir délibéré avec les pères de ce concile sur les offres que le comte de Toulouse faisait de se soumettre à sa décision, le fait citer au concile de Valence, pour lui répondre sur ses offres. (Vaissète, tom. III.) Chorier met par erreur ce concile en 1208.

1209   *Valentinum*, de Valence, en Dauphiné, à la mi-juin. C'est une suite du précédent. Le comte de Toulouse y comparaît, sur la citation qui lui avait été faite ; accepte les conditions que le légat lui impose pour obtenir son absolution ; remet à l'église romaine sept châteaux pour caution de ses engagements ; et cependant il n'est pas encore absout. (Vaissète, *ibid. Deest in Veneta.*)

1209   *S. Ægidii*, de Saint-Gilles, en Languedoc, le 18 juin. Le légat Milon y donna enfin l'absolution au comte de Toulouse en chemise et nu jusqu'à la ceinture, après avoir exigé de lui un nouveau serment de réparer tous les maux qu'il avait causés. (Vaissète, *ibid. Deest in Veneta.*)

1209   *Avenionense*, au commencement de septembre, par Hugues, évêque de Riez, et Milon, légat du pape, assistés de quatre archevêques, de vingt évêques et d'un grand nombre d'abbés. Le comte de Forcalquier y signe, le 4 septembre, les statuts qui avaient été dressés à Saint-Gilles pour la paix. On y fit de plus, vingt et un canons pour la discipline. De ce concile le P. Cossart en fait deux, dont il place le second en 1210, sur quoi il est relevé par D. Vaissète, tom. III, pag. 560.

1210   *S. Ægidii*, de Saint-Gilles, vers la fin de septembre. Le comte de Toulouse, poursuivi de nouveau pour n'avoir pas rempli ses engagements, y demande à se justifier du crime d'hérésie et du meurtre de Pierre de Castelnau, suivant les ordres du pape, et ne peut l'obtenir. (*Ibid.*)

1210   *Parisiense XX*, au mois d'octobre, par le cardinal Robert de Courçon, où, après avoir proscrit les erreurs d'Amauri, mort depuis peu, l'on condamne quatorze de ses disciples à être brûlés ; ce qui fut exécuté le 21 octobre. (Mansi, *in Rayn.*) On y condamna aussi au feu les livres de la métaphysique d'Aristote apportés à Paris, traduits du grec en latin, avec défense de les transcrire, de les lire ou retenir, sous peine d'excommunication. Quelques-uns mettent ce concile, mais mal, au mois de décembre de la même année.

1210 *Romanum*, au mois de novembre, où le pape Innocent III dépose et excommunie l'empereur Otton, pour s'être emparé des terres de l'église romaine, et vouloir usurper le royaume de Sicile. (Raynaldi, *ad hunc an.*)

1211 *Narbonense*, assemblée de Narbonne, au commencement de janvier, où l'abbé de Cîteaux, légat du saint siége, et Raimond, évêque d'Uzès, proposent au comte de Toulouse, de lui rendre ses domaines, à condition de chasser les Hérétiques de ses états, ce que le comte refusa. Le roi d'Aragon, présent à cette assemblée, promit aux légats, que si le comte de Foix se retirait de la communion de l'Eglise, il leur livrerait le château de Foix. L'éditeur de Venise, ainsi que le P. Labbe, met ce concile en 1210, en quoi il se trompe, comme le prouve D. Vaissète.

1211 *Arelatense*, vers le mois de février, où l'on impose au comte de Toulouse des conditions de paix absurdes. Aussi protesta-t-il qu'il aimerait mieux périr que de s'y soumettre. Sur son refus, le concile l'excommunia et abandonna ses domaines au premier occupant (Vaissète.)

1211 *Northamptoniense*, où le légat du pape excommunia en face le roi Jean, sur le refus qu'il fit de satisfaire à l'Eglise. L'auteur des Annales de Béverlai met ce concile en l'année suivante. (Wilkins.)

1212 *Apamiense*, de Pamiers, à la fin de novembre, assemblé par Simon de Montfort, chef de la croisade contre les Albigeois. On y fit divers réglements pour le rétablissement de la religion, de la paix et des bonnes mœurs. (*Edit. Venet.* tom. XIII.)

1213 *Parisiense XXI*, Robert de Courçon, cardinal et légat, y publia divers statuts pour la réformation du clergé séculier et régulier. Ces statuts sont divisés en quatre parties, dont la première concerne les clercs, la seconde les moines, la troisième les religieuses, la quatrième les évêques. Dans le supplément que D. Martenne a donné des actes de ce concile, (*Ampliss. Coll.* tom. *VII*, col. 98,) on voit, art. 10, une défense de célébrer des messes à deux ou trois faces : *Statuimus sub pœna suspensionis ne aliquis Sacerdos aut in nundinis aut alibi bifaciat missas contra canonicas Sanctiones.* L'abus que l'on condamne ici consistait à dire jusqu'à l'offertoire, plusieurs messes de différents sujets, l'une après l'autre, que l'on renfermait ensuite sous un seul canon, ou sous le canon une seule

DES CONCILES.   163

fois récité; et ces messes, suivant le nombre, s'appelaient *missæ bifaciatæ*, *trifaciatæ*, *quadrifacialæ*, etc. (*Voyez* Martenne, *de antiq. Eccl. rit.* tom. II, pag. 273, art. 20.

1213   *Vaurense*, de Lavaur, à la mi-janvier, où l'on rejette les offres que le roi d'Aragon avait faites pour la réconciliation des comtes de Toulouse, de Comminges, de Foix et de Béarn. Ce concile dura huit jours, comme le prouve Mansi.

1213   *Ad S. Albanum*, de Saint-Albans, près de Winchester, par Etienne de Langton, archevêque de Cantorberi, au mois de juillet, où le roi Jean se réconcilia avec les prélats et les barons, en jurant d'observer les lois de saint Édouard, et celles d'Henri I. (Wilkins, tom. I, Mansi, *Suppl.* tom. II.)

1213   *Londinense*, de Londres, par le même archevêque, le 25 août, où l'on permet au clergé de réciter publiquement l'office divin à voix basse, en attendant que le pape ait confirmé l'absolution du roi Jean. (*Ibid.*)

1214   *Londinense*, de Londres, le 29 juin, où le légat Nicolas de Tusculum absout le roi Jean, le rétablit, et lève l'interdit dont l'Angleterre était frappée depuis six ans trois mois et quatorze jours. (Wilkins.)

1215   *Monspeliense*, de Montpellier, le 8 janvier, par le légat Pierre de Bénévent, cinq archevêques et vingt-huit évêques, qui prièrent le pape de leur donner Simon, comte de Montfort, pour seigneur, au lieu de Raimond, comte de Toulouse. On y fit ensuite quarante-six canons, dont le dix-huitième défend aux moines et chanoines réguliers d'avoir rien en propre, même avec la permission du supérieur. Ce concile est daté du vi des ides de janvier, le mercredi après l'Epiphanie de l'an 1214, c'est-à-dire le 8 janvier 1215 (1), selon notre manière de commencer l'année. Pierre de Vaux-Cernai le date de l'an 1214, *in quindena Nativitatis*, ce qui revient au même. (*Edit. Venet.* Tome XIII.)

1215   *Parisiense XXII*, au mois d'août. Robert de Courçon y fit un statut pour l'école de Paris; c'est le plus ancien réglement en ce genre, dit M. Crévier, qui se soit conservé jusqu'à nous; et il embrasse toute la discipline de l'école.

1215   LATERANENSE IV. Douzième concile général,

---

(1) Le vi des ides, ou le 8 de janvier, était un mercredi en 1214, et un jeudi en 1215. Ainsi, pour concilier toutes les dates, il semble qu'il faudrait s'en tenir à l'an 1214.

sous Innocent III, depuis le 11 novembre jusqu'au 30 du même mois. Il s'y trouva quatre cent douze évêques, huit cents, tant abbés que prieurs, un grand nombre de procureurs pour les absents, et des ambassadeurs de l'empereur, des rois, et de presque tous les princes catholiques. Raimond le Vieux, comte de Toulouse, les comtes de Foix et de Comminges s'y étaient rendus pour se plaindre de Simon de Montfort, qui leur avait enlevé leurs états, et des légats qui les lui avaient adjugés. Il y eut de vifs débats, à l'occasion du comte de Toulouse, entre les pères. Le pape lui-même hésita quelque tems sur le sort de ce prince. Mais enfin la politique l'emporta. Il priva le comte de ses domaines, comme le sénat de Rome, pour quelques infidélités, dépouillait autrefois de leurs états les rois qui lui étaient soumis. En vain ce prince infortuné, dans une audience particulière qu'il obtint après son jugement, lui fit-il les représentations les plus justes et les plus touchantes à ce sujet. Le saint père lui déclara qu'il ne pouvait, pour le présent, rien faire de plus en sa faveur. Le jeune Raimond, fils du comte, était venu d'Angleterre où il s'était réfugié auprès du roi son oncle, joindre son père à Rome, Innocent se montra plus favorable à son égard. Il lui donna le comtat Venaissin avec ses dépendances, la Provence et Beaucaire, avec sa bénédiction apostolique. En tout cela le pape agissait de son autorité privée, et sans l'approbation du concile. Voici ce qui appartient proprement à cette assemblée. On y exposa la foi de l'Eglise contre les Albigeois, les Vaudois, l'abbé Joachim, et tous les Hérétiques du tems. Le terme de *Transsubstantiation* y est consacré pour signifier le changement que Dieu opère au sacrement de l'eucharistie, comme le mot de *consubstantiel* fut consacré au concile de Nicée pour exprimer le mystère de la Trinité. Lanfranc et Guimond s'en étaient déjà servis contre Bérenger. Les canons de cette assemblée sont au nombre de soixante-dix, dont le troisième porte, entre autres choses, que si le seigneur temporel admonété néglige de purger sa terre des Hérétiques, il sera excommunié par le métropolitain et ses comprovinciaux; et s'il ne satisfait dans l'an, on en avertira le pape, afin qu'il déclare ses vassaux absouts du serment de fidélité, et qu'il expose sa terre à la conquête des Catholiques. Il faut ici se souvenir qu'à ce concile assistaient les ambassadeurs de plusieurs souverains, qui consentaient, au nom de leur maître, à ce décret, où l'Eglise semble entreprendre sur l'autorité séculière.

On voit, dans le dixième et le onzième, l'origine du pénitencier et du théologal dans les églises cathédrales d'occident. Le quatorzième porte que les clercs qui, suivant la coutume des lieux qu'ils habitent, n'ont pas renoncé à l'usage du mariage, s'ils tombent dans la fornication, seront punis d'autant plus rigoureusement qu'il leur était libre d'user légitimement de leurs femmes. Ce canon doit s'entendre des sous-diacres qui, en quelques lieux, étaient autorisés à garder leur femmes, lorsqu'ils déclaraient avant leur ordination, qu'ils ne prétendaient point s'engager à la continence. Ce qui fait voir que le décret porté par la pape Urbain II, au concile de Rome, en 1089, contre les sous-diacres qui voudraient user du mariage, décret qui les prive de tout office et bénéfice ecclésiastique, n'était pas encore universellement observé. Le dix-huitième canon abolit la superstition des épreuves.

Le canon vingt et unième ordonne que chaque fidèle de l'un et l'autre sexes, étant arrivé à l'âge de discrétion, confesse seul à son propre prêtre, au moins une fois l'an, tous ses péchés, et accomplisse la pénitence qui lui sera imposée. Que chacun aussi reçoive, au moins à Pâques, le sacrement de l'eucharistie, s'il ne juge à propos de s'en abstenir pour un tems, par le conseil de son propre prêtre, autrement il sera chassé de l'Eglise et privé de la sépulture ecclésiastique. Que si quelqu'un veut se confesser à un prêtre étranger, qu'il en obtienne auparavant la permission de son propre prêtre; puisqu'autrement l'autre ne peut, ni le lier, ni l'absoudre. C'est le premier canon connu qui ordonne généralement la confession sacramentelle. Les Albigeois, qui prétendaient recevoir la rémission des péchés sans confession ni satisfaction, peuvent avoir donné occasion à ce décret, où le propre prêtre est le curé, comme au concile de Paris de 1212, et le prêtre étranger est le curé d'une autre paroisse, ou tout autre prêtre.

Par le vingt-deuxième canon, il est enjoint aux médecins, sous peine d'excommunication, d'avertir les malades de faire venir leur confesseur, avant de leur prescrire des remèdes.

Le trentième défend d'établir de nouveaux ordres religieux; c'est celui de tous qui a été le plus mal observé.

Le cinquantième canon, réduit la parenté au quatrième degré, pour être un obstacle au mariage. On la comptait auparavant jusqu'au septième. Le canon suivant ordonne la publication des bans pour les mariages, comme elle s'observe aujourd'hui.

Il est à remarquer que les canons de ce concile sont tous au nom du pape; mais en quelques-uns on ajoute la clause : *Avec l'approbation du saint concile*, qu'on trouve pour la première fois au troisième concile de Latran. Elle sert à déclarer que les décrets n'auraient point leur pleine autorité, sans le consentement et l'approbation du concile, représentant l'église universelle.

La magistrature est redevable à ce concile de l'institution de l'ordre judiciaire, dans la poursuite des procès criminels, tel qu'il s'observe encore aujourd'hui.

1216 *Genuense*, de Gênes, par l'archevêque Otton, le 6 avril et les deux jours suivants, où l'on publia les décrets du concile de Latran. (Mansi, *Suppl.* tom. II.)

1216 *Melodunense*, de Melun. Innocent III avait écrit à l'archevêque de Sens et à ses suffragants, que Philippe-Auguste était excommunié, comme soupçonné de favoriser Louis, son fils, appellé en Angleterre, pour y régner à la place du roi Jean. Mais les grands du royaume, assemblés en ce concile de Melun, protestèrent qu'ils ne tiendraient point le roi pour excommunié à ce sujet, s'ils n'étaient plus assurés de la volonté du pape.

Pour le prince Louis, il fut solennellement excommunié, avec les siens, par le pape, sur la fin de juin, ou, au plus tard, au commencement de juillet 1216, et cette excommunication dura jusqu'à sa paix avec le jeune Henri, roi d'Angleterre, qui fut jurée le 11 septembre 1217.

1216 *Anglicanum*, de Bristol, par Galon, légat du saint siége, le 11 novembre, où l'on excommunie le prince Louis avec ses adhérents, pour l'obliger à désemparer de l'Angleterre, où il était entré à la demande des barons. (Wilkins.)

1219 *Tolosanum*. Ce concile, que Mansi, d'après D. Mattenne, place en 1219, est le même que celui de 1229. Le nom seul du président en fournit la preuve; c'est le légat Romain, cardinal de Saint-Ange, qui ne vint en France que l'an 1224.

1222 *Oxoniense*, d'Oxford, vers le 11 juin, de toute l'Angleterre. On y fit quarante-neuf canons, conformes à ceux du dernier concile de Latran, avec quelques autres réglements. (*Ed. Venet.* t. XIII.)

1222 *Sleswicense*, de Sleswic, par le cardinal Grégoire, sur le célibat des prêtres. (*Edit. Venet.* t. XIII.)

1222 *Constantinopolitanum*, par le patriarche grec Germain II, sur les différends des évêques grecs et des évêques latins de Chypre. (Mansi.)

1223   *Rotomagense*, le 27 mars. On y publia un abrégé des canons du concile de Latran. (*Edit. Venet.* t. XIII.)

1223   *Parisiense XXIII*, le 6 juillet, par le cardinal Conrad, évêque de Porto, légat en France, contre les Albigeois. Il avait d'abord été indiqué à Sens, par une lettre circulaire du légat Conrad, où il dit que les Albigeois s'étaient fait un pape qui demeurait aux confins de la Bulgarie et de la Croatie, et prenait le titre de *Serviteur des Serviteurs de la sainte Foi*.

1224   *Monspeliense*, de Montpellier, le 21 août, dans l'octave de l'Assomption. Raimond, comte de Toulouse, y demanda à être réconcilié à l'Eglise, sans pouvoir l'obtenir. C'est plutôt une conférence qu'un concile. Elle avait été précédée d'une autre, tenue sur le même sujet, le 2 juin au même lieu.

1225   *Parisiense XXIV*, le 15 mai, par le légat Romain, qui traita, avec le roi Louis, des affaires d'Angleterre et des Albigeois. Le roi Louis cessa ensuite de poursuivre ses droits contre les Anglais, et marcha contre les Hérétiques.

1225   *Melodunense*, de Melun, le 8 novembre. Le roi et les évêques y traitèrent de la juridiction ecclésiastique, sans y rien définir.

1225   *Bituricense*, de Bourges, à la Saint-André, par le légat Romain, assisté d'environ cent évêques de France. Raimond, comte de Toulouse, et Amauri de Monfort, qui prétendait l'être par la donation du pape Innocent III, et celle du roi, faites à son père et à lui, y plaidèrent leur cause, sans qu'elle fût décidée. La demande de deux prébendes dans chaque église cathédrale, et de deux places monacales dans chaque abbaye, faite par le pape, y fut rejetée par les procureurs des églises, qui assistaient à ce concile.

1225   *Moguntinum*, de Mayence, par le légat Conrad, le 10 décembre. On y fit quatorze canons, la plupart contre l'incontinence des clercs et la simonie. Le corps de saint Engilbert, archevêque de Cologne, tué par son parent Frédéric, comte d'Isembourg, le 7 novembre de la même année, fut présenté à cette assemblée, qui déclara martyr le saint, et excommunia son meurtrier. (*Conc. Germ. tom. III.*)

1226   *Londinense*, à Westminster, le 13 janvier. La bulle du pape, pour se réserver deux prébendes dans chaque cathédrale, y fut rejetée, comme en France, au concile précédent de Bourges.

1226 *Parisiense XXV*, le 28 janvier. Louis VIII et le légat Romain tinrent ce concile, qui était national, de l'autorité du pape. Le légat, après y avoir excommunié Raimond, comte de Toulouse, et ses complices, confirma au roi et à ses hoirs à perpétuité, les droits sur les terres de ce comte, comme d'un hérétique condamné. Amauri, comte de Montfort, et Gui, son oncle, cédèrent au roi toutes les prétentions qu'ils avaient sur les terres du comte de Toulouse.

Le 20 mars de la même année, le roi convoqua encore à Paris un concile, ou parlement. Il y traita amplement, avec le légat, les évêques et les barons, de l'affaire des Albigeois, et fit ensuite expédier des lettres pour mander à tous ceux qui lui devaient service de guerre, de le venir trouver à Bourges, le 17 mai suivant.

1226 *Leodiense*, de Liége, par le légat Conrad, au mois de février, où l'on dépose Thierri, évêque de Munster, et Brunon, évêque d'Osnabruck, frères de Frédéric d'Isembourg, comme complices du meurtre de saint Engilbert. (*Conc. Germ. tom. III.*)

1226 *Cremonense*, de Crémone, par l'empereur Frédéric, à la Pentecôte. On y traita de l'extirpation des hérétiques d'Italie, de l'affaire de la Terre-Sainte, et de la réunion des villes de Lombardie, la plupart liguées contre l'empereur.

1226 ou environ. *Scoticum*, d'Écosse. On y fit un statut, de quatre-vingt-quatre articles, sur la discipline. (Wilkins.)

1227 *Trevirense*, le 1er. mars, où l'on publie un statut, en dix-sept articles, sur l'administration des sacrements et sur les devoirs des clercs et des religieux. (*Conc. Germ. tom. III.*)

1227 *Narbonense*, de Narbonne, pendant le Carême. On y fit vingt canons, dont quelques-uns regardent les Juifs, qui sont obligés de porter sur la poitrine une figure de roue pour marque de distinction.

1227 *Romanum*, le 18 novembre. Grégoire IX y réitéra l'excommunication qu'il avait déjà portée contre l'empereur Frédéric, le 29 septembre, pour ne s'être point embarqué, comme il l'avait promis, pour aller au secours de la Terre-Sainte.

1228 *Romanum*, vers la fin du Carême. Grégoire IX y confirma, le jeudi-saint 23 mars, l'excommunication de l'empereur. Frédéric la méprisa; et au mois de juin suivant, il s'embarqua pour la Terre-Sainte, malgré la défense que le pape lui avait faite d'y passer comme croisé, jusqu'à ce qu'il fût absout des censures portées contre lui.

1228 *Lusitanicum*, de Portugal, par le légat Jean, évêque de Sabine et cardinal. On y fulmina une excommunication contre ceux qui donneraient atteinte aux libertés ecclésiastiques, à la tranquillité, aux biens et à l'honneur des femmes cloîtrées, etc. (Ferréras, tom. IV. *Deest in Venetâ et aliis collect.*)

1229 *Meldense*, ou *Parisiense XXVI*, de Meaux, transféré à Paris. Raimond, comte de Toulouse, y fit sa paix avec l'Eglise et avec le roi, par un traité signé à Paris, au mois d'avril, avant Pâques, qui, cette année, était le 15 avril. Le *Gallia Christiana* (*tom. VIII*, *pag.* 1624), met ce concile en 1228, suivant l'ancien style.

1229 *Ilerdense*, de Lérida, le 29 mars, par le légat Jean, évêque de Sabine et cardinal. On y traita de la discipline, et on marqua les réformes qui étaient à faire dans le clergé. (*Edit. Venet, tom. XIII.*)

1229 *Westmonasteriense*, de Westminster, le 29 avril, en présence du roi Henri III. Le nonce Etienne y demande, au nom du pape Grégoire IX, le dixième de tous les revenus de l'Angleterre et de l'Irlande, pour être employé à faire la guerre à l'empereur Frédéric II. Les seigneurs laïques le refusent unanimement. Le clergé, après quatre jours de délibération, s'y soumet par la crainte de l'excommunication. (Wilkins *ex Math. Paris.*)

1229 *Turiasonense*, de Taraçona, dans l'Aragon, le 29 avril. Jean, cardinal, et évêque de Sabine, légat, assisté de deux archevêques et de neuf évêques, y déclara nul le mariage de Jacques I, roi d'Aragon, avec Eléonor de Castille, comme ayant été contracté entre proches parents sans dispense. Le roi Jacques n'y résista point; mais il déclara légitime Alphonse, né de ce mariage, qu'il avait déjà nommé son successeur auparavant; ce qui fut confirmé par le pape dans la suite. (d'Aguirre.)

1229 *Tolosanum XI*, au mois de novembre, par trois archevêques, avec plusieurs évêques et autres prélats, en présence de Raimond, comte de Toulouse, et des autres comtes et barons du pays. On y publia quarante-cinq canons, qui tendent tous à éteindre l'hérésie et à rétablir la paix. Le treizième déclare suspects d'hérésie tous ceux qui ne se confesseront pas, et ne communieront pas au moins trois fois l'an. Le quatorzième fait défense aux laïques d'avoir les livres de l'Ancien et du Nouveau Testaments, hors le Pseautier, le Bréviaire et les Heures de l'Office de la sainte

Vierge. C'est ici le premier exemple d'une pareille défense. M. Fleuri tâche de l'excuser, en disant qu'elle fut faite afin d'empêcher l'abus que les Hérétiques faisaient des livres saints. C'est à ce concile, dit D. Vaissète, qu'il faut rapporter l'établissement fixe et permanent du tribunal de l'inquisition. Le cardinal en commença aussitôt les procédures, et fit examiner, devant l'assemblée, tous ceux qui étaient les plus suspects d'hérésie. Quatre ans après, le pape Grégoire IX nomma deux dominicains inquisiteurs en Languedoc. *Voyez* Vaissète sur l'époque de ce concile.

1230 *Tarraconense*, de Tarragone, par l'archevêque Sparagus, le premier mai. On y fit cinq canons qui n'ont point encore vu le jour, et dont le dernier défend les joutes dans l'enceinte et les dépendances des monastères. (Communiqué par D. Ursin Durand.)

1231 *Rotomagense*, par Maurice, archevêque de Rouen. On y fit cinquante-deux réglements de discipline, qui concernent principalement le clergé séculier et le régulier. Le dixième ordonne qu'on rase entièrement, pour faire disparaître la tonsure cléricale, ceux qu'on nommait *clercs ribauds*. Le trente-sixième défend aux diacres de donner l'eucharistie aux malades, d'entendre les confessions, et de baptiser, sinon au défaut d'un prêtre. Les confessions, entendues par les diacres, étaient comme celles qu'on faisait alors aux laïques, des préliminaires et des témoignages de pénitence, mais non des confessions sacramentelles (Hardouin, *Conc.* tome VII.)

1231 *Apud Castrum Gonterii*, de Château-Gontier, en Anjou, par Juhel de Mayenne, archevêque de Tours, avec ses suffragants. Nous en avons trente-cinq canons, dont le dix-neuvième ordonne de faire raser les clercs ribauds dont on vient de parler, nommés aussi *gouliards*, sans néanmoins faire aucun scandale. Ces clercs étaient une espèce de gens qui ne demandaient qu'à bouffonner, à faire bonne chère, à boire, chantant des chansons et faisant des vers à l'honneur de ceux qui les régalaient. On les appelait gouliards d'un certain parasite nommé Gouliard, que Sylveste Giraud dit, dans son *Miroir de l'Eglise*, avoir été fort célèbre de son tems, à Rome, par ses railleries et ses bons mots.

1232 *Nicænum*, par le patriarche grec Germain II, touchant les stauropèges, ou croix que le patriarche faisait planter dans les endroits où l'on élevait un oratoire, un monastère, une église paroissiale. On y décide que tous ces lieux, en quelque diocèse qu'ils se trouvent, relèveront, suivant l'ancien usage, immédiatement du patriarche, dont la juridiction y sera exercée par son exarque. Le P. Labbe ne fait point mention de cette assemblée dans sa Synopse des Conciles; mais il en parle dans sa Chronologie Historique, et fait à ce sujet deux fautes : 1°. il place ce concile à Nimphée, en Bithynie; 2°. il le date de l'an 1233. Mais la lettre que Germain écrivit à Manuel Ducas, despote d'Epire, en lui envoyant le résultat de ce concile, prouve qu'il s'était tenu à Nicée; et la date de l'indiction v, qu'il porte avec celle du mois d'août, fait voir qu'il appartient à l'an 1232. (Lambecius, tome II, p. 108.)

1232 *Londinense*, par l'évêque de Londres et dix autres prélats, où, sur les plaintes du pape Grégoire IX, on excommunia les auteurs des mauvais traitements qu'on avait faits au clercs romains qui possédaient des bénéfices en Angleterre. (*Edit. Ven.* tome XIII.)

1233 *Noviomense*, de Noyon, la première semaine de Carême; *Laudunense*, de Laon, la semaine avant la passion; *Apud S. Quintinum*, de Saint-Quentin, en Vermandois, au commencement de septembre, et un second dans la même ville, le troisième dimanche de l'Avent, pour un différend entre le roi et Milon, évêque de Beauvais. Milon prétendait que le roi saint Louis avait violé les droits de son église en exerçant la justice dans Beauvais, contre les coupables qui avaient excité, dans cette ville, une sédition où il y eut des meurtres commis. Les évêques jetèrent un interdit; ce que les chapitres des cathédrales de la province trouvèrent mauvais, parce qu'on n'avait pas demandé leur consentement. L'interdit fut révoqué au second concile de Saint-Quentin, où l'on déclara que les évêques ne pourraient rien ordonner sans la participation de leurs chapitres. L'évêque de Beauvais appela au pape de cette conclusion; mais il mourut le 6 septembre 1234, avant que cette affaire fût jugée à Rome; et quelques années après, son successeur leva l'interdit, et fit sa paix avec le roi. Les chronologistes anciens mettent les deux premiers de ces conciles en l'an 1232, parce que l'an 1233 ne commençait alors qu'à Pâques. Les modernes n'auraient pas dû les imiter.

1233 * *Nymphaense*, de Nymphée, en Bithynie, depuis le 24 avril jusqu'au 10 mai, par les Grecs, sous l'empereur de Nycée, Jean Vatace, et le patriarche Germain Nauplius. Les Grecs y disputèrent beaucoup avec les nonces du pape sur la procession du Saint-Esprit, et sur le pain azyme dont se servent les latins pour l'eucharistie ; mais on ne convint de rien : les Grecs restèrent dans leur fausse opinion, et les Latins dans celle de l'église romaine. Les modernes, qui mettent ce concile en 1234, n'ont pas fait attention que les lettres du pape Grégoire IX, dont étaient chargés ses nonces, sont datées du mois de janvier de la sixième année de son pontificat; ce qui revient à l'an 1233.

1233 *Moguntinum*, de Mayence, avant le mois d'août, contre certains hérétiques nommés Stadingues. Le docteur Conrad de Marpourg, qui avait donné des croix à ceux qui voulurent bien s'armer contre ces hérétiques, y fut tué par ceux-ci au retour de cette assemblée. Sa mort occasionna un autre concile la même année, encore à Mayence, où ceux qui étaient soupçonnés d'hérésie, furent absouts sur leur parole, et les meurtriers du docteur Conrad envoyés au pape pour obtenir l'absolution.

1234 Assemblée de Francfort, tenue par Henri, fils de l'empereur, le 2 février, et composée de princes, d'évêques, de cisterciens, de dominicains et de frères mineurs. On y rejeta la forme de procéder contre les Hérétiques, employée par Conrad de Marpourg. (*Conc. Germ.* t. III.)

1234 *Biterrense*, de Beziers, le 2 avril, quatrième dimanche de Carême, sous le légat Jean de Burnin, archevêque de Vienne. On y dressa vingt-six canons, dont les cinq premiers, contre les Hérétiques, sont assez semblables aux réglements que le comte Raimond avait fait publier à Toulouse, le 18 février de la même année.

1234 *Arelatense*, le 10 juillet, sous Jean de Baux, archevêque d'Arles, où l'on publia vingt-quatre canons, la plupart contre les Hérétiques, en exécution du concile de Latran, de 1215, et de celui de Toulouse, de 1229.

1235 *Narbonense*, où les trois archevêques, de Narbonne, d'Arles et d'Auch, avec d'autres prélats, firent un réglement de vingt-neuf articles pour les inquisiteurs. (Labbe.)

1235 *Remense*, où plutôt de Saint-Quentin, en Vermandois, le 23 juillet, d'où l'archevêque de Reims, avec six de ses suffragants, allèrent à Melun trouver le roi, le 29 du même mois, pour lui faire des remontrances sur certains articles qui blessaient, selon eux, la liberté de l'Église.

1235   *Compendiense*, le 5 août, sur la même affaire, par les mêmes évêques, qui allèrent à Saint-Denis faire au roi la seconde monition ; ce qui donna occasion aux seigneurs de se plaindre, au pape, des prélats et des ecclésiastiques, par une lettre datée de Saint-Denis, au mois de septembre de la même année.

On croit que ce fut aussi à l'assemblée de Saint-Denis que le roi fit une ordonnance portant que ses vassaux, et ceux des seigneurs, ne seraient point tenus de répondre aux ecclésiastiques, ni à d'autres, dans le tribunal ecclésiastique (en matière civile) ; que si le juge ecclésiastique les excommuniait pour ce sujet, il serait contraint, par saisie de son temporel, à lever l'excommunication ; que les prélats, les autres ecclésiastiques, et leurs vassaux, seraient tenus, en toutes causes civiles, de subir le jugement du roi et des seigneurs.

Le pape exhorta saint Louis à révoquer cette ordonnance, par une lettre du 15 février 1236, où il dit, entre autres choses, que Dieu a confié au pape tout ensemble les droits de l'empire terrestre et ceux du céleste ; mais le saint roi ne paraît point avoir été touché de cette lettre, et ne révoqua point son ordonnance : il fut même toujours attentif à réprimer les entreprises du clergé de son royaume.

1235   *Silvanectense*, de Senlis, le 14 novembre. Les mêmes évêques y jetèrent un interdit sur tout le domaine du roi, situé dans la province de Reims.

Le roi arrêta cette affaire en rendant à Paris un jugement favorable à l'archevêque, au mois de janvier 1236, et en nommant deux commissaires qui prirent toutes les précautions qu'ils purent pour ôter toute matière de division, comme on le voit par leur jugement rendu à Reims le 8 février 1236.

1236   *Turonense*, le 10 juin. On y fit un règlement contenant quatorze articles, dont le premier porte..... Nous défendons étroitement aux croisés et aux autres chrétiens de tuer ou battre les Juifs, leur ôter leurs biens ou leur faire quelque autre tort, puisque l'Eglise les souffre, ne voulant point la mort du pécheur, mais sa conversion.

1237   *Ilerdense*, de Lérida, avant le mois de juin, où l'on commet divers religieux franciscains et dominicains pour la recherche des Hérétiques. (Vaissète, tom. III, p. 412. *Deest in Veneta.*)

1237   *Londinense*, le 19, le 21 et le 22 novembre, où le légat Otton proposa trente et un décrets aux évêques, qui en délibérèrent entre eux avant que de les recevoir. Le vingt-huitième porte que désormais tous les actes seront datés *de l'an, du jour, et du lieu.* C'est que les chartes non-royales d'Angleterre étaient jusqu'alors, du moins pour la plupart, suivant la remarque de Du Cange, dépourvues de marques chronologiques, et surtout de la date de l'année.

1238 *Copriniacense*, de Cognac, le 12 avril, par l'archevêque de Bordeaux et ses suffragants. On y publia trente-huit canons, ou articles de réformation, où l'on voit, comme dans la plupart des conciles du même siècle, l'esprit de chicane qui régnait alors dans le clergé. Le sixième canon ordonne que chaque église paroissiale aura son sceau propre, exprimant le nom de la paroisse.

1238 *Londinense*, le 17 mai. Le légat Otton ayant interdit la ville d'Oxford et suspendu tous les exercices de l'Université, pour y avoir été insulté, demanda satisfaction au concile de Londres. L'archevêque d'Yorck et les évêques la lui accordèrent. Le légat rétablit l'Université d'Oxford et leva l'interdit.

1238 *Trévirense*, de Trèves, le jour de Saint-Mathieu. On y fit quarante-cinq canons, dont le quinzième ordonne que les femmes adultères porteront une coupe sur l'épaule et un bâton à la main. C'était apparemment parce que la femme prostituée est représentée dans l'Apocalypse une coupe à la main, qu'on obligeait en quelques endroits les femmes publiques d'en porter une sur l'épaule. Le dernier révoque ce qu'on appelait alors l'*année de grâce*; c'est-à-dire le pouvoir qu'avait un bénéficier de disposer d'une année du revenu de son bénifice après sa mort. (Mansi, *Suppl*, tom. II, et *Conc. Germ.* tom. III.)

1239 *Tarraconense*, par l'archevêque Pierre Albalatius, le 19 avril. On y fit cinq canons. (*Edit. Venet.* tom. XIII.) On y confirma de plus une constitution du légat, évêque de Sabine, divisée en 16 articles. (Mansi, *Suppl.* tom II.)

1239 *Turonense*, par l'archevêque Juhel, et ses suffragants. On y publia douze canons, ou articles de réformation, *avec l'approbation du saint concile*; ce qui montre que cette formule n'était pas particulière au pape et à ses légats.

1239 *Apud S. Quintinum*, de Saint-Quentin, le 28 novembre, par Henri de Dreux, archevêque de Reims, contre ceux qui maltraitaient les clercs, et les emprisonnaient. (*Edit. Venet.* tom. XIII.)

1239 *Moguntinum*, le 2 juillet, par Sigefroi d'Epstein, archevêque de Mayence, en présence du roi Conrad, fils de l'empereur Frédéric II; sur les plaintes de l'évêque d'Aichstadt contre les ministériaux, ou officiers laïques de son église; on y concerta des mesures pour réprimer leurs entreprises. (*Conc. Germ.* tom. III, et *Chron. Erford.*)

1239 *Senonense*, par l'archevêque Gautier Cornu, où l'on fait quatorze canons, concernant le clergé séculier et régulier. (Mansi, *Suppl.* tom II.)

1240 *Tarraconense*, de Valence, dans la province de Tarragone, le 8 mai, par l'archevêque Pierre Albalatius. On y fit un règlement en quatre articles, dont le second défend à tous les évêques de la province de souffrir que l'archevêque de Tolède exerce aucun acte de juridiction en passant dans leurs diocèses. (Martenne, *Anecd.* tom. IV.)

1240 *Meldense*, par le cardinal légat Jacques de Palestrine, où l'on traita de la coutumace de l'empereur Frédéric; et *Silvanectense*, par le même, où l'on accorde au pape le vingtième des revenus ecclésiastiques. (Mansi *in Raynald. et Gall. Chr.* tomes VIII-IX.)

1240 *Wigorniense*, de Worchester, le 26 juillet, par l'évêque Gautier de Chanteloup. Il y publia grand nombre de constitutions, dont voici deux articles. On ordonne de baptiser sous condition, en cas de doute, mais toujours avec les trois immersions. La confirmation se fera dans l'an de la naissance.

1240 *Apud Vallem Guidonis*, de Laval, dans le Maine, par Juhel, archevêque de Tours. On y fit neuf canons sur la discipline, dont le septième défend de donner aux religieux leur vestiaire en argent.

1241 *Oxoniense*, d'Oxford, le 29 novembre. On y ordonna des prières et des jeûnes pour obtenir un bon pape, (le saint siége était vacant,) et on résolut de députer à l'empereur pour l'engager à laisser aux cardinaux la liberté d'élection. (Wilkins.)

1242 *Tarraconense*, de Tarragone, par l'archevêque Pierre Albalatius, le 13 de mai, sur la manière de rechercher les Hérétiques, de les punir, en cas d'obstination, et de les absoudre lorsqu'ils abjurent leurs erreurs. On y fit de plus six canons sur la discipline. Saint Raimond de Pegnafort, alors pénitencier de l'église de Rome, assista à ce concile. (*Editio Veneta*, tome XIII.)

1243 *Biterrense*, de Beziers, le 18 avril, par les archevêques de Narbonne et d'Arles, dix évêques et plusieurs abbés. Raimond, comte de Toulouse, y proteste contre l'excommunication dont l'avaient frappé les deux inquisiteurs dominicains, frère Ferrier et frère Raimond-Guillaume, nonobstant et après l'appel qu'il avait interjeté au saint siége de leur procédure. Il offre de s'en rapporter au concile, tant au sujet dudit appel, que de la sentence d'excommunication portée contre lui par les inquisiteurs. On ne voit pas ce que le concile décida. (*Gall. Christ.*, tome VI. *Instr.* page 155. Vaissète, tome III, page 441.)

1244   *Tarraconense*, par l'archevêque Pierre Albalatius, le 12 janvier. On y fit quatre canons contre ceux qui pillent, maltraitent, ou calomnient les clercs. (Martenne. *Anecd.* tome IV.)

1244   *Londinense*, où l'on accorde un subside au roi, et l'on élude celui que le pape demandait. Mathieu Paris date ce concile, *à die Purificationis in tres septimanas*, c'est-à-dire du 22 février. (Wilkins.)

1244   ou environ. *Narbonense*. *Voyez* ce concile en 1235, où nous l'avons placé d'après le P. Labbe. D. Vaissète prétend qu'il ne s'est tenu qu'entre 1243 et 1245. (*Hist. de Lang.* tome III, page 585.)

1245   *Othoniense*, d'Odensée, dans l'île de Fionie, en Danemarck, contre les usurpateurs des biens ecclésiastiques, et ceux qui méprisaient les cérémonies de l'Eglise.

1245   *LUGDUNENSE I*, treizième concile général, sous Innocent IV, en présence de Baudouin, empereur de Constantinople. Il y avait cent quarante évêques, à la tête desquels étaient trois patriarches latins, de Constantinople, d'Antioche, d'Aquilée, ou de Venise. Il y avait aussi plusieurs procureurs de prélats absents, et les députés des chapitres. La première session se tint le 28 juin, la seconde le 5 juillet, et la troisième et dernière le 17 du même mois. C'est dans celle-ci que le pape déposa, en présence du concile, l'empereur Frédéric, et délia ses sujets du serment de fidélité, sans dire dans sa sentence *avec l'approbation du concile*, comme il est dit ordinairement dans les autres décrets. Voici les termes de cette étonnante sentence. « Je suis le vicaire de Jésus-Christ :
» tout ce que je lierai sur la terre sera lié dans le ciel,
» suivant la promesse du fils de Dieu à saint Pierre.
» C'est pourquoi, après en avoir délibéré avec nos frères et
» avec le concile, je déclare Frédéric atteint et convain-
» cu de sacrilége et d'hérésie, excommunié et déchu de
» l'empire ; j'absous pour toujours de leur serment ceux

» qui lui ont juré fidélité; je défends, sous peine d'ex-
» communication encourue par le seul fait, de lui obéir
» désormais. J'ordonne enfin aux électeurs d'élire un
» autre empereur; et je me réserve la disposition du
» royaume de Sicile. » C'est une fausseté de la part du
pape d'avoir avancé qu'il avait délibéré là-dessus avec le
concile; c'est une faiblesse dans les évêques de ne s'être
point opposés à la déposition de Frédéric; faiblesse dont
ils ne tardèrent pas à se repentir. Les décrets, qui sont
proprement leur ouvrage sont au nombre de dix-sept,
dont il y en a un pour le secours de l'empereur de Constantinople, et un autre pour la croisade de la Terre-
Sainte. Ce fut dans ce concile, suivant Nicolas de
Curbion, dans la Vie d'Innocent IV, (c. 21.) qu'il
fut réglé que les cardinaux porteraient le chapeau
rouge.

1246 *Biterrense*, de Béziers, le 19 avril, par Guillaume de
Broue, archevêque de Narbonne, et ses suffragants. On
y publia quarante-six articles de réglements sur les Hérétiques, et sur divers point de discipline; ensuite on y donna
aux inquisiteurs un grand règlement de trente-sept articles, qui sont, avec ceux de Narbonne, donnés en 1235,
ou vers 1244, les fondements de la procédure observée
depuis dans les tribunaux de l'inquisition. (Vaissète, t. III,
page 452.)

1246 *Fritzlariense*, de Fritzlar, par Sigefroi, archevêque de
Mayence, le 30 mai. On y fit quatorze canons concernant
le clergé. (*Conc. Germ.* tome III.)

1246 *Ilerdense*, de Lérida, le 19 octobre. On y réconcilia
Jacques, roi d'Arragon qui avait été excommunié pour
avoir fait couper la langue à l'évêque de Gironne, qu'il
soupçonnait d'avoir révélé sa confession.

1246 *Londinense*, le premier décembre, où l'on s'oppose à
la demande que le pape faisait du tiers des revenus du
clergé d'Angleterre. (Wilkins.)

1247 *Tarraconense*, par l'archevêque Pierre Albalatius et
six autres évêques, le 1 mai. On y confirma l'excommunication contre ceux qui prenaient par violence les personnes et les biens ecclésiastiques; et on y ordonna que
les Sarrasins qui demanderaient le baptême, demeuraient
quelques jours chez le recteur de l'église, pour éprouver
leur conversion. C'est bien peu que quelques jours pour
cette épreuve, dit M. Fleuri, qui met ce concile en
1246. Nous suivons Baluze, qui le place en 1247.

1247 *Stampense*, d'Etampes, le 23 août, par Gilon Cornu,

archevêque de Sens. On y traita des affaires ecclésiastiques de la province de Sens, suivant la lettre de convocation qui est le seul monument qui nous reste de ce concile. (Mansi, *in Raynald.*)

1247   *Coloniense*, de Nuys, près de Cologne, le 4 octobre, par le légat Pierre Caputio, assisté de tous les évêques qu'il put rassembler. On y élut Guillaume, comte de Hollande, pour roi des Romains, où plutôt on y confirma son élection faite à Voëringen le 29 septembre précédent. (*Edit. Venet.* tome XIV.)

1248   *Tarraconense*, par l'archevêque Pierre Albalatius. On y pourvut à la sûreté des biens de l'archevêque et des autres bénéficiers après leur mort. (*Edit. Venet.* tome XIV.)

1248   *Parisiense XXVII*, par l'archevêque de Sens. On y fit vingt-trois canons, concernant, pour la plupart, le clergé séculier et régulier. (Mansi, *suppl.* tome II.)

1248   *Vratistaviense*, de Breslaw, en Silésie, par Jacques Pantaléon, archidiacre de Liège et légat. On y accorde au pape le cinquième des revenus du clergé de Pologne pour trois ans. On y permet de plus aux Polonais l'usage de la viande jusqu'au mercredi de la Quinquagésime. Ils s'en abstenaient depuis le dimanche de la Septuagésime, avant cette dispense.

1248   *Valentinum*, de Valence, en Dauphiné, le 5 décembre, par deux cardinaux, quatre archevêques et quinze évêques. On y publia vingt-trois canons pour faire exécuter les anciens touchant la conservation de la foi, de la paix et de la liberté ecclésiastique. On y renouvela aussi l'excommunication contre l'empereur Frédéric et ses fauteurs.

1248 ou 1249. *Schœningiense*, de Schening, en Suède, par le légat Guillaume, depuis cardinal évêque de Sabine. On y décerna des peines contre les clercs concubinaires.

1249   *Mildorfianum*, de Muldorf, par l'archevêque de Saltzbourg et trois autres évêques, vers le commencement de l'année. On y veut contraindre Otton, duc de Bavière, à se déclarer, contre l'empereur Frédéric II, pour Guillaume de Hollande, son compétiteur ; ce qu'il refuse : sur quoi on lui accorde un délai jusqu'au premier mai suivant pour délibérer. (*Edit. Venet.* tome XIV. *Conc. Germ.* tome III.)

1249   *Ultrajectinum*, d'Utrecht, par le cardinal Pierre Caputio, évêque de Porto, et Conrad, archevêque de Cologne, en présence de Guillaume de Hollande, roi des Romains, où Goswin, élu pour l'évêché d'Utrecht l'an 1246, est obligé d'abdiquer. (*Conc. Germ.*, tome III.)

1250 * *Nicænum*, de Nicée, par le patriarche Manuel II. Les décrets de ce concile, attribués mal-à-propos à Manuel Charitopule par Leunclavius, se trouvent au livre III, page 238 du *Jus Græco-Romanum*. Ils portent en date l'an de l'ère de Constantinople 6758, ind. VIII, au mois de juillet.

1251 *Pruvinense*, de Provins, par Gilon, archevêque de Sens, le 26 juillet. On y renouvelle les statuts du concile de Paris, tenu en 1248, avec quelques additions sur la discipline qu'on doit observer envers les excommuniés. (Mansi, *in. Raynald.*)

1251 *Insulanum*, de l'Isle, au comtat Venaissin, le 19 septembre, par Jean de Baux, archevêque d'Arles. On y fit treize canons touchant l'inquisition et la discipline. (Mansi, *Suppl.* tom. II.)

1252 *Senonense*, de Sens, par l'archevêque Gilon, et six de ses suffragants, le 15 novembre, d'où l'on envoie à Thibaut, comte de Champagne et roi de Navarre, une monition canonique, pour l'engager à cesser de s'emparer des biens ecclésiastiques acquis depuis quarante ans dans ses états de Champagne. (*Edit. Venet.* tom. XIV.)

1253 *Tarraconense*, de Tarragone, le 8 avril, par l'archevêque Benoît. On y régla que les évêques pourraient absoudre les excommuniés de leur diocèse, les archevêques tous ceux de leur province, et on y accorda aux prêtres la faculté de s'absoudre réciproquement de l'excommunication mineure. (d'Aguirre, tom. III. et *Edit. Ven.* tom. XIV.)

1253 *Ravennense*, le 28 avril, par Philippe, archevêque de Ravenne, contre les usurpateurs des biens ecclésiastiques. Ce concile est daté, *anno* 1253, *tempore Innocentii IV, die lunæ tertiâ, exeunte mense aprili*, indict. XI. (Labbe, tom. XI.)

1253 *Parisiense XXVIII*, le 12 novembre, par Gilon Cornu, archevêque de Sens, où l'on donne un décret pour transférer à Mantes le chapitre de l'église de Chartres, à l'occasion du meurtre de Réginald de l'Epine, chantre de cette église. (Mansi, *Suppl.* tom. II.)

1253 *Salmuriense*, de Saumur, le 2 décembre, par Pierre de Lamballe, archevêque de Tours. On y fit trente et un canons la plupart concernant le clergé séculier et régulier. On y condamna, dans le vingt-septième, les mariages clandestins.

1254 *Ad Castrum Gonterii*, de Château-Gontier, par les mêmes prélats, avant Pâques. Il n'en reste qu'un canon, qui ordonne de se conformer à la constitution de Grégoire IX, *Quia nonnulli*, touchant les rescrits de Rome. (Mansi, *in* Raynald.) Labbe et Hardouin mettent ce concile en 1253.

1255 *Londinense*, le 13 janvier, contre les exactions de la cour de Rome et celles de la cour d'Angleterre. On y ordonne, sous peine d'anathème, l'observation de la grande charte de saint Edouard, et on y répond à Rustand, nonce du pape, que les biens de l'Église appartenaient au pape quant à la défense, et non quant à la jouissance et la propriété, comme il le prétendait. (Wilkins.)

1255 *Albiense*, d'Albi, dans le Carême, par Zoen, évêque d'Avignon et légat du saint siége, sur la convocation de saint Louis. Les évêques des provinces de Narbonne, Bourges et Bordeaux y assistèrent. On y dressa soixante-douze canons, partie pour l'entière extirpation de l'hérésie du pays, conformément aux canons du concile de Toulouse tenu en 1229; partie pour le rétablissement de la discipline. Ce concile est postérieur à la mort du pape Innocent IV, décédé le 7 décembre 1254, puisqu'il y est qualifié de *bonne mémoire* dans le trente-cinquième canon. Ainsi c'est au Carême de 1255 qu'on doit le rapporter, quoiqu'il porte la date de 1254, suivant l'ancienne manière de commencer l'année. (Vaissète, tom. III. p. 481)

1255 *Burdigalense*, le 13 avril. Gérard de Malemort, archevêque de Bordeaux, y publia une constitution de trente articles, dont le cinquième dit : « On ne donnera point aux enfants des hosties consacrées pour communier le jour de Pâques; mais seulement du pain béni. » Ceci semble être un reste de l'ancien usage de leur donner l'eucharistie dès qu'ils étaient baptisés : usage que l'église grecque a toujours conservé. Le précepte de la communion pascale, au concile de Latran de 1215, n'est que pour ceux qui ont atteint l'âge de discrétion.

1255 *Parisiense XXIX*, le 13 juillet, par Henri Cornu, archevêque de Sens, et cinq autres évêques, où il est jugé que Hugues de Chavernai, chanoine de Chartres, et Colin, son frère, coupables du meurtre de Reginald, seront bannis pendant cinq ans, et que Hugues demeurera privé à perpétuité de son bénéfice; quant aux deux autres clercs qu'ils avaient pour complices, le concile ordonne qu'ils seront mis en prison et ensuite relégués pour toujours en Palestine. Ce concile est daté du mardi avant la Saint-Arnould; c'est saint Arnould, martyr,

dont on fait encore mémoire dans l'église de Paris le 18
juillet. (Mansi, *Suppl.* tom. II.)

1256   *Parisiense XXX*, au mois de février probablement, par
Henri Cornu, archevêque de Sens, et cinq autres évêques. On y nomma des arbitres du différend de l'Université avec les frères prêcheurs. Leur jugement fut que
ceux-ci devaient être exclus du corps des maîtres et des
écoliers séculiers de Paris, à moins que ces derniers ne
les rappellassent volontairement.

1256   *Senonense*, vel *Parisiense XXXI*, par le même, le 31 juillet. On y confirme le jugement des arbitres nommés pour
juger le différend des frères prêcheurs avec l'Université.
Mais ceux-ci appellèrent au pape Alexandre IV qui se
déclara entièrement pour eux. Dans le même concile on
ordonna que les deux clercs mis en prison pour le meurtre
de Réginald en seraient tirés pour être envoyés en Palestine. (Martenne, *Ampl. Coll.* tome. VII, col. 146.) Ce
concile est daté *die lunæ in vigiliâ B. Petri ad vincula*,
an D. MCCLVI.

1256   *Senonense*, par le même, le 24 octobre, où l'on ordonne
au chapitre de Chartres, qui était revenu de Mantes en
cette ville, de se transporter à Etampes, jusqu'à ce qu'on
lui ait assuré sa tranquillité à Chartres. (Mansi, *Suppl.*
tome II.)

1257   *Londinense*, par Boniface, archevêque de Cantorberi.
La lettre de convocation portait qu'on devait y délibérer sur les moyens de rendre la liberté à l'église d'Angleterre, et de la tirer de la servitude où la tenaient le pape
et le roi par leurs exactions. Le roi voulut en vain s'opposer à la tenue de ce concile. Il s'assembla, malgré lui,
dans l'octave de l'Assomption, (22 août.) On y dressa
cinquante articles conformes, dit le continuateur de Mathieu Paris, à ceux pour lesquels saint Thomas de Cantorberi avoir combattu. (Mansi, *Suppl.* tome II.)

1257   *Danicum*, de Danemarck, par Jacob Erlandsen, archevêque de Lunden, où l'on fit quatre canons contre les
violences que les seigneurs faisaient aux évêques. Ces
canons furent confirmés par le pape Alexandre IV, le
3 octobre de cette année. M. Mallet, dans son Histoire de
Danemarck, (tome II, pages 51-54,) rapporte ce concile
au 6 mars 1256, et le place à Wedel, dans le diocèse de
Rypen, en Jutland. Ce fut, selon lui, contre le roi
Christophe, avec qui l'archevêque de Lunden s'était
brouillé, que ces canons furent dressés pour servir comme
de contre-batterie aux délibérations des états-généraux que

le monarque avait convoqués dans le même tems à Nybourg, pour examiner la conduite séditieuse du prélat à son égard. Cet historien cite pour garant de ses assertions Odoric Raynaldi, qui se contente néanmoins de rapporter, sans aucun préambule, les canons dont il s'agit, comme extraits de la lettre d'Alexandre IV, qui les confirme. (Voyez Odoric Raynaldi, *ad an.* 1257, n. 30.)

1258 *Mertonense*, de Merton, le 6 juin, par Boniface, archevêque de Cantorberi, pour la défense des libertés de l'église anglicane, contre la concession que le pape avait faite d'une décime au roi Henri III. Ce concile est daté, *die jovis ante festum sancti Barnabœ.*

1258 *Roffiacense*, de Ruffec, en Poitou, le 21 août, où l'on publia un réglement de dix articles, qui regardent principalement les intérêts temporels de l'Eglise.

1258 *Monspeliense*, de Montpellier, le 6 septembre. On y fit huit statuts ou canons, à la fin desquels le P. Labbe a mis une décision, *resolutio*, portant qu'il sera permis au sénéchal de Beaucaire d'arrêter les clercs surpris en flagrant délit, pour crimes punissables par les lois, à la charge de les remettre à la cour de l'évêque. On voit ici le commencement des *cas privilegiés*.

1259 *Moguntinum*, de Mayence. On y fit sept statuts sur la discipline. (*Conc. Germ.* tome IV, page 576.)

1260 *Copriniacense*, de Cognac. L'archevêque de Bordeaux y fit dix-neuf articles de constitutions. Par le premier article on voit que le peuple assistait encore en ce tems-là aux offices de la nuit, et qu'on passait même la nuit dans les églises, ce qui occasionnait de grands abus. On défend ces sortes de veillées, hors le tems de l'office divin, parce qu'elles obligeaient à réconcilier les églises. Un autre article défend, sous peine d'anathème, la guerre des coqs, espèce de jeu qui était en usage dans les écoles et ailleurs. Il faut supposer qu'il en naissait de grands inconvénients.

1260 ou 1261 *Arelatense.* Florentin, archevêque d'Arles, avec ses suffragants, y condamna les extravagances des Joachimites, qui disaient que le Père a opéré depuis le commencement du monde jusqu'à la prédication de Jésus-Christ; que Jésus-Christ a opéré jusqu'en 1260, et que le Saint-Esprit opérera depuis 1260 jusqu'à la fin du monde : que sous l'opération du Père, les hommes vivaient selon la chair; que sous celle du Fils, ils vivaient entre la chair et l'esprit, et que sous la troisième, ils vivraient plus parfaitement selon l'Esprit. On y fit aussi dix-sept canons, dont le troisième ordonne que la confirmation doit être administrée et reçue à jeun, excepté les enfants à la mamelle. On la donnait donc encore aux petits enfants, comme on la pratique même à présent dans les églises d'Orient. Le quinzième défend aux grands pénitenciers d'entendre ceux qui s'adressent à eux pour d'autres cas que ceux qui sont réservés, et leur enjoint de les renvoyer, pour le reste de la confession, à leur propre curé. C'était diviser la confession, ce qui ne s'accorde guère avec les principes de la saine théologie sur cette matière. Par le 17e, on voit que, dans le cas d'une contestation pour un bénéfice, on courait aux armes et on s'emparait des églises par violence, au lieu de se pourvoir par-devant les juges qui en devaient connaître. Le concile défend ces voies de fait, qui, depuis, ont donné occasion aux juges de prendre connaissance du possessoire des bénéfices.

1261   *Coloniense*, par Conrad, archevêque de Cologne, le 12 mars. On y publia quatorze statuts pour le clergé de la province, et vingt-huit pour les moines. Ce concile est daté de l'an 1260, parce qu'on suivait alors à Cologne le style de France.

1261   *Parisiense XXXII*, le dimanche de la Passion, 10 avril, par ordre de saint Louis, pour implorer le secours du ciel contre les conquêtes des Tartares sur les Chrétiens. Il fut ordonné qu'on ferait à cet effet des processions, qu'on punirait les blasphèmes, que le luxe des tables et des habits serait réprimé, les tournois défendus pour deux ans, et tous les jeux, hors l'exercice de l'arc et celui de l'arbalète. M. Fleuri, de ce concile, en fait deux dont il place le premier en l'an 1260, et donne le deuxième pour une répétition du premier.

1261   *Lambethense*, de Lambeth, près de Londres, le 13 de mai. L'archevêque de Cantorberi y ordonna des jeûnes, des prières publiques et des processions pour détourner l'invasion des Tartares : il y fit de plus un réglement pour conserver la liberté de l'Église contre les entreprises du roi et des juges séculiers.

1261   *Londinense* et *Bervalacense*, de Londres, le 16 mai, et de Béverlai, le 23 du même mois. Dans ces deux conciles, on fit quelques nouveaux réglements sur l'état des églises d'Angleterre, et on envoya des députés à Rome pour assister au concile indiqué par le pape au commencement de juillet, afin d'y prendre les mesures nécessaires pour s'opposer aux conquêtes des Tartares.

1261   *Ravennense*, en conséquence de l'ordre du pape, pour prêter secours contre les Tartares. Mais Alexandre IV mourut le 25 mai de la même année, avant que d'avoir pu tenir le concile qu'il n'avait indiqué que pour le mois de juillet suivant. (*Edit. Venet.* tom. XIV. Mansi, *Suppl.* tom. II.)

1261   *Moguntinum*, de Mayence, le 4 mai par l'archevêque Wernher, pour satisfaire à l'ordre du pape, et se disposer à résister aux Tartares. On y fit aussi cinquante-quatre réglements utiles pour l'augmentation du service divin et la réformation du clergé (*Conc. Germ.* tom. III.) On y renouvela de plus l'excommunication lancée par ce prélat contre Sophie, duchesse de Brabant, et Henri, son fils, qui prétendaient hériter des fiefs que la mort de Henri Raspon laissait vacants en Thuringe. (*Voyez les archives de Mayence.*)

1262   *Apud pontem in Hibernia*, au mois de janvier, par Patrice Oscanlan, archevêque d'Armach, où l'on fit plusieurs statuts sur la discipline, qui ne sont pas venus jusqu'à nous. Ce concile, dans Wilkins, est daté du lundi 18 janvier 1262. Mais en cette année, le 18 janvier tombait un mercredi, et l'année suivante un jeudi.

1262   *Copriniacense*, de Cognac, par Guill. de la Roue, archevêque de Bordeaux. On y fit sept articles, dont le troisième est pour contraindre les seigneurs à saisir le temporel des excommuniés, afin de les obliger à rentrer dans l'Eglise.

1263   Par le même archevêque, en un lieu qui n'est point nommé. On y fit encore sept articles, dont le second porte que celui qui aura souffert l'excommunication pendant un an, sera réputé hérétique et dénoncé comme tel. Ce qui aboutissait à le soumettre aux peines temporelles portées contre les Hérétiques par les lois, selon la remarque de M. Fleuri.

On voit, dans ces deux conciles, comme dans les remontrances faites par les évêques au roi saint Louis en 1263, les maximes du clergé sur les excommunications, si fréquentes en ces tems-là. Saint Louis n'en pensait pas comme eux. *Voyez* Fleuri.

1263   *Parisiense XXXIII*, le 18 novembre. L'archevêque de Tyr, légat du saint siége, y obtint le centième des revenus du clergé de France pendant cinq ans, pour les besoins de la Terre-Sainte. On peut rapporter à cette assemblée la demande que les prélats firent à saint Louis, suivant le sire de Joinville, d'enjoindre aux officiers de jus-

tice de contraindre par saisie de leurs biens les excommuniés après l'an et le jour de se faire absoudre, sans permettre aux juges de prendre connaissance de la cause de l'excommunication. La réponse du roi fut qu'il donnerait volontiers cet ordre à l'égard de ceux qui seraient convaincus par l'examen des juges d'avoir fait tort à l'Eglise ou à leur prochain, mais non autrement : « car il serait contre
» la raison ajouta-t-il, que je contraignisse de se faire ab-
» soudre ceux à qui les ecclésiastiques eux-mêmes fe-
» raient tort. »

1264 *Nannetense*, de Nantes par l'archevêque de Tours, le 1er de juillet. On y publia neuf canons, dont le premier défend aux patrons, tant clercs que laïques, de promettre les bénéfices avant qu'ils soient vacants : le cinquième défend de servir plus de deux plats aux repas qu'on donne aux prélats dans les visites de leurs diocèses.

1264 *Parisiense XXXIV*, le 26 août. Simon de Brion, cardinal, depuis pape, sous le nom de Martin IV, y présida; et saint Louis, de l'avis de toute l'assemblée, y fit publier une ordonnance très-sévère contre les jurements et les blasphèmes. On croit aussi que le légat y obtint la décime sur le clergé de France, sans laquelle Charles d'Anjou ne voulait point entreprendre la conquête du royaume de Sicile.

1264 *Bononiense*, de Boulogne. Le cardinal Gui Foulquois, envoyé par le pape Urbain IV, pour réconcilier les barons d'Angleterre avec le roi Henri III, n'ayant pu aborder dans cette île, manda plusieurs évêques d'Angleterre à Boulogne, et tint avec eux un concile dans lequel il prononça, contre les barons anglais, une sentence d'excommunication qu'il chargea ces prélats de fulminer à leur retour. Le continuateur de Mathieu Paris met ce concile en 1265; mais Urbain IV était mort dès le 21 octobre 1264, et le cardinal Foulquois lui succéda le 5 février de l'an 1265, sous le nom de Clément IV. C'est assez l'usage de ce continuateur de retarder d'une année les événements.

1265 ou 1266. *Northamptoniense*, Le légat Otton de Fiesque y fulmina une sentence d'excommunication contre tous les évêques et clercs qui avaient aidé ou favorisé Simon de Montfort contre le roi Henri III. La Chronique de Dunestaple met ce concile à la Saint-Nicolas de l'an 1265, et les Annales d'Evesham le placent dans la quinzaine de Pâques de l'an 1266.

1266 *Coloniense*, le 10 mai. Synode, où l'archevêque Engil-

bert publia, du consentement de son clergé, un décret en
15 articles, contre les injustices et les violences qui se
commettaient impunément depuis quinze ans que l'empire
était vacant.

1266 *Bremense*, de Brême, par Gui, cardinal-légat, au mois de
novembre, contre le concubinage des clercs et la pluralité
des bénéfices. (*Conc. Germ.* tom. IV, p. 579.)

1267 *Viennense*, de Vienne, en Autriche, le 10 mai, par
Gui, cardinal-légat. On y publia une constitution de
dix-neuf articles, assez semblable à celle du synode tenu
à Cologne l'année précédente. (Hartzheim, tom. IV.)

1267 *Ad Pontem Audomari*, de Pont-Audemer, par Eudes,
archevêque de Rouen, le 30 août. Il y fut ordonné aux
clercs mariés de porter la tonsure et l'habit clérical, et de
s'abstenir de tout négoce, sous peine d'être privés des priviléges de la cléricature. C'était pour jouir de ces priviléges, sans renoncer au mariage, que quantité de personnes entraient dans le clergé et s'en tenaient aux moindres ordres.

1268 *Vratislaviense*, de Breslaw, par Gui, cardinal-légat, le
2 février. Le légat y prêcha la croisade pour le secours
de la Terre-Sainte.

1268 *Londinense*, le 16 avril, par le légat Ottobon, en présence de tous les prélats d'Angleterre, de Galles et d'Irlande, et de deux évêques, un abbé et un prieur d'Ecosse.
Il y publia un décret de 54 articles, pour réparer les désordres de la guerre civile, et ramener l'exécution des
canons, qui n'étaient presque plus observés, particulièrement les constitutions qu'Otton, cardinal-légat, avait
faites au concile de Londres, tenu en 1237. Le huitième
ordonne aux religieux devenus évêques de garder l'habit de
leur ordre. Le vingt-sixième défend aux évêques de s'attribuer les fruits des églises vacantes, soit pour un an, soit
pour un autre tems, s'ils ne sont fondés en privilége ou en
coutume. On voit ici le commencement du *déport* et de
l'*annate*.

1268 *Apud Castrum Gonterii*, de Château-Gontier, le 23 juillet.
On y fit sept canons, dont le premier défend aux baillis
et aux autres juges séculiers d'occuper les biens d'église,
et d'y envoyer des *mangeurs*. Ces mangeurs étaient des
sergents qu'on envoyait dans les maisons, où ils vivaient
à discrétion aux dépens des débiteurs, jusqu'à ce qu'ils
eussent payé.

1269 *Senonense*, le 26 octobre, par Pierre de Charni, archevêque de Sens. On a six canons de ce concile sur la discipline.

1270 *Compendiense*, de Compiègne, le 19 mai, par Jean de Courtenai, archevêque de Reims, contre les usurpateurs des biens de l'Eglise.

1270 *Avenionense*, le 15 de juillet, par Bertrand Maleferrati, archevêque d'Arles, où l'on fit huit réglements pour le clergé.

1271 *Langesiacum*, de Langei, en Touraine, par Jean de Montsoreau, archevêque de Tours, sur la fin de janvier On y fit quatorze canons, dont le premier défend de recevoir les droits de visite en argent.

1271 *Apud S. Quintinum*, de Saint-Quentin, en Picardie, le siége de Reims étant vacant. On en cite, d'après Hemeré, cinq canons de discipline.

1273 *Redonense*, de Rennes, le 22 mai, par Jean de Montsoreau, archevêque de Tours. On y fit sept canons sur la discipline.

1274 *LUGDUNENSE II*, de Lyon. Quatorzième concile général, commencé le 7 mai et fini le 17 juillet, après la sixième session. Il s'y trouva cinq cents évêques, soixante-dix abbés; avec mille autres prélats, et Grégoire X y présidait. Dans la session du 7 juin, qui était la troisième, on publia vingt constitutions, touchant les élections des évêques et les ordinations des clercs. Les Grecs se réunirent aux Latins, abjurèrent le schisme, acceptèrent la foi de l'église romaine, et reconnurent la primauté du pape, dans la quatrième session tenue le 6 juillet. Dans la cinquième, tenue le 16 du même mois, on lut quatorze constitutions, dont la première est celle du conclave pour l'élection d'un pape. La quatrième défend aux évêques nouvellement élus d'exercer aucune fonction temporelle ou spirituelle, avant que d'avoir obtenu des provisions apostoliques, suivant l'ancien usage, y est-il dit. Mais cet usage ne remonte qu'à Innocent III, qui en fut l'inventeur. Une autre, qui fut lue en présence des ambassadeurs de France, et à laquelle ils aquiscèrent au nom de leur maître, défend, sous peine d'excommunication, à toute personne de quelque dignité qu'elle soit, d'usurper de nouveau sur les églises, le droit de régale, ou celui d'avouerie. Quant à ceux, dit-elle, qui sont en possession de ces droits, à titre de fondateurs, ou par une ancienne coutume, ils sont exhortés à n'en point abuser, soit en étendant leur jouissance au-delà des fruits, soit en détériorant les fonds qu'ils sont tenus de conserver. C'est la première constitution qui ait autorisé, du moins indirectement, la régale. Dans la sixième et dernière session, tenue le lendemain de la précédente, on lut deux autres constitutions ; l'une, pour réprimer la multitude des ordres religieux : (on ne laissa pas néanmoins de confirmer dans ce concile l'ordre des Serviteurs de la Mère de Dieu, dits Servites, établi trente-cinq ans auparavant à Florence, par Bonfilio Monaldi, marchand de cette ville, qui mourut en 1285.) L'autre constitution ne se trouve plus. On parla aussi dans ce concile de l'affaire de la Terre Sainte, et de la réformation des mœurs ; le pape dit que les prélats étaient cause de la chûte du monde entier, et exhorta tous les coupables à se corriger. Saint Bonaventure, nouvellement élevé à la dignité de cardinal-évêque d'Albane, avait suivi le pape à ce concile, durant lequel il mourut le 15 juillet. Son oraison funèbre fut prononcée par le cardinal-évêque d'Ostie. Saint Thomas d'Aquin, que le pape y avait aussi appelé, était mort en chemin le 7 mars, à l'âge de quarante-neuf ans.

1274 *Saltzburgense*, de Saltzbourg, par l'archevêque légat du saint siége et ses suffragants. On y ordonna que les constitutions du concile de Lyon seraient publiées dans la province de Saltzbourg, et ensemble celles du concile de la même province, tenu à Vienne en 1267. On y fit ensuite vingt-quatre articles de réglements.

1275 *Constantinopolitanum*, le 26 mai, où Jean Veccus, auteur, avec l'empereur Michel Paléologue, de la réunion des Grecs avec les Latins, fut élu patriarche de Constantinople. Il fut ordonné le dimanche suivant 2 juin, jour de la Pentecôte.

1275 *Arelatense*, par Bertrand de Saint-Martin, archevêque d'Arles. On y dressa vingt-deux canons sur la discipline, dont manquent les quatre premiers. Le neuvième concerne les testaments. Il y est dit que quatre jours après la mort du testateur, l'héritier sera averti, et même contraint par les censures, de fournir au curé de la paroisse une copie du testament, afin de connaître les legs pieux qu'il renferme.

1275 *Lundiense*, de Lunden, en Danemarck. On y lève l'interdit du royaume, qui durait depuis neuf ans, à compter de l'emprisonnement de Jacob Erlandsen, archevêque de Lunden, et de quelques autres prélats, qui en avait été l'occasion. (Olaus Vormius, Meursius.)

1276   *Salmuriense*, de Saumur, par l'archevêque de Tours, le 31 août. On y fit quatorze canons.

1276   *Bituricense*, de Bourges, le 13 septembre, par Simon de Brion, cardinal-légat. On y publia seize articles de réglements, qui tendent principalement à maintenir la juridiction et l'immunité ecclésiastiques, dans l'étendue dont le clergé était alors en possession, et que les séculiers s'efforçaient de restreindre.

1277   *Constantinopolitanum*, avant, ou environ le mois d'avril, comme on le voit par la lettre du patriarche Veccus, au pape Jean XXI. Il y fait une profession de foi très-catholique, en reconnaissant les sept sacrements et le reste de tout ce que croit l'église romaine.

1277   *Constantinopolitanum alterum*, le 16 juillet, par le même Jean Veccus, où l'on excommunie les schismatiques qui s'opposaient à la réunion des deux églises. (Mansi.)

1278   *Langensiense*, de Langei, sous Jean de Montsoreau, archevêque de Tours, où l'on fit un décret de seize articles. On n'est pas bien assuré de la date de ce concile.

1278   *Compendiense*, par l'archevêque de Reims, Pierre Barbets, avec ses suffragants, la veille des Rameaux, 9 avril. On y fit un décret contre les chapitres des cathédrales, qui prétendaient avoir droit de cesser l'office divin et de mettre la ville en interdit, pour la conservation de leurs libertés. Labbe met ce concile en 1277, pour n'avoir pas distingué l'ancienne et la nouvelle manières de compter en France.

1279   *Apud Pontem Audomari*, de Pont-Audemer, par Guillaume de Flavacourt, archevêque de Rouen, avec ses suffragants. On y fit vingt-quatre chapitres, dont l'un ordonne que ceux qui n'on point fait leurs Pâques soient poursuivis comme suspects d'hérésie. Un autre oblige les gros décimateurs aux réparations des églises et à l'entretien des livres de chœur et des ornements.

1279   *Biterense*, de Beziers, par l'archevêque de Narbonne et sept évêques, le 4 mai. On y ordonna que l'archevêque de Narbonne irait en France, au prochain parlement, pour se plaindre, au nom de la province, des entreprises anciennes et nouvelles, de la puissance séculière sur les ecclésiastiques, touchant les fiefs, les alleus, le service de guerre, et demander la conservation de leurs libertés et priviléges.

1279   *Avenionense*, d'Avignon, par l'archevêque d'Arles et quatre évêques, le 17 mai. On y fit un décret contenant quinze articles, la plupart contre les usurpations et les invasions des biens ecclésiastiques, les violences commises contre les clercs, et le mépris des excommunications; mais à tous ces maux on n'oppose que de nouvelles censures.

1279   *Redingense*, de Reading, le 30 juillet, par l'archevêque de Cantorberi et ses suffragants. On y renouvela les constitutions du concile de Latran de 1215, et de celui de Londres de 1268, contre la pluralité des bénéfices à charges d'âmes. On y fit encore quelques autres réglements.

1279   *Budense*, de Bude, en Hongrie, par le légat Philippe, évêque de Fermo. Du consentement des évêques, des abbés, et de tout le clergé séculier et régulier, il y fit des constitutions en soixante-neuf articles sur différents sujets. Ces constitutions sont datées du 14 septembre. (Péterfi).

1279   *Andegavense*, d'Angers, le 22 octobre, par l'archevêque de Tours. On y fit quatre canons, dont l'un fait voir que le clergé même donnait l'exemple de mépriser l'excommunication, et qu'elle n'était plus la dernière peine canonique.

1280   *Bituricense*, de Bourges, au mois d'avril, où l'on défend aux clercs plusieurs métiers vils, dont on fait l'énumération. (*Edit. Venet.* t. XIV.)

1280   *Constantinopolitanum*, par le patriarche Veccus, le 3 mai. Huit, tant métropolitains qu'évêques, y assistèrent. On y parla d'un passage de saint Grégoire de Nysse, où il était dit que le *Saint-Esprit est du Père et du Fils*, et d'où l'on avait retranché malicieusement une syllabe, qui, étant ôtée, changeait le sens de ce passage, si favorable à la réunion de l'église; ce qui fit dire au patriarche: « La moindre altération dans les écrits des pères, porte un préjudice notable à l'église; et c'est à nous, qui leur avons succédé dans la conduite du troupeau de Jésus-Christ, à conserver, inviolablement, la tradition qu'ils nous ont laissée. »

Le zèle de Veccus, pour la réunion et pour la justification de la doctrine des Latins, irritait de plus en plus les Schismatiques contre lui, et l'empereur les mettait au désespoir par ses soupçons et ses cruautés. (*Leo Allatius*, l. 3, *de Consens.*)

1280   *Senonense*, le 25 septembre, par Gilon Cornu II, archevêque de Sens, et cinq de ses suffragants, à l'occasion des violences que Jean, seigneur d'Amboise et de Chaumont, exerçait, contre l'abbaye de Pont-le-Voi. (Mansi, *Suppl.* t. III.)

1281 *Coloniense*, par Sigefroi de Westerbourg, archevêque de Cologne et ses suffragants. On y fit dix-huit statuts sur la discipline. (*Conc. Germ.* t. III.)

1281 *Saltzburgense*, de Saltzbourg, par l'archevêque Frédéric, légat du saint siége, avec sept de ses suffragants. On y fit une constitution de dix-sept articles, la plupart touchant les réguliers, pour réprimer divers abus.

1281 *Lambethense*, de Lambeth, le 10 octobre, où Jean Peckam, archevêque de Cantorberi, renouvela les décrets du dernier concile de Lyon, les constitutions de celui de Londres de 1268, et celles du concile de Lambeth, de l'an 1261, en y ajoutant les siennes propres, en vingt-sept articles, sur différentes matières. Un de ces articles défend d'administrer l'eucharistie, hors le cas de nécessité, à ceux qui ont négligé de recevoir la confirmation.

1281 *Parisiense XXXV*, au mois de décembre, par quatre archevêques et vingt évêques. Ils s'y plaignent des religieux mendiants, qui prêchent et entendent les confessions malgré eux dans leurs diocèses, disant qu'ils ont pour cet effet des priviléges des papes. Martin IV confirma ces priviléges aux frères mineurs, le 10 janvier 1282, mais avec cette clause : « Nous voulons que ceux qui se confesseront à ces frères soient tenus de se confesser à leurs curés, au moins une fois l'année, suivant l'ordonnance du concile (de Latran), et que les frères les y exhortent soigneusement et efficacement. »

1282 *Londinense*, par Jean Peckam, archevêque de Cantorberi, le 1er. mars, pour la délivrance d'Amauri de Montfort, chapelain du pape Martin IV, arrêté par les Anglais, en menant sa sœur, femme du prince de Galles, à son époux. (Wilkins, t. II.)

1282 *Tarraconense*, le 22 mars, par l'archevêque Bernard. On y fit sept canons, dont le premier défend aux clercs de porter des boutons d'or, d'argent ou d'aucun autre métal, ni des habits d'étoffe cordelée. Le cinquième défend aux Chrétiens d'habiter avec les Juifs. (Mansi.)

1282 *Avenionense*, d'Avignon, par Amauri, archevêque d'Arles, avec ses suffragants. Il y publia dix canons.

1282 *Santonense*, de Saintes. Geoffroi de Saint-Brice, qui en était évêque, s'y plaint que dans son diocèse on enterrait les excommuniés dans les cimetières, ou si proche, qu'on ne pouvait distinguer leurs sépultures de celles des fidèles, etc. La multitude des excommunications donnait occasion à ces abus.

1282 *Turonense*, le 3 août jusqu'au 5. Jean de Montsoreau, archevêque de Tours, avec ses suffragants, y condamna plusieurs abus, qui marquent l'esprit de chicane qui régnait alors dans cette province.

1282 *Aquileiense*, d'Aquilée, par le patriarche Raimond, le 14 décembre, où l'on fait divers réglements sur la discipline. (Mansi. *Suppl. Conc.* t. III.)

1283 * *Constantinopolitanum*, au mois de janvier, sous le patriarche Joseph. Les grecs schismatiques y condamnèrent Jean Veccus, qu'ils regardaient comme l'auteur de la réunion avec les Latins. Ils le firent exiler peu de tems après, par l'empereur Andronic, très attaché au schisme, malgré tout ce qu'il avait fait, avec son père Paléologue, pour la réunion.

1283 * *Constantinopolitanum alterum*, sous le patriarche Grégoire de Chypre, le lendemain de Pâques, où l'on condamne tous les évêques latins et grecs qui avaient eu part à la réunion des deux églises. (Mansi, t. III.) Le P. Possines met ce concile en 1284, et peut-être avec raison.

1284 *Melfitanum*, de Melfe, le 28 mars. On y fit une constitution divisée en neuf articles, dont le premier est pour obliger les Grecs du royaume de Sicile, à ajouter le mot *Filioque* dans le symbole. Le troisième est contre les latins de naissance, qui se mariaient étant dans les ordres mineurs, et ensuite sans renoncer au mariage, se faisaient élever aux ordres supérieurs, disant qu'ils voulaient observer le rit des Grecs. Le quatrième est contre les collateurs qui, par esprit d'avarice, donnaient au peuple du rit latin, des prêtres grecs, et réciproquement aux grecs, des prêtres latins, suivant que ces ministres mettaient leurs honoraires au rabais. Le concile condamne ces abus, et les défend sous des peines grièves. (Mansi, *Suppl. Conc.* t. III.)

1285 *Lancisciense*, de Lencici, en Pologne, le 6 janvier, où l'archevêque de Gnesne, avec quatre évêques, excommunia Henri IV, duc de Silésie, pour s'être saisi de tous les biens de l'évêque de Breslaw, et de toutes les dîmes du clergé.

1285 *Constantinopolitanum*, dans l'église de Notre-Dame de Blaquernes. Veccus y fut amené, et il persista à soutenir que, suivant la doctrine des pères, on pouvait dire que le Saint-Esprit procède du Père et du Fils.

1286   *Regiense*, de Riez, le 14 février, par Rostaing de Capre, archevêque d'Aix. On y fit vingt-trois canons, dont le second ordonne des prières pour la délivrance de Charles II, comte de Provence et roi de Sicile. (*Edit. Ven.* t. XIV.) Ce concile est daté de l'an 1285, parce que l'année commençait alors à Pâques, en Provence.

1286   *Londinense*, le 30 avril. Jean Peckam, archevêque de Cantorberi, assisté de trois évêques et de plusieurs docteurs, y condamna quelques propositions sur l'état du corps de Jésus-Christ après sa mort.

1286   *Ravennense*, le 8 juillet, par Boniface de Lavagne, archevêque de Ravenne, avec huit évêques, ses suffragants. On y publia une constitution divisée en neuf articles, dont le premier condamne un abus introduit par les laïques, savoir, que quand ils étaient faits chevaliers, ou se mariaient, ils faisaient venir des jongleurs et des bouffons, pour les réjouissances de ces fêtes, etc.

1286   *Matisconense*, au mois de juillet. On y fit des réglements, compris en treize articles, sur la discipline. L'archevêque de Lyon et l'évêque d'Autun, qui paraissent à la tête de ce concile, y firent une transaction très-circonstanciée touchant l'administration réciproque des deux églises, en cas de vacance. Il y est réglé que, selon l'ancienne coutume, l'archevêque de Lyon aura l'administration du diocèse d'Autun, tant au temporel qu'au spirituel, après la mort de l'évêque, et qu'il en sera de même de l'évêque d'Autun, par rapport au diocèse de Lyon, après la mort de l'archevêque. (Martenne, *anecd.* t. IV, p. 203.)

1286   *Bituricense*, le 19 septembre. Simon de Beaulieu, archevêque de Bourges, assisté de trois de ses suffragants, y publia une constitution en trente-sept articles, pour rappeler la mémoire et procurer l'exécution de ce qu'avaient ordonné les conciles précédents.

1286   *Naumburgense*, de Naumbourg, en Misnie, contre ceux qui arrêtent prisonniers les évêques et les clercs. (*Conc. Germ.* t. III.)

1287   *Herbipolense*, de Wurtzbourg, le 18 mars. Le légat Jean Bucamatio, évêque de Tusculum, assisté de quatre archevêques, de quelques-uns de leurs suffragants, et de plusieurs abbés, y publia un réglement de quarante-deux articles, où l'on voit les désordres qui régnaient alors dans l'église d'Allemagne. Le pape y obtint, pour six ans, la levée du dixième denier sur tous les biens ecclésiastiques ; mais l'empereur, qui n'y avait consenti qu'à condition qu'il pourrait mettre un semblable impôt sur les princes et états séculiers, essuie un refus unanime à la diète qui se tint au même lieu et dans le même tems.

1287 *Exoniense*, d'Excester, le 16 avril. Pierre Quivil, qui en était évêque, y fit des constitutions en cinquante-cinq articles, sur tous les sacrements et sur différentes matières.

1287 *Mediolanense*, le 12 septembre, par Otton, archevêque de Milan, assisté de plusieurs évêques et des députés de tous les chapitres de la province. On y ordonna l'observation des constitutions des papes, et des lois de l'empereur Frédéric II, contre les Hérétiques, à quoi l'on ajouta neuf autres articles. (*Editio Veneta* tome XIV.)

1287 *Remense*, le premier octobre. Pierre Barbets, archevêque de Reims, sept évêques, ses suffragants, et les députés de deux autres, résolurent unanimement d'envoyer à Rome, pour y poursuivre, jusqu'à son entière expédition, l'affaire qu'ils avaient avec les religieux mendiants, au sujet de leurs priviléges pour la confession et la prédication.

1287 *Saltzburgense*, par le légat Jean Bucamatio, où l'on délibère que l'on donnera pendant six ans la dîme des revenus ecclésiastiques pour les besoins de la Terre-Sainte. (*Conc. Germ.* t. III.)

1288 *Insulanum*, de l'Isle, au comtat Venaissin, par Rostaing de Capre, archevêque d'Arles, assisté de quatre évêques et des députés de quatre autres absents. On y publia les statuts de plusieurs autres conciles de la même province, et l'on y ajouta celui-ci, de ne donner que l'aube seule à l'enfant dont on serait le parrain. C'était l'habit blanc dont le nouveau baptisé était revêtu en sortant des fonts.

1288 *Saltzburgense*, de Saltzbourg, par l'archevêque Rodolphe, le 11 novembre. Avant que de délibérer, on présenta à chaque évêque des tablettes, au bas desquelles on le pria d'appliquer son sceau. Elles contenaient un anathème contre les clercs qui régiraient les affaires des princes séculiers, avec une défense à tout prélat de rendre hommage au seigneur laïque de la province. Le seul évêque de Sécou refusa de sceller ces tablettes ; les autres, qui étaient au nombre de dix, sans compter le président, firent ce qu'on leur demandait, sans examen, et s'en repentirent. (*Conc. Germ.* tome III.)

1290   *Nugaroliense*, de Nogaro, dans l'Armagnac, le 29 août. Amanieu, archevêque d'Auch, assisté de six suffragants, y fit dix canons, dont huit concernent les excommunications et les excommuniés.

1291   *Saltzburgense*, de Saltzbourg, sur les moyens de secourir la Terre-Sainte. On y conseilla au pape d'unir ensemble les Templiers, les Hospitaliers et les chevaliers Teutoniques. (*Conc. Germ.* t. III.)

1291   *Mediolanense*, de Milan, le 27 novembre, et les deux jours suivants, par l'archevêque Otton Visconti, et par ses suffragants, pour le recouvrement de la Terre-Sainte, qui avait été entièrement perdue par la prise d'Acre, le 18 mai de la même année.

1291   *Londinense*, en présence du roi Edouard. On y rend un décret pour chasser d'Angleterre les Juifs, qui vuidèrent en effet le pays.

1292   *Tarraconense*, de Tarragone, par l'archevêque Rodrigue, le 15 mars. On y fit un réglement sur la discipline en douze articles, dont le septième défend de souffrir que l'archevêque de Tolède exerce aucun acte de juridiction, ou porte même aucune marque de primat en passant par la province de Tarragone. (Mansi, *Suppl.* t. III.)

1292   *Bremense*, le 17 mars, par Gislebert, archevêque de Brême, et trois évêques, contre ceux qui mettent la main sur le évêques et les emprisonnent. (*Edit. Venet.* t. XIV, et *Conc. Germ.* t. IV.)

1292   *Cicestrense*, de Chichester. On y fit sept statuts, dont le premier défend de faire paître des bestiaux dans les cimetières, et le sixième d'ériger des troncs dans les églises, sans la permission de l'évêque.

1292   *Aschaffemburgense*, par Gérard d'Epstein, archevêque de Mayence, le 15 septembre. On y fit vingt-cinq articles sur la discipline. (*Conc. Germ.* t. IV.)

1294   *Salmuriense*, de Saumur, le 9 mars. On y fit cinq statuts, dont le troisième est contre l'abus d'imposer des pénitences pécuniaires dans la confession.

1294   *Tarraconnense*, par l'archevêque Rodrigue. On y fit une constition qui n'a pas encore vu le jour. Elle est en six articles, dont le quatrième défend le repas que les paroissiens exigeaient de leurs curés à certains jours. (Communiqué par D. Ursin Durand.)

1297   *Londinense*, le 14 janvier. Robert de Cantorberi, et ses suffragants y traitèrent, huit jours durant, de la demande que le roi Edouard leur faisait d'un subside, sans pouvoir trouver le moyen de le contenter.

Le 26 mars de la même année, l'archevêque de Cantorberi assembla encore quelques-uns de ses suffragants, à Saint-Paul de Londres, où deux avocats et deux frères prêcheurs s'efforcèrent de prouver que le clergé pouvait secourir le roi de ses biens, en tems de guerre, nonobstant la défense du pape.

1297 *Constantinopolitanum*. Le patriarche Athanase, après sa retraite forcée, avait lancé, contre l'empereur, des anathèmes dans un écrit qu'il avait eu soin de cacher dans une muraille de la grande église. Cet écrit ayant été découvert, troubla l'esprit de l'empereur. Le concile fut assemblé à ce sujet. Les avis étant partagés sur la valeur de ces anathèmes, on consulta Athanase lui-même, qui déclara les avoir écrits dans la colère, et consentit qu'ils fussent regardés comme nuls, ce qui tranquillisa l'empereur. Telle était la délicatesse d'Andronic le Vieux, qui n'avait pas le moindre scrupule sur la persécution qu'il faisait à ceux qui s'étaient réunis à l'église romaine. (Mansi, *Suppl. Conc.* t. III.)

1298 *Nicosiense*, de Nicosie, en Chypre, le 23 septembre, par Gérard, archevêque de Nicosie, et légat du saint siège, à la tête des évêques, tant latins, que grecs, arméniens et maronites. Ce prélat, au commencement des actes de ce concile, prend le titre de *Dei et apostolicæ sedis gratiâ archiepiscopus*. C'est le premier, ou du moins le second (car un de ses prédécesseurs en avait usé de même en 1251), qui se soit dit évêque par la grâce du saint siége, ce qui a passé depuis en usage dans presque tout l'Occident. Gérard, dans cette assemblée, publia une constitution, qui n'était qu'un renouvellement des anciens statuts de la province, sur l'administration des sacrements et autres points de discipline.

1299 *Rotomagense*, le 18 juin, dans l'église de Notre-Dame du Pré, aujourd'hui Bonne-Nouvelle, près de Rouen. Guillaume de Flavacourt, archevêque de Rouen, y fit, avec ses suffragants, un décret divisé en sept articles, dont le premier montre le dérèglement du clergé de ce tems-là.

1299 *Biterense*, de Beziers, par l'archevêque de Narbonne et ses suffragants, le 29 octobre. On y députa au roi, touchant un différend temporel entre l'archevêque et le vicomte de Narbonne.

1299 *Constantinopolitanum*, par ordre de l'empereur Andronic le Vieux, pour faire casser le mariage d'Alexis, son neveu, prince des Lazes, avec la fille d'un seigneur ibérien, et lui faire épouser la fille de Chumnus, gouverneur de Caniclée et favori de l'empereur. Le patriarche Jean s'opposa aux volontés de l'empereur, et le mariage fut déclaré valide, quoiqu'Andronic, sans le consentement duquel il s'était fait, eût la tutelle d'Alexis encore pupille. (Mansi, *Suppl.* tom. III.)

1300   *Cantuariense*, le 13 juin, sur les pouvoirs des religieux mendiants, pour l'administration des sacrements, et sur la clôture des religieuses. (Wilkins, tom. II).

1300   *Mertonense*, de Merton, dans le comté de Surrei, sous Robert, archevêque de Cantorberi, où il publia des constitutions qui regardent principalement les dîmes, et font voir avec quelle rigueur on les exigeait en Angleterre. (Labbe.) Wilkins met ce concile en 1305, sans en dire la raison.

1300   *Auscitanum*, d'Auch, sur la liberté des élections, et autres matières bénéficiales.

1301   *Melodunense*, de Melun, par Etienne Becard, archevêque de Sens et ses suffragants, le 21 janvier, pour réformer la discipline. Ce concile est daté de l'an 1300, suivant le style du tems.

1301   *Remense*, de Reims, par l'archevêque Robert de Courtenai, le 22 novembre. On y fit une constitution de sept articles, dont la plupart regardent les clercs qui seraient appelés à un tribunal séculier. (Mansi, *Suppl.*, tom. III). Le nouveau *Gallia Christiana* (tom. IX, *col.* 121), met ce concile à Compiègne; Hartzheim le place à Cambrai.

1302   *Apud Pennam Fidelem*, de Pegna-Fiel, le 13 mai, par Gonzalve, archevêque de Tolède, et ses suffragants. On y publia quinze articles pour réprimer les mêmes abus que l'on voit dans les autres conciles du tems, le concubinage des clercs, les usures, etc. On y ordonne qu'en chaque église on chantera, tous les jours, à haute voix, le *Salve Regina*, après complies.

1302   *Parisiense XXXVI*, assemblée des seigneurs et des prélats, le 10 avril. Philippe le Bel ayant fait emprisonner, en 1301, Bernard de Saisset, premier évêque de Pamiers, Boniface VIII s'en plaignit au roi par une lettre du 5 décembre de la même année, et le même jour il lui envoya la bulle *Ausculta, fili*, où il s'applique les paroles de Jérémie, I, 10, et dit au roi : « Ne vous laissez donc point persuader que vous n'ayez point de supérieur, et que vous ne soyez point soumis au chef de la hiérarchie ecclésiastique : qui pense ainsi est un insensé, et qui le soutient opiniâtrement est un infidèle, séparé du troupeau du bon pasteur. »

Philippe le Bel, surpris et troublé de cette bulle, assembla les seigneurs, les prélats et les notables des villes à Notre-Dame de Paris, le 10 avril 1302. Il y fit des plaintes contre le pape, et fit lire la bulle *Ausculta, fili.* Les seigneurs écrivirent aux cardinaux une lettre forte, où ils se plaignent de ce que le pape prétend que le roi est son sujet, quant au temporel et le doit tenir de lui : au lieu que le roi et tous les Français ont toujours dit, que, pour le temporel, le royaume ne relève que de Dieu seul. Ils ajoutent : « Nous disons, avec une extrême douleur, que de tels excès ne peuvent plaire à aucun homme de bonne volonté ; que jamais ils ne sont venus en pensée à personne, et qu'on n'a pu les attendre, que pour le tems de l'Antechrist. Et quoique celui-ci dise qu'il agit ainsi par votre conseil, nous ne pouvons croire que vous consentiez à de telles nouveautés, ni à de si folles entreprises. C'est pourquoi nous vous prions d'y apporter tel remède, que l'union entre l'Église et le Royaume soit maintenue, etc. »

La lettre des prélats au pape est moins forte; mais ils le supplient la larme à l'œil, disent-ils, de conserver l'ancienne union entre l'Église et l'Etat, et de pourvoir à leur sûreté, en révoquant le mandement par lequel il les avait appelés à Rome, où le pape aurait voulu juger cette affaire avec eux, ce que le roi et les barons déclarent qu'ils ne souffriront en aucune sorte.

Les cardinaux répondirent aux seigneurs français que le pape n'avait jamais écrit au roi qu'il dût reconnaître tenir de lui le temporel de son royaume, etc. « Désaveu remarquable, dit M. Fleuri, qui ajoute ; mais le lecteur peut juger s'il est sincère. Le pape dit dans sa réponse aux prélats : Ne s'efforce-t-on pas d'établir deux principes, quand on dit que les choses temporelles ne sont point soumises aux spirituelles ? Et il les blâme de ce que les puissances temporelles l'ont emporté sur eux. »

1302 *Remense*, par Robert de Courtenai, archevêque de Reims, le 30 septembre, contre les entreprises des chapitres des cathédrales. (Mansi, *Suppl.* tom. III.)

1302 *Romanum*, le 30 octobre. Le pape Boniface y fit beaucoup de bruit, et éclata en menaces contre Philippe-le-Bel, mais sans en venir à l'exécution. On regarde seulement comme l'ouvrage de ce concile la fameuse décretale *Unam sanctam*, où, selon M. Fleuri, il faut soigneusement distinguer l'exposé et la décision : tout l'exposé tend à prouver que la puissance temporelle est soumise à la spirituelle, et que le pape a droit d'instituer, de corriger et de déposer les souverains. Cependant Boniface, tout entreprenant qu'il était, n'osa tirer cette conséquence qui suivait naturellement de ses principes, ou plutôt Dieu ne le permit pas ; et Boniface se contenta de décider qu'en général, tout homme est soumis au pape, vérité dont aucun catholique ne doute, pourvu qu'on restreigne la proposition à la puisance spirituelle : tel est son vrai sens ; et cent ans auparavant, le pape Innocent III avouait formellement que le roi de France ne reconnaît point de supérieur pour le temporel.

Cette bulle, *Unam sanctam*, selon une autre bulle de Clément V, datée du 1er. février 1305, ne porte aucun préjudice au roi ou au royaume de France, et ne rend point les Français plus sujets à l'église romaine qu'ils l'étaient auparavant.

1303   *Compendiense*, de Compiègne, le 4 janvier, par Robert de Courtenai, archevêque de Reims, huit évêques et les députés de trois absents. On y fit des statuts compris en cinq articles. Les actes de ce concile sont datés, *Pridie nonas januarii, anno D. MCCCIII. Die Veneris post Circumcisionem*. Or, la veille des nones, ou le 4 de janvier, tombait effectivement un vendredi l'an 1303, selon notre manière présente de compter. Remarquez que ce concile est daté suivant l'usage de l'église de Reims, qui était de commencer l'année neuf mois et sept jours plutôt que nous ne faisons, comme on l'a dit ailleurs. C'est donc une faute, dans toutes les éditions des Conciles, d'avoir mis celui-ci en 1304.

1303   *Parisiense XXXVII*; assemblée au Louvre le 12 mars, le roi présent avec plusieurs seigneurs, deux archevêques et trois évêques. Guillaume de Nogaret y présenta une requête au roi contre le pape, qu'il accusait de n'être point pape, d'être hérétique manifeste et simoniaque, en le chargeant d'autres crimes énormes : enfin, il priait le roi et tous les assistants de s'employer pour faire convoquer un concile général où l'on pût le condamner et en mettre un autre à sa place. Il s'offrait de poursuivre son accusation devant ce concile.

1303   Assemblée au Louvre, le 13 juin, dans la chambre du roi, où se trouvèrent plusieurs évêques et abbés, plusieurs seigneurs et autres nobles, et les députés de plusieurs villes. Guillaume du Plessis y présente une requête de vingt-sept articles contre le pape. Il s'offre de les prouver au concile général ou ailleurs. Le roi y appelle lui-même, et prétend y assister en personne. Il appelle encore au concile de toutes les procédures que pourrait faire Boniface. Trente des principaux barons écrivent une lettre très-forte au pape, pour la défense du roi de France et des droits de sa couronne. Les prélats, au nombre de trente-sept, formèrent aussi leur appel portant les mêmes clauses, auxquelles ils ajoutent qu'ils y sont contraints par une espèce de nécessité, et qu'ils ne veulent point se rendre parties Il n'y eut, parmi les abbés, que celui de Citeaux, Jean de Pontoise, qui refusa de souscrire à l'appel de la nation et de l'église gallicane; ce qui lui attira, ainsi qu'à son ordre, beaucoup de chagrins, et l'obligea d'abdiquer en 1304. Boniface, en récompense du zèle de cet abbé pour ses intérêts, lui donna, et à ses successeurs, le privilége d'être assis dans son sceau, en y marquant *quia mecum, solus certasti, mecum solus sedebis*; ce qui a toujours été en usage depuis ce tems. Depuis ce jour jusqu'au mois de septembre inclusivement, le roi obtint plus de sept cents actes d'appel, de consentement et d'adhésion du chapitre et de l'Université de Paris, des évêques, des chapitres de cathédrales et de collégiales, des abbés et des religieux de divers ordres, même des frères mendiants, et des communautés des villes.

Le pape Boniface ayant appris ce qui s'était passé à Paris depuis le 12 mars jusqu'à la Saint-Jean, publia plusieurs bulles datées, du 15 août 1303. Il conclut la première en menaçant le roi et ses adhérents, de procéder contre eux en tems et lieu selon qu'il sera expédient. La seconde porte que les citations faites par le pape dans la salle du palais, et ensuite affichées aux portes de la grande église du lieu où réside la cour de Rome, vaudront comme si elles avaient été faites à la personne citée, au bout d'un tems proportionné à la distance des lieux. La troisième est contre Gérard, archevêque de Nicosie, en Chypre, qui était un des appelants avec Philippe le Bel. La quatrième suspendait tous les docteurs jusqu'à ce que le roi se soumît aux ordres de l'Eglise, déclarant nulles les licences qu'ils donneraient au préjudice de cette défense. Enfin, par une dernière bulle du 25 du même mois d'août, le pape réserve à sa disposition tous les évêchés et toutes les abbayes du royaume de France qui vaquent et qui vaqueront jusqu'à ce que le roi revienne à l'obéissance du saint siége.

Boniface composait une dernière bulle qu'il voulait publier le 8 de septembre, où il disait, que comme vicaire de Jésus-Christ, il a le pouvoir de gouverner les rois avec la verge de fer, et de les briser comme des vaisseaux de terre, etc. Il la concluait en disant que le roi avait manifestement encouru les excommunications portées par plusieurs canons : ses vassaux et tous ses sujets y étaient absouts de la fidelité qu'ils lui devaient, même par serment ; et nous défendons, ajoutait le pape, sous peine d'anathème, de lui obéir et lui rendre aucun service, etc.

Mais la veille du jour que cette bulle devait être publiée, Guillaume de Nogaret se saisit de Boniface, qui s'était auparavant revêtu en pape tout exprès ; il le tint à la garde des Français jusqu'au neuvième septembre, depuis le samedi jusqu'au lundi, qu'il en fut retiré par les habitants d'Anagni, qui, se repentant d'avoir d'abord abandonné le pape, se soulevèrent ensuite contre les Français. Boniface VIII partit aussitôt d'Anagni pour Rome, où il prétendait assembler un concile, et se venger hautement contre le roi de France de l'injure faite à lui et à l'Eglise. Mais il tomba malade de chagrin, et mourut le 11 octobre 1303.

Nous ne mettons avec tant d'étendue, parmi les conciles, ce fameux démêlé du pape Boniface et du roi Philippe le Bel, que pour ne point diviser une histoire importante, en la plaçant partie ici, et partie dans la Chronologie que nous donnons plus bas des papes et de nos rois. Benoît XI, successeur de Boniface, termina cette triste affaire en pape vraiment pacifique ; il accorda au roi Philippe l'absolution des censures, qu'il n'avait point demandée, mais qu'il avait ordonné à ses envoyés de recevoir, si on la lui offrait, et remit toutes choses en France dans le même état qu'elles étaient auparavant. Benoît donna sur cette paix différentes bulles, dont quelques-unes sont datées du mois d'avril, et les autres du mois de mai 1304. Dans l'une il absout ceux qui avaient eu part à la prise du pape Boniface, et il n'excepte que Nogaret, dont il se réserve l'absolution. Clément V donna aussi une bulle du 1er. juin 1307, où il dit au roi Philippe : « Nous révoquons et annullons toutes les sentences d'excommunication, d'interdit et autres peines prononcées contre vous... depuis le commencement du différend entre Boniface et vous.... Nous abolissons le reproche de sa capture, vous en déchargeons, et vous en quittons entièrement. » Il absout Guillaume de Nogaret et Renaud de Supino, qui avaient pris Boniface, pourvu qu'ils se soumettent à la pénitence qui leur sera imposée par trois cardinaux qu'il nomme. *Voyez* le concile de Vienne en 1311.

1303 *Nugaroliense*, de Nogaro, dans l'Armagnac, le 2 décembre, par Amanieu, archevêque d'Auch. On y fit dix-neuf canons. Le dix-huitième défend aux clercs d'engager, ni leur personne, ni leur bénéfice.

1303 *Cameracense*, de Cambrai, par les évêques de la province de Reims, le 27 décembre. On y publia quatre statuts sur la discipline. (*Conc. Germ.*, tom. IV.) D. Martenne et le P. Mansi ont donné ce concile sous le titre de concile de Reims.

1305 *Tarraconense*, par l'archevêque Rodrigue, le 22 février. On y publia une constitution qui n'a pas encore vu le jour. Elle est en trois articles. (Communiqué par D. Ursin Durand.)

1305 *Londinense*, le 15 septembre, et les vingt jours suivants, assemblé par le roi Édouard I, pour aviser aux moyens d'établir une paix solide entre l'Angleterre et l'Ecosse. Il s'y trouva des évêques, des abbés et des barons des deux royaumes. (Wilkins.)

1307 *Aquileiense*, les 30 et 31 janvier, par Ottoboni, patriarche d'Aquilée. On y fit une constitution sur la discipline, que nous n'avons plus. L'évêque de Padoue y appela au saint siége du refus qu'on lui faisait de lui accorder la première place après le patriarche. (Mansi, *Suppl.* tom. III.)

1307 *Coloniense*, par Henri de Virnembourg, archevêque de Cologne, le 20 février. On y dressa quinze articles contre les Bégards, et contre ceux qui donnent atteinte aux libertés ecclésiastiques, et sur la discipline. (*Conc. Germ.*, tom. IV.) Ce concile est daté de l'an 1306, en commençant l'année à Pâques, suivant le style de Cologne.

1307 *Tarraconense*, par l'archevêque Guillaume. On y publia une constitution, qui n'a pas encore vu le jour. Elle est en deux articles, dont le second ordonne que les legs faits aux frères mineurs, seront appliqués à d'autres par l'ordinaire, attendu qu'ils sont incapables d'en recevoir. (Communiqué par D. Ursin Durand).

1307 *Sisense*, de Sis, en Arménie, par vingt-six évêques, dix vertabjets et sept abbés, en présence d'Aïton et de Léon, ou Livon, son neveu, rois d'Arménie, pour cimenter le plan d'union de l'église d'Arménie avec l'église romaine, proposé par le patriarche Grégoire, mort quelque tems avant le concile. On y règle qu'on célébrera les principales fêtes aux mêmes jours que celle-ci les célèbre ; qu'au Trisagion on dira, *Christe, qui crucifixus es*, etc., qu'on mêlera de l'eau avec le vin dans le saint sacrifice. Les actes de ce concile sont datés du 19 mars de l'an 756 de l'ère des Arméniens, et de l'an 1307 de Jésus-Christ. (Galanus, *Conc. Arm.* et *Edit. Venet.*, tom. XIV. Mansi, *Suppl.*, tom. III). Les Schismatiques, s'élevèrent contre ce concile, et protestèrent contre tout ce qui s'y était fait, avec tant de fureur, qu'ils entraînèrent une partie du peuple.

1308 *Auscitanum*, d'Auch, par l'archevêque Amanieu, le 26 novembre. On y publia six articles concernant le clergé.

1309 *Budense*, de Bude, en Hongrie, par le cardinal Gentil, légat, le 7 mai. On y publia une constitution en faveur de Charles, ou Charobert, roi de Hongrie. (Péterfi. *Conc. Hung.*)

1309 *Posoniense*, de Presbourg, par le cardinal Gentil, légat du saint siége. On y fit un statut en neuf articles sur la discipline. (Péterfi, *Conc. Hung.*)

1309 *Udwardense*, d'Udward, dans le diocèse de Strigonie, par l'archevêque Thomas et ses suffragants, où l'on fit quatre réglements, dont le dernier ordonne d'observer ceux qui avaient été dressés par le cardinal Gentil, légat du saint siége. (Péterfi, *Conc. Hung.*)

1310 *Utinense*, d'Udine, dans le Frioul, le 9 février, par Ottoboni, patriarche d'Aquilée. On y confirma le statut du concile d'Aquilée, tenu en 1307. (Mansi. *Suppl.*, tom. III).

1310 *Coloniense*, par Henri de Virnembourg, archevêque de Cologne, et trois évêques, le 9 mars et les deux jours suivants. On y publia des statuts en vingt-huit articles, plus propres à faire connaître les désordres qui régnaient alors, qu'à y remédier, puisqu'on n'y emploie que des censures depuis long-tems méprisées. Le vingt-troisième ordonne que l'on commencera l'année à Noël, suivant l'usage de l'église romaine ; mais cela doit s'entendre de l'année ecclésiastique. La civile se datait et continua de se dater de Pâques ; ce qu'on nommait alors le style de la cour.

1310 *Saltzburgense*, de Saltzbourg, au Carême, par l'archevêque Conrad, légat du saint siége, et six évêques, pour régler le paiement de la décime, que le pape avait demandée pour deux ans, et pour expliquer quelques statuts des conciles précédents. On y lut, en particulier, la bulle de Clément V, qui modère celle de Boniface VIII, *Clericis laïcos*. Ce concile est partagé mal à propos en deux par le P. Labbe.

1310 *Trevirense*, par l'archevêque Baudouin de Luxembourg, frère de l'empereur Henri VII, le 28 avril. On y publia cent quatorze statuts, dont le quatre-vingt-seizième défend de se confesser à un autre prêtre qu'à son curé, hors cinq cas qui sont exprimés. (*Edit. Venet.*, tom. XIV, *Conc. Germ.*, tom. IV, et *Histor. Diplom. Trevir.*, tom. II)

1310 *Moguntinum*, par Pierre, archevêque de Mayence, le 11 mai et les deux jours suivants. On y fit un abrégé des conciles précédents, et on y traita, par ordre du pape, de l'affaire des Templiers. Vingt et un de ces chevaliers, ayant à leur tête Hugues, leur commandeur, appelé le comte Sauvage, qui résidait au château de Grumbach, près de Meysenheim, se présentèrent d'eux-mêmes à cette assemblée, pour y protester de leur innocence, et se déclarer appelants au pape futur, des procédures qu'on faisait contr'eux. On les renvoya sans leur faire aucun mal. L'archevêque, appréhendant qu'il n'excitassent du tumulte, répondit qu'il agirait auprès du pape, pour assurer leur tranquillité; après quoi il les congédia. L'année suivante, ayant, en vertu d'une nouvelle commission, procédé à l'examen de leur cause, il les déchargea des crimes qui leur étaient imputés, et les déclara innocents par sentence du 1er. juillet. (Sérarius).

1310 *Ravennense*, le 17 juin, par l'archevêque Raynald, légat du saint siége, où l'on fait comparaître cinq templiers, qui nient les crimes qu'on leur objectait, et sont renvoyés malgré deux inquisiteurs, qui voulaient qu'on les mît à la question.

1310 *Parisiense XXXVIII*, par Philippe de Marigni, archevêque de Sens, depuis le 11 jusqu'au 26 octobre. On y examina la cause des Templiers, dont les uns furent renvoyés absouts, les autres relâchés avec une pénitence qu'on leur imposa, et 59 condamnés, comme relaps dans l'hérésie, à la peine du feu; ce qui fut exécuté dans un champ près de l'abbaye de saint Antoine, malgré les protestations que les accusés firent de leur innocence.

1310 *Salmanticense*, de Salamanque, le 21 octobre, par Roderic, archevêque de Compostelle. On y examina les crimes allégués contre les Templiers, qui furent déclarés innocents. (Ferréras.)

1310 *Silvanecteuse*, de Senlis, par Robert de Courtenai, archevêque de Reims, où neuf templiers furent condamnés au feu. Aucun d'eux n'avoua les crimes dont on les accusait.

1311 *Ravennense*, par l'archevêque Raynald, commencé le 17 juin et fini le 21. On y dressa 32 statuts sur les mœurs et la discipline, qui furent publiés le 10 septembre. Dans le vingt-quatrième statut, on s'élève avec force contre les évêques ordonnés pour des églises qui n'ont ni revenu, ni clergé, ni peuple chrétien. On les traite de vagabonds, on leur reproche de ne savoir ni la langue ni les rits des diocèses qu'ils parcourent, et on blâme, comme contraire à toute règle, la conduite de ceux qui leur permettent d'exercer chez eux les fonctions du ministère épiscopal.

1311 *Bergomense*, de Bergame, par Gaston Turriani, archevêque de Milan, le 5 juillet, où l'on publia une constitution divisée en trente-quatre rubriques, sur la discipline. Dans la première rubrique, on défend aux clercs de porter des habits de soie, ou rayés de différentes couleurs, d'avoir à leurs robes des boutons d'argent ou d'autre métal, etc. (*Edit. Venet.* tom. XV.)

1311 et 1312 *VIENNENSE*, de Vienne, en Dauphiné. Quinzième concile général, sous Clément V, qui y présida. Il y avait, selon Villani, plus de 300 évêques, outre les moindres prélats, abbés, ou prieurs. La première session se tint le 16 octobre. Le pape publia la suppression de l'ordre des Templiers, à la seconde session, tenue le 3 avril 1312, en présence du roi qui avait l'affaire à cœur, de son frère Charles de Valois, et de ses trois fils, Louis, Roi de Navarre, Philippe et Charles. Mais cette suppression se fit par provision plutôt que par voie de condamnation, le pape réservant les personnes des Templiers et leurs biens à sa disposition et à celle de l'Eglise. Ce concile déclara que le pape Boniface, dont Philippe le Bel avait toujours poursuivi la condamnation comme d'un hérétique, avait toujours été catholique, et qu'il n'avait rien fait qui le rendît coupable d'hérésie; mais pour contenter le roi, le pape fit un décret portant qu'on ne pourrait jamais reprocher au roi, ni à ses successeurs ce qu'il avait fait contre Boniface ou contre l'Eglise. On y décida que le Fils de Dieu avait pris les parties de notre nature unies ensemble, savoir le corps passible et l'âme raisonnable, qui est essentiellement la forme du corps.... Quiconque osera soutenir que l'âme raisonnable n'est pas essentiellement la forme du corps humain, doit être tenu pour hérétique. On y condamna aussi le fanatisme des Bégards et des Béguines. On y fit encore différentes constitutions touchant les religieux et les religieuses, touchant les mœurs et la conduite du clergé. Quant à l'immunité des clercs, le concile révoqua la fameuse bulle *Clericis laïcos* de Boniface VIII, avec ses déclarations, et tout ce qui s'était ensuivi. Enfin on ordonna la levée d'une décime pour la croisade, à la troisième et dernière session, qui se tint le 6 mai, le samedi dans l'octave de l'Ascension.

1313 *Magdeburgense*, par Burchard Scrapelau, archevêque de Magdebourg, le 7 mars. On y fit neuf statuts sur la discipline. (*Conc. Germ.* tom. IV.)

1314 *Parisiense XXXIX*, le 7 mai et les jours suivants, par Philippe de Marigni, archevêque de Sens. On y fit un décret de douze articles, dont le quatrième défend aux juges ecclésiastiques les citations vagues et générales des accusés. (Mansi, *Suppl.* tom. III.)

1314 *Ravennense*, par Raynald, archevêque de Ravenne, et six évêques, le 10 octobre. On y fit un règlement en vingt-six articles, dont le septième défend aux notaires de faire aucun acte pour les excommuniés. Un autre défend aux évêques qui ont un territoire assigné de se servir des évêques *in partibus*, dont le nombre augmentait tous les jours, pour faire des ordinations ou d'autres fonctions épiscopales dans leurs églises.

1315 *Salmuriense*, de Saumur, le 9 mai, où Geoffroi de la Haye, archevêque de Tours, publia un décret en quatre articles sur la discipline.

1315 *Nugaroliense*, de Nogaro, dans l'Armagnac, par Amanieu, archevêque d'Auch, six évêques et les députés des autres évêques suffragants. On y fit quatre articles, dont le troisième condamne l'abus de refuser le sacrement de pénitence à ceux qui sont condamnés au dernier supplice, et qui demandent à se confesser.

1315 *Silvanectense*, de Senlis, au mois d'octobre, par Robert de Courtenai, archevêque de Reims, et ses suffragants. Louis Hutin avait destitué Pierre de Latilli, chancelier et évêque de Châlons, et l'avait fait emprisonner comme suspect d'avoir procuré la mort de Philippe le Bel, et de l'évêque, son prédécesseur. P. de Latilli demanda au concile de Senlis, avant toutes choses, la liberté de sa personne et la restitution de ses biens. On les lui accorda. Il demanda ensuite l'information des faits, pour laquelle on prorogea le concile, en l'indiquant à Paris, où l'on ne voit point qu'il se soit tenu; mais on voit par un autre concile de Senlis, de 1318, auquel Pierre de Latilli avait envoyé ses députés, que cet évêque devait avoir été pleinement justifié.

1316 *Adanense*, d'Adena, en Arménie, composé de dix-huit évêques, cinq vertabjets ou docteurs, deux abbés, grand nombre de prêtres et de savants religieux, le roi Oissim présent, et grand nombre de seigneurs. On y confirma les décrets du concile de Sis pour la réunion, au grand regret des Schismatiques. Le patriarche Constantin en pressa l'exécution, ce que firent aussi les quinze patriarches suivants, qui demeurèrent constamment unis au saint siège. Mais les Schismatiques, toujours occupés à les traverser, prévalurent enfin, et entraînèrent la ruine de leur église avec celle de l'état (Galanus, le P. Monnier, *Lettre sur l'Arménie*, au tom. III *des nouv. Mém. des Missions de la Comp. des I.* pp. 122-1225.)

1317 *Tarraconense*, le 22 février. On y fit un réglement en sept articles, dont le sixième ordonne aux clercs et aux chanoines non prêtres de communier au moins deux fois l'an. Ce fut apparemment dans ce concile qu'on condamna au feu, comme pleins d'erreurs contre la foi, les livres d'Arnaud de Villeneuve. (Mansi, *Suppl. Conc.* tom. III.)

1317 *Ravennense*, par Raynald, archevêque de Ravenne, et huit évêques, ses suffragants. On fit dans ce concile, tenu à Bologne, vingt-deux articles de réglements qui furent publiés le 27 octobre. Le douzième de ces articles défend de dire des messes basses pendant la grande.

1318 *Silvanectense*, le 27 mars, par Robert de Courtenai, archevêque de Reims, quatre de ses suffragants et les députés de 7 autres absents, contre les usurpateurs des biens de l'Eglise. Ce concile est daté de l'an 1317, suivant le style du tems.

1318 *Cæsaraugustanum*, de Saragosse, le 13 décembre, par Pierre de Lune, premier archevêque de cette ville, où l'on publie l'érection de Saragosse en archevêché, faite l'année précédente. (d'Aguirre.)

1320 *Senonense*, le 22 mai. Guillaume de Melun, archevêque de Sens, y fit un statut de quatre articles, dont le second porte qu'on interdit les lieux où les clercs auront été emprisonnés par les juges laïques. Il est fait mention dans ce concile, pour la première fois, de l'exposition et de la procession du saint Sacrement.

1320 *Hallense*, de Hall, par Burchard de Scrapelau, archevêque de Magdebourg. On y fit un statut en 7 articles sur la discipline. (*Conc. Germ.* tom. IV.)

1321 *Londinense*, de Londres, par Gautier Raynaud, archevêque de Cantorberi, au mois de décembre. On fit un règlement en 8 articles sur la discipline, que nous n'avons plus.

1322 *Burgolii*, de Borgolio, transféré ensuite à Valence, dans le Milanais, le 14 mars, par Ricard, archevêque de Milan, avec ses suffragants et trois inquisiteurs. On y déclare hérétique Mathieu Visconti, et en conséquence on l'excommunie. (*Edit. Venet.* tom. XV.)

1322 *Apud Vallem Oleti*, de Valladolid, le 2 août, par le légat Guillaume de Gondi, évêque de Sabine. On y publia un règlement en vingt-sept articles sur la discipline. (*Edit. Venet.* tom. XV.)

1322 *Magdeburgense*, par Burchard de Scrapelau, archevêque de Magdebourg. On y fit un statut pour la défense du clergé (*Conc. Germ.* tom. IV.)

1322 *Coloniense*, par Henri de Virnembourg, archevêque de Cologne, deux évêques et quelques députés d'absents, le 31 octobre. On y renouvela et on autorisa, comme provinciaux, les statuts synodaux que l'archevêque Engilbert, avait faits, pour le diocèse particulier de Cologne, en 1266, afin de réprimer les violences contre les personnes et les biens ecclésiastiques.

1324 *Parisiense XL*, le 3 mars. Guillaume de Melun, archevêque de Sens, y publia un statut de quatre articles, répété presque mot pour mot du concile de la même province tenu par ce prélat en 1320. Il y ordonna que chaque évêque exhortât son peuple à jeûner la veille du saint Sacrement, et laissa à la dévotion du même peuple la procession qui se fait aujourd'hui solennellement le jour même.

1324 *Toletanum*, le 21 novembre, par D. Juan d'Aragon, archevêque de Tolède, où il publia huit canons, dont la préface ordonne qu'ils seront observés avec ceux que le légat Guillaume de Gondi avait publiés à Valladolid deux ans auparavant. Le deuxième de ces canons ordonne aux clercs de se faire raser la barbe au moins une fois le mois.

1326 *Silvanectense*, de Senlis, le 11 avril, par Guillaume de Trie, archevêque de Reims, sept de ses suffragants, et les procureurs des absents. On y publia sept statuts, dont le premier marque la forme de tenir les conciles provinciaux. C'est celle que l'on observe aujourd'hui.

1326 *Avenionense*, d'Avignon, le 18 juin, par trois archevêques, onze évêques et plusieurs députés d'absents. On y fit un grand réglement de cinquante-neuf articles, dont la plupart ne regardent que les biens temporels de l'Eglise et sa juridiction. Un de ces réglements est contre les empoisonneurs et les enchanteurs, sortes de gens qui n'étaient pas rares alors.

1326 *Complutense*, d'Alcala de Henarès, le 25 juin, par D. Juan d'Aragon, archevêque de Tolède, trois évêques avec les députés de trois absents. On n'y fit que deux canons.

1326 *Marciacense*, de Marciac, au diocèse d'Auch, par Guillaume de Flavacourt, archevêque, et ses suffragants, le 8 décembre. On y publia 56 canons.

1327 *Roffiacense*, de Ruffec, en Poitou, le 21 janvier, par Arnaud de Chanteloup, archevêque de Bordeaux où l'on publia deux canons. Ce concile est daté de 1326, suivant l'usage du tems.

1327 *Avenionense*, par le pape Jean XXII, contre l'antipape Pierre de Corbière, qui au schisme ajoutait l'hérésie, en soutenant que Jesus-Christ et ses disciples n'avaient rien possédé en propre, ni en commun, ni en particulier.

1329 *Londinense*, au mois de février, par Simon Mepham, archevêque de Cantorberi. Ce prélat y publia une constitution en neuf articles, dont le second porte qu'on fêtera la Conception de la sainte Vierge dans toute la province de Cantorberi. Ce concile est daté de l'an 1328, suivant le style anglais, qui était alors de commencer l'année au 25 mars.

1329 *Compendiense*, de Compiègne, le 8 septembre, par Guillaume de Trie, et trois évêques, ses suffragants, avec les députés des autres absents. On y fit un réglement de sept articles.

1329 Il se tint à Paris, cette année, au mois de décembre, par ordre et en présence du roi Philippe de Valois, des assemblées pour fixer les limites des deux juridictions, la royale et l'ecclésiastique. Pierre de Cugnières, portant la parole pour les gens du roi, entra en dispute avec Pierre Bertrandi, évêque d'Autun, chargé de parler pour le clergé. Les moyens du premier, quoique melés de faux raisonnements, paraissaient devoir l'emporter sur ceux de son adversaire, qui s'arrêta long-tems à prouver ce qu'on ne lui contestait pas, que la juridiction temporelle et la spirituelle ne sont pas incompatibles, et que les ecclésiastiques sont capables de l'une et de l'autre. Cependant rien ne fut décidé. Le roi, qui ne s'entendait guère à ces matières, accorda un an aux évêques pour corriger les abus dont on se plaignait. Mais Pierre de Cugnières devint si odieux au clergé, que, par dérision, on l'appela *Pierre du Cognet*. C'était le nom d'une figure grotesque placée dans l'église de Notre-Dame, et faisant partie d'une représentation de l'enfer, qui était sous le jubé à la clôture du chœur. C'est à cette querelle qu'on rapporte l'introduction de la forme d'*appel comme d'abus*.

1330   *Lambethense*, de Lambeth, par Simon Mepham, archevêque de Cantorberi. Ce prélat y publia une constitution en dix articles, dont le neuvième défend d'instituer aucun reclus ou recluse sans la permission de l'évêque diocésain.

1330   *Charnense*, de Kherna, dans l'Arménie, où, par les soins du prince Georges et de Barthélemi de Bologne, dominicain, évêque de Malaga, l'église d'Arménie promet obéissance au pontife romain, comme chef de l'église universelle. Ce concile, daté de l'an 779 de l'ère d'Arménie, dura un mois entier. C'est dans cette assemblée que les Arméniens admirent la forme de l'année julienne, que le commerce avec les Francs avait rendue nécessaire depuis les croisades. (Galanus, tome I, page 1.)

1330   *Marciacense*, de Marciac, le 6 décembre, par Guillaume de Flavacourt, archevêque d'Auch, et cinq évêques, contre ceux qui avaient tué Anessance de Joyeuse, évêque d'Aire, deux ans auparavant, dans une embuscade près de Nogaro. Le titre de ce concile, qui dura six jours, porte la date de l'an 1329; mais les actes portent celle de 1330.

1335   *Salmanticense*, de Salamanque, le 24 mai, par Jean, archevêque de Compostelle. On y publia dix sept statuts sur la discipline. (D'Aguirre, Hardouin.)

1335   *Pratense*, du prieuré du Pré, ou de Bonne-Nouvelle, près de Rouen, terminé le 11 septembre, par Pierre Roger, archevêque de Rouen. On y fit un statut en treize articles, dont le troisième défend l'habit court et le port d'armes aux moines.

1336   *Bituricense*, de Bourges, terminé le 17 octobre, par l'archevêque Foucault. On y publia quatorze statuts, dont le quatrième défend le commerce au clergé. Les actes de ce concile portent qu'il fut commencé le lundi avant la fête de saint Luc. Or cette fête en 1336 tombait un vendredi. Donc le lundi qui le précédait était le 14 du mois.

1336   *Apud Castrum Gonterii*, de Château-Gontier en Anjou, le 20 novembre, par Pierre Frérot, archevêque de Tours. Il y publia un décret de douze articles, qui tendent la plupart, comme ceux des conciles du même tems, à conserver la juridiction de l'Eglise et ses biens temporels. chacun des pères de ce concile apposa son sceau particulier à ce décret.

1337 *Avenionense*, d'Avignon, dans l'abbaye de Saint-Ruf, terminé le 3 septembre, par trois archevêques et dix-sept évêques. On y publia un décret de soixante-neuf articles, répétés la plupart du concile de 1326.

1337 *Trevirense*, de Trèves, par l'archevêque Baudouin. On y publia un statut en huit articles concernant le clergé. (*Conc. Germ.*, tome IV.)

1339 *Toletanum*, de Tolède, le 19 mai, par Gilles d'Albornoz, archevêque de Tolède. On y publia un statut en cinq articles, dont le troisième ordonne que dans chaque église cathédrale et collégiale, sur dix clercs on en prendra un pour le faire étudier en théologie et en droit canon. (D'Aguirre.)

1340 *Nicosiense*, de Nicosie, en Chypre, le 17 janvier, par Hélie, archevêque de cette ville, et quatre de ses suffragants. On y publia une confession de foi, et une constitution sur la discipline.

1340 *Saltzburgense*, par Henri, archevêque de Saltzbourg, et ses suffragants. On y dégrade un prêtre nommé Rodolphe, qui niait la présence réelle et d'autres dogmes; après quoi on le livra au bras séculier, qui le fit brûler. (*Conc. Germ.*, tome IV.)

1341 * *Constantinopolitanum*, le 11 juin, par le patriarche Jean d'Apri, en présence de l'empereur Andronic. Barlaam y dénonça la doctrine de Grégoire Palamas, qui mettait une distinction entre l'essence et l'opération de Dieu, et soutenait que la lumière du Thabor était incréée et divine. On condamna Barlaam sans approuver Palamas. L'empereur, alors malade, harangua avec tant de véhémence en faveur de ce dernier, que son mal en étant augmenté considérablement, il mourut quatre jours après.

1341 ou environ. *Cantuariense*, par Jean de Stratford, archevêque de Cantorbéri, contre ceux qui se procurent des bénéfices avant qu'ils vaquent, et sur d'autres points de discipline.

1342 *Salmuriense*, par Pierre Frétaud, archevêque de Tours. On y fit trente-deux canons, dont le sixième défend de tenir des plaids dans les églises ou dans leurs vestibules, et le vingt-troisième, aux évêques, de se réserver des pensions sur les cures. Maan se trompe en mettant ce concile à l'année suivante.

1342 *Londinense*, le 10 octobre, par l'archevêque Jean de Stratford, où il publia une constitution de douze articles, dont plusieurs font voir une avarice sans bornes dans l'exercice de la juridiction ecclésiastique, dont le clergé était alors jaloux.

1343 *Londinense*, le mercredi après la Saint-Edouard, martyr, ou le 19 mars, par le même archevêque, onze évêques, et quelques député d'absents. On y publia dix-sept canons contre plusieurs abus. Ce concile est daté de l'an 1342, parce qu'alors on commençait l'année au 25 mars en Angleterre.

1344 *Magdeburgense*, par Otton de Hesse, archevêque de Magdebourg, le 13 juin, pour la défense des immunités ecclésiastiques. (*Conc. Germ.*, tome IV.)

1344 *Noviomense*, de Noyon, le 26 juillet, par Jean de Vienne, archevêque de Reims, et six évêques. On y publia dix-sept canons, dont le premier contient les plaintes si fréquentes en ce tems-là contre ceux qui empêchaient le cours de la juridiction ecclésiastique.

1344 ou 1345 *Armenum*, en présence de Constantin, roi de la petite Arménie, par le patriarche Mekquitard, six archevêques et vingt deux évêques, au sujet des erreurs dont l'église d'Arménie était accusée. Les prélats y composèrent une apologie qu'il remirent aux nonces du pape, écrit où ils se justifiaient sur cent dix-sept chefs d'accusation. Le pape (Clément VI) n'étant point encore pleinement satisfait de cette apologie, leur envoya de nouveaux nonces, en 1346, pour les inviter à s'expliquer sur certains articles auxquels ils n'avaient point répondu. Ce qu'ils firent par une nouvelle apologie, qui fut apportée à Rome vers l'an 1350. (Mansi, *Suppl. Conc.*, tome III, et in Raynald. ad an. 1342 et 1345.)

1345 *Constantinopolitanum*, par le patriarche Jean d'Apri, contre les erreurs des Palamites. (Le Quien.)

1347 * *Constantinopolitanum*, dans les premiers jours de janvier, en présence de l'impératrice Anne et de l'empereur, son fils, où le patriarche Jean d'Apri est déposé par les intrigues de cette princesse, pour avoir embrassé la doctrine de Barlaam, et renoncé à celle de Palamas. (Mansi.) Ce concile se tenant lorsque Jean Cantecuzène se rendit maître de Constantinople par surprise, le 8 janvier 1347.

1347 *Parisiense XLI*, par Guillaume de Melun, archevêque

de Sens, depuis le vendredi de la troisième semaine de Carême, 9 mars, jusqu'au mercredi suivant 14 du même mois. Ces dates, exprimées dans les actes de ce concile, prouvent qu'il appartient à l'an 1347, commencé au mois de janvier, et non à l'an 1344, comme on l'a marqué dans la première édition. On y fit treize canons, dont le premier se plaint que les juges séculiers font de jour en jour emprisonner, mettre à la question, et même exécuter à mort les ecclésiastiques ; mais on ne dit point qu'ils soient innocents ; on se plaint seulement que c'est au préjudice de la juridiction ecclésiastique. Ce concile finit par l'indulgence de l'*Angelus*, accordée à ceux qui le disent trois fois à la fin de la journée, par une bulle de Jean XXII, datée du 7 mai 1327. La fin de la journée s'annonçait à sept heures par le couvre-feu qu'on sonnait tous les jours dans l'église principale.

1347 *Toletanum*, ou plutôt *Complutense*, d'Alcala de Hénarés, terminé le 24 avril, par Gilles, archevêque de Tolède. On y fit quatorze statuts, dont le troisième renouvelle la constitution *Abusionibus* de Clément V, contre les quêteurs d'un diocèse étranger.

1350 *Patavinum*, de Padoue, par le cardinal Gui de Sainte-Cécile, pour la réformation des mœurs.

1351 *Dublinense*, par Jean, archevêque de Dublin en Irlande, et ses suffragants, au mois de mars, où l'on publia un statut en dix articles sur la discipline. (Wilkins, tome II.)

1351 *Biterense*, de Béziers, le 7 novembre, par Pierre de la Jugie, archevêque de Narbonne, et ses suffragants. On y fit trente-deux canons, dont les huit premiers sont répétés du concile d'Avignon tenu 25 ans auparavant.

1355 *Pragense*, par Ernest, premier archevêque de Prague. (Cette église fut érigée en métropole le 24 avril 1344.) On y publia soixante-huit canons, tirés de divers conciles de Mayence, dont Prague dépendait auparavant. (*Conc. Germ.*, tome IV.)

1355 *Toletanum*, de Tolède, par l'archevêque Blaise, le premier octobre. On y publia deux capitules, dont le premier déclare que les constitutions de la province de Tolède n'obligent point *ad culpam*, mais seulement *ad pœnam*, à moins qu'elles n'énoncent manifestement le contraire. (D'Aguirre.)

1356 *Londinense*, par Simon Islip, archevêque de Cantorberi, depuis le 16 mai jusqu'au 24 du même mois. On y accorda pour un an les décimes du clergé au roi, qui les demandait pour six ans. (Wilkins, tome III.)

1365 *Aptense*, d'Apt, par les évêques des trois provinces d'Arles, d'Embrun et d'Aix, le 13 mai. On y fit un statut en trente articles. (*Edit Venet.*, tome XV.)

1366 *Andegavense*, d'Angers, le jeudi 12 mars, par Simon Renoul, archevêque de Tours, et ses suffragants. On y fit trente-quatre articles de réglements, dont les premiers regardent les procédures, et montrent jusqu'à quel excès les clercs poussaient les chicanes en ces provinces : d'autres articles regardent leurs exemptions et les immunités des églises; il y en a peu qui tendent directement à la correction des mœurs. Le quatorzième et le quinzième sont des réglements pour la récitation de l'office des Morts et celui de la Vierge. Les curés sont tenus de réciter le premier tous les jours de férie. Ordre aux chapitres, tant séculiers que réguliers, de chanter l'office de la Vierge tous les jours, à quelques exceptions près. Le seizième défend aux clercs, et même aux évêques, de se faire servir à table plus de deux plats. Le dix-septième et le dix-huitième recommandent la résidence aux curés, sous peine de perdre leurs revenus, s'ils s'absentent pendant un mois, et leurs bénéfices, si leur absence dure six mois. Le vingt-deuxième condamne l'usage du beurre et du lait en Carême, et en fait même un cas réservé à l'évêque. (Labbe, *Conc.*, tom. XI, *part.* 2.) Ce concile est daté de l'an 1365, suivant le style de France.

1367 *Eboracense*, par Jean Tursby, archevêque d'Yorck, avec ses suffragants. On y publia dix canons, et le concile fut terminé le 29 septembre.

1368 *Vaurense*, de Lavaur, le 27 mai et les trois jours suivants, par treize évêques de trois provinces, auxquels Pierre de la Jugie, archevêque de Narbonne, présida. On y publia un grand corps de constitutions, divisé en cent trente-trois articles, dont une grande partie est tirée des conciles d'Avignon, tenus en 1326 et 1337. Le quatre-vingt-dixième article ordonne l'abstinence du samedi aux clercs bénéficiers ou constitués dans les ordres sacrés. Elle n'était pas encore établie parmi les laïques.

1370 *Magdeburgense*, par Albert de Luxembourg, archevêque de Magdebourg, où l'on renouvelle d'anciens statuts de la province, et surtout ceux de l'archevêque Burchard. (*Conc. Germ.*, t. IV.)

1374 *Narbonense*, depuis le 15 jusqu'au 24 avril. On y fit vingt-huit canons, tirés presque tous du concile de Lavaur de l'an 1368. Le dix-huitième permet à tout prêtre de se confesser à tel autre prêtre qu'il voudra, même n'ayant point charge d'âmes.

1375 *Uniejoviense*, de Winuwski, par Jaroslau, archevêque de Gnesne, pour fournir des secours au pape, contre le sultan Amurat, qui menaçait l'Italie.

1380 *Saltzburgense*, par Piligrin, archevêque de Saltzbourg, au mois de juillet. On ne sait point l'objet de ce concile. (*Conc. Germ.*, t. IV.)

1380 *Salmanticense*, de Medina del Campo, au diocèse de Salamanque, commencé le 23 novembre, et fini le 19 mai de l'année suivante. L'objet de cette assemblée, tenue en présence de Jean I, roi de Castille, était de décider entre les deux contendants à la papauté, Urbain VI et Clément VII. Le cardinal Pierre de Lune parla pour le second, dont il était légat, et détermina les suffrages en sa faveur. (Baluze, *Suppl. Conc.*, Mansi.)

1381 *Pragense*, par Jean, archevêque de Prague, le 29 avril. On y dressa sept statuts en forme d'interprétation de ceux de l'archevêque Ernest, publiés l'an 1355. Le cinquième défend de conférer des cures aux moines, à moins qu'ils ne soient ou bénédictins ou chanoines réguliers, en faveur desquels les évêques peuvent user de dispense (*Conc. Germ.*, t. IV.)

1382 *Londinense*, par Guillaume de Courtenai, archevêque de Cantorberi, sept évêques, plusieurs docteurs et bacheliers en théologie, et plusieurs autres en droit canon et civil. On y dénonça, le 17 mai, plusieurs propositions de Wiclef; et, le 21 du même mois, on en déclara dix hérétiques, et quatorze erronés. Ensuite, l'archevêque obtint du roi Richard, pour lui et ses suffragants, un pouvoir de faire arrêter et emprisonner ceux qui enseigneraient et soutiendraient ses erreurs. La lettre du roi est du 12 juillet. Le P. Mansi, a donné un supplément curieux et intéressant aux actes de cette assemblée.

1382 *Oxoniense*, d'Oxford, par le même président, le 18 novembre et jours suivants, où l'on reçoit l'abjuration de plusieurs wicléfites. (Mansi, *Suppl. Conc.*, t. III.)

1383 *Cameracense*, le premier d'octobre, par le cardinal Gui de Poitiers, en faveur de Clément VII. (Mansi.)

1386 *Saltzburgense*, par Piligrin, archevêque de Saltzbourg, au mois de janvier, où l'on publia dix-sept statuts sur la discipline, dont le huitième défend aux frères mendiants de confesser sans l'approbation des évêques.

1387 *Moguntinum*, par Conrad de Winspurg, archevêque de Mayence, où l'on condamna trente-six vaudois de

Mayence, qui furent ensuite brûlés vifs. (*Conc. Germ.*, t. IV.)

1388 *Palentinum*, de Palencia, en Espagne, par le cardinal Pierre de Lune, le 4 octobre. Le roi Jean y était présent, et il s'y trouva trois archevêques et vingt-cinq évêques. On y publia sept statuts sur la discipline. (d'Aguirre.)

1388 *Panormitanum*, de Palerme, le 10 novembre, par l'archevêque Louis. On y fit plusieurs réglements pour la réformation du clergé. (Mansi, *Suppl. Conc.*, t. III.)

1390 *Coloniense*, par Frédéric de Sarwerden, archevêque de Cologne, le 16 septembre, où l'on renouvelle les anciens statuts de la province.

1391 *Londinense*, de Londres, au château de Croydon, le 28 avril, par Guillaume de Courtenai, archevêque de Cantorberi, avec ses suffragants. On y renouvelle une constitution de Robert de Wynchelsei, prédécesseur de Guillaume, pour réprimer les entreprises des chapelains et autres prêtres stipendiés sur les droits des curés.

1392 *Pragense*, par Jean, archevêque de Prague, le 17 juin. On y défend aux juges séculiers d'empêcher les criminels, condamnés à mort, de recevoir la pénitence, et même l'eucharistie s'ils les demandent. (*Conc. Germ.*, t. IV.)

1392 *Ultrajectense* (1), d'Utrecht, le 30 septembre, par l'archevêque Florent et sept de ses suffragants, où l'on dégrada Jacques de Juliers, qui, se disant faussement évêque, avait ordonné plusieurs prêtres en Flandre et en Hollande. Ce malheureux fut ensuite remis au bras séculier, qui lui fit trancher la tête. (Raynaldi, *Ad. an.* 1391, n. 21. Mansi, *ibid.*)

1395 *Parisiense*, XLII, I national de la France, le 4 février, par deux patriarches, celui d'Alexandrie, administrateur de l'évêché de Carcassonne, et celui de Jérusalem, administrateur de l'église de Saint-Pons, assistés de sept archevêques, de quarante-six évêques, neuf abbés, quelques doyens et grand nombre de docteurs, qui sont tous nommés. On y délibéra, par ordre du roi Charles VI, sur le moyen de faire cesser le schisme dans l'Église, et le très-grand nombre conclut, le 2 février, que la cesssion des deux papes contendants était la voie la plus courte et la plus propre pour parvenir à l'union si nécessaire et si désirée. Ce concile est daté de 1394, selon le style de France.

---

(1) La troisième édition des Bénédictins porte *Trajectinum*. A l'exemple de Mansi, nous avons cru devoir préférer *Ultrajectense*, déjà employé pour désigner le concile d'Utrecht de 1079.

1396   *Arbogense*, d'Arboga, en Suède. On y fit sept canons sur la discipline, dont le quatrième condamne celui qui aura commis un meurtre, le dimanche, à s'abstenir de chair toute sa vie ; celui qui l'aura commis un vendredi, à ne jamais manger de poisson ; celui qui l'aura commis un samedi à s'abstenir perpétuellement de laitage. (Mansi, t. III, p. 707.)

1397   *Londinense*, le 19 février, par Thomas d'Arondel, archevêque de Cantorberi. On y condamna dix-huit articles, tirés du Trialogue de Wiclef. (Wilkins, t. III.) Ce concile est daté du 19 février 1396. Mais Thomas d'Arondel ne devint archevêque de Cantorberi qu'au mois d'août de cette année. C'est donc suivant le style anglais qu'il faut entendre cette date ; savoir, en commençant l'année au 25 mars.

1398   *Parisiense XLIII*, 2ᵉ. national, que le roi Charles VI assembla le 22 mai. Il s'y trouva, avec le patriarche d'Alexandrie, onze archevêques, soixante évêques, soixante-dix abbés, soixante-huit procureurs de chapitres, le recteur de l'université de Paris, avec les procureurs des facultés, les députés des universités d'Orléans, d'Angers, de Montpellier et de Toulouse, outre un très-grand nombre de docteurs en théologie et en droit. Dans une seconde assemblée qui se tint au mois de juillet, on convint que le meilleur moyen de mettre le pape Benoît à la raison, était de lui ôter, non-seulement la collation des bénéfices, mais tout exercice de son autorité, par une soustraction entière d'obéissance. Le roi, pour cet effet, donna un édit le 28 juillet, qui fut enregistré au parlement le 29 août de la même année, et publié à Avignon au commencement du mois de septembre suivant.

Cette soustraction dura jusqu'au 30 mai 1403. Le roi la révoqua ce jour-là, et restitua, pour lui et pour son royaume, l'obéissance au pape Benoît XIII, qui prétendit d'abord disposer de tous les bénéfices qui avaient vaqué depuis la soustraction ; mais le roi, par sa déclaration du 19 décembre de la même année, ordonna que tout ce qui avait été fait pendant cette soustraction, quant aux provisions des bénéfices, demeurerait en sa force et vertu. (*Spicileg.*, t. VI.)

1401   *Londinense*, de Londres, par Thomas d'Arondel, archevêque de Cantorberi, depuis le 26 janvier jusqu'au 8 mars, contre divers wicléfites. (Wilkins, t. III.) Ce concile est daté de 1400, suivant le style d'Angleterre.

1404 *Parisiense XLIV*, le 21 (et non le 11) octobre. On y arrêta huit articles pour la conservation des priviléges pendant le schisme. En voici le premier : Les moines de Cluni et de Citeaux, et tous les autres exempts, tant réguliers que séculiers, procéderont à l'ordinaire dans leur gouvernement, comme ils faisaient avant la neutralité ; mais les exempts, qui n'ont point de supérieurs au-dessous du pape, seront confirmés par l'évêque diocésain. D. Martenne (*Thes. Anecd.*, tome II, col. 1398) a donné des additions à ce concile, qui paraissent, au P. Mansi, appartenir à celui qui se tint à Paris, en 1408.

1406 *Hammaburgense*, de Hambourg, par Jean de Slamestorp, archevêque de Brême, avec trois évêques, ses suffragants, où l'on condamne l'opinion répandue parmi le peuple, que *mourir avec l'habit de saint François, c'était être assuré de la vie éternelle.* (*Conc. Germ.*, tome V.)

1406 *Parisiense XLV*, de tout le clergé de France convoqué à la Saint-Martin, et fini le 16 janvier suivant, pour terminer le schisme. On y résolut de demander la convocation d'un concile général, et de se soustraire à l'obéissance du pape Benoît.

Grégoire XII et Benoît XIII se promirent alors, par lettres, de céder le pontificat, sans en avoir envie, ni l'un, ni l'autre, quoique toute l'Eglise le souhaitât, pour finir le schisme dont elle était déchirée.

En 1408, Grégoire XII crée quatre cardinaux, malgré les anciens qui se retirent de son obédience, et qui en appellent à lui-même, à Jésus-Christ et au concile général, où l'on a, disent-ils, coutume d'examiner et de juger toutes les actions, mêmes des papes. Ils en appellent encore au pape futur, auquel il appartient de réformer ce que son prédécesseur a mal fait, et ils protestent contre tout ce qui pourrait être fait, ou attenté à leur préjudice, pendant le cours de cette appellation. Grégoire ne défèra point à cet appel.

La même année, Benoît XIII donne une bulle où il excommunie tous ceux, de quelque condition qu'ils soient, même rois, ou princes, qui rejettent la voie de la conférence pour réunir l'Eglise, tous ceux qui approuvent la voie de la cession ; tous ceux qui ne pensent point comme lui, etc. Cette bulle fut condamnée à Paris et lacérée, comme blessant la foi, séditieuse et injurieuse à la majesté royale ; et Pierre de Lune déclaré schismatique, opiniâtre, et même hérétique, perturbateur de la paix et de l'union de l'Eglise. Il ne doit plus être nommé Benoît, ajoute-t-on, ni pape, ni cardinal, et personne ne doit lui obéir, sous peine d'être déclaré fauteur du schisme, etc. C'est ce que le docteur Jean Courtecuisse prononça au nom de l'Université, le 21 mai 1408, en présence du roi et des princes, etc.

1408 *Remense*, le 28 avril, par l'archevêque Gui de Roye, et onze de ses suffragants. Le docteur Jean Gerson en fit l'ouverture par un excellent discours sur les devoirs de l'épiscopat. D'après ce discours, qui se trouve dans la deuxième partie de ses Œuvres, on chercha les moyens de remédier aux désordres causés par le schisme, et à rétablir la discipline. (Hardouin, *Conc.*, tome VII, *Gall. Chr.*, tome VII.)

1408 *Londinense*, le 23 juillet, par François Hugution, archevêque de Bordeaux et cardinal. Ce prélat y engagea le clergé d'Angleterre, d'Ecosse et d'Irlande, à quitter l'obédience de Grégoire XII, pour se joindre aux cardinaux qui avaient convoqué le concile de Pise. (Wilkins, tome III.)

1408 *Parisiense XLVI*, troisième national, tenu à Paris depuis le 11 août jusqu'au 5 novembre. On y fait de très-beaux règlements sur la manière dont l'église gallicane devait se gouverner pendant la neutralité. On y renvoie la plupart des affaires aux conciles provinciaux, en qui l'on reconnaît le pouvoir de les terminer, comme le pape les terminerait, s'il y en avait un reconnu dans l'Eglise. Le 20 octobre, les prélats adhérants à Benoît XIII, furent déclarés fauteurs du schisme, etc. On sévit encore plus rigoureusement contre deux espagnols, porteurs d'une bulle de Benoît XIII, par laquelle il excommuniait et déposait les princes qui s'étaient déclarés pour la voie de cession. Ces deux émissaires ayant été amenés du Louvre au palais, chacun dans un tombereau, revêtus d'une dalmatique noire, avec un écriteau portant : *Ceux-ci sont déloyaux à l'Eglise et au Roi*, y furent exposés pendant le reste du jour aux insultes de la populace. Le lendemain on les ramena dans le même équipage du Louvre au Parvis de Notre-Dame, où ils essuyèrent un long sermon plein d'invectives contre eux et contre Benoît, à la fin duquel on déchira la bulle; après quoi ils furent condamnés, le premier, nommé Sancio Lopez, à finir ses jours dans les fers; l'autre, à une prison de trois ans. Dans ce même concile on nomme les prélats et autres députés qui devaient assister au concile de Pise. (Labbe, Mansi, Dinouart.)

1408 * *Perpiniacense*, de Perpignan, par Benoît XIII, qui en fit l'ouverture le premier novembre. Il fut d'abord nombreux jusqu'au 5 décembre. Les prélats se partagèrent alors, ayant été consultés sur ce qu'il fallait faire pour l'union de l'Eglise. Il n'en resta que dix-huit avec Benoît, qui, le 1er. février 1409, lui conseillèrent d'embrasser sans délai la voie de la cession comme la meilleure, et d'envoyer des nonces à Grégoire XII et à ses propres cardinaux, qui tenaient alors un concile à Pise. Il nomma le 26 mars, suivant ce conseil, sept légats pour aller à Pise ; mais six de ces légats furent arrêtés à Nismes, par ordre du roi de France, et le septième était resté en Catalogne, pour aller en ambassade auprès du même roi Charles VI, de la part de Benoît.

1409 *Francofurtense*, vers l'Epiphanie, par Landolfe, Cardinal-archevêque de Bari, député par les cardinaux de l'une et l'autre obédiences, résidents à Pise, pour inviter les prélats et les princes d'Allemagne au concile indiqué dans cette dernière ville. Le cardinal Antoine, neveu du pape Grégoire XII, étant survenu à Francfort six jours après Landolfe, se déclara son antagoniste, et s'appliqua à combattre ses raisons. La conclusion de cette assemblée fut qu'on enverrait des ambassadeurs en Italie pour solliciter l'union.

1409 *Oxoniense*, le 14 janvier, par Thomas d'Arondel, archevêque de Cantorberi, où l'on fait des réglements divisés en treize chapitres, pour les prédicateurs et les professeurs des Universités, à l'occasion des nouvelles opinions de Wiclef. Le septième chapitre défend de traduire en langue vulgaire aucun texte de l'Ecriture-Sainte. C'était bien mal s'y prendre pour arrêter le cours de l'erreur. Ce concile, que nous appelons d'Oxfort pour nous conformer aux éditions, fut réellement tenu à Saint-Paul de Londres. Il est daté du 14 janvier 1408 ; mais il appartient, suivant notre calcul, à l'an 1409 ; et ce qui le prouve, c'est qu'il porte en même tems la date de la treizième année du pontificat de l'archevêque Thomas d'Arondel, laquelle ne commença qu'au mois d'août 1408.

1409 *Florentinum*, de Florence, par les évêques de Toscane, au mois de février, où l'on confirme le décret rendu par la république de Florence, pour se soustraire à l'obédience de Grégoire XII. (Mansi.)

1409 *Pisanum*, de Pise, convoqué par les cardinaux des deux papes pour le 25 mars, qui fut aussi le jour de son ouverture. Il s'y trouva vingt-deux cardinaux, quatre patriarches latins, douze archevêques en personne, et d'autres par procureurs, quatre-vingts évêques, et les procureurs de cent deux autres, quatre-vingt-sept abbés et deux cent deux autres par procureurs, quarante et un prieurs, les quatre généraux des ordres mendiants, le grand-maître de Rhodes et seize commandeurs, les députés de l'université de Paris et de douze autres au moins, ceux de plus de deux cents chapitres, plus de trois cents docteurs en théologie et en droit canon, et enfin les ambassadeurs de plusieurs rois et autres grands seigneurs. Les deux papes contendants furent invités et ensuite appelés pour la forme à ce concile, où, n'ayant point comparu, ni en personne, ni par procureurs, ils furent déclarés contumaces dans la cause de la foi et du schisme, en la quatrième session tenue le 30 mars. Dans la cinquième, tenue le 15 avril, on donna audience aux envoyés de Robert, roi des Romains, qui se retirèrent ensuite sans avoir attendu la réponse aux difficultés qu'ils avaient proposées. Ils appelèrent à un autre concile général, disant que celui-ci n'était point légitime, parce qu'il n'avait point été convoqué par le roi des Romains. Cet appel fut méprisé, et l'on continua avec ordre les sessions suivantes. Dans la quinzième, tenue le 5 juin, veille du saint Sacrement, on prononça la sentence définitive contre les deux papes contendants. Ils y sont déclarés tous deux notoirement schismatiques, hérétiques, coupables de parjure, pour avoir violé leur serment, déchus de toute dignité, séparés de l'Eglise, *ipso facto*, avec défense à tous les fidèles, sous peine d'excommunication, de les reconnaître, ou de les favoriser, etc. Après la dix-septième session, vingt-quatre cardinaux entrent au conclave le 15 juin. Le 26 du même mois ils élisent pape Pierre de Candie, cardinal de Milan, qui prit le nom d'Alexandre V, et présida à la suite du concile. Il ratifia tout ce qui avait été fait et réglé par les cardinaux depuis le 3 mai 1408, et particulièrement ce qui s'était passé à Pise : ensuite après avoir réglé les affaires de l'Eglise, comme on pouvait les régler prudemment pour réparer les maux occasionnés par le schisme, il congédia le concile, avec indulgence plénière pour tous ceux qui y avaient assisté et qui y adhéreraient, remettant au prochain concile, indiqué en 1412, la réforme de l'Eglise dans son chef et dans ses membres. Ainsi finit le concile de Pise, à la vingt-quatrième session, tenue le 7 août de la même année. On peut dire avec

Sponde qu'on fit en ce concile tout ce qu'il était possible de faire dans un tems de schisme; et avec le grand Bossuet que, *si le schisme, ce monstre cruel qui désolait l'église de Dieu, n'y fut pas exterminé, il y reçut du moins un coup qui fut le prélude de son extinction totale au concile de Constance.*

1409 * *Aquileiense*, d'Austria, près d'Udine, au diocèse d'Aquilée, par Grégoire XII, pendant qu'on travaillait à Pise pour le déposer. Il tint la première session le 6 juin, jour de la fête du saint Sacrement. Le peu d'évêques qu'il y avait lui fit remettre la seconde session au 22 du même mois. Le prétendu pape y prononça une sentence contre Pierre de Lune, et contre Alexandre V, Pierre de Candie, qu'il déclare schismatiques, et leurs élections nulles et sacriléges, etc. Dans la dernière session du 5 septembre, il promet encore de renoncer au pontificat, si ces deux contendants renoncent eux-mêmes à leurs prétendus droits; mais il ajoute une condition qui prouve que cette promesse n'est encore qu'un artifice pour éloigner l'union.

1410 * *Salmanticense*, de Salamanque, où l'on déclare le droit de Benoît XIII au pontificat le mieux fondé, après l'avoir, dit-on, sérieusement examiné. (D'Aguirre.)

1412 et 1413. *Romanum*, indiqué par Alexandre V, et célébré par Jean XXIII. Il commença vers la fin de 1412, et fut continué peut-être jusqu'au 18 juin 1413. Mais il fut peu nombreux, et le seul acte qui nous en reste est une bulle de Jean XXIII, contre les écrits de Wiclef. Elle est datée, dans l'imprimé, du IV des nones, ou 2 de février; mais le P. Mansi prouve qu'il faut substituer le IV des ides, ou 10 de ce mois. Nicolas Clémangis rapporte qu'à l'ouverture de ce concile, lorsque le pape se fut assis sur son trône, un gros hibou vint se placer vis-à-vis de lui, le regardant d'un œil fixe, que l'assemblée en rit, mais que le pape en fut si troublé, qu'il rompit la séance. La même chose, ajoute-t-il, arriva encore à une autre séance, et l'on fut obligé de tuer l'animal à coups de bâton.

1413 *Londinense*, contre un gentilhomme, nommé Jean Old-Castel, chef des Lollards, ou Wiclefites, en Angleterre. Il fut condamné à être renfermé; mais s'étant échappé l'année suivante de sa prison, il excita une sédition qui cessa par sa mort, ayant été repris et pendu avec plusieurs de ses complices. Le concile de Londres fut terminé le 26 juin. (Wilkins.)

1414 *CONSTANTIENSE*, de Constance, XVIe. concile général, convoqué par Jean XXIII. On en fit l'ouverture le 5 novembre, et la première session se tint le 16 du même mois. L'empereur Sigismond arriva la nuit de Noël à Constance, et chanta, en habits de diacre, l'évangile de la première messe du jour, qui fut dite par le pape Jean XXIII. On régla d'abord deux choses ; l'une, que les députés et les docteurs laïques auraient voix délibérative ; l'autre, qu'on opinerait par nations et non par personnes : ce qui déplut fort au pape, qui comptait beaucoup sur les Italiens dont le nombre était très-considérable. La seconde session se tint le 2 mars 1415, et le pape y publia solennellement son acte de cession, à regret néanmoins, et pour ne déplaire, ni à l'empereur, ni au concile, qui l'exigeaient de lui. Le 23 mars il sortit de Constance en habit déguisé, et se retira en Suisse. La retraite du pape n'empêcha pas les PP. du concile de s'assembler le 26 du même mois, et de tenir la troisième session, dans laquelle on déclara le concile légitime. La quatrième session se tint le 30 de mars, et fit le décret suivant : *Que ledit concile légitimement assemblé au nom du Saint-Esprit, faisant un concile général, qui représente l'église catholique militante, a reçu immédiatement de Jésus-Christ une puissance à laquelle toute personne de quelque état et dignité qu'elle soit, même papale, est obligée d'obéir en ce qui appartient à la foi, à l'extirpation du présent schisme, et à la réformation de l'Eglise dans son chef et dans ses membres.* Ce décret célèbre fut relu dans la cinquième session, qui se tint le samedi 6 avril ; et on y en ajouta un autre sur l'obligation indispensable aux fidèles de tout état, de quelque dignité qu'ils soient revêtus, d'obéir aux décrets du concile, et de tout autre concile général légitimement assemblé. Nous remarquerons ici que le clergé de France, assemblé en 1682, a déclaré son attachement inviolable aux décrets du saint concile œcuménique de Constance, contenus dans les sessions quatre et cinq, comme étant approuvés, même par le saint siège apostolique, et religieusement observés de tout tems par l'église gallicane.

Après la retraite de Jean XXIII, les PP. du concile lui envoyèrent une députation pour l'engager à revenir au concile, et le sommèrent ensuite par une citation en forme ; enfin le 14 mai, ils le déclarèrent contumace, et le déposèrent le 29 du même mois. Il abdiqua lui-même peu de jours après : ce que Grégoire XII fit aussi par son procureur le 4 juillet, dans la quatorzième session : mais Benoît XIII, étant demeuré obstiné, fut enfin déposé le 26 juillet 1417. Les erreurs de Wiclef y avaient été condamnées dès 1415 dans la septième session tenue le 2 mai. Jean Hus, dans la quinzième, tenue le 6 juillet de la même année, avoit pareillement subi son jugement. Muni d'un sauf-conduit de l'empereur, obtenu le 18 octobre 1414, il s'etait rendu, le 3 novembre suivant, à Constance avec Jean de Chlun, son ami, et deux seigneurs à qui l'empereur avait confié sa personne. Quelques cardinaux, et non le concile, le firent emprisonner à son arrivée. Le concile alors nomma trois commissaires pour examiner sa doctrine. On lui donna plusieurs audiences pour s'expliquer dans le concile ; mais il refusa de se rétracter. En conséquence on condamna ses livres au feu, et lui-même à être dégradé, mais non pas à la mort. Il fut rendu par le concile à l'empereur qui le remit à l'électeur palatin. Celui-ci le livra aux magistrats qui l'abandonnèrent aux valets, avec ordre de le livrer aux flammes. Ainsi, après la quinzième session, Jean Hus fut livré au feu, malgré le sauf-conduit de l'empereur, sans arrêt de mort en règle et par un jugement arbitraire et illégal ; car il n'existait aucune loi civile en Allemagne qui ordonnât de brûler les Hérétiques. Jérôme de Prague, disciple de Jean Hus, eut le même sort que son maître l'année suivante, le 30 mai. Dans la quarante et unième session, tenue le 11 novembre 1417, on proposa l'élection d'un nouveau pape. L'empereur voulait qu'avant tout on commençât par réformer l'Eglise. Le cardinal d'Ailli, qui souhaitait l'un et l'autre, s'écria : « Comment réformer un » corps sans tête et des membres sans chef ! » Son avis l'emporta, et l'on élut pape Othon Colonne, qui prit le nom de Martin V. Il publia une bulle contre les Hussites le 22 février. Dans le premier article de cette bulle, Martin V veut que celui qui sera suspect, jure qu'il croit tous les conciles généraux, et en particulier celui de Constance, représentant l'Eglise universelle ; et que tout ce que ce dernier concile a approuvé et condamné, soit approuvé et condamné par tous les fidèles. Le pape ferma le concile à la quarante-cinquième session, tenue le vendredi 22 avril 1418. Un cardinal prononça à la fin ces paroles : *Domini, ite in pace*, et tous répondirent : *Amen*.

1418 *Saltzburgense*, le 18 novembre, par Eberhard, archevêque de Saltzbourg, pour le rétablissement de la discipline, presque anéantie durant le schisme. On y confirma plusieurs anciens statuts, et on en fit trente-quatre nouveaux. Le trente-troisième ordonne aux Juifs, sous peine d'une amende pécuniaire, de porter un bonnet cornu, et aux femmes et filles juives d'avoir à leur ceinture une clochette sonnante. (Hartzheim , tom. V, p. 61.) Le P. Labbe met ce concile au 15 janvier 1420. Mais il le confond avec un synode de Saltzbourg, tenu en 1420, par Jean Hundio, prévôt et archidiacre de cette église, en vertu des pouvoirs de son archevêque : encore se trompe-t-il sur le jour de ce synode qui est le 28 août.

1420 *Calischiense*, de Kalisch, au diocèse de Gnesne, en Pologne, le 25 septembre. On y publia un grand nombre de canons tirés des décrétales.

1421 * *Pragense*, par les Calixtins, ayant à leur tête Conrad de Westphalie, archevêque de Prague, le 7 juin. On y fit dix-huit statuts, dont le deuxième commet quatre docteurs pour régler toutes les affaires ecclésiastiques de la Bohême, et le cinquième ordonne la communion sous les deux espèces pour tous les fidèles. Le reste paraît assez orthodoxe. (*Conc. Germ.*, tom. V.)

1423 *Coloniense*, le 22 avril, par Thierri, archevêque de Cologne. On y publia douze statuts sur la discipline. (*Conc. Germ.*, tom. V.)

1423 *Ticinense* ou *Papiense*, de Pavie, comme il avait été indiqué au concile de Constance. On en fit l'ouverture au mois de mai ; mais il fut transféré à Sienne, le 22 juin, à cause de la peste dont Pavie était menacée.

1423 *Senense*, de Sienne, commencé le 22 août On y fit un décret contre les hérésies condamnées à Constance, et contre tous ceux qui donneraient du secours aux Wiclé-fites, ou aux Hussites : mais on renvoya l'affaire de la réformation, et celle de la réunion des Grecs, au concile qui fut indiqué à Bâle, et qui ne s'est tenu qu'en 1431. Celui de Sienne fut dissout le 26 février 1424, et le pape en confirma la dissolution le 12 mars de la même année.

1423 *Trevirense*, le 26 avril, par Otton de Ziegentheim, avec ses suffragants. On y dressa six statuts, dont le premier est contre les hérésies de Wiclef et de Jean Hus. (*Conc. Germ.*, tom. V.)

1425 *Hafniense*, de Coppenhague, en Danemarck, par Lucke, archevêque de Lunden, ses suffragants, et quelques autres prélats, abbés, doyens, prévôts, etc. ; le jeudi après la Saint-Canut, c'est-à-dire le 25 janvier. On y fit une épître synodale pour le rétablissement de la discipline, et la réformation des mœurs, tant des ecclésiastiques que des laïques, que les guerres presque continuelles avaient extrêmement corrompues.

III.

1429   *Rigense*, par Henri, archevêque de Riga, d'où ce prélat envoya douze députés au pape pour se plaindre de l'oppression où était son église. Ces députés furent arrêtés par un commandeur de l'ordre Teutonique, et précipités dans un lac. (*Conc. Germ.*, tom. V.) Mansi rapporte ce concile à l'année précédente.

1429   *Parisiense XLVII*, commencé le 1er. mars et fini le 23 avril, par Jean Nanton, archevêque de Sens, ses suffragants, et plusieurs autres du clergé séculier et régulier. Ils y dressèrent quarante articles de réglements, concernant les devoirs et les mœurs des ecclésiastiques, des moines et des chanoines réguliers, la célébration du dimanche, et les dispenses des bans de mariages, qu'ils défendent d'accorder facilement. Le deuxième de ces réglements est contre les indécences, pour ne pas dire les impiétés, qui se commettaient en plusieurs églises à certains jours. La plus scandaleuse de toutes était la fête des Fous qu'on voit établie dans l'église de Paris, et fixée au jour de la Circoncision, dès la fin du douzième siècle. Les clercs inférieurs choisissaient un d'entre eux qu'ils revêtaient d'habits pontificaux, et appelaient l'*évêque des Fous*. Après l'avoir fait officier et lui avoir servi dans l'église un grand repas mêlé de chansons et de danses, on le promenait par la ville, monté sur un char, avec un cortége qui amusait le peuple par des farces souvent très-licencieuses. Ailleurs, c'était au jour des Innocents qu'était attachée cette fête. Les enfants de chœur y occupaient les places des chanoines et en exerçaient les fonctions, même à l'autel. Une autre fête, encore plus détestable et non moins ancienne, était celle de l'Ane, qui se célébrait à la cathédrale de Beauvais le 14 janvier. (Voyez-en la description dans le Glossaire de du Cange, aux mots *Festum Asinorum et Kalendæ*.) Nous observerons ici que de pareilles profanations n'ont jamais eu lieu dans les églises de l'ordre de Saint-Benoît.

1429   *Dertusanum*, de Tortose, en Catalogne, par le cardinal de Foix, huit évêques. plusieurs abbés, etc. On y fit quelques réglements et quelques decrets touchant l'office divin, les ornements des églises, l'instruction de la jeunesse, les qualités des bénéficiers et autres; le tout en quatre sessions, dont la première se tint le 19 septembre, et la dernière le 5 novembre de la même année.

1431   *BASILEENSE*, de Bâle, XVIIe. concile général, que le pape Martin V avait indiqué à Pavie, et transféré à Sienne, et de Sienne à Bâle. Le pape Eugène IV, son successeur, en ayant confirmé l'indication à Bâle, et continué au cardinal Julien le droit qui lui avait été donné d'y présider; l'ouverture s'en fit le 23 juillet, et la première session se tint le 14 décembre. Les deux principaux motifs de ce concile furent la réunion de l'église grecque avec la romaine, et la réformation générale de l'Eglise, tant dans son chef que dans ses membres, suivant le projet qui en avait été fait au concile de Constance. On peut juger de l'exactitude de ses décisions, par le sage réglement qu'on fit d'abord de diviser les évêques qui y arrivaient en quatre classes égales. Ces classes, qui s'assemblaient trois fois la semaine en particulier, se communiquaient ensuite leurs difficultés avec ce qui avait été résolu, avant que d'en faire le rapport au concile assemblé, qui en jugeait en dernier ressort. Il y avait là une liberté entière, et dont on a peu d'exemples. Le pape, qui était absent, ayant entrepris jusqu'à deux fois de dissoudre ce concile, les pères soutinrent avec fermeté qu'il était supérieur au pape, et le prouvèrent, non-seulement par les deux décrets du concile de Constance, sess. 4 et 5, mais encore par plusieurs raisons rapportées dans la lettre synodale, au douzième tome des Conciles, p. 673. Cette mésintelligence dura jusqu'à la quinzième session, tenue le 26 novembre 1433, où il n'en fut plus parlé. Eugène IV approuva ensuite le concile par une bulle datée de Rome le 15 décembre de la même année. Ses légats y furent incorporés, après avoir juré qu'ils en garderaient les décrets, et particulièrement ceux de Constance, sess. 4 et 5. Ils présidèrent ainsi avec le cardinal Julien Césarini, en présence de l'empereur, protecteur du concile, à la dix-septième session, tenue le 26 avril 1434. Le 26 juin de la même année, on renouvela, dans la dix-huitième session, les deux décrets de Constance, déjà cités dans quatre sessions. La dix-neuvième se tint le mardi 7 septembre. On y traita de la réunion des Grecs, des affaires des Bohémiens, et de la conversion des Juifs. On fit quatre décrets de réformation dans la vingtième session, qui se tint le samedi 22 janvier 1435. La vingt et unième, tenue le 9 juin, abolit les annates, malgré l'opposition des légats du pape. La vingt-deuxième, tenue le 15 octobre, condamna neuf propositions comme erronées, sans en flétrir l'auteur, qui avait promis de se soumettre à la décision de l'Eglise. La vingt-troisième, tenue le samedi 24 mars 1436, rapporte la profession de foi que le pape doit faire le jour de son élection. Elle comprend tous les conciles généraux, et particulièrement ceux de Constance et de Bâle. Les PP. y ajoutent que le nouveau pape doit s'engager solennellement à poursuivre la convocation des conciles généraux, et ils réduisent le nombre des cardinaux à vingt-quatre, qui seront choisis de toutes les parties du monde chrétien. On annulla, dans la même session, toutes les grâces expectatives, mandats et autres réserves de bénéfices que le pape avait accoutumé d'appliquer à son profit. Dans la vingt-quatrième, tenue le vendredi 14 avril, on confirma les promesses que les députés du concile avaient faites à l'empereur des Grecs et au patriarche de Constantinople. Dans la vingt-cinquième, tenue le mardi 7 mai 1437, il fut arrêté par un décret qu'on tiendrait le concile en faveur des Grecs, ou à Bâle, ou à Avignon, ou dans une ville de Savoie. Les légats du pape et quelques prélats, en petit nombre, en firent un autre, où, suivant l'intention d'Eugène, ils désignaient une ville d'Italie pour le lieu du concile. Ces deux décrets opposés causèrent de grandes contestations. Le pape confirma celui de ses légats, et les envoya sur ses galères à Constantinople pour y recevoir l'empereur Jean Paléologue et les Grecs, et les amener en Italie. Le concile y envoya aussi les siennes. Mais celles du pape les ayant prévenues, remplirent l'objet de leur mission. Depuis ce tems il y eut une guerre ouverte entre le pape et les pères du concile. Ceux-ci arrêtèrent dans la vingt-sixième session, qu'ils tinrent le 26 juillet 1437, que le pape viendrait rendre compte de sa conduite; et qu'en cas de refus, il serait procédé contre lui selon la rigueur des canons. Le pape, de son côté, donna une bulle qui transférait ou dissolvait le concile, et en indiquait un autre à Ferrare. On n'y eut aucun égard en France, et le roi Charles VII défendit aux évêques de son royaume de se trouver à ce nouveau concile; il leur ordonna au contraire d'aller recevoir les Grecs à Avignon, quand ils y seraient mandés, suivant les traités des PP. de Bâle. Cependant le concile continuait de s'assembler comme à l'ordinaire, et d'agir contre le pape. Dans la vingt-septième session, qui se tint le 27 septembre, on y déclara nulle la promotion qu'il avait faite de deux cardinaux, et on lui fit défense d'aliéner la ville d'Avignon. Dans la vingt-huitième il fut déclaré contumace, pour n'avoir point comparu, et sa bulle de convocation du concile à Ferrare fut réfutée dans la suivante, qui se tint le 12 octobre.

Voilà ce qui se passa de plus important à Bâle, avant le concile de Ferrare. Nous observerons seulement que la communion, sous les deux espèces, fut permise dans la trentième session, le 8 janvier 1438, pour condescendre à la demande des Bohémiens, mais avec les restrictions convenables. Les pères du concile tinrent encore quinze sessions, auxquelles présida le cardinal d'Arles, à la place du cardinal de Saint-Ange, Julien Césarini, qui se retira et se rendit à Ferrare au mois de janvier 1438. Dans la trente-quatrième session, tenue le 25 juin 1439, on déposa le pape Eugène ; et dans la trente-neuvième, tenue le 17 novembre, on confirma l'élection d'Amédée, duc de Savoie, qui avait été élu pape dans le conclave, le 5 du même mois, et qui fut nommé Félix V. Les pères de Bâle ne se séparèrent qu'après la quarante-cinquième session, tenue au mois de mai de l'an 1443, ayant auparavant déclaré que le concile ne serait point regardé comme dissout, ou qu'on en tiendrait un autre à Lyon ou à Lausanne, qui en serait la continuation.

1431   *Aschaffemburgense*, le 12 novembre, par Conrad III, archevêque de Mayence, pour conférer, avec ses suffragants, sur les griefs de l'église d'Allemagne et les moyens de les redresser. On fit en conséquence un mémoire, ou pour mieux dire on approuva celui que l'archevêque avait composé sur ce sujet, pour être présenté au concile général, indiqué à Bâle. (*Christian. Joannis not. in Serar.* p. 744.)

1431   *Nannetense*, de Nantes, depuis le 23 avril jusqu'au 2 mai, sur la discipline. On y proscrit la fête des Fous, et un autre abus qui régnait en plusieurs églises : c'était de surprendre, le lendemain de Pâques, les clercs paresseux dans leur lit, les promener nus par les rues, et les porter en cet état dans l'église, où, après les avoir placés sur l'autel même, on les arrosait largement d'eau benite. (*Conc. Provinciæ Turon.*)

1437   *Ferrariense*, de Ferrare. Eugène IV, brouillé, comme nous l'avons vu, avec les pères de Bâle, convoqua ce concile malgré eux. La première session se tint le 10 janvier 1438. Le cardinal Julien Césarini, qui avait, jusqu'alors, présidé à Bâle, s'y trouva avec quatre prélats, qu'il avait gagnés, et le concile fut déclaré légitime et canonique. Le pape Eugène présida à la seconde session, le samedi 15 février, et les pères de Bâle y furent excommuniés. L'ouverture du concile avec les Grecs se fit le

9 avril. On le déclara concile général, pour la réunion des deux églises latine et grecque, de la part du pape, du consentement de l'empereur, du patriarche de Constantinople, et de tous les pères qui étaient assemblés. Entre les Grecs, il y avait vingt et un prélats du premier ordre, outre l'empereur et ses officiers. La première session avec les Grecs, se tint le mercredi 8 octobre; et la seizième, qui fut la dernière, à Ferrare, se tint le 10 janvier 1439. On y publia la bulle du pape, pour transférer le concile à Florence, du consentement des Grecs, avec lesquels on n'avait pu encore s'accorder sur les points contestés. Eugène partit de Ferrare, le 19 janvier, pour se rendre à Florence, précédé du saint Sacrement, qu'on portait dans une boîte, accompagné de flambeaux, suivant la coutume des papes, lorsqu'ils sont en voyage.

1438   Assemblée des électeurs de l'empire à Francfort, en Carême, où ils élurent roi des Romains Albert d'Autriche. Les électeurs voyant les brouilleries entre le pape et les pères de Bâle, et les différents décrets qu'ils portaient réciproquement, résolurent de ne recevoir ni les uns ni les autres, sans manquer, toutefois, au respect qu'ils devaient et au pape et au concile de Bâle, d'où vient la neutralité d'Allemagne qui fut également condamnée par le pape et par les pères de Bâle. Le nouveau roi des Romains approuva, néanmoins, le concile de Bâle. et ordonna aux ambassadeurs, nommés par l'empereur Sigismond, de s'y rendre, accordant aux pères l'argent qu'on avait levé en Allemagne, pour l'arrivée des Grecs, et leur permettant d'en faire un autre usage. Il voulut même qu'on observât, dans toute l'Allemagne, les décrets de Bâle; mais on lui demanda six mois pour s'y déterminer, comme on le voit par le décret fait à Francfort, le 18 mars de la même année.

1438   Nombreuse assemblée de Bourges, où le roi Charles VII présidait. On y dressa le 7 juillet, de concert avec les pères de Bâle, ce réglement si célèbre, appelé *Pragmatique Sanction*. Elle contient vingt-trois articles, qui tendent particulièrement à reconnaître l'autorité des conciles généraux supérieure à celle des papes, à rétablir toutes les élections libres, à abolir les annates, les grâces expectatives, les réserves, etc.

1439   *FLORENTINUM*, de Florence, dix-huitième concile général, suite de celui de Ferrare. La première session, des Latins et des Grecs, se tint le 26 février. Elle se passa en dispute entre l'empereur Jean Paléologue, et le Cardinal Julien, sur les matières qui étaient l'objet du concile, et principalement sur la procession du Saint-Esprit. Dans les huit sessions suivantes, on agita tous les points qui causaient la désunion des deux églises; et dans la dixième, qui fut la dernière avec les Grecs, et qui se tint le lundi 6 juillet, on publia le décret d'union. On y reconnaît que le Saint-Esprit procède du Père et du Fils, ou par le Fils, comme d'un seul principe; que le corps de Jésus-Christ est véritablement consacré dans le pain azyme et dans le pain levé; que les âmes des véritables pénitents, morts dans la charité de Dieu avant que d'avoir fait de dignes fruits de pénitence, pour expier leurs péchés, sont purifiées après leur mort, par les peines du purgatoire, et qu'elles sont soulagées de ces peines par les suffrages des fidèles vivants, etc. Que le saint siége apostolique et le pontife romain, a la primauté sur toute la terre. Avant la publication de ce décret, le pape avait fixé le dimanche 5 juillet, pour le signer: en conséquence, tous les prélats grecs qui étaient au concile, se rendirent ce jour-là chez l'empereur, à deux heures après midi, à l'exception de trois, savoir: l'archevêque de Stauropolis, qui sortit secrètement de Florence dès qu'il apprit qu'on devait s'assembler; l'archevêque d'Éphèse, qui s'était formellement et constamment opposé à la réunion; et l'archevêque d'Héraclée, qui était malade. Comme celui-ci devait signer le premier, attendu qu'il représentait le patriarche d'Alexandrie, on commença, après que l'empereur eut signé, par lui porter l'acte qu'il souscrivit sans difficulté. Le décret fut ensuite rapporté à l'assemblée, où il fut signé, d'abord, par le protosyncelle de Constantinople, dont le patriarche était mort pendant le concile, puis par les vicaires des patriarches d'Antioche et de Jérusalem; après lesquels vingt-huit autres prélats, métropolitains pour la plupart, apposèrent leur signature de leur propre main, et cela sous les yeux de trois évêques latins et d'un protonotaire, envoyés par le pape, pour être témoins de l'opération. L'exemplaire du décret fut ensuite porté chez le pape, où les prélats de l'église latine s'étaient pareillement assemblés. L'empereur, à son tour, députa plusieurs des plus considérables de l'église grecque, pour être témoins de la signature des Latins. Ceux-ci souscrivirent aussi de leur propre main, ainsi que le pape qui signa le dernier, après avoir examiné attentivement les signatures des Grecs. Enfin, le lendemain

6 juillet, les prélats grecs et latins s'assemblèrent dans l'église cathédrale de Florence. Le décret y fut lu à haute voix dans les deux langues, et approuvé des deux partis par acclamation. Le pape célébra la messe, où les prélats des deux églises assistèrent en commun.

L'union paraissant consommée, l'empereur et ses prélats se disposaient à s'en retourner. Le pape s'etait engagé à les défrayer, en payant à chacun, par mois, une somme convenue. L'empereur demanda qu'on leur tînt compte de cinq mois qui leur étaient dus. Le pape répondit qu'il était prêt à les satisfaire, mais qu'auparavant il fallait encore qu'ils signassent cinq exemplaires du décret. Il était naturel que l'exemplaire qui était déjà signé restât aux mains du pape, et les Grecs devaient en emporter un; les autres, dit Syropule, étaient destinés aux princes qui étaient attachés au parti d'Eugène. Les Grecs représentèrent d'abord, qu'il suffisait de deux exemplaires, l'un pour l'église latine, l'autre pour l'église grecque. Le pape se réduisit à demander quatre exemplaires, outre celui qui avait été signé. Les Grecs y consentirent enfin. On se hâta de préparer les copies qui devaient, par les signatures, devenir des originaux. Mais quand on les leur présenta pour y mettre leurs seings, ils refusèrent de le faire, à moins qu'on ne les payât, comme on le leur avait promis. Syropule atteste même avec serment que ce refus leur avait été prescrit par un ordre exprès de l'empereur. Cependant cet historien lui-même nous apprend que l'empereur les fit signer quelques jours après sous ses yeux, quoiqu'ils n'eussent point encore été payés. Car les quatre nouveaux exemplaires ayant été remis à ce prince, sur le refus que les prélats de son église avaient faits de les signer, il les assembla sur le champ, et ils signèrent conjointement avec lui. Syropule assure positivement que tous ceux qui avaient signé le premier original, signèrent aussi les nouveaux exemplaires, excepté le protosyncelle. Il ne nous dit point quel jour ils firent cette seconde signature; mais nous apprenons par les actes grecs, insérés dans la Collection des Conciles, que ce fut le 20 juillet, quinze jours après la première. Ces actes, cependant, supposent qu'il n'y eut que quelques-uns des prélats, pressés de partir, qui signèrent le 20, et que le reste signa le lendemain chez l'empereur. Syropule ne fait point cette différence; il ajoute seulement que les prélats, après avoir souscrit, partirent successivement depuis le 22 juillet, jusqu'au 26 août, jour auquel l'empereur quitta Florence, avec ce qui y restait de prélats grecs, qui ne reçurent leur paiement qu'à l'instant de leur départ. Ce détail sur les signatures du décret de réunion, est tiré d'un Mémoire que M. Brequigni a bien voulu nous communiquer.

* Dans le concile de Florence, que quelques-uns ne regardent plus comme général, depuis le départ des Grecs, on tint la première session le 4 septembre 1439 : ce fut dans cette session que les pères de Bâle, qui avaient déposé le pape Eugène, furent traités d'hérétiques et de schismatiques, ainsi que tous ceux qui leur demeuraient attachés. Dans la seconde session, qui se tint le 22 novembre, le pape Eugène fit un décret très-étendu, pour réunir les Arméniens à l'église romaine. Ce décret est au nom du pape seul. Outre la foi de la Trinité et de l'Incarnation, expliquée par les conciles généraux qui sont indiqués, il contient encore la forme et la matière de chaque sacrement, expliquées un peu autrement que les Grecs et plusieurs théologiens ne les expliquaient. Le même pape, dans la session troisième, tenue le 23 mars 1440, déclare Amédée, antipape, hérétique, schismatique, et tous ses fauteurs criminels de lèze-majesté, promettant, toutefois, le pardon à ceux qui se reconnaîtront avant cinquante jours. Dans la quatrième session, tenue le 5 février 1441, on fit un décret de réunion avec les Jacobites, qui fut signé par le pape et huit cardinaux. L'abbé André, député du patriarche Jean, et de Constantin, roi d'Éthiopie, reçut et accepta ce décret au nom de tous les jacobites éthiopiens, et promit de le faire exactement observer. La cinquième et dernière session fut tenue le 26 avril 1442, et le pape y proposa la translation du concile à Rome. Ainsi finit le concile de Florence : celui de Rome ne s'est point tenu. Eugène partit de Florence le 7 mars 1443, et se rendit à Sienne, d'où, après un séjour de six mois, il arriva le 28 septembre à Rome, dont il avait été absent pendant l'espace de plus de neuf ans.

1439 *Moguntinum*, assemblée de Mayence, au mois de mars. Elle était composée d'un cardinal, des archevêques de Trèves, Cologne et Mayence, de trois autres évêques d'Allemagne, des ambassadeurs de l'empereur Albert, de l'archevêque de Tours et de l'évêque de Troyes, ambassadeurs du roi de France, de l'évêque de Cuença, ambassadeur du roi d'Espagne ou de Castille, de ceux du duc de Milan, d'autres princes d'Allemagne, dont aucun n'avait envoyé personne au concile de Ferrare ou de Florence. Les députés du concile de Bâle ne voulurent jamais convenir de la surséance du procès contre le pape Eugène, ni du changement du lieu du concile. L'assemblée de Mayence en reçut les décrets, à l'exception de ceux qui étaient faits contre le pape; ce qui n'empêcha point le concile de Bâle de les continuer, et d'en faire de nouveaux, jusqu'à le déposer.

1440 *Bituricense*, assemblée de Bourges, depuis le 26 août jusqu'au 11 septembre, où se trouvèrent les députés du pape Eugène, et ceux du concile de Bâle. Charles VII et les prélats y témoignèrent un grand respect pour le concile, mais en demeurant attachés au pape Eugène, sans vouloir reconnaître Félix V, comme les députés de Bâle le souhaitaient. Le roi et les mêmes prélats ne voulurent point aussi reconnaître le concile de Ferrare, ni abolir la Pragmatique Sanction, comme les députés du pape le demandaient.

1440 *Frisingense*, de Frisingue, en Allemagne, par Nicodême de Scala, qui en était évêque. On y fit vingt-six réglements, qui contiennent beaucoup d'excellentes choses. Le cinquième renouvelle le statut du concile de Bâle, qu'il appelle général, contre les clercs concubinaires. Le vingtième renouvelle celui du concile général de Constance, contre les Simoniaques. Ces décrets furent approuvés le vendredi 2 septembre.

1441 *Moguntinum*, par Thierri d'Erbach, archevêque de Mayence. On y reçoit 1°. les décrets du concile de Bâle, sur la tenue des conciles provinciaux et diocésains. 2°. Le statut de la même assemblée, contre les clercs concubinaires. 3°. Le décret du même concile, sur les interdits locaux. 4°. La bulle de Nicolas V, contre ceux qui maltraitaient les ecclésiastiques; puis on y adopta quatre décrets du même concile de Bâle, dont le second défend l'exposition du saint Sacrement dans les églises des monastères, sous quelque prétexte que ce soit, hors le tems de l'octave de la Fête-Dieu. (*Conc. Germ.*, tom. V.)

1445 *Rotomagense*, le 15 décembre, par Raoul Roussel, archevêque de Rouen, avec ses suffragants. On y fit quarante et un statuts, dont le septième est remarquable en ce qu'il condamne la superstition de ceux qui, dans la vue de quelque gain, donnent des noms particuliers à des images de la sainte Vierge, comme de Notre-Dame de Recouvrance, de Consolation, de Grâce, etc., parce que ces noms donnent lieu de croire qu'il y a plus de vertu dans une image que dans une autre. Le onzième est contre les mascarades et autres folies, qui se faisaient, à certains jours, dans quelques églises. Celle de Rouen n'était pas exempte de pareils abus, comme du Cange le fait voir par son ancien Rituel. Le trente-deuxième condamne, dans les ecclésiastiques, les chaperons à cornettes. C'étaient, suivant M. Huet (*Orig. de Caen.*, p. 242.), des capuchons que le luxe avait fait allonger *démesurément*, en forme de longues cornes, dont ceux qui les portaient furent appelés cornetiers. Au reste, M. Huet se trompe, ou plutôt son imprimeur, en mettant ce concile en 1345.

1448   *Andegavense*, d'Angers, par Jean, archevêque de Tours, avec ses suffragants, le 19 de juillet. On y fit dix-sept réglements pour réformer divers abus, et entr'autres, celui de prendre dans leur lit, aux fêtes de Pâques, les clercs paresseux, et de les porter tout nus à l'église. *Voyez* le concile de Nantes de 1431.

1449   *Lausanense*, Amédée de Savoie, connu dans son obédience sous le nom de Félix V, ayant renoncé au pontificat le 9 avril, les pères de Bâle s'assemblèrent pour la dernière fois à Lausanne, le 16 du même mois : là, comme tenant encore le concile général, ils ratifièrent, par deux décrets, sa renonciation avec toutes les clauses et les conditions dont on était convenu avec le pape Nicolas V, successeur d'Eugène IV. Ces deux décrets sont datés de Lausanne, le 16 avril. Le pape de son côté déclara, par une bulle datée de Spolette, le 18 juin, que Dieu ayant rendu la paix à son Église, par les soins des ambassadeurs des rois de France, d'Angleterre, de Sicile et du dauphin, son vénérable et très-cher frère, Amédée, qu'on appelait Félix V, dans son obédience, renonce au droit qu'il prétendait avoir au souverain pontificat; qu'il le crée premier cardinal de l'église romaine, évêque de Sabine et légat du saint siége en quelques provinces; que ceux qui avaient été assemblés à Bâle et ensuite à Lausanne, sous le nom de concile général, avaient ordonné et publié qu'il fallait obéir à Nicolas, comme à l'unique et indubitable pontife, et qu'ils avaient enfin dissout ladite assemblée de Bâle. « Désirant donc, con-
» tinue le pape, autant que Dieu nous en donne le pou-
» voir, procurer la paix à tous les fidèles ; nous approu-
» vons, ratifions et confirmons, pour le bien de l'union
» de l'Eglise, de notre pleine puissance apostolique, et
» du conseil et consentement de nos frères les cardinaux,
» les élections, confirmations, provisions de quelque
» église et bénéfice que ce soit,.... faites aux personnes
» et aux lieux, qui obéissaient à Félix, et à ceux qui
» étaient assemblés à Bâle et à Lausanne, comme aussi

» tout ce que les ordinaires ont fait par leur autorité, etc. »

Par une seconde bulle, le pape Nicolas rétablit entièrement toutes les personnes, de quelque dignité, condition et état qu'elles soient, qui avaient été privées de leurs bénéfices et juridictions par le pape Eugène pour avoir suivi Félix et le concile de Bâle. Enfin, dans une troisième, il déclare nul tout ce qui avait été fait, dit, ou écrit contre le même Félix, les pères de Bâle et leurs adhérents, voulant que tout soit effacé des registres d'Eugène, et qu'il n'en soit plus fait aucune mention. Ainsi finit entièrement le schisme, et Nicolas V fut reconnu de tous pour le seul pape légitime.

1450 * *Constantinopolitanum*, par les trois patriarches d'Alexandrie, d'Antioche, et de Jérusalem, contre celui de Constantinople, et contre la réunion faite à Florence. Sur la supposition de ce concile, dont les actes se rencontrent dans toutes les éditions, *voyez* Allatius, *de Cons.*, col. 1381, et le Quien, *Or. Ch.*, tom. I. col. 311.

1451 *Saltzburgense*, par le légat Nicolas de Cusa, et Frédéric d'Emerberg, archevêque de Saltzbourg, le 8 février. On y ordonne la réformation des monastères de la province. (*Conc. Germ.*, tom. V.)

1452 *Coloniense*, le 3 mars, par le cardinal Nicolas de Cusa. Ce prélat, avec l'approbation de l'archevêque de Cologne, y publia un grand nombre de statuts, dont le troisième recommande aux curés la lecture de saint Thomas sur les sacrements. Le dixième et le onzième défendent les nouvelles confrairies et les nouveaux ordres religieux. On y fit aussi un réglement pour l'exposition du saint Sacrement. C'est le premier qui ait été fait sur cette matière. (*Conc. Germ.*, tom. V.)

1452 *Magdeburgense*, par le cardinal de Cusa, et Frédéric de Beichlingen, archevêque de Magdebourg, avec deux suffragants, le jour de la Pentecôte. Le légat, après y avoir publié quelques statuts, nomme deux commissaires pour la réforme des chanoines réguliers. (*Conc. Germ.*, tom. V.)

1453 *Cashelense*, de Cashel, en Irlande, célébré à Limerik, le 6 août. On y fit cent vingt et un réglements, dont le 20e. défend aux clercs de porter des moustaches. Le 25e. déclare que de tous les legs testamentaires, il en appartient une portion à l'église paroissiale. (Wilkins.)

1455 *Aschaffemburgense*, par Thierri d'Erbach, archevêque de Mayence, et ses suffragants, le 15 juin, contre les erreurs des Hussites. (*Conc. Germ.*, tom. V.)

1455 *Suessionense*, de Soissons, le vendredi 11 juillet, par Jean Juvenal des Ursins, archevêque de Reims, et ses suffragants, en personne, ou par procureurs. On y ordonna l'exécution du décret du concile de Bâle, confirmé dans l'assemblée de Bourges, touchant la manière de chanter l'office divin, et on y fit quelques autres statuts. Ce concile est rapporté par tout à l'an 1456 : ce qui n'est vrai qu'en commençant l'année le jour de l'Annonciation, neuf mois et sept jours avant nous, suivant l'usage de la métropole de Reims, en ce tems-là. Ce qui le prouve, c'est qu'il est daté, *Calixti papæ III*, *anno I*. Or Calixte III fut élu le 8 avril 1455.

1457   *Avenionense*, d'Avignon, le 7 septembre, par les soins de Pierre, cardinal de Foix, de l'ordre des frères mineurs, archevêque d'Arles et légat d'Avignon. Le but principal de cette assemblée fut de confirmer ce qui s'était fait au concile de Bâle, (Sess. 36,) touchant l'opinion de l'immaculée conception de la sainte Vierge. On y défend, sous peine d'excommunication, de prêcher le contraire de cette opinion; on ne permet pas même d'en disputer en public, et on enjoint aux curés de publier ce décret, et de l'annoncer à tous les fidèles, afin qu'aucun ne puisse l'ignorer.

1473   *Madritense*, de Madrid, au commencement de l'année, par le cardinal Borgia, légat du pape, avec plusieurs prélats. On s'y appliqua à remédier à l'ignorance des ecclésiastiques d'Espagne, qui était telle, qu'à peine s'en trouvait-il quelques-uns qui sussent le latin. La bonne chère et la débauche étaient leurs plus ordinaires occupations.

1473   *Arandense*, ou *Raudense*, d'Aranda, dans la vieille Castille, vers la fin de l'année, et pour la même cause que le précédent. Carillo, archevêque de Tolède, avec ses suffragants, y fit 29 réglements sur la discipline ecclésiastique, entre lesquels il y en a un qui dit qu'on ne conférera point les ordres sacrés à ceux qui ne savent point le latin.

1485   *Senonense*, le 23 juin, par Tristan, archevêque de Sens. Il y confirma les constitutions faites vingt-cinq ans auparavant par son prédécesseur, Louis de Melun, et y traita de la célébration de l'office divin, de la réforme du clergé dans les mœurs et dans les habits, de la réforme des religieux, des devoirs des laïques envers l'Eglise, du paiement des dîmes, etc. *Lab.* 13.

1487   *Londonense*, de Londres, le 13 février, par Jean Morton, archevêque de Cantorbéri, pour la réformation des mœurs. Ce concile est daté de l'an 1486, parce que l'année commençait alors en Angleterre au 25 mars. Jean Morton était passé du siège d'Eli à celui de Cantorbéri, le 6 octobre 1486. (Wilkins, tom. III, Ang. Sacr. pars prima, pag. 123 et 673.)

1490 *Saltzburgense*, de Saltzbourg, le 19 octobre. On y fit plusieurs réglements sur la discipline, tirés en grande partie de ceux du concile de Bâle. On y publia de plus une constitution de Martin V, donnée le 19 décembre 1417, pendant la tenue du concile de Constance, pour confirmer les lois des empereurs Frédéric II et Charles IV, touchant les immunités ecclésiastiques et la sûreté des asiles sacrés. (*Edit. Venet.*)

1510 *Turonense*, assemblé au mois de septembre, par le roi Louis XII, d'abord à Orléans, puis à Tours, et composé, suivant Génébrard, de tous les prélats du royaume, et d'un grand nombre de docteurs. Le roi y proposa huit questions touchant la guerre qu'il se disposait à déclarer au pape Jules II, pour secourir Alfonse, duc de Ferrare, son allié, que ce pontife s'obstinait à vouloir dépouiller de ses états. Les réponses du concile affermirent le roi dans sa résolution.

1510 *Paterkavense*, de Péterkau (aujourd'hui Pétricaw), en Pologne, le 11 novembre, par Jean, archevêque de Gnesne, et primat. On y fit vingt-huit réglements, dont le deuxième ordonne de chômer la fête de saint François dans tout le royaume ; le dixième enjoint aux pasteurs de publier tous les ans, le jeudi-saint, dans leurs églises, la fameuse bulle *In cœnâ Domini*; le vingt-quatrième défend aux clercs de s'exciter à boire les uns les autres dans les repas, et de boire à la santé de personne. (Mansi.)

1511 * *Pisanum*, de Pise. Quelques cardinaux, mécontents de ce que le pape Jules II ne convoquait point de concile général, comme il l'avait promis par serment lors de son élection ; sollicités en même tems par l'empereur Maximilien et par Louis XII, roi de France, indiquèrent ce concile de Pise, qu'ils appelèrent général, et en marquèrent l'ouverture le 1er. septembre. Elle ne se fit que le 1er. novembre de la même année 1511. Quatre cardinaux s'y trouvèrent, avec la procuration de trois autres absents. plusieurs évêques de France et plusieurs abbés y assistèrent avec les ambassadeurs du roi. Il n'y en eut aucun d'Allemagne aux trois premières sessions. La quatrième se tint à Milan le 4 janvier 1512, et il y en eut jusqu'à huit. Dans la dernière, tenue le 21 avril, on suspendit le pape Jules ; les prélats quittèrent ensuite Milan, et se retirèrent à Lyon, où ils voulurent continuer leur concile, mais sans succès.

1512 *LATERANENSE*, XIXe. concile général, convoqué

par une bulle de Jules II, datée du 18 juillet 1511. On en fit l'ouverture le lundi 3 mai 1512, et il y avait quinze cardinaux, près de quatre-vingts archevêques, ou évêques, tous italiens, et six abbés, ou généraux d'ordre. La première session se tint le lundi suivant, 10 mai. Les officiers du concile y furent nommés; et, le 17 du même mois, on lut, dans la seconde session, la bulle d'approbation du concile. Dans la troisième, tenue au commencement de décembre, l'évêque de Gurck déclara, de la part de l'empereur, qu'il approuvait aussi le concile, et qu'il renonçait à tout ce qui s'était passé à Pise. Le 10 du même mois, on tint la quatrième session, où les défenseurs de la Pragmatique Sanction furent cités à comparaître dans soixante jours. On décerna enfin dans la cinquième, une nouvelle monition contre l'église de France, pour répondre sur le même sujet. Cette session se tint le 16 février 1513; mais le pape Jules, malade alors, ne put s'y trouver, et mourut peu de jours après. Léon X, son successeur, fit tenir la sixième session le mercredi 27 avril. Sur la proposition que l'on y fit d'une citation contre la contumace des Français dans l'affaire de la Pragmatique, il ne répondit rien, dans la vue peut-être de les gagner par douceur. Le 17 juin, qui tombait le vendredi, on lut, dans la septième session, la rétractation de deux cardinaux du concile de Pise, qui condamnaient tous les actes de ce concile, et approuvaient ceux de Latran. Les ambassadeurs de Louis XII renoncèrent aussi au concile de Pise, et adhérèrent à celui de Latran, le 17 décembre; et le 5 mai 1514, le pape, dans la neuvième session, donna l'absolution aux Français absents, qui suivirent cet exemple. On fit dans la même session un décret pour la réformation du clergé de Rome. La dixième session se tint le 4 mai 1515, et l'on y dressa quatre décrets contenus en autant de bulles du pape : le premier, sur les monts-de-piété, le second pour le clergé; le troisième sur l'impression des livres dangereux, et le quatrième pour obliger les Français de venir, à la session suivante, dire les raisons qu'ils avaient de s'opposer à l'abolition de la Pragmatique Sanction. (On entend par mont-de-piété un lieu où l'on prête de l'argent sur gages à ceux qui sont dans le besoin, afin de les soustraire aux exactions des usuriers. Ces établissement étaient depuis plusieurs années un sujet de dispute entre les théologiens. Les uns les condamnaient à cause des intérêts qu'on y exigeait pour les frais de régie, soutenant que tout ce qui excédait la somme prêtée était formellement contraire à la nature du prêt, qui doit être purement gratuit suivant la parole de Dieu. Selon les autres, c'était une dureté envers les pauvres que de les priver du secours qu'ils trouvaient dans les monts-de-piété, les frais de régie, disaient-ils, n'étant qu'un dédommagement qu'on peut, avec justice, faire supporter à ceux qui retirent d'ailleurs un si grand avantage de cet établissement. Le pape, dans sa bulle, déclare que ce dernier sentiment a eu l'approbation de plusieurs de ses prédécesseurs, savoir Paul II, Sixte IV, Innocent VIII, Alexandre VI et Jules II. En conséquence, il l'approuve aux mêmes conditions : c'est-à-dire qu'on n'exigera que l'intérêt modique nécessaire pour les frais de régie, sans qu'il en revienne aucun profit au mont-de-piété ; déclarant néanmoins qu'il serait beaucoup plus parfait de donner à ces établissements les fonds nécessaires pour les frais de régie, sans qu'il fût besoin de rien exiger au-delà du principal. La bulle fut reçue par tout le concile, à l'exception de Jérémie, archevêque de Trani, qui s'y opposa, disant que, selon l'expérience qu'il en avait, ces établissements faisaient plus de mal que de bien. La onzième session se tint le 19 décembre 1516, et le pape y présida. On y lut la profession de foi des Maronites, qui reconnaissaient que le Saint-Esprit procède du Père et du Fils, comme d'un seul principe et d'une unique spiration, etc. On y abolit ensuite la Pragmatique Sanction ; sans nous arrêter, dit le pape dans sa bulle, à l'autorité qu'elle a reçue, et dans le concile de Bâle, et dans l'assemblée de Bourges, l'acceptation n'en ayant été faite qu'après la translation de ce concile par le pape Eugène IV ; ce qui lui ôte toute vigueur, etc. On lui substitua le fameux Concordat conclu à Bologne, le 16 août de la même année entre deux cardinaux, au nom de Léon X, et le chancelier du Prat, au nom de François I. Dans la douzième et dernière session, tenue le 16 mars 1517, on lut une bulle, qui, entr'autres choses, ordonnait une imposition de décimes, pour être employées à la guerre contre les Turcs ; après quoi un cardinal dit à haute voix : *Messieurs, allez en paix.* Plusieurs théologiens ne reconnaissent point ce concile comme général, et le cardinal Bellarmin lui-même permet d'en douter.

1528 *Parisiense XLVIII*, commencé le 3 février, et fini le 9 octobre, par le cardinal du Prat, archevêque de Sens, et ses suffragants. On y condamna les erreurs de Luther et des nouveaux hérétiques ; après quoi l'on fit seize décrets sur la foi de l'Église, sur son infaillibilité, sur sa visibilité, etc. On y ajouta enfin plusieurs réglements touchant les mœurs et la discipline. Le commencement de ce concile est daté de l'an 1527, et la fin de l'an 1528, conformément à l'usage de la France, qui était alors de commencer l'année à Pâques.

1528. *Bituricense*, le 21 mars, par François de Tournon, archevêque de Bourges, et ses suffragants, contre les erreurs de Luther, et pour la réformation des mœurs. Les actes de ce concile sont datés de l'an 1527, par la raison qui vient d'être dite sur le concile précédent.

1528 *Lugdunense*, de Lyon, le 21 mars, par Claude de Longvy, évêque de Mâcon, et vicaire-général de l'archevêque François de Rohan, sur le même sujet que le précédent. (*Edit. Venet.*, tom. XIX.) Ce concile est daté de 1527, suivant le style de France.

1536 *Coloniense*, par Herman de Weidon, ou de Weida, archevêque de Cologne, avec ses suffragants et plusieurs personnes habiles. On y traita très au long des devoirs des évêques, des clercs majeurs, de ceux qui desservent les églises métropolitaines, cathédrales et collégiales, des curés, des vicaires et des prédicateurs. On y traita ensuite de l'administration des sacrements, de la sépulture, des jeûnes, des litanies, des processions, de la bénédiction des cloches, des confrairies, de l'ordre monastique, des religieuses, des chanoinesses, des frères Teutoniques, des hôpitaux, etc. Ces différents articles au nombre de deux cent soixante-quinze, sont contenus en quatorze parties, qu'on peut voir dans le P. Labbe. L'archevêque Herman, peu d'années après (l'an 1542), se fit luthérien.

1545 *TRIDENTINUM*, dernier concile général, contre les erreurs de Luther, de Zuingle et de Calvin, et pour la réformation de la discipline et des mœurs. Il avait été indiqué à Mantoue dès l'an 1537, ensuite à Vicence, et enfin à Trente, où il commença le 13 décembre 1545. Comme ce concile est connu de tout le monde, nous nous contenterons d'en marquer les principales dates. La seconde session se tint le 7 janvier 1546, sous Paul III; et les trois suivantes, le 3 février, le 8 avril et le 17 juin de la même année. L'année suivante on tint la sixième le 13 janvier, et la septième le 3 mars, sous le même pape. Le décret de la translation de ce concile à Bologne est du 11 du même mois, et fut donné dans la huitième session. On tint en cette ville, la même année, les sessions 9, 10, et 11; mais on n'y décida rien, et le concile fut interrompu jusqu'à ce que Jules III le renvoya à Trente, par sa bulle datée de Rome l'an 1550, le 14 décembre. La onzième session, prorogée à Bologne, se tint à Trente, le 1er. mai 1551, sous le même pape. On y tint encore cette année (le 1er. septembre, le 11 octobre et le 25 novembre), les sessions 12, 13 et 14. Ce fut dans la treizième qu'on accorda le premier sauf-conduit aux protestants, invités à venir au concile; et dans la quinzième, tenue le 25 janvier 1552, que le second, plus étendu, fut dressé. Dans la seizième, qui fut la dernière, sous Jules III, tenue le 28 avril de la même année, le concile fut encore interrompu: et l'ordre de le rassembler ne fut donné, par Pie IV, que le 29 novembre 1560. La dix-septième session se tint le 18 janvier 1562, et la dix-huitième le 26 février; l'on y donna un troisième sauf-conduit aux Allemands et aux autres nations. Les sessions 19, 20, 21 et 22e. sont des 14 mai; 4 juin, 16 juillet, 17 septembre de la même année. Les 23, 24 et 25. qui fut la dernière, sont des 15 juillet, 11 novembre et 3 décembre de 1563. Le 4 décembre on termina le concile par des acclamations, après avoir dit qu'on en demanderait la confirmation au pape, qui l'accorda, par une bulle datée de Rome, le 26 janvier 1564.

Tous les prélats qui étaient présents à la fin du concile, en souscrivirent les actes. Ils étaient au nombre de deux cent cinquante-cinq, en y comprenant trente-neuf procureurs pour les absents, sept abbés et sept généraux d'ordres, qui tous eurent voix délibérative et décisive. Il n'est point reçu en France pour la discipline; mais il est reçu, comme tous les conciles généraux, avec un profond respect pour la doctrine. Tous les Français croient de cœur et confessent de bouche toutes les vérités que ce saint concile enseigne, et condamnent de même toutes les erreurs qu'il condamne, sans y être obligés par aucune loi extérieure émanée du roi, ou donnée en son nom par les parlements. C'est ce qui fait que des magistrats et des jurisconsultes célèbres ne disent point que le concile de Trente soit reçu en France pour la doctrine, dans le moment même qu'ils en croient tous les dogmes, et qu'ils en regardent la croyance comme nécessaire au salut.

Nous finissons ici la Chronologie des Conciles, n'ayant en vue que les dates des chartes, des chroniques et des autres anciens monuments de l'histoire, auxquels celles des conciles qui ont suivi, ne nous paraissent pas fort nécessaires.

CHRONOLOGIE HISTORIQUE

DES PAPES.

Jésus-Christ, le pontife éternel, ayant choisi la capitale de l'empire romain pour être la capitale du monde chrétien, et le centre de son église, saint Pierre, qu'il en avait établi le chef visible en le créant prince des pasteurs, vint à Rome l'an 42 de Jésus-Christ, en la seconde année de l'empereur Claude, et y établit son siége, qui a toujours subsisté, et a toujours été rempli par une succession non interrompue d'évêques jusqu'au présent pontificat : succession que saint Augustin met au rang des marques éclatantes de la véritable église, qui retiennent très-justement les fidèles dans son sein. Jamais dans l'antiquité l'on n'a douté, ni que l'église de Rome eût été fondée par saint Pierre, ni que les papes fussent les successeurs de cet apôtre. Les PP. ont défié les hérétiques anciens de le nier : *Negare non potes*, dit un d'eux, parlant à Parménien, donatiste, *scire te in urbe Roma Petri primo Cathedram esse collatam, in qua sederet omnium Apostolorum caput Petrus.* (Optat. l. 2.) Si quelques hérétiques modernes ont osé s'écarter de la tradition sur ce point, les plus savants d'entre eux, tels que Pearson, évêque protestant, n'ont pas fait difficulté de l'admettre, et se sont même appliqués avec succès à le prouver.

On peut considérer l'évêque de Rome, indépendamment de son diocèse particulier, sous trois rapports différents, comme primat, comme patriarche, et comme chef de l'église universelle. Pour bien entendre la première de ces trois qualités, il est à-propos de savoir quels étaient autrefois les départements civils de l'Italie. Le préfet du prétoire d'Italie, qu'on ne doit pas confondre avec le préfet de Rome, avait sous lui trois diocèses ; celui que l'on appelait Urbicaire, administré par le vicaire de Rome ; le diocèse d'Italie, qui avait pour gouverneur le vicaire d'Italie, résidant à Milan ; et le diocèse d'Afrique, gouverné par le vicaire d'Afrique. Toute l'Italie était divisée en dix-sept provinces, dont dix appartenaient au vicaire de Rome, et sept au vicaire d'Italie. Les dix premières, qui, originairement en faisaient treize, étaient l'Etrurie ou la Toscane, la Valerie, la Campanie, le *Picenum*, la Pouille, la Calabre, la Lucanie, le *Brutium*, le *Samnium*, l'Ombrie, la Sicile, la Sardaigne et la Corse. Les sept provinces qui relevaient du vicaire d'Italie, étaient la Ligurie, l'Emilie, la Flaminie ou le *Picenum Annonarium*, la Vénétie avec l'Istrie, les Alpes cottiennes et les deux Rhéties. Il est à remarquer que parmi les dix provinces qui formaient le premier département, il y en avait quatre qui se trouvaient en même tems comprises en tout ou en partie dans celui du préfet de Rome, dont la juridiction s'étendait à cent mille pas autour de cette ville. C'étaient celles qu'on nommait proprement Suburbicaires. Dans l'ordre ecclésiastique, elles n'avaient point d'autre métropolitain que l'évêque de Rome. Les six autres du même département, qu'on appelait Urbicaires, et quelquefois aussi, quoiqu'improprement Suburbicaires, avaient à la vérité des métropolitains, mais sans fonctions, et pour l'honneur seulement, étant immédiatement soumises à l'église de Rome. Les papes, en effet, avaient seuls le droit de sacrer les évêques dans ces dix provinces, rejetaient ceux qui, bien qu'élus dans les formes, ne leur paraissaient pas convenables, envoyaient des visiteurs sur les lieux, et en obligeaient les évêques de venir à Rome : toutes choses que faisaient également les évêques de Milan dans les sept provinces qui ressortissaient au vicaire d'Italie. Tels étaient les droits et l'étendue de la primatie de l'évêque de Rome. Comme patriarche, il a une autorité d'un genre différent, semblable à peu près à celle des patriarches d'Orient, et dont le district embrasse tout l'Occident. Enfin, comme chef de l'Eglise universelle, le pape a, d'institution divine, la primauté d'ordre ou d'honneur, de vigilance et d'inspection sur toutes les églises particulières ; ce qui emporte une autre sorte de juridiction, telle que l'ont déterminée le concile général de Constance dans ses quatrième et cinquième sessions, et le clergé de France dans les quatre fameux articles arrêtés en son assemblée de l'an 1682.

Voilà en abrégé ce qui concerne la puissance spirituelle du pape. Mais il a outre cela une autorité temporelle, à raison des domaines attachés à son siége par la libéralité des princes. Jusqu'au roi Pepin le Bref, l'église de Rome, quoique riche en fonds de terres, ne possédait aucun état proprement dit. Ce fut ce monarque qui rendit le pape seigneur et prince temporel, en lui cédant l'exarchat de Ravenne. Charlemagne confirma cette donation, et y ajouta la Marche d'Ancône, outre les villes et châteaux que l'église romaine avait en d'autres pays, se réservant néanmoins sur tous ces domaines le droit de suzeraineté. Même réserve pour la ville de Rome, dont il fut toujours regardé comme le suprême seigneur, ainsi que le témoignent les actes qu'on y datait de l'année de son règne, *imperante Domino nostro Carolo*, et les médailles qu'il y fit frapper. Depuis la mort de ce prince, les papes firent divers efforts pour se rendre indépendants. Mais ce ne fut qu'au douzième siècle qu'ils demeurèrent paisibles possesseurs de l'autorité souveraine dans Rome. Elle s'étend aujourd'hui (1787) cette souveraineté, depuis Mantoue, le long de la mer Adriatique, jusqu'aux confins de l'Abruzze; et en largeur, depuis Ancône jusqu'à Civita Vecchia, d'une mer à l'autre.

Le pape, au temporel, est monarque absolu chez lui, son autorité n'étant balancée par aucune autre, ni au dedans ni au-dehors. A son inauguration, il est couronné comme les princes laïques; cérémonie qu'il faut bien distinguer de son intronisation. Celle-ci se fait au même moment qu'il est élu. On le revêt alors de ses habits pontificaux; on lui met la mitre en tête; on le fait asseoir sur l'autel, où les cardinaux viennent se prosterner devant lui; ce qui s'appelle adoration: après quoi il est proclamé pape et salué en cette qualité. Le couronnement, dont l'origine ne remonte pas au-delà du neuvième siècle, n'a point de jour fixe, et se fait devant les portes de l'église de Saint-Pierre. Là, on dresse un trône sur lequel on fait monter le nouveau pontife; on lui met une couronne dite la tiare (appelée aussi *regnum*) devant tout le peuple; ensuite de quoi il fait la calvacade en grand cortége, depuis Saint-Pierre jusqu'à Saint-Jean-de-Latran. Les provisions de la cour de Rome avant le couronnement se datent *a die suscepti a nobis Apostolatûs officii*; et après le couronnement, *ab anno Pontificatûs nostri*, ou *a die coronationis nostrœ*.

Les lettres des papes sont de trois sortes; 1°. les *bulles*, qui sont des écrits authentiques, expédiés en parchemin et scellés en cire verte, avec un sceau pendant en plomb, où sont imprimés les bustes de saint Pierre et de saint Paul: elles s'adressent ordinairement à tous les fidèles, lorsqu'elles décident des points de religion: 2°. les *brefs*: ce sont des lettres que le pape envoie pour des affaires particulières, soit à des princes, soit à des prélats, soit à d'autres personnes qu'il honore de son estime. Ils sont conçus sans préambule, écrits sur du papier, et scellés en cire rouge sous l'anneau du pécheur; 3°. les *signatures de cour de Rome*: ce sont des rescrits, expédiés sur papier à la chancellerie romaine, contenant en abrégé les suppliques adressées au pape pour une grâce, dispense ou collation de petits bénéfices, au bas desquelles le pape met de sa main *fiat*, ou fait mettre en sa présence *concessum*. Ces sortes de pieces ne sont point scellées.

Ces préliminaires un peu longs nous ont paru nécessaires pour faciliter l'intelligence de plusieurs traits que nous allons rapporter dans la Chronologie historique des Papes.

SAINT PIERRE.

SAINT-PIERRE, dont les évêques de Rome se sont toujours dits les successeurs, et quelquefois les vicaires, quoiqu'on les ait universellement qualifiés les vicaires de Jésus Christ, était, comme on l'a dit ci-devant (t. II, p. 176), de Bethsaïde, bourg de Galilée. Notre Sauveur, dans l'élection qu'il fit de ses apôtres (l'an 31 de notre ère), lui donna le premier rang et la prééminence. De là vient que l'Ecriture et la Tradition le mettent toujours à la tête des douze apôtres. L'an 37 saint Paul, que Dieu avait converti depuis trois ans, vint à Jérusalem pour voir saint Pierre, et conferer avec lui. Saint Pierre se rendit à Rome en 42 ; c'est l'époque où commencent les vingt-cinq années que la Chronique d'Eusèbe donne à son pontificat. De Rome, après quelque séjour, il revint à Jérusalem, où il fut mis en prison par les ordres du roi Agrippa, l'an 44, au tems de Pâques, et presqu'aussitôt délivré par un ange. En 51, au concile de Jérusalem, il parla le premier, et il y maintint la liberté de l'Evangile. Saint Pierre, étant retourné à Rome, y rencontra saint Paul, avec lequel il gouverna l'Eglise qu'ils avaient fondée dans cette capitale du monde. Mais la pureté de la doctrine que prêchaient ces deux grands apôtres, et les conversions nombreuses qu'ils opéraient, irritèrent Néron, qui, les ayant fait arrêter, condamna saint Pierre au supplice de la croix ; et saint Paul, comme citoyen romain, à être décapité ; ce qui fut exécuté le 29 juin. Cette date est constante, par le témoignage de tous les anciens. Mais on n'est point d'accord sur l'année où tombe ce double événement. Les uns le mettent en l'an 65, les autres en 66, plusieurs en 67, et quelques-uns en 68. La première opinion contredit formellement Eusèbe, qui place la mort de saint Pierre deux ans (commencés) après celle de Sénèque, arrivée au mois d'avril de l'an 65. La troisième est pareillement à rejeter, puisque Néron, comme Dion l'atteste, passa tout l'été de l'an 67 dans la Grèce. La quatrième est encore plus insoutenable, Néron étant mort le 9 juin de cette année. Il faut donc s'en tenir à la deuxième, qui est celle de saint Epiphane parmi les anciens, et de MM. de Tillemont et Foggini parmi les modernes. On n'est pas moins partagé sur le successeur immédiat de saint Pierre. Mais le plus sûr est de suivre l'ordre que saint Irenée donne à cette succession. Or, suivant ce père, à saint Pierre succéda immédiatement saint Lin ; à celui-ci saint Clet, ou Anaclet, et à ce dernier saint Clément.

I. S. LIN.

66. LIN, fils d'Herculanus, né à Volterra, dans la Toscane, succéda, l'an 66, à saint Pierre, qui l'avait ordonné pour faire ses fonctions en son absence (Marengoni.) C'est durant son pontificat que la ruine de Jérusalem arriva l'an 70. Saint Lin gouverna l'église de Rome douze ans, et mourut l'an 78, peut-être le 23 septembre, qui est le jour de sa fête dans plusieurs anciens martyrologes, comme dans le moderne.

II. S. ANACLET.

78. ANACLET, le même que saint Clet, comme les savants en conviennent, succéda, l'an 78 ou 79, à saint Lin, et tint le siége de Rome l'espace de douze ans, auxquels il y en a qui ajoutent quelques mois. Il mourut en l'an 91. L'église l'honore entre les martyrs, de même que saint Lin, quoiqu'il semble que ni l'un ni l'autre n'aient fini leurs jours par une mort violente, et que la disposition du cœur leur ait seule mérité ce titre.

III. S. CLÉMENT I.

91. CLÉMENT, fils de Faustin, romain de naissance, mais juif d'origine, comme il le témoigne lui-même (*Ep. I, ad Cor.*) en se disant de la race de Jacob, attaché d'abord à saint Paul, qui l'appelle son coopérateur, et qu'il suivit à Philippes, où il eut part à ses souffrances, avait ensuite reçu l'ordination épiscopale de saint Pierre, selon le témoignage de Tertullien ; (soit que ce fût pour gouverner l'église romaine pendant son absence, soit comme un évêque apostolique, non attaché à aucune église particulière, mais destiné pour assister les apôtres dans leur ministère, et pour aller prêcher Jésus-Christ à ceux qui ne le connaissaient point.) C'est apparemment ce qui a donné occasion à quelques auteurs anciens de le donner pour successeur immédiat à saint Pierre. Il ne remplit toutefois le siége de Rome qu'après la mort de saint Anaclet, au commencement de l'an 91, le 23 de janvier, jour auquel on faisait autrefois une fête de sa chaire ; il le tint pendant neuf ans et quelques mois, étant mort la troisième année de Trajan, la centième de Jésus-Christ. Bède et les martyrologes postérieurs,

mettent sa fête au 23 novembre. L'événement le plus remarquable du pontificat de saint Clément, est la persécution que Domitien excita contre les Chrétiens. Elle commença l'an 93, et ne finit qu'en l'an 96. On la compte pour la deuxième. Un schisme qui s'éleva parmi les fidèles de Corinthe, à l'occasion de deux prêtres qui furent injustement déposés, donna occasion à saint Clément d'écrire à cette église, au nom de celle de Rome, une lettre qualifiée admirable, par Eusèbe, que quelques-uns ont même voulu mettre au rang des écritures canoniques. Saint Clément en écrivit, à la même église, une deuxième, dont il ne reste qu'un long fragment, qu'on a découvert à la fin du fameux manuscrit alexandrin de la Bible. Eusèbe, qui fait aussi mention de celle-ci (l. 3, *Hist. Eccl.*, c. 38), ne lui donne pas le même degré d'autorité qu'à la première, sur ce que les anciens, dit-il, n'en ont point fait usage. Jacques Wetstein, protestant, a de plus mis au jour, en 1752, deux autres lettres de saint Clément aux *Eunuques spirituels*, qu'il avait trouvées à la fin d'un manuscrit syriaque du Nouveau Testament, et dont nous avons une version française, donnée en 1763. Ce sont les seuls ouvrages certains qui nous restent de ce pape.

Quoi qu'en disent plusieurs savants modernes, il y a bien de l'apparence que c'est à saint Clément, et non à saint Fabien, qu'on doit rapporter la mission des premiers évêques dans les Gaules ; tels que saint Trophime d'Arles, saint Gatien de Tours, saint Denis de Paris, saint Paul de Narbonne, saint Austremoine de Clermont, saint Martial de Limoges. (Marca, les deux Pagi, et *Gall. Chr. no., tom. I, Præf.*)

IV. S. EVARISTE.

100. EVARISTE, né dans la Syrie, succéda, vers la fin de l'an 100 de Jésus-Christ, à saint Clément. Il gouverna, pendant près de neuf ans, l'église romaine, jusqu'au 26 ou 27 octobre de l'an 109. Ce fut sous son pontificat que la persécution de Trajan arriva. On la compte pour la troisième. Elle commença vers l'an 107. Tandis qu'elle attaquait l'église au-dehors, les Hérétiques, ayant pour chefs Basilide, Elxaï, Saturnin, la déchiraient au-dedans. M. de Tillemont rapporte à ce même tems la cessation des oracles, par lesquels les démons avaient accoutumé de tromper les hommes.

V. S. ALEXANDRE.

109. ALEXANDRE, que saint Irenée compte pour le cinquième évêque de Rome, succéda, l'an 109, à saint Evariste. Son pontificat, qui fut de dix ans non entiers, finit le 3 mai de l'an 119.

VI. S. SIXTE, ou XISTE.

119. SIXTE, romain de naissance, successeur de saint Alexandre, tint le siége de Rome jusques vers la fin de l'an 127. (Muratori.)

VII. S. TELESPHORE.

127. TÉLESPHORE, le septième pasteur de l'église de Rome, depuis les apôtres, fut placé sur ce siége vers la fin de l'an 127, et l'occupa pendant onze ans, ou environ. Sa mort, qu'on prétend être arrivée le 2 janvier de l'an 139, a été honorée par un illustre martyre, selon le témoignage de saint Irenée et d'Eusèbe. Plusieurs écrivains, du moyen âge, lui attribuent l'hymne *Gloria in excelsis*, que l'on chante à la messe.

VIII. S. HYGIN.

139. HYGIN remplaça Télesphore sur le siége de Rome, qu'il occupa jusqu'en 142. Les martyrologes mettent sa mort au 10 janvier. Eusèbe dit que les hérésies de Valentin et de Cerdon s'élevèrent sous son pontificat.

IX. S. PIE I.

142. PIE remplit le siége de Rome, depuis 142 jusqu'en 157. Les martyrologes rapportent sa mort au 11 juillet.

X. S. ANICET.

157. ANICET, successeur de saint Pie, l'an 157 de Jésus-Christ, gouverna l'église de Rome pendant onze ans; il souffrit le martyre le 17 avril 168, dans la persécution de M. Aurèle, que Sulpice Sévère compte pour la quatrième. Sous son pontificat, les plus grands hérétiques et les plus grands saints, parurent à Rome; les uns, pour tâcher de l'infecter de leurs erreurs; les autres, pour la maintenir dans sa pureté. Dès le tems d'Hygin, Valentin était venu en cette capitale, Marcion y avait paru sous saint Pie; l'un et l'autre avaient fait beaucoup de progrès, et continuaient à corrompre les esprits. Saint Polycarpe s'y étant rendu, en ramena beaucoup par le témoignage qu'il rendit à la doctrine de l'église romaine. Anicet lui céda l'honneur d'offrir les saints mystères à sa place, et ils se séparèrent en paix, malgré la diversité de leurs sentiments sur la célébration de la Pâque. Saint Justin, la plus grande lumière de son siècle, défendait alors l'Eglise par ses écrits, dont plusieurs ont été composés à Rome.

XI. S. SOTER.

168. SOTER, natif de Fondi, en Campanie, fut élu pour suc-

céder à saint Anicet, l'an 168 de Jésus-Christ. Il gouverna l'église de Rome pendant neuf ans, et peut-être quelques mois de plus, jusqu'en 177. Le martyrologe romain et quelques autres, marquent sa fête le 22 avril. Saint Denis, évêque de Corinthe, rend un beau témoignage à la charité de saint Soter et des Romains, au sujet des grandes aumônes par lesquelles ils soulageaient les indigents et les pauvres de différents pays du monde. L'hérésie de Montan commença, selon Eusèbe, sous le pontificat de Soter, en l'an 171. Le diable, qui avait en vain attaqué l'Eglise par le libertinage et les mœurs déréglées des autres hérétiques, semble avoir voulu la surprendre par l'austérité apparente et la sainteté hypocrite de la secte des Montanistes. Tertullien, l'un des plus grands hommes de l'antiquité, eut le malheur de tomber dans ce piége.

XII. S. ELEUTHÈRE.

177. ELEUTHÈRE, diacre sous Anicet, lorque Hégésippe vint à Rome, succéda, l'an 177, à saint Soter. Il gouverna l'église de Rome plus de seize ans, étant mort après Commode, qui périt le dernier jour de l'an 192. Les martyrologes placent sa fête au 26 mai. La première année de son pontificat est célèbre par la mort glorieuse des martyrs de Lyon. De leur prison, ils écrivirent à Éleuthère contre l'hérésie des Montanistes, et lui députèrent saint Irénée, alors prêtre, depuis évêque de Lyon. Bède nous apprend qu'il reçut de Lucius, roi d'Angleterre, une ambassade, pour demander un missionnaire qui lui enseignât la religion chrétienne; ce qui s'accorde avec ce que dit Tertullien : *Britannorum inaccessa Romanis loca, Christo vero subdita.*

XIII. S. VICTOR.

193. VICTOR fut élevé sur le saint siége l'an 193, dans le tems, suivant Eusèbe, que Pertinax jouissait de l'empire. Le même auteur met sa mort à la neuvième année de Sévère, 202 de Jésus-Christ. L'église honore sa mémoire le 28 juillet. La dispute sur la célébration de la Pâque se renouvela sous Victor, qui ne garda pas la même modération que ses prédécesseurs; car il écrivit des lettres pour retrancher de la communion de l'église les évêques d'Asie; mais il ne réussit pas à faire entrer les autres évêques du monde dans ses vues, *in qua sententia hi qui discrepabant ab illis, Victori non dederunt manus,* (dit saint Jérôme.) Cela servit, aussi bien que les sages remontrances de plusieurs évêques, entr'autres de saint Irénée, à tempérer le zèle excessif du pape Victor. « Ces prélats, suivant Eusèbe, lui représentè-
» rent qu'il avait mal fait de séparer de sa communion des égli-

» ses si considérables, et l'exhortèrent à tenir une conduite plus
» conforme à la paix, à l'unité et à la charité qu'on doit avoir
» pour le prochain ». Saint Jérôme met le pape Victor le premier entre les auteurs ecclésiastiques qui ont écrit en latin. Sous son pontificat, s'éleva l'hérésie de Théodote le Banquier, qui niait la divinité de Jésus-Christ, et que Victor excommunia pour ce sujet.

XIV. S. ZEPHIRIN.

202. ZÉPHIRIN fut ordonné, au rapport d'Eusèbe, la neuvième année année de Sévère, la 202e de Jésus-Christ, et gouverna l'église de Rome jusqu'à la première année de l'empereur Héliogabale, 218 de Jésus-Christ. Après avoir tenu le saint siège environ dix-sept ans, il mourut le 20 décembre, auquel sa fête est marquée dans le martyrologe de saint Jérôme. La persécution de Sévère, que l'on compte pour la cinquième, commença la première année de Zéphirin, selon Pagi, ou plutôt l'an 201, suivant Muratori. Ce prince avait d'abord été favorable aux Chrétiens. Il changea tout-à-coup, et leur déclara une guerre si cruelle, qu'on crut que l'Antechrist était proche; elle ne finit qu'à sa mort. L'an 212, le célèbre Origène vint à Rome, pour voir cette église si renommée. Ce fut sous le pontificat de Zéphirin qu'arriva la funeste chûte de Tertullien, devenu montaniste, en 205. Ce scandale dut être d'autant plus sensible à Zéphirin, qu'il fut occasionné, suivant saint Jérôme, par la jalousie du clergé de Rome contre ce grand personnage.

XV. S. CALLISTE.

219. CALLISTE, ou CALIXTE, succéda à Zéphirin la première année d'Héliogabale, vers le commencement de l'an de Jésus-Christ 219. L'église, sous son pontificat, jouit d'une assez grande tranquillité, par la protection que l'empereur Alexandre donnait aux Chrétiens. On a même lieu de croire que ce fut alors qu'ils commencèrent à élever des temples publics, à la vue des Paiens. Calliste se servit de ce tems favorable pour bâtir, sur la voie Appienne, ce cimetière célèbre, dans lequel on prétend que sont enterrés plus de cent soixante-quatorze mille martyrs et quarante-six papes. Les bonnes dispositions d'Alexandre envers les Chrétiens, n'empêchèrent pas qu'il n'y eût sous son règne quelques martyrs, par des soulèvements populaires, ou autrement. Calliste, lui-même, en est une preuve. Il fut mis à mort pour la foi en 222, le 14 octobre, qui est le jour de sa fête. (Pagi.) C'est à lui qu'on rapporte l'institution du jeûne des Quatre-Tems.

XVI. S. URBAIN.

223. URBAIN succéda à Calliste l'an 3 d'Alexandre; 923 de J. C. Il a tenu le siége de Rome pendant un peu plus de sept ans, et est mort l'an 230, le 25 mai, auquel sa fête est marquée.

XVII. S. PONTIEN.

230. PONTIEN fut ordonné pape le 22 juillet de l'an 230, un jeudi. Il eut part à la persécution que l'empereur Maximin fit aux Chrétiens, en haine d'Alexandre, son prédécesseur, qui les avait favorisés. On la compte pour la sixième. Elle commença l'an 235. Pontien, relégué dans l'île de Sardaigne, mourut la même année, le 28 septembre, après cinq ans, deux mois et sept jours de pontificat.

XVIII. S. ANTÈRE.

235. ANTÈRE, élu le 21 novembre de l'an 235, peut avoir été ordonné le 22 du même mois, qui était un dimanche (quoique ce ne fût point pour lors une règle de n'ordonner que ce jour là.) Ce pape n'a tenu le siége de Rome qu'un mois et treize jours, étant mort le 3 janvier de l'an 236. La briéveté de son pontificat et la persécution de Maximin, durant laquelle il mourut, donnent lieu de croire qu'il reçut la couronne du martyre.

XIX. S. FABIEN.

236. FABIEN, élu successeur d'Antère le 10 janvier 236, seconde année de la persécution de Maximin, gouverna l'église de Rome sous plusieurs empereurs, l'espace de quatorze ans, jusqu'au commencement de Dèce. Ce prince excita contre les Chrétiens une cruelle persécution (c'est la septième), dont Fabien fut une des premières victimes. L'époque de son martyre est fixée en 250, au 20 janvier, jour auquel tous les monuments anciens marquent cet événement. (D. Coustant.)

XX. S. CORNEILLE.

251. CORNEILLE fut élu et ordonné pape, suivant l'opinion la plus probable, le mercredi 4 juin de l'an 251, après que le saint siége eut vaqué plus de seize mois. La persécution de Dèce, qui attaquait sur-tout les évêques, et n'en voulait point souffrir à Rome, avait occasionné cette longue vacance. Gallus, successeur de Dèce, ayant hérité de son aversion contre les Chrétiens, Corneille soutint, par son exemple et ses exhortations, les fidèles que ce prince persécutait. Il fortifia les faibles, et releva ceux qui avaient eu le malheur de tomber. Lui-même confessa géné-

reusement J.-C., et après avoir été exilé à Centumcelles, aujourd'hui Civita-Vecchia, il scella cette confession de son sang, le 14 septembre 252, n'ayant tenu le saint siége qu'un an, 3 mois et 10 jours. La persécution de Gallus ne fut pas le seul orage que l'église de Rome essuya sous le pontificat de Corneille. Novat, prêtre d'Afrique, homme sans mœurs et sans religion, y excita un dangereux schisme, par le ministère de Novatien, prêtre de l'église de Rome, et devint le premier antipape. Au schisme, il joignit l'hérésie, en contestant à l'église le pouvoir de remettre les péchés mortels commis après le baptême. Il rejeta aussi les secondes noces, et traita d'adultères les veuves qui se remariaient. Ce schisme déplorable passa de Rome en Afrique et en Orient, où il subsista long-tems. Une lettre de saint Euloge atteste qu'il y avait encore des Novatiens en Egypte l'an 600, et même plus tard. Saint Cyprien, ami de saint Corneille, n'oublia rien pour éteindre cet incendie dans sa naissance.

XXI. S. LUCE.

252. LUCE, élu, le 25 septembre 252, pour succéder à saint Corneille, acquit en même tems la qualité d'évêque et celle de confesseur, ayant été banni aussitôt qu'il fût élu ; ce qui lui procura une lettre de saint Cyprien, sur sa promotion et son exil, qui ne fut pas long ; car il fut rappelé peu de tems après : mais la mort suivit de près son retour. Il reçut la couronne du martyre le 4 ou le 5 de mars de l'an 253, après avoir gouverné l'église de Rome seulement cinq mois et quelques jours. Dieu vengea, en ce tems-là, le sang innocent de ses serviteurs par une peste affreuse, qui s'étendit partout l'empire, et dura douze ans au moins, à différentes reprises.

XXII. S. ETIENNE.

253. ETIENNE fut élu pour succéder à Luce au mois de mars 253. Il gouverna l'Eglise quatre ans et près de six mois. L'empereur Valérien, d'abord favorable aux Chrétiens, se tourna subitement contre eux au mois de juillet 257, et commença la persécution qu'on compte pour la huitième. Elle dura quarante-deux mois, suivant saint Denis d'Alexandrie, c'est-à-dire jusqu'à la captivité de Valérien. On croit communément qu'elle procura la couronne du martyre à saint Etienne ; mais on n'en a pas de preuve certaine. Quoi qu'il en soit, il est hors de doute qu'il mourut le 2 août de l'an 257. Son pontificat est mémorable par l'éclat que fit, vers l'an 255, la fameuse dispute sur la validité du baptême des Hérétiques. Etienne soutenait l'affirmative ; et saint Cyprien, avec l'église

d'Afrique et celle d'Asie, tenait pour la négative. Le premier s'appuyait sur la tradition; le second alléguait des textes de l'Ecriture qu'il croyait décisifs en sa faveur. Etienne avait la vérité de son côté. Mais il outra le zèle, s'il est vrai, comme le lui reproche l'évêque saint Firmilien, qu'il retrancha de sa communion ceux qui n'étaient pas de son sentiment. D'autres pensent qu'il s'en tint là-dessus aux menaces. Il paraît qu'après la mort d'Etienne, la dispute fut appaisée par les soins charitables de son successeur. Du moins on ne voit pas que depuis elle ait produit aucune fermentation parmi les Catholiques, quoique long-tems divisés dans la façon de penser à cet égard. Mais elle servit de prétexte aux Donatistes, vers l'an 311, pour rompre l'unité de l'église, ce qui occasionna le concile plénier dont parle saint Augustin, où la question fut décidée, par un jugement auquel tous les vrais fidèles se soumirent.

XXIII. S. SIXTE II, ou XISTE.

257. Sixte, ou Xiste, fut ordonné, comme on croit, le 24 août 257. Il ne gouverna l'Eglise que onze mois et quelques jours. Sixte fut une des victimes que le feu de la persécution de Valérien consuma. Nous plaçons, avec le P. Pagi, son martyre au 6 août 258. MM. Bianchini et le Beuf le reculent d'une année. L'église d'Auxerre a des obligations particulières à saint Sixte, s'il est vrai, comme le prétend M. le Beuf, avec assez de vraisemblance, que saint Pérégrin, son apôtre, lui fut envoyé par ce pape.

XIV. S. DENIS.

259. Denis, prêtre de l'église de Rome, sous saint Etienne, fut placé sur le saint siége, qui était vacant, par la mort de saint Sixte, depuis près d'un an, le vendredi 22 juillet de l'an 259. Le pontificat de saint Denis, qui comprend tout le règne de Gallien et la plus grande partie de celui de Claude II, a duré dix ans cinq mois et quatre jours. Il mourut le 26 décembre 269. Le fragment qui nous reste des écrits de saint Denis, justifie le jugement avantageux qu'Eusèbe porte de l'érudition de ce pape.

XXV. S. Félix I.

269. Félix I succéda à saint Denis, et fut ordonné le 28 ou le 29 décembre de l'an 269. Il gouverna l'église de Rome cinq ans, étant mort, selon les apparences, le 22 décembre de l'an 274. Félix est qualifié martyr par le concile d'Ephèse, et par

saint Cyrille, qualité qu'il a acquise comme plusieurs de ses
prédécesseurs, selon le langage du tems, ou par la prison,
ou en souffrant beaucoup pour Jésus-Christ; mais non toutefois par une mort violente. L'église fut agitée, sous son pontificat, en 273 et 274, par la persécution d'Aurélien, qui fit
plusieurs martyrs, et causa une grande frayeur. C'est la neuvième persécution.

XXVI. S. EUTICHIEN.

275. EUTICHIEN, successeur de saint Félix, fut ordonné le 5 ou
le 6 janvier de l'an 275. Après avoir gouverné l'église de Rome
huit ans, onze mois et quelques jours, il mourut le 7 ou le
8 de décembre de l'an 283. Ce fut sous le pontificat de saint
Eutichien que le démon opposa à l'église l'hérésie des Manichéens, aussi infâme que ridicule, et la plus fameuse de toutes
celles qui se sont élevées dans les trois premiers siècles. Le
chef de cette secte fut un esclave persan, qui changea son
nom de *Cubrique* en celui de Manès, ou Manichée. Ayant été
mis en prison, à cause de la mort du fils de Varanane, roi de
Perse, qu'il avait promis de guérir, il s'échappa, vint du
côté de la Mésopotamie, vers l'an 277, et y débita ses erreurs.
Mais étant retourné en Perse, il fut pris et amené au roi,
qui le condamna à être écorché vif avec des roseaux; ce qui
fut exécuté vers le mois de mars de l'an 278.

XXVII. S. CAIUS.

283. CAIUS, né à Salone, en Dalmatie, fils de Gaius, ou
de Concordius, de la race de Dioclétien, fut placé sur le siége
de Rome le lundi 17 décembre de l'an 283; il le tint douze
ans, quatre mois, sept jours, et mourut le 22 avril de l'an
296. (D. Coustant.)

XXVIII. S. MARCELLIN.

296. MARCELLIN, romain de naissance, fils de Project, fut
élu pour succéder à Caius, et ordonné le mardi 30 juin de
l'an 296. Il tint le siége de Rome huit ans, trois mois et vingt-
quatre jours, jusqu'au 24 octobre de l'an 304, qui est le jour
de sa mort, quoique la plupart des martyrologes la mettent au
20 avril. L'église fut cruellement persécutée sous le pontificat
de Marcellin. Maximien Galère commença par sa maison et
par ses armées, l'an 298; puis il poussa Dioclétien à cette
sanglante persécution, qui est la dixième de l'église : elle
s'ouvrit à Nicomédie, le 23 février de l'an 303. On y abattit
l'église ce jour-là; et le lendemain on publia un édit qui
ordonnait de démolir toutes les églises, et de brûler tous les

livres saints. Dès les premiers jours de l'année suivante (304), on rendit, contre tous les Chrétiens en général, un autre édit qui produisit un carnage épouvantable. Les Donatistes, en haine du siége de Rome, ont accusé Marcellin d'avoir succombé dans cette persécution, et d'avoir sacrifié aux idoles. Mais cette inculpation est une calomnie dont saint Augustin le lave dans son ouvrage contre Pétilien. Les actes du concile de Sinuesse, qui la contiennent, n'ont été fabriqués que long-tems après. Il est étonnant qu'une pareille fable soit encore conservée dans le bréviaire romain. Après la mort de Marcellin, le siége de Rome vaqua jusqu'à l'an 308.

XXIX. S. MARCEL.

308. MARCEL, romain de naissance, fut élevé sur le siége de Rome, après une vacance de trois ans, six mois et vingt-cinq jours. La conformité du nom de Marcel avec celui de son prédécesseur, a fait quelquefois confondre l'un avec l'autre, comme si ce n'était qu'un même pape; ensorte qu'Eusèbe et saint Jérôme ne parlent que de Marcellin; mais on s'est mépris, Marcel et Marcellin sont deux papes différents. Parmi plusieurs preuves très-certaines, nous avons l'épitaphe que saint Damase a faite de Marcel, qui ne permet pas d'en douter, et qui est en même tems un glorieux témoignage de son zèle pour les règles de la pénitence.

Veridicus rector, lapsis quia crimina flere
Prædixit miseris, fuit omnibus hostis amarus.
Hinc furor, hinc odium sequitur, discordia, lites,
Seditio, cædes, solvuntur fœdera pacis.
Crimen ob alterius Christum qui in pace negavit,
Finibus expulsus patriæ est feritate tyranni.
Hæc breviter Damasus voluit comperta referre,
Marcelli ut populus meritum cognoscere posset.

Marcel a tenu le siége de Rome depuis le 19 mai de l'an 308, jour de son ordination, jusqu'au 16 de janvier de l'an 310, date de sa mort. (Tillemont.)

XXX. S. EUSÈBE.

310. EUSÈBE, successeur de Marcel, n'a fait que paraître sur le siége de Rome, l'ayant seulement tenu quatre mois et six jours, depuis le 20 mai de l'an 310, jusqu'au 26 septembre suivant. Ce saint pape mourut en Sicile, où il avait été vraisemblablement exilé pour la foi; mais son corps fut rapporté à Rome. (D. Coustant, Mansi.)

XXXI. S. MILTIADE, ou MELCHIADE.

311. MILTIADE fut donné pour successeur à Eusèbe, le 2 juillet de l'an 311, après une vacance de plus de neuf mois, dont on ignore la raison. Il est mort le 10 ou le 11 de janvier de l'an 314, ayant seulement tenu le saint siége deux ans, six mois et neuf jours. Ce fut sous le pontificat de Miltiade que l'église romaine vit le changement le plus agréable qu'elle eût pu desirer, par la conversion de Constantin, et sa victoire sur Maxence. Ce double événement délivra l'église du joug de la persécution des Païens. Trois siècles entiers avaient suffi, et sur-tout les dix années de la dernière persécution, pour faire voir que la religion chrétienne est l'ouvrage de Dieu ; et qu'étant appuyée sur lui seul, elle est invincible à tous les efforts des hommes. Il était tems qu'après avoir couronné les martyrs, Dieu convertît aussi les empereurs, qu'il fît voir que sa volonté est que tous les hommes soient sauvés, et qu'il accomplît la promesse qu'il avait faite par la bouche d'Isaïe, c. 49, v. 22 et 23. *Je m'en vais étendre ma main vers les nations, et j'éleverai mon étendard devant tous les peuples..... Les rois seront vos nourriciers, et les reines vos nourrices ; ils vous adoreront en baissant le visage contre terre.*

XXXII. S. SILVESTRE.

314. SILVESTRE, prêtre de l'église de Rome, sa patrie, fut donné pour successeur à Miltiade, le 31 janvier de l'an 314. Il tint le saint siége vingt et un ans et onze mois, jusqu'au 31 décembre de l'an 335, qui fut le terme de ses jours. Au commencement de son pontificat, il envoya deux légats au concile d'Arles, convoqué pour mettre fin au schisme des Donatistes. Les pères de cette assemblée lui adressèrent les canons qu'ils y avaient faits, par une lettre synodale où ils témoignaient leur regret de ce qu'ils n'avaient pu l'avoir à leur tête. La paix que Constantin avait procurée à l'église fut troublée par l'Arianisme, qu'on vit éclater vers l'an 319. Pour abattre d'un seul coup cette dangereuse hérésie, l'église universelle s'assembla pour la première fois, en corps, l'an 325, à Nicée. Silvestre, retenu par son grand âge, fut représenté par deux de ses prêtres dans ce concile, auquel ils présidèrent avec Osius, évêque de Cordoue. Le triomphe qu'y remporta la vérité, n'empêcha pas néanmoins l'erreur de faire de nouveaux progrès, et de se répandre successivement dans toutes les parties de l'univers connu. La fureur l'accompagna partout où elle domina, et l'Arianisme, sous les princes qui le protégèrent, fit un grand nombre de martyrs ; mais beaucoup plus encore d'apostats. Les vertus de Silvestre,

et sur-tout le grand zèle qu'il montra en toute occasion pour la pureté de la foi, le firent canoniser par la voix publique. Symmaque, l'un de ses successeurs au sixième siècle, lui dédia une église, où Serge II, qui vint ensuite, transféra son corps, qu'il fit placer sous le grand autel.

XXXIII. S. MARC.

336. MARC fut placé, le dimanche 18 janvier de l'an 336, sur le siége de Rome, qu'il ne remplit que huit mois et vingt et un jours, étant mort le 7 octobre de la même année. Il fut enterré dans le cimetière, qui porta depuis son nom, et qu'on nommait alors de sainte Balbine, originairement appelé de Prétextat, peu éloigné de celui de Calliste, situé près de la voie Appienne.

XXXIV. S. JULES.

337. JULES, romain de naissance, fut élu le dimanche 6 février (et non pas le 18 janvier), de l'an 337, pour remplir le siége de Rome, vacant depuis quatre mois par la mort de Marc. Il gouverna glorieusement cette église pendant quinze ans, deux mois et six jours, jusqu'au 12 avril de l'an 352, qui est le jour de sa mort, et celui de sa fête. Son nom est célèbre dans les fastes de l'église, par la générosité avec laquelle il embrassa la cause de saint Athanase, ou plutôt la cause de l'église contre les Ariens. Cet illustre persécuté s'étant réfugié auprès de lui pour se soustraire à la fureur de ses ennemis, Jules le reçut avec les marques de la plus tendre affection. Déjà prévenu de son innocence, et de l'injustice de ceux qui l'avaient condamné, il s'en convainquit de plus en plus dans les entretiens qu'il eut avec lui. Nous avons sur ce sujet une excellente lettre de lui, ou de son concile, écrite l'an 342 aux Eusébiens, dans laquelle on voit la vérité défendue avec une vigueur digne du chef des évêques. On peut dire sans flatterrerie, avec M. de Tillemont, que c'est un des plus beaux monuments de l'antiquité. Jules, par le droit de son siége, comme le dit Sozomène, rétablit non-seulement Athanase, mais tous les évêques attachés à sa cause dans les églises dont les Eusébiens les avaient dépouillés. *Cum, propter sedis Romanæ dignitatem, omnium cura ad ipsum spectaret, suam cuique ecclesiam restituit.* (*Voyez* le concile romain de l'an 342.) Une autre lettre de Jules, qui ne le cède guère à la précédente est celle qu'il écrivit, lors du départ de saint Athanase, à l'église d'Alexandrie, pour la féliciter sur le retour de son pasteur. Ce pape ordonna, suivant Anastase le bibliothécaire, que tous les actes ecclésiastiques seraient dressés par le primicier des notaires.

XXXV. S. LIBERE.

352. LIBÈRE, romain, successeur de Jules, fut placé sur le siége de Rome le 22 mai de l'an 352. *Il se signala*, dit M. de Tillemont, *par des actions si différentes, tantôt de faiblesse, tantôt de courage, qu'il n'est pas aisé de savoir quel jugement on en doit porter.* Rien effectivement de plus grand, de plus héroïque, que la fermeté avec laquelle il résista, l'an 355, à l'empereur Constance, qui, l'ayant fait venir à Milan, le pressait de souscrire à la condamnation de saint Athanase. La menace de l'exil ne l'intimida point. « J'ai déjà dit adieu, répondit-il, à mes frères qui sont à Rome; les lois de l'église me sont plus chères que le séjour de cette ville. » *Fratribus meis qui sunt Romæ jam valedixi. Potiores mihi sunt leges ecclesiasticæ quàm domicilium Romæ.* Mais il ne soutint pas jusqu'au bout ce beau personnage; et rien de plus triste, ni de plus déplorable, que ce qu'il fit l'an 357, ou au commencement de 358, pour obtenir son rappel de Bérée, où il était en exil. Il revint à Rome en 358, avec la honte d'avoir signé la première formule de Sirmich et embrassé la communion des Ariens. Néanmoins la chûte de Libère, dont il se releva en rejetant le concile de Rimini l'an 359, n'empêche pas que sa mémoire ne soit en vénération dans l'église. Saint Ambroise, saint Basile, et d'autres en parlent avec éloge, et le qualifient de bienheureux. Libère est mort le 24 septembre de l'an 366, après avoir tenu le siége de Rome quatorze ans, quatre mois et deux jours.

FÉLIX II.

355. Après que Libère fut parti pour son exil, le clergé de Rome fut contraint d'élire à sa place le diacre Félix, à quoi Libère lui-même, suivant le Livre pontifical, donna son consentement. Mais le peuple désapprouva hautement cette élection. Quelques-uns prétendent que Félix ne fut élu que comme vicaire ou coadjuteur de Libère, pour tenir le saint siége, durant son absence seulement. Quoi qu'il en soit, le sénat le chassa dès que Libère fut de retour. Félix alors se retira dans son domaine à la campagne, où il vécut jusqu'au 22 novembre 365, époque de sa mort. Il est qualifié saint et martyr dans quelques martyrologes. Bellarmin et Baronius ont pris sa défense. Le dernier raconte qu'en 1582, comme on agitait sa cause à Rome, savoir si on le mettrait au nombre des antipapes ou non, son sépulcre fut découvert dans l'église de Saint-Côme et de Saint-Damien, le 4 août, jour consacré à sa mémoire, avec cette inscription: *Corpus S. Felicis papæ et martyris qui damnavit Constantium.* Mais plusieurs, dit Sandinus, regardèrent cette inscription comme fort douteuse, avec d'autant plus de raison, que Faustin et Marcellin, auteurs contemporains, ne donnent point à Félix la qualité de martyr, et qu'aucun ancien ne rapporte qu'il ait condamné Constance.

XXXVI. S. DAMASE.

366. DAMASE, romain de naissance, mais originaire d'Espagne, dont le père, nommé Antoine, entra dans le clergé, et devint prêtre de l'église de Saint-Laurent de Rome, fut élu après la mort de Libère, pour remplir le saint siége, qu'il tint dix-huit ans et environ deux mois, jusqu'au 10 ou 11 décembre de l'an 384. Le P. Pagi met l'ordination de Damase au premier octobre de l'an 366, et sa mort au 10 décembre 384. Il eut un fâcheux antagoniste dans la personne d'Ursin, ou Ursicin, que l'ambition porta à se faire ordonner évêque de Rome peu de jours après l'ordination de Damase, faite par Paul, évêque de Tivoli. Un parti considérable appuya cet antipape, et en vint plusieurs fois aux mains avec celui de Damase. Ursin banni de Rome l'an 366 par le préfet, trouva moyen d'y rentrer le 15 septembre de l'an 367; mais il en fut de nouveau chassé le 15 novembre suivant, et relégué dans les Gaules. Son éloignement ne rétablit pas néanmoins entièrement la paix. Damase eut beaucoup à souffrir des Schismatiques, qui attaquèrent sa réputation par des calomnies : mais il fut pleinement justifié, et demeura toujours possesseur du pontificat. Saint Jérôme, qui vint à Rome avec saint Epiphane et Paulin, évêque d'Antioche, sur la fin de l'an 382, fut étroitement lié avec saint Damase, et lui servit de secrétaire. Les écrits de ce pape en vers et en prose annoncent un esprit des plus polis et des plus cultivés de son tems. Il employa le talent qu'il avait pour la poésie à décorer d'épitaphes les tombeaux de plusieurs martyrs. L'église de Saint-Laurent, qu'il avait desservie après son père, fut réparée par ses soins. Elle s'appelle encore aujourd'hui *S. Lorenzo in Damaso*. Dans les catacombes voisines de la voie Ardéatine, on découvrit en 1736 son tombeau avec ceux de sa mère et de sa sœur, dont Marenzoni a donné la description. (*Comment. ad Chron. R. PP.*) Sur ce qu'il fit contre l'hérétique Appollinaire, *voyez* les conciles de Rome, tenus en 374 et 377.

C'est à ce pape qu'on doit attribuer la première institution des vicaires du saint siége, dans les provinces éloignées de Rome. Les lettres par lesquelles il chargea de cette commission Ascholius, évêque de Thessalonique, n'existent plus; mais D. Coustant (tom. I. *Decret.* p. 534.) prouve qu'elles furent expédiées avant l'an 380. Les provinces sur lesquelles s'étendait ce vicariat sont marquées dans la lettre d'Innocent I de l'an 412, à Rufus, un des successeurs d'Ascholius, et formait ce qu'on appelait l'Illyrie orientale, composée de la Grèce et de la Dace, que Gratien avait cédée à Théodose. L'évêque de Thessalonique, en vertu des pouvoirs qu'il tenait du saint siège, était comme le chef de tous les évêques de son vicariat, *inter ipsos Primates primus.* Son autorité consistait, 1°. en ce que toutes les affaires qui devaient être portées à Rome, ne pouvaient plus y être traduites que de son consentement : *quidquid eos ad nos necesse fuerit mittere, non sine tuo postulent arbitratu;* 2°. en ce qu'il terminerait lui-même ces affaires, ou les renverrait, s'il le jugeait à-propos, au saint siége, en y joignant son avis : *aut per tuam experientiam quidquid illud est finiatur, aut tuo consilio ad nos usque perveniendum esse mandamus;* 3°. en ce que pour l'examen de toute affaire qui pourrait survenir, il pût assembler tels évêques de son vicariat que bon lui semblerait : *cum aliqua ecclesiastica ratio vel in tuâ, vel in memoratis provinciis agitanda et cognoscenda fuerit, quosve episcoporum socios de quibuscumque ecclesiis assumas tecum.* (Ibid. p. 815.) Damase établit ce vicariat pour ne pas perdre la juridiction qu'il avait sur toute l'Illyrie avant qu'elle fût divisée.

On vit à Rome sous ce pape, au rapport de saint Jérôme, un évènement des plus singuliers, le mariage d'un homme qui avait eu déjà vingt femmes, avec une femme qui en était à son vingt-deuxième mari. Tout le monde attendait lequel des deux survivrait à l'autre. Ce fut le mari ; il assista aux funérailles de sa femme comme un vainqueur, la couronne en tête, une palme à la main, aux acclamations du peuple.

XXXVII. S. SIRICE.

384. SIRICE, romain de naissance, fut élu vers le 22 décembre 384 pour succéder à Damase. Cette élection fut unanime, malgré les efforts d'Ursin, qui, revenu d'exil, se présenta de nouveau pour occuper le saint siége. L'an 385, le 10 février, Sirice écrivit à Himère, évêque de Tarragone, une lettre où il répond à plusieurs articles sur lesquels ce prélat l'avait consulté. Les savants regardent cette lettre comme la première décrétale qui soit authentique. Ce serait cependant mal-à-propos qu'on rejeterait comme des pièces supposées toutes celles des prédécesseurs de saint Sirice. Il s'en trouve en effet plusieurs de très-véritables qu'on peut voir dans le Recueil des Lettres des Papes de D. Coustant. Sirice condamna Jovinien et ses sectateurs, par une lettre adressée aux évêques, l'an 389. Ce pape mourut le 25 novembre 398, après avoir gouverné l'Église près de quatorze ans. Une de ses décrétales porte en tête *Siricius Papa.* C'est peut-être la première où les papes se soient ainsi qualifiés eux-mêmes.

XXXVIII. S. ANASTASE.

398. ANASTASE, romain, appelé par saint Jérôme, *vir insignis,* et dont il dit que Rome ne mérita pas de jouir longtems, succéda, vers la fin de l'an 398, à saint Sirice. Pagi prétend qu'il fut ordonné le 5 de décembre; ce critique ne lui donne que trois ans et dix jours de pontificat, et place sa mort le 14 de décembre de l'an 401. M. Tillemont ajoute quelques

mois à son gouvernement, et met sa mort le 27 avril 402. M. Muratori est du sentiment de Pagi.

XXXIX. S. INNOCENT I.

402. INNOCENT, natif d'Albane, fut ordonné aussitôt après la mort d'Anastase, par un consentement unanime du clergé et du peuple; ce qui arriva, selon le P. Pagi, le 21 décembre de l'an 401, et selon M. de Tillemont, le 27 avril 402. Il gouverna l'église jusqu'au 12 mars de l'an 417, époque certaine de sa mort, comme le prouve le cardinal Noris. Ce pape a reçu des éloges de tous les grands hommes de son tems, saint Jérôme, saint Augustin, etc. et les a mérités par les services importants qu'il a rendus à l'église. Saint Chrysostôme, persécuté par l'impératrice Eudoxie et Théophile, patriarche d'Alexandrie, trouva dans ce pape un généreux défenseur. Instruit, par les députés que ce saint lui envoya, de l'injustice des mauvais traitements qu'on lui faisait essuyer, il l'exhorta par ses lettres à s'envelopper de son innocence et à se consoler par le témoignage que sa conscience lui rendait. Il n'en demeura point là, sur ce qu'il apprit ensuite que les ennemis de saint Chrysostôme se déchaînaient dans tout l'Orient contre ceux qui lui étaient attachés, il écrivit à l'empereur Honorius pour l'engager à convoquer, de concert avec l'empereur Arcade, son frère, un concile général à Thessalonique, afin de détruire toutes les semences de division. Mais le crédit de Théophile et de ses partisans rendit inutiles les efforts de son zèle. Le saint étant mort dans l'exil, en 407, Innocent, fidèle à sa mémoire, ne voulut avoir ni communion ni commerce avec ceux qui refusaient de mettre son nom dans les diptyques. L'attention qu'il donna aux affaires de l'Orient ne prit rien sur l'application qu'il devait à celles de l'Occident. Il chassa de Rome les Novatiens, qui, non contents d'y être tolérés, voulaient y dominer, et traita de même les Donatistes. Les lettres qui nous restent de lui sont des preuves du soin qu'il eut de maintenir dans l'Italie, dans les Gaules, etc. l'ancienne discipline, et de faire observer les canons. Mais, tandis qu'il travaillait à rétablir l'ordre de la régularité par-tout, l'Italie se vit plongée dans la plus affreuse confusion par les incursions des barbares. L'an 408, Alaric, roi des Goths, vint assiéger Rome, qu'il réduisit aux dernières extrémités : à la famine se joignit la peste; et ces deux fléaux emportèrent plus de monde que l'épée des ennemis. Il fallut acheter la levée du siège par une somme immense d'or et d'argent. Mais Alaric, mécontent d'Honorius, revint devant Rome l'année suivante. Les Romains,

se voyant alors sans ressource, députent le pape au roi des Goths, et ensuite à l'empereur, pour les engager à faire la paix. Cette négociation fut infructueuse : Rome fut prise, pillée et saccagée. Innocent, qui était resté à Ravenne pour n'être pas témoin de ce désastre, revint à Rome lorsque l'orage fut passé. Il reprit ses fonctions avec un nouveau zèle, consola son peuple par ses discours, et le soulagea par ses aumônes. L'hérésie de Pélage, qu'il vit naître, fut un nouveau sujet d'affliction pour lui. Il approuva et scella de son autorité les jugements rendus par les conciles de Carthage et de Milève contre la doctrine de cet ennemi de la grâce de Jésus-Christ. C'est par-là qu'il couronna ses glorieux travaux, dont il alla recevoir dans le ciel la récompense le 12 mars de l'an 417.

XL. S. ZOZIME.

417. Zozime, grec de naissance, successeur d'Innocent, fut élu et ordonné le dimanche 18 mars de l'an 417, et mourut le 26 décembre de l'an 418, n'ayant tenu le siége de Rome qu'un an, neuf mois et neuf jours. Son pontificat, quoique très-court, est célèbre par ce qui se passa dans l'affaire des Pélagiens. Surpris d'abord par les artifices de ces hérétiques, qu'il crut revenus à la foi de l'église, il usa d'indulgence envers eux ; mais cette surprise ne fut pas de longue durée, et ne servit qu'à rendre plus éclatante la condamnation qu'il fit de leurs erreurs par un décret solennel adressé à tous les évêques, en forme de lettre, au mois d'avril de l'an 418, et dont il ne nous reste que quelques fragments. Ce décret fut porté en Afrique par un acolyte, nommé Léon, qui lia connaissance, à cette occasion, avec saint Augustin, et que nous verrons dans la suite sur le saint siége. Le 30 du même mois d'avril, Zozime obtint de l'empereur un rescrit pour chasser de Rome les Pélagiens. Ce pape, l'année précédente, avait accordé le vicariat du saint siége dans les Gaules à Patrocle, évêque d'Arles. C'était une nouveauté pour les Gaules, où elle excita de grandes contestations. La lettre par laquelle Zozime revêt l'évêque d'Arles de cette commission, lui donne le pouvoir exclusif d'accorder des lettres formées aux ecclésiastiques voyageurs pour être admis à la communion hors de leur pays ; elle lui attribue de plus le droit d'ordonner les évêques dans la province Narbonnaise et les deux Viennoises ; de juger tous les différents qui s'éleveront parmi les évêques, et de choisir ceux qu'il lui plaira d'appeler pour la décision des affaires. Zozime n'excepte que les cas où l'importance de la matière demande que le pape en prenne connaissance ; c'est ce qu'on a depuis appelé *causes majeures* réservées au saint siége. Les

successeurs de ce pontife, jusqu'à saint Grégoire le Grand, augmentèrent les pouvoirs attachés au vicariat des Gaules. Zozime, sur la fin de son pontificat, eut encore un démêlé avec les évêques d'Afrique touchant l'appel à Rome, interjeté par le prêtre Appiarius, condamné par Urbain, évêque de Sicque, pour crimes atroces. Le pape se fondait, pour recevoir cet appel, sur le concile de Sardique, que les Africains ne reconnaissaient pas. La mort de Zozime arriva pendant cette contestation.

XLI. S. BONIFACE.

418. BONIFACE, romain, fils du prêtre Jocondus, élu par le peuple et le clergé, deux jours après la mort de Zozime, le 28 décembre de l'an 418, fut consacré le lendemain 29, qui était un dimanche. Cette élection trompa les vues de l'archidiacre Eulalius, qui s'était flatté qu'elle tomberait sur lui. Il ne perdit pas néanmoins courage; et ne pouvant obtenir par des voies légitimes la place qu'il ambitionnait, il résolut de l'emporter de force. Pour y réussir, il profita du tems où l'on était occupé aux funérailles de Zozime. Alors, accompagné de plusieurs diacres et d'un petit nombre de prêtres, il se saisit de l'église de Latran, où il se fit ordonner deux jours après par trois évêques de son parti; mais Dieu permit qu'Eulalius gâtât lui-même ses affaires par sa précipitation; et l'empereur ayant confirmé l'élection de Boniface par un rescrit du 3 avril 419, rendu sur la décision d'un concile tenu à Ravenne, l'élu resta paisible possesseur du pontificat. Boniface gouverna l'église jusqu'au 4 septembre de l'an 422. La douceur naturelle de ce pontife ne l'empêcha pas de s'opposer vigoureusement aux évêques de Constantinople, dont l'ambition était d'étendre leur juridiction sur l'Illyrie, et d'autres provinces qui, quoique soumises alors à l'empire d'Orient, avaient toujours été dépendantes du patriarcat d'Occident. Il sut maintenir aussi les droits de Rufus, évêque de Thessalonique, son vicaire dans la Thessalie et la Grèce, et contraignit les nouveaux évêques de ces contrées à faire confirmer leur élection par ce prélat, conformément à l'ancienne discipline. Il affranchit encore de la primatie d'Arles les métropoles de Narbonne et de Vienne. Saint Augustin a dédié à ce saint pape un excellent ouvrage, en quatre livres, contre les erreurs des Pélagiens.

XLII. S. CELESTIN.

422. CÉLESTIN, né à Rome, fut placé sur le saint siége immédiatement après le mort de Boniface, sans qu'il y eût aucun

partage dans son élection. Sa consécration se fit le dimanche suivant, 10 de septembre 422. Le P. Mansi lui donne neuf ans, dix mois et vingt jours de pontificat, fondé sur un ancien catalogue de Corbie, qui met sa mort au 30 juillet 432. M. de Tillemont croit qu'on la peut mettre le 26 de juillet de la même année. S. Célestin remplit dignement le siège de Rome; il s'éleva avec force contre l'hérésie de Nestorius, la condamna dès sa naissance vers l'an 430, sépara l'évêque Nestorius de sa communion, et soutint le clergé et le peuple de Constantinople contre cet hérésiarque, par d'excellentes instructions. Il fit chasser d'Italie les Pélagiens, ôta aux Novatiens les églises dont ils étaient maîtres à Rome, réprima l'hérésie nouvelle des semi-Pélagiens, et rendit un glorieux témoignage à la mémoire de saint Augustin dans l'admirable lettre qu'il écrivit aux évêques des Gaules, l'an 431. L'affaire du prêtre Appiarius, entamée sous le pontificat de Zozime, fut reprise sous celui de Célestin, qui le renvoya en Afrique après l'avoir rétabli dans ses fonctions. Les évêques de cette église s'opposèrent à ce rétablissement dans le concile de Carthage, d'où ils écrivirent au pape pour le prier de ne plus recevoir à la communion ceux qu'ils en auraient privés, attendu que les causes des évêques et des prêtres, suivant le concile de Nicée, doivent être jugées dans le concile de leur province. (*Voyez les Conciles.*)

XLIII. S. SIXTE III.

432. SIXTE, ou XISTE, romain de naissance, successeur de Célestin, était prêtre de Rome, sous Zozime, et souscrivit en cette qualité, l'an 418, le décret de ce pape contre les Pélagiens. Il fut sacré le dimanche 31 juillet de l'an 432. En montant sur le saint siége, il trouva l'église victorieuse des hérésies de Pélage et de Nestorius, mais déchirée par la division des Orientaux. Sixte travailla et réussit à faire cesser cette espèce de schisme, en réconciliant saint Cyrille avec Jean d'Antioche. Suivant saint Prosper, qui donne à Sixte huit ans et dix-huit jours de pontificat, ce pape mourut le 18 août de l'an 440.

XLIV. S. LÉON LE GRAND.

440. LÉON, à qui ses qualités éminentes et ses belles actions ont mérité le surnom de Grand, né à Rome (et non pas en Toscane), diacre de l'église romaine, fut élu pape le 29 septembre 440, tandis qu'il était occupé, dans les Gaules, à réconcilier le général Aëtius avec Albin, son antagoniste. De retour à Rome, il débuta, le jour de son ordination, par un discours

pathétique, qui fit connaître le talent admirable qu'il avait reçu pour annoncer la parole divine. L'usage qu'il fit de ce don, fut son exercice ordinaire, et l'un des moyens le plus efficaces qu'il employa pour prémunir son peuple contre la séduction, le porter à la vertu, et le consoler dans les calamités, qui furent presque continuelles à Rome et dans l'Italie, sous son pontificat. Le zèle de Léon fut ardent, et sa fermeté inébranlable pour le maintien de la discipline ecclésiastique. Ayant appris qu'en divers lieux on avait élevé par brigue des laïques, et même des hommes pervers, à l'épiscopat, il tonna, dans ses lettres, contre des abus si révoltants, et vint à bout de faire déposer ces intrus. Les intérêts de la foi lui furent également chers. L'an 443, ayant découvert à Rome des manichéens, il purgea la ville de ces hérétiques, en les dénonçant aux magistrats, qui les forcèrent à prendre la fuite. Il poursuivit en Espagne les Priscillianistes, contre lesquels il écrivit, l'an 447, aux évêques de ce royaume, une lettre dogmatique qui occasionna le concile de Tolède, où ils furent condamnés. Mais ce qui a immortalisé saint Léon, c'est la victoire qu'il remporta, non sans de grands travaux, sur l'hérésie d'Eutychès. Pénétré de la plus vive douleur en apprenant la funeste issue du concile d'Ephèse, où cet hérésiarque triompha l'an 449, il protesta, par ses légats, contre les actes de ce brigandage, sollicita la tenue d'un nouveau concile libre et canonique, et l'obtint enfin l'an 451 de l'empereur Marcien. Ce fut celui de Calcédoine, dont la décision fut dressée sur l'excellente lettre de Léon à Flavien, touchant le mystère de l'Incarnation. (*Voy. les Conciles*). L'an 452, Attila, roi des Huns, après avoir saccagé plusieurs villes d'Italie au-delà du Pô, semblait menacer Rome. Léon eut le courage de l'aller trouver, accompagné de deux sénateurs, et en l'abordant : « Grand roi, lui dit-il, le sénat et le peuple romain, autre-
» fois le vainqueur du monde, m'envoient implorer humble-
» ment votre clémence. De tous les évènements qui ont illustré
» votre règne, le plus glorieux et le plus mémorable, c'est
» de voir humilié devant vous un peuple qui a vu si
» long-tems toutes les nations et tous les rois à ses pieds.
» Vous avez vaincu tous ceux dont Rome a été victorieuse.
» Vous n'avez plus, maintenant, d'autre gloire à acquérir,
» que celle de vous vaincre vous-même, et de dominer, par
» la clémence, sur des peuples que vous avez soumis par
» la terreur. Nous nous avouons vaincus : épargnez le sang
» d'une foule de malheureux qui se soumettent à vous sans
» résistance ». L'air de dignité avec lequel il prononça ce discours, fit une telle impression sur le cœur d'Attila, qu'il

consentit à quitter l'Italie, moyennant un tribut, que le pape lui promit au nom de Valentinien III. Il n'en fut pas de même trois ans après, de Genseric, roi des Vandales. Il était déjà aux portes de Rome, avec son armée, lorsque saint Léon en sortit pour venir à sa rencontre. Mais s'il ne put sauver Rome du pillage, il obtint, du moins, qu'on ne commettrait ni meurtres ni incendies, et qu'on ne toucherait point aux trois principales basiliques. (*Voy. les rois des Vandales*). Délivré de ces barbares, saint Léon porta son attention sur l'église d'Alexandrie, désolée par la faction de Timothée Elure et de Pierre Monge, qui s'efforçaient d'y rétablir l'Eutychianisme. Le premier, après la mort de Marcien, étant venu à bout d'en usurper le siége, le saint pape écrivit à Léon, nouvel empereur, et aux métropolitains d'Orient, pour les engager à le faire chasser; ce qui fut exécuté l'an 460. Cet illustre pontife termina sa glorieuse carrière le 4 ou le 5 novembre de l'année suivante, après avoir rempli le saint siége 21 ans, un mois et quatre jours. C'est le premier pape dont on ait un corps d'ouvrages. Il consiste en quatre-vingt-seize Sermons sur les principales fêtes et cent quarante et une Lettres. Le style de ce père est nombreux, élégant, souvent même sublime. Il est semé d'épithètes bien choisies, d'antithèses heureuses, mais peut-être un peu trop fréquentes.

Ce pape a souvent varié dans ses notes chronologiques. Parmi ses lettres, les unes sont expédiées sans la date du jour, ni celle des consuls, les autres avec toutes les deux, plusieurs avec le nom d'un seul consul, une *d'après le consulat d'Opilion*, une autre datée du nom du consul d'Orient préférablement à celui d'Occident. Il faut néanmoins convenir que les copistes ont altéré les dates de quelques-unes de ses lettres. Par exemple, les deux premières lettres de ce pontife contre Eutychès, adressées, l'une à Flavien de Constantinople, l'autre à l'empereur Théodose II, sont datées dans le Collections des Conciles, celle-là du 20 avril 449, celle-ci du premier mai suivant, quoique la première rappelle clairement la deuxième. Il est d'ailleurs certain que cette dernière était arrivée à Constantinople au commencement d'avril. Depuis la conversion de Constantin et la translation du siége de l'empire à Constantinople, les papes avaient accoutumé d'envoyer des légats aux empereurs, toutes les fois que les affaires de l'église l'exigeaient. Mais ils n'ont commencé à avoir des apocrisiaires, ou nonces résidents auprès des princes chrétiens, que sous S. Léon, qui députa en cette qualité Julien, évêque de Cos, à l'empereur Marcien. (Marca *de Concord.*, l. V, c. 15.)

XLV. S. HILAIRE.

461. HILAIRE, ou HILARE, natif de Sardaigne, diacre de l'église romaine, fut élu après la mort de saint Léon pour lui succéder, le 10 novembre de l'an 461, et ordonné le 12 du même mois, qui était un dimanche. Hilaire a tenu le siége de Rome six ans, trois mois et neuf jours, jusqu'au 21 février de l'an 468, qui est celui de sa mort, selon plusieurs martyrologes et calendriers rapportés par le P. Pagi, Bollandus et Bianchini. Avant son épiscopat, il était en si haute estime auprès de saint Léon pour sa capacité, sa vertu et son zèle, que ce pape l'avait mis au nombre des légats qu'il envoyait en Orient, pour assister, tant en son nom qu'en celui de tous les évêques d'Occident, au concile d'Ephèse, convoqué l'an 449, à l'occasion de l'hérésie naissante d'Eutychès. Ce fut lui qui présenta au concile la lettre où saint Léon expose d'une manière si lumineuse le mystère de l'Incarnation. Mais le patriarche Dioscore, comme on le sait, fit dégénérer cette assemblée en brigandage. Hilaire y courut risque de la vie, et n'échappa que par la fuite à la fureur des auteurs du trouble. Etant monté sur le saint siége, il écrivit une lettre encyclique pour foudroyer de nouveau les erreurs de Nestorius et d'Eutychès. Ce pape fut très-zélé pour l'observation du canon de Nicée, qui défend les translations d'un siége épiscopal à un autre. Hilaire n'avait point la faiblesse de se prêter aveuglément aux volontés des souverains. L'empereur Anthémius, à son arrivée à Rome, s'était laissé induire, par un hérétique macédonien, à permettre, par un édit, la tolérance de toutes les sectes dans Rome. Hilaire s'opposa si vigoureusement à cette loi, qu'il obligea l'empereur à la révoquer. La religion de ce pape ne fut pas néanmoins toujours à l'abri de la surprise. Il le fit voir dans la querelle de Léonce, évêque d'Arles, avec saint Mamert, évêque de Vienne. La prévention, jointe au zèle de la discipline, semble l'avoir emporté dans cette affaire au-delà des bornes de l'équité. Il nous reste de lui onze lettres et quelques décrets.

XLVI. S. SIMPLICE.

468. SIMPLICE, natif de Tivoli, successeur de saint Hilaire, fut consacré le dimanche 25 février de l'an 468. Après avoir gouverné l'église de Rome, dans des tems très-difficiles, pendant 15 ans et deux jours, il mourut saintement le 27 février de l'an 483. Simplice se donna de grands mouvements pour faire chasser Pierre Monge du siége d'Alexandrie, ainsi que Pierre le Foulou de celui d'Antioche, et pour faire mettre à

leur place des évêques catholiques. Il démêla par sa prudence tous les artifices dont Acace de Constantinople se servit pour le surprendre. On voit dans ses lettres quelle a été la source et l'origine de ce schisme fâcheux, qui divisa les deux églises, et ne finit que sous Hormisdas.

XLVII. S. FELIX II.

483. FÉLIX II, (ou III du nom, si l'on veut mettre parmi les papes ce Félix qui occupa le saint siége pendant l'exil de Libère) fut élu évêque de Rome, sa patrie, le 2 mars 483, en présence du préfet Basile, nommé par le roi Odoacre pour assister de sa part à cette élection. Le 6 du même mois, qui était un dimanche, il reçut l'ordination. Félix gouverna l'église huit ans, onze mois, dix-huit jours, et mourut le 25, ou, selon le P. Pagi, le 24 février de l'an 492. Ce pape condamna, dans un concile du 28 juillet 484, Acace et les légats du saint siége, qui, trompés par cet homme artificieux, et gagnés par ses promesses ou abattus par ses menaces, avaient communiqué avec lui. Il refusa même sa communion aux successeurs d'Acace, à moins qu'ils ne fissent satisfaction, et s'opposa généreusement aux efforts de l'empereur Zénon contre la vraie foi, sans s'écarter du respect dû à la majesté impériale. Félix est le premier pape qui ait traité l'empereur de fils en lui écrivant; saint Grégoire le Grand l'appelle son bisaïeul, par où l'on voit qu'il avait été marié.

On a de Félix une lettre qui est datée d'un an après le concile de Rome où elle fut dressée ; savoir, le 15 mars 488 ; ce qui fait croire, dit D. Cellier, que Félix en envoya des copies en divers endroits, selon les besoins, et qu'il datait ces copies du tems qu'il les envoyait. Remarquons encore que Félix est le premier pape qui ait employé l'indiction dans ses lettres.

XLVIII. S. GELASE.

492. GÉLASE, né à Rome, comme lui-même nous l'apprend, quoique tous les auteurs le disent Africain, après avoir été secrétaire de saint Félix, lui succéda l'an 492, le 1er. de mars, qui était un dimanche. Il tint le saint siége quatre ans, huit mois et dix-neuf jours, et mourut le 19 du mois de novembre de l'an 496. Ce pape fit paraître, dans la défense de ce que Félix, son prédécesseur, avait fait contre Acace, une fermeté qu'il aurait peut-être dû modérer. Acace en effet étant mort en 489, était-il indispensable de poursuivre sa mémoire, comme fit Gélase, jusqu'à refuser la communion à ceux qui faisaient difficulté, par ménagement, de le condamner, quelque purs

d'ailleurs que fussent leurs sentiments sur la foi ? Cette rigueur inflexible jeta le trouble dans l'église de Constantinople, et occasionna un schisme dont les Hérétiques tirèrent avantage. Gélase au reste joignait au zèle de grandes lumières. Le Sacramentaire qui porte son nom, quoiqu'il ne soit pas entièrement de lui, son décret sur les livres authentiques, sa lettre à l'empereur Anastase pour la défense du concile de Calcédoine, son traité contre Eutychès et Nestorius, sont des preuves de la profonde connaissance qu'il avait des matières ecclésiastiques. Il est le premier qui ait fixé les ordinations aux Quatre-Tems.

XLIX. S. ANASTASE II.

496. ANASTASE, romain, fut ordonné cinq jours après la mort de Gélase, le 24 novembre de l'an 496. Les efforts de ce pape, pour finir le schisme d'Acace et retirer de l'hérésie l'empereur Anastase, furent inutiles. Mais dès le commencement de son pontificat, dans un tems qu'aucun souverain du monde ne faisait profession de la foi catholique, étant tous dans les ténèbres de l'hérésie ou du Paganisme, il eut la consolation de voir un des plus grands rois de l'Europe embrasser la religion chrétienne : ce fut Clovis, premier roi de France chrétien, baptisé l'an 496. Anastase lui écrivit pour l'en féliciter, au commencement de l'an 497. Il mourut le 17 novembre (Muratori) de l'année suivante, n'ayant tenu le siége de Rome qu'un an, onze mois et vingt-quatre jours.

L. SYMMAQUE.

498. SYMMAQUE, natif de Sardaigne, archidiacre de l'église de Rome, fut ordonné pape le 22 novembre 498. Le patrice Festus, pour parvenir à son but de faire souscrire l'Hénotique, fit ordonner le même jour l'archiprêtre Laurent ; ce qui occasionna un schisme. L'affaire ayant été portée au jugement de Théodoric, roi d'Italie, il prononça, quoiqu'arien, que celui-là demeurerait sur le saint siége qui avait été ordonné le premier, ou qui avait pour lui le plus grand nombre des suffrages. En conséquence de ce jugement, Symmaque fut confirmé ; mais il ne laissa pas d'avoir beaucoup à souffrir des Schismatiques que Théodoric, par des vues de politique, appuyait sous main. On l'accusa même de grands crimes, dont il fut obligé de se justifier dans un concile. Ses ennemis ne se rendirent point encore. Excités par l'empereur Anastase, ils publièrent un libelle contre lui, contre les juges qui l'avaient absout, et contre la forme de leur jugement. Ils demandèrent un nouveau concile plus nombreux que le premier. On les satisfit. Ennodius,

évêque de Pavie, y produisit l'apologie qu'il avait composée pour Symmaque; elle demeura sans réplique. Tout cela n'empêcha pas néanmoins que ce pape jusqu'à sa mort n'eût des adversaires, même parmi les gens de bien, et son rival des partisans. Au milieu de ses traverses il fut toujours ferme à rejeter la communion de ceux qui s'obstinaient à vouloir retenir dans les diptiques le nom d'Acace, et par là prolongea le schisme qu'il eut mieux fait de terminer. Symmaque mourut le 19 juillet de l'an 514, ayant tenu le saint siége quinze ans et près de huit mois. Ce pape, la dernière année de son pontificat, nomma saint Césaire, évêque d'Arles, son vicaire dans les Gaules, avec pouvoir d'assembler des conciles; il lui donna en même-tems le *pallium*. C'est le premier évêque d'Occident qui ait porté cet ornement. (Pagi.)

LI. HORMISDAS.

514. HORMISDAS, diacre (né à Frosinone, en Campanie), fut élu pape en présence du célèbre Cassiodore, alors consul, et député du roi Théodoric pour cette élection, le 26 juillet, et fut consacré le 27, qui était un dimanche. Il envoya trois légations (dans les années 515, 517, 519), à Constantinople pour réconcilier cette église avec le saint siége, dont elle était séparée depuis la condamnation d'Acace. La dernière de ces légations eut son effet. L'an 520, il reçut mal celle des moines de Scythie, qui étaient venus pour lui faire approuver cette proposition : *Un de la Trinité a souffert*. La même année, il condamna les livres de Fauste de Riez, sur la grâce et le libre arbitre. Hormisdas mourut le 6 août 523, après un pontificat de neuf ans et onze jours, qu'il rendit illustre par la vigueur avec laquelle il soutint la bonne doctrine, par la réforme du clergé, par la paix qu'il procura aux églises d'Orient, par le soin qu'il prit de chasser de Rome les Manichéens, par ses aumônes et par ses libéralités envers les lieux saints. Les plus anciens priviléges accordés aux monastères en Occident par le saint siége, remontent à Hormisdas. Il nous reste environ quatre-vingts lettres de ce pape, parmi lesquelles se trouvent d'excellentes instructions, envoyées à saint Avit de Vienne pour la Gaule narbonnaise, à Jean de Tarragone pour l'Espagne citérieure, et à Salluste de Séville pour l'ultérieure.

LII. S. JEAN I.

523. JEAN Ier., natif de Toscane, fut élu pape le 13 août de l'an 523, et tint le saint siége seulement deux ans et neuf mois. Il mourut le 18 mai de l'an 526, dans la prison où le

roi Théodoric l'avait fait enfermer à Ravenne, au retour de Constantinople, où il etait allé par ordre de ce prince. L'objet de cette ambassade était, dans l'intention de Théodoric, d'engager l'empereur Justin à rendre aux Ariens les églises qu'il leur avait enlevées. Jean accepta la commission malgré lui; mais on ne s'accorde pas sur le succès qu'elle eut. Les uns disent qu'il engagea l'empereur à ne rien relâcher de l'édit qu'il avait donné contre les Ariens; les autres prétendent qu'il porta ce prince à le modérer dans l'exécution. Quoi qu'il en soit, c'est à juste titre que l'église l'honore comme martyr.

LIII. FELIX III.

526. FÉLIX III, du pays des Samnites, succéda, le 24 juillet, à Jean. Ce ne fut qu'après avoir résisté vivement à la demande du roi Théodoric que le sénat et le clergé acceptèrent ce pape. (Pagi.) L'inauguration de Félix se fit le 12 juillet. Ce pontife fut ordonné vers la fin de septembre, après la mort de ce prince. Félix tint le saint siége quatre ans, deux mois et quelques jours, étant décédé, suivant Anastase, au commencement d'octobre 530. Le P. Pagi met sa mort au 18 septembre de la même année. On a de lui une lettre à saint Césaire d'Arles, par laquelle il approuve le réglement des évêques des Gaules, portant défenses d'élever au sacerdoce des laïques sans les avoir éprouvés dans le clergé.

LIV. BONIFACE II.

530. BONIFACE II, romain de naissance, mais goth d'origine, successeur de Félix III, fut ordonné le 15 octobre 530. Le même jour, un autre parti élut et ordonna un nommé Dioscore; mais le schisme ne dura pas long-tems, Dioscore étant mort le 12 novembre de la même année. Boniface mourut l'an 532, le 8 novembre, suivant Bianchini, ou le 16 octobre, selon Pagi.

LV. JEAN II.

533. JEAN II, surnommé MERCURE, romain de naissance, prêtre du titre de saint Clément, fut ordonné pape le 22 janvier de l'an 533. Jean II approuva cette fameuse proposition des moines scythes, *Unus è Trinitate passus est*, mais il ajouta *in carne*, afin que cette proposition ne révoltât pas les personnes peu instruites, qui avaient fait tant de bruit sous Hormisdas. Il mourut le 27 mai de l'an 535, après avoir tenu le saint siége deux ans et quatre mois.

LVI. AGAPIT.

535. AGAPIT, archidiacre, fils du prêtre Gordien, fut ordonné le 3 juin 535, et tint le saint siége dix mois dix-neuf jours. Son pontificat, quoique si court, fut des plus glorieux. Agapit s'y montra ferme pour l'observation des canons, en refusant à l'empereur Justinien ce qu'il lui demandait en faveur des ariens convertis : il fit le voyage de Constantinople, par ordre de Théodat, roi des Goths, pour détourner l'empereur de porter la guerre en Italie, guérit un boiteux en chemin, entra dans Constantinople le 2 de février 536, et ne voulut point voir Anthyme transféré de Trébisonde à Constantinople, par le crédit de l'impératrice Théodorat, parce qu'il était opposé comme elle au concile de Calcédoine. Justinien, trompé par sa femme, pressa, mais en vain, le pape de communiquer avec ce patriarche. Agapit, sur les menaces que lui fit le prince de l'envoyer en exil, répondit : *Je croyais parler à un empereur catholique, mais je vois que c'est à un Dioclétien* ; à la fin il convainquit l'empereur qu'Anthyme n'était point orthodoxe, et le fit consentir à sa déposition, qu'il prononça lui-même dans un concile qu'il tint à Constantinople. Agapit présenta ensuite à Justinien la requête de quatre-vingt-douze évêques, tendante à lui faire connaître les maux que les Hérétiques causaient dans l'église, et sur-tout en Orient. Mais il ne put le détourner de porter la guerre en Italie, dont la conquête lui était assurée par les mesures qu'il avait prises. Etant sur le point de s'en retourner, Agapit fut attaqué d'une maladie qui l'emporta promptement le 22 avril de l'an 536.

LVII. SILVERE.

536. SILVÈRE, natif de Campanie, fils du pape Hormisdas, et sous-diacre, fut placé sur le saint siége dès qu'on eut appris à Rome la mort d'Agapit, et ordonné, suivant Pagi, le 8 juin 536. Ce fut le roi Théodat qui le fit élire pape. Cette protection servit dans la suite de prétexte aux ennemis de Silvère, pour l'accuser de favoriser les Goths. On fabriqua des lettres en son nom, par lesquelles il encourageait ces peuples à faire la guerre aux Romains. La calomnie produisit son effet. En conséquence Bélisaire enleva Silvère, l'envoya, le 17 novembre 537, en exil à Patare, en Lycie, et fit mettre Vigile à sa place. Ces violences se commirent à l'insu de Justinien, tandis que Vitigès assiégeait Rome. L'empereur, instruit de l'enlèvement de Silvère et de ce qui s'était ensuivi, ordonna son rappel et son rétablissement. Mais, par les intrigues de l'impératrice

Théodora, Bélisaire le fit conduire dans l'île Palmaria, où il mourut de faim le 20 juin de l'an 538. La cause de ses disgrâces fut le refus qu'il fit à cette princesse de rétablir Anthyme et d'abroger le concile de Calcédoine, comme elle l'en avait fait vivement solliciter.

LVIII. VIGILE.

537. VIGILE, fils du consul Jean, et diacre de l'église romaine, ordonné le 22 novembre 537, du vivant de Silvère, fut reconnu pour pape légitime depuis son ordination, quoiqu'elle fût contre les règles. La réputation de ce pape a beaucoup souffert, et n'est pas encore lavée des accusations formées contre lui au sujet de son entrée sur le saint siége. Ses différentes démarches, par rapport aux trois fameux chapitres qu'il a condamnés et approuvés à l'alternative, ont encore fait beaucoup de tort à sa mémoire, et lui ont attiré grand nombre d'ennemis. Mais D. Coustant a démontré dans une dissertation manuscrite qui est entre nos mains, que tous les reproches faits à ce pape n'ont d'autre fondement que des lettres fabriquées sous son nom et envoyées en Italie par les Acéphales, lorsqu'il refusait à Constantinople de condamner les trois chapitres, dans la crainte de donner atteinte au concile de Calcédoine. Il est parlé de ces lettres dans celle que le clergé d'Italie adressa aux ambassadeurs de France qui se trouvaient à Constantinople, pour leur recommander ce pape, alors détenu comme prisonnier en cette ville. C'est dans ces faux actes que Libérat, défenseur outré des trois chapitres depuis le cinquième concile, a puisé (peut-être sans malice) tout ce qu'il raconte au désavantage de Vigile, dont on sait d'ailleurs que l'entrée dans le pontificat n'excita aucune plainte dans l'Occident. Ce pape mourut de la pierre à Syracuse, en revenant de Constantinople, le 10 janvier de l'an 555, après avoir tenu le saint siége dix-huit ans, un mois et dix-huit jours. (*Voy.* le cinquième *concile général.*)

LIX. PELAGE I.

555. PÉLAGE, diacre de l'église romaine, succéda à Vigile, après une vacance de trois mois, et fut consacré le 16 du mois d'avril de l'an 555. Pélage, avant son pontificat, avait été apocrisiaire de Vigile à Constantinople, d'où ce pape le rappela l'an 545. Il fut le compagnon, et non l'auteur, comme ses ennemis l'en accusèrent, de la persécution qu'essuya Vigile pour la cause des trois chapitres. Pélage les condamna lui-même, après en avoir été le défenseur; ce qui ayant été su à Rome,

beaucoup de monde se sépara de sa communion. La désertion
fut si grande que de toute l'Italie, deux évêques seulement
avec un prêtre se trouvèrent à sa consécration. Dans cet abandonnement, il ordonna, suivant le conseil du patrice Narsès,
une procession à l'issue de laquelle, étant monté sur la tribune,
tenant l'Evangile d'une main et la croix de l'autre, il se purgea
par serment de l'accusation formée contre lui, d'avoir contribué
à la mort de son prédécesseur. Il exhorta les fidèles à concourir
avec lui au bon gouvernement de l'église, déclarant que ses
intentions étaient pures et dégagées de tout intérêt; ce qu'il
appuya des grandes largesses qu'il fit le même jour et les suivants. Ayant ramené par-là une partie de son peuple, il donna
ses soins pour éteindre le schisme que la condamnation des
trois chapitres avait occasionné. Narsès le seconda beaucoup
dans cette entreprise; mais les Schismatiques rendirent sa foi
suspecte, en disant qu'il ne défendait le cinquième concile,
auquel il avait été opposé sous Vigile, que pour abroger le
quatrième. Cette calomnie s'étant répandue au loin, il écrivit
plusieurs lettres pour la repousser. Il envoya même au roi
de France Childebert sa confession de foi, que ce prince lui
avait envoyé demander par Rufin, son ambassadeur. Dans la
lettre qui renferme cet acte, il dit ces paroles remarquables :
*Nous devons avoir soin, pour éviter les soupçons scandaleux, de
donner la déclaration de notre foi aux rois que nous devons respecter, et auxquels les divines Ecritures nous ordonnent d'être
soumis.* (Bouquet, tom. IV, p. 74.) Un écrivain moderne
dit que « les Romains, assiégés par les Goths, durent beau-
» coup à Pélage, qu'il distribua des vivres, et qu'il obtint
» de Totila, à la prise de la ville en 556, plusieurs grâces en
» faveur des citoyens. » Remarquez que Totila était mort dès
552, trois ans avant l'exaltation de Pélage. Ce qui est vrai,
c'est que ce pape était fort charitable. Pélage mourut le 1er. mars
560, après avoir tenu le saint siége quatre ans, dix mois et
quatorze jours. Pagi remarque que les vacances du saint siége,
depuis ce pape, devinrent plus longues qu'auparant; et cela,
dit-il, par l'autorité que Justinien et ses successeurs, à l'exemple des rois goths, s'attribuèrent dans l'élection des papes; ce
qui obligea d'attendre la confirmation de l'empereur pour introniser le pape élu. Mais on voit que dès le tems d'Odoacre
les souverains d'Italie usaient de ce droit. (Bouquet, tom. IV,
pag. 74.)

LX. JEAN III.

560. JEAN III, surnommé CATELIN, romain, fils d'Anastase, qui portait le titre d'Illustre, fut consacré le 18 juillet,

qui était un dimanche, l'an 560. Il tint le saint siége douze ans, onze mois, vingt-six jours, et mourut le 13 juillet 573. (Pagi, Muratori.) Le P. Mansi met sa mort au 25 octobre suivant. Ce fut lui qui acheva l'église de Saint-Jacques et de Saint-Philippe, commencée par son prédécesseur. Il y fit peindre plusieurs histoires, partie en mosaïque, c'est-à-dire, en pièces rapportées, partie en couleurs. On croit que c'est de la dédicace de cette église qu'est venue la fête de ces deux apôtres, que l'église célèbre le premier mai.

LXI. BENOIT BONOSE.

574. BENOIT BONOSE, après une vacance de dix mois et vingt et un jours, occasionnée par les troubles qui régnaient en Italie, fut ordonné pape le 3 de juin de l'an 574. Il mourut le 30 de juillet de l'an 578, après avoir tenu le saint siége quatre ans, un mois et vingt-huit jours, au milieu de la persécution des Lombards.

LXII. PELAGE II.

578. PÉLAGE, romain, fut consacré le 30 novembre de l'an 578, après une vacance du saint siége de quatre mois. Les ravages des Lombards, qui faisaient alors le siége de Rome, empêchèrent qu'on attendît le consentement de l'empereur, comme Justinien l'avait établi, ainsi qu'on l'a dit, à l'imitation des rois goths. Pélage travailla avec zèle, mais inutilement, à ramener à l'unité de l'église les évêques d'Istrie et de Vénétie, qui faisaient schisme pour la défense des trois chapitres. Dès le commencement de son pontificat, il tira de son monastère Grégoire, pour le faire un des sept diacres de Rome, l'envoya à Constantinople demander du secours contre les Lombards, et l'y nomma son apocrisiaire. Ces barbares ayant ruiné le Mont-Cassin, comme saint Benoît l'avait prédit, les moines se réfugièrent à Rome, où Pélage leur permit de bâtir un monastère près du palais de Latran. Pélage mourut de la peste le 8 février de l'an 590, après avoir tenu le saint siége onze ans, deux mois et neuf jours. Ce pape avait fait de sa maison un hôpital pour les pauvres vieillards; et, malgré ses abondantes aumônes, il trouva dans son économie des fonds suffisants pour rebâtir l'église de Saint-Laurent, dont il orna le tombeau de tables d'argent.

Quelques auteurs remarquent que Pélage est le premier des souverains pontifes qui ait employé les indictions dans ses lettres : ce qui n'est pas exactement vrai, puisque Félix II, comme on l'a dit, s'en est servi dès l'an 490; mais c'est Pélage qui a commencé d'en faire un usage ordinaire. Il y joignit aussi quelquefois l'année de l'empereur régnant.

LXIII. S. GRÉGOIRE LE GRAND.

590. GRÉGOIRE I, dit LE GRAND, et grand véritablement par sa charité, par ses lumières, par sa modestie, et par toutes ses éminentes qualités, né à Rome de Gordien et de Sylvie, fut préteur de cette ville en 573 : mais renonçant au monde et à ses dignités, pour ne servir que Dieu, il se retira, l'année suivante, dans le monastère de Saint-André, qu'il avait fondé dans sa maison. Il en était abbé, lorsque Pélage II l'en tira pour le faire un des sept diacres de Rome. Ce pape l'envoya, vers l'an 579, pour les affaires d'Italie, à Constantinople, ou il résida jusqu'en 584, avec titre d'apocrisiaire. Ce fut pendant son séjour en cette ville qu'il composa ses Morales sur Job. Pélage, dont il fut secrétaire à son retour, étant mort le 8 février 590, le clergé et le peuple, d'un consentement unanime, élurent Grégoire pour lui succéder : Grégoire seul s'y opposa de toute sa force ; il s'enfuit, il se cacha, et écrivit à l'empereur Maurice, le priant de ne point approuver ce choix ; mais il ne réussit point. Grégoire fut donc ordonné pape le 3 de septembre, qui était un dimanche, l'an 590. Il se plaignit sérieusement à ses amis des compliments que quelques-uns lui firent sur sa nouvelle dignité. Ce fut à cette occasion qu'il composa son Pastoral : ouvrage divisé en quatre parties, où il traite des marques de la vocation à l'épiscopat, des obligations qu'il impose et des vertus qu'il exige. Rome était alors ravagée par la peste. Pour arrêter ce fléau, qui rendait la ville presque déserte, il fit faire une procession générale, d'où l'on croit qu'est venue celle de Saint-Marc, qu'on nomme encore la *grande Litanie*. L'an 593, et non 596, comme le dit Baronius, il engagea le roi des Lombards à lever le siège qu'il avait mis devant Rome. Ce saint pape défendit le cinquième concile, tâcha de ramener les Schismatiques, et fit rentrer dans la communion de l'évêque de Milan, Théodelinde, reine des Lombards, qui s'en était séparée. Apprenant que Jean le Jeuneur, patriarche de Constantinople, affectait de se qualifier évêque œcuménique, il lui écrivit avec force, pour l'engager à quitter ce titre fastueux et extravagant ; ne pouvant rien gagner sur lui, il s'adressa à l'empereur, dont il ne fut pas plus écouté. Alors, pour opposer l'humilité à l'orgueil du patriarche, il prit, dans ses lettres le titre de *serviteur des serviteurs de Dieu*, que ses successeurs, mais non pas tous sans exception, ont adopté, et qui a passé en formule dans leurs lettres. Il faut avouer, néan-

moins, qu'il n'est pas l'inventeur de ce titre, et qu'on le trouve avant lui dans quelques lettres de saint Augustin et de saint Fulgence. Saint Grégoire exécuta, l'an 596, le dessein où il était depuis long-tems, de porter la foi en Angleterre ; il y envoya des missionnaires, dont saint Augustin, prévôt de son monastère de Saint-André, fut le chef. Ayant abordé, l'an 597, en cette île, ils furent bien reçus par Ethelbert, roi de Kent, qui embrassa la foi, et fut baptisé avec un grand nombre des siens. Une des plus importantes occupations du pontificat de saint Grégoire, a été la réformation qu'il fit de l'office de l'église romaine, l'an 599. L'école de chant qu'il avait établie à Rome, subsistait encore trois cents ans après lui. Ce saint pape, consumé de glorieux travaux et de maladies, mourut saintement, le 12 de mars de l'an 604, après avoir tenu le siége de Rome treize ans, six mois et dix jours. Saint Grégoire est celui des papes dont il nous reste le plus d'écrits. Son Pastoral, ses Commentaires sur Job, ses Homélies sont remplis d'une morale admirable, exprimée dans un style simple et sans art. Ses Lettres, qui sont au nombre de huit cent quarante, roulent, pour la plupart, sur différentes matières ecclésiastiques, qu'il développe avec autant de justesse que de sagacité. Il est étonnant que ce pape ait pu tant écrire et vaquer à tant d'affaires, quand on se rappelle qu'il était accablé d'infirmités, et surtout rongé de la goutte qui, d'un corps puissant et vigoureux qu'il avait reçu de la nature, en avait fait un squélette raccourci. Un moderne (*Esame Dei diplomi di Lodovico pio*) prouve que du tems de saint Grégoire le Grand l'église romaine était fort riche, qu'elle avait une juridiction fort étendue, avec le droit de punir les criminels par ses juges, dans la Sicile, la Calabre, la Pouille, la Campanie, le territoire de Sabine, la Dalmatie, l'Illyrie, la Sardaigne, la Corse, la Ligurie, les Alpes cottiennes, et jouissait d'une sorte de petit état (que d'autres appellent simplement un patrimoine) dans les Gaules. Il est de plus certain que les papes avaient, dèslors, beaucoup de part au gouvernement de Rome. Malgré toute cette opulence, la table de saint Grégoire était très-frugale, et son train des plus modestes. Dans une lettre au sous-diacre Pierre, recteur du patrimoine de Sicile, il lui dit : *Vous m'avez envoyé un mauvais cheval et cinq bons ânes, je ne puis monter le cheval parce qu'il ne vaut rien, ni les ânes, parce que ce sont des ânes.* On voit, par-là que l'écurie du pape n'était pas bien magnifique.

Saint Grégoire ne faisait pas grand cas des sciences profanes, mais non pas cependant au point d'avoir fait brûler, comme on l'en accuse, la bibliothèque palatine, formée à Rome par l'empereur Auguste. L'unique fondement de cette accusation est un passage corrompu du Polycratique de Jean de Salisberi, écrivain du XIIe siècle. Rapportons-le tel qu'il se lit dans les exemplaires les plus corrects. *Doctor sapientissimus ille Gregorius, qui melloeo proedicationis imbre totam rigavit et inebriavit Ecclesiam, non modò Mathesim jussit ab aulâ recedere, sed, ut traditur a majoribus, incendio dedit reprobatæ lectionis scripta Palatinus quæcumque tenebat Apollo.* C'est ainsi que porte la première édition de cet ouvrage d'après les plus anciens manuscrits, et spécialement celui de Jumiége. Mais dans les éditions postérieures, au lieu de *reprobatæ lectionis*, on lit *probatæ lectionis*. Or, indépendamment de l'incertitude du fait avancé par Jean de Salisberi, n'est-il pas visible, en suivant la vraie leçon, qu'il ne s'agit ici que des livres d'astrologie judiciaire, nommés dans le Digeste *Libri improbatæ lectionis* ?

Saint Grégoire est le premier pape qui, dans ses dates, ait compté les jours du mois à notre manière, au lieu d'employer les noms de calendes, de nones et d'ides, comme les Romains. Mais en cela peu de ses successeurs l'ont imité.

LXIV. SABINIEN.

604. SABINIEN, diacre, qui avait été nonce de saint Grégoire à Constantinople, auprès de l'empereur Maurice, fut ordonné pape le 1er. septembre, selon M. Fleuri, après une vacance de cinq mois et demi, et ne tint le saint siège que cinq mois et dix-neuf jours. Le P. Pagi, qui met l'ordination de Sabinien au 13 septembre 604, et sa mort au 22 février 606, lui donne, après Anastase le bibliothécaire, un an, cinq mois et neuf jours de pontificat. On peut remarquer ici, avec M. Fleuri, que dans l'élection du pape, le choix tombait ordinairement sur un diacre plutôt que sur un prêtre ; ce qui venait de ce que les diacres, se mêlant du temporel et du spirituel, et étant maîtres de tout, se conciliaient aisément les esprits. Sabinien n'avait pas hérité des vertus de son prédécesseur. Rome avait été souvent menacée de disette sous le pontificat de Grégoire. Mais la charité de ce saint pape, toujours féconde et inépuisable, y avait entretenu l'abondance, malgré les ravages des Lombards et l'intempérie des saisons. La famine, sous Sabinien, s'étant fait sentir en cette ville, il ouvrit, à la vérité, les greniers de l'église ; mais au lieu de distribuer le blé gratuitement, il le mit en vente. Les pauvres s'attroupèrent, demandant à grands cris qu'on ne laissât pas mourir de faim ceux à qui Grégoire avait tant de fois conservé la vie. Sabinien se montra aux fenêtres de son palais, et s'adressant à cette multitude assemblée : *Cessez vos clameurs*, leur dit-

il, *si Grégoire vous a donné du pain pour acheter vos éloges, je ne suis pas en état de vous rassasier au même prix.* Ces paroles, indignes d'un pasteur, manifestent la jalousie que Sabinien portait à saint Grégoire. On prétend même qu'il la poussa jusqu'au point de vouloir faire brûler ses écrits. (Le Beau.)

LXV. BONIFACE III.

606 ou 607. BONIFACE III, diacre et apocrisiaire de saint Grégoire à Constantinople, fut ordonné pape le 25 février 606, et ne tint le saint siège que huit mois et dix-huit jours, jusqu'au 12 novembre de l'an 606, selon M. Fleuri. Le P. Pagi; supposant un an de vacance, met son ordination le 19 février de l'an 607, d'après Anastase, et sa mort le 10 novembre de la même année. Boniface obtint de l'empereur Phocas ce que les papes Pélage II et Grégoire le Grand n'avaient pu obtenir de leur tems; savoir, que le patriarche de Constantinople ne prendrait plus le titre d'œcuménique. Quelques auteurs veulent que Phocas ne suivit en cela que son ressentiment contre le patriarche Thomas, dont il était mécontent. Quoi qu'il en soit, les évêques de Constantinople reprirent dans la suite ce titre.

LXVI. BONIFACE IV.

607 ou 608. BONIFACE IV, natif de Valérie, au pays des Marses, fut élu pape, selon M. Fleuri, après que le saint siège eut vaqué plus de dix mois, le 18 septembre 607, et le remplit un peu plus de six ans. Selon le P. Pagi, Boniface fut ordonné le 25 août de l'an 608, et mourut le 7 mai de l'an 615, après un pontificat de six ans, huit mois et treize jours. Boniface obtint de Phocas, le célèbre temple appelé *Panthéon*, bâti par Agrippa, vingt-cinq ans avant Jésus-Christ, et après l'avoir purifié des souillures de l'idolatrie, il en fit une église qu'il dédia en l'honneur de la sainte Vierge et de tous les martyrs. Cette église subsiste encore de nos jours à Rome, sous le nom de Notre-Dame de la Rotonde : c'est de cette dédicace qu'est venue la fête de tous les Saints, le premier jour de novembre.

Spelman cite une lettre de Boniface IV, datée de l'an de Jésus-Christ 613. C'est le premier pape qui ait employé l'ère de l'Incarnation dans ses dates. Elle ne devint familière à ses successeurs que long-tems après lui.

LXVII. S. DEUSDEDIT.

614 ou 615. DEUSDEDIT, romain, fils d'Etienne, sous-diacre, fut ordonné pape le 13 novembre 614, selon M. Fleuri; et selon le P. Pagi, le 19 octobre 615. Le premier paraît avoir

raison pour le mois, et l'autre pour l'année. (Muratori.) Ce pape tint le siége de Rome, suivant Anastase, trois ans et vingt jours. Il mourut par conséquent le 3 décembre 618. L'éminente piété de Deusdedit l'a fait mettre au rang des saints. C'est le premier pape dont on ait des bulles scellées en plomb.

LXVIII. BONIFACE V.

617 ou 618. BONIFACE V, natif de Naples, succéda à Deusdedit le 29 décembre de l'an 617, selon M. Fleuri, qui lui donne sept ans de pontificat : le P. Pagi, qui ne lui en donne que cinq et dix mois, met son ordination au 23 décembre de l'an 619, après une vacance du siége de Rome de plus d'un an, et place sa mort au 22 octobre de l'an 625. Boniface écrivit, peu de tems avant sa mort, à Edwin, roi des Northumbres, en Angleterre, pour l'engager à se faire chrétien, et à la reine Edelburge, pour la féliciter de sa conversion. Il accompagna ses lettres de présents; savoir, une chemise ornée d'or, et un manteau pour le roi; un miroir d'argent avec un peigne d'ivoire, garni d'or, pour la reine.

LXIX. HONORIUS I.

625. HONORIUS, natif de Campanie, fils de Pétrone, consul, fut ordonné, non le 14 mai 626, comme le marque M. Fleuri, mais le 27 octobre de l'an 625, ainsi que Pagi le prouve. Nous avons en effet une lettre de ce pape aux évêques d'Epire, datée des ides de décembre, indiction XIVe, qui est celle qui courait cette année en décembre. Honorius eut la joie d'apprendre que la lettre de son prédécesseur avait opéré la conversion du roi Edwin, qui fut baptisé le jour de Pâques, 12 avril 627. Deux ans après il reçut encore la nouvelle non moins agréable de la conversion des Anglais orientaux. Mais un double événement fâcheux de son pontificat fut la naissance d'une nouvelle hérésie, et la faute qu'il fit, trompé par Sergius, patriarche de Constantinople, en la favorisant. Ce prélat, infecté de l'Eutychianisme, avait imaginé ou adopté une tournure fort adroite pour le faire prévaloir. C'était en feignant de reconnaître, d'après le concile de Calcédoine, deux natures en Jésus-Christ, de n'admettre en lui qu'une seule volonté, une seule opération, bien assuré qu'il était de rentrer par-là dans l'erreur qu'il semblerait avoir abandonnée. Les Eutychiens saisirent avidement cette ouverture, qui ne les obligeait qu'à un changement de langage, et les Catholiques, pour la plupart, donnèrent dans le piége, en les recevant à la communion. Le

moine Sophrone fut presque le seul en Orient qui éleva la voix contre cette nouveauté, qu'on nomma depuis le Monothélisme. Sergius, pour lui fermer la bouche, écrivit sur ce sujet, au pape Honorius, la lettre la plus séduisante et la plus propre à lui faire prendre le change sur le véritable état de la question. Dire qu'en Jésus-Christ il n'y a qu'une seule volonté, ou dire qu'il y en a deux, rien, selon lui, de plus indifférent, dès qu'on reconnaissait en Jésus-Christ deux natures. Le meilleur serait même, ajoutait-il, d'imposer silence sur cette matière aussi abstraite qu'inutile, pour ne pas arrêter les Schismatiques qui s'empressaient de rentrer dans le sein de l'Eglise. Honorius ne démêlant point l'artifice, lui fit une réponse conforme à ses vues. « Nous avons appris, y dit-il, par votre lettre,
» qu'il y a eu quelques disputes et quelques questions de mots,
» introduites par le moine Sophrone, contre notre frère Cyrus,
» évêque d'Alexandrie, qui enseigne aux hérétiques convertis
» qu'il n'y a qu'une opération en Jésus-Christ; pour nous, nous
» confessons une seule volonté en Jésus-Christ. *Unam volon-*
» *tatem fatemur Domini nostri Jesu-Christi.* » Et plus bas : Nous
» devons rejeter ces mots nouveaux qui scandalisent les églises,
» de peur que les simples, choqués de l'expression de deux
» opérations, ne nous croient Nestoriens, ou ne nous croient
» Eutychiens, si nous ne reconnaissons qu'une seule opéra-
» tion. » Cette réponse, qui est de l'an 633, et qui a les caractères d'une vraie décrétale, a mérité au pape Honorius, un anathème de la part du sixième concile général. Ce pontife termina sa carrière le 12 octobre de l'an 638, après avoir tenu le saint siége douze ans, onze mois et dix-sept jours, en y comprenant celui de son ordination et celui de sa mort. Il a laissé d'illustres monuments de sa magnificence et de sa piété dans quantité d'églises qu'il fit construire ou réparer.

LXX. SEVERIN.

640. SEVERIN, romain de naissance, fut consacré le 28 du mois de mai 640, selon Pagi, ou le 29, selon M. Fleuri, après que le saint siége eut vaqué un an, sept mois et dix-sept jours. Son pontificat ne fut que de deux mois et quatre jours, pendant lesquels il se fit estimer par sa vertu, sa douceur et son amour pour les pauvres. Il mourut le 1er. août de l'an 640.

LXXI. JEAN IV.

640. JEAN IV, de Dalmatie, diacre, fut ordonné pape le 24 décembre de l'an 640, suivant Pagi et Bianchini. Il mourut le 11 octobre 642, après avoir tenu le saint siége un an,

neuf mois et dix-huit jours. Dès la première année de son pontificat, il condamna l'hérésie des Monothélites et l'Ecthèse, ou l'édit d'Héraclius. Il écrivit aux évêques d'Ecosse et d'Irlande sur la célébration de la Pâque, et pour les prémunir contre l'hérésie de Pelage.

LXXII. THEODORE.

642. THÉODORE, natif de Jérusalem, fut consacré pape le 24 novembre de l'an 642, selon Pagi et Bianchini. Le P. Mansi diffère l'exaltation de ce pape jusqu'au 8 décembre suivant. Théodore, après avoir essayé inutilement de ramener à la foi catholique Paul, patriarche de Constantinople, prononça contre lui une sentence de déposition l'an 648. Il condamna aussi Pyrrhus, qui, après avoir été convaincu d'erreur par saint Maxime, et y avoir renoncé, professa de nouveau le Monothélisme : ce pape, s'étant fait apporter le calice, prit du sang précieux de Jésus-Christ, et en souscrivit la sentence. Il ne paraît pas que Théodore ait condamné dans aucun concile, ni par aucune sentence, le Type de Constant. Il mourut saintement le 13 mai de l'an 649, après six ans, cinq mois et dix-neuf jours de pontificat. Théodore est le premier pape qu'on ait qualifié de *souverain pontife*. C'est un concile d'Afrique, tenu en 646, qui lui déféra ce titre. Il est peut-être aussi le dernier pape qu'un évêque ait appelé frère, sans qu'il l'ait trouvé mauvais. On a une lettre de Victor de Carthage, qui l'appelle ainsi en lui écrivant.

LXXIII. S. MARTIN.

649. MARTIN, de Todi, en Toscane, fut ordonné pape le 5 de juillet, qui était un dimanche, l'an 649. L'empereur Constant fit tous ses efforts pour lui faire approuver son type; mais ce pape, bien loin de se rendre à ses désirs, assembla, au mois d'octobre de la même année 649, un grand concile, dans lequel toutes les hérésies furent condamnées, spécialement celle des Monothélites, avec l'Ectèse d'Héraclius et le Type de Constant. Le zèle pour la foi coûta la liberté et la vie même à ce digne successeur de saint Pierre. Il fut tiré par force de l'église, ensuite de Rome, mis dans un vaisseau l'an 653 un mercredi 19 juin, et conduit à Constantinople, où il arriva le 17 septembre 654, après avoir demeuré l'espace d'un an prisonnier dans l'île de Naxe. Arrivé dans cette capitale, il y essuya pendant près de six mois toutes les indignités que le fanatisme peut suggérer, le cachot, les fers, la privation de tout soulagement dans une longue maladie, les discours outra-

geants, les menaces de mort. Sa fermeté inébralanble lui ferma pour toujours le retour de Rome. Le 10 mars 655, il fut transporté de la prison de Diomède dans la Chersonèse taurique, où régnait alors une famine affreuse. Il en ressentit les effets, et ayant demandé à Dieu qu'il abrégeât la durée de ses maux par une prompte mort, comme il le dit lui-même dans une de ses lettres, il fut exaucé le 16 septembre de la même année, après avoir tenu le saint siége six ans, deux mois et douze jours. (Pagi.)

LXXIV. S. EUGENE I.

654. Eugène, romain de naissance, et archiprêtre, gouverna, comme vicaire-général, l'église de Rome, avec l'archidiacre et le primicier des notaires, l'espace de quinze mois depuis l'enlèvement de saint Martin. L'empereur, néanmoins, aussitôt après cet événement, avait donné ordre d'élire un nouveau pape, regardant Martin comme un intrus, pour s'être fait consacrer sans attendre, suivant l'usage, qu'il eût confirmé son élection. Les Romains éludèrent tant qu'ils purent cet ordre. Enfin le 8 septembre 654, ils élurent pape Eugène, dans la crainte que, fatigué d'un plus long délai, l'empereur ne mît sur le saint siége un évêque monothélite. Saint Martin consentit à cette élection, lorsqu'il l'eut apprise, quoique faite à son insu, puisqu'il prie, dans une de ses lettres, pour le pasteur de l'église de Rome. Eugène mourut le 1er. juin 657, suivant Pagi et Bianchini, après avoir tenu le saint siége deux ans, huit mois et vingt-quatre jours.

LXXV. VITALIEN.

657. VITALIEN, natif de Ségni, en Campanie, fut ordonné pape le 30 juillet 657, et mourut le 27 janvier 672, suivant Pagi et Bianchini. Le trait le plus remarquable que l'histoire ait conservé de son long pontificat, c'est la vigueur avec laquelle il résista à Marc, archevêque de Ravenne. Ce prélat refusait de se soumettre à la juridiction du saint siége, et avait obtenu de l'empereur Constant, un diplôme qui le confirmait dans cette disposition schismatique. Vitalien excommunia, l'an 666, l'archevêque, qui eut la témérité de lui rendre la pareille. L'usage des orgues dans les églises a commencé, dit-on, sous ce pape, suivant ces paroles des pontificaux : *Instituit cantum adhibitis instrumentis quæ vulgari nomine organa dicuntur.* Mais par ce mot *Organa*, l'on peut entendre tout instrument de musique propre à soutenir ou à relever le chant. C'est ainsi que saint Augustin l'a entendu (*in psalm.* 26, tom. IV, p. 538).

LXXVI. ADÉODAT.

672. ADÉODAT, romain de naissance et moine de Saint-Erasme au Mont-Cœlius, fut élu pape le 22 avril 672, suivant Pagi, le 11 du même mois, selon Bianchini. Tous deux mettent sa mort au mois de juin 676, le premier au vingt-sixième jour, le second au dix-septième.

Adéodat est le premier pape, que l'on sache, qui ait employé dans ses lettres la formule *salutem et apostolicam benedictionem*. Il est aussi le premier qui ait daté des années de son pontificat.

LXXVII. DONUS I, ou DOMNUS.

676. DONUS, ou DOMNUS, romain de naissance, fils de Maurice, succéda le 2 novembre au pape Adéodat, après quatre mois et demi de vacance. L'an 677, il obtint de Constantin Pogonat la révocation de l'édit de Constant, qui déclarait l'archevêque de Ravenne exempt de la juridiction du saint siége. Par là finit le schisme de Ravenne. Pagi met la mort de ce pape au 11 avril 678. Le P. Mansi est de son avis à cet égard; mais il prétend qu'il faut avancer de quelques mois l'élection de Donus.

LXXVIII. AGATHON.

678 ou 679. AGATHON, moine, sicilien de naissance, succéda à Donus le 26 juin de l'an 679, et mourut le 10 janvier de l'an 682. (Bianchini.) Selon le P. Pagi, il fut ordonné le 27 juin de l'an 678, et mourut le 10 de janvier de l'an 682, après avoir tenu le saint siége trois ans, six mois et quatorze jours. Ce fut lui qui reçut la lettre que l'empereur Pogonat avait écrite à son prédécesseur pour le prier d'envoyer des hommes sages et instruits, afin de conferer avec les patriarches de Constantinople et d'Antioche, touchant les disputes qui divisaient les églises d'Orient. Agathon fit part des pieuses intentions de l'empereur aux évêques d'Occident. On tint à ce sujet des synodes en différentes provinces. Ceux d'Italie et des Gaules envoyèrent des députés à Rome, où le pape assembla un concile de 125 évêques pour nommer les légats qui devaient aller à Constantinople. Ils y arrivèrent au commencement de septembre de l'an 680. Ce qui ne devait être qu'une conférence devint, par l'événement, un concile général, auquel ils présidèrent, et que l'on compte pour le sixième œcuménique. Agathon obtint de l'empereur que l'église romaine serait déchargée de la somme d'argent qui se payait à l'ordination de chaque pape, par un abus

que les rois goths avaient introduit. Elle était de trois mille sous d'or. Mais Constantin exigea que, suivant l'ancienne coutume, le pape nouvellement élu ne serait consacré qu'après que l'empereur aurait confirmé son élection.

LXXIX. S. LEON II.

682. LÉON II, sicilien, fut élu le 16 avril, et, après une vacance de sept mois et sept jours, ordonné le 17 août, selon Pagi et Bianchini, ou, selon, M. Fleuri, le 19 d'octobre de l'an 682, et mourut, selon les deux premiers, le 3 de juillet 683, n'ayant tenu le saint siége que dix mois et dix-sept jours depuis son ordination. M. Fleuri met un intervalle de 19 mois entre ce terme et celui de sa vie. Au commencement de son pontificat, Léon reçut une lettre de l'empereur, écrite à son prédécesseur, en date du 13 décembre, indiction X, rapportée dans la dix-huitième session du sixième concile général, et dont tel était le sujet. L'empereur y témoignait désirer que le pape envoyât à Constantinople un homme de confiance pour y résider et traiter en son nom de toutes les affaires concernant le dogme ou la discipline, et en général toutes les matières ecclésiastiques qui pourraient y être agitées. Léon ne se prêta qu'avec circonspection à la demande de l'empereur, en lui envoyant le sous-diacre Constantin avec le titre d'apocrisiaire, sans y joindre les pleins pouvoirs de légat. Par-là il réduisit les fonctions de ce député à celles de suggérer et d'insinuer à l'empereur ce qu'il jugerait nécessaire et convenable pour le bien de la religion, se réservant la décision des affaires sur le rapport de son représentant, comme il le témoigne dans sa réponse à l'empereur. La prudence avait fait prendre au pape cette précaution, pour se mettre à l'abri des entreprises sourdes des patriarches de Constantinople, qui, cherchant toujours à étendre l'autorité de leur siége, pourraient, appuyés des menaces de l'empereur, extorquer d'un légat son consentement pour introduire quelque nouveauté. Anastase fait un grand éloge de la piété de Léon II, de sa charité, de son éloquence, de son habileté dans les langues grecque et latine, dans le chant ecclésiastique, etc.

LXXX. BENOIT II.

684. BENOÎT II, prêtre de l'église de Rome, sa patrie, fut ordonné le 26 juin de l'an 984, après une vacance du saint siége de onze mois, vingt-deux jours, et mourut le 7 mai de l'an 685, n'ayant tenu la chaire de saint Pierre que dix mois et douze jours. Benoît possédait toutes les vertus qui font les

bons papes. Un des événements remarquables de son pontificat fut la constitution que l'empereur Constantin Pogonat joignit à la confirmation de son élection, par laquelle il permettait de consacrer le pape, à l'avenir, aussitôt qu'il serait élu. Mais il paraît que Justinien II reprit ce droit.

LXXXI. JEAN V.

685 ou 686. JEAN V, syrien de nation, fut ordonné, selon M. Fleuri, le 10 juin 686, et mourut le septième jour d'août de l'an 687. Il avait été légat du pape Agathon au sixième concile. Jean V était savant, courageux et très-modéré. Les archevêques de Cagliari, en Sardaigne, avaient, par la négligence des papes, usurpé les ordinations des évêques de cette île, qui originairement appartenaient au saint siége. Jean V revendiqua ce droit, et s'en remit en possession. Le P. Pagi met son ordination au 23 juillet 685, et sa mort au premier août de l'an 686; ce qui nous paraît plus vraisemblable.

LXXXII. CONON.

686. CONON, originaire de Thrace, né en Sicile, vieillard vénérable par sa bonne mine, ses cheveux blancs, sa simplicité, sa candeur et son détachement du monde, succéda au pape Jean V. Le clergé avait voulu d'abord élire l'archiprêtre Pierre; mais l'armée était pour un autre prêtre, nommé Théodore. Comme ni les uns ni les autres n'étaient disposés à céder, les évêques et le clergé choisirent une tierce personne, savoir le prêtre Conon, qui fut d'abord reconnu par le peuple, et ensuite par l'armée. Il fut consacré, selon Pagi, le 21 octobre de l'an 686, et mourut le 21 septembre de l'an 687, n'ayant tenu le saint siége que onze mois, pendant lesquels il fut toujours malade. Constantin, diacre de Syracuse, qu'il choisit pour administrer le patrimoine de l'église romaine en Sicile, ne fit pas honneur à son discernement. Cet homme, avare et artificieux, occasionna, par ses exactions injustes, une sédition que le gouverneur du pays n'appaisa qu'en le faisant mettre en prison. Saint Kilien vint à Rome sous le pontificat de Conon, et reçut de lui sa mission pour prêcher l'Évangile aux infidèles.

LXXXIII. SERGIUS I.

687. SERGIUS, prêtre, originaire d'Antioche, né à Palerme, en Sicile, Curé de Sainte-Susanne à Rome, réunit le plus grand

nombre des voix pour la papauté, après une double élection faite par deux partis opposés ; l'une en faveur de l'archidiacre Pascal, l'autre en faveur de l'archiprêtre Théodore. Il fut ordonné le 15 décembre 687. Le prêtre Théodore se soumit de bon gré à Sergius ; l'archidiacre le fit aussi, mais malgré lui, et fut déposé quelque tems après de son archidiaconé pour crime de magie. L'empereur Justinien II ayant fait remettre de sa part, l'an 692, à Sergius, les canons du concile *in Trullo*, ce pape, loin de les souscrire, comme l'empereur le souhaitait, ne daigna pas même les lire. Justinien, irrité de ce mépris, envoya, l'an 694, Zacharie, protospataire, à Rome pour arrêter Sergius, et l'amener à Constantinople. Les soldats prirent la défense du pape, dont Zacharie fut obligé d'implorer la protection pour se mettre à l'abri de leur fureur. Cet orage dissipé, un autre succéda. L'archidiacre Pascal, dont l'ambition s'était réveillée, étant allé trouver l'exarque Jean à Ravenne, l'engagea, sous la promesse de cent livres d'argent qu'il devait tirer du trésor de Saint-Pierre, à venir à Rome, pour l'introniser, après avoir enlevé Sergius. Mais à son arrivée, l'exarque ayant vu tout le peuple disposé à défendre son pasteur, n'osa rien entreprendre à force ouverte contre sa personne. Il suscita néanmoins tant de traverses à Sergius, qu'il l'obligea de s'éloigner de Rome, dont il fut absent, comme le prouve un ancien monument, l'espace de sept ans. Rendu à son peuple, Sergius eut le bonheur, l'an 698, d'éteindre le schisme des évêques d'Istrie, qui durait depuis cent-cinquante ans. Ce pape ayant tenu le saint siége treize ans, huit mois et vingt-quatre jours, mourut le 8 septembre 701. (Bianchini.) C'est lui qui ordonna qu'on chantât à la messe *Agnus Dei*, pendant qu'on rompait les hosties.

LXXXIV. JEAN VI.

701. JEAN VI, grec de nation, fut ordonné le 28 octobre de l'an 701, après que le saint siége eut vaqué cinquante jours. Gisulfe, duc de Bénévent, dévastait alors la Campanie. Le nouveau pape, lui ayant envoyé des prêtres avec des présents, l'engage à se retirer. L'année suivante, 702, arrive de Constantinople à Rome Théophilacte, créé nouvellement exarque de Ravenne. Le peuple romain et les troupes du voisinage, même celles de Ravenne, lui supposant de mauvais desseins, prennent les armes pour la défense du pontife. Mieux instruit des intentions de l'exarque et de l'objet de son voyage, Jean VI étouffe, par ses remontrances et ses prières, la sédition prête à éclater. Ce pape, digne d'un long règne, mourut le 9 jan-

vier 705, ayant tenu la chaire de Saint-Pierre trois ans, deux mois et douze jours.

LXXXV. JEAN VII.

705. Jean VII, grec de nation, fut ordonné le 1ᵉʳ mars 705, après que le saint siége eut vaqué un mois et dix-neuf ou vingt jours. Il le tint deux ans, sept mois et dix-sept jours, et mourut le 17 octobre 707. L'empereur Justinien lui envoya les volumes du concile *in Trullo*, que Sergius et Jean VI avaient refusé d'approuver, en le conjurant de confirmer et de rejeter ce qu'il jugerait à propos; le pape Jean VII, par une faiblesse humaine, dit M. Fleuri, craignant de déplaire à l'empereur, lui renvoya ces volumes sans y avoir rien corrigé.

LXXXVI. SISINNIUS.

708. Sisinnius, syrien de nation, fut élevé sur le siége de Rome, vacant depuis trois mois, le 18 janvier de l'an 708, et mourut subitement le 7 février, après vingt jours de pontificat.

LXXXVII. CONSTANTIN.

708. Constantin, homme d'une grande douceur, fut ordonné pape le 25 mars de l'an 708. Il était syrien, et fut le septième pape de suite venu de Syrie, ou de Grèce. L'an 710, le 5 octobre, il partit, par ordre de Justinien, pour Constantinople, où il fut reçu l'année suivante avec les honneurs dûs au chef de l'église. L'objet de ce voyage était, à ce qu'il paraît, le concile *in Trullo*, dont l'empereur voulait tirer de lui une approbation formelle. Anastase fait entendre qu'il satisfit l'empereur, sans manquer à ce qu'il devait à la justice. Quoi qu'il en soit, Constantin fut très-honorablement reçu à Nicée par ce prince, qui se prosterna devant lui la couronne en tête, lui demanda le secours de ses prières, et voulut recevoir la communion de sa main. Ayant obtenu, quelques tems après, la permission de s'en retourner, il rentra dans Rome le 24 octobre 711. L'année suivante, Filépique, nouvel empereur, lui ayant envoyé les actes du faux concile de Constantinople, qui condamnait le sixième concile général, il les rejeta avec horreur. Le peuple romain alla plus loin, et refusa de reconnaître pour empereur un prince hérétique. Constantin mourut le 9 avril 715, après avoir tenu le saint siège sept ans et quinze jours.

LXXXVIII. S. GREGOIRE II.

715. Grégoire II, romain de naissance, sacellaire et biblio-

thécaire de l'église romaine, fut ordonné pape le 19 mai de l'an 715, après quarante jours de vacance du saint siége; il l'occupa quinze ans, huit mois et vingt-trois jours, sous trois empereurs, Anastase, Théodose, Léon l'Isaurien, et mourut le 10 février de l'an 731. Grégoire était versé dans les affaires, instruit des saintes écritures, de bonnes mœurs et d'une âme ferme. La première année de son pontificat, il envoya saint Corbinien, natif de Châtres, en France, prêcher l'Evangile en Germanie. L'an 718, il rétablit le monastère du Mont-Cassin, qui avait été détruit par les Lombards 140 ans auparavant. Pétronax, qu'il avait chargé de travailler à ce rétablissement, en fut le septième abbé depuis saint Benoît. Ouinfrid, nommé depuis Boniface, qui était venu d'Angleterre à Rome l'an 718, reçut de ce pape sa mission pour travailler à la conversion des infidèles. Les romains ayant chassé, l'an 726, Basile, dernier duc de Rome, Grégoire acquit dans cette ville et dans son duché, au défaut des officiers impériaux, la surintendance ministérielle, confondue mal à propos avec l'autorité absolue par les Ultramontains. L'apôtre Boniface faisait alors de grands progrès en Allemagne. Ayant consulté le saint siége sur plusieurs cas de conscience, il reçut de Grégoire, l'an 726, une ample lettre qui satisfaisait, article par article, à toutes ses difficultés. La décision qu'il rendit sur la seconde a paru étrange à quelques théologiens, faute d'en avoir pris le sens. La voici : » Si une femme, par quelque infirmité, n'a pu rendre à son » mari le devoir conjugal, vous demandez ce que le mari doit » faire. Je réponds qu'il serait bon qu'il demeurât ainsi et gar- » dât la continence. Mais s'il ne peut la garder, qu'il se marie » plutôt ». Remarquez que le pape ne dit pas, si elle (la femme) ne peut, mais si elle n'a pu, *si non valuerit*; ce qui montre qu'il s'agit ici d'un empêchement naturel antérieur au mariage, et par conséquent dirimant. Anastase nous apprend que Grégoire II écrivit à Charles Martel pour lui demander du secours contre les vexations des Lombards. Il eut aussi beaucoup à souffrir de la part de l'empereur Léon l'Isaurien, qui embrassa, ou plutôt enfanta l'hérésie des Iconoclastes. Il écrivit à ce prince, l'an 729, ses deux lettres dogmatiques sur le culte des saintes Images; mais au lieu de le ramener, elles ne firent que l'irriter. Grégoire, depuis ce tems, ne fut occupé qu'à éviter les embûches de Léon, et à contenir les villes d'Italie prêtes à se soulever (Zanetti.) Ceux qui ont accusé ce pape d'avoir soulevé l'Italie, et de l'avoir engagée à secouer le joug impérial, sont victorieusement réfutés par M. Le Beau, (*Hist. du Bas-Emp.* T. XIII, pp. 368, 369.) L'église honore Grégoire II entre les saints, le 13 février.

LXXXIX.   GRÉGOIRE III.

731. GRÉGOIRE III, syrien de nation, prêtre de l'église de Rome, fut ordonné pape le 18 mars de l'an 731. Il tint le saint siége dix ans, huit mois et onze jours, et mourut le 27 ou le 28 novembre de l'an 741. Ce pape, après son élection, écrivit à l'exarque pour en obtenir la confirmation; mais ce fut pour la dernière fois. L'empereur Léon l'Isaurien et ses successeurs, s'opiniâtrant de plus en plus à troubler l'église, cette coutume cessa, et ne fut rétablie que cent ans après, sous les princes de la maison de Charlemagne. Grégoire III ayant reçu les lettres de l'empereur, adressées à son prédécesseur, y répondit en des termes qui semblent passer de bien loin la liberté apostolique. Il reprochait formellement à Léon son ignorance présomptueuse, sa rebellion contre l'église, sa barbarie, et le menaçait en termes couverts d'une révolte des peuples d'Italie. Le prêtre Georges, chargé de porter cette lettre, s'en étant revenu sans avoir osé la présenter, Grégoire veut le déposer dans un concile, et ne lui pardonne qu'après l'avoir obligé de repartir incessamment pour s'acquitter de sa commission. Mais sur la route, il est arrêté par les officiers impériaux, qui le mettent en prison après s'être saisis de la lettre du pape. L'an 732, même traitement fait en Sicile, au défenseur Constantin, porteur d'une autre lettre, où Grégoire faisait part à l'empereur du résultat d'un concile qu'il venait de tenir contre les Iconoclastes. Autre emprisonnement fait dans la même île, des députés envoyés par les peuples d'Italie à ce prince, avec des requêtes en faveur du culte des Images. Le défenseur Pierre, troisième député de Grégoire, arrive par une route détournée à Constantinople, et remet à l'empereur une nouvelle lettre du pape, dont la lecture, loin de le calmer, ne fait que l'irriter de plus en plus contre Grégoire, et contre tous les Italiens soumis à l'empire. Léon voulant écraser le pape, les Romains et l'Italie, du poids de son indignation, envoye contre eux une puissante armée navale, sous la conduite du duc Manès. Une tempête la fait périr presque toute entière dans la mer Adriatique. Manès ayant rassemblé les débris de sa flotte, aborde par le Pô, près de Ravenne, dans l'intention de saccager cette ville. Le peuple de Ravenne court aux armes, et livre aux Grecs, le 26 juin 733, un combat où ils sont mis en déroute. L'an 741, Grégoire, alarmé de voir Liutprand, roi des Lombards, avec une armée aux environs de Rome, menaçant d'assiéger cette ville, envoie deux nonces à Charles Martel, duc des Français, pour implorer son secours. Ce furent les premiers qu'on vit en France. Ils étaient chargés de lui remettre les clefs du tombeau de saint Pierre, avec une lettre du pape, qui finissait par ces mots: *Nous*

vous conjurons par le Dieu vivant et véritable, et par les clefs très-sacrées de la confession de saint Pierre, que nous vous envoyons comme les marques de la souveraineté, de ne point préférer l'amitié du roi des Lombards à celle du prince des apôtres. Charles reçut les nonces avec de grands honneurs. Mais sans accepter la dignité qu'ils lui offraient, ni vouloir se brouiller avec Liutprand, il leur promit d'interposer ses bons offices auprès de ce prince en faveur des Romains. La mort de Grégoire suivit de près leur retour. Il ne tient pas à Anastase qu'il ne soit regardé comme un saint : nous ne nous y opposons pas; mais il faut convenir qu'il y a bien des taches dans sa sainteté. (*Voyez* Liutprand, roi des Lombards.)

XC. ZACHARIE.

741. ZACHARIE, grec de nation, fut ordonné pape le 30 novembre 741, n'y ayant eu que trois jours de vacance; ce qui fait voir qu'on ne demanda, ou du moins qu'on n'attendit point la confirmation de l'exarque de Ravenne. Zacharie sachant que Liutprand, roi des Lombards, qui s'était retiré, menaçait de revenir devant Rome, et de faire sentir aux Romains les effets de son indignation, lui dépêcha d'abord un nonce, qui fut accueilli favorablement; étant venu ensuite le trouver, il réussit à faire la paix de son peuple avec lui. Ce fut avec le même succès qu'il s'entremit, l'an 743, pour terminer la guerre qui s'était allumée entre ce prince et la ville de Ravenne. Ratchis ayant succédé, l'an 744, à Liutprand, après Hildebrand, Zacharie eut encore l'habileté de l'engager à pacifier toute l'Italie par une trève générale, accordée pour l'espace de vingt ans. Le pontife profita de la tranquillité qu'il avait procurée à ce pays, pour réformer les abus que les troubles précédents y avaient introduits parmi le peuple et le clergé. L'an 747, il reçut à Rome le prince Carloman, qui avait abandonné sa part du duché de France à Pepin, son frère, pour aller se consacrer à Dieu dans la solitude. Carloman reçut la tonsure des mains de Zacharie, après quoi il se retira au Mont-Soracte, où il bâtit un monastère, et passa ensuite au Mont-Cassin. Ratchis, dont on vient de parler, suivit cet exemple deux ans après, et devint le compagnon de Carloman dans sa dernière retraite. L'an 751, Burchard, évêque de Wurtzbourg, et Fulrade, abbé de Saint-Denis, en France, et chapelain du prince Pepin, vinrent trouver Zacharie pour le consulter, touchant les rois de France, qui, depuis long-tems, n'en avaient plus que le nom, sans aucune autorité. Sa réponse fut que, pour ne point renverser l'ordre, il valait mieux donner le nom de roi à celui qui en avait le pouvoir. En consé-

quence de cette décision, Pepin, qui exerçait l'autorité souveraine, fut élu roi des Français l'an 752. Zacharie mourut le 14 mars de la même année, après dix ans, trois mois et quatorze jours de pontificat. A l'esprit de conciliation qu'il possédait éminemment, il joignait une douceur inaltérable, un grand zèle pour le salut des âmes, et un amour si vif de son peuple, qu'il exposa plusieurs fois sa vie pour lui dans les troubles qui de son tems agitèrent l'Italie. Nous avons plusieurs de ses lettres, dont presque toutes les dates ont été altérées par les copistes : défaut que le savant Pagi a pris soin de corriger.

ETIENNE.

752. Etienne, prêtre, romain de naissance, fut élu pape aussitôt après la mort de Zacharie. Il fut mis, sans difficulté, en possession du palais patriarcal de Latran; mais le troisième jour, à son réveil, s'étant assis pour régler ses affaires domestiques, tout d'un coup il perdit la parole et la connaissance, et mourut le lendemain. Comme il n'avait point été sacré, on ne le compte point entre les papes.

XCI. ETIENNE II.

752. Etienne II, diacre de l'église romaine, fut élu pape, et consacré le 26 mars 752. Il mourut le 25 avril 757, après avoir tenu le saint siége, dans des tems fâcheux, cinq ans et trente jours. La première année de son pontificat, voyant qu'Astolphe, roi des Lombards, après s'être emparé de l'exarchat de Ravenne et de la Pentapole, menaçait le duché de Rome, il lui député le diacre Paul, son frère, et le primicier Ambroise, pour demander la paix. Astolphe, à l'appât des présents que ces députés lui offrent, consent à une trêve de quarante ans. Mais à peine quatre mois se sont écoulés, qu'il recommence la guerre. L'an 753, le silenciaire Jean arrive de Constantinople avec des lettres de l'empereur Copronyme au pape et au roi des Lombards : c'était une armée qu'il fallait envoyer. Etienne, après avoir inutilement pressé là-dessus l'empereur dans sa réponse, s'adresse en secret à Pepin, roi de France. Ce prince lui envoie deux ambassadeurs, pour l'inviter à venir le trouver. Sur ces entrefaites, le silenciaire Jean, qui était parti de Rome, y revient avec des ordres de l'empereur au pape, d'aller négocier avec Astolphe. Ils partent ensemble le 14 octobre 753, et se rendent à Pavie. Astolphe ne veut entendre à aucun accommodement. Etienne alors passe en France avec les deux ambassadeurs de Pepin, et arrive le 6 janvier 754 à Pontyon, en Pertois, précédé du roi et de toute sa cour, qui avaient été le recevoir à

une lieue de là. Pepin, en l'abordant, descendit de cheval, se prosterna en terre, et l'accompagna à pied pendant quelque tems, *faisant auprès de lui la fonction de simple écuyer*, dit Anastase le bibliothécaire; ce qui est confirmé par Thégan et Frodoard. Mais le lendemain, le pape et son clergé étant dans l'oratoire du palais de Pontyon, se prosternent à leur tour aux pieds du prince, couverts de cendres et revêtus de cilices, le conjurant par tout ce qu'il y a de plus sacré de les délivrer, eux et le peuple romain, de la tyrannie des Lombards. Le roi relève le pontife; et, dans un entretien secret qu'ensuite ils ont ensemble, il lui promet avec serment qu'il le protégera de tout son pouvoir; et qu'après avoir retiré l'exarchat et la Pentapole des mains des Lombards, au lieu de les rendre à l'empereur, il en fera présent à saint Pierre et à ses successeurs. Il est difficile de croire, dit M. Le Beau, que saint Pierre eût accepté cette donation. Le roi donnait et le pape recevait ce qui appartenait à l'empereur, alors souverain légitime du pape. Mais le tems et le consentement tacite des empereurs d'Orient ont légitimé dans les successeurs d'Etienne la possession de ce qui, dans son origine, était une usurpation. Le 28 juillet, Etienne sacre Pepin qui l'avait déjà été par l'archevêque de Mayence. Il tombe malade à Saint-Denis, où il avait fait la cérémonie, guérit miraculeusement, suivant son récit, et reprend la route de Rome avant la fin de 754, accompagné de Jérôme, frère de Pepin, et de l'abbé Fulrade. Astolphe, oubliant les promesses qu'il avait faites à Pepin, prêt à l'accabler en Italie, commença le siège de Rome au mois de janvier 755. Etienne eut encore recours à Pepin, et lui écrivit, et à tous les Français, une lettre très-pressante au nom de saint Pierre. C'est une prosopopée qu'on a eu tort de qualifier de supercherie. Le monarque se met en marche de nouveau pour aller au secours du pape. Dans cette expédition, il réduisit le roi des Lombards à rendre vingt-deux villes, dont l'abbé Fulrade, chargé de faire exécuter le traité, porta les clefs au saint père. Etienne donna par reconnaissance à Pepin, comme il l'en avait prié, l'absolution du crime qu'il avait commis en manquant de fidélité au roi Childeric. Ce pontife, lié d'amitié avec Didier, duc d'Istrie, contribua, l'an 756, à le faire reconnaître roi des Lombards. Il préparait par-là, sans le prévoir, à ses successeurs, bien des disgrâces, qui furent, à la vérité, suivies d'un ample dédommagement. L'an 757, il accorda par une bulle, à l'abbé de Saint-Denis, en France, la permission d'avoir un évêque particulier dans son monastère. Saint-Martin de Tours et d'autres abbayes jouirent autrefois d'un semblable privilége, et celle de Fulde l'a conservé jusques vers le milieu du dernier siècle, qu'elle a été érigée en évêché.

Etienne II, dit-on, étant en France, rendit une singulière décision sur un cas qui lui fut proposé. « S'il arrive, dit-il, » qu'un prêtre manquant d'eau pour baptiser un enfant qui est » en danger, le baptise avec du vin, il n'est point coupable, » et les enfants doivent rester avec ce baptême : *Infantes sic* « *permaneant in ipso baptismo...* Mais s'il avait de l'eau, il faut » l'excommunier et le mettre en pénitence, pour avoir eu la » témérité d'agir contre les canons. » La Lande (*Suppl. Conc.* p. 352.) rapporte, du pape Sirice, une pareille décision qui donne également la torture à quelques théologiens. Mais le père Le Cointe (*ad an.* 754) prouve que le texte latin qu'on vient de citer est étranger à la question proposée au pape Etienne, et qu'on doit le regarder comme une fourrure imaginée par un copiste ignorant. D. Coustant fait voir de même (tom. I, *Epist. Sum. PP.* p. 710) que la prétendue réponse de Sirice doit être mise au nombre des décrets faussement attribués à ce pape dans certaines Collections de Canons.

XCII. S. PAUL I.

757. PAUL, diacre de l'église romaine, frère d'Etienne II, fut ordonné le 29 de mai 757, après que le saint siége eut vaqué un mois et cinq jours. Avant cette cérémonie, il fit part de la mort d'Etienne et de son élection à Pepin, lui promettant amitié et fidélité jusqu'à l'effusion de son sang. Il eut souvent recours à ce roi, pendant son pontificat, contre les vexations de Didier, qui de tems en tems lui fit quelque satisfaction, par la crainte de Pepin. L'an 758, Paul remet en liberté Sergius, archevêque de Ravenne, qu'Etienne II, à son retour de France, avait fait enlever et amener dans les prisons de Rome, pour n'être pas venu au devant de lui, lorsqu'il était en route pour ce royaume. Sergius avait une bonne excuse en ce qu'il était sujet du roi des Lombards. Etienne lui chercha d'autres chicanes, et assembla même un concile pour le faire déposer ; mais il n'y trouva pas la complaisance dont il s'était flatté. Sergius n'en resta pas moins dans les fers. Paul, la veille de la mort d'Etienne, étant allé visiter ce prisonnier, lui avait promis de travailler à sa délivrance ; et cependant il ne lui tint parole que la deuxième année de son pontificat. (Saint-Marc, *Abr. de l'Hist. d'Ital.* tom. II, p. 354, 370.) Paul mourut le 28 juin 767, après avoir tenu le saint siége dix ans et un mois. Il est honoré comme saint le jour de sa mort.

Ce pape datait encore, du moins quelquefois, ses lettres des années de l'empereur de Constantinople : preuve, dit M. Fleuri, qu'on regardait toujours ce prince comme le souverain de Rome. Les effigies de saint Pierre et de saint Paul sont empreintes sur le sceau de Paul Ier. D'autres papes l'ont imité à cet égard.

XCIII. ETIENNE III.

768. ETIENNE III, sicilien de naissance, prêtre du titre de Sainte-Cécile, fut consacré le 7 août 768, après une vacance d'un an et un mois, pendant laquelle le saint siége fut occupé par Constantin, que le duc Toton, son frère, y fit asseoir à main armée. Mais Etienne ayant été canoniquement élu le 5 août par les soins de Sergius, primicier de l'église romaine, et de Sergius, son fils, l'intrus fut déposé le lendemain et confiné dans le monastère de Celles-Neuves, où, peu de tems après, il eut les yeux crevés, à l'insu peut-être d'Etienne. Le nouveau pontife ne tarda pas à se brouiller avec le roi des Lombards qui, regrettant la perte de la Pentapole et de l'exarchat, faisait des tentatives pour les recouvrer. Alarmé de ses succès, Etienne députe Sergius le père, au roi Pepin pour lui demander du secours contre les Lombards. Sergius en arrivant en France apprend la mort de Pepin, et va trouver les rois Charlemagne et Carloman, qui le renvoient avec des commissaires suivis de quelques troupes pour rétablir la paix en Italie. Didier alors feint de vouloir satisfaire le pape; et s'étant approché de Rome, il obtient de lui une entrevue dans l'église du Vatican. Christophe et Sergius qui, de conseillers du pape, étaient tombés dans sa disgrâce, et que le roi des Lombards haïssait encore plus cordialement, s'imaginent que leur perte sera le résultat de cette conférence. Dans le désespoir que ce préjugé leur inspire, ils ameutent le peuple et vont assiéger dans le palais de Latran le camérier Asiarte qui les avait supplantés. Mais au retour d'Etienne leurs partisans les abandonnent. Poursuivis dans leur fuite ils sont arrêtés, amenés au pape et punis, Christophe par la perte de la vue, et Sergius par la prison, où il mourut de mort naturelle, suivant les uns, violente, selon les autres. Etienne ne tarda pas à s'apercevoir qu'il était joué par Didier. Ce prince, au mépris de ses engagements, non seulement ne restituait pas ce qu'il avait pris à l'église romaine, mais faisait encore sur elle de nouvelles conquêtes. Le pape eut honte de sa crédulité; mais ce qui mit le comble à son indignation, ce fut d'apprendre que la reine Berte négociait le mariage de Charlemagne, son fils aîné, avec une fille de Didier. Il écrivit, pour empêcher cette alliance, une ample lettre aux

deux monarques français, dans laquelle il fait le portrait le
plus affreux des Lombards, jusqu'à dire qu'ils ne méritent pas
d'être mis dans la classe de l'espèce humaine, que leurs femmes
sont hideuses, puantes, lépreuses, etc.; vaines et absurdes
déclamations auxquelles on n'eût aucun égard en France. Ce
pontife, l'un des plus imprudents qui aient été assis sur le saint
siège, mourut le 1er. février 772, après l'avoir tenu trois ans,
cinq mois et vingt-sept jours.

XCIV. ADRIEN I.

772. ADRIEN I, diacre, fils de Théodule, duc de Rome et
consul impérial, fut élu pape huit jours après la mort d'E-
tienne III, et ordonné le 9 février 772. Il tint le saint siége
vingt-trois ans, dix mois et seize jours, jusqu'au 25 décembre
de l'an 795. Ce pontife joignait au caractère ferme des anciens
Romains, la politique souple et adroite des modernes. Charles,
roi des Français, dont Adrien avait imploré le secours contre
Didier, roi des Lombards, vint en Italie à la tête d'une armée
l'an 773, et fit le siége de Pavie, qui dura huit mois. Pendant
cet intervalle Charles se rendit à Rome, où il fut reçu comme
le libérateur de l'Italie; il y passa l'hiver et le carême de l'année
774. Ce fut alors qu'il confirma et augmenta la donation faite
par Pepin à l'église de Rome L'objet de cette donation et de
l'addition que Charles y fit, mérite d'être développé. Il consistait dans l'exarchat de Ravenne et la Pentapole, entre la mer
Adriatique et l'Apennin, depuis l'embouchure de l'Adige jusqu'à Ancône, avec une partie de la Tuscie, depuis l'embouchure de Fiume-Cecina jusqu'à celle de Murta-Fiume, en
remontant de la mer à la source du Tibre, espace qui renferme
le duché de Perouse le long de la rive droite de ce dernier fleuve.
Adrien fut un pontife zélé pour la pureté de la doctrine et la
décence du culte. Il écrivit aux évêques d'Espagne contre les
erreurs de Félix d'Urgel, qui commencèrent à éclater vers l'an
783. Il envoya, l'an 786, une légation en Angleterre pour y
rétablir et confirmer la foi. L'an 787, il présida par ses légats
au deuxième concile général de Nicée. Une traduction infidèle
des décrets de cette assemblée, touchant les saintes Images, ayant
scandalisé les évêques de France, Charlemagne, ou quelqu'un
par son ordre, les combattit avec aigreur et peu d'exactitude,
dans un ouvrage connu sous le titre de *Livres Carolins*. Adrien y
répondit par une lettre digne de la sagesse et de la modération
de ce pontife. Elle ne put néanmoins dissiper les préjugés des
évêques de France, comme il parut au concile tenu l'an 794,
à Francfort. Charlemagne, après avoir soumis, l'an 787,

Adelgise, duc de Bénévent, fit donation à l'église romaine d'Aquino, de Teano et de quelques autres villes que le duc avait été obligé de céder. Il y joignit encore six places en Toscane, dont la principale était Viterbe. Adrien, en affectant un grand désintéressement, était très-empressé d'augmenter le patrimoine de son église. Il ne l'était pas moins pour la décence du culte. De son tems, et par ses soins, le chant et l'office grégorien furent introduits en France. Anastase le bibliothécaire parle d'un candélabre que donna ce pape à l'église de Saint-Pierre, pour éclairer le sanctuaire dans les grandes solennités, et d'où pendaient treize cent soixante et dix lampes ou cierges. Adrien termina par une mort édifiante, le jour de Noël 795, un pontificat des plus longs et des plus glorieux. Charlemagne le pleura comme son père, fit faire des prières pour lui, donna pour cet effet de grandes aumônes; et afin de laisser à la postérité un monument éternel de son attachement pour Adrien, il composa son épitaphe en vers élégiaques, qu'il fit graver sur du marbre en lettres d'or. En voici un extrait :

Post Patrem lacrymans Carolus hæc carmina scripsi.
Tu mihi dulcis amor : te modo plango Pater....
Nomina jungo simul titulis clarissima nostra;
Adrianus, Carolus, Rex ego tuque Pater....
Tum memor esto tui nati, Pater optime, posco,
Cum Patre dic natus pergat et iste tuus.

Les Romains n'eurent pas moins de sujet de pleurer Adrien, qui les avait secourus dans une famine occasionnée par le débordement du Tibre, et en d'autres calamités.

Quoique ce pape ait plusieurs fois daté de l'année des empereurs de Constantinople, on rencontre pourtant quelques-unes de ses bulles qui ne le sont que de son pontificat, et d'autres que du règne ou du patriciat de Charlemagne. Dans un privilège en original d'Adrien I, on découvre la formule *Regnante Dom. Deo et salv. nostro J. C.* Il est peu de papes qui aient varié plus que lui dans les formules des dates de leurs bulles. (*N. Tr. de Dipl.*, tom. V, p. 161, 162.)

XCV. S. LEON III.

795. LÉON III, romain, prêtre, fut élu pape le 26 décembre 795, et sacré le lendemain. Il mourut le 11 de juin 816 (Murat.), après avoir tenu le saint siége vingt ans, cinq mois et seize jours. Aussitôt après son ordination, il envoya une députation à Charles, roi de France, chargée des clefs de la confession de Saint-Pierre et de l'étendard de la ville de

Rome pour ce prince. Léon avait, dans son clergé, deux ennemis secrets, Pascal, primicier, et Campul, sacellaire ou sacristain, neveu du pape Adrien, sous le pontificat duquel ils avaient été tout puissants dans Rome. Désolés de n'avoir plus la même influence dans les affaires sous celui de Léon, ils formèrent une conjuration pour se défaire de ce pontife. L'an 799, le 25 avril, comme il assitait à la procession de Saint-Marc, s'étant jetés sur lui, accompagnés de gens armés, ils s'efforcèrent de lui arracher les yeux et la langue, et l'enfermèrent ensuite dans un monastère, d'où il fut tiré la nuit suivante à main armée par Albin, camerlingue du saint siége. Vinigise, duc de Spolette, étant accouru sur le bruit de ce qui s'était passé, l'emmena dans son château, d'où il vint trouver à Paderborn le roi Charles, qui le retint quelque tems avec grand honneur. Léon retourna la même année à Rome, et y rentra en triomphe le jour de Saint-André. L'an 800, Charles arrive en grand cortége le 24 novembre en cette ville, où sept jours après il convoque le 15 décembre une grande assemblée de prélats et de nobles, qualifiée concile, pour examiner les accusations intentées contre le pape. Personne ne s'étant présenté pour les soutenir, Léon se purge par serment, en mettant la croix et l'Evangile sur sa tête. (Martenne, *de Antiq. Rit.*) Le jour de Noël suivant, Charles étant venu entendre la messe au Vatican, le pape s'approche de lui, comme il était debout incliné devant l'autel, prêt à s'en retourner (Muratori), et lui met sur la tête une couronne précieuse; en même-tems le clergé et le peuple le proclamèrent par trois fois à grands cris auguste et empereur des Romains. Le pape l'oignit ensuite de l'huile sainte avec son fils Pepin; après quoi il se prosterna devant lui, le reconnaissant pour son seigneur et son souverain. L'an 804, Léon, à la prière de Charlemagne, se rend à Mantoue pour vérifier la découverte qu'on y avait faite d'une nouvelle relique. C'était une éponge imbibée, à ce qu'on prétendait, du sang de Notre-Seigneur, et apportée, disait-on, à Mantoue, par Longin. On ignore ce qu'il décida; mais il prit occasion de-là de passer en France, où il célébra les fêtes de Noël avec l'empereur à Aix-la-Chapelle (et non pas à Quiersi.) Au mois suivant, il reprit la route de Rome par la Bavière, chargé de présents, et accompagné de quelques barons qui le conduisirent jusqu'à Ravenne. (*Annal. Met. Annal. Bertin.*) L'an 815, Léon ayant découvert une nouvelle conjuration formée contre sa vie, en fait condamner à mort les auteurs, qui étaient des principaux de Rome. L'empereur Louis, instruit de cette exécution, charge Bernard, roi d'Italie, son neveu, d'en faire ses plaintes au pape, comme d'un attentat commis contre son autorité. Léon envoie des légats pour se justifier auprès de l'empereur. Il est à présumer qu'ils donnèrent pleine satisfaction à ce prince. Quoi qu'il en soit, Léon est compté entre les saints. Un auteur du tems témoigne que ce pape disait quelque fois sept messes par jour, et même jusqu'à neuf.

Léon, dans les premières années de son pontificat, s'appliqua beaucoup à réparer et orner les églises de Rome. M. Ciampini (de *Musivis, par.* 2, *c.* 23) donne la description d'une mosaïque qui subsiste encore dans l'église de Sainte-Susanne, et dans laquelle on voit, outre la figure d'un pape, (c'est Léon III lui-même qui porte une église sur sa main) l'image de Charlemagne couvert d'un manteau, avec des moustaches et l'épée pendante à son côté. Mais un autre ouvrage plus considérable du même genre, qui se conserve encore au palais de Latran, c'est une salle à manger où Notre-Seigneur présente de la main droite les clefs à saint Pierre, et de la gauche un étendard à un prince couronné, avec cette inscription : CONSTANTINO V. (C'est l'empereur Constantin, fils d'Irène ; ce qui prouve que dans les premières années de Léon III la souveraineté de l'empereur grec était encore reconnue dans Rome, et donne lieu de supposer, avec Muratori, que les rois de France, en acceptant le patriciat des Romains, avaient fait avec les empereurs quelque traité par lequel ils se reconnaissaient pour leurs vicaires par rapport à Rome et à son duché.) Dans la même mosaïque on voit saint Pierre qui de la main droite présente un manteau à un pape à genoux, et de la gauche un étendard à un prince dans la même situation, avec cette épigraphe : BEATE PETRE, DONA VITA LEONI PP. ET BICTORIA CAROLO DONA.

Les simples lettres de Léon III n'ont ordinairement pour toute date que le seul jour du mois, précédé du mot *absoluta*. Ses privilèges depuis l'an 800 y ajoutent l'année de son pontificat et celle de l'empire de Charlemagne. On y voit aussi quelquefois l'année de l'Incarnation. Il s'en trouve où l'on n'aperçoit que le jour du mois et l'indiction. Léon III est le premier pape qui se soit servi de monogramme, selon Papebrok, pour signer ses bulles.

XCVI. ETIENNE IV.

816. ETIENNE IV, de famille noble, diacre de l'église romaine, fut élu pape après la mort de Léon III, et ordonné le 22 juin 816. Aussitôt après sa consécration, il fit jurer fidélité à l'empereur Louis par tout le peuple romain, et lui envoya des légats pour lui faire part de son ordination, et s'excuser de ce

qu'elle s'était faite sans attendre, suivant la coutume, que ce prince eût confirmé son élection. Le pontife suivit de près ses légats, et vint lui-même en France, où il fut reçu avec de grands honneurs. Il sacra de nouveau l'empereur à Reims, et lui mit sur la tête une riche couronne qu'il avait apportée de Rome. Etienne en mit une autre sur la tête de l'impératrice, et s'en retourna comblé de présents. Etant arrivé à Rome, vers le commencement de novembre 816, il y mourut trois mois après, le 24 janvier 817, n'ayant tenu le saint siége que sept mois et deux jours.

XCVII. S. PASCAL Ier.

817. PASCAL I, romain de naissance, fut placé sur le saint siége d'un consentement unanime, et ordonné le 25 janvier 817. Il mourut, suivant Bianchini, le 11 de mai 824, après avoir tenu le saint siége sept ans, trois mois et quelques jours. Ce pape suivit les traces de son prédécesseur en se faisant ordonner (le 25 janvier 817) sans attendre le consentement de l'empereur Louis le Débonnaire. Le monarque se fâcha, et néanmoins peu de tems après il confirma les donations faites au saint siége. Pascal ouvrit dans Rome un asile aux grecs bannis pour la défense des saintes Images. L'an 823, le jour de Pâques (5 avril), il couronna dans Rome Lothaire, que son père avait associé à l'empire. Lothaire était venu en Italie pour y rendre la justice, et appaiser les troubles qui s'étaient élevés dans ce pays. Il trouva Rome sur-tout en proie aux dissensions. Sa présence parut avoir fait rentrer les Romains dans le devoir; mais après son départ deux officiers de l'église romaine, qui avaient montré le plus d'attachement pour ce prince, furent arrêtés. On leur creva les yeux, et ils eurent ensuite la tête tranchée dans le palais de Latran, le tout sans forme de procès. Pascal fut accusé d'être l'auteur de cette barbarie. Il se purgea de cette accusation par serment de lui et de trente-quatre évêques devant les commissaires de l'empereur, et refusa néanmoins de livrer les meurtriers qui restèrent impunis par la faiblesse du trop débonnaire Louis. L'église romaine honore Pascal entre les saints le 14 mai. L'auteur de sa Vie lui donne de grands éloges, et le loue principalement d'avoir racheté beaucoup d'esclaves des mains des infidèles, d'avoir pris grand soin des pauvres, et d'avoir réparé beaucoup d'églises.

XCVIII. EUGENE II.

824. EUGÈNE II, natif de Rome, archiprêtre du titre de Sainte-Sabine, recommandable par sa modestie, sa simplicité,

sa doctrine, fut ordonné, selon M. Fleuri, le 5 de juin, et selon le P. Pagi, le 14 de février 824. L'élection d'Eugène fut troublée par l'ordination d'un antipape, nommé Zizime, soutenu de la noblesse. Lothaire vint à Rome pour éteindre le schisme; et afin de prévenir ce mal pour la suite, Eugène fit un décret portant que les ambassadeurs de l'empereur seraient présents à l'ordination du pape. Eugène fit prêter serment de fidélité aux empereurs Louis et Lothaire par le clergé de Rome, avec promesse d'observer le décret touchant l'ordination du pape. Lothaire, pendant son séjour à Rome, voulut éclaircir les plaintes que l'on faisait depuis long-tems contre les papes et les magistrats de Rome. Il se trouva que plusieurs terres avaient été injustement confisquées au profit de l'église par l'avarice des juges et la connivence des papes. Lothaire en ordonna la restitution, et Eugène y consentit de bonne grâce; ce qui lui attira, ainsi qu'à l'empereur, de grands applaudissements. L'an 826, Eugène envoya des légats à Louis, qui tenait son parlement à Ingelheim, au commencement de juin. Il mourut l'an 827, au mois d'août, suivant Eginhart; le 27 de ce mois, selon M. Fleuri, quoiqu'aucun ancien ne marque le jour de sa mort. On attribue à ce pape l'établissement de l'épreuve par l'eau froide, expliquée par le P. Mabillon, tom I. *Vet. Anal.*

XCIX. VALENTIN.

827. VALENTIN, né à Rome, archidiacre de l'église romaine, devint le successeur d'Eugène l'an 827, et probablement dans le mois d'août. Quoique la coutume fût de consacrer le pape dans l'église de Saint-Pierre du Vatican, avant que de l'introniser dans celle de Latran; l'intronisation de Valentin précéda son ordination; ce qui était déjà arrivé par rapport au pape Conon. Valentin fut ordonné *per saltum*, suivant l'usage de l'église romaine; c'est-à-dire que de diacre, on le fit évêque, sans le faire passer par le degré de la prêtrise. (Mabillon.) Il mourut la même année de son élection. On n'a rien de certain sur le jour de sa mort; M. Fleuri la place, néanmoins, au 10 octobre.

C. GRÉGOIRE IV.

827. GRÉGOIRE IV, prêtre de l'église romaine, du titre de Saint-Marc, fut tiré, par force, de l'église des martyrs SS. Côme et Damien, pour être placé sur le saint siége. Il fut intronisé avant que d'être ordonné; parce que, pour son ordination, il fallut attendre l'envoyé de l'empereur. Selon M. Fleuri, le saint siége vaqua le reste de l'année 827, après la mort de

Valentin; mais on ne sait rien de certain, ni du tems de la vacance, ni du jour de l'intronisation de Grégoire; il paraît seulement qu'on peut placer son ordination sur la fin de l'an 827: M. Fleuri la met le 5 janvier 828. Grégoire, l'an 833, vint en France, pour tâcher de procurer la paix entre l'empereur Louis et ses fils. Le bruit ayant couru qu'il menaçait d'excommunier les évêques du parti de l'empereur, ces prélats déclarèrent, avec fermeté qu'il n'avait aucun pouvoir d'excommunier personne malgré eux, dans leurs diocèses, ni d'y disposer de rien, ajoutant qu'il s'en retournerait excommunié lui-même, s'il entreprenait de les excommunier contre les canons. Grégoire répondit à ces évêques d'un style, dit le P. Daniel, qui ne fut jamais, ni celui de saint Léon, ni celui de saint Grégoire le Grand. Il commençait par leur reprocher qu'ils lui donnaient deux titres opposés, en le qualifiant de frère et de pape; qu'ils devaient s'en tenir au dernier, qui signifie père, et exclut le premier. Il les traitait ensuite de flatteurs envers l'empereur, dont ils cherchaient à justifier les fausses démarches, et prétendait que les menaces qu'ils lui faisaient, de soustraire les églises de Gaule et de Germanie à son autorité, passaient leur pouvoir. Ce pape, après avoir inutilement négocié, pour reconcilier les enfants avec leur père, prit congé de l'empereur, le jour de Saint-Pierre, et reprit la route de Rome, sans aucun fruit de son voyage, et fort affligé de la manière dont l'empereur avait été traité par ses enfants. L'an 835, il institua la fête de tous les Saints, que Louis le Débonnaire fit adopter par les églises de sa dépendance. Il mourut le 25 janvier ou le 11, selon M. Fleuri, de l'an 844. Quelques auteurs placent sa mort en 843; mais le P. Pagi prétend que c'est parce qu'ils commencent l'année à Pâques, ou au mois de mars; ce qui est fort douteux.

CI. SERGIUS II.

844. SERGIUS, archiprêtre de l'église romaine, fut ordonné pape le 27 janvier, suivant Bianchini; le 10 février, selon Pagi, de l'an 844. L'empereur Lothaire, trouvant mauvais qu'on l'eût ordonné sans sa participation, envoya Louis, son fils, en Italie, dont il le déclara souverain. Louis vint, accompagné de Drogon, son oncle, évêque de Metz, à Rome, où il fut reçu avec de grands honneurs. On examina dans une assemblée nombreuse d'évêques l'ordination de Sergius, et on la confirma après qu'il eut répondu aux accusations formées contre lui et prêté serment de fidélité à l'empereur. Ce pape mourut le 27 janvier 847, après avoir tenu le saint siége trois ans complets.

CII. S. LEON IV.

847. Léon IV., prêtre, du titre des quatre Couronnés, fut élu pape d'un consentement unanime, aussitôt après la mort de Sergius. Cette élection fut précipitée par la crainte des Sarrasins, qui étaient aux environs de Rome. Toutefois on suspendit l'ordination pour ne pas choquer l'empereur; mais le danger obligea ensuite de prévenir son consentement, et Léon fut ordonné le 11 d'avril 849, avec protestation de ne pas prétendre déroger à la fidélité qui était due à l'empereur. Les Sarrasins, chargés de butin, se retirèrent; mais s'étant embarqués, comme ils blasphémaient contre Jésus-Christ, ils furent accueillis d'une tempête qui les fit presque tous périr. Léon travailla à réparer les maux faits par ces infidèles, orna l'église de Saint-Pierre, qu'ils avaient dépouillée, bâtit, afin de pouvoir se défendre contre eux dans la suite, une nouvelle ville, en faisant enfermer de murs le bourg de Saint-Pierre, qu'on nomma depuis la ville Léonine, et dont il fit la dédicace le 27 juin 852. Cette entreprise, digne d'un grand prince, l'a justement immortalisé. Après avoir tenu le saint siége huit ans, trois mois et six jours, Léon mourut l'an 855, le 17 de juillet, jour auquel il est honoré comme saint.

Léon IV est le premier qui ait marqué dans ses dates, le rang qu'il tenait parmi les papes de son nom. Il date, quelquefois, de l'année de son pontificat, ainsi que de celle de l'empereur régnant; mais le plus souvent il se contente de l'indiction et du jour du mois.

CIII. BENOIT III.

855. Benoit III, prêtre du titre de Saint-Calliste, fut élu pape et intronisé aussitôt après la mort de Léon IV. On dressa le décret d'élection, qui fut signé du clergé et des grands, et envoyé aux empereurs Lothaire et Louis. Son élection, quoique faite d'un consentement unanime, fut contestée par le prêtre Anastase, qui avait été déposé huit mois auparavant; mais il fut chassé honteusement, et Benoît ordonné sollennellement le 29 septembre, comme le prouve M. Garampi, l'an 855, en présence des députés de l'empereur Louis, qui avaient d'abord été favorables à son rival. Benoît tint le saint siége deux ans, six mois et dix jours, et mourut le 8 avril 858. Sous le ponficat de Benoît, Ethelulf, roi d'Angleterre, vint à Rome, et offrit à Saint-Pierre une couronne d'or, du poids de quatre livres, avec plusieurs autres présents; il laissa, par son testament, trois cents marcs d'or, par an, à l'église romaine, cent pour

Saint-Pierre, cent pour Saint-Paul, cent pour les largesses du pape.

C'est entre ce pape et Léon IV, son prédécesseur, qu'on place la prétendue papesse Jeanne, qui tint, dit-on, le saint siége deux ans et quelques mois. Mais les dates que nous venons de marquer détruisent cette fable avancée par quelques chroniqueurs, dès le dixième siècle, et appuyée par des écrivains protestants.

Benoît III est le premier pape qui ait pris le titre de *vicaire de saint Pierre*. Quelques-uns de ses successeurs l'ont imité en cela. Mais depuis le treizième siècle les papes ont préféré le titre de *vicaires de Jésus-Christ*.

CIV. NICOLAS I.

858. NICOLAS I., romain, diacre, élu pape, fut tiré par force de l'église de Saint-Pierre, où il s'était caché; mené au palais de Latran, ensuite ramené à Saint-Pierre, consacré et intronisé en présence de l'empereur Louis, qui était à Rome, le 24 avril de l'an 858. Peu de tems après, Nicolas étant allé visiter l'empereur dans son camp, près de Rome, ce prince vint à pied au devant de lui, et prenant son cheval par la bride, le conduisit la longueur d'un trait d'arc; puis, lorsqu'il fut descendu de cheval, il lui baisa, dit-on, les pieds. (Sigonius.) C'est le premier empereur qui ait exercé un pareil acte d'humilité. Plusieurs de ses successeurs ayant imité cet exemple, les papes s'en firent un titre, pour s'élever au-dessus de la dignité impériale. Nicolas envoya, l'an 860, à Constantinople, des légats, pour examiner l'affaire de saint Ignace et de Photius; ils en revinrent l'an 862, après s'y être laissés corrompre; mais le pape les désavoua, et ne voulut pas reconnaître Photius pour patriarche. Il punit ses légats, et écrivit aux évêques d'Orient pour leur enjoindre, par l'autorité du saint siége, de condamner l'élection de Photius et la déposition d'Ignace. Mais sa lettre fut sans effet, parce que ces évêques étaient peu accoutumés à recevoir de pareils ordres. Cette affaire eut de tristes suites pour l'église, et doit être regardée comme l'origine du schisme déplorable qui divise l'église grecque de l'église latine. Un évènement des plus grands du pontificat de Nicolas a été la conversion de Bogoris, roi des Bulgares et de sa nation, arrivée l'an 865. (Mansi). Ce roi, l'an 866, envoya son fils avec plusieurs seigneurs à Rome, portant de riches présents : ils étaient chargés de consulter le pape sur plusieurs questions de religion, au nombre de cent six, auxquelles le pape satisfit par autant d'articles. Ces réponses aux

Bulgares sont célèbres. Le divorce de Lothaire, roi de Lorraine, et de Thietberge, son épouse, fut une autre affaire qui donna beaucoup d'exercice au zèle de ce pontife. Il envoya, sur les lieux des légats, que Lothaire vint à bout de corrompre; il excommunia Valdrade, que ce prince avait substituée à Thietberge, sa femme; mais il ne vit pas la fin de cette affaire. (*Voyez* les conciles d'Aix-la-Chapelle, 862, de Metz, 863, de Rome, 864, d'Attigni, 865). Il réussit mieux dans l'affaire de Rothade, évêque de Soissons, qui avait appelé au saint siége de la sentence de déposition prononcée contre lui, par Hincmar, archevêque de Reims. Mais ses prières furent plus efficaces, que ses menaces pour le rétablissement de ce prélat. Nicolas mourut le 13 de novembre 867, après un glorieux pontificat de neuf ans, six mois et vingt jours. Ce pape a reçu de grands éloges de la plupart des écrivains, et les a mérités par son amour des règles, par sa fermeté à les faire observer, et par toutes ses grandes qualités. Il faut avouer, néanmoins, que la prudence de ce pape n'égalait pas son zèle, et que dans ses procédés, il fit paraître une hauteur qui nuisit souvent à la bonté de la cause qu'il défendait. C'est le dernier pape dont Anastase ait écrit la vie, et le seul dont il ait marqué le couronnement. La tiare n'avait alors qu'une seule couronne.

Du tems de Nicolas I, les ordinations vagues n'étaient point encore connues dans l'église latine. Ce pape écrivant aux évêques du royaume de Lothaire, touchant le divorce de ce prince, leur dit : *J'ai trouvé ridicule une expression de votre lettre, dont vous dites que le porteur est un prêtre du comte Gérard. Ce comte l'a-t-il ordonné prêtre ? est-il de son diocèse ? On ordonne des prêtres pour une église de la ville ou de la campagne, ou pour un monastère, mais non pour les maisons des laïques. C'est peut-être un des abus que nous devons réformer dans la prochaine assemblée.* (Concil., tom. VIII).

CV. ADRIEN II.

867. ADRIEN II, romain, prêtre du titre de Saint-Marc, fut élu et intronisé aussitôt après la mort de Nicolas, par un concours unanime. Il était âgé de soixante et seize ans, et avait déjà refusé deux fois la papauté ; savoir, après la mort de Léon IV, et après celle de Benoît III. Pour cette troisième fois, on le contraignit d'accepter. Il fut sacré le 14 décembre 867, en présence des envoyés de l'empereur, qui assistèrent à sa consécration seulement. Mais, pendant la cérémonie, Lambert, duc de Spolette, étant entré dans Rome à main

armée, livra la ville au pillage, sans épargner les églises et les monastères. L'empereur, sur les plaintes qui lui en furent portées, fut sur le point de dépouiller Lambert de son duché; mais celui-ci trouva moyen de l'appaiser. (*Voy. les Ducs de Spolette*). Adrien marcha sur les traces de Nicolas, qu'il se proposa pour modèle. Le roi Lothaire, excommunié par Nicolas, pour son divorce, désirait ardemment son absolution. Dans ce dessein, étant venu trouver Adrien au Mont-Cassin, il y reçut la communion du pape, sur l'assurance qu'il lui donna de s'être conformé aux avis de Nicolas, c'est-à-dire d'avoir congédié Valdrade et repris Thietberge; ce qui était faux : mais la vengeance divine éclata bientôt contre ce prince sacrilège. Lothaire, après avoir vu mourir presque tous ceux de sa suite, mourut lui-même à Plaisance, le 8 août 869. Adrien, cette même année, à la prière de l'empereur Louis II, écrivit à Charles le Chauve, pour le détourner de s'emparer des états de Lothaire. Mais il le prit sur un ton d'autorité qui offensa le roi, les prélats et les grands du royaume. Il ne mit pas moins de hauteur dans les lettres qu'il écrivit à Charles le Chauve et aux évêques de France pour la défense d'Hincmar, évêque de Laon, après le jugement prononcé contre lui, en 871, au concile de Douzi, dont il avait appelé au saint siége. Charles, sur ce sujet, fit au pontife une réponse très-ferme, où il lui dit entre autres choses : « Vos lettres portent : *Nous voulons*
» *et nous ordonnons*, *par l'autorité apostolique*, *qu'Hincmar vienne*
» *à Rome devant nous* Nous admirons où l'auteur de cette lettre
» a trouvé qu'un roi, obligé à corriger les méchants et à punir
» les crimes, doive envoyer à Rome un coupable jugé selon
» les règles. Nous autres rois de France, nous n'avons point
» passé, jusqu'ici, pour être les lieutenants des évêques. Mais
» ce sont les rois que Dieu a établis pour commander sur la
» terre, qui ont permis aux évêques de régler les affaires selon
» leurs ordonnances. Vos prédécesseurs n'ont point écrit aux
» nôtres, comme vous venez de nous écrire.... Nous vous prions
» de ne plus nous envoyer, ni à nous, ni à nos évêques de
» semblables lettres, de peur que vous ne nous forciez de les
» recevoir, ainsi que vos envoyés, avec mépris ». Cette lettre, dont Hincmar, archevêque de Reims, était auteur, eut l'effet qu'on s'en promettait. Le pape changea de style, prit le ton de la douceur, et chercha à calmer un prince, qui lui parut si bien connaître l'étendue de sa puissance et les bornes de celle du saint siége. Adrien, l'an 872, reçut l'empereur Louis II à Rome, où il le couronna le jour de la Pentecôte. Ce pape mourut la même année; mais on ne peut dire, avec certitude, en quel mois, ni à quel jour, aucun écrivain ancien ne les

ayant marqués. Il paraît seulement qu'on peut mettre au plus tard cet évènement vers la fin de novembre.

CVI. JEAN VIII.

872. JEAN VIII, archidiacre de l'église romaine, fut élu peu de jours après la mort d'Adrien et ordonné le 14 décembre 872. L'an 875, il couronna empereur Charles le Chauve, le 25 décembre. Des modernes ont prétendu que ce pape avait conféré l'empire en souverain, et que Charles l'avait reçu en vassal. Cette assertion n'a pour fondement qu'un passage tronqué des actes du concile de Rome, tenu en 877. Le voici en entier: *Nous l'avons élu* (Charles) *avec justice*, dit Jean VIII dans cette assemblée, *et nous l'avons approuvé avec le consentement et le vœu de nos frères les évêques, et des autres ministres de la sainte église romaine, de l'illustre sénat, de tout le peuple romain et de tous les citoyens distingués ; et suivant l'ancienne coutume, nous l'avons élevé solennellement à l'empire, et décoré du nom d'auguste.* On voit, par là que, de l'aveu de Jean VIII, le clergé et le peuple de Rome concoururent, avec lui, à l'élection de l'empereur Charles. A la demande de ce prince, il établit, l'an 876, Anségise, archevêque de Sens, primat des Gaules et de Germanie. Cette année et la suivante il écrivit plusieurs fois au même empereur, le pressant de lui envoyer du secours contre les Sarrasins, qui venaient faire des incursions jusqu'aux portes de Rome. Charles prit la résolution d'aller en Italie, et partit effectivement au mois de mai 877. Le pape vint au devant de lui, et s'étant rencontrés à Verceil, ils allèrent ensemble à Pavie, d'où ils se retirèrent à Tortone, sur la nouvelle que Carloman, neveu de Charles, venait fondre sur eux avec une armée. Jean marcha vers Rome, en diligence, avec un crucifix d'or, orné de pierreries, que l'empereur donnait à Saint-Pierre. N'ayant point eu de secours de Charles contre les Sarrasins, et n'en espérant point, il fut obligé de traiter avec eux, sous la promesse d'un tribut de vingt-cinq mille marcs d'argent par an. Lambert, duc de Spolette, que Charles avait envoyé trop tard avec des troupes, pour donner la chasse à ces infidèles, tourna contre l'Italie et contre Rome, les forces qu'il avait en main pour les défendre. Les ravages qu'il y fit obligèrent le pape Jean de venir en France : il arriva le 11 mai 878, à Arles, et y fut reçu, avec de grands honneurs, par le duc Boson et sa femme, qui l'accompagnèrent jusqu'à Troyes, où il allait tenir un concile. Cependant le respect dû à sa dignité, ne le garantit pas des brigandages qui se commettaient alors impunément dans tout le royaume. On lui vola, à Châlons-sur-

Saône, une partie de ses chevaux ; et, à Flavigni, les domestiques qui le servaient, lui dérobèrent une écuelle d'argent qui servait à son usage, et qu'on nommait *l'écuelle de Saint-Pierre.* Le pontife regardant ces vols comme des sacrilèges, lança une sentence d'excommunication contre ceux qui pouvaient les avoir commis. Le 7 septembre, il couronna le roi Louis le Bègue, qui l'avait déjà été l'année précédente, par Hincmar de Reims. Mais il n'est pas vrai qu'il lui ait donné, comme l'ont avancé quelques modernes, la couronne impériale. L'an 879, Jean, sollicité par Basile, empereur de Constantinople, consentit à reconnaître, pour légitime patriarche, Photius, qui était remonté sur le siége de Constantinople; dans ce dessein il renvoya les ambassadeurs de ce prince avec des légats, chargés de letttres favorables à l'usurpateur, qu'il reconnut pour évêque, pour confrère et pour collègue dans la dignité patriarcale. Il permit, la même année, à saint Méthode, apôtre des Moraves et des Sclaves, l'usage de la langue esclavonne, dans la célébration de l'office divin. Jean VIII mourut le 15 de décembre de l'an 882, après avoir tenu le saint siége dix ans et deux jours. Les Annales de Fulde disent qu'il fut assommé à coups de marteau par ses parents, pour avoir ses trésors, et mettre un d'entre eux à sa place. Muratori rapporte ce témoignage dans ses Annales d'Italie, sans l'adopter ni le rejeter. Cependant, il est mêlé de circonstances qui nous paraissent un peu tenir du roman. Quoi qu'il en soit, il est certain que Jean VIII eut, dans le clergé de Rome et ailleurs, un grand nombre d'ennemis, qui exercèrent sa patience, et firent éclater son courage. « Nous avons plu» sieurs lettres de lui où l'on voit, dit M. Fleuri, qu'il était » fort occupé des affaires temporelles de l'Italie et de l'empire » français, et qu'il prodiguait les excommunications, ensorte » qu'elles passaient presque en formule ». Mais, que penser de sa morale et de sa manière d'employer l'Ecriture Sainte, si l'on en juge par le trait suivant. L'évêque Athanase, l'an 877, avait fait crever les yeux à Sergius, son frère, duc de Naples, et s'était mis à sa place, parce qu'il entretenait une alliance avec les Sarrasins, malgré l'excommunication dont le pape l'avait frappé pour ce sujet. Ayant ensuite rendu compte de sa conduite à Jean VIII, loin d'en recevoir des reproches, il fut loué par le pontife, *d'avoir aimé Dieu plus que son frère, et d'avoir, suivant le précepte de l'Evangile, arraché l'œil qui le scandalisait.*

CVII. MARIN.

882. MARIN, successeur de Jean VIII, fut ordonné sur la fin de décembre de l'an 882. Il avait été trois fois légat à Cons-

tantinople, pour l'affaire de Photius, sous Nicolas I, Adrien II et Jean VIII. M. Fleuri dit qu'il était déjà évêque, sans être attaché à aucun siége; mais le pape Etienne V dit, dans sa lettre à l'empereur Basile, rapportée par M. Fleuri lui-même, que Marin n'avait point été évêque. Marin ne se crut pas obligé à soutenir ce que son prédécesseur avait fait contre les règles de l'église : il condamna Photius ; et mourut dans le mois de mai de l'an 884, n'ayant tenu le saint siége qu'un an et cinq mois.

Ce pape datait ordinairement ses grandes bulles du jour du mois, de l'année de son pontificat, de celle de l'empereur, et de l'indiction qu'il prenait, tantôt du mois de septembre tantôt du mois de janvier.

CVIII. ADRIEN III.

884. ADRIEN III, romain de naissance, succéda l'an 884 à Marin. Il fut ordonné, selon Pagi et Muratori, sur la fin de mai de la même année, et mourut au mois de septembre de la suivante, à Vilzacara, aujourd'hui San-Césario, dans le Modenois, en allant à la diète que Charles le Gros avait indiquée à Worms. On prétend que le but de ce voyage était de légitimer, par l'autorité apostolique, comme l'empereur, dit-on, l'en avait prié, Bernard, fils naturel de ce prince, afin de le rendre habile à lui succéder. Martin Polonais lui attribue un décret, portant que l'empereur ne se mêlerait point de l'élection du pape : *ut Imperator non se intromitteret de electione.* Sigonius changeant les termes dit qu'Adrien permit de consacrer le pape élu sans le consentement de l'empereur : altération adoptée par les modernes. Ce pape est le premier qui qui ait changé de nom à son exaltation. Il se nommait auparavant Agapit. (*Mabil. Præfat. in Sæc. IV*, Ben. part. 2, § 12.)

CIX. ETIENNE V.

885. ETIENNE V, natif de Rome, prêtre du titre des quatre Couronnés, fut élu pape et intronisé malgré lui, aussitôt qu'on eut appris à Rome la mort d'Adrien III. Il fut consacré sur la fin de septembre 885 ; mais l'empereur Charles le Gros refusa d'abord de le reconnaître, parce qu'on n'avait pas attendu pour cette cérémonie son consentement. Etienne, pour l'appaiser, lui envoya les signatures de trente évêques, de tous les prêtres et cardinaux diacres de Rome, du clergé inférieur et des magistrats de cette ville, qui l'avaient unanimement élu et avaient souscrit l'acte de sa consécration. L'empereur députa l'évêque de Verceil pour constater ces faits, et sur son rapport il re-

connut Etienne pour légitime pape. Etienne mourut le 7 août de l'an 891, après avoir tenu le saint siège environ six ans. Muratori l'appelle *un pontefice di rara virtù*. Il était principalement recommandable par sa charité, qu'il fit éclater dans une grande famine qui affligea Rome sous son pontificat. Ce fut de son patrimoine, qui était considérable, qu'il tira la plus grande partie de ces aumônes. Car en prenant possession du palais de Latran, il trouva tout pillé, le trésor, les meubles, les greniers, les celliers. L'empereur d'Orient, Basile le Macédonien, avait écrit au pape Adrien III des lettres menaçantes sur le refus qu'il faisait de reconnaître le faux patriarche Photius qu'il avait rétabli. Ce fut Etienne qui les reçut. Il y répondit avec beaucoup de modération et de force, s'appliquant sur-tout à faire sentir à l'empereur la distinction et les limites des deux puissances.

CX. FORMOSE.

891. FORMOSE, successeur d'Etienne, fut intronisé sur la fin, ou, selon M. Fleuri, le 19 de septembre 891. Il était évêque de Porto ; c'est le premier exemple d'un évêque transféré d'un autre siége sur celui de Rome. Le P. Mabillon regarde l'élection de Formose comme l'origine, ou du moins l'occasion des maux dont l'église romaine fut affligée dans la suite. Formose avait été envoyé, l'an 866, par Nicolas Ier., chez les Bulgares, où il travailla avec fruit. Le pape Jean VIII, pour crimes d'ambition et de révolte, qui ne furent point prouvés, s'était porté contre lui jusqu'à l'excommunier et le déposer ; mais il fut rétabli par Marin. Son élévation sur le saint siége fut l'ouvrage d'une faction qu'il avait, dit-on, formée dès le pontificat de Jean VIII. Liutprand dit que Formose avait un grand zèle pour la religion, et une connaissance peu commune des divines Ecritures. Il en donna des preuves l'an 891 dans l'affaire de Photius, en répondant par lettre à Stylien, évêque de Néocésarée, qui demandait grâce pour ceux que ce faux patriarche avait ordonnés. « Ils n'obtiendront grâce, lui dit-il, qu'en
» présentant un libelle où ils reconnaîtront leur faute, et qu'en
» demandant pardon, avec promesse de ne point récidiver.
» A ces conditions, nous consentons qu'ils soient reçus à la
» communion laïque, suivant l'instruction que nous vous en-
» voyons par nos légats, et que vous suivrez exactement. »
Il ne se comporta pas avec moins de sagesse dans le démêlé de Charles le Simple et d'Eudes, qui se disputaient la couronne de France. Il écrivit au second pour l'exhorter à se corriger des excès dont on l'accusait, et à ne point attaquer Charles dans sa personne ni dans ses biens. Il donna des avis conve-

nables à celui-ci et lui gagna des partisans. L'an 892, au mois de février, il couronna empereur Lambert, duc de Spolette ; mais s'étant brouillé ensuite avec lui, il appela pour le supplanter Arnoul, roi de Germanie, qu'il couronna de même au mois d'avril 896. Dans le serment que les Romains prêtèrent à ce nouvel empereur, il eut soin de faire insérer la clause, *sauf la foi due à Formose.* Il ne survécut que très-peu à cette cérémonie. Quelques auteurs mettent sa mort le 4 avril, jour de Pâques en cette année ; mais Muratori prouve qu'il vivait encore vers le 15 de ce mois.

CXI. BONIFACE VI.

896. BONIFACE VI fut élu pour succéder au pape Formose, et mourut quinze jours après son élection. Baronius et quelques autres ne le comptent point entre les souverains pontifes, parce que le concile de Ravenne, tenu en 898, déclara son élection nulle, comme ayant été faite par une faction populaire. Il paraît qu'il n'était guère digne de la papauté, puisqu'il avait été précédemment déposé du sousdiaconat.

CXII. ETIENNE VI.

896. ETIENNE VI fut consacré pape avant le 20 août de l'an 896 ; mais on ignore le jour précis de cette cérémonie. Vers la fin de la même année, il tint un concile, dans lequel on apporta le corps de Formose qu'il avait fait déterrer ; puis l'ayant mis dans le siége patriarcal, revêtu de ses ornements, on lui donna un avocat ; et comme s'il eût été vivant et convaincu, on le condamna, on le dégrada, on lui coupa trois doigts et la tête, ensuite de quoi il fut jeté dans le Tibre. Etienne n'en demeura point là ; il déposa tous ceux que Formose avait ordonnés, et ordonna de nouveau ceux qui voulurent y consentir. Jamais on n'avait vu sur le saint siége un pareil frénétique. Il reçut bientôt la juste punition de ces violences, ayant été pris, jeté dans une obscure prison, chargé de fers, et enfin étranglé l'an 897. Il avait à peine occupé le saint siége quatorze mois.

Etienne VI datait pour l'ordinaire du mois, du jour et de l'indiction, sans marquer l'année de son pontificat, ni celle de l'empereur régnant, dont il se contentait d'exprimer le nom. On voit dans l'année 896 des bulles de lui datées de l'empire d'Arnoul, et d'autres datées de celui de Lambert, son rival. Il reconnut le premier tant qu'il resta en Italie ; ensuite il se déclara pour le second.

CXIII. ROMAIN.

897. ROMAIN, né à Rome, fut placé sur le saint siége avant le 20 août 897, puisqu'on a une bulle de lui datée de ce jour. (Mansi *in Pagium.*) Quelques auteurs disent qu'il cassa la procédure d'Etienne VI contre Formose. S'il est vrai, comme l'assure Frodoard, que Romain ne tint pas le siége quatre mois entiers, il mourut au plus tard vers la fin de novembre 897.

CXIV. THEODORE II.

898. THÉODORE succéda l'an 898 à Romain. On ne sait ni le mois, ni le jour de son ordination : ce qui paraît certain, c'est qu'il y eut un intervalle assez long entre lui et son prédécesseur, à cause de l'absence des députés de l'empereur Lambert, en présence desquels son ordination se fit. Il mourut avant le mois de juin 898, après un pontificat de vingt jours seulement. Pendant ce court espace il travailla à la réunion de l'église, rappela les évêques chassés de leurs siéges, rétablit les clercs ordonnés par Formose, et fit reporter solennellement dans son tombeau le corps de ce pontife, qui avait été trouvé par des pêcheurs. On fait l'éloge de la charité de Théodore, de sa douceur et de sa modération.

CXV. JEAN IX.

898. JEAN IX, natif de Tibur, diacre, moine de l'ordre de Saint-Benoît, succéda à Théodore, et fut ordonné au mois de juillet de l'an 898. Il tint le saint siége deux ans, quatre mois et quinze jours, étant mort le 30 novembre de l'an 900 ; époque bien établie par le P. Mansi (*Not. in Baron. et Pagi*, tom. *XV*, *p.* 509), et mal combattue par le P. Pagi, qui place la mort de Jean vers le commencement d'août de la même année. Il avait eu pour compétiteur à son élection le prêtre Sergius, qui fut chassé de Rome, et se retira en Toscane, où il resta sept ans. Les anciens monuments, suivant Muratori, nous représentent Jean IX comme un pontife sage et pieux. Il faut excepter l'épitaphe de Sergius III, qui dit le contraire. Mais elle fut dressée par un ennemi de Formose, au parti duquel Jean fut toujours attaché. Dans le concile que Jean IX tint à Ravenne l'an 898 (et non pas 899, comme le marquent plusieurs modernes), il exhorta l'empereur Lambert, qui était présent, à faire informer des pillages et incendies qui se commettaient à Rome et aux environs.

CXVI BENOIT IV.

900. BENOÎT IV, élu au mois de décembre de l'an 900, termina le neuvième siècle et commença le dixième, le plus triste de l'église, par l'ignorance et la corruption des mœurs qui régnèrent dans cet espace de tems. Mais les protestants sont injustes d'en prendre occasion de combattre la vérité incorruptible de la foi et l'unité de l'église. D'ailleurs, il est certain que ce siècle, quelque décrié qu'il soit, offre de grandes lumières et de grands exemples de piété, comme D. Mabillon le fait voir. On y voit même la discipline monastique se rétablir par d'excellentes réformes ; telle fut celle de Cluni, qui commença l'an 910. On y voit plusieurs nations barbares embrasser la religion chrétienne. Enfin, si le saint siége, occupé jusqu'alors par des papes éminents, presque tous en lumières et en sainteté, fut déshonoré par les mœurs déréglées de plusieurs d'entre ceux qui le remplirent durant ce siècle ; il y en eut aussi qui se montrèrent dignes, par leur savoir et leur vertu, d'y être placés De ce nombre fut Benoît IV, romain de race noble, qui se distingua par sa libéralité envers les pauvres et son zèle pour le bien public. Il fut ordonné aussitôt après la mort de Jean IX, et mourut au commencement d'octobre de l'an 903, après avoir tenu le saint siége deux ans et environ dix mois.

Les dates de Benoît IV, dans ses bulles, sont prises des années de son pontificat, de celles de l'empereur régnant, de l'indiction et du jour du mois. Il s'en trouve une datée *anno II post obitum Lamberti* : ce qui montre qu'on ne reconnaissait point alors d'empereur à Rome.

CXVII. LEON V.

903. LÉON, natif d'Ardée, ordonné à la place de Benoît IV, le 28 octobre, fut chassé au plus tard vers la fin du mois de novembre l'an 903, par Christophe, qui le fit mettre en prison. Sigonius dit qu'il y mourut de chagrin le 6 décembre suivant.

CXVIII. CHRISTOPHE.

903. CHRISTOPHE, romain, après avoir chassé Léon V, vers la fin de novembre 903, s'empara du saint siége. Il fut chassé à son tour par Sergius, au commencement de juin 904, et relégué dans un monastère, d'où Sergius le fit tirer pour le charger de chaînes.

CXIX. SERGIUS III.

904. SERGIUS III, prêtre de l'église romaine, avait eu les suffrages d'une partie des Romains, comme on l'a dit, pour succéder à Théodore. Après s'être tenu caché sept ans en Toscane, il fut rappelé, dit M. Fleuri, pour être mis à la place de Christophe, et ordonné en 905. Le P. Pagi dit que ce fut par la faction du marquis Adalbert ou Albert, qu'il s'empara du saint siége l'an 904. Mais Muratori le nie, et prouve que Sergius fut rappelé à Rome pour déposer Christophe comme un usurpateur, et prendre sa place, Sergius regardant comme des intrus Jean IX, qui lui avait été préféré, et les trois papes qui avaient succédé à Jean, se déclara contre Formose, et approuva la procédure d'Etienne VI. Sergius mourut dans le mois d'août de l'an 911, après avoir tenu le saint siége plus de sept ans. On ne peut reculer sa mort, comme font quelques critiques, jusqu'à l'an 912. Son inhumation se fit dans l'église de Latran, qu'il avait rétablie de fond en comble. Frodoard fait l'éloge du gouvernement de ce pape. Le satirique Liutprand, suivi par Baronius, est le seul ancien qui l'accuse d'un commerce infâme avec la fameuse Marozie.

CXX. ANASTASE III.

911. ANASTASE III, romain, succéda à Sergius sur la fin du mois d'août de l'an 911 : après avoir tenu le saint siége deux ans et environ deux mois, il mourut vers le milieu du mois d'octobre de l'an 913. Le P. Papebroch place sa mort le 25 novembre 914 ; ce qui ne peut se concilier avec ce qu'on lit dans l'Histoire de Ravenne, par le Rossi, que Landon tenait le saint siége le 5 février 914.

CXXI. LANDON.

913 ou 914. LANDON fut placé sur le saint siége, selon le P. Pagi, vers le 16 d'octobre de l'an 913, et certainement avant le 5 février de l'an 914. Il mourut le 26 avril de cette dernière année, après avoir tenu le saint siége au plus six mois et dix jours.

CXXII. JEAN X.

914. JEAN X, clerc de Ravenne, élu d'abord évêque de Bologne, ensuite sacré archevêque de Ravenne par le pape Landon, devint son successeur, et fut intronisé vers la fin du mois d'avril 914, par le crédit de Théodora la Jeune, sœur de Marozie. Son gouvernement fut plus avantageux à l'Italie, et même à l'église, qu'on n'avait sujet de l'attendre d'une telle entrée.

Jean marcha à la tête d'une armée contre les Sarrasins, les défit et les chassa du poste qu'ils occupaient sur le Garillan. M. Fleuri place cette expédition au mois d'août 915; le P. Pagi et M. Muratori la mettent en 916. La fin du pape Jean fut des plus tristes. Gui et Marozie, sa femme, jaloux du pouvoir qu'il donnait à Pierre, son frère, le firent enlever par des soldats, et jeter dans une prison, où il fut étranglé l'an 928, vers la fin de mai ou au commencement de juin. Il avait tenu le saint siége quatorze ans, un mois et quelques jours. M. Muratori l'appelle *Uomo di gran mente e cuore*. Le panégyriste de l'empereur Bérenger le représente comme un pontife attaché à ses devoirs et plein de sagesse. Il connaissait mieux ce pape que Liutprand, qui le décrie.

CXXIII. LEON VI.

928. LÉON VI succéda à Jean X sur la fin de juin 928: après avoir tenu le saint siége seulement sept mois et quelques jours, il mourut le 3 de février 929. Ce fut vraisemblablement un intrus, placé sur le saint siége par les ennemis de Jean X. Platine fait néanmoins l'éloge de ses mœurs et de son zèle, en quoi il s'accorde avec Ptolémée de Lucques, suivant lequel ce pape vécut paisiblement sans exercer aucune tyrannie; ce qui était beaucoup pour ce tems-là.

CXXIV. ETIENNE VII.

929. ETIENNE VII, successeur de Léon VI, monta sur le saint siége vers le premier de février 929, ou, suivant d'autres, le 3 ou 4 mars, et mourut vers le 12 mars de l'an 931, après deux ans, un mois et quelques jours de pontificat.

CXXV. JEAN XI.

931. JEAN XI, fils, non du pape Sergius III, comme Liutprand l'avance d'après les bruits populaires de son tems, mais d'Albéric, duc de Spolette, et de Marozie, fut placé sur le saint siége à l'âge de vingt-cinq ans, et ordonné, suivant M. Bianchini, le 20 mars 931. Les historiens ne nous apprennent rien de son pontificat, pendant lequel il ne fut point son maître, ayant toujours été dominé et maltraité par Albéric le jeune, son frère qui s'était emparé de l'autorité souveraine dans Rome. Jean mourut l'an 936, au commencement de janvier, dans la prison du château Saint-Ange, où Albéric le tenait enfermé avec Marozie, leur mère, depuis l'an 932. Ce fut pendant sa captivité qu'Albéric, l'an 932, le força d'envoyer à l'empereur Romain Lécapène, les légats qu'il lui demandait

pour autoriser la promotion de Théophylacte, son fils, âgé seulement de seize ans, à la dignité de patriarche de Constantinople. Jean XI avait tenu le saint siége quatre ans et environ dix mois. Il est appelé par Rathier, évêque de Vérone, et son contemporain, *Pontifex gloriosæ indolis.*

CXXVI. LEON VII.

936. LÉON VII fut ordonné pape avant le 9 du mois de janvier 936, comme on le voit par sa lettre à Hugues, *Prince des Français.* Cette lettre est aussi une preuve du zèle de ce pape pour le culte divin. C'était effectivement un serviteur de Dieu qui, bien loin d'avoir recherché cette dignité, avait fait ce qu'il avait pu pour l'éviter. Dès le commencement de son pontificat, il fit venir à Rome saint Odon, abbé de Cluni, pour travailler à la réunion de Hugues, roi de Lombardie et d'Albéric son beau-fils. (*V.* Hugues, roi d'Italie.) Léon VII mourut avant le 18 juillet de l'an 939, après avoir tenu le saint siége trois ans, six mois et dix jours. Ce pape est appelé Léon VI dans plusieurs catalogues. C'est par lui que Frodoard termine son poème des Pontifes Romains.

CXXVII. ETIENNE VIII.

939. ETIENNE VIII succéda, le 19 juillet au plus tard de l'an 939, à Léon VII. (Mansi.) Comme il était allemand de nation, dit Martin Polonais, les Romains le prirent en aversion, le maltraitèrent jusqu'à lui découper le visage, et le défigurèrent de telle sorte, qu'il n'osait paraître en public. Mais ce récit n'est appuyé sur le témoignage d'aucun auteur du tems. Il est d'ailleurs certain, par la liste des papes qui est en tête de la Chronique de Saint-Vincent de Voltorne, liste très-antérieure à Martin Polonais, qu'Etienne était romain. On ne connaît que deux traits remarquables de son pontificat. Il accorda le *pallium* à Hugues, pour l'archevêché de Reims; il envoya, l'an 942, un légat en France, chargé de lettres adressées aux seigneurs révoltés contre Louis d'Outremer, pour les porter à reconnaître leur roi, avec menace d'excommunication s'ils ne satisfaisaient avant Noël. Etienne mourut cette même année 942, au commencement de novembre, après avoir tenu le saint siége trois ans quatre mois et quelques jours.

CXXVIII. MARTIN III.

942. MARIN II, ou MARTIN III, romain de naissance, fut placé sur le siége de Rome le 11 novembre, au plus tard, de l'an 942. (Mansi.) Après avoir tenu le saint siége trois ans,

deux mois et quatorze jours, il mourut vers le 25 janvier de l'an 946. Pendant tout son pontificat, il ne s'appliqua qu'aux affaires de la religion, à réparer les églises, et à soulager les pauvres.

CXXIX. AGAPIT II.

946. AGAPIT II, romain de naissance, fut ordonné pape entre le 5 et le 14 mars de l'an 946, et vraisemblablement le 8 de ce mois, qui était un dimanche. (Mansi.) Il honora le saint siége par l'innocence de ses mœurs, et son zèle pour le bien de l'église. Le P. Mansi et M. Garampi prouvent qu'il mourut vers la fin de l'an 955, et non pas en 956, comme les deux Pagi le prétendent. Quelques anciens le nomment Agapit le Jeune, pour le distinguer du pape Agapit Ier.

CXXX. JEAN XII.

956. JEAN XII, (appelé auparavant Octavien, romain de naissance, fils du patrice Alberic, à qui il avait succédé l'an 954, quoique clerc, en sa dignité et son autorité dans Rome), s'empara du saint siége, après la mort d'Agapit, n'étant âgé que de dix-huit ans. Il prit le nom de Jean XII. Son ordination se fit au mois de janvier 956 au plus tard. (Garampi.) Jean XII étant maltraité par Bérenger, invita le roi Otton Ier. à venir en Italie, lui promettant de le couronner empereur. Otton, sur cette promesse, se rend à Rome, où, le 2 février 962, il reçoit la couronne impériale des mains du pape, qui lui jure ensuite fidélité avec les chefs du peuple romain. Il fait à cette occasion de grands présents, tant en or qu'en pierreries au pape; et, avant de partir, il confirme, dit-on, et augmente par un diplôme, dont l'original écrit en lettres d'or sur vélin de pourpre se conserve au château Saint-Ange, toutes les donations faites au saint siége par Pepin et Charlemagne, se réservant néanmoins et à ses successeurs l'autorité souveraine sur tous les objets de ces donations. Mais ce diplôme paraît d'autant plus suspect à M. Muratori, qu'on y voit dénommés, parmi les domaines cédés à l'église romaine, la Vénétie, l'Istrie, les duchés de Spolette et de Bénévent, et la ville de Naples : *toutes seigneuries qui n'avaient jamais dépendu, dit-il, du pontife romain pour le temporel, et qui toutes étaient gouvernées par des princes vassaux des empereurs d'Occident, ou des rois d'Italie, ou même des empereurs grecs, et qui continuèrent de l'être.* M. de Saint-Marc, d'accord avec Muratori, n'hésite pas à regarder cette pièce comme le fruit de la très-longue et très-scandaleuse querelle qui dans la suite divisa long-tems le sacerdoce et l'empire. Le pape

Jean XII menait dès-lors une vie très-peu régulière, sur laquelle Otton avait fermé les yeux par politique. Mais après le départ de ce prince, il se livra sans retenue à la fougue de ses passions. Le palais de Latran devint un lieu de prostitution. Des Romains vinrent trouver l'empereur en Lombardie, où il était occupé à faire la guerre à Bérenger, pour le prier de remédier à cet affreux scandale. *C'est un jeune homme*, répondit-il; *je vais lui écrire, et j'espère que mes remontrances feront impression sur lui*. Le pape à la vérité promit à l'empereur de se corriger; mais il n'en fit rien. Parmi les femmes qu'il entretenait, la veuve de Rainier, l'un de ses vassaux, avait la préférence. Elle disposait de tout à la cour de Rome; et c'est peut-être ce qui a donné lieu à la fable de la papesse Jeanne: car on a fait bien des conjectures sur le fondement de cette fiction. Le pape, craignant le retour de l'empereur, oublie le serment de fidélité qu'il lui avait fait, et s'allie avec Adalbert, fils de Bérenger, qui courait la campagne avec une troupe de bandits. Otton arrive en effet l'an 963 à Rome, d'où le pape s'était enfui à son approche avec Adalbert, emportant une grande partie du trésor de Saint-Pierre. Ayant assemblé dans le mois de novembre un concile, il y fait déposer Jean XII pour ses crimes, et mettre Léon VIII à sa place. (*Voy. les Conciles.*)

LEON VIII.   CXXXI.   BENOIT V.

963. Léon VIII, élu le 22 novembre pour succéder à Jean XII, dans le concile qui déposa ce dernier, fut ordonné le 6 décembre de l'an 963. Avant son élection, il était protoscriniaire, ou premier garde des archives de Saint-Jean de Latran, et purement laïque. Léon tint le saint siége un an et quatre mois, selon M. Fleuri, qui en parle, d'après les anciens, comme d'un pape légitime. Baronius, au contraire, suivi de plusieurs modernes, le traite d'intrus et d'antipape. « Mais il
» serait peut-être à désirer, dit
» M. Muratori, que le docte
» annaliste n'eût pas décrié
» plus encore que n'ont fait les

964. Benoît, diacre de l'église romaine, fut élu par les Romains, et placé sur le saint siége après la mort de Jean XII, arrivée le 14 mai 964. Otton, irrité de cette élection faite contre le serment que lui avaient prêté les Romains, de ne point élire de pape sans son consentement et d'obéir à Léon, marche, avec une armée, contre Rome. Après l'avoir prise, il y assemble un concile, dans lequel Benoît V se reconnaît parjure pour avoir consenti à son élection; demande pardon de sa faute; et se dépouille des ornements pontificaux. L'empereur emmena Benoît avec lui en Allemagne : mais il était prêt à le

» évêques du concile (qui élut jusqu'à le tenir pour un successeur illégitime de saint Pierre; ce qui était dire bien équivalemment qu'il avait usurpé la papauté ». Cependant il faut convenir que l'élection de Léon, tiré de l'état de laïque, pour être placé sur le saint siége, était contraire aux canons. Du reste, ce fut sa grande probité qui détermina les suffrages en sa faveur. Jean XII entrenait cependant, des intelligence dans Rome. Ses partisans voyant que l'empereur avait congédié une partie de son armée, pour n'être point à charge aux Romains, voulurent exciter une sédition, qu'il prévint par la punition des coupables. Ce prince étant parti ensuite pour Spolette, Jean rentre presque aussitôt dans Rome, où il est reçu par le peuple avec acclamation, tant était forte la haine que les Romains portaient aux Allemands. Jean se déchaîne contre ses ennemis, dont il fait massacrer les principaux, sans parler de Jean, cardinal-diacre, et d'Azzon, premier archiviste de l'église, au premier desquels il fait couper la main droite, et au second, la langue, le nez et les deux doigts, sans parler, encore, d'Otger, evêque de Spire, qu'il fit fouetter. Ces exécutions faites, il assemble, le 26 février 964, un concile de seize évêques, où il fait casser tout ce qui s'était fait, trois mois auparavant, à son préjudice; mais il ne jouit pas long-tems de son triomphe. Une maladie de huit jours l'emporta, le 14 mai suivant, sans avoir reçu les sacrements. (Pagi, Muratori.). Le pape Léon, au retour de son rival, avait pris la fuite, et s'était réfugié dans le camp de l'empereur. Ce prince, l'ayant ramené à Rome, le rétablit sur son siége, d'où la mort le fit descendre l'an 965, le 17 mars, ou vers le commencement d'avril.

Les jurisconsultes allemands attribuent à Léon VIII une bulle donnée au concile où il fut élu, par laquelle il accorde à l'empereur Otton, et à ses successeurs, le droit de confirmer les élections des papes, et de donner les investitures à tous les prélats. Cette pièce, tirée de la bibliothèque ambrosienne par Thierri de Niem, secrétaire du pape Jean XXIII, et insérée par Goldast au tom. I de son Recueil des constitutions impériales, p. 29 et suiv., est rejetée par les Ultramontains, comme l'ouvrage de l'imposture. Il est vrai que telle qu'on l'a publiée, elle présente des caractères de fausseté qui ne permettent pas de douter qu'elle n'ait été au moins interpolée. « Mais quand on considère, dit M. Pfeffel, que Liutprand, évêque de Crémone,

» qui a porté la parole au nom de l'empereur dans le concile de
» Rome, raconte dans son histoire exactement les mêmes choses
» qu'on trouve dans ce décret : que les fameux canonistes Yves
» de Chartres et Waltram de Naumbourg l'ont cité et reconnu
» pour véritable dès le onzième siècle; que le moine Gratien
» l'a inséré par extrait dans son *Decretum*; que les souverains
» pontifes qui ont corrigé cette compilation, n'ont jamais
» songé à l'en effacer; et qu'enfin il n'attribue point de droits à
» Otton Ier. que les anciens empereurs romains, les exarques
» et les empereurs carlovingiens n'eussent exercés, et que
» l'histoire de ses successeurs ne justifie; il n'est guère possible
» de ne pas se déclarer pour la vérité de cette célèbre consti-
» tution. Au surplus, ajoute-t-il, la formule que Thierri de
» Niem en a produite peut très-bien avoir été forgée par un
» faussaire sur les récits de Liutprand, de Sigebert de Gem-
» blours, et sur l'extrait du texte original que le moine Gratien
» nous a conservé. »

CXXXII. JEAN XIII.

965. JEAN XIII, romain de naissance, et évêque de Narni, surnommé *Poule Blanche*, parce que dès sa jeunesse il eut les cheveux blancs, fut intronisé le 1er. octobre de l'an 965, en présence d'Otger, évêque de Spire, et de Liutprand, évêque de Crémone, députés par l'empereur pour assister à son élection et la confirmer. Mais peu de tems après, s'étant attiré l'inimitié des grands par sa hauteur, il fut enfermé dans le château Saint-Ange, puis chassé de la ville, et obligé d'aller chercher un asile à Capoue chez le comte Pandolfe, son ami. Celui-ci le reçut avec honneur, et trouva même moyen de faire tuer dans Rome le comte Rofred, que les Romains avaient associé à Pierre, leur préfet. L'an 966, sur la nouvelle de l'arrivée de l'empereur en Italie, les Romains intimidés rappellent le pape, et députent à ce prince pour lui demander grâce. Otton le refuse, et veut faire un exemple éclatant des auteurs de l'expulsion du pape, afin de prévenir de semblables attentats. C'est par-là qu'il commença l'année 967. Par son ordre on exhuma le corps du comte Rofred, qui fut coupé par quartiers et attaché à dif-férens gibets; les consuls furent exilés en Allemagne; les tribuns pendus avec quelques barons; d'autres eurent la tête tranchée, et plusieurs furent relégués au-delà des monts. Le préfet Pierre subit, à la vie près qu'on lui épargna, tout ce qu'un homme de cœur peut essuyer de plus ignominieux. Après lui avoir coupé la barbe et l'avoir pendu par les cheveux au cheval de Constantin, on le mit à rebours sur un âne, une outre sur la tête avec deux aux cuisses; et dans cet état on le promena par

la ville en le battant de verges et se jouant de lui ; après quoi il fut jeté dans une prison obscure où il resta long-tems, et d'où il ne sortit que pour être banni loin de Rome. Quelques écrivains accusent le pape d'avoir été l'instigateur de ce châtiment, loin de l'empêcher, comme l'exigeait son caractère. Cette même année 967, Jean XIII couronna empereur, le jour de Noël, Otton le Jeune. Baronius attribue à ce pape l'institution de la cérémonie du baptême des cloches ; mais D. Martenne a fait voir qu'elle était plus ancienne de deux cents ans. Il est plus certain qu'il accorda l'an 970 à Diédéric, ou Théodéric, abbé de Saint-Vincent de Metz, l'usage des ornements pontificaux. Jean XIII mourut le 5 ou le 6 de septembre de l'an 972, après avoir tenu le saint siége six ans, onze mois et cinq jours.

CXXXIII. BENOIT VI.

972. BENOÎT VI fut ordonné pape vers la fin de l'an 972. (Pagi, Muratori.) Après la mort d'Otton Ier, Benoît ayant voulu maintenir les droits de l'église et de l'empire, excita par-là dans Rome un soulèvement. Crescentius, fils de la fameuse Théodora, chef des séditieux, se saisit de lui et le jeta dans une prison, où il fut étranglé l'an 974, suivant le bruit commun. On ne sait ni le jour ni le mois de sa mort. Francon, diacre de l'église romaine, fils de Ferrucio, fut ordonné pape du vivant de Benoît, selon M. Fleuri, ou après sa mort, selon le P. Pagi, et prit le nom de Boniface VII ; mais il fut chassé un mois après, et s'enfuit à Constantinople.

CXXXIV. DONUS II.

DONUS II fut fait pape après l'expulsion de Boniface. Son pontificat est très-obscur ; quelques uns même retranchent Donus de la liste des successeurs de saint Pierre ; mais le nombre et l'autorité des anciens, qui le reconnaissent pour pape, ne permettent pas de douter qu'il n'ait occupé le saint siége, quoi qu'on ne puisse rien dire de certain sur le tems de son ordination, ni sur celui de sa mort, sinon que celle-ci est arrivée avant le 25 décembre 974. (Mansi.)

CXXXV. BENOIT VII.

974 ou 975. BENOÎT VII, romain de naissance, neveu du patrice Albéric, et évêque de Sutri, fut élu pape et intronisé, suivant le P. Pagi, avant le 25 mars 975, et peut-être même, selon certaines chartes, dès le 28 décembre 974. Le choix n'était tombé sur lui qu'au refus de saint Mayeul, abbé de

Cluni, que l'empereur et l'impératrice Adélaïde avaient vivement pressé d'accepter la papauté pour faire cesser les scandales qui déshonoraient l'église de Rome. Benoît, appuyé de l'autorité impériale, sut, avec de la prudence et de la fermeté, contenir les mutins et entretenir la tranquillité dans Rome pendant les 9 années que dura son pontificat. Il mourut, comme le prouve Baronius, le 10 juillet 983. Muratori cite cinq chartes où les années du pontificat de Benoît VII sont marquées de manière à le faire commencer en 972, ce qui embarrasse fort ce critique. M. de Saint-Marc imagine un expédient, qui est de dire que Benoît VII est le même que Benoît VI, qui passait pour être mort dans sa prison, et qui étant remonté sur son siége, fut regardé par les étrangers comme un autre Benoît; ce qui est d'autant plus plausible, que ce n'est point des Italiens que nous viennent les anciennes listes des papes du dixième siècle.

CXXXVI. JEAN XIV.

983. JEAN XIV, placé par l'empereur Otton II, au mois de novembre 983, sur le siége de Rome, en fut chassé au mois de mars suivant par l'antipape Boniface, qui était revenu de Constantinople. Celui-ci enferma Jean au château Saint-Ange, où il le fit mourir de faim et de misère, et peut-être même de poison, le 20 août 984. Jean était natif et évêque de Pavie, et s'appelait Pierre, nom qu'il quitta par respect pour le prince des apôtres, et qu'aucun de ses prédécesseurs n'avait porté. Boniface VII tint encore le saint siége environ 7 mois depuis l'emprisonnement de Jean XIV, et mourut au mois de mars 985. Les Romains le haïssaient tellement, que la populace, après sa mort, traîna son cadavre par les rues, et le perça de mille coups.

Depuis que Boniface fut remonté sur le saint siége, les notaires de Rome employèrent deux époques de son pontificat : la première de l'an 974, la seconde de l'an 984.

JEAN XV.

JEAN XV, fils de Robert, fut élu après la mort de Jean XIV; mais soit qu'il mourut avant que d'avoir été ordonné, soit que son ordination n'ait point été canonique, on ne le compte point parmi les papes, sinon pour servir de nombre. Il mourut avant le mois de juillet de l'an 985.

CXXXVII. JEAN XVI.

985. JEAN XVI, romain, fils du prêtre Léon, fut placé sur le siége de Rome au mois de juillet 985. L'an 987, il est

chassé par le patrice Centiusou Crescentius, fils de Théodora, qui s'empare de l'autorité souveraine dans Rome. Mais la même année, sur la nouvelle qu'Otton III, roi de Germanie, arrive en Italie, Crescentius engage le pape à revenir et lui demande pardon. On trouve, selon la remarque du P. Mabillon, le premier exemple de canonisation solennelle dans celle que Jean XVI fit de saint Uldaric, évêque d'Ausbourg, le 30 janvier, selon M. Fleuri, ou le 3 février 993, selon le P. Pagi. Jean XVI mourut d'une fièvre violente l'an 996, la onzième année commencée de son pontificat. Pour ce qui est du mois et du jour de sa mort, nous n'en pouvons rien dire de certain. Aimoin, dans la Vie de saint Abbon, dit que cette abbé, à son retour de Rome, où il avait vu Jean XVI, disait qu'il avait trouvé un pontife avare qui faisait argent de tout sans pudeur : *Turpis lucri cupidum atque in omnibus venalem reperit.* Du tems de ce pape, on comptait à Rome quarante monastères d'hommes, et vingt de filles, tous professant la règle de Saint-Benoît; et soixante églises de chanoines. (Mabillon, *Annal. Ben. ad. an.* 994.)

CXXXVIII. GRÉGOIRE V ET JEAN XVII.

996. GRÉGOIRE, nommé auparavant Brunon, fils d'Otton, duc de la France rhénane et de Carinthie, et de Liutgarde, fille de l'empereur Otton Ier, succéda le 3 mai 996 à Jean XVI, par le crédit d'Otton III, roi de Germanie, dont il était cousin issu de germain. Après son ordination, il couronna ce prince empereur le 31 mai, suivant la Chronique d'Hildesheim. L'an 997, Grégoire fut chassé de Rome, au mois de mai, par Crescentius, qui fit élire à sa place Philagathe, évêque de Plaisance. Cet antipape tint le saint siége jusqu'au mois de février 998, sous le nom de JEAN XVII. L'empereur alors étant revenu à Rome, Jean prit la fuite ; mais les gens d'Otton l'ayant atteint, lui coupèrent le nez avec un bout de la langue, et le jetèrent dans une obscure prison. Saint Nil le jeune, calabrois ainsi que Jean, vient à Rome et demande grâce pour lui. L'empereur y consent ; mais Grégoire est inflexible. Il fait amener l'antipape en sa présence le 2 mars, lui déchire ses habits, et le fait promener par la ville, monté sur un âne, le visage tourné vers la queue. Saint Nil, indigné de ce barbare traitement, se retire en menaçant l'empereur et le pape de la colère de Dieu. Grégoire ne survécut pas un an à cette menace. Il mourut le 4 février 999, suivant l'Annaliste Saxon, à l'âge de 27 ans, après un pontificat de 2 ans, 9 mois et un jour. Crescentius, le tyran de Rome, avait subi, l'année précédente, la juste punition de ses crimes. Assiégé et forcé par l'empereur dans le

château de Saint-Ange, il avait eu la tête tranchée le 29 avril. (Muratori.)

CXXXIX SILVESTRE II.

999. SILVESTRE II (appellé auparavant GERBERT, né en Auvergne d'une famille obscure) monta sur le saint siége par la protection de l'empereur Otton III, dont il avait été précepteur, et fut intronisé le 2 avril 999. Il avait passé par bien des états avant que d'arriver à cette place. Simple moine dès son enfance à l'abbaye d'Aurillac, en Auvergne, il était devenu abbé de Bobio, en Lombardie; chargé ensuite de l'école de Reims, où il eut pour disciple Robert, depuis roi de France ; il obtint le siége de cette église en 992, après la déposition d'Arnoul ; déposé lui-même en 995 par le pape Jean XVI, il fut transféré, l'an 998, par la faveur d'Otton III, sur le siége de Ravenne, d'où enfin il parvint à la papauté. Personne n'ignore que son savoir étonna tellement ses contemporains qu'on l'accusa d'un commerce familier avec le diable. La critique l'a depuis vengé de cette accusation fausse et absurde ; mais elle a laissé subsister celle d'une ambition démesurée, dont il n'est guère possible de laver sa mémoire. Silvestre, néanmoins, fut un pape équitable, modéré, n'usant de ses droits qu'avec sagesse, et sans empiéter sur ceux des princes et des évêques. Il est le premier français qui se soit assis sur la chaire de Saint-Pierre, qu'il occupa l'espace de 4 ans, 1 mois et 9 jours, étant mort le 11 mai de l'an 1003. On prétend que Stéphanie, veuve de Crescentius, avança ses jours par le poison. Adémar de Chabannais lui attribue un jugement atroce rendu contre Gui, vicomte de Limoges. Mais nous le vengerons de cette accusation à l'article de ce dernier.

Entre les inventions utiles qui furent le fruit des études de Gerbert, avant qu'il montât sur le siége pontifical, la principale est celle de l'horloge à balancier, qui fut en usage jusqu'en 1650, qu'au balancier on substitua le pendule.

CXL. JEAN XVII.

1003. JEAN XVII (nommé auparavant Siccon, ou Secco) fut élu pape le 9 juin 1003. Son mérite, et non la faction des comtes de Tusculum, comme le prétendent plusieurs modernes, détermina son élection qui se fit avec un grand concert, et fut suivie d'un applaudissement universel. Né d'une ancienne maison, au château de Repugnano (*Ripa Jani*), dans la marche d'Ancône, au diocèse de Formiano, il vint, au sortir de l'enfance, à Rome, où il fit ses études dans la maison du consul Pétrone. Ses progrès dans les lettres et la vertu le firent généralement estimer. Il fut sacré pape le 13 juin. On espérait beaucoup de son pontificat; mais il ne tint le saint siège que 4 mois et 22 jours, étant mort le 31 octobre de la même année. Tout ceci est tiré d'une ancienne inscription trouvée dans l'église paroissiale de Repugnano sous le pontificat de Benoît XIV, et expliquée par Alexandre Borgia, archevêque de Formiano, dans une lettre ou dissertation adressée à ce pontife.

CXLI. JEAN XVIII.

1003. JEAN XVIII, romain, nommé *Phasian* avant son pontificat, fils du prêtre Orso, et de Stéphanie, cardinal du titre de Saint-Pierre, fut ordonné pape le 26 décembre 1003, comme le prouve le P. Pagi. L'an 1009, sur la fin de mai, il abdiqua la papauté, pour se retirer à l'abbaye de Saint-Paul de Rome, où il embrassa la vie monastique. (Eccard, *Corpus Hist.*, tom. II, pag. 1640.) M. Fleuri met sa mort le 18 juillet de la même année.

CXLII. SERGIUS IV.

1009. SERGIUS, évêque d'Albane, fut élu pape entre le 17 juin et le 24 août de l'an 1009. (Mansi.) On l'appelait avant son pontificat *Petrus os porci*, ou *Bucca porci*, Pierre Grouin de porc. Sergius mourut l'an 1012. Il est fait mémoire de lui dans le Ménologe Bénédictin, le 18 du mois d'août. M. Fleuri, après le P. Papebroch, met sa mort le 13 juillet ; le P. Pagi, le 17 mai, et Oldouin, le 29 du même mois. Ce qui est certain, c'est qu'elle précéda le 6 de juillet, comme le prouve Mansi. Parmi les vertus de ce pape, qui les réunissait toutes, suivant Platine, sa libéralité envers les pauvres a sur-tout éclaté. Marengoni dit qu'il chassa les Sarrasins de Sicile.

CXLIII BENOIT VIII.

1012. BENOÎT VIII (Jean, natif de Tusculum, évêque de Porto) monta sur le saint siège le 6 juillet au plus tard de l'an 1012. (Mansi.) Il fut redevable de cette dignité au marquis de Toscanella, son parent, dont la faction depuis près d'un siècle disposait de la papauté, et presque toujours au désavantage de l'église, par les mauvais choix qu'elle faisait. L'élection de Benoît VIII, par cette raison, indisposa les Romains contre lui. Ayant été chassé par un certain Grégoire, qui s'empara de son siège, il se réfugia vers Henri II, roi de Germanie. Ce prince, l'ayant accueilli favorablement, partit sur la fin de l'an

1013 pour l'Italie, et arriva l'an 1014 à Rome, où Benoît VIII le couronna empereur, un dimanche 14 février, selon M. Muratori. Dans cette cérémonie, le pape fit présent à l'empereur d'une pomme d'or, ornée de deux cercles de pierreries, et surmontée d'une croix d'or. Henri, après avoir remercié le pontife, envoya le présent à Cluni. Le gouvernement de Benoît fut plus utile aux Romains et à l'Italie qu'on ne l'avait espéré. L'an 1016, il assembla tous les évêques et les défenseurs des églises, pour aller attaquer les Sarrasins qui étaient entrés en Toscane. Ces infidèles eurent l'avantage pendant trois jours; mais battus ensuite, ils prirent la fuite, et furent tous tués jusqu'au dernier. Leur reine, étant tombée entre les mains des vainqueurs, eut la tête coupée. Son époux, qui s'était enfui des premiers, irrité de ce traitement, et de la perte de ses troupes, envoya au pape un gros sac plein de châtaignes, et lui fit dire, par le porteur, que l'année suivante il lui amenerait autant de soldats: le pape, pour réponse, lui envoya un petit sac de millet, annonçant par-là qu'il trouverait autant et plus de gens armés, s'il revenait. Il s'était retiré en Sardaigne, où, par vengeance, il fit crucifier plusieurs chrétiens. Benoît l'en fit chasser l'année suivante avec les siens par les Génois et les Pisans, qu'il avait engagés à se confédérer pour cette expédition. L'an 1020, il fit un second voyage en Allemagne à la prière de l'empereur, et arriva le 14 avril, jour du jeudi-saint, à Bamberg. Le P. Pagi se trompe en rapportant ce voyage à l'an 1019, puisque Pâques tombait cette année le 29 mars. Benoît s'en revint avec un diplôme de l'empereur, portant confirmation des donations faites à l'église romaine par ses prédécesseurs de la ville de Rome, de l'exarchat de Ravenne, etc.; mais toujours avec la réserve, formellement exprimée, de la souveraineté de l'empereur. Ce pape mourut l'an 1024, vers la fin de juillet, après un pontificat de douze ans et quelques jours.

Ce fut sous ce pape que le fameux musicien Gui, moine d'Arrezo, inventa les lignes de la gamme et les six notes *ut*, *ré*, *mi*, *fa*, *sol*, *la*, par le moyen desquelles un enfant apprend en peu de mois ce qu'un homme apprenait à peine en plusieurs années, avec les points et les lettres qui tenaient auparavant lieu de notes. Vander Putten, qui, latinisant son nom, se faisait appeler Erycius Puteanus, ajouta, dans le seizième siècle, une septième note, savoir, le *si*, au six de l'Arétin pour achever l'octave. Quelques savants prétendent néanmoins que l'invention de ces notes remonte jusqu'aux anciens Egyptiens, et que Pythagore, selon eux, les apporta d'Egypte en Grèce. Quoiqu'il en soit, on n'en avait aucune idée en Occident, lorsque

Gui les trouva. Le pape Benoît VIII, instruit de cette découverte, fit venir l'auteur à Rome, l'an 1023, pour faire l'essai de sa méthode devant lui; et il en témoigna beaucoup de satisfaction. Gui composa sur ce sujet son Micrologue, qu'il n'acheva qu'au commencement du pontificat suivant.

CXLIV. JEAN XIX.

1024. JEAN XIX (dit ROMAIN, avant son exaltation, consul, duc et sénateur de Rome) se fit élire à force d'argent, selon Raoul Glaber, pour succéder à Benoît VIII, son frère. Un même jour le vit laïque et pape, dit Romuald de Salerne, *uno eodemque die laïcus et pontifex fuit.* Baronius prétend que ce furent les marquis de Toscanella, ses parents, qui l'élèverent sur le saint siége; mais il n'en donne point de preuves. Quoiqu'il en soit, son élection paraît être du mois d'août 1024. Le P. Mansi la place, avec moins de fondement, entre le 11 avril et le 6 juin de l'année suivante. Les papes n'avaient cessé jusqu'alors de condamner le titre d'évêque œcuménique, que les patriarches de Constantinople s'arrogeaient depuis Jean le Jeûneur. Séduit par l'argent que l'empereur Basile II et le patriarche Eustathe lui firent offrir, Jean XIX fut sur le point d'approuver solennellement ce titre. Tout était convenu, on n'était plus embarrassé que sur les moyens de cacher la simonie. Mais le secret sous le sceau duquel on traitait cette affaire ayant transpiré, la réclamation fut si grande en Italie et en France, qu'elle fit échouer la négociation. L'an 1027, Jean XIX couronna, le jour de Pâques, l'empereur Conrad II, et l'impératrice Gisèle, sa femme. Deux rois, Rodolfe de Bourgogne et Canut d'Angleterre, assistèrent à cette cérémonie. Jean XIX mourut l'an 1033, vers la fin de mai.

CXLV. BENOIT IX.

1033. BENOÎT IX (Théophylacte, fils de d'Albéric, comte de Tusculum, neveu de Benoît VIII et de Jean XIX) parvint, l'an 1033, par le crédit et les largesses de son père, à la papauté. Il était extrêmement jeune, mais non toutefois âgé seulement d'environ dix ans, *puer fermè decennis*, comme le marque Glaber. Le jour de son ordination est un point, suivant le P. Pagi, qu'on ne peut fixer. Benoît, l'an 1038, fut chassé de son siége par les Romains pour ses mœurs scandaleuses, et rétabli la même année par l'empereur Conrad. L'an 1044, Benoît, se rendant de jour en jour plus odieux par une vie infâme, par les rapines et les meurtres qu'il exerçait, fut chassé de nouveau, vers le commencement de l'année. On mit à sa place

Jean, évêque de Sabine, sous le nom de Silvestre III, qui ne tint le saint siége qu'environ trois mois; après lesquels Benoît, avec le secours des comtes de Tusculum, ses parents, y rentra. Mais comme il continuait toujours ses déportements honteux, dit le pape Victor III, se voyant méprisé du clergé et du peuple, il convint de se retirer, et céda le pontificat à l'archiprêtre Jean Gratien, moyennant une somme d'argent. L'ennui de la vie privée l'ayant saisi dans la suite, il trouva moyen de remonter pour la troisième fois, le 8 novembre 1047, sur le siège de Rome, et s'y maintint jusqu'au 17 juillet 1048. Enfin, sur les avis de saint Barthelmi, abbé de la Grotte-Ferrée, il y renonça pour toujours. Selon le P. Pagi, il faut rapporter l'exhortation de S. Barthelmi à la première abdication de Benoît, lorsqu'il céda le pontificat à Grégoire VI.

Ce pape est le dernier qui ait employé l'année de l'empereur régnant dans les dates de ses bulles.

CXLVI. GRÉGOIRE VI.

1044. GRÉGOIRE VI, qui est ce même Gratien dont on vient de parler, se mit en possession du saint siége après la cession simoniaque que Benoît IX lui en avait faite. Le pape Victor III lui donne deux ans et huit mois de pontificat, dont le P. Pagi met le commencement au mois de mai 1044. Cependant Ughelli rapporte une charte où l'on compte au mois d'août 1045, la première année de son pontificat. Grégoire, en montant sur le saint siége, trouva le temporel de son église dans un état si déplorable qu'à peine lui restait-il de quoi subsister. Toutes les avenues de Rome étaient infestées par des voleurs et des assassins qui en rendaient l'accès dangereux aux pèlerins, à moins qu'ils ne fussent en caravanes. Dans la ville, ce n'était que pillages et que meurtres. On volait jusqu'aux offrandes que les fidèles déposaient sur le tombeau des apôtres. Grégoire, après avoir employé vainement les excommunications pour réprimer les auteurs de ces désordres, eut recours à d'autres armes plus efficaces. Il leva des troupes avec lesquelles il vint à bout d'exterminer cette méchante race. C'est ainsi qu'il rétablit le bon ordre dans la ville et la sûreté aux environs. Mais les Romains, dit Guillaume de Malmesburi, accoutumés aux rapines, lui firent un crime de cette rigueur salutaire, l'appelant un homme de sang, et criant qu'il était indigne d'offrir les saints mystères. L'empereur Henri III, sur leurs plaintes, passa les monts en 1046, et tint à Sutri, dans les fêtes de Noël, un concile dans lequel Grégoire fut déposé comme ayant obtenu le pontificat par simonie. On l'emmena ensuite en Allemagne où il finit ses jours. (Muratori.)

CXLVII. CLEMENT II.

1046. CLÉMENT II, appelé auparavant SUIDGER, de la maison des dynastes de Hornebourg, suivant l'Annaliste Saxon, évêque de Bamberg, fut élu d'un commun consentement, tant des Romains que des Allemands, pour remplir le saint siége, et intronisé le jour de Noël 1046. Il couronna empereur le même jour Henri III, roi de Germanie, et la reine Agnès, son épouse, impératrice. Clément II accompagna Henri en Germanie, où il resta peu de tems, puisqu'il mourut en Italie à l'abbaye de Saint-Thomas-d'Aposèle, près de Pésaro, le 9 octobre 1047, (Muratori), n'ayant tenu le siége que neuf mois et demi. Son corps fut transféré et enterré à Bamberg. Clément II était vertueux, et montra un grand zèle contre la simonie.

CXLVIII. DAMASE II.

1048. DAMASE II, appelé auparavant POPPON, évêque de Brixen, choisi pape par l'empereur en Allemagne, et envoyé à Rome, fut reçu avec honneur, et intronisé le même jour que Benoît IX se retira; mais il ne tint le saint siége que vingt-trois jours, et mourut à Palestrine le 8 août 1048. On pourrait être surpris que l'empereur ait différé si long-tems l'élection du pape, puisque Clément II était mort dès le 9 octobre 1047. Mais il faut remarquer que les députés des Romains avaient demandé pour pape Halinard, archevêque de Lyon, qui, en étant instruit, évita d'aller à la cour. Ciaconius prétend, mais à tort, que Damase II est le premier pape qui se soit fait couronner.

CXLIX. S. LEON IX.

1048. LÉON IX, appelé auparavant BRUNON, fils de Hugues, comte d'Egesheim, ou Egisheim, château près de Colmar, en Alsace, né l'an 1002, suivant la Chronique de Senones, cousin issu de germain de l'empereur Conrad le Salique, était évêque de Toul depuis vingt-deux ans, lorsqu'il fut élu, tout d'une voix, pape dans une assemblée de prélats et de seigneurs, tenue à Worms par l'empereur Henri III, sur la fin de l'an 1048 : il n'accepta cette dignité que malgré lui, et à condition que son élection serait confirmée et approuvée par le clergé et le peuple romain. Etant parti le 27 décembre pour Rome, il y fut reçu avec acclamation, reconnu pape le 2 février de l'an 1049, et intronisé le 12. Léon vint cette année en France, où il fit la dédiçace de l'église du monastère de Saint-Remi de Reims, le 2 octobre. Ce pape avait un zèle fort grand, mais quelquefois un peu précipité. Il tint plusieurs conciles en Italie, en Allemagne, en France, où il fit jusqu'à trois voyages pendant son pontificat. L'an 1053, il fit la guerre aux Normands en Italie, qui défirent ses troupes, le firent prisonnier, et le conduisirent à Bénévent, où ils le retinrent depuis le 23 juin 1053, jusqu'au 12 mars 1054. Il y passa tout ce tems dans des exercices continuels de piété. Etant tombé malade, il se fit transporter à Rome, où il mourut saintement l'an 1054, le 19 d'avril, jour auquel l'église honore sa mémoire. Il avait tenu le saint siège cinq ans, deux mois et sept jours, à compter du jour qu'il fut intronisé. Un ancien auteur, parlant de l'expédition de ce pape contre les Normands, dit: *Il fut le premier des pontifes romains, depuis saint Pierre, qui marcha à la guerre la main armée* (en quoi il se trompe), *et bien qu'il ait été saint, et qu'il eût des intentions pieuses en se conduisant de la sorte, cependant parce que cela n'était point de sa profession, et qu'il n'en avait point reçu le pouvoir de Notre-Seigneur, qui est venu sur terre pour souffrir et pour apprendre aux siens à souffrir plutôt des autres qu'à les persécuter, sa providence permit que l'armée de Léon, toute nombreuse qu'elle était, fût entièrement défaite; car le Seigneur n'a pas commandé à ses disciples, ni les apôtres à leurs successeurs, d'employer le glaive matériel pour défendre le peuple de Dieu, mais de l'instruire par la parole sainte, et de l'édifier par de bons exemples.* Sous le pontificat de Léon IX, le schisme des Grecs, dont Photius avait jeté les premières étincelles, éclata, et devint un incendie qui embrasa tout l'Orient, par les écrits de Michel Cérulaire, patriarche de Constantinople, contre les Latins: les productions de cet esprit fougueux, échauffé par la haine et aveuglé par le préjugé, furent solidement réfutées. Le pape envoya, l'an 1054, des légats à Constantinople, pour tâcher de ramener le patriarche; mais ils ne purent rien gagner sur lui. Peu s'en fallut même qu'il ne les immolât à sa fureur. (*Voyez* son article.)

Ce pape commençait l'indiction, tantôt au 1er. septembre, tantôt au 1er. janvier. Il n'est pas le premier, comme l'avance Papebroch, qui ait daté des années de l'Incarnation. Il joignait quelquefois les années de son épiscopat de Toul à celles de sa papauté. On compte les années de celle-ci du jour de son intronisation, et non de celui de sa proclamation, c'est-à-dire, du 12 et non du 2 février 1049.

CL. VICTOR II.

1055. VICTOR II, appelé auparavant GÉBEHARD, évêque d'E

chstadt, fils d'Harduig, comte de Calw, en Suabe, remplaça
Léon, après une vacance du saint siége d'un an. Son élection se
fit au concile de Mayence tenu au mois de mars 1055. Il fut
intronisé à Rome le 13 d'avril suivant. Son ambition n'était nullement d'être pape. Ce fut le sous-diacre Hildebrand qui, ayant
été député vers l'empereur Henri, après la mort de Léon IX,
pour avoir un pape, demanda l'évêque d'Eichstadt au nom du
peuple romain. L'empereur lui-même fit difficulté de l'accorder, parce qu'ayant beaucoup de confiance en ce prélat, qui
était son parent, il voulait le retenir en Allemagne pour être
plus à portée de profiter de ses conseils. Le zèle de Victor pour
la discipline lui attira des ennemis, qui attentèrent même à sa
vie ; mais Dieu le préserva de leurs embûches. L'an 1056, il se
rendit en Allemagne à la prière de l'empereur, et arriva le 8
septembre à Goslar, où ce prince le reçut. Victor recueillit ses
derniers soupirs le 5 octobre suivant, accompagna à Spire son
convoi, et assista à son enterrement. Il mourut lui-même en
Toscane, le 28 juillet de l'an 1057, après avoir tenu le saint
siége deux ans, trois mois et quinze ou seize jours, et fut enterré à Ravenne, dans le faubourg de Notre-Dame. Il avait gardé
son évêché d'Eichstadt jusqu'à sa mort.

CLI. ETIENNE IX.

1057. ETIENNE IX (appelé auparavant FRÉDÉRIC, fils de Go-
thelon, duc de la Basse-Lorraine, cardinal du titre de Saint-
Chrysogone, abbé du Mont-Cassin), fut élu pape d'un consentement unanime le 2 d'août 1057, et sacré malgré lui le lendemain. Il fut d'abord archidiacre de Liége, d'où Léon IX, son
parent, l'emmena avec lui en Italie. Ce pape le fit chancelier de
l'église romaine, et l'envoya, l'an 1054, à Constantinople, pour
travailler à la réunion des Grecs avec l'église latine. Il rapporta
de sa légation des sommes considérables, dont l'empereur Constantin Monomaque l'avait chargé pour la cour de Rome. Les
ennemis de Frédéric persuadèrent à l'empereur Henri III que
son dessein était de livrer ces sommes à Godefroi, son frère,
marquis de Toscane, pour faire la guerre à ce prince; mais
Frédéric les démentit en remettant le présent à sa destination.
Henri, toutefois, ne revint pas entièrement à son égard. Ce fut
alors qu'il prit le parti de la retraite, et alla se faire religieux au
Mont-Cassin, d'où il fut tiré trois ans après pour être élevé sur
le saint siége. L'an 1057, ce pape connaissant le mérite de
Pierre de Damien, le tira de sa solitude, et le fit malgré lui évêque d'Ostie. Etienne étant allé en Toscane pour conférer avec le
duc, son frère, et l'engager à marcher contre les Normands,

mourut à Florence le 29 mars 1058, n'ayant tenu le saint siège que 7 mois et 28 jours. Il fut assisté à la mort par saint Hugues, abbé de Cluni, que ses affaires avaient appelé à Rome. Le P. Barre (*Hist. d'Allem.*, *tom. IV*, *pag.* 68), n'est pas équitable envers ce pontife, en le traitant d'ambitieux et d'insensé, sur ce que ses ennemis l'accusèrent d'avoir travaillé à élever le marquis Godefroi, son frère, à l'empire, après la mort de Henri III. Il est si peu vrai que Godefroi ait eu le dessein de succéder à ce monarque, et de supplanter son fils Henri IV, qu'il fut rétabli par celui-ci dans le duché de Lorraine, d'après l'assurance et les preuves qu'il lui donna de son attachement. Comment donc le pape, son frère, aurait-il pu vouloir le seconder dans des vues qu'il n'avait pas? (*Voyez* Godefroi IV, *duc de Lothier.*)

BENOIT X, ANTIPAPE.

JEAN, évêque de Veletri, fut placé le 30 mars 1058 sur le siège de Rome par une troupe de factieux, ayant à leur tête Grégoire, fils d'Albéric, comte de Tusculum, malgré l'opposition des cardinaux, qui furent obligés de s'enfuir. Il ne fut pas même intronisé par un évêque, mais par l'archiprêtre d'Ostie. Benoit se maintint sur le saint siège, qu'il avait usurpé, neuf mois et environ vingt jours, jusques vers le 18 de janvier 1059. Quoique Benoit n'ait été qu'un usurpateur et un antipape, cependant son nom tient lieu de Benoit X parmi les souverains pontifes.

CLII. NICOLAS II.

1058. NICOLAS II, appelé auparavant GÉRARD, né dans le royaume de Bourgogne, évêque de Florence, fut élu à Sienne dans un concile, le 28 décembre 1058, et couronné le 18 janvier 1059. L'archidiacre Hildebrand fut celui qui fit la cérémonie du couronnement. *Il mit sur la tête du pape*, dit un auteur contemporain, *une couronne royale*, *sur le cercle inférieur de laquelle on lisait* : CORONA DE MANU DEI; *et sur le second cercle* : DIADEMA IMPERII DE MANU PETRI. (*Benzo de reb. Henr. III. liv. VII*, chap. 2.) Nicolas signala les commencements de son pontificat par un célèbre décret, où il est ordonné qu'à l'avenir et aussi long-tems qu'on trouvera parmi le clergé de Rome des sujets dignes d'être élevés au saint siége, on les préférera au clergé des autres églises, sauf toujours les droits de l'empereur. Il est beaucoup question dans cette constitution, rapportée différemment par Baronius et par le Blanc, des cardinaux évêques et cardinaux prêtres, mais nullement des cardinaux diacres, quoique leur établissement remonte bien plus haut. La même année, Nicolas alla dans la Pouille, à la prière des Normands, les releva de l'excommunication après avoir reçu leurs soumissions;

ensuite de quoi il confirma la principauté de Capoue à Richard, et le duché de Pouille et de Calabre à Robert Guiscard, y ajoutant même la Sicile, dont ce dernier méditait la conquête, à condition de prêter serment au saint siége comme feudataire, et de payer un tribut annuel de douze deniers pour chaque paire de bœufs. C'est, selon M. Fleuri, l'origine du royaume de Naples. Nicolas II mourut à Florence le 21 ou le 22 juillet de l'an 1061, après avoir tenu le saint siége deux ans, six mois et vingt-cinq jours, à compter du jour de son élection, 28 décembre 1058. Il garda l'évêché de Florence jusqu'à sa mort.

CLIII. ALEXANDRE II.

1061. ALEXANDRE II, appellé ANSELME BADAGE, milanais, évêque de Lucques, fut couronné pape le 30 septembre 1061. L'impératrice Agnès, piquée de ce qu'Alexandre avait été intronisé sans attendre le consentement du roi Henri, son fils, et sollicitée par les évêques de Lombardie, la plupart schismatiques et concubinaires, fit élire pape dans la diète de Bâle, le 28 octobre, Cadalus, ou Cadaloüs, évêque de Parme, homme très-corrompu dans les mœurs, qui prit le nom d'Honorius. Il fut condamné l'année suivante, le 27 octobre, au concile d'Osbor, par tous les évêques d'Allemagne et d'Italie; mais il ne laissa pas de causer beaucoup de troubles. Alexandre II mourut le 21 d'avril 1073, après avoir tenu le saint siége onze ans, six mois et vingt et un jours. Ce pape fit preuve de modération et de sagesse, en défendant de massacrer les Juifs, comme on faisait alors en divers lieux. Il fit preuve aussi de faiblesse, en se laissant absolument gouverner par le cardinal Hildebrand, qui fut, comme on va le voir, son successeur. Pierre de Damien, quoique ami particulier de ce dernier, ne peut s'empêcher de le tancer à ce sujet par ce distique mordant, adressé à Hildebrand :

> *Papam rite colo, sed te prostratus adoro;*
> *Tu facis hunc Dominum, te facit ille Deum.*

Alexandre II garda son évêché de Lucques jusqu'à la mort, dans la vue, dit le Fiorentini, de rendre à cette église son ancienne splendeur; et en effet, il lui fit beaucoup de bien. Outre la cathédrale qu'il fit reconstruire à neuf, et dont il fit, lui-même la dédicace en 1070, il mit en valeur quantité de terres de l'évêché, qui étaient en friche, et en retira d'autres des mains des laïques, qui les avaient usurpées.

CLIV. GRÉGOIRE VII.

1073. GRÉGOIRE VII, (appelé HILDEBRAND, né près de

Soana, en Toscane; moine de Sainte-Marie du Mont-Aventin, à Rome, puis de Cluni, comme le prouve dom Mabillon, fait abbé de Saint-Paul de Rome, par Léon IX, archidiacre de l'église romaine, par Nicolas II), fut élu pape malgré lui, le 22 avril 1073. Il envoya aussitôt des députés au roi Henri, pour lui donner avis de son élection, et le prier de n'y pas consentir, en lui déclarant que s'il demeurait pape, il ne laisserait pas ses crimes impunis. Grégoire différa son ordination jusqu'à ce qu'il eût reçu réponse de Henri. Ce prince députa l'évêque de Verceil, pour confirmer l'élection, et assister à son ordination, qui se fit le 30 juin. Grégoire, qui n'était que diacre, reçut l'ordre de prêtrise avant que d'être ordonné pape; ce qui ne s'était point pratiqué jusqu'alors. Le père Pagi soutient que Grégoire VII est le dernier pape dont le décret d'élection ait été envoyé à l'empereur, pour en obtenir la confirmation. Dès que Grégoire se vit affermi sur le saint siége, il fit éclater son zèle contre deux vices qui régnaient impunément dans l'église, la simonie et l'incontinence des clercs. Les rois d'Allemagne et de France, Henri IV et Philippe I, faisaient publiquement trafic des dignités ecclésiastiques. Grégoire tonna contre eux, par des lettres où il les menaçait, non-seulement de les excommunier, mais encore (chose inouie jusqu'alors) de délier leurs sujets du serment de fidélité. Ces menaces furent sans effet en France, où l'on était instruit des vrais principes sur l'autorité pontificale, dont elles excédaient les bornes. Il n'en fut pas de même en Allemagne. La fermentation qu'y avaient excitée les déportements licencieux et tyranniques de Henri, rendait les esprits très-propres à prendre contre lui toutes les impressions que le pape voudrait leur donner. Grégoire profita de ces dispositions pour entreprendre ce prince, et le pousser à bout. Le moyen dont il abusait pour vendre les prélatures était l'investiture; cérémonie par laquelle, en remettant au prélat nouvellement élu l'anneau et la crosse, il l'envoyait en possession du temporel de son église. Grégoire, pour couper le mal par la racine, assembla, au Carême de l'an 1074, un concile, où il fut défendu à tout prélat de recevoir l'investiture de la main d'un laïque. Ce décret regardait également tous les souverains. Mais, pour ne pas s'attirer tant d'ennemis à la fois, le pape se contenta de l'envoyer au roi de Germanie, avec injonction de s'y conformer, sous peine d'excommunication et de déposition. Henri, alors occupé à réduire les Saxons qui s'étaient révoltés, promit tout ce que le pape voulut. Mais après avoir triomphé des rebelles, il reprit ses premiers errements. L'an 1076, Grégoire lui écrivit le 8 janvier, pour le presser d'exécuter ses promesses: Henri, choqué de sa lettre, tint, à la Septuagésime, une assemblée de prélats, à Worms, qui osa condamner le pape et le déposer. Grégoire, de son côté, assemble un concile dans le Carême, où il excommunie Henri, le déclare déchu de la dignité royale, et délie ses sujets du serment de fidélité. Il n'en demeure point là; le 3 septembre suivant, il écrit aux princes et aux prélats de Germanie, pour les engager à se donner un autre roi, si Henri ne se convertit pas. Cette lettre fit son effet. Un grand nombre de seigneurs, ayant à leur tête Rodolphe, duc de Suabe, et Guelfe duc de Bavière, avec deux légats, s'assemblent à Tibur, le 16 octobre, dans la vue de déposer le roi, et d'en élire un autre. Henri, pour se tirer de ce péril, promet tout ce qu'on veut. On exige qu'il se fasse absoudre de l'excommunication dans l'an et jour. En conséquence, il part avant Noël, avec sa femme et son fils, encore enfant, pour se rendre en Italie. Il arrive au château de Canosse, en Lombardie, où était le pape, reste trois jours à la porte, entre les deux enceintes, sans aucune marque de dignité, nu-pieds, vêtu de laine sur la chair, et jeûnant jusqu'au soir; enfin, il est admis à l'audience du pape, dont il obtient son absolution, aux clauses et conditions portées par un acte du 28 janvier 1077. Mais, quinze jours après, honteux de ce traité humiliant, il le rompt. Les seigneurs, alors, ne gardent plus de mesures. Ils s'assemblent à Forcheim, et élisent roi, le 17 mars 1077, Rodolphe de Suabe, qui fut couronné le 26 du même mois. L'an 1078, nouvelle excommunication prononcée contre Henri, au mois de novembre, dans un concile romain, où se trouvent les députés des deux prétendants au royaume de Germanie. L'an 1079, Grégoire, par des lettres datées du 30 de juillet, établit la primatie de l'archevêque de Lyon, sur les provinces de Tours, Rouen et Sens; Richer de Sens s'y opposa inutilement: elle fut confirmée l'an 1095, par Urbain II. L'an 1080, Grégoire réitère dans un concile, le 7 mars, l'excommunication du roi Henri, et confirme l'élection de Rodolphe. Le 25 juin suivant, Henri, pour se venger de Grégoire, fait élire pape, dans l'assemblée de Brixen, Guibert, archevêque de Ravenne, (et cardinal, suivant Landulphe le Vieux), qui prend le nom de Clément III. L'an 1084, Henri s'étant fait couronner empereur à Rome, par cet antipape, assiège Grégoire dans le château Saint-Ange, où il s'était renfermé. Grégoire, au mois de mai de la même année, délivré par Robert Guiscard, se retira à Salerne, où il mourut le 25 mai 1085. Il avait tenu le saint siège douze ans, un mois et trois jours. Ses dernières paroles furent: *J'ai aimé la justice, et haï l'iniquité; c'est pourquoi je meurs en exil.* On ne peut nier que Grégoire VII n'ait eu de grandes qualités, des mœurs ecclésiastiques, de bonnes intentions et beaucoup de zèle pour le bien : mais ce zèle tenait à un caractère impétueux, altier, inflexible, que les obstacles irritaient, et pour qui le danger avait de l'attrait, lorsqu'il pouvait servir à établir sa domination. Il est visible, par ses maximes et sa conduite, que son but était de soumettre toutes les couronnes à sa tiare, et de s'attribuer une monarchie universelle, tant au temporel qu'au spirituel dans toute la catholicité. Il n'y avait pas de royaume qu'il ne prétendît être tributaire du saint siége ; et pour le prouver, il ne craignait point d'alléguer des titres qui se conservaient, disait-il, dans les archives de l'église romaine, mais qu'il n'osa jamais produire.

Les bulles de Grégoire VII ne sont régulièrement datées que du lieu, du jour, du mois et de l'indiction. Ce pape commençait ordinairement l'année au 25 mars, trois mois ou environ après nous. Il semble néanmoins qu'il suivait aussi quelquefois le calcul pisan qui nous devance de neuf mois moins sept jours. Il comptait quelquefois comme nous les jours du mois dans l'ordre direct. M. du Pin prétend qu'il fut le premier qui imposa aux archevêques l'obligation de venir ou d'envoyer à Rome pour recevoir le *pallium*, et que l'archevêque de Rouen fut le premier à qui ce mandement apostolique fut notifié. Remarquons encore qu'il est le premier qui ait ordonné que le nom de pape ne serait porté que par l'évêque de Rome.

CLV. VICTOR III.

1086. VICTOR III (appelé auparavant Didier, de la maison des ducs de Capoue, prêtre, cardinal, abbé du Mont-Cassin, l'un des trois que Grégoire VII avait désignés comme capables de lui succéder) fut élu après une vacance d'un an, le 24 mai de l'an 1086. Quatre jours après, Victor, qu'on avait élu malgré lui, quitta les marques de sa dignité, s'enfuit de Rome et se retira au Mont-Cassin, où il demeura inflexible pendant près d'une année. Enfin, pressé et vaincu par les prières des prélats et des princes assemblés avec lui au concile de Capoue, il se rendit, et fut consacré le 9 de mai 1087. Il est cependant à remarquer que Hugues, archevêque de Lyon, présent à l'assemblée, Richard, abbé de Saint-Victor de Marseille, et quelques autres, s'opposèrent à son exaltation, sur des motifs qui ne sont pas clairs et qu'on a diversement interprétés. Victor ne jouit pas long-tems du pontificat. Il mourut au Mont-Cassin le 16 septembre 1087, n'ayant tenu le saint siége, depuis sa consécration, que 4 mois et 7 jours.

CLVI. URBAIN II.

1088. URBAIN II (appelé auparavant Otton ou Odon, évêque d'Ostie, l'un des trois que Grégoire VII avait désignés pour lui succèder, et que Victor III recommanda aussi avant sa mort d'élire pape) fut élu à Terracine le 12 de mars 1088. Otton, né à Reims, suivant Orderic Vital, ou à Châtillon-sur-Marne, selon Albéric, *non dans l'obscurité*, comme le marque M. Velli, mais fils d'Eucher, seigneur de Lageri, près de Reims, avait été chanoine de l'église de Reims et ensuite moine de Cluni. Grégoire l'avait fait venir en 1078 à Rome, où il l'avait élevé à l'épiscopat. La première année de son pontificat, Urbain II, par sa bulle du 15 octobre, donna le *pallium* à Bernard de Tolède, et l'établit primat sans consulter le clergé d'Espagne, ce qui a long-tems souffert de la difficulté. L'an 1095, il tira de sa solitude saint Bruno, dont il avait été disciple à Reims, et le fit venir à Rome, afin de se servir de ses conseils dans le gouvernement de l'église. Mais au bout de cinq ans, vaincu par ses instances, il lui permit de se retirer près de Squillace, en Calabre, après lui avoir inutilement offert l'archevêché de Reggio. La même année 1095, sur la fin de juillet, il vint en France, où il tint, vers la mi-novembre, un concile à Clermont, dans lequel il excommunia le roi Philippe, à cause de Bertrade, femme du comte d'Anjou, qu'il avait substituée à Berte, son épouse. Urbain II, à la fin de ce concile, publia la croisade, dont il avait déjà traité à celui de Plaisance, et le fit par un discours si pathétique, que, persuadée qu'il parlait par inspiration divine, toute l'assemblée s'écria: Dieu le veut, Dieu le veut. (*Voyez sur cette entreprise et ses suites l'avertissement sur la Chronologie des rois de Jérusalem*.) En s'en retournant en Italie, après avoir parcouru une grande partie de la France, il passa par Maguelonne, dont il bénit solennellement toute l'île, le jour de Saint-Pierre 1096, avec absolution de leurs péchés quelconques pour tous ceux qui s'y trouvaient inhumés, ou qui le seraient dans la suite: *Et omnibus in ea sepultis et sepeliendis absolutionem omnium delictorum concessit.* (Labbe, *Bibl. nov* tome I, page 799.) C'était là, si le fait est véritable, user en maître du pouvoir ministériel des clefs. Ce pape tint envers l'empereur Henri IV la même conduite que Grégoire VII, sur les traces duquel il se faisait gloire de marcher en tout. Il aurait dû choisir un meilleur modèle. Urbain mourut à Rome le 29 juillet 1099, après avoir tenu le saint siége 11 ans, 4 mois et 18 jours.

Urbain suit dans ses bulles, tantôt le calcul florentin, tantôt le pisan, et quelquefois le nôtre. Il varie aussi pour l'indiction. On voit de ses bulles datées de son pontificat, d'une année de moins qu'à le prendre de son commencement. Il est certain qu'il a eu plusieurs sceaux, ainsi que quelques-uns de ses prédécesseurs. On remarque plus d'uniformité dans les sceaux des papes qui l'ont suivi.

CLVII. PASCAL II.

1099. PASCAL II, nommé auparavant Rainier, né à Bléda, ville alors épiscopale, aujourd'hui du diocèse de Viterbe, fut placé dès son enfance à Cluni, où il fit profession. Envoyé à l'âge de 20 ans à Rome pour les affaires de sa maison, il y fut retenu par Grégoire VII, qui le fit, vers 1076, abbé de Saint-Laurent, hors des murs, et l'ordonna prêtre-cardinal. L'an 1099, il fut élu pape malgré lui le 13 août, arrêté comme il s'enfuyait, revêtu par force de la chape d'écarlate qui était alors un ornement propre au pape, et sacré le lendemain de l'élection. L'année suivante, l'antipape Guibert, poursuivi par les troupes de Pascal, mourut à Citta di Castello, sur la fin de septembre; mais cet événement ne rendit pas le repos à l'église. Les Schismatiques donnèrent à Guibert trois successeurs, l'un après l'autre: 1°. Albert, qui fut pris par les Romains le jour même de son élection ; 2°. Théodoric, qui eut le même sort au bout de 105 jours (le premier fut enfermé à Saint-Laurent d'Averse; le second au monastère de Cave); 3°. Maginufe, élu l'an 1106, après la mort de Théodoric, et nommé dans son parti Silvestre IV. Il fut chassé le lendemain de son élection, et on ignore ce qu'il devint. L'an 1106, après le concile de Guastalla, tenu vers la fin d'octobre, Pascal vint en France, et célébra la fête de Noël à Cluni. De là s'étant rendu, en traversant la Bourgogne et en passant par la Charité-sur-Loire, à Saint-Denis, en France, il y fut reçu avec beaucoup d'honneurs par le roi Philippe et Louis, son fils. Ce pape revint de France à Rome dans l'automne de l'an 1107, suivant l'abbé d'Usperg. L'an 1111, Henri V, roi de Germanie, approchant de Rome le 12 février, Pascal envoie au devant de lui divers officiers de sa cour, portant des enseignes, et tout le clergé de Rome qu'une grande foule de peuple accompagnait. Arrivé devant le portail de Saint-Pierre, où le pape l'attendait, Henri lui baise les pieds en l'abordant; ils s'embrassent ensuite, et entrent ensemble dans l'église. Henri demande au pape qu'il le couronne empereur. Pascal exige qu'il renonce préalablement aux investitures. Henri se retire à part avec ses évêques, pour en délibérer. Il revient quelques moments après, arrête le pape et l'emmène prisonnier au château de Tribucco avec ses cardinaux. Ce prince le relâche le 8 avril suivant, après l'avoir forcé de lui accorder les investitures. Pascal de re-

tour à Rome, couronne empereur Henri, le 13 du même mois, confirme le traité qu'ils avaient fait ensemble, et pour le cimenter par ce qu'il y a de plus sacré, partage l'hostie dont il devait communier, avec ce prince, en prononçant ces paroles terribles : *Comme cette partie est séparée du corps de Jésus-Christ, ainsi soit séparé de son royaume celui qui violera ce traité.* Après le départ de Henri, les cardinaux qui étaient restés à Rome, firent au pape d'amers reproches de l'accord qu'il avait fait avec ce prince, disant qu'il devait plutôt sacrifier sa vie que de lui accorder les investitures. « Mais il est beau, dit Muratori, de
» faire le brave loin du champ de bataille : *E un bel fare il bravo*
» *lungi della battaglia*. Si ces Zelanti, ajoute-t-il, eussent été
» deux mois dans la même détresse que ce bon pape, le couteau
» sous la gorge, et dans le danger de voir les cardinaux prison-
» niers et tant d'autres romains immolés à la fureur des Alle-
» mands, je ne sais s'ils eussent effectué ce qu'ils exigeaient
» alors du saint père ». La réflexion de Muratori serait plus juste, si Pascal en liberté n'eût point ratifié ce qu'on lui avait extorqué dans sa captivité. Il sentit lui-même sa faute (car il en avait réellement fait une en agissant contre sa conscience), et ne voyant pas de moyen de la réparer, il sortit de Rome pour aller la pleurer à Terracine. Les cardinaux, après son départ, comme si l'autorité apostolique leur eût été dévolue, firent un décret pour condamner le fatal traité. Hildeberg, Suger et Godefroi de Viterbe, nous apprennent que Pascal ayant déposé les ornements pontificaux, s'enfonça dans une solitude avec la résolution d'abdiquer la papauté. Mais les plus sages d'entre les Romains, ajoutent-ils, s'opposèrent à ce dessein, et l'engagèrent à revenir. Quelques modernes prétendent néanmoins que tout ceci n'était qu'un jeu concerté entre le pape et le sacré collège. Quoiqu'il en soit, Pascal à son retour révoque en plein concile, le 18 mars de l'an 1112, le privilége que Henri avait obtenu de lui ; mais il refuse de l'excommunier, pour ne pas violer le serment qu'il lui avait fait. Toutefois il souffre que les cardinaux en sa présence, et ses légats en divers conciles, lancent les foudres de l'église sur ce prince. L'an 1116, au mois de janvier, l'empereur étant revenu en Italie pour recueillir la succession de la comtesse Mathilde, morte le 24 juillet de l'année précédente, députe au pape l'abbé de Cluni pour lui faire des propositions de paix. Elles sont rejetées, parce que le pontife ne veut ni consentir aux investitures, ni renoncer au titre de légataire universel de Mathilde. L'empereur irrité s'avance vers Rome, l'an 1117, pour contraindre le pape à le satisfaire. Au bruit de son arrivée, Pascal sort de Rome, se retire au Mont-Cassin, de là passe à Capoue, puis à Bénévent, où il apprend que l'empe-

reur s'est fait couronner à Pâques dans l'église du Vatican, par Maurice Bourdin, archevêque de Brague, qu'il avait envoyé pour traiter avec ce prince. Justement indigné de l'infidélité de ce ministre, il le dépose dans un concile qu'il tient au mois d'avril. Pascal revient à Rome, sur la fin de la même année, et y meurt le 18 ou le 21 janvier 1118, après avoir tenu le saint siége 18 ans, 5 mois et 5 ou 8 jours.

Pascal n'emploie souvent dans ses bulles que la date du jour. Il suit quelquefois le calcul pisan, et quelquefois aussi il anticipe sur nous d'une année entière. D'autrefois il emploie le calcul florentin.

CLVIII. GELASE II.

1118. GÉLASE II (précédemment nommé Jean de Gaëte, du lieu de sa naissance, moine du Mont-Cassin, cardinal, diacre et chancelier de l'église romaine, emploi qu'il avait exercé l'espace de quarante ans, suivant Orderic Vital) fut élu pape le 25 janvier 1118. Cette élection se fit avec quelque mystère; car Cencio Frangipani l'ayant apprise, entra de force dans l'église où elle s'était faite, se saisit du pape comme d'un intrus, et, après l'avoir maltraité, le mena chez lui où il l'enchaîna. Mais, intimidé par les Romains, bientôt il le relâcha. Le 2 mars suivant, le pape s'enfuit à Gaëte sur la nouvelle de l'arrivée de l'empereur Henri V. Ce prince, après l'avoir inutilement député pour l'engager à revenir, fait élire à sa place, le 9 mars, Maurice Bourdin, archevêque de Brague, qui prit le nom de Grégoire VIII, et couronna de nouveau l'empereur, le jour de la Pentecôte. Le même jour de l'élection de cet antipape, Gélase fut ordonné prêtre à Gaëte, et consacré pape le lendemain. Henri étant sorti de Rome, Gélase y rentre secrètement: mais le 21 juillet de la même année, il en fut chassé par les Frangipani, après un combat sanglant contre les siens. On le ramena presqu'aussitôt à Rome; mais n'y trouvant point de sûreté, il en part sur la fin d'août, et s'embarque le 2 septembre pour se rendre en France, où il arrive le 7 novembre, *VII idus novembris*, comme porte un de ses rescrits daté de Saint-Gilles, lieu de son débarquement. (Pagi.) Le roi Louis le Gros lui députe Suger à Maguelonne. Ce prince se préparait à venir en personne le trouver. Mais Gélase mourut à Cluni, où il s'était fait transporter, le 29 de janvier 1119, après avoir tenu le saint siége un an et quatre jours. Orderic Vital l'accuse d'une avarice insatiable. Les autres historiens n'en parlent pas si désavantageusement.

Ce pape suivait dans ses dates le calcul pisan, mais en commençant l'année à Pâques. Ainsi, l'on ne doit pas être surpris qu'il date une de ses bulles du 20 décembre 1119, quoique mort le 29 janvier de cette année. Il commençait l'indiction au mois de septembre.

CLIX. CALLISTE II.

1119. CALLISTE II, appelé auparavant GUI, archevêque de Vienne, fut élu pape à Cluni, le 1er. février 1119, par les cardinaux qui avaient accompagné son prédécesseur en France. Ils ne faisaient pas, à la vérité, la totalité du sacré collége; mais avant que Gélase partît de Rome, il avait été convenu entre ceux qu'il emmenait, et ceux qui restaient, que, dans le cas où il viendrait à mourir en France, les premiers seraient autorisés à procéder seuls à l'élection de son successeur. (*Chron. Maurin.* l. II.) Calliste était né à Quingei, entre Besançon et Salins, de Guillaume, dit le Grand et *Tête-hardie*, comte de Bourgogne (et non pas de Guillaume, dit aussi *Tête-hardie*, son fils, comme l'avancent quelques modernes), et était par conséquen oncle de la reine Adélaïde, femme de Louis le Gros. Ce pontife partit de Cluni peu de jours après son élection pour se rendre à Vienne, où il fut couronné le 9 février, dimanche de la Quinquagésime. Calliste tint plusieurs conciles en France pendant un an et plus de séjour qu'il y fit, s'achemina ensuite vers Rome, et y arriva le 3 juin 1120. L'antipape Bourdin en était sorti, et s'était réfugié à Sutri, où il fut assiégé, pris, dépouillé, couvert d'une peau de mouton toute sanglante, pour figurer la chape pontificale qui était d'écarlate, et mis à rebours sur un chameau dont il tenait la queue au lieu de la bride. Il fut amené dans cet équipage, le 23 avril 1121, à Rome, dont la populace, après l'avoir insulté à grands cris, voulait le mettre en pièces. Mais Calliste lui sauva la vie, et se contenta de le reléguer au monastère de Cave. Cette modération fit plus d'honneur à ce pontife que le fastueux tableau qu'il fit faire peu de jours après, où il était représenté foulant Bourdin à ses pieds, comme saint Michel écrase le diable. Après avoir éteint le schisme causé par cet antipape, Calliste, l'année suivante, acheva de rendre la paix à l'église, en ratifiant, le 23 septembre, le traité fait le 8 entre ses députés et l'empereur Henri dans l'assemblée de Worms. (*Voy.* Henri V, empereur.) L'an 1123, Calliste tint le premier concile général de Latran. Il mourut l'année suivante 1124, le 12 ou le 13 de décembre, après avoir tenu le saint siége cinq ans, dix mois et douze jours. Ce pape, par sa bulle du 26 février 1120, accorda la primatie à l'église de Vienne sur sept provinces; savoir: Vienne, Bourges, Bordeaux, Auch, Narbonne, Aix et Embrun, et sur l'archevêché de Tarentaise. Comme l'archevêque de Bourges et celui de Narbonne avaient déjà le titre de primat, l'archevêque de Vienne en prit occasion de se qualifier *primat des primats*, comme il fait encore ; mais sa primatie n'a jamais été qu'un vain titre.

Calliste, à l'exemple de son prédécesseur, suivait quelquefois le calcul pisan.

CLX. HONORIUS II.

1124. HONORIUS II, appelé auparavant LAMBERT, né à Fagnano, dans le Bolonais, et évêque d'Ostie, fut reconnu pape et intronisé le 21 décembre 1124. Son élection n'avait pas été d'abord bien canonique ; car Thibaud était élu pape lorsque Robert Frangipani vint crier dans l'assemblée : *Lambert, évêque d'Ostie, pape* ; mais Thibaud ayant cédé le même jour, tous consentirent à l'élection de Lambert. Celui-ci néanmoins, sentant le défaut de son élection, quitta sept jours après les ornements pontificaux en présence des cardinaux. Cet acte d'humilité les toucha, et les porta à rectifier ce qui avait été mal fait, et à reconnaître de nouveau Lambert, qui prit alors le nom d'Honorius II. L'an 1127, après la mort de Guillaume II, duc de Pouille et de Calabre, il voulut empêcher, par la voie des armes, Roger II, comte de Sicile, de lui succéder, dans la crainte que, devenu trop puissant, il n'envahît les terres de l'église romaine. Cette entreprise lui réussit mal. Roger l'obligea, le 22 août de l'année suivante à lui donner l'investiture des duchés de Calabre, de la Pouille et de Naples. (*V.* Roger le Jeune, comte, puis roi de Sicile.) Honorius tint le saint siége cinq ans, un mois et vingt-cinq jours, étant mort le 14 février de l'an 1130.

CLXI. INNOCENT II.

1130. INNOCENT II, appelé auparavant Grégoire, de la maison des Papi, chanoine régulier de Latran, cardinal diacre de Saint-Ange, fut élu pape malgré lui, de grand matin, le 15 février, c'est-à-dire le lendemain de la mort d'Honorius, par seize cardinaux les plus familiers avec ce pontife, et les plus assidus auprès de lui pendant sa dernière maladie. La mort d'Honorius n'était point encore publiée. Aussitôt qu'elle le fut, les autres cardinaux, faisant le plus grand nombre, s'assemblèrent à Saint-Marc, et élurent Pierre de Léon, qu'ils nommèrent Anaclet. Celui-ci, moine de Cluni, puis cardinal-prêtre, était fils de Pierre de Léon, juif converti, qui avait amassé de grandes richessses par le négoce. Les deux élus furent intronisés sans délai, le premier à l'heure de tierce, le second à l'heure de sexte. Tous deux se firent ensuite consacrer le 23 février, Innocent à Sainte-Marie-la-Neuve, Anaclet à Saint-Pierre. Le parti de ce dernier étant le plus fort à Rome par les largesses que son opulence le mit en état de faire au peuple, Innocent se retira en France, où l'assemblée d'Etampes, sur l'avis de saint Bernard, le reconnut pour légitime pape avant son arrivée. (*Voyez* cette assemblée parmi les conciles.) Le roi Louis le Gros alla au-devant de lui à Saint-Benoît-sur-Loire, avec la reine et la famille royale. Tous les autres souverains se déclarèrent pour Innocent, à l'exception de David, roi d'Ecosse, et de Roger, roi de Sicile, qui embrassèrent le parti d'Anaclet, dont Roger avait épousé la sœur. Innocent, après avoir parcouru différentes villes de France, et tenu plusieurs conciles pendant le séjour qu'il fit, depuis environ le 20 mars de l'an 1130, jusqu'à l'an 1132, reprit la route d'Italie au printems de cette dernière année, et célébra, le 10 d'avril, la fête de Pâques à Asti. L'an 1133, il arrive à Rome au mois de mai avec le roi Lothaire, qu'il y couronne empereur le 4 juin. Après le départ de ce prince, Innocent, trop faible contre son rival, est obligé de se retirer à Pise, où il resta jusqu'au retour de Lothaire en Italie. L'an 1138, l'antipape Anaclet mourut, *septimo die stante mensis januarii*, ce qui marque le 25 janvier. Après sa mort, les Schismatiques élurent, vers le 15 mars, Grégoire, cardinal, sous le nom de Victor; mais cet intrus ayant quitté la tiare presque aussitôt, le schisme fut heureusement éteint. Innocent alors demeura paisible possesseur du saint siége. S'étant mis en campagne l'an 1139, pour empêcher Roger de Sicile de s'emparer de la Pouille, il est fait prisonnier par ce prince le 22 juillet. Roger l'engage, dans sa captivité, à lui confirmer le titre de roi qu'Anaclet lui avait donné. Il le relâche ensuite le 1er. août, et l'accompagne jusqu'à Bénévent. L'an 1143, Innocent meurt le 24 septembre: il avait occupé la chaire de saint Pierre 13 ans, sept mois et neuf jours.

Dans les bulles de ce pape, les années se prennent tantôt du 1er. janvier, tantôt du 25 mars, mais rarement suivant le calcul pisan. Il datait le commencement de son pontificat, non du jour de sa consécration, mais de celui de son élection.

Ce ne fut, selon le Blanc, que sous le pontificat d'Innocent II que les papes, se voyant appuyés des armes des Normands établis dans le royaume de Naples, voulurent être dans Rome des souverains absolument indépendants. On verra les longues et sanglantes querelles qu'il y eut à ce sujet entre les papes et les Romains, puis entre les empereurs et les papes.

CLXII. CELESTIN II.

1143. CÉLESTIN II (appelé auparavant GUI, toscan de nation, prêtre-cardinal du titre de Saint-Marc), fut élu pape le 26 septembre de l'an 1143, et intronisé le même jour. Cette élection fut très-paisible ; ce qui n'était point arrivé depuis long-tems. Célestin n'occupa le saint siége que cinq mois, treize jours, et mourut le 9 mars de l'an 1144. Ce pape leva l'interdit que son prédécesseur avait jeté sur le royaume de France l'an 1141, au sujet de l'élection d'un archevêque de Bourges, rejeté par le roi Louis le Jeune. (Voy. *l'art. de ce Monarque.*) Mais il refusa de confirmer le traité qu'Innocent avait fait avec Roger, roi de Sicile ; ce qui indisposa ce prince contre lui. Le continuateur de la Chronique de Jean d'Hagulstad dit qu'il avait été élevé parmi les Angevins, *fuerat alumnus Andegavensium*, et que par cette raison il se déclara pour Geoffroi Plantagenet, comte d'Anjou, et Mathilde, sa femme, contre Etienne de Blois, qui leur avait enlevé le royaume d'Angleterre.

CLXIII. LUCIUS II.

1144. LUCIUS II (appelé auparavant GÉRARD, natif de Bologne, chanoine régulier de Sainte-Marie, à quatre milles de Bologne, prêtre-cardinal du titre de Sainte-Croix en Jérusalem, et chancelier de l'église romaine), fut élu et couronné le 12 mars de l'an 1144. (*Sigon. Onuph. Pagi.*) Son pontificat fut court et orageux. Les Romains, excités par le fameux Arnaud de Bresse, rétablirent le sénat, créèrent patrice le comte Jourdain, frère de l'antipape Anaclet, et sommèrent le pape de se dépouiller entre ses mains de tous les droits régaliens que ses prédécesseurs avaient acquis, soit dans leur ville, soit dans son territoire, prétendant qu'à l'exemple des premiers pontifes il devait se contenter, pour lui et pour son clergé, des dîmes et des oblations des fidèles. Lucius envoie des légats en Allemagne pour implorer le secours du roi Conrad III, et forme, en attendant le succès de cette ambassade, une entreprise sur Rome, dont les sénateurs s'étaient emparés. Ses soldats sont repoussés avec perte, et lui-même atteint de plusieurs pierres qui le blessent de manière à ne pouvoir plus s'asseoir. Il mourut peu de jours après cette expédition mal concertée, le 25 février 1145, n'ayant tenu le saint siége que onze mois et quatorze jours.

Lucius, dans ses actes, suivait le calcul florentin.

CLXIV. EUGENE III.

1145. EUGÈNE III (appelé auparavant BERNARD, natif de Pise, moine de Clairvaux, puis abbé de Saint-Anastase à Rome) fut élu pape le 27 février 1145. Son ordination se fit le 4 de mars, dans le monastère de Farfe, où les troubles qui régnaient à Rome l'avaient obligé de se retirer avec les cardinaux. Saint Bernard ayant appris l'élection de son disciple, en écrivit aux cardinaux, se plaignant de ce qu'ils avaient tiré un homme mort du tombeau. Eugène, ayant réduit les Romains par les armes des Tiburtins, leurs anciens ennemis, rentra dans Rome, où il célébra la fête de Noël, en 1145, abolit le sénat que les rebelles avaient rétabli, et destitua le patrice qu'ils avaient élu. Le feu mal éteint de la révolte s'étant rallumé presque aussitôt, ce pontife prit le parti de sortir une seconde fois de Rome, après le 10 mars 1146, jour auquel il donna la consécration épiscopale à Anselme, abbé de Saint-Vincent de Laon, pour l'évêché de Tournai, qu'il avait enfin séparé de celui de Noyon, auquel il était réuni depuis environ six cents ans. S'étant arrêté à Sienne, puis à Pise, il traversa l'Apennin au mois d'août, parcourut la Lombardie, et passa, dans les premiers mois de l'an 1147, en France, l'asile ordinaire des papes persécutés. Il était à Cluni le 26 mars, et quatre jours après à Dijon, où le roi Louis le Jeune était venu au-devant de lui. Arrivé à Paris, il alla célébrer les fêtes de Pâques à Saint-Denis ; puis, de retour dans la capitale, il y tint un concile. Au mois de septembre suivant (et non de l'année 1148, Eugène n'étant plus à pareil mois de celle-ci en France), il se rendit au chapitre général de Citeaux, auquel il assista, dit Geoffroi de Clairvaux, moins comme pontife que comme l'un d'entre les frères. De là, s'étant transporté à Châlons-sur-Marne, il y dédia, le 25 octobre, la cathédrale. L'évêque de Verdun l'emmena de Châlons dans son église. Il passa ensuite à Trèves, où il tint un nouveau concile sur la fin de la même année, et permit à sainte Hildegarde, sur le rapport de saint Bernard qui l'accompagnait, d'écrire ses révélations. Etant revenu à Verdun au mois de janvier 1148, il dirigea sa route vers Reims, pour le grand concile qu'il avait indiqué au 22 mars. De Paris, où il était retourné au sortir de Reims, il s'achemina à Clairvaux, et de là il prit sa route par Langres pour repasser en Italie, où il se rendit avant le 16 juin, comme on le voit par une de ses bulles expédiée sous cette date à Verceil. L'entrée de Rome ne lui fut cependant ouverte que sur la fin de l'an 1149 ; et l'année suivante, il fut encore obligé d'en sortir : enfin il y revint l'an 1152, et passa le reste de son pontificat tranquillement, selon la prophétie de sainte Hildegarde. Eugène mourut à Tivoli la nuit du 7 au 8 de juillet 1153, après avoir tenu le saint siége huit ans, quatre mois et onze jours. Un trait de la vie de ce pape, qui a échappé à la connaissance des historiens modernes, et qui mérite d'être connu, c'est le soin qu'il prit de faire traduire en latin plusieurs ouvrages des pères grecs. Burgondion, ou Bourguignon, juge de Pise, fut l'homme de lettres qu'il employa pour ce travail. Cet écrivain témoigne, dans le prologue de sa traduction des Homélies de saint Chrysostôme sur saint Mathieu, qu'il l'entreprit par ordre du pape Eugène III. Ce fut aussi pour lui obéir qu'il traduisit les explications du même père sur saint Jean, le livre de saint Grégoire de Nysse, *de la nature de l'homme*, et les Œuvres de saint Jean Damascène. (Martenne, *Ampl. Coll.*, tom. 1, *Præf.* p. 30.)

Eugène commençait l'année tantôt au 1er. janvier, tantôt au 25 mars.

CLXV. ANASTASE IV.

1153. ANASTASE IV (appelé auparavant CONRAD, romain de naissance, chanoine régulier de Saint-Ruf, en Dauphiné, suivant les uns, de Saint-Anastase, diocèse de Véletri, selon les autres, créé cardinal-évêque de Sabine au mois de septembre 1125, par le pape Honorius II, dont il était parent), fut élu pape le 9 juillet de l'an 1153. Son mérite reconnu avait déterminé son élection. Innocent II, lorsqu'il fut contraint par l'antipape Anaclet de sortir de Rome, l'avait laissé en qualité de son vicaire dans cette ville, emploi dont il s'acquitta avec beaucoup de prudence et de modération. Il n'en fit pas moins paraître dans la conduite qu'il tint, étant monté sur le saint siége, envers l'empereur Frédéric. Sa charité se signala dans une famine qui fut presque universelle sous son pontificat, dont la durée ne répondit point aux vœux des gens de bien. Il mourut le 2 décembre de l'an 1154, n'ayant tenu le saint siége qu'un an, quatre mois et vingt-quatre jours.

CLXVI. ADRIEN IV.

1154. ADRIEN IV, abbé de Saint-Ruf, en Dauphiné, cardinal-évêque d'Albane, fut élu pape le 3 décembre 1154. Il était anglais de naissance, d'une basse extraction, et s'appelait Nicolas Breakspear, ou Brise-Lance. Frédéric Ier. étant venu, l'an 1155, en Italie pour se faire couronner empereur, le pape lui députa des cardinaux, qui exigèrent pour préliminaire qu'Arnaud de Bresse leur fût livré. Ce séditieux, en conséquence, est arrêté par l'ordre du prince, jugé et condamné par les cardinaux, puis remis au préfet de Rome, qui le fait pendre et brûler. Le pape va trouver ensuite Frédéric à Sutri, l'oblige, après deux jours de contestations, à faire auprès de lui la fonction d'écuyer, c'est-à-dire à lui tenir l'étrier en montant à cheval, et à conduire quelques pas son cheval par la bride. Frédéric ramène ensuite le pape à Rome, où il est couronné, le 18 juin, empereur dans l'église de Saint-Pierre. Adrien était alors brouillé avec Guillaume I, roi de Sicile, pour des entreprises qu'il faisait sur les terres de l'église. Dans le dessein de se venger, il excita les barons que ce prince avait bannis, et d'autres seigneurs de ses états, à se réunir pour lui faire la guerre, et se mit lui-même à la tête de la révolte, où plusieurs villes entrèrent bientôt après pour se donner à Manuel, empereur d'Orient. Adrien, pour soutenir les rebelles, part de Rome à la tête d'une armée, sur la fin de septembre, et se rend à San-Germano, où les chefs du parti vinrent lui faire serment de fidélité. La révolution fut telle, que Guillaume se voyant menacé d'une défection générale, résolut de faire la paix avec le pape, à quelque prix que ce fût. Pour cet effet, il lui députa, l'an 1156, l'évêque de Catane et d'autres grands de sa cour, chargés de lui offrir la même somme d'argent que l'empereur grec lui avait promise, avec trois terres à sa bienséance. Mais les cardinaux, espérant de trouver leur compte dans la ruine du roi de Sicile, empêchèrent le pape d'accepter ces offres. Ils ne tardèrent pas à s'en repentir; car Guillaume, ayant repris le dessus par des victoires remportées sur les rebelles et sur les Grecs, se mit en marche la même année pour aller assiéger le pape à Bénévent, où il s'était renfermé. Ce fut alors une nécessité pour Adrien de faire lui-même une députation à ce prince, pour obtenir la paix qu'il avait auparavant refusée à ses instantes prières. Elle lui fut accordée au mois de juin, à des conditions bien moins favorables que celles qu'il avait rejetées, par un diplôme qu'on peut voir dans Baronius, avec la bulle confirmative du pape. (*Voyez les rois de Sicile.*) L'an 1157 (et non pas 1158), mécontent de la défense que Frédéric avait faite à tous les ecclésiastiques de ses états de s'adresser en cour de Rome, soit pour la collation des bénéfices, soit pour autre sujet, Adrien lui écrit une lettre pleine de reproches sur son ingratitude envers le saint siége. Deux légats, qui en furent les porteurs, la lui remirent dans la cour plénière qu'il tenait à Besançon. Frédéric l'ayant lue, fut choqué principalement, et toute l'assemblée avec lui, de ce que le pape disait lui avoir donné la *couronne impériale*. Prenant cette expression à la lettre, il renvoie honteusement les légats qui appuyaient son interprétation, et leur ordonne de s'en retourner par le plus court chemin. (*Voyez les empereurs.*) Adrien, voulant appaiser l'empereur, lui envoya d'autres légats plus prudents que les premiers, qui donnèrent à ce prince toute la satisfaction qu'il pouvait désirer. Mais le refus que le pape fit, quelque tems après, de confirmer le choix que Frédéric avait fait d'un archevêque de Ravenne, occasionna une nouvelle brouillerie entre eux. On s'écrivit de part et d'autre des lettres fort dures ; et la querelle n'était pas encore finie, lorsqu'Adrien fut enlevé de ce monde le 1er. septembre 1159, après avoir tenu le saint siége quatre ans, huit mois et vingt-neuf jours. Ce pape fut si éloigné d'enrichir ses parents, qu'il ne leur donna pas une obole, même à sa mère, qui était dans l'indigence, et qu'il laissa subsister des charités de l'église de Cantorberi. Adrien aimait qu'on lui dît la vérité avec franchise. Il demanda un jour à Jean de Salisberi, son compatriote, qui se trouvait à Rome, ce qu'on disait de lui. Jean lui fit à cette occasion des remontrances sur le luxe et l'avarice de la cour de Rome. Le pape tâcha d'excuser le mal, et approuva en même-tems la liberté de celui qui le disait. Adrien, à son tour, ouvrit son cœur à cet ami si plein de franchise, et lui avoua qu'il éprouvait dans la papauté bien des chagrins, qui lui faisaient regretter la paix dont il jouissait dans son cloître de Saint-Ruf ; ajoutant qu'il ne l'avait quitté que pour se conformer aux ordres de la providence. C'est à ce pontife que remonte l'origine des *mandats*. On entend par ce nom des lettres apostoliques, par lesquelles le pape enjoint à un collateur de conférer le premier bénéfice qui vaquera à sa collation, au clerc qui est nommé dans le *mandat*. D'abord, ces *mandats* furent reçus à titre de prières ; mais comme très-souvent les collateurs ne s'y conformaient pas, la cour de Rome jugea à propos d'y joindre un commandement ; et, pour en assurer l'effet, les papes nommèrent ensuite des exécuteurs chargés de conférer le bénéfice au mandataire, si le collateur refusait de se conformer aux volontés de la cour de Rome. Adrien est aussi le premier qui ait accordé des dispenses aux ecclésiastiques de résider dans leur bénéfice, et la permission d'en posséder plusieurs à la fois. Toutes ces innovations ont fait une plaie funeste et incurable à la discipline de l'église.

Peu de bulles d'Adrien sont datées de l'année de son pontificat. Dans quelques-unes, il marque le rang qu'il tient parmi les papes de même nom que lui ; ce qui était sans exemple depuis long-tems. Il commençait l'année tantôt au 1er. janvier, tantôt au 25 mars, quelquefois suivant le calcul pisan.

CLXVII. ALEXANDRE III.

1159. ALEXANDRE III (nommé auparavant ROLAND,

natif de Sienne, de la maison de Bandinelli, cardinal du titre
de Saint-Marc, et chancelier de l'église romaine), fut élu pape
le 7 septembre 1159 par tous les cardinaux, à l'exception de
trois; savoir : Jean Morson, cardinal de Saint-Martin, Gui de
Crême, cardinal de Saint-Calliste, et Octavien, cardinal de
Sainte-Cécile. Les deux premiers de ceux-ci donnèrent leur voix
au troisième, issu des comtes de Frascati. C'est ce qu'attestent
l'auteur de la Chronique de Reichersberg, et l'anonyme du
Mont-Cassin. Onuphre Panvini compte néanmoins six électeurs
d'Octavien, lui-même compris; savoir, outre ceux qu'on vient
de nommer, Imare, cardinal-évêque de Tusculum, Raimond,
cardinal-diacre du titre de Sainte-Marie *in via lata*, et Simon,
abbé de Sublac, cardinal de Sainte-Marie *in dominica*. Ciaconius et Palatio y en ajoutent encore deux. Grégoire, cardinal-
diacre de Saint-Vit, et Guillaume, archidiacre de Pavie. Quoi
qu'il en soit, Octavien, aussitôt après son élection quelconque,
se portant pour pape légitime, arracha la chape qu'on venait de
mettre sur les épaules de son rival, et voulut l'emporter. Mais un
sénateur qui était présent, la lui ayant ôtée des mains, il fit
signe qu'on lui en donnât une autre qu'il avait fait apporter, et
s'en revêtit avec tant de précipitation, qu'il la mit sens devant
derrière; ce qui excita de grands éclats de rire. Des gens armés
qu'il avait apostés entrèrent incontinent dans l'église, et en
chassèrent Alexandre et ses adhérents. Appuyé de la garde
de la ville, il alla ensuite assiéger Alexandre dans le fort de
Saint-Pierre, où il s'était sauvé, et le contraignit quelques
jours après de quitter Rome. Alexandre s'étant retiré à Nymphée, aujourd'hui Santa-Ninfa, dans la Campanie, y fut
sacré le 20 septembre par l'évêque d'Ostie. Octavien le fut
aussi quinze jours après (le 4 octobre) au monastère de Farfe
par l'évêque de Tusculum, et prit le nom de Victor. L'empereur Frédéric, qui le favorisait, l'ayant connu en Allemagne,
lorsqu'il y était légat, le fit reconnaître dans un conciliabule,
tenu à Pavie, au mois de février 1160. Ce prince avait des raisons personnelles de haïr Alexandre, qui était l'un des deux
légats qui lui apportèrent à Besançon la lettre d'Adrien IV, et
appuyèrent ce qu'elle présentait d'offensant, loin de l'excuser.
Les rois de France et d'Angleterre, et quelques autres princes,
balancèrent d'abord entre les deux élus; mais ayant été informés
de la canonicité de l'élection d'Alexandre, ils le reconnurent
pour vrai pape. Alexandre, persécuté par l'empereur en Italie,
prit la résolution de se retirer en France : il arriva le 11 avril
1162 à Maguelonne. L'an 1163, il célébra la fête de Pâques à
Paris. De là, s'étant rendu à Sens le 30 septembre suivant, il y
séjourna l'espace d'un an et demi. (*Chron. Strozzi.*) Ce fut là

qu'il apprit la mort de l'antipape Victor, arrivée à Lucques le 20 ou le 22 avril de l'an 1164. Cet événement ne rendit point la paix à l'église. Les Schismatiques substituèrent à Victor, le même jour, Gui de Crême, qu'ils nommèrent Pascal III. Alexandre partit de Montpellier, sur la fin d'août de l'an 1165, pour retourner à Rome, où il arriva le 24 de novembre; mais il fut obligé d'en sortir l'an 1167, par la crainte de Frédéric, qui vint assiéger cette ville et la prit. Pendant le séjour que le pape y avait fait, Manuel, empereur grec, avait entamé une correspondance avec lui pour réunir l'empire d'Occident avec celui d'Orient. La plupart des villes d'Italie le désiraient. Mais Alexandre demandait que le siége de l'empire fût rétabli à Rome, et Manuel voulait que cet honneur demeurât à Constantinople. Cet article, sur lequel ni l'un ni l'autre ne voulurent se relâcher, fit échouer la négociation. (*Cinnam.* l. IV, c. 6.) Alexandre, retiré à Bénévent, excommunia, cette même année, l'empereur Frédéric, et le déposa de la dignité impériale, à l'exemple de Grégoire VII. L'antipape Pascal étant mort le 20 septembre, (et non le 26) de l'an 1168, les Schismatiques élurent à sa place Jean, abbé de Strume, en Hongrie, qu'Alexandre avait nommé à l'évêché de Jérusalem. Il prit le nom de Calliste III, et fit une figure misérable dans sa faction discréditée. Sa résidence ordinaire fut à Viterbe. Alexandre canonisa deux célèbres personnages de son tems, saint Thomas de Cantorberi, le 21 février 1173, et saint Bernard, le 18 janvier 1174. Frédéric lui était toujours opposé. Il fut enfin reconnu, l'an 1177, par ce prince, qui renonça au schisme, reçut l'absolution, et fit sa paix. (*Voy.* Frédéric Ier., empereur.) Le roi de Sicile et les Milanais suivirent bientôt l'exemple de l'empereur. L'an 1178, le 12 mars, Alexandre partit de Tusculum pour revenir à Rome, où il fut reçu avec les plus grands honneurs. L'antipape Jean de Strume vint, le 29 août, se jeter à ses pieds, confessa son péché, et abjura le schisme, qui ne fut pas néanmoins alors entièrement éteint. Quelques schismatiques élurent encore (le 29 septembre 1178) un antipape, qu'ils nommèrent Innocent III; (son nom de famille était Landon ou Lando-Sitino). Alexandre l'ayant pris l'an 1180, le fit enfermer dans le monastère de Cave, où il mourut. L'an 1179, Alexandre tint le troisième concile de Latran. Enfin, après un long, pénible et glorieux pontificat de vingt et un ans, onze mois et vingt-trois jours, à compter du jour de son élection, ce pape mourut le 30 août de l'an 1181, à vingt milles de Rome, dans un domaine de son église, *vicesimo ferme ab urbe milliario, in quadam Ecclesiæ Romanæ possessione, diem clausit ultimum*, dit l'*Auctarium Aquicinctinum*, suivant l'exemplaire manuscrit d'Anchin, où l'on ajoute que, lorsqu'on apporta son corps à Rome, des séditieux (qui vraisemblablement l'avaient obligé d'abandonner cette ville) vinrent au-devant, le chargèrent d'imprécations, jetèrent de la boue et des pierres contre le cercueil, et permirent à peine de l'enterrer dans l'église de Latran. (Martenne, 2e. *Voy Litt.* p. 83.) Alexandre III mit la canonisation des saints au rang des causes majeures, en la réservant au seul souverain pontife. Depuis le dixième siècle, comme on l'a remarqué ci-devant d'après dom Mabillon, les papes commencèrent à s'attribuer la canonisation: cependant les métropolitains avaient, en quelque façon, suivi l'ancienne coutume; et on trouve plusieurs canonisations faites par eux jusqu'à celle de saint Gautier, abbé de Pontoise, que fit l'archevêque de Rouen l'an 1153. C'est le dernier exemple que l'histoire en fournisse. Alexandre est le premier qui ait introduit l'usage des monitoires.

Ce pape suivait le calcul florentin dans ses bulles, c'est-à-dire qu'il commençait l'année au 25 mars.

CLXVIII. LUCIUS III.

1181. LUCIUS III (appelé auparavant UBALDE, né à Lucques, en Toscane, cardinal du titre de Sainte-Praxède, et évêque d'Ostie), fut élu pape à Citta-Castellana, dans un âge très-avancé, le 1er. septembre 1181. On commença, dans cette élection, à mettre en pratique le décret du dernier concile de Latran, qui demandait les deux tiers des suffrages pour faire un pape; les cardinaux y commencèrent aussi à réduire à eux seuls le droit de l'élire, à l'exclusion du peuple et du reste du clergé. Lucius fut couronné le dimanche suivant, 6 septembre, à Véletri. Il revint en cette ville l'an 1182, et s'y fixa, dégoûté du séjour de Rome par les mauvais procédés du peuple à son égard. Christien, chancelier de Frédéric et archevêque de Mayence, étant pour lors en Italie avec une armée, essaya de le venger des insultes des Romains. Mais la mort enleva ce prélat au mois d'août 1183. (Muratori.) Cette même année, Lucius revint à Rome; mais ce fut pour y recevoir de nouveaux outrages. Les Romains l'obligèrent de se retirer à Vérone. On peut juger de l'excès de leur fureur par le trait suivant. Ayant pris aux environs de la ville de Tusculum, à la ruine de laquelle ils étaient acharnés, un certain nombre de clercs attachés au pape, ils leur crevèrent les yeux, à l'exception d'un seul qu'ils chargèrent de conduire les autres à sa sainteté, montés sur des ânes et la tête parée d'une mitre. Ce spectacle horrible ne permit pas à Lucius de rester plus long-tems parmi des forcenés qui avaient dépouillé tout sentiment d'humanité. (*Chron. Aquicin, Fran-*

cisci Pipini. et Nangii Chronol.) L'empereur Frédéric étant venu le joindre sur la route, ils firent ensemble leur entrée dans Vérone le 31 juillet 1184. Lucius mourut en cette ville le 24 novembre de l'an 1185, après quatre ans, deux mois et dix-neuf jours de pontificat, à compter du jour qu'il fut couronné. (*Voy.* le *Concile* de Vérone de l'an 1184.)

Ce pape suivait le calcul florentin, et variait pour l'indiction.

CLXIX. URBAIN III.

1185. URBAIN III (appelé auparavant Hubert CRIVELLI, archidiacre de Bourges, puis archevêque de Milan, sa patrie, cardinal du titre de Saint-Laurent) fut élu pape à l'unanimité le 25 novembre 1185, aussitôt après l'inhumation de Lucius III, et couronné le 1er. de décembre. Urbain se donna beaucoup de mouvements pour procurer du secours à la Terre-Sainte. Etant parti pour Venise, à dessein d'y faire équiper une flotte, il apprit à Ferrare la prise de la ville et du roi de Jérusalem par Saladin. Cette nouvelle, dit-on, lui causa un si grand chagrin, qu'il en mourut à Ferrare le 19 octobre 1187, après avoir tenu seulement le saint siège un an, dix mois et vingt-cinq jours, à compter du jour de son élection. Il avait gardé jusqu'à sa mort l'archevêché de Milan, comme le prouvent Pagi et Sassi contre Baronius.

Urbain commençait l'année et l'indiction au 25 mars, comme les Florentins. Il datait son pontificat du jour de son élection.

CLXX. GREGOIRE VIII.

1187. GRÉGOIRE VIII (appelé auparavant ALBERT, natif de Bénévent, cardinal, chancelier de l'église romaine) fut élu pape à Ferrare le 20 octobre 1187, et consacré le 25. Frédéric eut beaucoup de joie d'apprendre son élection, selon Hugues d'Auxerre. Cet historien fait un bel éloge de ce pape, qu'il dépeint comme un homme savant, éloquent, plein de zèle et d'une vie exemplaire. Pendant son pontificat, qui ne fut que d'un mois et vingt-sept jours, il n'oublia rien pour animer les fidèles au recouvrement de la Terre-Sainte : étant allé à Pise pour réconcilier les Pisans et les Génois, en quoi il réussit, il y tomba malade, et mourut le 17 décembre 1187.

CLXXI. CLEMENT III.

1187. CLÉMENT III (appelé auparavant Paul ou Paulin SCOLARO, romain de naissance, cardinal-évêque de Palestrine) fut élu à Pise le 19 décembre 1187, et couronné le 20, qui était un dimanche. Ce pape était parent du roi Philippe Auguste, suivant la lettre 143 d'Etienne de Tournai. Dès le commencement de son pontificat, il se montra fort zélé pour le recouvrement de la Terre-Sainte. Mais une chose qu'il n'avait guère moins à cœur, c'était un accommodement avec les Romains, qui, toujours jaloux de l'indépendance, s'étaient emparés des droits régaliens que le sénat exerçait en leur nom. Clément, comme leur concitoyen, avait plus de facilité qu'un autre pour s'en faire écouter. Ayant fait porter au sénat des propositions de paix, il l'amena, sur la fin de janvier 1188, à un traité par lequel on lui rendit les régales, à condition qu'il confirmerait le sénat avec ses priviléges, et sacrifierait les villes de Tusculum et de Tivoli à la vengeance des Romains, leurs implacables ennemis. Ce fut après la conclusion de ce traité, peu digne du père commun des fidèles, qu'il fit au mois de février son entrée pontificale à Rome. L'an 1189, il canonisa saint Otton, évêque de Bamberg, apôtre de Poméranie, et saint Etienne de Grandmont. Il mourut le 27 mars 1191, après avoir tenu le saint siége trois ans, trois mois et neuf jours.

Ce pape ajouta l'année de son pontificat aux dates du lieu et du jour, dans ses bulles ordinaires; en quoi il fut suivi de presque tous ses successeurs. Le traité qu'il fit au sujet de Tusculum est daté de la quarante-quatrième année du sénat.

CLXXII. CELESTIN III.

1191. CÉLESTIN III (Hyacinthe BOBOCARD, cardinal du titre de Sainte-Marie en Cosmedin, diacre depuis environ soixante-cinq ans) fut élu pape, à l'âge de quatre-vingt-trois ans, le 30 mars 1191, ordonné prêtre la veille de Pâques, 13 d'avril, et consacré pape le jour de Pâques. Le lendemain, il couronna empereur Henri VI, roi de Germanie, avec la reine Constance, sa femme. Roger de Hoveden, rapportant la cérémonie de ce couronnement, dit que le pape, étant assis dans sa chaire, poussa du pied la couronne impériale qu'on avait placée sur les degrés du siége, et la fit tomber à terre, pour marquer qu'il avait droit de déposer l'empereur, s'il le méritait; et que les cardinaux l'ayant relevée, la mirent sur la tête de Henri. « Le cardinal
» Baronius, dit Muratori, prend ce récit pour argent comp-
» tant; mais, poursuit-il, nul lecteur n'est tenu d'ajouter foi
» à un semblable fait, plus convenable sur un théâtre que dans
» une église, tout-à-fait indécent dans un vicaire de J. C.,
» contraire au rituel de tous les tems, et ignominieux pour
» l'empereur, au point qu'il n'eût pas souffert qu'on lui fît im-
» punément un tel affront aux yeux de son armée, dont les

» chefs l'environnaient. Il vaut donc mieux s'en tenir, ajoute-
» t-il, au récit de la Chronique de Reichersperg, qui assure
» que Henri fut sacré et couronné d'une manière honorable
» par le pape Célestin » : *Ab ipso Cœlestino papa consecratus
honorabiliter Romæ et coronatus.* Le lendemain de la cérémonie,
l'empereur remit au pape la ville de Tusculum, comme le portait un de ses engagements préliminaires; et le pape, deux jours
après, suivant le traité fait avec Clément III, la livra aux Romains, qui, s'y étant portés incontinent, surprirent les habitants, dont ils massacrèrent une partie, et en mutilèrent un
grand nombre d'autres ; après quoi , ils renversèrent de fond en
comble cette malheureuse ville, qui n'a jamais été rebâtie.
L'abbé d'Usperg dit que ce fut un grand sujet de blâme pour
l'empereur. Mais, dit Muratori, n'en était-ce pas un plus grand
pour le pape ? et ne peut-on pas le regarder comme le complice
d'une si atroce cruauté, digne de la barbarie de ce tems-là ?
L'opinion commune, poursuit-il, est que les habitants, qui
eurent le bonheur d'échapper à ce désastre, se bâtirent dans
le voisinage, avec des branches d'arbres, *con frasche*, des ca-
banes qui ont donné naissance à la ville de Frascati, qui subsiste de nos jours. L'an 1194, Célestin excommunia Léopold,
duc d'Autriche, et l'empereur Henri VI, au sujet de la prison et de la rançon de Richard I, roi d'Angleterre. Il écrivit,
l'an 1196, en France, contre le divorce de Philippe Auguste
avec Ingeburge, et cassa la sentence des évêques qui, l'an 1193,
l'avaient approuvé dans l'assemblée de Compiègne. L'an 1197,
il consentit, moyennant mille marcs d'argent pour lui et autant pour les cardinaux, que Frédéric, fils de Henri VI, fût
couronné roi de Sicile. Célestin mourut le 8 janvier 1198, à
l'âge d'environ 92 ans, après 6 ans, 9 mois et 10 jours de pontificat.

Ce pape commençait ordinairement l'année au 25 mars, et
souvent aussi l'indiction. Il est le premier, à ce qu'il paraît,
qui ait accordé l'absolution *ad cautelam.* (*V.* la treizième de
ses lettres, écrite l'an 1195 à l'évêque de Lincoln.) Ce fut sous
le pontificat de Célestin que l'on commença à n'administrer aux
laïques la communion dans les églises que sous la seule espèce
du pain.

CLXXIII. INNOCENT III.

1198. INNOCENT III (appelé auparavant Lothaire, de la famille des comtes DE SÉGNI, cardinal-diacre) fut élu pape à l'âge
de trente-sept ans, le 8 janvier 1198, ordonné prêtre le 21 février, et consacré pape le lendemain, qui était un dimanche,
suivant l'auteur de sa Vie. Mais, ou Célestin III était mort un

jour auparavant, ou Innocent fut élu un jour plus tard. Car il était de règle alors qu'on ne procédât à l'élection d'un pape qu'après l'inhumation de son prédécesseur. Le jour qui suivit sa consécration, il reçut l'hommage-lige de Pierre, préfet de Rome, auquel il donna par un manteau l'investiture de sa charge, après lui avoir fait jurer de la résigner dès qu'il en serait sommé. Il se fit en même tems prêter serment de fidélité par les sénateurs et autres officiers. C'étaient de nouvelles entreprises sur les droits de l'empereur qui, jusqu'alors, avait institué tous ces magistrats. Aussi Muratori remarque-t-il que ce fut alors que l'autorité des empereurs dans Rome rendit le dernier soupir. *Spirò quà l'ultimo fiato l'autorità degli Augusti in Roma.* Mais les romains étaient si las de la domination allemande, qu'ils vinrent d'eux-même au-devant du joug que le pape leur présenta. Innocent, après s'être assujetti Rome, donna ses soins pour recouvrer les domaines que le saint siége avait eus en Italie, et en chasser ceux qui les avaient usurpés. Il contraignit Marquard, le principal conseiller de l'empereur Henri VI, qui lui avait abandonné la marche d'Ancône, et Conrad, duc de Spolette, de restituer ces terres à l'église romaine. Il recouvra aussi le patrimoine de l'église en Toscane; mais il ne put retirer l'exarchat de Ravenne des mains de l'archevêque de cette ville. Persuadé que la justice est la sauve-garde des états, et le lien qui attache le plus étroitement les sujets au souverain, il n'en confia l'exercice qu'à des personnes éclairées et d'une probité reconnue. Lui-même, trois fois par semaine, tenait le consistoire, dont l'usage était presque aboli. L'attention qu'il apportait à l'examen des affaires, la sagacité avec laquelle il débrouillait les plus embarrassées, la marche régulière qu'il observait dans la procédure, l'équité qu'il faisait paraître dans ses jugements, lui attirèrent tant et de si grandes causes, que depuis long-tems on n'avait rien vu de semblable à Rome. Les plus savants jurisconsultes vinrent l'entendre pour se former dans ses consistoires, et le regardaient comme le restaurateur de la jurisprudence. Il eût été néanmoins à souhaiter qu'il se fût renfermé dans la connaissance des affaires qui étaient de sa compétence. Mais imbu des maximes de Gregoire VII, il s'était imaginé que toutes les causes importantes de la chrétienté, temporelles et spirituelles, devaient également ressortir à son tribunal. En montant sur le saint siége, il trouva le trône de Germanie vacant, et vit peu de tems après deux concurrents, Philippe de Suabe et Otton de Brunswick, se le disputer. Il se déclara pour le second: et il le fit en maître qui a droit de disposer des couronnes, persuadé qu'il était que toute puissance sur la terre émanait de la sienne. De là cette allégorie, qui lui était familière, des deux grands luminaires du monde, le soleil et la lune, dont le premier figurait, selon lui, la puissance pontificale, et l'autre la royale. Comme la lune est subordonnée au soleil qui lui communique sa lumière, ainsi la royauté, disait-il, est soumise à l'autorité sacerdotale, de qui elle reçoit toute sa force. Ce fut en vertu de la même autorité que s'arrogeait Innocent, qu'il annula l'élection que l'empereur Henri VI avait fait faire de Frédéric, son fils, encore enfant, pour roi des Romains. Mais comme Henri, par son testament, l'avait nommé tuteur de ce jeune prince, il se fit un devoir d'appuyer ses droits héréditaires au royaume de Sicile : et réussit à les faire prévaloir. (*Voy. les rois de Sicile.*) Telle était la politique d'Innocent III, qui fut aussi celle de ses successeurs, d'empêcher, autant que les conjonctures le permettaient la réunion de la couronne impériale et de celle de Sicile sur la même tête, de peur d'avoir un voisin trop puissant et capable d'opprimer l'église romaine Il est cependant vrai qu'il confirma depuis, à Frédéric, le titre de roi des Romains, qui lui avait été décerné de nouveau dans une diète tenue en 1210. Mais il se garda bien de le couronner empereur. L'interdit qu'Innocent jeta sur le royaume de France, en 1200, à l'occasion du divorce du roi Philippe Auguste avec Ingeburge, entreprise dont on n'avait pas encore vu d'exemple, est une autre preuve du despotisme avec lequel il agissait. On prêchait alors en divers lieux par ses ordres une nouvelle croisade pour le secours de la Terre-Sainte, dont les affaires étaient presqu'entièrement ruinées. Cette expédition détournée ailleurs (à Constantinople), contre ses intentions, le rendit l'arbitre de l'empire d'Orient, comme il prétendait l'être de celui d'Occident. Il agit dans l'un et l'autre avec la même hauteur, mais avec plus de dextérité que Grégoire VII. L'an 1204, il confirma le titre de roi de Bohême à Prémislas, par une bulle donnée le 19 d'avril. Il envoya, la même année, en Bulgarie, un légat qui couronna, le 8 novembre, Joannice, roi des Bulgares et des Valaques. Il couronna lui-même, le 11 de ce mois, à Rome, Pierre II, roi d'Aragon. Les Albigeois faisaient alors de grands progrès en Languedoc. L'an 1208, il fait prêcher une croisade contre ces hérétiques et contre Raimond VI, comte de Toulouse, qui les protégeait. Toute la France, animée par ce tocsin sacré, courut aux armes. (*Voyez les comtes de Toulouse.*) La même année, le 24 de mars, Innocent fit mettre en interdit, par ses légats, le royaume d'Angleterre, sur le refus que faisait le roi Jean de rappeler l'archevêque et les moines de Cantorberi, qu'il avait chassés : il alla plus loin; et, l'an 1211, il déclara les sujets de ce prince absouts du serment de fidélité : puis, l'an 1212, il rendit une sentence par laquelle il le déposait du trône. Dans le même tems qu'il sévissait ainsi contre le roi d'Angleterre, il déployait la même rigueur envers l'empereur Otton IV. L'élévation d'Otton était son propre ouvrage. Après l'avoir soutenu pendant dix ans contre Philippe de Suabe, son rival, il l'avait couronné dans Saint-Pierre de Rome le 27 septembre 1209. Mais sur ce qu'ensuite il refusa de rendre à l'église romaine le patrimoine de la comtesse Mathilde, Innocent l'excommunia l'année d'après, et prononça contre lui en 1211, une sentence de déposition. Innocent profita habilement de l'espèce d'anarchie où il avait réduit l'empire, pour établir la puissance temporelle des papes sur des fondements solides. Il se rendit le maître absolu dans Rome, dont le sénat fut celui du pape, et non plus celui des Romains, comme il l'avait été jusqu'alors. Il abolit la dignité de consul, qui lui faisait ombrage, et donna au préfet de Rome l'investiture de la charge, qu'il recevait auparavant de l'empereur. Non seulement il fut monarque dans ses états, qui s'étendaient de la mer Adriatique à la Méditerranée, il voulut être encore suzerain dans ceux des autres princes. L'an 1213, son légat Pandolphe étant passé en Angleterre, persuada au roi, dans la détresse où la révolte de ses barons le jetait, de rendre sa personne et son royaume feudataires du saint siége : au moyen de quoi les censures fulminées contre lui furent levées. Les barons furent sommés alors de rentrer dans le devoir ; et le roi de France, qu'Innocent avait engagé à faire un grand armement pour déposséder le monarque anglais, reçut défense d'attaquer un prince réconcilié avec l'église, et de toucher à un royaume devenu *sacerdotal ;* c'est ainsi qu'Innocent qualifiait l'Angleterre, depuis qu'il la regardait comme un fief du saint siége. Mais les Français et les Anglais se réunissent pour résister à ses ordres, et méprisent également ses menaces. Il essuyait aussi des contradictions en Allemagne, où ses anathèmes n'avaient pas entièrement dissipé le parti d'Otton. Au milieu de ces embarras, il ne perdait pas de vue les affaires de la Palestine, qui allaient toujours en décadence. Cette même année 1213, au mois de juin, il exhorta, par une bulle générale, tous les princes chrétiens à se croiser de nouveau pour les rétablir. Ce fut aussi en partie pour le même objet qu'il indiqua le quatrième concile œcuménique de Latran, qui se tint au mois de novembre 1215. Cette assemblée finie, Innocent étant allé à Pérouse, y apprit le passage du prince Louis, fils du roi Philippe Auguste, en Angleterre ; saisi d'indignation à cette nouvelle, il monte en chaire, et prenant pour texte ces paroles d'Ezéchiel : *Glaive, glaive, sors du fourreau, et aiguise-toi pour tuer et pour éclater ;* il déclame, il tonne contre le roi de France et son fils, et finit par lancer contre eux les foudres de l'excommunication. L'emportement avec lequel il parla dans cette occasion altéra sa santé déjà chancelante. Toujours languissant depuis, il mourut le 16 ou 17 de juillet de l'an 1216, après avoir tenu le saint siége dix-huit ans, six mois et neuf jours, à compter du jour de son élection, ou dix-huit ans, quatre mois et vingt-cinq jours, à compter de celui de sa consécration. Le pontificat d'Innocent III est un des plus remarquables par les grands événements dont il est rempli, et que nous n'avons qu'effleuré sans même les énoncer tous. Il est également mémorable par le grand nombre de décrets émanés de ce pape, qui sont des monuments, pour la plupart, de son habileté dans le droit divin et humain, de sa fermeté, de son zèle pour la discipline, pour le salut des âmes, et pour procurer l'union entre les princes chrétiens. D'autres font également preuve de son ardeur pour maintenir et étendre les prétentions excessives de son siége. Baluze a donné le recueil de ses Lettres en deux volumes in-folio, qui ne les contiennent pas néanmoins toutes. Il en reste encore au Vatican un grand nombre qui n'ont pas vu le jour, et dont M. Bertin, ministre d'état, a fait tirer des copies pour le roi de France. On a de plus de ce pape un traité *du Mépris du Monde,* plusieurs fois réimprimé. Quelques-uns lui attribuent mal à propos la belle prose : *Veni sancte Spiritus,* et le *Stabat mater,* qui ne le vaut pas à beaucoup près. La première est d'Herman le Contract, moine de Richenau, en Suisse, et l'autre de Tiio Poné de Todi, au treizième siècle. Mathieu Paris accuse ce pape d'avarice, et dit qu'inflexible envers les coupables qui ne lui présentaient rien, il était mou comme la cire pour tous les crimes qu'on offrait de racheter avec de l'or. Cette accusation est injuste. Innocent tenait si peu aux richesses, qu'il vendit sa vaisselle d'argent pour soulager les pauvres, et y substitua de la vaisselle de terre. (Sponde.) Il était d'ailleurs si ennemi de la vénalité, que son premier soin, après être monté sur le saint siége, fut de la proscrire de la cour romaine, où elle régnait impunément avant lui. Mais ce qu'on doit blâmer justement en ce pontife, c'est le despotisme avec lequel il gouverna, les entreprises que l'excès de son zèle lui fit faire sur le temporel des rois, et les cruelles voies de fait que ce même excès lui fit employer contre les Hérétiques. On ne peut rien ajouter à l'idée qu'il s'était faite de sa dignité. Voici la définition qu'il donne du pape : *Vicarius Jesu Christi, successor Petri, Christus domini, Deus Pharaonis, citra Deum, ultra hominem, minor Deo, major homine.* (*Serm. de Conscrat. Pont.* tome I, *Opp.* page 180.) Lorsque je contractais mon mariage avec l'église, dit-il encore (*ibid.*), c'était le fils qui épousait la mère. Depuis que je l'ai contracté, c'est le père qui a sa fille pour épouse. *Cum contraherem, filius ducebat matrem ; ubi verò contraxi, pater habuit filiam in conjugem.*

Depuis Innocent III, les noms des chanceliers disparurent pour toujours dans la signature des bulles. On n'y voit plus que ceux des vice-chanceliers, chapelains du pape, etc. Très-peu de ses bulles sont signées de lui et de ses cardinaux. Cette formalité fut également négligée par ses successeurs, dans le treizième siècle. (*N. T. de Dipl.*) M. Baluze et D. Mabillon remarquent que, pendant toute la durée de l'an 1207, dixième du pontificat d'Innocent III, son chancelier mit constamment dans les bulles la neuvième indiction pour la dixième. L'erreur ne fut pas renfermée seulement dans les originaux ; elle passa dans le registre même de ce pape, comme on peut s'en convaincre en jetant les yeux sur le deuxième tome de ses bulles, de l'édition de Baluze.

CLXXIV. HONORIUS III.

1216. HONORIUS III (Cencio SAVELLI, romain, prêtre-cardinal) fut élu pape à Pérouse, le 18 juillet, et sacré le 24 suivant, 1216. Dès le lendemain de son sacre, il écrivit au roi titulaire de Jérusalem, Jean de Brienne, pour lui annoncer qu'il avait hérité du zèle de son prédécesseur pour le rétablissement des affaires de la Terre-Sainte. Il n'en montra pas moins pour suivre les autres entreprises d'Innocent III. L'an 1217, Pierre de Courtenai, que les barons de l'empire latin de Constantinople avaient élu pour empereur, s'étant rendu à Rome, Honorius, à sa demande, consentit à le couronner ; mais ce fut à Saint-Laurent, hors des murs, que se fit la cérémonie, parce que les Romains ne voulurent pas souffrir, dit une ancienne chronique, qu'elle se fît dans l'enceinte de leur ville. (Martenne, *Ampliss. Coll.*, tom. V, *col.* 5, *col.* 58.) L'empereur Otton IV étant mort l'an 1218, Frédéric, roi de Sicile, n'ayant plus de concurrent, sollicita le pape de lui donner la couronne impériale. Honorius, fidèle aux maximes de son prédécesseur, n'avait pas le même empressement de le satisfaire. Ce ne fut qu'après avoir laissé vaquer l'empire plus de deux ans qu'il céda aux instances de ce prince, et le couronna empereur le 22 novembre 1220, en lui faisant promettre de marcher promptement au secours de la Terre-Sainte. Mais l'année suivante ils se brouillèrent, sur ce que Frédéric négligeait d'accomplir son vœu. Ils se réconcilièrent ensuite, au moyen des promesses que l'empereur renouvela au pape, et dont il éluda toujours l'exécution, du vivant d'Honorius, sous divers prétextes. Honorius n'avait pas moins à cœur la croisade contre les Albigeois. Quelque sujet de mécontentement qu'il eût donné, ainsi qu'Innocent, au prince Louis de France, en le forçant d'abandonner son entreprise sur l'Angleterre, il vint à bout néanmoins de l'engager à se charger du poids de la guerre déclarée à ces hérétiques. La France ne lui sut nullement gré d'avoir imposé à l'héritier de la couronne ce lourd fardeau, dont il ne le déchargea pas même après qu'il fut monté sur le trône, et sous lequel enfin, épuisé de fatigues, il succomba par une mort prématurée, comme l'avait prévu son père, le 8 novembre 1226. Honorius descendit lui-même au tombeau, le 18 mars de l'année suivante, après avoir tenu le saint siége dix ans et huit mois, à compter du jour de son élection. Ce pape, quelque animé qu'il fût contre les Hérétiques, n'approuvait pas toujours les moyens violents dans les affaires de religion. Pélage, son légat à Constantinople, lui ayant représenté, l'an 1220, qu'on ne pourrait vaincre l'obstination des grecs schismatiques si l'on n'employait contre eux les voies de rigueur; Honorius l'exhorta à ne faire usage, pour le maintien et la propagation de la foi, que des armes par lesquelles elle s'est établie, la prière, l'instruction, le bon exemple et la patience. C'est à ce pape que l'église est redevable de l'ordre de Saint-Dominique, qu'il approuva par deux bulles datées du 22 décembre 1216.

CLXXV. GRÉGOIRE IX.

1227. GRÉGOIRE IX (appelé auparavant UGOLIN, cardinal, évêque d'Ostie, natif d'Anagni, en Campanie, cousin d'Innocent III, étant comme lui de la famille des comtes de Ségni), fut élu pape le 19 mars de l'an 1227, intronisé le même jour, et mourut le 21 août de l'an 1241, âgé de près de cent ans, selon Mathieu Paris. La pompe et la magnificence de son couronnement surpassa tout ce qu'on avait vu jusqu'alors, et annonça ce qu'on devait attendre de son pontificat. Cette cérémonie dura plusieurs jours, dont le dernier, qui était le lundi de Pâques, fut le plus solennel. Ce jour, après avoir dit la messe à Saint-Pierre, il revint à son palais par un long détour, tout couvert de pierreries, portant deux couronnes, monté sur un cheval richement caparaçonné, environné des cardinaux, vêtus de pourpre, et d'un clergé nombreux, le premier sénateur et le préfet de Rome, tenant à pied les rênes de son cheval. Les juges et les officiers venaient ensuite en habits de soie brochés d'or. Un peuple innombrable accompagnait cette marche triomphale, portant des palmes et chantant des cantiques. Les premières opérations de ce pontife furent des attaques violentes, livrées à l'empereur Frédéric II, dont on rendra compte à l'article de ce prince. Dans le même tems qu'il était aux prises avec Frédéric, il exigeait du clergé d'Angleterre la dîme de ses biens meubles, pour faire la guerre à ce prince. La hauteur de sa conduite envers les Romains excita un soulèvement qui le contraignit, en 1234, de sortir de Rome, où il ne rentra qu'en 1237. Son zèle, plus ardent qu'éclairé pour la conversion des infidèles, se ressentit de la fierté de son caractère. En envoyant aux princes musulmans des instructions sur la vraie religion, il osa les menacer, s'ils ne se convertissaient, de soustraire à leur obéissance les chrétiens de leur domination. Des menaces si peu sensées ne servirent qu'à irriter ces princes, et à attirer de nouvelles persécutions aux fidèles qui leur étaient soumis. Autre trait d'une hauteur déraisonnable : saint Louis ayant rendu, l'an 1234, une ordonnance pour resserrer la juridiction ecclésiastique dans de justes bornes, Grégoire s'en plaignit à lui par une lettre du 15 février 1235, où il lui dit, entr'autres choses, que *Dieu a confié au pape, tout ensemble, les droits de l'empire terrestre, et ceux du céleste.* Il finit, en lui faisant appréhender l'excommunication prononcée par Honorius III, contre ceux qui feraient des statuts contraires à la liberté de l'église, c'est-à-dire, du clergé ; car on confondait alors ces deux noms. Le saint roi, toutefois, ne révoqua point son ordonnance, et fut toujours attentif à la faire observer. Grégoire, d'ailleurs, était savant, comme le témoignent surtout les cinq livres de ses Décrétales, qu'il publia vers la fin de septembre 1234. Il affectionnait spécialement les dominicains et les frères mineurs, dont il se servait pour porter ses ordres aux souverains, et auxquels il confia l'exercice de l'inquisition. Deux bulles, qu'il leur accorda le 21 et le 23 août 1231, sont le fondement de tous les priviléges qu'ils obtinrent dans la suite du saint siége. Grégoire IX fit plusieurs canonisations, celle de saint Antoine de Padoue, en 1232, celle de saint Virgile, évêque de Saltzbourg, en 1233, celle de saint Dominique, en 1234, celle de sainte Élisabeth, veuve du landgrave de Thuringe, en 1235.

Ce fut Grégoire IX qui fit ajouter, l'an 1239, suivant Sponde, le *Salve Regina* à la fin de chaque heure de l'office canonial, pour implorer le secours de la Vierge, contre l'empereur Frédéric.

CÉLESTIN IV.

1241. CÉLESTIN IV (appelé auparavant Geoffroi DE CASTIGLIONE noble milanais, moine de l'ordre des Citeaux, puis cardinal-évêque de Sabine) fut élu pape sur la fin d'octobre l'an 1241, et mourut le 17 ou le 18 de novembre avant que d'avoir été consacré. Mathieu Paris ne lui donne que seize jours de pontificat, et fait entendre qu'il mourût de poison : *utinam non, ut dicitur, potionatus!* Le saint siége vaqua jusques vers la fin de juin 1243. Les historiens rapportent différentes causes de cette longue vacance ; les uns la rejettent sur les cardinaux, d'autres sur l'empereur Frédéric II, qui empêchait, disent-ils, sous main l'élection, tandis qu'extérieurement il la pressait, et faisait piller, sous ce prétexte, les biens des cardinaux.

CLXXVI. INNOCENT IV.

1243. INNOCENT IV (appelé auparavant Sinibalde DE FIESQUE, noble génois, professeur en droit à Bologne, puis cardinal du titre de Saint-Laurent) fut élu pape à Anagni, d'un consentement unanime, le 24, ou plutôt le 25 juin de l'an 1243. Les historiens sont partagés sur le jour de sa consécration ; les uns la mettent le 28, d'autres le 29 de juin. L'empereur Frédéric apprenant l'élection de Sinibalde, qui était son ami, en témoigna de l'affliction, disant que d'un cardinal ami, il deviendrait, à son égard, un pape ennemi. L'événement justifia sa prédiction. L'an 1244, il y eut un traité entre Innocent et Frédéric, dont les articles furent signés et jurés publiquement à Rome le 31 mars ; mais il fut rompu peu de tems après : le pape sachant que l'empereur cherchait à le surprendre, s'enfuit la nuit du 28 juin et arriva le 7 juillet à Gênes, sa patrie ; de Gênes, vers la mi-décembre, il vint à Lyon, ville neutre alors, dit M. Fleuri, appartenante à son archevêque ; il fallait ajouter, et à son chapitre. (*Voyez* les comtes de Lyon et de Forez.) Innocent, ne se croyant pas en sureté à Lyon, engagea les pères du chapitre général de Cîteaux à demander pour lui un asile en France, au roi saint Louis, qui s'était rendu à cette assemblée le 29 septembre 1244, avec sa mère, ses frères, le duc de Bourgogne, et d'autres seigneurs. Le religieux monarque répondit qu'il était disposé à défendre l'église, autant que l'honnêteté le permettrait, contre les vexations de Frédéric, et qu'à l'égard du pape, il le recevrait volontiers dans ses états, pourvu que ses barons, dont un roi de France ne peut se dispenser de prendre les avis, le jugeassent convenable. Mais les ambassadeurs de l'empereur, qui étaient aussi présents, dit Mathieu Paris, empêchèrent l'effet de la demande. *Habuit autem imperator ibidem nuncios suos solemnes, ut quod ab ipsis postularetur, effectum non sortiretur.* Tel est le récit simple de cet historien, que les modernes ont merveilleusement embelli. Le pape ayant fait solliciter avec aussi peu de succès le roi d'Angleterre pour le même sujet, fut obligé de retourner à Lyon. Il y tint l'année suivante (1245) un concile général, dans lequel il excommunia et déposa Frédéric sur des accusations absurdes et qui s'entre-détruisaient. (*Voyez les Conciles.*) Quelques auteurs ont attribué à Innocent l'établissement de la bénédiction solennelle de la rose d'or; mais D. Calmet prouve qu'elle remonte à Léon IX. On dit, avec plus de fondement, que ce fut Innocent IV qui donna aux cardinaux le chapeau rouge, *capellos rubros*, comme le marque Nicolas de Curbion, dans sa Vie. Cette nouveauté prit naissance au concile de Lyon; le pape, dit-on, avertissait les cardinaux par-là d'être toujours prêts à répandre leur sang pour la foi. Ils portèrent cet ornement pour la première fois à Cluni, où le pape s'était rendu après le concile. Saint Louis vint le trouver, vers la saint André, dans cette abbaye, pour l'engager à faire la paix avec l'empereur; mais ce fut inutilement. La résolution d'Innocent était prise, en montant sur le saint siége, d'anéantir la puissance de la maison de Suabe, qui formait un trop grand obstacle aux projets de la cour de Rome. L'an 1246, Innocent publie, contre Frédéric, une croisade qui cause de grands mouvements en Allemagne. Dans quelques villes on se souleva ouvertement contre les exécuteurs des ordres du pape. Mathieu, évêque d'Arezzo, prélat guerrier, qu'Innocent avoit mis à la tête d'une armée contre l'empereur, fut pris et pendu par l'ordre de ce prince, le premier dimanche de Carême 1248. L'an 1250 Innocent ayant appris la mort de Frédéric, arrivée le 13 décembre de cette année, à Fiorentino, dans la Pouille, écrit aux Siciliens pour les inviter à se réjouir de cet évènement, et les exhorter à se soumettre à l'église, c'est-à-dire à lui. Il écrit aussi à l'archevêque de Palerme, pour lui faire des reproches d'avoir donné l'absolution à ce prince et célébré ses funérailles; comme si par-là il eût rompu les mesures qu'Innocent avait prises pour exclure Frédéric du paradis. L'an 1251, Innocent poursuit ce prince dans sa race, en faisant prêcher une croisade contre Conrad, son fils et son successeur au royaume de Sicile. Innocent, la même année, quitte Lyon le 19 avril, après un séjour de six ans et demi dans cette ville, pour retourner en Italie. Il s'arrête à Pérouse, où il publie contre le roi Conrad une nouvelle croisade, qui excite de grandes plaintes en France de la part la reine Blanche et des seigneurs. Ils ordonnèrent même la saisie des terres de ceux qui avaient pris parti dans cette expédition, parce quelle détournait de celle de la Terre-Sainte. Innocent part de Pérouse le 6 octobre 1253 pour se rendre à Rome, où il était attendu avec empressement. L'année suivante, il se met en marche, précédé d'une armée commandée par le cardinal de Saint-Eustache, pour aller se mettre en possession du royaume de Naples. Arrivé le 9 octobre au pont de Cépérano, il y rencontre Mainfroi, prince de

Tarente, et tuteur du jeune Conradin, son neveu, qui était venu au-devant de lui pour lui faire ses soumissions. Il continue sa route, sans éprouver aucun obstacle, jusqu'à Naples, où il s'arrête. Mais son général s'étant brouillé ensuite avec Mainfroi, ce prince fait rentrer plusieurs villes dans son parti. Une bataille, où il met en déroute l'armée pontificale, cause à Innocent un chagrin qui le conduit au tombeau dans Naples même, le 7 décembre 1254, après un pontificat de onze ans, cinq mois et treize jours, à compter du jour de son élection. C'est ce pape qui, recevant un jour, devant saint Thomas d'Aquin, une somme considérable d'argent, lui dit : *Vous voyez que nous ne sommes plus au tems où saint Pierre disait, je n'ai ni or ni argent.* A quoi le saint répondit : *Cela est vrai, saint père : mais aussi nous ne sommes plus au tems où saint Pierre disait au paralytique : Au nom de Jésus, levez vous et marchez.*

Innocent a varié dans ses lettres comme ses derniers prédécesseurs, pour le commencement de l'année et de l'indiction. Il en est de même de ses successeurs, jusqu'à la fin du treizième siècle. C'est lui qui introduisit dans les bulles la fameuse clause *nonobstantibus*, contre laquelle s'éleva Robert de Lincoln.

CLXXVII. ALEXANDRE IV.

1254. ALEXANDRE IV (appelé auparavant REINALD, cardinal, évêque d'Ostie, de la famille des comtes de Ségni, neveu du pape Grégoire IX), fut élu pape par les cardinaux assemblés à Naples, suivant Nicolas de Curbion, confesseur d'Innocent IV, et témoin oculaire, le 12 décembre 1254. Il tint le saint siège six ans, cinq mois et treize jours, et mourut à Viterbe le 25 mai 1261. Son premier soin fut de s'opposer aux entreprises que Mainfroi faisait dans la Pouille sur les terres de l'église. Il envoya contre lui le cardinal Octavien Ubaldin, avec des troupes qui n'arrêtèrent point les progrès de l'usurpateur. Alexandre le voyant maître de la Sicile et de la Pouille, prit le parti de l'excommunier, et de publier une croisade contre lui. Pour soutenir cette expédition, il fit demander au roi d'Angleterre, Henri III, des sommes immenses, et lui offrit en dédommagement le royaume de Sicile, pour Edmond son second fils. Un légat même en donna l'investiture d'avance à ce jeune prince, le 6 novembre 1255. Mais la valeur de Mainfroi rendit inutiles tous les efforts qu'on fit alors pour le déposséder. Alexandre établit au commencement de son pontificat des inquisiteurs en France, à la prière de saint Louis, ce qui mérite d'être remarqué. Ce pape, à l'exemple de son oncle, fut très-favorable à l'ordre des frères prêcheurs. Il en rétablit, par une bulle du 22 décembre 1254, les priviléges, qu'Innocent IV avait jugé à propos de restreindre, en prit la défense contre l'université de Paris en 1256, et condamna le livre de Guillaume de Saint-Amour, *des Périls des derniers tems*, contre les religieux mendiants; mais il proscrivit en même-tems le livre de l'*Évangile éternel*, attribué à Jean de Parme, général des mineurs. Vers le même tems, il réunit en un seul corps cinq congrégations d'ermites, deux de saint Guillaume, et trois de saint Augustin. Les Romains, par leurs séditions, l'avaient obligé de quitter Rome dès le mois de mai de l'an 1257, pour se retirer avec sa cour à Viterbe.

CLXXVIII. URBAIN IV.

1261. URBAIN IV (Jacques Pantaléon, surnommé de COURT-PALAIS, natif de Troyes, en Champagne, archidiacre de Liége, puis évêque de Verdun, et ensuite patriarche de Jérusalem); fut élu pape à Viterbe, où il se trouvait à la mort d'Alexandre IV, par les cardinaux, qui ne purent s'accorder à élire un d'entre eux. Le nombre de ces prélats était alors réduit à neuf, dont un était absent. L'élection d'Urbain se fit le 29 d'août 1261, après trois mois et quatre jours de vacance, et son couronnement le 4 de septembre. Urbain était de fort basse naissance et fils d'un savetier, selon saint Antoine, mais d'un mérite distingué; bon prédicateur, habile théologien et savant canoniste. L'an 1262, il eut la dévotion de consacrer à Dieu le terrain où il avait pris naissance, et d'y fonder une église avec un chapitre de chanoines pour la desservir. La mort l'ayant empêché de donner une entière exécution à son dessein, il chargea le cardinal Anschère, son neveu, de remplir cette fondation. Ce pontife, non moins ennemi de Mainfroi et de toute la maison de Suabe que ses prédécesseurs, détermina, par ses lettres l'an 1263, Charles, comte d'Anjou et de Provence, frère de saint Louis, à venir faire la conquête du royaume de Sicile, et à cette occasion il renouvella les indulgences de la croisade publiée par Alexandre IV contre Mainfroi. Urbain eut le désagrément l'année suivante d'apprendre que les Romains, désirant avoir pour chef un prince puissant, voulaient faire tomber la charge de sénateur, les uns sur ce même Mainfroi qu'il vouait à l'anathème, les autres sur Charles d'Anjou, et quelques-uns sur Pierre, fils aîné du roi d'Aragon. Pour rompre leurs mesures, il nomma lui-même sénateur de Rome Charles d'Anjou, se réservant le droit de le révoquer à son gré. Charles accepta la condition dans la crainte d'être abandonné du pape dans son expédition de Sicile. Mainfroi, jaloux de la préférence, envoya des troupes composées d'allemands et de sarrasins dans l'état ecclésiastique. Mais après s'être emparé de Sutri et de plusieurs châteaux, il fut battu près de Riéte, par Perceval Doria, chef de l'armée des croisés. Urbain, pendant qu'il était archidiacre de Liége, avait vu naître dans cette église la fête du saint Sacrement. Il l'étendit dans toute l'église, l'an 1264, par une bulle qui la fixait à perpétuité au jeudi après l'octave de la Pentecôte. En conséquence, on la célébra cette année le 19 juin, et l'office en fut composé par saint Thomas d'Aquin, ouvrage digne de la beauté de son génie et de son éminente piété. Mais après la mort d'Urbain, la célébration de cette solennité fut interrompue l'espace de quarante ans. Urbain, après un séjour paisible de deux ans à Orviète, vit les habitants se mutiner tout-à-coup, en voulant s'approprier contre sa volonté le château de Bisonte, et l'employer à se maintenir dans l'indépendance. Ne pouvant réprimer cette révolte, il partit d'Orviète, et se fit porter en litière à Pérouse, où peu de jours après son arrivée il termina sa carrière, le 2 octobre 1264, au bout de trois ans, un mois et quatre jours de pontificat. Il nous reste de lui soixante-trois lettres imprimées dans le deuxième tome du Trésor des Anecdotes de D. Martenne, une paraphrase sur le *Miserere*, et quelques autres lettres et priviléges imprimés ailleurs. Après sa mort, il y eut une vacance d'environ cinq mois dans le saint siége.

CLXXIX. CLEMENT IV.

1265. CLÉMENT IV (Gui FOULQUOIS, ou de Foulques, en latin *Guido Fulcodi*, né de parents nobles à Saint-Gilles sur le Rhône, successivement évêque du Pui, archevêque de Narbonne et cardinal-évêque de Sabine), fut élu pape à Pérouse le 5 février 1265, suivant Ptolémée de Lucques et Ipérius. Il avait été marié avant que d'entrer dans la cléricature, avait eu de son mariage deux filles, comme l'atteste Bernard le Trésorier, écrivain du tems; et avait été, en qualité de jurisconsulte dans le conseil du roi de France. Ce prelat était absent lors de son élection à la papauté. L'ayant apprise, il se rendit en Italie, déguisé en frère mendiant, pour éviter les embûches de Mainfroi. Clément IV fut couronné le 22 février, suivant Pagi, le 26, selon dom Vaissète, en 1265. Rien n'égale la modestie qui règne dans une lettre que ce pape écrivit sur sa promotion à Pierre le Gros, son neveu : il n'entend point que ses parents viennent le trouver sans un ordre particulier, ni qu'ils s'énorgueillissent et cherchent des partis plus avantageux à cause de son élévation, ni qu'ils se chargent de recommandation pour personne. Ses filles étant recherchées en mariage, il leur offrit une dot si modique, qu'elles aimèrent mieux se faire religieuses. Celle qu'il promit à sa nièce, ne fut que de trois cents livres tournois, encore à condition qu'elle épouserait le fils d'un simple chevalier. Clément donna, par une bulle du 26 février 1265, le royaume de Sicile à Charles, comte d'Anjou. Cette même année, à la demande du cardinal Anschère, il fit expédier, le 24 septembre, une autre bulle, que nous avons vue en original, par laquelle il soumet à la juridiction immédiate du saint siége l'église collégiale de Saint-Urbain, fondée à Troyes par son prédécesseur, et attribue au doyen les fonctions curiales sur ses membres, tant ecclésiastiques que laïques. L'an 1266, autre bulle de Clément, par laquelle il décide, comme une vérité incontestable, que la disposition de tous les bénéfices appartient au pape, de manière qu'il a non-seulement le droit de les conférer tous, lorsqu'ils vaquent, mais encore celui de les assurer à qui bon lui semble, avant qu'ils viennent à vaquer. C'est ce qu'on appelle *Réserves expectatives*. Ce fut en partie pour réprimer une prétention aussi exorbitante, que saint Louis donna sa Pragmatique Sanction. Mais les papes trouvèrent moyen d'éluder cette loi jusqu'au concile de Bâle, qui abolit formellement les réserves, n'exceptant que celles des bénéfices vacants en cour de Rome. L'an 1267, Roger Bacon, cordelier anglais, présenta au pape, mais sans succès, un plan de réformation pour le calendrier, et ce plan est presque le même qu'on a suivi plus de trois cents ans après sous le pape Grégoire XIII. Saint Louis méditait alors une nouvelle croisade. Clément IV n'approuva pas ce projet, ce qui montre une âme élevée au-dessus des préjugés de son siècle. Ce pape mourut à Viterbe, où il avait établi sa résidence, le 29 de novembre 1268, après trois ans, neuf mois et quelques jours de pontificat. Quelques auteurs ont accusé Clément IV d'avoir contribué à la mort de Conradin, que Charles, roi de Sicile, fit mourir. MM. Fleuri et Muratori disent au contraire que Charles fut repris de cette exécution barbare par Clément, à qui elle déplut, ainsi qu'aux cardinaux. Sponde le justifie encore mieux, s'il est vrai que Charles ne fit mourir Conradin que près d'un an après la mort de ce pape. (*Voyez Conradin, roi de Sicile.*) En montant sur le saint siége, Clément IV avait changé les armes de sa famille, qui étaient une aigle de sable, pour porter d'azur, à six fleurs de lys d'or; ce qui marquait en même tems et son affection pour la France et les six années qu'il avait passées dans le conseil de saint Louis.

CLXXX. GREGOIRE X.

1271. GRÉGOIRE X (THÉALDE, ou Thibaud, de la noble famille des Visconti, de Plaisance, chanoine de Lyon et archidiacre de Liége), fut élu, le premier septembre 1271, par les six cardinaux chargés du pouvoir d'élire un pape; car depuis près de trois ans le sacré collège était assemblé à Viterbe, et même enfermé par le podestat de la ville, sans pouvoir se réunir. Enfin, par le conseil de saint Bonaventure, présent et cardinal lui-même, il se détermina à faire un compromis entre les mains de six de ses membres, lesquels élurent, tout d'une voix, le premier septembre 1271, Théalde, qui était pour-lors en Palestine. Il en partit, sur la nouvelle de son élection, le 18 novembre suivant, aborda le premier janvier 1272 à Brindes, et arriva dans le mois de mars à Rome, où il fut sacré et couronné le 27 du même mois. L'an 1273, au mois de novembre, Grégoire se rend à Lyon dans le dessein d'y tenir un concile général. Il y reçoit, au mois de février suivant, la visite du roi Philippe le Hardi. Grégoire profite de cette occasion pour demander à ce prince le comtat Venaissin, faisant partie du marquisat de Provence, que Raimond VII, comte de Toulouse, avait cédé, l'an 1229, au saint siége. Mais comme Grégoire IX avait rendu ce marquisat quelques années après à Raimond, la demande du pontife pouvait lui être légitimement refusée. Le roi néanmoins ayant intérêt de le ménager, voulut bien se rendre à ses instances. Mais en lui faisant cette remise, il se réserva la moitié de la ville d'Avignon, que Philippe le Bel, son fils, échangea seize ans après avec Charles II, comte de Provence et roi de Sicile. (Vaissète.) Grégoire ouvrit, au mois de mai 1274, à Lyon, son concile général, dont l'objet était les besoins de la Terre-Sainte, et la réunion de l'église grecque. Ayant repris, l'an 1275, la route d'Italie, il voulut éviter, en passant par la Toscane, d'entrer dans Florence, parce que cette ville était soumise à l'interdit depuis deux ans, à cause des factions des Guelfes et des Gibelins qui la déchiraient. Mais le débordement de l'Arno ne lui ayant pas permis de passer ce fleuve à gué, il fut obligé, le 10 décembre, de traverser le pont de la ville; alors il ne put se dispenser de lever l'interdit à la prière du peuple, et de lui donner sa bénédiction. Cette grâce au reste ne fut que momentanée : car il la révoqua, dès qu'il fut dehors, et renouvela même les censures avec une sorte d'imprécation. Arezzo fut la ville qu'il choisit pour sa résidence. Il y mourut le 10 janvier 1276, et fut inhumé dans la cathédrale. Grégoire avait rempli le saint siége trois ans, neuf mois et quinze jours depuis sa consécration. La ville d'Arezzo l'honore comme saint, et même à Saint-Pierre de Rome on célèbre tous les ans sa fête. C'est lui qui ordonna le premier (au concile de Lyon) qu'après la mort du pape, les cardinaux seraient enfermés dans un conclave, d'où ils ne sortiraient qu'après avoir élu son successeur.

Ce pape datait ses bulles du jour de son couronnement.

CLXXXI. INNOCENT V.

1276. INNOCENT V, (Pierre de TARANTAISE, de l'ordre des frères prêcheurs, cardinal évêque d'Ostie) fut élu pape à Arezzo le 21 février 1276, couronné à Rome le 23 du même mois, et mourut le 22 juin, n'ayant tenu le saint siège que quatre mois, à compter du jour de son élection.

ADRIEN V.

1276. ADRIEN V (génois de naissance, appelé OTTOBONI, cardinal-diacre du titre de Saint-Adrien) fut élu pape le 11 juillet 1276 (Mansi.), et mourut à Viterbe, où il était allé aussitôt après son élection, le 16 août suivant, sans avoir été consacré pape, ni ordonné prêtre. Il était déjà malade lorsqu'il fut élu; et ses parents lui étant venu faire compliment sur son élection, il leur dit : *J'aimerais mieux que vous fussiez venu voir un cardinal en santé, qu'un pape moribond.*

CLXXXII. JEAN XXI.

1276. JEAN XXI (nommé auparavant PIERRE, Portugais de naissance, cardinal évêque de Tusculum) fut élu pape à Viterbe le 13 septembre 1276, (Muratori.) et couronné le 20. On devrait le nommer Jean XX, puisque le dernier pape du même nom était Jean XIX; mais comme quelques uns ont compté pour pape Jean, fils de Robert, et ont de plus donné le rang de pape à un antipape, on a nommé celui-ci Jean XXI. Il se promettait un long pontificat sur la foi des astrologues, et s'était fait construire, près du palais de Viterbe, où il résidait, un fort bel appartement; mais cet édifice étant venu à tomber une nuit, accabla de ses ruines le pape, qui mourut de cet accident six jours après, c'est-à-dire le 16 ou le 17 mai 1277, n'ayant tenu le saint siège que huit mois et trois jours.

CLXXXIII. NICOLAS III.

1277. NICOLAS III (Jean Gaëtan, romain, de la famille DES URSINS, cardinal-diacre du titre de Saint-Nicolas), fut élu pape à Viterbe, le 25 novembre 1277, après une vacance de six mois et huit jours. Il se rendit promptement à Rome, où il fut ordonné prêtre, puis consacré au mois de décembre avant Noël, enfin couronné le 26 du même mois. (Pagi, Muratori.) Nicolas mourut d'apoplexie, le 22 août de l'an 1280, après avoir tenu le saint siège deux ans et neuf mois depuis son élection. Ce pape était bien fait de sa personne, et si réservé dans son maintien que plusieurs l'appelaient le *Composé*. On fait l'éloge de sa prudence et de la justesse des réponses qu'il rendait de vive voix sur des affaires importantes, sans être préparé. Au commencement de son pontificat, il se donna beaucoup de soins pour étendre et affermir l'autorité temporelle du saint siège en Italie, tant du côté de l'empereur qu'à l'égard du roi de Sicile. Le premier (Rodolphe) s'étant fait prêter serment par les villes de la Romagne, Nicolas l'obligea de déclarer nul ce serment, et de reconnaître en plein consistoire, par la bouche de son protonotaire, que ces villes appartenaient au saint siège. L'acte, qui fut dressé à ce sujet, est du 30 juin 1278. Pour dédommager en quelque sorte l'empereur de ce grand sacrifice, Nicolas obligea Charles d'Anjou, roi de Sicile, à renoncer au vicariat de l'empire, que Clément IV lui avait abusivement conféré dans la Lombardie et la Toscane. Il retira de plus à celui-ci la dignité de sénateur de Rome, qu'il tenait d'Urbain IV. Nicolas suivait en cela son ressentiment contre ce prince, qui avait refusé avec hauteur de donner en mariage une de ses petites filles à Bertholde des Ursins, neveu du pape, disant qu'avec ses pieds rouges, Nicolas ne pouvait prétendre à l'honneur de s'allier avec la maison de France. Nicolas lui revalut bien cette marque de mépris. Ce fut ce pontife qui prépara la révolution qui rendit Pierre III, roi d'Aragon, maître de la Sicile. (*Voy.* les rois d'Aragon.) Nicolas aimait sa famille à l'excès, et fut peu délicat sur les moyens de l'enrichir. Il conçut même le projet de l'élever à la royauté; car, sous prétexte de donner des défenseurs à l'église de Rome, il voulait établir deux de ses neveux, l'un roi de Lombardie, l'autre roi de Toscane. Depuis ce tems, le népotisme est devenu comme un droit aux plus grands honneurs, et l'histoire est pleine de neveux que les papes ont fait princes. Après la mort de Nicolas III, le saint siège vaqua six mois, pendant lesquels il y eut beaucoup de tumultes.

CLXXXIV. MARTIN IV.

1281. MARTIN IV (cardinal-prêtre du titre de Sainte-Cécile), fut élu pape à Viterbe, le 22 février 1281, consacré et couronné à Orviète, le 23 mars, n'ayant pas voulu se rendre à Rome pour cette cérémonie, à cause des troubles excités dans cette ville par les factions opposées des Ursins et des Hannibaldi. Il se nommait auparavant Simon DE BRION, et non de Brie, comme l'appelle M. Fleuri; et sa famille était illustre. Franç. du Chêne (*Hist. des Card. Franc.* tom. II, p. 233), prétend qu'il naquit au château de Monpencien, dans la paroisse d'Andrecel, en Touraine. Mais une Chronique de Sens, conservée parmi les manuscrits de la reine de Suède, et qui finit en 1294, porte qu'il était né dans un lieu qu'elle nomme *Mons-Pilgoti* : (c'est Montpilloi, près de Bavon, en Champagne, suivant la remarque de M. Thomé, chanoine de Meaux.) Elle ajoute qu'il avait deux frères, chevaliers, Guillaume et Simon de Brion, qui se succédèrent dans la charge de conseiller du roi. Martin IV avait été trésorier de Saint-Martin de Tours. Son élection fut le fruit d'une brigue que Charles d'Anjou, roi de Sicile, avait faite dans le conclave pour faire nommer un pape français. Tous les cardinaux s'étant opposés aux vues du prince, et ayant suspendu leur scrutin, les Viterbois se saisirent d'eux, et, les ayant mis en prison, les firent jeûner au pain et à l'eau, jusqu'à ce qu'ils eussent promis de procéder à l'élection sans délai. Il faut remarquer que la constitution de Grégoire X, qui ordonnait de fermer le conclave, ne s'observait plus. La première opération de Martin IV fut de venger la violence qui avait été faite au sacré collège par un interdit qu'il lança contre les habitants de Viterbe. Richard Hannibaldi, qui les avait excités, fut obligé de venir lui demander pardon la corde au cou. Martin n'en fut pas cependant moins reconnaissant envers le roi de Sicile. Peu de jours après son intronisation (le 10 mars), ayant obtenu des Romains le titre de sénateur, avec pouvoir de le substituer, il en fit cession à ce prince. Nicolas, son prédécesseur, avait fait ses efforts pour éteindre les factions des Guelfes et des Gibelins en les réconciliant ensemble. Martin IV fit le contraire : excité par le roi de Sicile, qui le menait par le nez comme sa créature, dit Muratori, il se déclara hautement pour les Guelfes, et poursuivit à outrance les Gibelins. Ceux de la Romagne, chassés de de leurs foyers, s'étaient tous retirés à Forli. Ils n'y demeurèrent point tranquilles. Le pape et le roi de Sicile préparèrent de concert un grand armement pour se rendre maîtres de cette ville. Ce qui les animait sur-tout, c'étaient les courses que Gui, comte de Montefeltro, capitaine de Forli, avait faites cette année, aux mois de mars, d'avril et de mai, sur les territoires de Durbec, de Faenza, et jusqu'aux portes de Ravenne. La commune de Forli, pour détourner l'orage prêt à fondre sur elle, envoya des députés au pape, qui résidait pour lors à Orviète, avec le roi Charles d'Anjou. Mais ils ne purent obtenir ni justice ni miséricorde, et furent honteusement congédiés. Dans le même tems, Jean d'Eppe, conseiller du roi de Sicile, fut créé, par le pape, comte de la Romagne, avec ordre de marcher contre Forli à la tête des troupes papales et siciliennes qu'on lui fournit, et de faire main basse sur tout ce qu'il rencontrerait du parti de Gibelin. Ce général fit, à la vérité, de grands dégats dans le territoire de Forli, et s'avança même jusqu'aux portes de la ville ; mais il en demeura là par la crainte du capitaine Gui, qui avait mis la place en état de faire une bonne défense. Le pape, pour appuyer ses armes temporelles, fulmina une excommunication contre les Forlivois, jeta sur la ville un interdit, et donna ordre aux ecclésiastiques d'en sortir. Il fit plus, il confisqua à son profit les fonds et les effets des Forlivois qui se trouvaient dans l'état ecclésiastique. Reconnaît-on à ces traits, dit Muratori, le père commun des fidèles? Au commencement de l'année suivante, le comte de Montefeltro, désespérant de sauver la ville toujours menacée par le comte de la Romagne, dont les forces augmentaient, fait au pape une nouvelle députation qui fut aussi mal accueillie que la première. Le pontife exigea, pour une des conditions de la paix, qu'on chasserait de Forli tous les étrangers, et par conséquent le capitaine lui-même. Peu de jours après le retour des députés, le comte de la Romagne, ayant pratiqué des intelligences dans la ville, trouva moyen de s'en faire ouvrir une des portes. Mais à son entrée, il trouva les habitants si bien préparés à le recevoir, qu'après un sanglant combat donné dans les rues, il fut obligé de s'enfuir lui vingtième. (*Annali d'Italia*, t. VII, pp. 435-442.) L'année précédente, Martin IV avait excommunié, le 18 novembre, Michel Paléologue, empereur de Constantinople, comme fauteur de l'ancien schisme et de l'hérésie des Grecs. Ce fut encore le roi de Sicile qui lui fit faire cette démarche, pour donner un air de croisade à la ligue qu'il avait conclue avec les Vénitiens contre ce prince. L'an 1282, autre excommunication lancée le 7 mai par ce pape, contre les habitants de Palerme, à cause du massacre des Français, nommé les *Vêpres Siciliennes*. Le 9 novembre suivant, il frappe des mêmes censures Pierre III, roi d'Aragon, instigateur, à ce qu'on prétendait de ce massacre, à la faveur duquel il s'était emparé du royaume de Sicile. L'an 1283, il renouvela ses anathèmes contre ce prince qu'il déclara déchu de la royauté, transféra son royaume à Charles de Valois, et publia une croisade contre lui. Les peuples se portèrent à cette expédition avec tant d'ardeur, que plusieurs y vinrent même sans armes, n'ayant pu s'en procurer. Les pierres qu'ils trouvaient sous la main leur en tinrent lieu, et ils disaient en les jetant : *je jette cette pierre contre Pierre d'Aragon pour gagner l'indulgence.* Le monarque anathématisé n'en fut pas moins victorieux et du pape et des croisés. (*Voy.* Pierre III, roi d'Aragon.) Martin IV mourut à Pérouse le 28 mars de l'an 1285, après avoir tenu le saint siége quatre ans et cinq jours depuis sa consécration. Ce pape fut enterré aux Franciscains de Pérouse avec l'habit de l'ordre : c'est peut-être le seul pape qui ait eu cette dévotion. A juger de son caractère par sa conduite, il était brusque, peu accommodant, et toujours prêt à soutenir ses prétentions sans ménagement. Cependant il est honoré comme saint à Pérouse, et le continuateur de la Chronique de Martin Polonais lui attribue des miracles dont il se donne pour témoin. Guillaume de Nangis et Platina le canonisent également. Il avait pris pour sa devise, suivant Onuphre, ce verset du cent quarante et unième pseaume, *Portio mea, Domine, sit in terra viventium.* Il montra peu d'affection pour ses parents. Son neveu l'étant venu trouver lorsqu'il fut élu pape, il se contenta de lui donner une modique somme d'argent pour les frais de son voyage, en lui disant que les biens de l'église ne lui appartenaient pas, mais aux pauvres.

CLXXXV. HONORIUS IV.

1285. HONORIUS IV (Jacques SAVELLI, noble romain, cardinal-diacre en 1261) fut élu pape à Pérouse, le 2 avril de l'an 1285, et consacré à Rome le 4 ou le 6 mai. (Mansi.) Honorius était très incommodé de la goutte aux pieds et aux mains : il mourut le 3 avril de l'an 1287, après deux ans et un jour de pontificat depuis son élection. Ce pape confirma, l'an 1286, l'ordre des carmes, sur lequel dit saint Antonin, le dernier concile général de Lyon n'avait rien voulu prononcer : *Qui priùs in concilio Lugdunensi remanserat in suspenso.* Il ordonna de plus que ces religieux porteraient la chape purement blanche au lieu des bandes rousses et blanches dont elle était bigarrée, ce qui les exposait, dit Muratori, à la risée du peuple, qui les appelait *les frères barrés.* Le soudan d'Egypte, selon Villani et d'autres écrivains, ne pensait pas ainsi. Il les honorait à cause de ce même habillement, qu'il croyait leur être venu du prophète Elie. Ayant appris qu'ils l'avaient changé, il en fut si indigné qu'il les chassa du Mont-Carmel comme des apostats. Le saint siège vaqua plus de dix mois après la mort d'Honorius, à cause de la maladie qui enleva plusieurs cardinaux, ce qui obligea les autres à se séparer, et à remettre l'élection à un autre tems. Honorius IV aimait les Lettres, et projeta, pour les faire revivre, des établissements que la briéveté de son pontificat et les conjonctures où il se trouva, ne lui permirent point d'exécuter.

CLXXXVI. NICOLAS IV.

1288. NICOLAS IV (natif d'Ascoli, dans la marche d'An-

cône, de l'ordre des frères mineurs, appelé auparavant JÉ-
ROME, cardinal en 1278, puis évêque de Palestrine), fut élu
pape tout d'une voix et par un seul scrutin, le 15 février 1288. Il
renonça deux fois à son élection, n'y consentit que le 22, et
fut couronné le 25, ou peut-être le même jour. On prétend
qu'il favorisa secrètement les Gibelins, quoique cette faction
fût opposée aux papes. Ce qui a pu donner lieu de le croire,
c'est que, presque écrasée sous les derniers pontificats, elle
se releva sous le sien. Ce pape se donna beaucoup de mouvements pour la délivrance de Charles le Boîteux, roi de Sicile,
fait prisonnier par Alfonse d'Aragon, en quoi il réussit. L'an
1289, il érigea l'école de Montpellier en université. Les Chrétiens ayant été chassés de la Palestine après la perte d'Acre en
1291, Nicolas exhorta, par des lettres pressantes, les princes
de l'Europe à former une nouvelle croisade pour le recouvrement de la Terre Sainte. Il écrivit même, sur ce sujet, au khan
des Tartares. Mais ses efforts furent inutiles; et la mort, qui le
surprit le 4 avril 1292, arrêta tous ses desseins. Il avait tenu le
saint siége quatre ans, un mois et quatorze jours, en comptant
le 22 février 1288, et le 4 avril 1292. Nicolas était si attaché à
la maison des Colonne, qu'il ne cessait de répandre sur elle
ses faveurs, et se laissait entièrement gouverner par ceux qui en
étaient les chefs. Cet aveugle dévouement pour une famille
particulière ne manqua pas de faire des mécontents et des jaloux. On fit à ce sujet des satires, et entre autres un livre qui
avait pour titre: *Initium malorum*, avec une estampe dans laquelle on représentait le pape enfermé dans une colonne, ne
montrant que sa tête mitrée, et deux colonnes devant lui qui
désignaient probablement les deux cardinaux Colonne, alors
vivants, savoir Jacques Colonne, de la création de Nicolas III,
et Pierre Colonne, promu au cardinalat par Nicolas IV lui-
même. (*Franc. Pippini, Chron.*, t. VX, *Rerum Ital.*) La Chronique
de Forli nous apprend qu'il fit marquis d'Ancône Jean Colonne;
et qu'il fit Etienne comte de la Romagne. Ce fut ce pape qui,
au rapport de Raoul de Tongres, ayant fait enlever de toutes
les églises de Rome les antiphoniers, les graduels, les missels
et tous les livres de l'ancien office romain, ordonna qu'on ne se
servirait plus que des livres liturgiques et des bréviaires des
frères mineurs. On ne doit pas compter cette réforme entre les
services qu'il a rendus à l'église. Nicolas IV avait pris pour devise ce verset du psaume 118: *Faciem tuam illumina super ser-
vum tuum.*

Sous le pontificat de Nicolas IV on fixait à Rome le commencement de l'année à Pâques.

CLXXXVII CELESTIN V.

1294. CÉLESTIN V (Pierre DE MOURON, natif d'Isernia, dans le royaume de Naples, instituteur des religieux de son nom papal), fut élu pape à Pérouse le 5 juillet 1294. Toutes les voix se réunirent en sa faveur, après avoir été partagées deux ans, trois mois, sur le choix du successeur de Nicolas IV. Célestin était alors âgé d'environ soixante-dix-neuf ans. Il ne s'attendait nullement à cet honneur; mais sa peine fut encore plus grande que son étonnement, lorsqu'il vit deux cardinaux à ses genoux lui présenter le décret de son élection et les hommages du sacré collège. Il pensait à se sauver, et il l'eût fait secrètement avec un de ses disciples, si le concours d'un peuple fidèle, qui vint l'investir dans sa solitude, et les instances de Charles II, roi de Sicile et de son fils Charles Martel, qui accoururent au même lieu, ne l'avaient arrêté. Il accepta donc enfin la papauté; mais il ne voulut point en prendre la pompe. Il se mit en marche sur un âne, ayant à ses côtés les deux rois, qui ayant mis pied à terre à l'entrée d'Aquila, prirent chacun de leur côté la bride de l'âne, et conduisirent ainsi le pontife au palais, où il devait loger. Ayant appelé les cardinaux dans cette ville, il y fut consacré le 29 août. De-là il se rendit à Naples, où il créa douze cardinaux, dont sept français, amis du roi de Naples, et confirma la constitution de Grégoire X sur les conclaves, en y ajoutant qu'elle se garderait exactement, *lorsque le pape mourrait, ou lorsqu'il se déposerait.* Ces dernières paroles firent voir qu'il pensait déjà à se démettre du souverain pontificat pour retourner dans sa retraite. Sur la fin de l'an 1294, il revint à Naples pour faire la paix entre Jacques, roi d'Aragon, et Charles, roi de Sicile. Il y réussit, de manière que Jacques s'obligea de ne point mettre bas les armes jusqu'à ce que Frédéric, son frère, eût restitué la Trinacrie ou l'île de Sicile à Charles. Célestin n'oublia pas, dans son élévation, les ermites ses frères, dont il confirma l'institut. Mais se sentant peu propre aux affaires, il abdiqua le 13 décembre 1294. Célestin mourut saintement, le 19 mai 1296, dans le château de Fumone, où Boniface VIII, son successeur, le faisait garder depuis dix mois, par six chevaliers et trente soldats, dans la crainte qu'on abusât de sa simplicité pour l'engager à remonter sur le saint siège. Boniface lui fit avec joie des funérailles pompeuses, et ordonna que l'église célébrerait sa mémoire le jour de sa mort. C'est ainsi que, dans le Paganisme, des tyrans ont mis quelquefois au rang des dieux, leurs maîtres qu'ils avaient fait mourir après les avoir détrônés.

CLXXXVIII. BONIFACE VIII.

1294. BONIFACE VIII (Benoît CAÏETAN, né à Anagni, docteur en droit canonique, chanoine de l'église de Paris et de celle de Lyon, créé cardinal du titre de Saint-Silvestre, par Martin IV, en 1281, nommé légat dans la Pouille, par Nicolas IV), fut élu pape le 24 décembre 1294, par le crédit de Charles II, roi de Naples. Il fut sacré le 2 janvier 1295 (Mansi), et couronné quelques jours après. Boniface, avant son pontificat, avait été employé dans des négociations importantes avec plusieurs princes de l'Europe. Etant pape, il voulut entrer dans toutes les affaires, et s'en attira à lui-même de très-fâcheuses. L'an 1296, sur les plaintes de plusieurs membres du clergé de France contre les officiers royaux, qui les accablaient de taxes, disaient-ils, à l'occasion des guerres que le roi était obligé de soutenir, il donna la fameuse bulle *Clericis laïcos*, portant défense aux clercs de payer aucun subside aux princes sans l'autorité du saint siège. Il excita par-là de grands troubles dans le royaume. Mais sur les représentations de Pierre Barbet, archevêque de Reims, il remédia l'année suivante au scandale, en expliquant cette bulle par une autre. L'an 1297, selon Villani, ou l'année précédente, suivant le continuateur de Martin Polonais, commencèrent à éclater les démêlés de Boniface avec les Colonne. Boniface avait plusieurs griefs contre cette maison. Elle était du parti gibelin, dont lui-même n'avait pas été éloigné avant son pontificat, mais que des raisons d'intérêt lui rendaient odieux depuis qu'il était sur le saint siége. De plus, les cardinaux Jacques Colonne et Pierre, son neveu, s'étaient opposés, dans le conclave, à son élection, et ne cessaient de dire qu'elle était l'effet de la brigue. Enfin, Etienne Colonne, frère du cardinal Pierre, avait eu récemment la hardiesse de piller les effets du pape, tandis qu'on les transportait d'Anagni à Rome. Boniface les ayant fait citer à son tribunal, loin de comparaître, ils allèrent se renfermer dans Palestrine, place forte qui leur appartenait, bien résolus de s'y défendre, si on les y attaquait. Le pontife, pour venger ces injures, publia, le jour de l'Ascension 1297, une bulle par laquelle il déposait et privait de toute dignité ecclésiastique les cardinaux Jacques et Pierre, confisquait tous les biens des frères Etienne, Agapet et Sciara Colonne, les déclarait, eux et leurs descendants, inhabiles à tous honneurs, offices et bénéfices ecclésiastiques, et frappait d'anathème tous leurs partisans. Les Colonne ayant appelé de cette bulle en termes outrageants, Boniface, résolu de les pousser à bout, fit prêcher contre eux une croisade, ce qui les obligea à traiter d'accommodement. Ce fut à Riéti, dans le mois de septembre 1298, qu'ils obtinrent, par la médiation du sacré collége et d'autres personnes illustres, leur absolution, dont une des principales conditions fut qu'ils rendraient Palestrine au pape, qui la fit raser. Au milieu de ces troubles, Boniface s'occupa de la canonisation de saint Louis, qu'il consomma par sa bulle du 2 août 1297, qui est un chef-d'œuvre en son genre. Choisi par les rois de France et d'Angleterre, Philippe le Bel et Edouard I, pour arbitre de leurs querelles, il rendit, le 28 juin 1298, son jugement en plein consistoire, devant une foule de peuple, que l'éclat de cette cause avait attirée au Vatican, et le fit ensuite expédier le 30 juin, en forme de bulle. Cette pièce, donnée en son entier dans Rymer, (tom. I, *part.* 2, p. 200), fait honneur à l'impartialité de Boniface, quoiqu'il n'eût pas sujet d'être content du roi de France. Ce n'est pas ainsi, à la vérité, qu'en parlent la plupart des historiens français. A les en croire, Boniface montra, dans cette occasion, une partialité si outrée pour le roi d'Angleterre, que l'évêque de Durham, chargé d'apporter la bulle en France, l'ayant lue en présence du roi, des princes du sang et des principaux seigneurs, elle causa le plus grand étonnement à toute l'assemblée. Le comte d'Artois, ajoutent-ils, ne pouvant contenir son indignation, l'arracha des mains du prélat et la mit en pièces. Mais ce récit est hautement démenti, non-seulement par la bulle qu'il attaque, mais aussi par la docilité avec laquelle les deux rois obéirent à cette sentence arbitrale, comme le prouvent divers actes manuscrits, recueillis à la tour de Londres, par M. de Brequigni, et enfin, comme on le voit par la paix qu'ils conclurent sur le modèle de ce jugement, en l'an 1303. Les brouilleries s'étaient, cependant, renouvelées entre le pape et les Colonne, qui se trouvèrent réduits à la nécessité de fuir d'Italie et d'errer en divers pays, pour se soustraire à la persécution de Boniface. Sciara Colonne, pris par des pirates de Marseille, et mis à la rame sans être connu, aima mieux, dit un auteur du tems, rester en cet état, que de courir le risque, en se découvrant, d'être remis entre les mains du pape. L'an 1300, Boniface donna une bulle, datée du 2 février, par laquelle il accordait des indulgences à ceux qui visiteraient, cette année et toutes les centièmes années suivantes, l'église des apôtres saint Pierre et saint Paul; ce qui attira un concours prodigieux de pèlerins à Rome. Delà le Jubilé. L'an 1301, commença le démêlé fameux entre Boniface et Philippe le Bel; Bernard de Saisset, premier évêque de Pamiers, que Philippe avait fait arrêter et mettre en prison, à cause de plusieurs accusations graves formées contre lui, en fut l'occasion. Boniface, informé de cet emprisonnement, écrivit, pour s'en plaindre, à Philippe, et lui adressa, le

5 décembre, la lettre ou bulle, *Ausculta, fili*, pleine de prétentions excessives, de hauteur et de menaces. Le roi indigné, la fit brûler, le 11 février 1302, d'après le jugement d'une assemblée tenue sur ce sujet, à Notre-Dame, le jour précédent. Il serait à souhaiter, dit François Pagi, qu'on pût ensevelir dans un éternel oubli toute cette affaire, qui donna beaucoup de peine au roi, et causa la mort au pape. (Voy. *la Chronologie des Conciles*, année 1303). L'an 1303, Boniface, dans le dessein de se fortifier contre Philippe le Bel, reconnut pour roi des Romains Albert d'Autriche, qu'il avait rejeté jusqu'alors : ayant appris ensuite ce qui s'était fait en France contre lui-même, les accusations dont l'avait chargé Guillaume du Plessis, et l'appel de la nation au futur concile, il donna, le 15 août, plusieurs bulles contre Philippe : il en avait composé une dernière, qu'il devait publier le 8 septembre, lorsqu'il fut pris la veille à Anagni, par Guillaume de Nogaret, qui était venu secrètement de France en Italie, avec des troupes pour l'enlever. Dans le moment, Boniface se crut mort, et dit : « puisque je suis trahi comme Jésus-Christ, je veux mourir en » pape »; et il en prit les ornements. Délivré, le 9 du même mois, par les habitants d'Anagni, il en partit aussitôt, pour se rendre à Rome, tomba malade de chagrin en route, et mourut en cette ville, le 11 octobre 1303, après huit ans, neuf mois et dix-huit jours de pontificat, à compter du jour de son élection. Son corps fut rapporté à Rome et enterré dans l'église de Saint-Pierre du Vatican. L'an 1605, trois cent deux ans après sa mort, il fut trouvé tout entier, et sans aucune corruption, à l'ouverture de son tombeau. Boniface avait publié, l'an 1299, un recueil de ses constitutions et de celles de ses prédécesseurs, qu'on appela *le Sexte*, parce qu'il servait de suite aux cinq livres de la collection de Grégoire IX.

Ce pape commençait l'année à Noël ; en quoi presque tous ses successeurs l'imitèrent dans le quatorzième siècle. Il datait quelquefois ses bulles seulement de l'année de son pontificat, sans marquer ni le mois ni le jour. La dignité de chancelier de l'église romaine fut supprimée sous son pontificat : *Quia*, dit le docteur Tabarelli, *cancellarius de pari certabat cum papa*. Il n'y eut plus désormais qu'un vice-chancelier. L'opinion commune est que Boniface VIII ajouta une seconde couronne à la tiare pontificale; mais elle est démentie par six statues qui furent érigées à ce pape de son vivant, ou peu de tems après sa mort. De ces six statues, les unes ont une seule couronne à la tiare, les autres n'en ont point du tout. Il est vrai que l'on voit à Bologne une septième statue de Boniface VIII, dont la tiare est ornée d'une triple couronne ; mais il est visible que ce monument est fort postérieure à ce pape. (Rubeus , *de Bonif. VIII;* Oldoin *Addit. ad Ciacon.*) Quelques uns prétendent que c'est Boniface VIII qui donna la robe rouge aux cardinaux, comme Innocent IV leur avait donné le chapeau de cette couleur.

CLXXXIX. BENOIT XI.

1303. BENOIT XI, (Nicolas BOCASIN de Trévise, fils d'un berger, neuvième général de l'ordre des frères prêcheurs, cardinal-évêque d'Ostie,) fut elu pape d'une voix unanime le 22 octobre 1303, et couronné le dimanche suivant, 27 du même mois. Il mourut à Pérouse (de poison, selon quelques historiens), le 6 ou le 7 juillet de l'an 1304, n'ayant tenu le saint siége que huit mois et seize jours. Dès le commencement de son pontificat, il rétablit les Colonne, fit un bon accueil aux députés que Philippe le Bel lui envoya, chargés d'une lettre, pour le féliciter sur son exaltation ; releva ce monarque des censures, quoiqu'il ne l'eût pas même demandé, et donna plusieurs bulles pour remettre le roi et le royaume de France dans l'état où ils étaient avant la bulle de Boniface VIII. On dit qu'il se fit plusieurs miracles au tombeau de Benoît XI. Le pape Benoît XIV en était si persuadé qu'il l'a placé dans sa nouvelle édition du Martyrologe romain, sous le 7 de juillet. Le saint siége après sa mort, vaqua près de onze mois, par la mésintelligence des cardinaux, enfermés dans le conclave à Pérouse et divisés en deux factions presque égales, dont l'une voulait un pape favorable à Boniface VIII, et l'autre en voulait un qui fut ami de Philippe le Bel. Celle-ci l'emporta, en proposant adroitement à l'autre un moyen de faire un pape qui paraissait propre à remplir ses vues, et qui, par l'habileté de celui qui l'avait proposé, eut un effet tout contraire, et rendit Philippe maître de l'élection.

La tiare de Benoît XI, dans les monuments qu'on a de lui, n'a qu'une simple couronne: nouvelle preuve que son prédécesseur n'en ajouta pas une deuxième.

CXC. CLEMENT V.

1305. CLÉMENT V, (Bertrand DE GOTH, né de parents nobles à Villandran, dans le diocèse de Bordeaux, dont il devint archevêque en 1298, après avoir occupé le siége de Comminges pendant quatre ans), fut élu pape à Pérouse, le 5 juin 1305, au bout d'une vacance de onze mois, occasionnée par les débats de deux factions du sacré collége, l'une favorable à la France, et l'autre qui lui était opposée. Ce fut au roi Philippe le Bel qu'il fut redevable de son élection. Ce monarque, après s'être assuré des suffrages par les intrigues du cardinal du Prat, lui donna un rendez-vous secret dans une abbaye voisine de Saint-Jean d'Angéli. Là il lui offrit la papauté, moyennant six grâces qu'il lui demanda ; la première, de lui accorder le pardon du mal qu'il avait fait à la prise de Boniface VIII ; la seconde de le reconcilier à l'église, lui et ceux qui l'avaient suivi ; la troisième, de lui accorder toutes les décimes de son royaume pendant cinq ans ; la quatrième, de flétrir la mémoire de Boniface : la cinquième, de rendre le cardinalat aux Colonne que ce pape en avait dépouillés, et d'élever à cette dignité ceux qu'il lui indiquerait. A l'égard de la sixième, il dit qu'il la déclarerait en en tems et lieu, parce qu'elle demandait du secret. Le prélat ayant tout promis avec action de grâces, le roi lui tint parole. Son couronnement se fit à Lyon le 14 novembre, en présence de ce monarque. Cette cérémonie fut troublée par un accident fâcheux. Comme elle avait attiré une grande foule de peuple ; une muraille, trop chargée de spectateurs, s'écroula dans le moment que le pape passait auprès, blessa le roi, écrasa le duc de Bretagne, renversa le pape, et lui fit tomber la tiare de dessus la tête. Quelques jours après, (le 23 du même mois), le pape dînant au palais archiépiscopal en grand comité, ses domestiques prirent querelle avec ceux des cardinaux ; et l'un des frères du pontife, ayant voulu appaiser le tumulte, fut tué, sans qu'on pût découvrir l'auteur du meurtre. On ne manqua pas de tirer à mauvais augure ces circonstances funestes. Le préjugé redoubla dans l'esprit des Italiens, lorsque Clément eut déclaré qu'il voulait résider en France. Le cardinal Mathieu Rosso, doyen du sacré collége, dit à cette occasion : *L'église ne reviendra de long-tems en Italie ; je connais les Gascons.* Ce vieux cardinal ne se trompait pas. La première opération du nouveau pape fut d'affranchir de la primatie de Bourges l'église de Bordeaux, par une bulle donnée à Lyon le 26 novembre. Il en expédia deux autres le 1 février 1306, en faveur de la France. Au commencement d'avril suivant, il se rendit de Bordeaux à Poitiers pour y attendre le roi Philippe le Bel, avec lequel il devait avoir une conférence. Une maladie, dont il fut attaqué dans cette ville, l'obligea d'y demeurer plus d'un an dans l'inaction. Cependant on a de lui une bulle du 20 février 1307, par laquelle il révoque les commendes. Au moins de juin suivant arriva Philippe le Bel. Ce prince, dans la conférence, débuta par solliciter vivement le pape de condamner la mémoire de Boniface VIII. Clément éluda cette demande, en renvoyant l'affaire au concile général. Mais le principal objet de leur entretien fut la ruine des Templiers. Philippe le Bel, à son retour, les fit tous arrêter en un même jour par toute la France, le 13 octobre 1307. Le pape l'ayant appris, en parut affligé; il suspendit même les pouvoirs de l'inquisiteur, Guillaume de Paris, nommé pour informer contre eux; mais ensuite il leva la suspense le 5 juillet 1308, et donna, au mois d'août, une bulle pour la convocation d'un concile général à Vienne. (Voyez *le Conc. de Vienne en* 1311, *et Jacques de Molai, grand maître du Temple*.) Le trône impérial était cependant vacant par la mort d'Albert d'Autriche, arrivée le 1er. mai 1308, et le roi Philippe le Bel le briguait ouvertement pour Charles de Valois, son frère. Il écrivit au pape pour l'engager à recommander ce candidat aux électeurs ecclésiastiques; Clément se conforma en apparence aux intentions du monarque. Mais à la lettre qu'il écrivit aux électeurs en faveur de Charles de Valois, il joignit un bref secret, dans lequel il détaillait tous les dangers que courraient le saint siége et la liberté germanique, en donnant un prince français pour chef à l'empire. Le bref fit son effet, et Charles fut exclus. L'an 1309, au mois de mars, Clément fixe sa résidence à Avignon. Telle est l'époque du séjour des papes en cette ville. Malgré son éloignement de Rome, il ne laissa pas d'y fonder, l'an 1310, des chaires pour les langues grecque, hébraïque, arabe et syriaque. Il avait retiré, l'année précédente, des mains des Vénitiens la ville de Ferrare, au moyen d'une croisade publiée contre eux. (Voyez *l'art. de la Répub. de Venise*.) Clément termina ses jours à Roquemaure, près d'Avignon, l'an 1314, le 20 avril, après avoir tenu le saint siége huit ans, dix mois et demi, à compter du jour de son élection. Villani, saint Antonin et d'autres, parlent fort désavantageusement des mœurs de ce pape. Mais indépendamment de cet article, on ne peut lui pardonner le trafic indigne qu'il faisait des choses sacrées, et la scandaleuse licence avec laquelle on vendait les bénéfices à sa cour. Le roi Philippe le Bel le laissait disposer, à sa volonté, des évêchés de France, parce qu'il employait l'autorité de ce pontife pour avoir, de son côté, les évêques qu'il voulait. On a de Clément V une compilation nouvelle, tant des décrets du concile général de Vienne, que de ses épîtres ou constitutions. C'est ce qu'on appelle les *Clémentines*. Mais en mourant, il ordonna de les supprimer, parce qu'il les jugea trop contraires à la simplicité apostolique. Après sa mort, le saint siége vaqua près de vingt-huit mois, les cardinaux étant également divisés sur le choix d'un nouveau pape, et sur le lieu de l'élection.

Clément V, comme bien d'autres papes, ne comptait les années de son pontificat que du jour de son couronnement. Dans la suite, lorsque les papes donnaient des bulles avant que d'être couronnés, ils les dataient, *à die suscepti à nobis Apostolatûs officii*.

CXCI. JEAN XXII.

1316. JEAN XXII (né à Cahors, nommé auparavant Jacques d'Euse, cardinal-évêque de Porto en 1312), fut élu pape à Lyon, le 7 d'août 1316, et couronné dans l'église cathédrale le 5 de septembre. C'est à tort que Jean Villani a écrit que Jacques d'Euse, ayant été chargé par compromis de l'élection du pape, il s'était élu lui-même. Cet auteur se trompe encore aussi bien que saint Antonin, M. Fleuri, et le nouvel historien de France, lorsqu'ils disent que Jacques d'Euse était de basse naissance; on peut voir le contraire dans M. Baluze. Il était de petite taille, mais d'un grand courage. Peu de tems après son élévation, il écrivit en ces termes à Philippe le Long, roi de France, âgé pour lors de vingt-trois ans. « Nous avons appris que, lorsque vous
» assistez à l'office divin, particulièrement à la messe, vous
» parlez tantôt à l'un, tantôt à l'autre, sans faire l'attention
» requise aux prières qui se font pour vous et pour le peuple.
» Vous devriez aussi, depuis votre sacre, prendre des manières
» plus graves, et porter le manteau royal comme vos ancêtres.
» On dit que dans vos états le dimanche est profané, et que,
» dans ce saint jour, on rend la justice, on fait les cheveux et
» la barbe; ce que nous vous avertissons de ne point souffrir ».
L'an 1317, Jean érigea Toulouse en archevêché; mais il enleva une partie du territoire et des revenus de cette église, pour fonder quatre nouveaux évêchés qu'il établit à Montauban, Saint-Papoul, Rieux et Lombez. Jean partagea encore plusieurs autres diocèses: dans celui de Narbonne, il érigea deux évêchés, Aleth et Saint-Pons; Castres, dans celui d'Albi; dans la province de Bordeaux, Condom, Sarlat, Saint-Flour, Luçon et Maillezais, transféré depuis à la Rochelle: on prit des abbayes de l'ordre de Saint-Benoît pour la plupart de ces établissements. L'an 1318, il érigea encore trois nouveaux évêchés, Tulle, Lavaur et Mirepoix. Cette année, le pape accorda dix jours d'indulgences à ceux qui réciteraient à genoux, tous les soirs, la salutation angélique; grâce qu'il confirma l'an 1327. Dès l'an 1317, il y eut des conspirations contre sa vie. On rechercha les coupables: Hugues Gérard, évêque de Cahors, s'étant trouvé du nombre, fut, par jugement de la cour séculière, traîné publiquement, écorché en quelques parties de son corps, et enfin brûlé. La dispute qui s'était élevée entre les frères mineurs, touchant la pratique de la règle de Saint-François, donna de l'occupation à Jean XXII; les choses furent portées si loin, qu'on fit brûler quelques-uns des réfractaires. L'an 1323, Jean donna, le 9 octobre, une bulle en forme de monition, contre Louis de Bavière, roi des Romains. Cette affaire eut de longues et fâcheuses sui-

tes, les mêmes que l'on a vues dans les articles de Grégoire VII et de Henri IV. (*Voyez* Louis de Bavière, empereur.) L'an 1330, Pierre de Corbières, franciscain, que Louis de Bavière avait fait élire antipape, le 12 mai 1328, sous le nom de Nicolas V, est amené par Boniface, comte de Donorétique, aux pieds de Jean XXII. Il avait déjà fait son abjuration à Pise; il la renouvela publiquement le 25 août dans Avignon, et encore le 6 de septembre dans un consistoire particulier. L'an 1333, la question de la vision béatifique fit grand éclat en France. Jean XXII y avait donné occasion par trois sermons qu'il avait prêchés. Les docteurs de Paris se déclarèrent contre l'opinion du pape. Jean revint lui-même à leur sentiment, et fit, la veille de sa mort, une confession de foi très-orthodoxe sur ce sujet. Le 4 décembre 1334, fut le terme de ses jours. Il mourut dans son palais d'Avignon, âgé de plus de 90 ans, après avoir tenu le saint siége dix-huit ans et quatre mois moins trois jours, à compter du jour de son élection. Jamais successeur de saint Pierre ne fut si attentif à saisir ou à faire naître les occasions d'augmenter ses revenus. A sa mort il laissa dans ses coffres dix-huit millions de florins d'or, si l'on en croit Villani, qui donne pour garant de cette anecdote son frère, marchand du pape. « Cet immense trésor, dit M. Fleuri, fut amassé, pour
» la plus grande partie, par l'industrie de sa sainteté qui, dès
» l'an 1319, établit les réserves de tous les bénéfices des églises
» collégiales de la chrétienté, disant qu'elle le faisait pour ôter
» les simonies. De plus, en vertu de cette réserve, le pape ne
» confirma quasi jamais l'élection d'aucun prélat; mais il pro-
» mouvait un évêque à un archevêché, et mettait à sa place
» un moindre évêque, d'où il arrivait souvent que la vacance
» d'un archevêché, ou d'un patriarcat, produisait six promo-
» tions, ou plus, dont il venait de grandes sommes de deniers à
» la chambre apostolique. Mais le bon homme ne se souvenait
» plus de l'évangile où Jésus-Christ dit à ses disciples : *Que*
» *votre trésor soit dans le Ciel, et ne thésaurisez point sur la terre.* »
Le même esprit d'avarice lui fit imaginer la régle de la chancellerie apostolique, pour les taxes des dispenses, et le commerce des indulgences. Du reste, il fut sobre, exact aux prières publiques, amateur de l'étude, vigilant, actif, et d'une fermeté à toute épreuve. En mourant, il révoqua toutes les réserves de bénéfices qu'il avait faites, voulant qu'elles fussent regardées comme nulles. L'université de Cahors lui doit sa fondation. Polydore Virgile lui attribue l'établissement des auditeurs de Rote, pour juger des appels de toute la chrétienté. Jean XXII excellait dans la médecine, comme le prouve son *Thesaurus pauperum*, et d'autres ouvrages qu'il a laissés sur cette science.

On a vu que Clément V avait ordonné, en mourant, de supprimer le recueil de ses Constitutions. Jean XXII ordonna, au contraire, de les conserver, et de les enseigner dans toutes les écoles, parce qu'elles l'autorisaient dans toutes ses exactions. Il en fit lui-même, qu'il disait utiles et salutaires, *a cagione della utilita grande che recavano alla sua corte*, dit Gianonne ; et parce qu'il les ajoutait, sans ordre, aux Clémentines, on les nomma *Extravagantes*. Ces sortes de décrétales se multiplièrent encore dans la suite : elles portaient sur les principes de Gratien, et tendaient à consacrer les abus. (Condillac.)

CXCII. BENOIT XII.

1334. BENOÎT XII (Jacques FOURNIER, né à Saverdun au comté de Foix, abbé Cistercien de Bolbone, au diocèse de Mirepoix, après le cardinal Novelli, son oncle, dont il prit le nom, élevé en 1327 à la même dignité et appelé le cardinal Blanc, parce qu'il avait gardé l'habit de son ordre), fut élu pape à l'unanimité le 20 décembre 1334. Les cardinaux furent eux-mêmes étonnés du choix qu'ils venaient de faire, et l'élu, qui l'était encore plus qu'eux, leur dit : *Vous venez d'élire un âne*, « se reconnaissant, dit M. Fleuri, grossier pour le manége » de la cour de Rome, quoique savant théologien et jurisconsulte. » Son couronnement se fit à Avignon le 8 janvier 1335. L'an 1336, il donna, le 29 janvier, une bulle très-orthodoxe, sur la vision béatifique. Il eut une entrevue à Avignon avec Philippe de Valois, au mois de mars de la même année. Avant que ce prince lui eût fait aucune demande, Benoît lui dit qu'il avait tant d'affection pour sa personne, que s'il avait deux âmes, il en exposerait volontiers une pour lui faire plaisir ; mais que, n'en ayant qu'une, il voulait la conserver. Benoît tint le saint siège sept ans, quatre mois et cinq jours, depuis celui de son élection, et mourut saintement le 25 d'avril 1342. Ce pape s'appliqua particulièrement à la réforme des ordres religieux ; il fut zélé pour le bon ordre, attentif dans le choix des sujets pour la collation des bénéfices, et si éloigné de favoriser ses parents, qu'il eut beaucoup de peine à donner l'archevêché d'Arles à un neveu, bon sujet d'ailleurs, et capable de remplir cette place. C'est le seul de ses parents qu'il ait avancé : il avait même coutume de dire qu'il faudrait, pour être véritablement prêtre, selon l'ordre de Melchisédech, n'avoir ni père ni mère, ni parents. On le représentait la main fermée, dit un abbé de Moissac dans sa Chronique manuscrite, pour marquer combien il était réservé et circonspect dans la distribution des biens ecclésiastiques et la collation des bénéfices.

La statue de ce pape, que l'on voit au Vatican, porte une tiare ornée de deux couronnes. M. Marengoni pense que ce fut Clément V, ou Jean XXII, qui ajouta la deuxième.

CXCIII. CLEMENT VI.

1342. CLÉMENT VI (Pierre ROGER, né au château de Maumont dans le diocèse de Limoges, moine de la Chaise-Dieu, archevêque de Rouen, cardinal, en 1337), fut élu pape le 7 mai 1342, et couronné le 19, jour de la Pentecôte, dans l'église des Frères prêcheurs d'Avignon. Le goût qu'il avait à donner, et l'habitude qu'il s'en était faite, lui firent publier au commencement de son pontificat une bulle, par laquelle il promettait des grâces à tous les pauvres clercs qui se présenteraient dans l'espace de deux mois. Cette promesse en attira un si grand nombre à Avignon, qu'on en compta jusqu'à cent mille. Clément ne trouva d'autre moyen de les satisfaire, que de se réserver la nomination des grandes prélatures, comptant pour nulles les nominations des chapitres et des communautés. Cette entreprise causa de l'étonnement. On lui représenta que ces réserves multipliées étaient sujettes à de grands inconvéniens, et que ses prédécesseurs n'avaient osé les faire. *Mes prédécesseurs*, répondit-il laconiquement, *ne savaient pas être papes*. L'an 1343, à la prière des Romains, il accorda pour la cinquantième année l'indulgence que Boniface VIII avait établie pour la centième. Sa bulle, donnée le 27 janvier, est la première qui compare cette indulgence au Jubilé de l'ancienne loi. La même année, le 12 avril, il confirma publiquement toutes les procédures faites et les censures portées par Jean XXII, contre Louis de Bavière. Ce prince, très-embarassé pour lors, fit tous ses efforts pour appaiser le pape. Il lui envoya des ambassadeurs chargés d'une procuration dont Clément avait lui-même donné le modèle. Mais la diète de Francfort, tenue au mois de septembre 1344, trouva les conditions auxquelles Louis s'était soumis, si dures et si contraires à l'honneur et au bien de l'empire, qu'elle pria le pape de s'en désister. Clément, au lieu de se relâcher, fait une ligue contre Louis, avec les princes de Luxembourg. L'an 1346, il le déposa par une sentence prononcée le jeudi saint; et le 6 novembre suivant, il confirma, par une autre bulle, l'élection de Charles IV, nouveau roi des Romains. Les injures et les imprécations contre Louis ne sont point épargnées dans cette bulle. Elles furent rendues par ses partisans au pontife avec usure. Mais par une tournure plus adroite et plus maligne, on les mit dans la bouche du prince des ténèbres. On feignit une lettre écrite par Satan, du fond des enfers, à Clément et à ses cardinaux, dans laquelle il rapportait les péchés favoris de chacun d'eux, et les exhortait à mériter les premières places dans son royaume. Elle finissait par les compliments des sept péchés capitaux, en cette manière : *Votre mère la Superbe vous salue, avec vos sœurs l'Avarice et l'Impureté, et les autres qui se vantent qu'avec votre secours, elles seront assez bien dans leurs affaires.* L'an 1348, Clément acheta de Jeanne, reine de Sicile, la ville d'Avignon, avec ses faubourgs, son territoire et ses confins, pour la somme de quatre-vingt mille florins; le contrat de cette vente est du 9 juin 1348. Il condamna, l'année suivante, la secte des Flagellans, et annonça le Jubilé pour l'an 1350 : par sa bulle du 10 avril 1349, qui réduisait à la cinquantième année cette indulgence que Boniface VIII avait établie pour la centième année. Rien de plus attrayant pour les peuples que les expressions de la bulle du pontife. Il y donnait ordre aux anges de tenir pour absouts de tous ses péchés, et d'introduire dans le paradis, sans délai, quiconque mourrait en allant à Rome pour le Jubilé : *Prorsùs mandamus angelis paradisi, quatenus animam illius a purgatorio penitus absolutem in paradisi gloriam introducant.* Aussi y eut-il à cette occasion un concours extraordinaire de pélerins à Rome. L'an 1351, ayant fait une promotion de cardinaux dans laquelle se trouvait compris Rigaut de Roussi, abbé de Saint-Denis en France, il le dispense, à la prière du roi, de venir recevoir de sa main le chapeau, suivant l'usage constant jusqu'alors, et le lui envoie à Paris, où il le reçoit en présence du roi et des évêques de Paris et de Meaux. Clément mourut à Villeneuve d'Avignon, le 6 décembre 1352, après avoir tenu le saint siège dix ans et sept mois moins un jour, depuis son élection ; et depuis son couronnement, dix ans, six mois et dix-huit jours. Son corps, enseveli dans un cuir de cerf, fut transporté à la Chaise-Dieu, comme il l'avait ordonné. Les Calvinistes, en 1562, ayant fait une invasion dans ce monastère, en brûlèrent toutes les reliques, et n'épargnèrent pas le tombeau de Clément VI ; mais comme ils ne le tenaient pas pour saint, le marquis de Curton, leur commandant, se contenta d'enlever son crâne, sans toucher au reste du corps, pour en faire une coupe, dans laquelle il donnait à boire à ses gens, afin qu'ils pussent se vanter d'avoir bu dans la tête d'un pape. Mathieu Villani parle peu avantageusement de Clément VI ; l'auteur de la troisième Vie de ce pontife en fait, au contraire, un grand éloge ; il semble qu'il y a de l'exagération dans l'un et dans l'autre ; le premier en dit trop de mal, le second en dit trop de bien. Ce qu'aucun écrivain ne lui conteste, c'est un esprit naturel cultivé par de bonnes études. On a toutefois peine à croire ce que Pétrarque raconte de sa mémoire : *Elle était telle*, dit-il, *qu'il n'oubliait rien de ce qu'il lisait, et quand même il l'aurait voulu, il ne l'aurait pas pu.* On prétend, ajoute-t-il, que cela venait d'un grand coup qu'il avait reçu sur la tête, et dont il portait toujours la cicatrice. Ce fut ce pape qui introduisit dans les bulles la formule, *Ad futuram rei memoriam.* Il est aussi le premier qui ait fait mettre les armoiries de sa famille sur son sceau.

CXCIV. INNOCENT VI.

1352. INNOCENT VI (Etienne d'ALBERT, né au village du Mont, près de Pompadour, en la paroisse de Beissac, au diocèse de Limoges, pourvu successivement des évêchés de Noyon et de Clermont, puis cardinal-évêque d'Ostie en 1342), fut élu pape le 18 décembre de l'an 1352, et couronné le 30 du même mois. L'an 1353, il envoya légat en Italie le cardinal Alvarès Albornos, archevêque de Tolède, chassé injustement de son siége par le roi Pierre le Cruel. Ce prélat non seulement recouvra tous les biens usurpés de l'église romaine, mais fit rentrer l'Italie sous l'obéissance du pape. La même année, Innocent suspendit les réserves accordées par Clément VI, et révoqua absolument toutes les commendes, ainsi que les concessions de toutes prélatures, dignités et bénéfices séculiers et réguliers. L'auteur de la troisième Vie de ce pape nous apprend qu'il ordonna à tous les prélats et autres bénéficiers, de se retirer chacun dans leurs bénéfices, et d'y résider, sous peine d'excommunication. Dans la collation des bénéfices, il favorisa les gens de lettres et de mérite. L'an 1356, il fonda la Chartreuse de Villeneuve, près d'Avignon, où il choisit sa sépulture. L'an 1361, ce pape reçut une visite qui ne dut nullement lui plaire. Les brigands, connus sous le nom de *Grandes Compagnies*, ou de *Tard-venus*, après s'être emparés du Pont-Saint Esprit, dont ils firent leur place d'armes, attirés par les richesses de la cour de Rome, entrèrent dans le comtat d'Avignon, où ils commirent leurs excès ordinaires, pillant les églises et les maisons des particuliers, brûlant ce qu'ils ne pouvaient emporter, violant les femmes, massacrant les hommes sans distinction d'âge, etc. Le pape, après les avoir en vain frappés d'excommunication, fit prêcher contre eux une croisade dont ils se moquèrent. Ils eussent à ses yeux pillé son palais, et fait encore pis aux cardinaux, sans l'expédient qu'imagina le marquis de Montferrat ; ce fut de leur promettre, au nom de sa Sainteté, soixante mille florins avec *l'absolution de leurs péchés*, et de les prendre à sa solde pour l'aider à faire la guerre aux Visconti, seigneurs de Milan. Le pape ratifia l'accommodement avec joie, et fut ainsi débarrassé de ces dangereux hôtes qui suivirent le marquis en Italie. Innocent mourut dans son palais d'Avignon, le 12 septembre de l'an 1362, après neuf ans, et environ neuf mois de pontificat. On reproche à ce pape, comme à Clément VI, trop d'empressement pour élever ses parents; mais avec cette différence que les siens lui firent honneur, au lieu que ceux de Clément le déshonorèrent. Du reste, Innocent était économe, et mit une grande réforme dans la dépense de sa maison.

CXCV. URBAIN V.

1362. URBAIN V (Guillaume DE GRIMOARD, fils de Guillaume de Grimoard de Beauvoir, seigneur de Grisac, en Gévaudan, (lieu réel, et non chimérique, comme le prétend M. Expilli, érigé, l'an 1608, en marquisat, par lettres-patentes d'Henri IV), et de Félice ou Amphelise de Montferrand, proche parente, mais non pas sœur, de saint Elzéar, qui servit de parrein à Guillaume; né au château de Grisac l'an 1302, moine-bénédictin, profès de Chirac, en Gévaudan, fait abbé de Saint-Germain d'Auxerre, en 1353, puis de Saint-Victor de Marseille, en 1358), fut élu pape, en son absence et sans être cardinal, dans le mois de septembre 1362. Innocent VI l'avait nommé nonce à la cour de Naples, et il se trouvait à Florence lorsque le courier du conclave lui apporta secrètement la nouvelle de son élection. On avait différé de la publier jusqu'à ce qu'il fût sur les lieux; et étant arrivé la nuit du 30 octobre à Avignon, il fut proclamé pape le lendemain, puis sacré et couronné le 6 novembre suivant. (Muratori.) Peu de tems après son exaltation, il fit droit sur les plaintes qui lui furent portées contre les archevêques de Reims et de Sens (Jean de Craon et Guillaume de Melun.) *Il les fit comparoir devant lui en personne, et les reprit des excès qu'ils faisoient sur leurs subjès; et à celuy de Sens reprocha de ce qu'il l'avoit prins par la barbe au tems que il avoit été abbé de Saint-Germain, en disant: quant tu es pape, se t'en venge. Car le dict archevêque le visitoit et excedoit contre les droits.* (Jean de Guise, abbé de Saint-Vincent de Laon, *Chronol. manusc.*) L'an 1366, les grandes compagnies, après avoir désolé la Bourgogne, le Lyonnais et le Dauphiné, rentrèrent dans le Comtat, où elles répandirent l'alarme. Urbain leur envoya un cardinal pour demander ce qu'elles souhaitaient. Bertrand du Guesclin, qui les commandait, répond que ce sont trente mille croisés qu'il avait enrôlés (et il disait vrai) pour aller faire la guerre aux Sarrasins d'Espagne; qu'ils demandent au saint père l'absolution de leurs péchés avec une aumône de deux cents mille florins. *Quant à l'absolution*, dit le cardinal, *vous l'aurez, de ce n'en doutez ja : mais de l'argent, répons-je pas*. Sire, reprit du Guesclin, *icy y en a moult qui d'absolution ne parle point, et trop mieux aiment l'argent ; car nous les fuisons prudhommes malgré eux.* On leur offrit cent mille francs, dont ils se contentèrent d'abord. Mais du Guesclin apprenant que cette somme avait été levée sur les bourgeois d'Avignon, il la renvoya ; ce qui obligea le pape et les cardinaux de tirer du trésor de l'église l'argent qu'on leur demandait. L'an 1367, Urbain cède enfin aux sollicitations que les Italiens lui faisaient de revenir à Rome. En vain la cour de France lui députa Nicolas Oresme pour le détourner de ce dessein. Il partit d'Avignon le 30 d'avril, arriva le 23 mai à Gênes, et fit son entrée le 16 octobre à Rome, où il fut reçu avec d'autant plus de joie que, depuis l'an 1304, date de la sortie de Benoît XI, cette ville était privée de la présence de son pasteur. L'an 1370, le 17 avril, Urbain quitta Rome pour revenir à Avignon, dans le dessein, ou plutôt, si l'on en croit Pétrarque, sous le prétexte de travailler à la paix entre la France et l'Angleterre. Quoi qu'il en soit, il arriva le 24 septembre à Avignon ; mais peu de jours après, il fut attaqué d'une grande maladie, qui l'enleva au monde, le 19 décembre 1370, à l'âge de 69 ans, après avoir tenu le saint siège huit ans, un mois et quatorze jours, depuis son couronnement. Urbain mourut saintement, après s'être confessé plusieurs fois pendant sa maladie, et avoir reçu les autres sacrements : il déclara, en présence de plusieurs personnes considérables, qu'il croyait fermement tout ce que tient et croit la sainte église catholique et apostolique ; que s'il s'en était écarté en quelque chose, c'était contre sa volonté ; qu'il le révoquait et se soumettait à la correction de l'église. Le corps d'Urbain fut transféré à Saint-Victor de Marseille. Ce pape avait un grand zèle pour la propagation de la foi et la réforme des mœurs. L'an 1369, il reçut à la communion de l'église romaine l'empereur Jean Paléologue, d'après la profession de foi qu'il avait faite, le 18 octobre, dans l'église de Saint-Pierre, entre les mains de quatre cardinaux. Au mois de mars de l'année suivante, il envoya Guillaume de Prato, de l'ordre de Saint-François, avec douze de ses confrères, après l'avoir fait évêque, aux Tartares du Cathai pour leur prêcher l'Evangile. Il envoya, dans le mois d'août suivant, une autre mission aux Géorgiens engagés dans le schisme des Grecs. La simonie fut un des vices qu'il s'appliquait le plus soigneusement à extirper. Il bâtit plusieurs églises, et fonda plusieurs chapitres séculiers. Il approuva la règle de

Sainte-Brigite et l'ordre des Jésuites. Jean XXII avait érigé le Mont-Cassin en évêché. Urbain y rétablit le titre abbatial et la discipline monastique qu'on n'y observait presque plus. Il était lui-même un modèle de la vie religieuse; et pour ne point perdre de vue son premier état, il en conserva l'habit, et le porta nuit et jour, même en maladie, jusqu'à sa mort. (Sponde.) L'université de Montpellier, où il avait étudié et professé, le compte au nombre de ses bienfaiteurs. Il y fonda un collége de douze bourses pour autant d'étudiants en médecine. Il entretenait de plus, en différentes académies, jusqu'à mille écoliers. N'oublions pas enfin qu'en 1368 il tira de la chapelle de Latran, nommée *Sancta Sanctorum*, les chefs de saint Pierre et de saint Paul, où ils étaient renfermés sous l'autel, pour les mettre en de nouveaux reliquaires d'argent, du poids de douze cents marcs. Sur le buste de saint Pierre, on voit une tiare à trois couronnes; ce qui a fait croire à Sponde qu'Urbain V était le premier qui eût porté la tiare de cette sorte. Néanmoins on ne voit qu'une seule couronne, suivant Marengoni, dans les figures qui nous restent de lui. Les armoiries de sa maison qu'on voit sculptées sur son tombeau dans le fond du chœur de Saint-Victor de Marseille, sur la voûte et sur les murs de la même église, sur ceux de la ville d'Avignon et en d'autres lieux, sont un émanché de quatre pièces en chef; mais les émaux n'y sont point marqués. Elles se trouvent, au château de Quesac, en Gévaudan et dans la sacristie de la cathédrale de Mende, pleinement exprimées, et sont d'azur au chef émanché de pièces d'or. M. le chevalier de Gantès, gouverneur de Saintes, qui a bien voulu nous faire part des recherches qu'il a faites sur l'origine de la maison d'Urbain V, porte les mêmes armoiries que ce pape.

CXCVI. GRÉGOIRE XI.

1370. GRÉGOIRE XI (Pierre ROGER, né au château de Maumont, en Limosin), fils de Guillaume, seigneur de Beaufort, en Anjou, neveu du pape Clément VI, qui l'avait élevé au cardinalat en 1348, à l'âge de dix-huit ans, et chargé de bénéfices), fut élu pape le 30 décembre 1370, ordonné prêtre le 4 janvier 1371, et le lendemain sacré et couronné. L'un des premiers objets dont il s'occupa, fut le rétablissement de la paix entre les rois de France et d'Angleterre. Il les y invita par lettres, et leur envoya des légats pour le même sujet; mais ils échouèrent dans leur négociation. Il ne fut guère plus heureux dans les efforts qu'il fit pour ramener les autres princes de l'Europe à la concorde. Cependant, la liberté de l'Italie était menacée par le succès des armes de Bernabo Visconti, seigneur de Milan. Grégoire fit une ligue avec le comte de Savoie, le marquis de Montferrat, le marquis d'Est et d'autres princes italiens, pour arrêter ses progrès. Pour fournir aux frais de la guerre où cette confédération l'engagea, le pontife eut recours à des décimes qu'il imposa sur le clergé d'Angleterre, et de plusieurs royaumes du Nord. Aux armes temporelles, il joignit les spirituelles, en excommuniant Bernabo et Galéas, son frère, et défendant même de contracter des mariages avec leurs maisons. « Quelque extraordinaire que fut cette défense, dit » M. Fleuri, elle porta plusieurs personnes à se retirer de leur » alliance, qu'elles auraient volontiers recherchée. » Les Visconti ne laissèrent pas néanmoins de se maintenir contre leurs ennemis. (Voy *les Ducs de Milan*.) Grégoire, dit Muratori, était un bon pape; mais il avait, en Italie, de méchants officiers qui n'étaient occupés qu'à dévorer les revenus de la chambre pontificale, et à fouler, par des exactions, les peuples, sans se soucier de faire administrer parmi eux la justice. La guerre contre les Visconti étant terminée, Guillaume, cardinal-légat de Bologne, en occasionna, l'an 1375, une nouvelle, en voulant enlever aux Florentins la belle terre de Prato. Ceux-ci, pour se défendre contre une entreprise aussi injuste, firent une nouvelle ligue avec la reine de Naples, les Siennois, les Pisans, et de plus, soulevèrent la plupart des villes de l'état ecclésiastique. Les Romains, eux-mêmes l'année suivante, las de voir leur église sans pasteur, menacèrent de faire un antipape, et avaient déjà jeté les yeux sur l'abbé du Mont-Cassin, qui leur donna son consentement, si Grégoire ne se hâtait de venir résider parmi eux. Effrayé de ces menaces, et d'ailleurs touché par les remontrances de sainte Catherine de Sienne, et de Pierre, infant d'Aragon, Grégoire consentit enfin de se rendre aux vœux de ses ouailles. Il part d'Avignon, le 13 de septembre 1376, malgré les efforts que firent, pour l'y retenir, son père, encore vivant alors, le roi de France, et d'autres personnes de poids, et va s'embarquer à Marseille, le 22 septembre, pour se rendre à Rome. Les acclamations du peuple donnèrent l'air d'un triomphe à son entrée dans cette ville, où il arriva le 17 janvier 1377. Le palais de Latran, que ses prédécesseurs avaient habité jusqu'à leur départ pour Avignon, étant tombé en ruine pendant le séjour de la cour pontificale en cette ville, il alla résider au Vatican, que ses successeurs ont pris soin d'aggrandir et d'embellir; en sorte que son enceinte est aujourd'hui de quatre milles; et l'ensemble de ses édifices, quoiqu'irrégulier, renferme des chefs-d'œuvre d'architecture, sans parler des peintures et des sculptures inestimables, dont l'intérieur est décoré. Grégoire, malgré la brillante réception que les Romains lui avaient faite, essuya bientôt de leur part des désagréments qui l'engagèrent à quitter Rome, pour se retirer à Anagni, où il arriva le 1er. juin 1377. Pendant le séjour qu'il y fit, il donna plusieurs bulles contre les erreurs de Wiclef. Grégoire, à la sollicitation des cardinaux français, s'était proposé de revenir à Avignon; mais Dieu ne le permit pas: il mourut à Rome, le 27 mars 1378, après sept ans, deux mois et vingt-trois jours de pontificat, à compter du jour qu'il fut couronné; il était à peine âgé de quarante-sept ans. C'est le dernier pontife que l'église gallicane ait donné à l'église universelle. Les Romains appellent le tems de la résidence des papes à Avignon, des années d'exil et de captivité. Le célèbre abbé Duguet le qualifie de même, et prétend que ce sont là précisément les soixante-dix ans d'exil du roi de Tyr, marqués dans Isaïe. Grégoire était recommandable par la bonté de son caractère, et son savoir dans le droit civil et canonique. Il eut toujours auprès de lui le jurisconsulte Balde.

L'ordre des ermites de Saint-Jérôme fut approuvé par Grégoire, au mois d'octobre 1373.

Ce pape ne datait que de l'année de son pontificat.

CXCVII. URBAIN VI.

1378. URBAIN VI (Barthelemi PRIGNANO, napolitain, archevêque de Bari), fut élu pape, le 9 d'avril 1378, par les seize cardinaux qui se trouvèrent à Rome, après la mort de Grégoire XI. Etant français pour les trois quarts, ils auraient bien voulu faire un pape de cette nation. Mais les menaces du peuple, qui obsédait le conclave, et demandait en fureur un pape romain, ou du moins italien, ne leur permit pas de suivre leur inclination. Urbain, le 18 du même mois, fut couronné solennellement en leur présence. Ils écrivirent le lendemain aux six autres cardinaux qui étaient à Avignon, pour les engager à reconnaître Urbain VI; mais la conduite imprudente de ce pape aliéna bientôt de lui ceux qui l'avaient élu. Ils prétendirent que leur élection n'avait pas été libre, et en firent une nouvelle, qui tomba sur le cardinal Robert de Genève. Celui-ci prit le titre de Clément VII. Cette double élection occasionna un schisme qui se continua, de compétiteur en compétiteur, l'espace de quarante ans. Les maux qu'il entraîna furent infinis, et la confusion fut si grande, que les plus savants et les plus éclairés ne savaient quel parti prendre. On vit même les saints se partager entre l'une et l'autre obédiences. Sainte Catherine de Sienne tenait pour Urbain, et le bienheureux Pierre de Luxembourg se déclara pour Clément. Encore aujourd'hui, quelques-uns doutent quels ont été les vrais papes, depuis Urbain VI, jusqu'à Martin V. Urbain fut reconnu par la plus grande partie de l'empire, en Bohême, en Hongrie, en Angleterre. Après avoir tenté d'attirer à son parti la France, qui tenait pour son rival, il fit publier en Angleterre, l'an 1383, une croisade contre cette puissance et contre les partisans de Clément. Pour soutenir cette expédition, il fallait de l'argent : *Car les gens d'armes*, dit Froissard, auteur du tems, *ne vivent pas de pardons et n'en font pas grand compte, sinon à l'article de la mort.* En conséquence il ordonna la levée d'une décime sur tous les bénéfices de l'église anglicane. L'évêque de Norwich fut chargé du commandement de cette armée ecclésiastique, qui se battit également contre les Clémentins et contre les Urbanistes, et finit par être entièrement dissipée. L'an 1385, Urbain étant à Nocera, le cardinal Manupello, de la famille des Ursins, l'avertit secrètement d'une conjuration formée par six cardinaux, (Thierri de Niem n'en nomme que cinq) pour se saisir de sa personne le 13 janvier de cette année, et le faire condamner et juger comme hérétique. Sur cet avis, ils sont arrêtés par ordre du pape, la veille de l'exécution de leur complot, chargés de chaînes, et mis en prison ; puis appliqués à la torture la plus cruelle, sans qu'on puisse tirer d'eux l'aveu du crime dont ils étaient accusés. Il faut excepter seulement l'évêque d'Aquila, que la violence des tourments força de se reconnaître leur complice. Obligé, quelques mois après, de quitter Nocera, qui appartenait au roi de Naples, Urbain les emmena avec lui à Gênes, où il arriva le 13 septembre. Après les y avoir encore retenus le reste de l'année dans les fers, il leur fait subir en sa présence un nouvel interrogatoire, dans lequel ils persistent à protester de leur innocence et citent le pape au tribunal du souverain juge. Urbain, transporté de colère, les renvoye en prison, où il les fait étrangler quelques jours après, à l'exception d'un anglais qui dut sa délivrance aux sollicitations du roi d'Angleterre (Muratori.) Urbain passe de Gênes à Lucques, et delà se rend à Pérouse, où il fixe sa cour. En vain les principaux de Rome viennent l'y trouver pour le presser de revenir, il est inflexible. Mai cette résistance ayant soulevé les troupes qu'il avait avec lui pour porter la guerre dans le royaume de Naples, il change d'avis, et s'achemine pour Rome, où il est reçu dans le mois de novembre 1388. Sur la route, il était tombé de sa mule, et s'était froissé rudement le corps. Toujours languissant depuis cet accident, il mourut le 18 octobre 1389, après 11 ans six mois et neuf jours d'un pontificat dont la mémoire sera éternellement odieuse Un auteur a dit de lui : *Urbano ex humanis errepto, nemo qui potuerit lacrymas dare inventus est.* L'an 1389, le 11 avril, Urbain fit trois institutions mémorables : 1°. il réduisit le Jubilé à trente-trois ans; 2°. il établit la fête de la visitation de la sainte Vierge. La troisième institution fut qu'à la fête du saint Sacrement, on pourrait célébrer l'office divin nonobstant l'interdit ; à quoi il ajouta cent jours d'indulgence pour ceux qui accompagneraient le saint Sacrement depuis l'église jusques chez un malade et au retour. (*Voyez* Jeanne Ire, reine de Naples, et Charles III, son successeur.)

CXCVII. CLEMENT VII.

1378. CLÉMENT VII (Robert, de la maison des comtes DE GENÈVE, chanoine de Paris, puis évêque de Térouane, ensuite de Cambrai, cardinal en 1371, envoyé, l'an 1376, par Grégoire XI, en qualité de légat à Bologne, où il s'était tyranniquement comporté), fut élu à Fondi, le 21 septembre 1378, par quinze des cardinaux qui avaient élu Urbain VI. Son couronnement se fit le 31 d'octobre suivant. Clément VII fut reconnu pour légitime pape en France, en Espagne, en Ecosse, en Sicile, dans l'île de Chypre. Il quitta l'Italie pour venir établir son siége en France ; arriva, le 25 juin 1379, à Marseille, et de là se rendit à Avignon, où il fixa sa demeure. Ce fut un vrai malheur que cette résidence pour l'église gallicane ; ce pape et le duc d'Anjou, roi de Sicile, se vendirent l'un à l'autre le clergé de France. Clément accordait des décimes au duc d'Anjou, qui lui laissait prendre la moitié des bénéfices et vendre l'autre. Jamais l'abus des grâces expectatives ne fut porté si loin. L'université de Paris, que ce brigandage frustrait du prix légitime de ses travaux, et que le scandale du schisme affligeait, défendit avec courage les libertés de l'église gallicane et ses propres droits. Enfin, après avoir lutté plusieurs années contre la rapacité de la cour d'Avignon, après avoir proposé divers moyens pour le rétablissement de l'union et de la paix, elle porta un coup mortel à Clément par un Mémoire que composa, sur le même sujet, Nicolas de Clémengis, un de ses membres les plus distingués. Ce plan de pacification, dont le roi Charles VI et son conseil avaient été frappés, étant venu à la connaissance de ce pape, il en conçut tant de colère, de douleur et de crainte, que ces différentes impressions lui causèrent une apoplexie, qui l'emporta de ce monde le 16 septembre 1394, après environ seize ans de pontificat. En mourant, il laissa dans ses coffres 300,000 écus d'or.

CXCVIII. BONIFACE IX.

1389. BONIFACE IX (Pierre ou Perrin TOMACELLI, dit le cardinal de Naples), fut élu pape, le 2 novembre 1389, par les cardinaux de l'obédience d'Urbain, au nombre de quatorze, et couronné le 9 du même mois. Il n'avait alors que quarante-cinq ans. Sa mère, Fera Timola Filimarini, eut la joie de le voir assis sur le trône de saint Pierre, et d'adorer, comme le père universel de tous les Chrétiens, celui qu'elle avait enfanté. Dès le commencement de son pontificat, il confirma les trois nouvelles institutions d'Urbain VI; il établit les annates sur les bénéfices, l'an 1399, selon Thierri de Niem: quelques-uns néanmoins, comme nous l'avons dit ailleurs, en font remonter l'établissement plus haut. Mais Boniface IX les étendit aux prélatures, et pour toujours. L'an 1400, il publia la bulle du Jubilé, comme Benoît, son rival, fit de son côté. Les fidèles, sans distinction d'obédience, accoururent à Rome, parce que cette ville était toujours regardée comme la capitale du monde chrétien. Mais Boniface, au lieu de pourvoir à la sûreté des pèlerins, souffrit qu'ils fussent insultés, maltraités par ses troupes répandues autour de Rome, et laissa mourir les malades sans secours. C'était manquer de politique, dit un habile homme, autant que d'humanité. L'an 1404, des ambassadeurs que Benoît lui avait envoyés, disputèrent contre lui en plein consistoire, et le mirent en une telle colère, qu'il en mourut comme Clément VII, le 1er octobre, après quatorze ans et onze mois de pontificat.

Le P. Papebroch se trompe, lorsqu'il dit que Boniface IX datait le commencement de son pontificat du jour de son élection, et non de celui de son couronnement. (Mansi, *in Rayn. ad an.* 1390.)

Ce pape est le premier dont la tiare soit ornée d'une triple couronne dans les monuments contemporains qui nous restent de lui. (Marengoni, *Chronol. Rom. PP.*)

CXCVIII bis. BENOIT XIII.

1394. BENOIT XIII (Pierre DE LUNE, natif d'Iglueca, en Aragon, d'une illustre famille, cardinal-diacre), fut élu, le 28 septembre 1394, par les cardinaux de l'obédience de Clément VII, pour lui succéder. Le 3 octobre, on l'ordonna prêtre; le 11, on le sacra évêque, et on le couronna. Il avait souscrit, avant son élection, l'acte par lequel tous les cardinaux promirent avec serment de faire tous leurs efforts pour la réunion, jusqu'à céder le pontificat. Etant légat en France, il avait témoigné au roi et à l'université que si jamais il succédait à Clément VII, il voulait, à quelque prix que ce fût, réunir toute l'église. Les cardinaux, qui croyaient sincères les discours de Pierre de Lune, et le désir qu'il témoignait pour la réunion, se pressèrent de l'élire; mais ils se trompèrent : Benoît rejeta toujours la voie de réunion; en vain on le sollicita de consentir à la cession ; ni rois, ni princes, ni évêques, ni cardinaux, ni conciles mêmes ne purent le fléchir. La France s'étant retirée, l'an 1398, de son obédience, il ne laissa pas de résister à la voie de la cession, jusqu'à soutenir un siége dans le château d'Avignon, où il fut assiégé par le maréchal de Boucicaut : il en sortit déguisé l'an 1403, le 12 mars. (L'on comptait encore en France 1402, Pâques n'étant que le 15 d'avril.) La France ne persista pas dans le parti qu'elle avait pris, et revint presque aussitôt à l'obédience de Benoît. L'an 1408, nouveau sujet de mécontentement que donne ce pontife à la France. Le 14 mai, il fait remettre au roi Charles VI une bulle très-offensante; en conséquence de quoi le maréchal Boucicaut donne des ordres pour l'arrêter. Benoît les prévient par une seconde fuite. Il se sauve en Catalogne, sa patrie, et se jette, le 23 juillet, dans Perpignan, où il fit, le 1er de novembre, l'ouverture d'un concile. Mais les cardinaux de Benoît XIII, qui étaient restés à Avignon, au nombre de huit ou neuf, voyant que leur pape les avait abandonnés, se joignirent aux cardinaux romains. Tous de concert indiquèrent un concile général à Pise, au 25 mars de l'an 1409, pour procéder à l'union de l'église. le concile s'ouvrit au jour marqué ; et dans la quinzième session, tenue le 5 juin, on prononça sentence de déposition contre Ange Corrario et Pierre de Lune. L'un et l'autre furent déclarés schismatiques, opiniâtres et hérétiques, coupables de parjure, indignes de tout honneur, de tout droit de commander et retranchés de l'église. L'an 1415, au mois d'octobre, pendant la tenue du concile de Constance, Benoît eut à Perpignan une entrevue avec l'empereur Sigismond : elle fut inutile. Ce prince ne put vaincre son obstination, ni l'engager à renoncer au pontificat. Enfin, l'an 1417, le concile procéda définitivement contre lui ; et dans la trente-septième session, tenue le 26 juillet, il fut déclaré contumace, schismatique, hérétique, et en conséquence déposé et privé de toutes dignités. Benoît mourut dans son obstination à Peniscola, le 1er juin, ou selon d'autres, le 29 novembre de l'an 1424 (Muratori). François Pagi met sa mort à l'année précédente. Ce pape était âgé de près de quatre-vingt-dix ans, et dans la trentième année de son pontificat, d'où saint Antonin semble conclure qu'il n'était pas légitime pape. Cela montre que du tems de ce saint, ces paroles, *non videbis annos Petri* avaient déjà cours. Ciaconius, dans la Vie de Benoît, rapporte que son corps ayant été transporté à Iglueca, sa patrie, et inhumé dans un lieu profane du château, y est demeuré incorruptible; et cela, dit-il, à cause de

l'excommunication dont il avait été frappé par le concile de
Constance : car il était persuadé, comme on l'a été longtems en
Occident, et comme on l'est encore en Grèce, que les cadavres
des excommuniés ne se pourrissent pas. (*Voyez* notre remarque
sur le concile de Troyes de l'an 878.)

CXCIX. INNOCENT VII.

1404. INNOCENT VII (Cosmat DE MELIORATI, né à Sulmone,
dans l'Abruzze, cardinal de Sainte-Croix en 1389), fut élu
pape le 17 octobre 1404, par les cardinaux de l'obédience de
Boniface, et couronné le 2 ou le 11 de novembre. L'an 1405,
le soulèvement des Romains l'obligea de quitter Rome le 6 août
pour se retirer à Viterbe. Son absence le fit regretter, parce
qu'elle transportait ailleurs les richesses de la cour pontificale.
L'an 1406, les Romains lui ayant fait satisfaction, il rentre dans
Rome le 13 mars. Il mourut le 6 de novembre suivant, après
deux ans et vingt jours de pontificat depuis son élection.

CC. GREGOIRE XII.

1406. GRÉGOIRE XII (Ange CORRARIO, vénitien, cardinal-
prêtre du titre de Saint-Marc en 1405), fut élu pape tout d'une
voix le 30 novembre 1406. Au sortir du conclave, il ratifia
l'acte qu'il avait fait avec les cardinaux, par lequel il s'était engagé avec serment de renoncer au pontificat pour parvenir à
l'union. En conséquence il écrivit à Benoît XIII pour lui pro-
poser de concourir à l'extinction du schisme : il écrivit de même
au roi de France et à l'université de Paris. Ces apparences de
bonnes dispositions causèrent une joie extrême. Mais la conduite que tint Grégoire fit voir qu'il n'agissait pas avec sincérité : néanmoins, pour se justifier et faire croire qu'il désirait l'u-
nion, il indiqua, par une bulle du 2 juillet 1408, un concile
général pour la Pentecôte de l'an 1409. Les cardinaux de Grégoire et ceux de Benoît s'étaient déjà réunis pour en indiquer un
à Pise. Celui-ci se tint effectivement, et les deux papes y furent
déposés le 5 juin 1409. Grégoire se mit pareillement en devoir
de tenir le sien : mais craignant que les Vénitiens mécontents de
lui ne le fissent arrêter, il s'enfuit secrètement, et se retira à
Gaëte, sous la protection du roi Ladislas. L'an 1412, ce prince
ayant fait un accommodement avec Jean XXIII, Grégoire,
qui, par-là, se voyait abandonné, alla chercher un asile à
Rimini, avec trois de ses cardinaux. Il y demeura trois ans. Enfin, l'an 1415, il prit sérieusement le parti d'abdiquer. Dans
cette disposition, il chargea le seigneur de Rimini, Charles

Malatesta, de sa procuration pour le concile de Constance. Malatesta s'étant présenté dans la quatorzième session, tenue le 4 juillet, y renonça au nom de Grégoire à la papauté. Grégoire approuva tout ce qu'avait fait son procureur, et déposa les ornements pontificaux. Il mourut âgé de quatre-vingt-douze ans, le 18 octobre 1417, à Rimini.

CCI. ALEXANDRE V.

1409. ALEXANDRE V (Pierre, surnommé PHILARGE, successivement évêque de Vicence et de Novarre, puis archevêque de Milan, cardinal en 1405,) fut élu pape, à l'âge de soixante-dix ans, le 26 juin 1409, au concile de Pise, par les cardinaux de l'une et de l'autre obédiences, au nombre de vingt-quatre : son couronnement se fit le 7 juillet, dans l'église cathédrale de Pise (Sponde). Muratori, d'après Thierri de Niem, met cette cérémonie au 17 juin, et l'élection deux jours auparavant. Pierre était né dans l'île de Candie, de parents extrêmement pauvres, et ne se souvenait pas même de les avoir connus. Comme il demandait l'aumône dans son enfance, un frère mineur le recueillit, lui apprit le latin, le mit dans une maison de l'ordre lorsqu'il fut grand, et lui donna l'habit. Telle fut l'origine du pape Alexandre. Son gouvernement fut extrêmement faible. Il n'agissait que par les conseils ou les ordres du cardinal Balthasar Cossa, prélat indigne de sa confiance, mais auquel il devait le pontificat qu'il avait lui-même refusé, on ne sait par quel motif (Muratori). Alexandre, naturellement facile, cherchait à plaire à tout le monde, et ne pouvait rien refuser. Il fixa sa résidence à Bologne, où son favori était légat. Ce fut là qu'il donna, le 10 janvier 1410, une grande bulle, pour confirmer la sentence du concile de Pise contre Grégoire XII et Benoît XIII. Il y mourut le 3 mai suivant, après dix mois et huit jours de pontificat, où il vécut beaucoup moins à l'aise qu'il n'avait fait dans son archevêché de Milan. Aussi disait-il à ses amis : j'ai été riche archevêque, pauvre cardinal, et je suis pape mendiant.

CCII. JEAN XXIII.

1410. JEAN XXIII (Balthasar COSSA, dont on vient de parler, né à Naples, d'une famille noble, cardinal-diacre de Saint-Eustache en 1402,) fut élu pape, le 17 mai de l'an 1410, par seize cardinaux qui se trouvèrent à Bologne lorsqu'Alexandre V mourut. Il fut ordonné prêtre le 24, et le lendemain, consacré et couronné. Balthasar était un grand homme pour les affaires temporelles, dit de lui Léonard d'Arezzo, son secrétaire; mais il n'entendait rien aux spirituelles, et n'y était nullement propre. Ses mœurs n'étaient d'ailleurs rien moins qu'édifiantes. Jean XXIII, pressé par l'empereur et les autres puissances catholiques, indiqua un concile général à Constance pour le 1er. novembre 1414, et s'y rendit le 28 octobre, non sans avoir eu sur la route des pressentiments fâcheux. Lorsqu'il eut passé la ville de Trente, son bouffon lui dit : *Santo Padre, che passo Trenta perde.* Etant sur une montagne du Tyrol, son équipage versa, et il tomba lui-même sans se faire de mal : comme on lui demandait s'il n'était pas blessé : *de par le diable*, répondit-il, *je suis à bas, j'aurais mieux fait de rester à Bologne.* Regardant ensuite de loin la ville de Constance, il dit : *Je vois bien que c'est ici la fosse où on prend les renards.* (Barre, *Hist. d'Allem.* T. VII, p. 147.) L'ouverture du concile se fit le 5 novembre. Jean XXIII accepta, le 2 de mars 1415, la formule de cession qui lui fut présentée; mais il refusa de donner une bulle de son abdication; tout ce qu'on put obtenir fut qu'il la notifierait : il s'enfuit de Constance, le 20 mars, déguisé en palfrenier, de nuit, selon quelques uns, ou en plein jour, suivant d'autres, à la faveur du tournoi que Frédéric d'Autriche, comte de Tyrol, donna pour seconder son évasion. Ce qu'il y a de certain, c'est que ce prince, complice et compagnon de sa fuite, le trahit ensuite, intimidé par les poursuites de l'empereur Sigismond et du concile, et le retint prisonnier à Fribourg, en Brisgaw. Le concile, instruit du lieu de sa retraite, lui fit signifier, par les archevêques de Besançon et de Riga, le 9 mai, jour de l'Ascension, une citation à la prochaine session, qui devait se tenir le 13 du même mois; et le burgrave de Nuremberg, qui avait accompagné ces députés avec main-forte, l'emmena ensuite dans un château voisin de Constance. Jean n'ayant point satisfait à la citation, le concile le déclara contumace et suspens dans la dixième session, tenue le 14 mai, et dans la douzième, qui se tint le 29 du même mois, le déposa et le priva absolument du pontificat. Confiné ensuite dans une prison, il y resta près de quatre ans; après quoi, l'an 1419, il vint se jeter, le 13 mai, dans Florence, aux pieds de Martin V, et le reconnut pour vrai pape. Martin lui fit un accueil très-gracieux, et le nomma doyen du sacré collège. Mais il ne jouit de cet avantage que six mois, étant mort le 22 novembre 1419. Il avait tenu le saint siége cinq ans et quatre jours, depuis son couronnement jusqu'à sa déposition. Son tombeau se voit dans le baptistère de Florence, où il finit ses jours. (*Voyez* Ladislas, roi de Naples, Louis, électeur palatin, et Frédéric, comte de Tyrol.)

CCIII. MARTIN V.

1417. MARTIN V (Otton COLONNE, romain, de l'ancienne maison des Colonne, cardinal-diacre en 1405), fut élu pape dans le concile de Constance, le 11 novembre 1417, intronisé le même jour, ordonné prêtre le 20, consacré et couronné le 21. Peude jours après, il voulut donner une dispense de mariage entre parents dans un degré défendu par les canons; sur quoi l'empereur Sigismond lui dit : *Saint père, vous pouvez bien pardonner les péchés, mais non pas les permettre.* Martin partit de Constance le 16 mai 1418, pour retourner en Italie, visita à loisir les principales villes de Lombardie, et s'arrêta, le 26 février 1419, à Florence, où il séjourna l'espace d'environ 19 mois. Ce fut là qu'il reçut, l'an 1420, une ambassade que l'empereur grec Manuel Paléologue, et Jean, son fils et son collégue lui envoyaient pour lui demander du secours contre les Turcs, et l'assurer de l'envie qu'ils avaient, eux et leurs sujets, de se réunir à l'église latine. Le pape nomma Pierre Fonseca, cardinal de Saint-Ange, avec titre de légat, pour terminer cette affaire. La négociation dura deux ans, au bout desquels l'empereur et le patriarche insistant toujours pour que l'on tînt un concile général à Constantinople, et non ailleurs, sur les points qui divisaient les deux églises, le pape répondit qu'il consentait à cette demande, pourvu que l'empereur fournit aux frais et à la dépense des prélats; ce qu'il savait bien être au-dessus de ses forces. Ce fut encore pendant son séjour à Florence, que Martin V retira Bologne, au mois de juillet 1420, des mains de Bentivoglio. La satisfaction dont il jouissait à Florence fut altérée par une chanson que les enfants venaient chanter jusques sous ses fenêtres, et dont le refrain était : *Papa Martino non val un quatrino.* S'imaginant que cette chanson avait été faite par des personnes mal intentionnées, il voulut en marquer aux Florentins son mécontentement. Mais Léonard Aretin, son secrétaire, le désabusa, en l'assurant qu'ils n'oublieraient jamais la grâce qu'il leur avait faite, par sa bulle du 2 mai 1419, d'ériger leur église en archevêché. S'étant remis en route vers le milieu de septembre 1420, il arriva, le 22 de ce mois, à Rome, où il fut reçu, dit Platina, comme un astre bienfaisant. Le schisme qui désolait l'église depuis cinquante et un ans, fut entièrement éteint, l'an 1429, par la cession de Gilles de Mugnos (1), dit Clément VIII, qui abdiqua le 26 de juillet. Il n'y eut plus enfin qu'une obédience et un pape. Martin V mourut la nuit du 20

---

(1) Il avait été élu l'an 1424, pour succéder à Pierre de Lune, par les deux cardinaux qui suivaient son obédience.

au 21 de février de l'an 1431, ayant tenu le saint siége treize ans, trois mois et dix jours, en comptant de celui de son élection. Martin V, avant d'être élu, avait promis avec serment, ainsi que tout le sacré collége, de travailler dans le concile à la réformation de l'église dans le chef et dans les membres : promesse qu'on lui fit renouveler, mais qu'il eut toujours soin d'éluder. Il fallait une âme plus dégagée que la sienne de tout intérêt humain pour renoncer aux annates, aux réserves et aux différents impôts qui servaient à nourrir le luxe de la cour romaine. (Voyez *les conciles de Constance, de Pavie et de Sienne.*) Ce pape avait les qualités d'un prince, et quelques vertus d'un évêque. L'église lui est redevable de son union, l'Italie de son repos, et Rome de son rétablissement. On croit que ce fut Martin V qui, le premier, autorisa, par sa bulle *Regimini universalis Ecclesiæ*, qui est de l'an 1425 (NS.) les rentes constituées, sur lesquelles les théologiens étaient fort partagés. Mais ce pape reconnaissait lui même l'antiquité immémoriale de ces sortes de rentes.

CCIV. EUGENE IV.

1431. EUGÈNE IV (Gabriel CONDÒLMÈRE, vénitien, cardinal-évêque de Sienne) fut élu pape le 3 mars 1431, selon Sponde, Pagi et Muratori, le 4, suivant M. Dupin, le 6, selon le P. Papebroch. Il fut couronné le 11 du même mois. (Murat. Mansi.) Dès qu'il se vit établi sur le saint siége, au lieu d'agir en père commun, il prit hautement parti entre deux familles ennemies, les Colonne et les Ursins. Eugène se déclara pour ceux-ci, auxquels il devait son élévation, et se mit à persécuter les premiers, qui lui en donnaient un beau prétexte. En effet, neveux de son prédécesseur, ils avaient abusé de ce titre pour augmenter les richesses de leur maison, aux dépens du saint siége. Eugène, pour les perdre plus sûrement, fit commencer des procédures criminelles contre tous les officiers de Martin V, leur demandant compte du riche mobilier de ce pape, et des trésors qu'il avait amassés pour faire la guerre aux Turcs. On fait état de plus de cent de ces accusés à qui cette recherche coûta la vie. Les Colonne, qui se sentaient coupables, prennent la fuite, assemblent des troupes, et rentrent dans Rome le 23 avril 1431. Mais n'y trouvant point leur faction disposée à les soutenir, ils se retirent. Eugène les poursuit, ils sont réduits à demander la paix, qu'il leur accorda le 22 septembre suivant, moyennant 113,000 florins, qu'ils payèrent. (Murat.) On a parlé, à l'article des conciles, de celui qui s'ouvrit à Bâle en 1431, des démêlés de cette assemblée avec Eugène, du concile qu'il lui opposa, de l'élection que les pères de Bâle firent d'Amé-

dée, duc de Savoie, le 5 novembre 1439, pour le substituer à
Eugène, qu'ils avaient déposé le 22 juin précédent, jour auquel il arrêtait, avec l'empereur Jean Paléologue, la réunion
des deux églises grecque et latine. Amédée prit le nom de Félix V, arriva le 24 juin 1440, de Ripailles, lieu de sa retraite,
à Bâle, où il fut consacré et couronné le 24 juillet. Le roi de
France ne voulut point embrasser l'obédience de ce nouveau
pape. Il fut néanmoins reconnu par plusieurs universités, et
notamment par celle de Paris. Il le fut aussi dans quelques états,
en Hongrie, par la reine Elisabeth, en Bavière, etc. Eugène
n'eut pas la satisfaction de voir finir ce schisme. Il mourut le
23 février 1447, après avoir tenu le saint siége seize ans moins
quelques jours. Eugène, s'il eût fait un bon usage de ses talents,
était en état de rendre à l'église une partie de son ancienne
splendeur. Il n'y avait qu'à laisser faire le concile de Bâle,
dont les intentions étaient pures, et à seconder ses opérations,
au lieu de les traverser, comme il fit par une damnable politique. La réformation, tant désirée des gens de bien, se fût alors
effectuée; ce qui eût étouffé les hérésies naissantes, et prévenu
celles que les abus autorisés par la cour de Rome ont dans la
suite occasionnées. On doit compter aussi, parmi les fautes
énormes d'Eugène, l'ordre qu'il fit signifier au malheureux Ladislas, roi de Pologne et de Hongrie, par le perfide cardinal
Julien, de rompre la paix qu'il avait jurée sur l'Evangile avec
les Turcs, sous prétexte qu'elle avait été faite sans la participation du pape. (V. *les conciles de Bâle, de Ferrare et de Florence.*)
* Eugène commençait l'année dans ses bulles tantôt au premier janvier, tantôt au 25 mars, quelquefois à Pâques. Cependant il avait ordonné, par une bulle de 1440, que, dans
toute l'église, on commencerait désormais l'année à Noël. Mais
ni lui-même ni ses successeurs ne furent fidèles à cette loi,
qui fut adoptée dans plusieurs pays. Ce fut encore lui qui ordonna, l'an 1445, que l'année de l'Incarnation serait insérée
dans toutes les bulles et rescrits. Mais il n'étendit pas cette loi
aux lettres et brefs qu'il scellait de son sceau secret. On ne voit
point de traces d'indiction dans ses bulles. C'est à son pontificat
qu'on rapporte l'établissement de l'indult.

CCV. NICOLAS V.

1447. NICOLAS V (Thomas DE SARZANE, cardinal-évêque de
Bologne, né dans un bourg près de Luni, ville épiscopale de
Toscane, aujourd'hui ruinée), fut élu pape le 6 mars 1447,
couronné le 18, et aussitôt reconnu par l'Allemagne et la France.
Le roi Charles VII lui envoya, l'année suivante, une ambassade
célèbre, chargée de faire plusieurs proposition pour la paix de

l'église. Tout conspirait à cette paix : Nicolas y était porté par son caractère doux et paisible; les souverains la desiraient; le roi de France sur-tout, qui y travailla plus que tout autre; Félix s'y prêtait à certaines conditions, qui furent généreusement accordées par Nicolas ; les pères de Bâle y concouraient de leur côté. Ainsi, elle fut conclue facilement. Félix renonça au pontificat le 9 avril 1449. (*Voyez* Amédée VIII, *parmi les ducs de Savoie.*) Le pape annonça cette agréable nouvelle à toute la chrétienté, par une bulle du 18 juin suivant. Il reçut à sa communion le célèbre cardinal d'Arles. déposé par Eugène IV, se réconcilia parfaitement avec lui, et le fit même légat en Allemagne. L'an 1451, Nicolas reçut une ambassade de Constantin Paléologue, empereur grec, avec une lettre de ce prince, par laquelle il lui demandait du secours contre les Turcs qui menaçaient Constantinople, et un légat pour travailler à la réduction des Schismatiques. La réponse que le pape fit à l'empereur, en lui envoyant le cardinal Isidore, grec de naissance et archevêque de Kiovie, semble être une prédiction de ce qui arriva trois ans après. Nicolas y marquait que l'on attendrait encore trois ans pour voir si le figuier, qu'on avait jusqu'alors cultivé inutilement, produirait du fruit ; et que s'il n'en portait pas, il serait coupé jusqu'à la racine. Le légat, chargé de cette lettre, trouva l'empereur et les principaux de la noblesse et du clergé très disposés, en apparence, à seconder les vues du pape. Le décret d'union des deux églises, dressé au concile de Florence, fut solennellement accepté ; mais à condition cependant que, lorsqu'il aurait plu à Dieu de rendre la paix à l'empire et de délivrer Constantinople du péril dont elle menacée, le même décret serait examiné soigneusement par des personnes capables, et corrigé, s'il y avait lieu. Il s'en fallut bien que le clergé inférieur et le peuple accédassent à cette acceptation, toute limitée qu'elle était. Les enthousiastes la condamnèrent hautement, et firent des reproches amers à ceux qui avaient consenti de communiquer avec les Latins. Des moines, respectés pour leur doctrine et la sévérité de leurs mœurs, repandaient du fond de leurs retraites des anathèmes contre le légat et ses adhérents. Les prêtres fermaient leurs églises à ceux qui avaient assisté dans Sainte-Sophie à la célébration des mystères, le jour que le légat avait prétendu constater l'union ; personne ne voulait entrer dans la patriarcale, qu'on croyait profanée : le faux zèle avait passé jusqu'à la lie du peuple ; on voyait les cabarets pleins d'artisans, qui, le verre à la main, anathématisaient le pape et les Azymites : c'est ainsi qu'ils nommaient les Latins. On sut à Rome, par le légat, tous les témoignages de haine dont on l'accablait. Nicolas se garda bien d'employer son crédit, moins encore ses forces pour des ennemis aussi invétérés ; il les abandonna volontiers à ceux qu'il regardait comme les instruments des décrets de Dieu. L'événement vérifia sa prédiction par la prise de Constantinople, qui tomba au pouvoir des Turcs le 29 mai 1453. Le chagrin qu'eut Nicolas de ce malheur, ne le quitta jamais, et contribua beaucoup à sa mort, arrivée l'an 1455, le 24 de mars. Il avait tenu le saint siège huit ans et dix-neuf jours depuis son élection. Ce pontife, amateur des lettres, qu'il cultiva toute sa vie, ouvrit un asyle dans Rome aux savants de Grèce, que la fureur des Musulmans obligea d'abandonner leur patrie. Ils apportèrent avec eux une grande quantité de précieux manuscrits grecs et hébreux, dont il enrichit la bibliothèque du Vatican. Il ordonna même d'en faire des traductions latines, sur-tout des ouvrages des pères grecs. Rome lui doit aussi le rétablissement et la décoration de plusieurs églises, entr'autres de la basilique de Saint-Jean-de-Latran, de celles de Sainte-Marie-Majeure, de Saint-Paul, de Saint-Laurent, de Saint-Étienne. L'Infessura, écrivain du tems, atteste que, l'an 1451, il fit réparer les murs, les portes et les tours de Rome, le Capitole et le château Saint-Ange. Il est bien surprenant qu'un si bon pape et si zélé pour le bien public, ait été l'objet d'une conjuration. Ce fut Etienne Porcaro, noble romain, qui la trama. Nicolas connaissant son humeur turbulente, pour en prévenir les effets, l'avait relégué dans le Bolonnais. Des Romains, l'étant venu trouver dans son exil, concertèrent avec lui le dessein de rétablir l'ancienne liberté de Rome, et résolurent en conséquence d'assassiner le pape. Toutes les mesures étant prises, Porcaro, le jour de Saint-Etienne, 26 décembre 1452, part de Bologne sans la permission du cardinal Bessarion, légat du pays, et s'achemine vers Rome. Le légat informe en diligence le pape de cette évasion. On met en campagne des espions qui arrêtent Porcaro, la veille de l'Epiphanie, avec une partie de ses complices. Son procès ayant été aussitôt instruit, il est pendu le 9 janvier. D'autres conjurés subirent la même peine ; quelques-uns en furent quittes pour le bannissement. (Muratori.)

Nicolas commençait l'année au 25 mars. Ainsi, l'on ne doit pas être surpris de voir quelques-unes de ses bulles, datées de l'an 1446.

CCVI. CALLISTE III.

1455. CALLISTE III (Alfonse BORGIA, cardinal-archevêque de Valence, en Espagne, sa patrie), fut élu pape le 8 avril 1455, à l'âge de 78 ans, et couronné le 20. Étant évêque ou cardinal, il ne voulut jamais accepter aucun bénéfice en commende, disant qu'il était content de son épouse qui était vierge, c'est-à-dire l'église de Valence. Avant son élection, étant au conclave, il avait fait vœu de déclarer la guerre aux Turcs, et avait signé la formule de cet engagement, où il prenait le nom de Calliste et le titre de souverain pontife, tant il désirait cette redoutable dignité. Son premier soin, étant pape, fut d'envoyer des prédicateurs par toute l'Europe pour exciter les fidèles à contribuer de leurs biens à cette entreprise. L'an 1456, le brave Huniade, général des troupes de Hongrie, ayant obligé Mahomet à lever le siége de Belgrade, le 6 août, Calliste, en mémoire de cette événement, consacra ce jour à la fête de la Transfiguration, par une bulle qui la rendit universelle dans toute l'église. La mort d'Huniade, qui suivit de près la délivrance de Belgrade, troubla les prospérités des Chrétiens, et affligea le pape, jusqu'à lui faire verser des larmes; mais elle ne ralentit pas son zèle. Il ne cessa d'exhorter les princes à prendre les armes contre les infidèles. C'est ainsi que parlent de ce pontife le Pogge et Platine. Mais Æneas Sylvius, qui lui succéda, et Muratori, le peignent sous des couleurs bien différentes. Le passion qu'il eut, disent-ils, pour l'avancement de ses neveux, fut aveugle et démesurée. De trois qu'ils étaient, il en éleva deux au cardinalat qu'ils déshonorèrent par leur conduite; et le troisième, nommé Pierre, qui ne valait pas mieux que ses frères, étant resté dans le monde, il l'accabla de dignités séculières en le créant duc de Spolette, général des troupes du saint siége, préfet de Rome et gouverneur du château de Saint-Ange. Il avait même dessein de faire passer sur sa tête la couronne de Naples. C'est par cette raison qu'il refusa de reconnaître pour roi de Naples Ferdinand, fils naturel du roi Alfonse, qui lui avait transmis par son testament cette couronne. Il voulut engager le duc de Milan à se joindre à lui pour dépouiller ce prince, en lui offrant de partager sa conquête avec lui. Mais le duc, ami de Ferdinand, le refusa. Calliste ne perdit point courage. Tout vieux qu'il était, il était rempli de feu, et il avait coutume de dire qu'il n'y avait que les gens sans cœur que les dangers effrayassent; et que c'était là le champ où se cueillaient les palmes de la gloire: *Essere proprio solamente degli uomini dappoco l'aver paura de' pericoli; et che i pericoli sono il campo, onde si racogli la gloria.* Mais la mort, ajoute Muratori, vint dissiper cet orage. Calliste finit ses jours à Rome, le 8 août 1458, à l'âge de 81 ans, après avoir tenu le saint siége trois ans, quatre mois moins deux jours.

Calliste commençait l'année au vingt-cinq mars.

CCVII. PIE II.

1458. PIE II (Æneas Silvius Picolomini, cardinal-évêque de

Sienne), fut élu pape le 27 août 1458. Sponde met l'élection de Pie II le 19 d'août, et son couronnement le 3 de septembre. Il était né, l'an 1405, à Corsini, dans le Siennois, dont il changea le nom en celui de Pienza, ce qui fait dire à M. Dupin qu'il était natif de Pienza. Enée avait assisté au concile de Bâle, dont il avait été secrétaire sous le cardinal de Fermo; il avait même écrit pour la défense de cette assemblée, qui l'avait chargé de différentes commissions honorables par récompense de son zèle. Mais élevé sur le saint siége, il justifia le proverbe, *Honores mutant mores*, et changea de sentiment. L'an 1459, le 27 mai, il se rendit à Mantoue, où il avait convoqué une assemblée de princes, pour traiter de la guerre contre les Turcs. Ce fut là qu'il donna, le 18 janvier 1460, sa bulle *Execrabilis*; contre les appels au concile; ce qui n'empêcha pas Dauvet, procureur général au parlement de Paris, d'appeler de cette même bulle au futur concile général, par ordre de Charles VII. Les expressions dont Pie II s'était servi, en parlant de la Pragmatique Sanction, furent le motif et l'objet de cet appel. Mais l'année suivante, Pie obtint, par adresse, de Louis XI, successeur de Charles VII, l'abrogation de la Pragmatique, malgré le parlement et l'université de Paris, qui protestèrent contre la surprise faite au roi dans cette occasion. L'an 1463, Pie II publia une bulle, datée du 26 avril, dans laquelle il retracte ce qu'il avait autrefois écrit en faveur du concile de Bâle, et prie que l'on condamne Æneas Silvius, pour suivre les sentiments de Pie II. Ce pape, durant son pontificat, fut presque toujours occupé du dessein de la guerre contre les Turcs, et à faire des préparatifs pour l'exécuter : c'est dans cette vue qu'il se rendit à Ancône, l'an 1464, vers la mi-juillet : il y tomba malade, et mourut la nuit du 15 au 16 août, ayant tenu le saint siége six ans, moins onze jours. Pie II fut un des plus savants homme de son siècle, comme ses écrits le témoignent. L'empereur Frédéric III l'avait honoré de la couronne poétique en le faisant son secrétaire plusieurs années avant qu'il fut pape. Sa conduite fut toujours régulière, et il montra, pendant son pontificat, beaucoup de zèle pour la réformation des mœurs et la propagation de la foi. Son gouvernement fut d'ailleurs sage et modéré. S'il eut des défauts, comme on n'en peut douter, ils appartenaient moins à sa personne qu'à la place qu'il occupait.

Pie II commençait l'année tantôt à Noël, ou au premier janvier, tantôt au 25 mars. C'est de ce dernier terme qu'il la fait partir dans une de ses bulles datée de Sienne l'an 1458 de l'Incarnation, le 25 février, la première année de son pontificat.

CCVIII. PAUL II.

1464. PAUL II (Pierre BARBO, vénitien, cardinal du titre de Saint-Marc), fut élu pape le 31 août 1464 (Bianchini) et couronné le 16 septembre suivant. Pendant le conclave, où il fut élu, le sacré collége fit divers réglements utiles, dont ils lui firent jurer l'observance immédiatement après son élection. Mais dans la suite il crut pouvoir s'affranchir de ses engagements par la plénitude de la puissance dont il était revêtu. Cependant pour se concilier la bienveillance des cardinaux, il releva leur dignité par de nouvelles prérogatives qu'il leur accorda, telles que l'usage d'une mître semblable à la sienne, la robe de pourpre (que quelques uns croient néanmoins plus ancienne), la barrette de damas rouge, et pour leurs montures, la housse d'écarlate : toutes distinctions qui ne tendaient pas certainement à rendre le sacré collége plus modeste et plus édifiant. Paul aimait fort la pompe et le faste pour lui-même. Il était bel homme, et l'ignorait si peu, qu'à son exaltation il voulut prendre le nom de Formose, pour faire allusion à sa figure. Mais il sentit le ridicule de cette vanité, et changea de dessein. Depuis long-tems, les papes avaient négligés l'usage de la tiare, qu'on nommait aussi le *Regne*. Paul en fit faire une nouvelle qui coûta cinq mille marcs d'argent. Dès le commencement de son pontificat, il pensa sérieusement à la guerre contre les Turcs. Il ne fut pas moins appliqué à consommer l'affaire de l'abolition de la Pragmatique. L'an 1467, il envoya le cardinal Josfredi pour travailler à faire vérifier en parlement les lettres-patentes que Louis XI avait données à ce sujet; mais il ne put rien obtenir. Le célèbre Jean de Saint-Germain, procureur général, s'opposa fortement à la demande du légat ; l'université en fit de même, et le recteur déclara publiquement à Josfredi, qu'il appelait au futur concile de toutes les poursuites faites et à faire au préjudice de la loi qu'il pretendait faire abroger. L'an 1468, Paul II, après bien des mouvements et des soins, réussit à réunir les princes d'Italie, depuis long-tems divisés. L'an 1470, il réduisit, par une bulle du 19 avril, le Jubilé à 25 ans. Paul II mourut d'apoplexie le 28 juillet 1471 (Bianchini), dans la cinquante-quatrième année de son âge, et la septième de son pontificat. Les Romains lui avaient donné le sobriquet de *Notre-Dame-de-Pitié*, parce que ses larmes étaient son dernier argument, quand il n'avait pas de bonnes raisons pour persuader ce qu'il disait. Paul II était peu lettré, ce qui n'est pas étonnant, ayant été destiné dans sa jeunesse au négoce. On prétend même qu'il était ennemi des gens de Lettres ; et la preuve qu'on en donne, c'est qu'il supprima le collège des Abréviateurs, composé des plus beaux esprits de Rome. Mais on peut répondre avec Sponde, pour sa justification, que ces beaux esprits étaient des philosophes platoniciens qui voulaient soumettre les dogmes de la religion aux opinions du chef de leur secte. Platine, l'un d'entre eux, fut le plus maltraité, parce qu'il s'émancipa le plus indiscrètement. Paul II le fit mettre deux fois en prison. Aussi ne l'a-t-il point ménagé dans son Histoire des Papes. Le mal qu'il en dit, par conséquent, mériterait peu d'attention, s'il n'était appuyé du témoignage de Jacques Picolomini, cardinal-évêque de Pavie, écrivain respectable, qui, soit dans ses Commentaires, soit dans la lettre qu'il écrivit à Paul lui-même peu après son exaltation, soit dans celles qu'il adressa aux cardinaux qui l'avaient élu, fait un portrait fort désavantageux de ce pape. Il est le premier pontife Romain qui se soit engagé à donner le titre de *roi très-chrétien* au roi de France. Ce fut aussi lui qui commença à faire frapper des médailles pour les mettre dans les fondements des édifices publics qu'il faisait construire, afin d'en marquer le tems à la postérité; en quoi il imitait les anciens empereurs. Dans ses bulles de plomb il se faisait représenter assis sur un trône. C'est à Paul II que doivent leur origine les courses de chevaux à Rome. Elle commencèrent à se faire par la rue qui aboutissait de la place du Peuple à celle de Saint-Marc, et qui depuis a eu le nom de Cours, *il Corso*. Depuis Paul II, dit M. l'abbé Richard, Rome a entièrement changé de face; les monuments publics, les temples, les places, les palais, les rues élargies ou alignées, les ornements même de Rome antique tirés des entrailles de la terre, où ils étaient ensevelis, ont pris une nouvelle existence.

Paul II commençait l'année, tantôt au 1er. janvier, tantôt au 25 mars.

CCIX. SIXTE IV.

1471. SIXTE IV (François d'ALBESCOLA DE LA ROVÈRE, franciscain, cardinal, fils d'un pêcheur du village de Celles, à cinq lieues de Savone), fut élu pape le 9 d'août. C'était le cardinal Bessarion qui aurait dû l'être, sans l'indiscrétion de Pétroli, son conclaviste, à qui il se contenta de dire: *Vous m'avez empêché de vous faire cardinal*. Sixte fut couronné le 25 du même mois. Aussitôt après son élection, il entra dans les vues de son prédécesseur au sujet de la guerre contre les Turcs; il équipa, pour cette entreprise, une flotte de vingt-neuf galères, dont il donna le commandement au cardinal Caraffe. Les Vénitiens la renforcèrent de cinquante autres galères qu'ils envoyèrent, et Ferdinand, roi de Naples, y en ajouta vingt-quatre de son côté. Caraffe, avec cet armement, saccagea quelques contrées des Turcs, prit Smyrne, qu'il pilla et livra aux flammes, après quoi il s'en revint, et fit une entrée triomphante à Rome. L'an 1473, Sixte permit à Alphonse, fils naturel de Ferdinand, âgé pour lors de six ans, de posséder en commende perpétuelle l'évêché de Saragosse : exemple dont les papes et les rois ont fait grand usage dans la suite. L'an 1474, Sixte envoie son neveu, le cardinal Julien de la Rovère, à Todi, pour réprimer une sédition qui s'y était élevée entre les Guelfes et les Gibelins. Julien, dont le talent n'était pas celui de la conciliation, prend le parti des premiers, et fait alors son apprentissage de l'art militaire, où il se signala depuis avec si peu de décence, étant devenu pape. De Todi, après avoir dompté les Gibelins, il marcha contre le tyran Nicolas Vitelli qui s'était emparé de Citta di Castello. Pour le forcer dans cette place, il fit venir à son secours le duc d'Urbin, et l'obligea enfin, après un siége poussé vigoureusement, à déloger. Sixte IV, l'an 1476, accorda, par une bulle du 1er. mars, des indulgences à ceux qui célébreraient la fête de l'immaculée Conception de la Sainte-Vierge. C'est le premier décret de l'église romaine touchant cette fête. L'an 1478, séduit par son neveu Jérome Riario, ce pape entra dans l'affreuse conjuration des Pazzi contre les Médicis. (V. Laurent Ier. de Médicis, *parmi les ducs de Toscane.*) Sixte alarmé (l'an 1480) de l'invasion des Turcs, en Italie, de la prise d'Otrante et de quelques autres places, ranima son zéle pour engager les princes chrétiens à s'unir contre l'ennemi commun de la foi ; il fournit au roi de Naples, une flotte, avec le secours de laquelle ce prince reprit Otrante sur les Turcs, l'an 1481. Sixte IV mourut, le 13 d'août de l'an 1484, dans la soixante-onzième année de son âge, ayant occupé le saint siége treize ans et cinq jours. Le népotisme domina sous ce pontificat.

Sixte commençait l'année comme son prédécesseur. On croit qu'il est le premier pape qui ait mis son buste sur la monnaie frappée dans ses états.

CCX. INNOCENT VIII.

1484. INNOCENT VIII (Jean-Baptiste CIBO, dit le cardinal de Melfe, noble génois, grec d'extraction) fut élu le 29 août 1484, et couronné le 12 septembre. Avant que d'être dans les ordres, il avait eu plusieurs enfants, dont il ne négligea point la fortune durant son pontificat. L'an 1485, le 6 janvier, il canonisa saint Léopold, marquis d'Autriche. La même année, il envoya des troupes aux barons de Naples, révoltés contre Ferdinand, leur souverain. Il défendit l'an 1487, sous peine d'ex-

commucation, la lecture des fameuses thèses de Jean Pic de la Mirandole. Elles avaient été soutenues par ce prince, l'année précédente, à Rome, et contenaient neuf cents propositions, tirées d'auteurs latins, grecs, hébreux et chaldéens. Pic n'avait alors que vingt-trois ans. Les chevaliers de Saint-Jean de Jérusalem avaient en leur garde, le prince Zizim, frère du sultan Bajazet. Innocent obtint, l'an 1488, de Pierre d'Aubusson, leur grand-maître, qu'il lui fût livré. Ce prince fit son entrée à Rome, le 13 mars de l'année suivante, accompagné de François Cibo, fils du pape, et de plusieurs courtisans, qui étaient allés au-devant de lui. Le lendemain, il fut amené au consistoire ; et quoiqu'on l'eût bien averti de fléchir les genoux en y entrant, et d'aller baiser les pieds du pape, il s'avança droit vers le trône pontifical, et se contenta d'appuyer la bouche sur une des épaules de sa sainteté. On le reconduisit ensuite dans un quartier du palais apostolique, où il demeura sous bonne garde. L'ambassadeur du sultan d'Egypte, menacé d'une guerre avec le Turc, se trouvant alors à Rome, fit des instances accompagnées des plus belles promesses pour avoir Zizim en son pouvoir : mais ce fut envain. Le 29 juin de la même année, Innocent excommunia Ferdinand, roi de Naples, sur le refus qu'il faisait de payer le cens accoutumé pour son royaume. Il en vint même, le 11 septembre suivant, jusqu'à le déposer de la royauté; mais il n'osa prendre les armes pour effectuer cette sentence, d'autant moins équitable, que Sixte IV avait fait remise de ce cens à Ferdinand. (*Voy. les rois de Naples.*) Innocent parut fort zélé pour la guerre contre les Turcs pendant tout son pontificat, qui fut de sept ans, dix mois et vingt-huit jours; mais son zèle eut peu d'effet. Il mourut à l'âge de soixante ans, le 25 de juillet de l'an 1492. « Innocent VIII, dit un moderne,
» fut un modèle de douceur, de bienfaisance et de bonté. On
» le vit toujours semblable à lui-même, savant sans faste,
» humble pontife, politique impénétrable et grand pacificateur.
» A sa mort, il eut la consolation de voir toute l'Italie en repos
» par ses soins, sa vigilance et ses vertus. » Il y a bien du vrai dans cet éloge : mais peu de lecteurs éclairés voudront y souscrire sans restriction.

C'est ce pape qui introduisit dans ses constitutions les clauses *motus proprii, et motu proprio*, qui ont toujours été rejetées en France. Il commençait l'année, dans ses bulles, tantôt au 1er. janvier, tantôt au 25 mars. On voit la même variation dans la chancellerie apostolique de son tems. Il est remarquable qu'une même bulle d'Innocent VIII, datée d'une année, se trouve publiée l'année précédente à la chambre apostolique. Telle est celle qui concerne la juridiction et les pouvoirs des auditeurs de Rote. *Datum Romæ*, est-il dit à la fin de cette bulle, *anno Incarnationis* D. MCCCC LXXXVIII. *id. jan.* Et plus bas : *Lecta Romæ in Cancel. Apost. die Sabbati* 19 *jan.* 1487. C'est que le pape commençait l'année à Noël, et la chambre au 25 mars.

CCXI. ALEXANDRE VI.

1492. ALEXANDRE VI (Rodrigue BORGIA, de la maison de Lenzoli, par son père, et de celle de Borgia, par sa mère, né à Valence, en Espagne, dont il devint archevêque, créé cardinal, en 1455, par le pape Calliste III, son oncle maternel, vice-chancelier de l'église romaine), fut élu pape le 11 août 1492, et couronné le 26 du même mois. Jamais, peut-être, élection de pape ne fut plus contraire à l'esprit et à la discipline de l'église. Borgia avait acheté du cardinal Ascagne Sforce et sa voix et celles de tous ses partisans, qui étaient nombreux, moyennant la cession de tous les offices qu'il tenait dans la cour romaine, plusieurs bénéfices considérables, et un palais richement meublé. Cette manière simoniaque d'arriver à la papauté, répondait à la vie qu'il avait menée jusqu'alors ; car il était déjà si décrié pour les mœurs, qu'on fut surpris et indigné du choix que les cardinaux venaient de faire. Les historiens du tems parlent de sa maîtresse Vanozia, dont il eut, avant son exaltation, trois fils, Jean, César et Geoffroi, avec une fille, nommée Lucrèce. L'an 1494, apprenant que Charles VIII, roi de France, se dispose à passer en Italie, pour faire la conquête du royaume de Naples, après l'avoir invité lui-même à cette expédition, il négocie dans toutes les cours, et même dans celle du sultan Bajazet, pour susciter des ennemis à ce prince. Ces mouvements ayant été inutiles, il fait un traité d'alliance avec Charles, lorsqu'il le voit maître dans Rome. Le voyant, ensuite, possesseur du royaume de Naples, il se ligue avec l'empereur et les Vénitiens, pour l'en chasser. (V. *Charles VIII, roi de France*). L'an 1497, le 7 juin, il érige en duché la ville de Bénévent, dont il met en possession Jean, son fils, déjà duc de Gandie, au royaume de Valence ; mais, le 14 du même mois, Jean est trouvé assassiné dans son lit. L'an 1498, Alexandre envoie à Louis XII, roi de France, le cardinal César, son autre fils, chargé de la bulle de dissolution de son mariage avec la reine Jeanne. Louis donne à César, pour récompense, le duché de Valentinois. (V. *les ducs de Valentinois*). Ce don ne remplissait pas encore les vœux du pape pour l'élévation de ce fils. L'an 1501, des deniers du jubilé de l'année précédente, Alexandre lève une petite armée, pour mettre César en possession de la Romagne. La reine Jeanne, dont il avait dissout, comme on l'a dit, le mariage avec Louis XII, ayant fondé les Annonciades, il donne, le 12 février de l'an 1502, une bulle pour confirmer cet ordre. Alexandre avait mis dans ses projets la ruine de la maison des Ursins. Mais comme elle était sous la protection de la France, il fallait commencer par lui ôter cet appui. Le duc de Valentinois y réussit, en faisant espérer la papauté, après la mort de son père, au cardinal d'Amboise, ministre de Louis XII, et à ce prince, des secours du pape, pour le recouvrement du royaume de Naples. Louis, persuadé par son ministre, consent que toutes les terres des Ursins soient cédées au pape, et qu'on remette entre ses mains, le fils unique du chef de cette maison. Mais dans ces entrefaites, Alexandre tombe malade, le 12 août, d'une fièvre double tierce, qui le conduit au tombeau le 18 du même mois, à l'âge de soixante et douze ans, après avoir reçu les sacrements. Tel est le récit de Burchard, maître des cérémonies de ce pape, sur sa mort et ce qui l'occasionna : récit bien opposé à celui de Guichardin, qui le fait mourir d'un vin empoisonné, qu'il avait fait préparer, dit-il, à certains cardinaux, dont il voulait se défaire dans un repas, et qui lui fut donné par mégarde. Il n'y a pas de pape dont on ait dit plus de mal que d'Alexandre VI. Mais la vraisemblance manque quelquefois aux forfaits qu'on lui impute. La comparaison qu'on a faite de lui avec Néron est insoutenable. Autant la conduite de l'empereur était insensée, autant la politique du pape était adroite et déliée. Il traita avec tous les princes de l'Europe, et vint à bout de les tromper tous. Personne ne fut la dupe de Néron, parce qu'il ne mettait aucun artifice dans ses crimes, et n'avait aucune suite dans son gouvernement. C'est principalement depuis Alexandre VI, que les papes ont commencé à jouer un rôle parmi les princes temporels, et à mettre un poids dans les intérêts des puissances de l'Europe.

Ce pape commençait l'année, dans ses grandes bulles, au 25 mars.

CCXII. PIE III.

1503. PIE III. (François PICOLOMINI, cardinal de Sienne, diacre, neveu de Pie II), fut élu pape le 22 septembre 1503, ordonné prêtre le 30 du même mois, consacré le premier d'octobre, et couronné solennellement le 8. Son élection fut applaudie de tous, à l'exception du cardinal d'Amboise, qui comptait sur la tiare et fut la dupe du conclave. On conçut de grandes espérances du gouvernement de Pie, mais une mort prématurée les fit évanouir, et causa un deuil général dans l'église. Pie ne fit que languir depuis le jour de son élection, jusqu'au 18 d'octobre, qui fut le terme de sa vie. Il n'avait tenu le saint siége que vingt-sept jours depuis son élection. Les Vénitiens profitèrent de l'état d'inaction où sa langueur l'avait réduit, pour se resaisir des places qu'Alexandre VI leur avait enlevées.

CCXIII. JULES II.

1503. JULES II. (Julien DE LA ROVÈRE, cardinal de Saint-Pierre aux Liens, en 1471, évêque d'Avignon, en dernier lieu, après avoir occupé, successivement, les siéges de Carpentras, d'Albano, d'Ostie, de Bologne, né au Bourg d'Albizale, près de Savone, neveu de Sixte IV), fut élu pape, le premier novembre 1503, intronisé le même jour et couronné le 19. Ses ennemis l'ont accusé d'avoir acheté la tiare à prix d'argent. Ce qui est certain, c'est que son élection était concertée et conclue avant qu'il entrât au conclave. Le 26 décembre suivant, il donne une bulle, par laquelle il permet à Henri, prince de Galles, d'épouser Catherine d'Aragon, veuve de son frère Artus. Emmanuel, roi de Portugal, avait obtenu d'Alexandre VI, la permission d'épouser les deux sœurs. Jules se régla sur cet exemple, et ne prévit pas les suites funestes de sa dispense. Une des grandes occupations de ce pape, fut le recouvrement des terres qui avaient été usurpées sur le saint siége. La Romagne était, pour une partie, entre les mains des Vénitiens, depuis la mort d'Alexandre VI. César Borgia, qui s'était emparé de l'autre, avec plusieurs places de la marche d'Ancône et du duché d'Urbin, n'était pas disposé à s'en désaisir. Les Bentivoglio possédaient Bologne, les Baglioni, Pérouse, etc. Jules forme des prétentions sur tous ces domaines, et emploie les armes temporelles et spirituelles pour les recouvrer. Après avoir dépouillé Borgia, il attaque Bentivoglio, qui abandonne Bologne sans tirer l'épée. Baglioni, sur la première sommation, rend Pérouse. Les Vénitiens sont les seuls qui résistent. Au milieu de ses occupations, Jules entreprend de rebâtir l'église de Saint-Pierre, sur les dessins du Bramante, et en pose la première pierre, le 18 avril 1506. L'intention du Bramante était de faire une église en croix latine, avec un vestibule ou portique, qui devait être porté sur trente-six colonnes, dans le goût de celui du Panthéon, et à peu près dans les mêmes dimensions. L'ouvrage, après la mort de cet architecte, arrivée l'an 1514, fut continué sur un plan incomparablement plus vaste, par Raphaël d'Urbin, et après lui, par Michel-Ange Buonarotti. L'an 1508, au mois de décembre, Jules conclut, par ses nonces, avec l'empereur, le roi de France et le roi d'Aragon, la fameuse ligue de Cambrai contre

les Vénitiens. « Outre les domaines qu'il revendiquait, il avait
» encore à se plaindre de la république de Venise, où son auto-
» rité était peu respectée. Cependant il ne voyait pas sans in-
» quiétude, le roi de France étendre sa domination en Italie,
» et le passé lui faisait assez comprendre combien il importait
» au saint siége, d'en exclure tout à fait les empereurs. Il tenta
» donc de négocier avec les Vénitiens : il leur apprit la ligue
» qui avait été faite en son nom, mais à laquelle il n'avait pas
» consenti; et il leur offrit de s'y opposer par toute sorte de
» moyens, s'ils voulaient lui restituer Faenza et Rimini, les
» assurant qu'il ne négligerait rien, de son côté, pour empêcher
» en Italie, l'accroissement de la puissance des barbares; c'est
» ainsi qu'ils nommait les Allemands, les Espagnols et les
» Français) ». (Condillac). Les Vénitiens, par une présomption
téméraire, dont il n'y a pas d'exemple dans le reste de
leur histoire, rejettent ces offres. Le pape, irrité de cette marque
de mépris, ratifie la ligue, le 2 mars 1509, par un acte en
forme de bulle. Peu de jours après cette ratification, Jules
publie contre les Vénitiens une bulle terrible, par laquelle il
les admoneste de satisfaire à l'église dans vingt-quatre jours,
sous les peines les plus grièves. Le sénat de Venise appelle de
cette bulle au futur concile. Jules condamne ces sortes d'appels
par une autre bulle du premier juillet. Ses troupes, cependant,
reprennent les places qu'il redemandait à la république. L'an
1510, les Vénitiens se soumettent au pape, et reçoivent solennellement l'absolution, le 25 février. Jules, alors, se ligue avec
cette même république, pour chasser d'Italie les Français,
dont il n'avait plus besoin. L'an 1511, il fait en personne, le
casque en tête et la cuirasse sur le dos, le siége de la Mirandole,
qu'il prend le 21 janvier, par capitulation. Il y entre en vainqueur par la brèche ; mais sa fortune change tout à coup. Trivulce, général des troupes françaises, se rend maître de Bologne,
et met en déroute l'armée du pape et des Vénitiens. Jules est
obligé de se retirer à Rome. En passant à Rimini, il a le
déplaisir d'y voir les placards de la convocation que les cardinaux, de concert avec la France, avaient faite d'un concile
à Pise. Jules, pour opposer concile à concile, en convoque
un à Rome. (*Voyez* la Chron. des Conciles.) L'an 1512,
Jules, par une bulle du 21 juillet, excommunie le roi de
France, met son royaume en interdit, et dispense ses sujets
du serment de fidélité. L'an 1513, il meurt la nuit du 20 au
21 février, pendant la tenue du concile qu'il avait indiqué à
Rome. Gradenico dit que ce fut la crainte d'être déposé par
le concile, qui lui causa la mort. Il était âgé, pour lors, de
soixante et douze ans, et avait occupé le saint siége neuf ans,

trois mois et vingt jours. Jules II employa, pour relever la puissance temporelle du saint siége, les moyens les plus propres à lui faire perdre, s'il était possible, sa puissance spirituelle, en quoi consiste sa véritable grandeur.

Dans une des médailles frappées par son ordre pour transmettre à la postérité les principaux événements de son administration, il paraît en habits pontificaux, la tiare en tête, et le fouet à la main, chassant les Français, et foulant aux pieds l'écu de France. Il se glorifiait d'avoir affranchi l'Italie du joug des étrangers, en les détruisant les uns par les autres, et de l'avoir, disait-il, purgée de ces essaims de barbares qui l'infestaient. Jules cachait sous ces beaux dehors, dit un moderne, le dessein qu'il avait toujours eu de dominer seul dans son pays et d'établir sur tant de débris son despotisme exclusif. C'est sous son pontificat, selon M. Fleuri (IXe. discours), que commença de s'établir l'opinion de l'infaillibilité pontificale. Ce pape fut le premier qui laissa croître sa barbe pour inspirer au peuple, par cette singularité, plus de crainte et de respect, François Ier, Charles-Quint, et tous les autres rois suivirent cet exemple, qui fut adopté à l'instant par les courtisans et ensuite par le peuple. Jules II se fit faire une tiare d'or massif, et la couvrit encore de pierreries. Il la portait, dit-on, dans les grandes cérémonies.

CCXIV. LEON X.

1513. LÉON X (Jean DE MÉDICIS, cardinal-diacre, né à Florence), fut élu pape à 36 ans, le 11 mars 1513, ordonné prêtre et évêque le 19. Il fit son entrée à Rome le 11 d'avril, le même jour qu'il avait été fait prisonnier l'année précédente à la bataille de Ravenne, gagnée par les Français, et monté sur le même cheval qu'il avait à cette bataille. Peu de jours après il choisit pour ses secrétaires Pierre Bembo, vénitien, et Jacques Sadolet de Modène, les deux littérateurs les plus polis de l'Italie, et que leur mérite éleva l'un et l'autre dans la suite au cardinalat. L'an 1517, le 16 mars, il termina le concile de Latran, commencé par son prédécesseur. Léon découvrit presqu'au même tems une conjuration formée contre lui. Elle avait pour chefs les cardinaux Petrucci et Bandinelli. Le premier fut exécuté à mort; l'autre condamné à une prison perpétuelle. Léon voulait vivre et régner en souverain, comme il l'avait déclaré à son inauguration: pour augmenter sa cour, il fit, le premier juillet 1517, une promotion de trente-et-un cardinaux: ce qui était sans exemple. (Il n'est cependant pas vrai que tous ces cardinaux fussent, comme l'avance un moderne, des hommes de plaisir. On trouve parmi eux un Laurent Campège, l'un des plus savants, des plus habiles et des plus saints prélats de son tems; le fameux Cajetan qui fut ensuite employé contre Luther, le cardinal Trivulce, qu'on appelait le modèle de la probité et de la vertu, le cardinal d'Utrecht, qui fut ensuite le pape Adrien VI, le respectable Gilles de Viterbe, général des Augustins). La même année, voulant continuer la construction de la basilique de Saint-Pierre, et les fonds lui manquant, il a recours, pour en faire, à la voie des indulgences, et charge les Dominicains de prêcher cette dévotion. Ces religieux n'éprouvèrent de contradiction qu'en Saxe, dans l'exercice de leur ministère. Martin Luther, de l'ordre des ermites de Saint-Augustin, docteur de l'université de Wittemberg, homme d'un caractère vif jusqu'à l'emportement, d'un esprit exercé dans l'escrime de l'école, d'une éloquence forte et persuasive, s'éleva contre ces prédicateurs, dont il attaqua, sans ménagement, la doctrine, ainsi que la conduite, dans ses sermons et ses écrits. On dit communément, d'après Fra-Paolo et Guichardin, que la préférence donnée par Léon X, aux Dominicains, sur les Augustins, par la publication des indulgences, irrita d'autant plus les derniers, qu'ils la regardaient comme un passe-droit qui jamais ne leur avait été fait. Mais le cardinal Pallavicini prouve que semblable commission avait été donnée aux Franciscains sous Jules II, en trois différentes occasions. Elle n'appartenait donc pas aux Augustins par un privilége exclusif. On dit encore avec aussi peu de vérité, que ce furent leurs disputes avec les Dominicains, touchant la distribution des indulgences, qui firent naître à Luther l'envie de dogmatiser. Il est certain que dès 1516, il avait fait soutenir à Wittemberg, des thèses publiques, où les personnes éclairées aperçurent le germe des erreurs qu'il enseigna depuis. Mais les abus que commettaient les quêteurs des indulgences, et les propositions outrées qu'ils débitaient en chaire sur leur pouvoir, lui donnèrent occasion de répandre sa bile et son venin avec plus de liberté. Telles furent les premières étincelles de ce grand incendie, qui embrasa l'Europe. L'an 1518, le 9 décembre, Léon rend un décret pour autoriser les indulgences, et condamner les erreurs de Luther sur ce sujet. Luther, protégé par l'électeur de Saxe, va toujours en avant. De la matière des indulgences, il passe à d'autres points de la religion catholique, tels que la grâce, le libre arbitre, les sacrements, le purgatoire, l'autorité du pape, les vœux monastiques, etc., et débite sur tous ces articles, des nouveautés scandaleuses. L'an 1520, le 15 juin, Léon publie contre les erreurs de Luther, une bulle qui commence par ces paroles du pseaume 73 : *Levez-vous, Seigneur, et défendez votre cause*. Luther en appelle au futur concile; mais loin de s'en tenir là, il fait brûler publiquement la bulle, avec toutes les décrétales des papes, à Wittemberg. Léon X donne une seconde bulle, le 3 janvier 1521, par laquelle il frappe d'anathème cet hérésiarque et ses sectateurs. La faculté de théologie de Paris, se joint au pape, et anathématise Luther et sa doctrine, par son décret du 15 avril 1521. Léon X mourut le premier décembre suivant, âgé seulement de quarante-quatre ans, après avoir gouverné l'église huit ans, huit mois et vingt jours. (*Voyez* l'article de François I, roi de France, au sujet du concordat fait entre le pape Léon X et ce prince). Le pontificat de Léon X est l'époque du renouvellement des lettres et de la renaissance des arts. Ce pape encouragea les talents par sa protection et ses libéralités. En reconnaissance, la postérité lui a fait le même honneur qu'à Auguste, en appellant de son nom le siécle où il a régné. Du reste, ce ne fut ni un pontife édifiant, ni un habile politique. Avant son exaltation, il avait mené une vie assez réglée. Mais les beaux esprits qu'il admit, étant pape, dans sa familiarité, gens pour la plupart de mœurs licentieuses, lui corrompirent le cœur par leurs flatteries. Enivré de leurs encens, il étala une magnificence aussi ruineuse qu'indécente, et préféra des amusements frivoles, souvent même criminels, aux devoirs austères de sa place. La conduite qu'il tint dans les conjonctures critiques où il se trouva, ne fait pas l'éloge de sa prudence. Ses prédécesseurs avaient réglé que le royaume de Naples était incompatible avec l'empire. En conséquence, il fit au mois d'août 1520, avec le roi François I, un traité pour la conquête de ce royaume, dont l'empereur Charles-Quint refusait de se déssaisir. Mais les menaces de l'empereur obligèrent, l'année suivante, Léon à lui accorder dispense, par traité du 8 juin, pour posséder les deux couronnes à la fois. Dès-lors il réunit ses forces à celles de Charles-Quint contre la France. Son aversion pour les Français devint si grande, qu'il mourut de joie, dit-on, en apprenant leur expulsion du Milanais.

 Léon, dans ses lettres, date le commencement de son pontificat avant son couronnement. Il suit, quelquefois, le calcul Florentin. Il compte aussi quelquefois les jours, comme nous, dans l'ordre direct.

 Sous Léon X, il y avait à Rome un prêtre qui, si l'on en croit Laurent Joubert, médecin contemporain, (*Traité des erreurs populaires*), passa quarante ans sans prendre aucune nourriture. « Le pape, dit-il, ne le voulait point croire; il fit
» garder à vue ce prêtre pendant plusieurs années, et le fait
» fut constaté. »

CCXV. ADRIEN VI.

1522. ADRIEN VI. (Adrien FLORENT, cardinal, évêque de Tortose, né l'an 1459, de parents obscurs, à Utrecht, suivant le plus grand nombre des historiens, à Amsterdam, selon quelques-uns, au diocèse de Brescia, dans la Lombardie, suivant d'autres), fut élu pape le 9 janvier 1522. Il conserva son nom d'Adrien, contre l'usage établi depuis plusieurs siècles. Le mérite d'Adrien et la protection de Charles V, dont il avait été précepteur, l'élevèrent à cette suprême dignité, qui alla le chercher elle-même, sans qu'il s'y attendît, n'ayant jamais eu d'ambition. Adrien était, pour lors en Espagne, dans son diocèse; il en partit le 2 d'août, fit son entrée au Vatican, le 30 du même mois, et fut couronné le lendemain, dans l'église de Saint-Pierre. Ce pape eut de bonnes intentions, et un véritable desir de travailler à la réformation des mœurs; mais les obstacles qu'il rencontra, et la mort qui l'enleva le 14 septembre 1523, en empêchèrent l'exécution. La durée de son pontificat ne fut que d'un an, huit mois et cinq jours, en comptant du jour de son élection. Il fut enterré avec cette épitaphe : *Ici repose Adrien VI, qui n'estima rien de plus malheureux pour lui que de commander.* Les Romains, toutefois, le méprisaient et le haïssaient au point, que la nuit qui suivit sa mort, ils ornèrent de guirlandes la maison de son médecin, avec cette inscription: *Au Libérateur de la Patrie.* S'il eût imité la mollesse et le faste de son prédécesseur, il aurait emporté leurs regrets. Adrien, placé sur le saint siége, ne varia pas plus dans sa doctrine que dans ses mœurs. Il en donna la preuve en faisant réimprimer son Commentaire sur le IVe. livre des Sentences, sans vouloir qu'on y changeât ce qu'il avait enseigné lorsqu'il était professeur à Louvain, savoir que le pape n'est pas infaillible, et qu'il peut errer dans les questions qui appartiennent à la foi. On lui reproche d'avoir négligé dans son pontificat, les gens de lettres, que Léon X avait si hautement protégés. Mais l'abus qu'ils faisaient, pour la plupart, de leurs talents, jusqu'à s'efforcer de rétablir le Paganisme, ne méritait pas la protection d'un vicaire de Jésus-Christ. Adrien témoigna sa reconnaissance à Charles-Quint par différentes grâces qu'il lui accorda, dont les principales sont, l'administration perpétuelle qu'il lui conféra des grandes maîtrises des ordres militaires, avec le droit de présentation aux évêchés d'Espagne, et la remise du tribut de huit mille onces d'or, que ce prince devait au saint siége, à cause du royaume de Naples.

CCXVI. CLEMENT VII.

1523. CLÉMENT VII (Jules DE MÉDICIS, fils naturel et posthume de Julien de Médicis, tué l'an 1478 par les Pazzi, et cousin de Léon X, qui, après l'avoir légitimé par une bulle, le nomma à l'archevêché de Florence et le fit cardinal en 1513), fut élu pape le 19 de novembre 1523, et couronné le 25. (Mansi). L'an 1524, il donna, le 2 mai, une bulle pour réformer divers abus qui régnaient en Italie. Il en donna une autre, le 24 juin suivant, pour approuver le nouvel institut des Théatins. L'an 1526 il se ligua, par un traité signé le 22 mai, avec les rois de France et d'Angleterre, les Vénitiens et d'autres princes d'Italie, contre l'empereur Charles-Quint. Cette ligue appelée Sainte, parce que le pape en était le chef, ne lui procura que des infortunes. Le connétable de Bourbon, qui avait quitté François I er. pour Charles-Quint, fit demander au pape la permission de traverser, avec son armée, l'état ecclésiastique, pour aller dans le royaume de Naples. Sur son refus, il vint se présenter subitement devant Rome, le 5 mai 1527. Cette grande ville fut prise d'assaut le lendemain, pillée et saccagée pendant deux mois, avec des excès de barbarie supérieurs à tous ceux que les troupes d'Alaric y avaient commis. Les soldats allemands, dont la plupart étaient luthériens, furent ceux qui se distinguèrent le plus à ce sac par leur fureur et leur impiété. Clément s'était cependant retiré dans le château Saint-Ange. Il y fut assiégé et tellement pressé, qu'il fut contraint de capituler, le 5 juin, par la médiation de l'archevêque de Capoue, aux conditions suivantes, savoir 1°. de payer comptant cent mille ducats d'or, cinquante mille dans vingt jours, et deux cents cinquante mille, dans le terme de deux mois; 2°. de remettre, en forme de dépôt, le château Saint-Ange entre les mains des officiers de l'empereur; 3°. de rester prisonnier jusqu'au paiement des cent cinquante mille premiers ducats de sa rançon. On l'obligeait, de plus, à livrer aux impériaux les villes d'Ostie, de Civita-Vecchia, et de Citta di Castello, et de leur faire rendre les villes de Parme et de Plaisance. Mais pas un des commandants de ces places ne voulut déférer aux ordres qu'il leur envoya de se conformer à ce traité. Clément n'était pas plus en état de payer les sommes qu'on lui avait fait promettre. Cependant il se trouvait dans la plus grande détresse. La peste, que la famine avait causée dans Rome, s'était introduite au château Saint-Ange. A la fin, ce pontife et les cardinaux qui l'accompagnaient obtinrent, à force de prières, le 13 août, la grâce d'être conduits au Belvédère, où ils restèrent sous la garde des Espagnols. De-là ils furent ramenés au château Saint-Ange d'où le pape se sauva déguisé en marchand, le 9 décembre, à Orviète. (Muratori.) Le roi de France, touché de sa situation, avait déjà donné ordre à l'armée qu'il avait en Italie de marcher à son secours. Les impériaux virent alors qu'ils allaient être forcés d'abandonner Rome, et Hugues de Moncade reçut ordre de conclure un accommodement avec le pape; ce qui fut exécuté le 26 juin de l'an 1529. Clément réconcilié avec Charles-Quint le couronna empereur, le 24 février de l'année suivante, à Bologne. Le saint siège était alors saisi d'une affaire épineuse, qui demandait une prudence consommée dans celui qui le remplissait, pour être heureusement traitée. C'était celle du divorce de Henri VIII, roi d'Angleterre, avec Catherine d'Aragon. Clément, après avoir nommé des commissaires sur les lieux pour en connaître, l'évoqua à Rome, le 15 juillet 1529, à la sollicitation de Charles-Quint, neveu de la princesse répudiée. Enfin après y avoir été pendante l'espace d'environ quatre ans et demi, le pape, cédant aux instances de l'empereur, rendit en plein consistoire, le 23 mars 1534, son jugement définitif, par lequel il déclarait bon et valide le mariage du roi d'Angleterre et de Catherine d'Aragon, avec défense à ce prince, sous peine de censures, d'en poursuivre désormais la dissolution. Peu de tems après, il eut la douleur de voir le schisme d'Angleterre consommé par un édit, où Henri VIII se déclarait chef de l'église anglicane. Clément ne survécut pas long-tems à cet événement, étant mort le 26 septembre de la même année, âgé de cinquante-six ans. Il avait tenu le saint siège dix ans, dix mois et six jours. Une fausse politique, toujours dirigée par l'intérêt, fut l'âme des démarches de ce pape, et la source de ses malheurs. Il aimait les lettres: par ses soins, la bibliothèque du Vatican fut augmentée d'un grand nombre de volumes recherchés avec beaucoup de dépense. Son corps, porté d'abord à l'église de Saint-Pierre, fut ensuite transféré dans celle des Dominicains de la Minerve, avec les cendres de Léon X. Il avait confirmé, l'an 1528, par une bulle du 3 juillet l'ordre des Capucins, fondé par Mathieu Baschi; et l'an 1533, par une constitution du 18 février, celui des clercs réguliers, dits Barnabites, établi quelques années auparavant par trois nobles milanais.

Clément VII variait, comme son prédécesseur, pour la manière de commencer l'année, et pour celle de compter les jours du mois. La date de l'indiction, réservée depuis long-tems à la chambre apostolique, paraît n'y avoir point été connue sous ce pontificat.

CCXVII. PAUL III.

1534. PAUL III (Alexandre FARNÈSE, romain, né l'an 1466, évêque d'Ostie, après avoir occupé successivement six autres évêchés, doyen du sacré collège), fut élu à l'unanimité le 13 octobre 1534, et couronné le 7 novembre. Dès qu'il fut sur le saint siége, pénétré des maux de l'église, il regarda la célébration d'un concile général comme l'unique remède qu'on pût y apporter. L'an 1536, au mois d'avril, il eut là-dessus avec Charles-Quint à Rome un entretien, dont le résultat fut l'indiction d'un concile à Mantoue, pour le mois de mai 1537. Mais le duc de Mantoue ayant refusé de prêter sa ville pour cet objet, on résolut de tenir le concile à Vicence; et enfin, pour contenter les Protestants, à Trente, par une bulle du 22 mai 1542. L'ouverture de cette assemblée devait se faire le 1er. novembre suivant. Néanmoins le concile ne commença que le 13 décembre (troisième dimanche de l'Avent) 1545. (*V.* les conciles.) Le schisme de l'église anglicane était alors consommé sans retour, depuis la sentence d'excommunication que Paul avait prononcée, le 16 décembre 1538 contre le roi Henri VIII. L'an 1546, il fit reprendre la construction du temple de Saint-Pierre par Michel-Ange Buonarotti, qui, sans faire un plan nouveau, réforma le premier, et préféra la croix grecque de Pemazzi, à la croix latine du Bramante. Paul III, non plus que Michel-Ange, ne vit pas la fin de cette entreprise. Il mourut âgé de près de quatre-vingt-deux ans, le 10 novembre 1549, après avoir occupé le saint siége quinze ans et vingt-sept jours, depuis son élection. Par une bulle du 27 de septembre 1540, il avait approuvé le nouvel institut de Saint-Ignace de Loyola, mais à condition qu'il ne serait composé que de soixante profès. Ce pape se montra favorable à ceux qui cultivaient les lettres. Il éleva au cardinalat, en 1536, le célèbre Sadolet, et voulut, suivant Rhenanus, faire le même honneur à Erasme; mais celui-ci, ajoute-t-on, le refusa. Paul III, avec d'excellentes qualités, n'était pas exempt de défauts. Il avait d'un mariage contracté avant que d'entrer dans les ordres, un fils, Pierre-Louis Farnèse, qu'il fit duc de Parme aux dépens du saint siége, et une fille, mariée à Bosio Sforce. L'ingratitude de ses parents, qu'il avait comblés de bienfaits, lui causa la maladie qui le mit au tombeau. Dans ses derniers moments il répétait souvent le verset du psalmiste : *Si mei non fuissent dominati, tunc immaculatus essem, et emundarer à delicto maximo* : c'est-à-dire, suivant l'application qu'il faisait de ces paroles à sa conduite : Si je n'avais point fait princes mes parents, je serais maintenant sans reproche devant Dieu, et exempt d'un grand péché. (*Voyez* les ducs de Parme.) Ce pape est le premier auteur de la fameuse bulle *in Cœna Domini*, qu'il publia le jeudi-saint de l'an 1536, et qu'il ordonna de renouveler tous les ans à pareil jour. Elle commence par ces mots : *Consueverunt* (1) *Romani Pontifices*, et contient vingt-quatre paragraphes, auxquels les papes Pie V, Paul V et Urbain VIII ont fait plusieurs additions et changements, le tout pour relever l'autorité ecclésiastique aux dépens de la puissance séculière. Appeler des décrets des papes au concile général, favoriser les appelants, enseigner la supériorité du concile général sur le pontife romain, employer l'autorité civile pour restreindre la juridiction ecclésiastique, exiger du clergé, sans le consentement du pape, des contributions pour les besoins de l'état, sont autant d'entreprises frappées d'anathème par cette bulle, que tous les souverains se sont accordés à rejeter. C'est aussi Paul III, dit-on, qui accorda (l'an 1538) au roi François Ier l'indult perpétuel dont jouissaient le chancelier de France et les officiers du parlement de Paris. (C'est plutôt, comme le remarque d'Héricourt, une confirmation du même privilége, accordé par Eugène IV au roi Charles VII.) Enfin ce fut lui qui, après avoir quitté le palais du Vatican, vint demeurer sur le Quirinal, dans le vaste et magnifique palais qui doit sa perfection à Paul V, et son entier achèvement à Alexandre VII et à Clément XII. Son nom moderne est *Monte-Cavallo*.

CCXVIII. JULES III.

1550. JULES III (Jean-Marie DEL MONTE, romain, né le 10 septembre 1487, originaire d'Arezzo, cardinal du titre de Saint-Vital, en 1536, évêque de Palestrine, archevêque de Siponte), fut élu pape le 8 février 1550, et couronné le 22. Ce n'était point sur lui qu'on avait d'abord jeté les yeux. La nuit qui précéda son élection, les cardinaux étaient accourus en foule à la cellule du cardinal Polus, dans l'intention de le reconnaître pape par voie d'adoration. Polus les reçut à sa porte ; et ayant ouï l'annonce qu'ils étaient venus lui faire : *Mes frères,* leur dit-il, *le Dieu que nous servons est le Dieu des lumières, et non des ténèbres. Remettez au jour votre élection. Après avoir ouï la messe, et invoqué le Saint-Esprit, vous suivrez ses mouvements et ce qu'il vous inspirera pour le bien de son église.* (*Ann. Angl.*, L. II, p. 96.) Les cardinaux, jugeant à cette réponse que Polus ne leur tiendrait point compte de son élec-

---

(1) Et non *consecraverunt*, comme il est dit dans l'édition des Bénédictins.

tion., se tournèrent du côté du cardinal del Monte. Ce pape, deux jours après son couronnement (24 février) fit l'ouverture du Jubilé. Il rétablit et continua le concile de Trente, auquel il avait assisté, sous Paul III, en qualité de légat : mais il n'en vit pas la fin, étant mort le 23 de mars 1555, après cinq ans, un mois et quatorze jours de pontificat. Jules, né avec de la fermeté dans le caractère, avait paru, avant son exaltation, d'une sévérité excessive. Mais, placé sur le saint siége, les plaisirs s'emparèrent de son âme; et, en la corrompant, ils adoucirent son humeur. Il porta l'indécence jusqu'à donner le chapeau de cardinal, qu'il laissait vacant par son exaltation, à un de ses domestiques, qui n'avait d'autre mérite que de prendre soin de son singe. Le duc de Parme le croyait dans ses intérêts; mais s'apercevant qu'il prenait des mesures avec l'empereur pour le dépouiller, il eut recours au roi de France, Henri II, qui lui promit sa protection, et ne tarda pas à lui envoyer des troupes. Jules, à cette nouvelle, devint si furieux, qu'il osa déclarer excommunié le roi, et menacer de mettre son royaume en interdit. Henri, par represailles, fit défense à ses sujets de porter de l'argent à Rome, et de s'adresser à d'autres qu'aux ordinaires pour toutes les affaires ecclésiastiques. Jules se radoucit alors, et travailla même à faire la paix entre l'empereur et le roi. Ceci est de l'an 1551. Jules ordonna, cette même année, une nouvelle ouverture du concile de Trente, dont la douzième session se tint le 1er. septembre, la treizième le 11 octobre suivant, la quatorzième le 25 novembre d'après, la quinzième le 25 janvier 1552, et la seizième le 28 avril suivant; après quoi le concile fut encore suspendu, et Jules ne s'en occupa plus. Le reste de son pontificat fut employé à édifier et embellir, près de la porte *del Popolo*, un jardin ou une vigne qui devint célèbre et retint son nom. Il fut si peu regretté, que d'Avanson, ambassadeur de France en cour de Rome, écrivit au connétable, que le peuple l'avait pleuré, *tout ainsi qu'il est accoutumé de faire à Carême-prenant.*

CCXIX. MARCEL II.

1555. MARCEL II (Marcel CERVIN, né à Montepulciano, dans l'état ecclésiastique, prêtre, cardinal de Sainte-Croix en 1539), fut élu pape, d'un consentement unanime, le 9 d'avril 1555. Le lendemain, il fut consacré; et le 11, qui était le jeudi-saint, il reçut la couronne pontificale. Marcel avait un grand désir de rétablir le concile, suspendu depuis 1552, et un zèle ardent pour la réformation; mais tandis qu'il était occupé des mesures qu'il pourrait prendre pour extirper les vices et les hérésies, appaiser les guerres et les divisions des princes, retrancher les abus, il fut saisi, le 30 d'avril, d'une apoplexie, qui l'emporta la nuit suivante, n'ayant tenu le saint siége que vingt et un jours. Il était si ennemi du népotisme, qu'il ne voulut jamais permettre à ses neveux de venir à Rome.

CCXX. PAUL IV.

1555. PAUL IV (Jean-Pierre CARAFFE, noble napolitain, évêque de Théate ou Chiéti, dans l'Abruzze citérieure, cardinal, instituteur, avec le bienheureux Gaétan, des Théatins, né, non l'an 1466, comme porte le texte de Ciaconius par une erreur typographique, mais l'an 1476, ainsi que le marquent Panvinius et Oldoin), fut élu pape à l'âge de soixante-dix-neuf ans, le 23 mai 1555, et couronné le 26, suivant les historiens du tems. Il fut redevable de cette dignité à la vie exemplaire qu'il avait menée jusqu'alors, à son savoir et au mépris qu'il témoignait des grandeurs humaines. « Quelques-uns néanmoins, dit
» Muratori, s'étaient aperçus que, sous le manteau de la modes-
» tie religieuse, il couvrait une bonne dose d'ambition. Sa tête,
» ajoute-t-il, était une image raccourcie du Mont-Vésuve, voi-
» sin de sa patrie. Ardent en toutes ses actions, colère, dur,
» inflexible, il avait, à la vérité, un zèle incroyable pour la re-
» ligion, mais un zèle dépourvu de prudence, et qui le préci-
» pitait dans des excès de rigueur. Les personnes sages ne présa-
» gèrent qu'un gouvernement âpre et insupportable sous un tel
» pontife..... et c'est en effet ce que pronostiquaient son regard
» farouche et ses yeux enfoncés, mais enflammés et étincelants,
» qui caractérisaient sa physionomie. Paul s'étudia, au com-
» mencement de son pontificat, à dissiper l'opinion sinistre
» qu'on avait de lui, par des marques de clémence et de libéra-
» lité. Les faveurs et les grâces qu'il accorda au peuple romain,
» firent une telle impression, qu'on lui érigea une statue dans
» le Capitole. Mais le torrent de sa fougue, ainsi réprimé, ne
» tarda pas à rompre la digue, et à vérifier les fâcheuses prédic-
» tions qu'on avait faites sur son pontificat ». Ennemi de l'Espagne pour des intérêts de famille, il persécuta les Colonne, les Sforce, et d'autres barons romains attachés à cette puissance, et se ligua, le 15 décembre 1555, avec la France pour lui enlever le royaume de Naples. Ce furent le duc de Guise et le cardinal de Lorraine, son frère, séduits l'un et l'autre par le cardinal Neveu, qui engagèrent le roi de France, Henri II, à conclure cette ligue contre l'avis du connétable de Montmorenci. Mais le cardinal Polus, ministre de Marie, reine d'Angleterre, et femme de Philippe II, roi d'Espagne, étant venu en France, eut l'habileté de faire signer au roi, le 5 février suivant, à l'abbaye de Vaucelles, une trêve de cinq ans avec l'Espagne. Le pape, irrité

de cet accommodement qui dérangeait ses vues, se vengea sur le cardinal, en lui ôtant la légation d'Angleterre, sous prétexte qu'il était ami des protestants. Il envoya son neveu, le cardinal Caraffe, en France, pour se plaindre de ce qu'on avait traité sans lui avec le roi d'Espagne, comptant le déclarer déchu du royaume de Naples, soit pour des cens non payés, soit pour des insultes qu'on lui avait déjà faites, soit pour parer à d'autres, dont il était menacé par le duc d'Albe, nouveau vice-roi de Naples. Le duc, loin de vouloir le provoquer, lui envoie Pierre Loffredo pour négocier avec lui. Paul fait mettre en prison ce député, et la guerre, par-là, devint inévitable. Le vice-roi s'étant mis en marche, à la tête d'une armée, au mois de septembre, soumet, en peu de tems, une grande partie de l'état ecclésiastique. L'an 1557, ses progrès sont arrêtés par le duc de Guise, arrivé de France avec une armée d'environ douze mille hommes. Mais après la bataille de Saint-Quentin, en Picardie, que la France perdit le 10 août de cette année, le duc fut rappelé avec ses troupes pour réparer ce revers. Le pape alors fut obligé d'entendre à la paix, qui fut signée le 14 septembre suivant. L'an 1558, sur ce que certains hérétiques niaient que jamais saint Pierre eût siégé à Rome, Paul institua la fête de la Chaire de cet apôtre à Rome, et la fixa au 18 janvier. Au mois d'avril suivant, il refusa de confirmer l'élection de l'empereur Ferdinand, par la raison que Charles-Quint, son frère, auquel il succédait, s'était démis sans la participation du saint siége. Il arriva de là qu'on se passa de sa confirmation, et que les empereurs ne l'ont plus demandée depuis à ses successeurs. L'impétuosité de Paul lui fit commettre, l'an 1559, une autre imprudence, dont les suites furent bien funestes à la religion. Elisabeth étant montée sur le trône d'Angleterre, avait chargé, quoique protestante dans le cœur, le chevalier Edouard Karme, ambassadeur de la feue reine Marie, sa sœur, à Rome, de reconnaître son obédience. La réponse du pape fut que l'Angleterre étant un fief de l'église romaine, et Elisabeth une bâtarde, à qui de légitimes concurrents disputaient le sceptre, elle n'aurait pas dû le prendre sans le consentement du siége apostolique; qu'elle devait suspendre les fonctions de la royauté, et s'en rapporter sur ses prétentions au jugement du souverain pontife. Une réponse, aussi dure et aussi peu attendue, fit qu'Elisabeth, considérant le danger qu'il y avait pour elle d'adhérer au pape, se précipita ouvertement dans le parti de l'hérésie, et donna tous ses soins pour cimenter le schisme en Angleterre. Paul ne se rendait guère moins odieux aux Romains par la sévérité avec laquelle il faisait exercer l'inquisition à Rome. C'était lui qui avait engagé Paul III à y ériger ce tribunal, auquel il donna une autorité beaucoup plus étendue qu'il n'avait dans son origine. Si quelque chose modéra la haine des Romains envers lui, ce fut la justice dont il usa envers ses neveux, qu'il chassa et dépouilla de leurs emplois, après avoir reconnu combien ils abusaient de sa faveur. Enfin, ce pape mourut le 18 août 1559, ayant tenu le saint siège quatre ans, trois mois moins cinq jours. Son épitaphe met sa mort au 15 août; mais les auteurs contemporains s'accordent à la placer au jour que nous lui assignons. Dès qu'il eût les yeux fermés, le peuple se déchaîna contre sa mémoire avec tant de fureur que, pour soustraire son corps à la violence de la multitude, on fut obligé de l'enterrer de nuit sans cérémonie. Elle se vengea sur sa statue qu'elle mit en pièces, et jeta dans le Tibre. Elle mit le feu à l'inquisition, et se serait portée à d'autres excès, si on n'eût fait venir des troupes pour la réprimer.

Paul suivait ordinairement le calcul florentin. Il est regardé comme l'instituteur de la congrégation de l'*Index*.

CCXXI. PIE IV.

1559. PIE IV (Jean-Ange DE MÉDICIS, d'une autre famille que celle de Florence, né à Milan de Bernardin Médichin, cardinal en 1549, et frère du fameux marquis de Marignan, général de Charles-Quint), fut élu pape la nuit du 25 au 26 décembre 1559, et couronné le 6 janvier 1560. Il signala le commencement de son pontificat par un acte de clémence, en pardonnant à ceux qui avaient outragé la mémoire de son prédécesseur. On remarqua en lui d'autres traits d'humanité, qui donnèrent un bon augure de son gouvernement. Mais six mois s'étaient à peine écoulés, qu'il fit éclater tout-à-coup une sévérité dont on ne l'avait pas cru capable jusqu'alors. Le 7 juin, les cardinaux, Charles et Alfonse Caraffe, l'un neveu, et l'autre petit neveu de Paul IV, Jean Caraffe, son autre neveu, duc de Palliano, le comte d'Alife et Léonard *di Cardine*, sont arrêtés par l'ordre de Pie IV, qui nomme aussitôt une commission pour instruire leur procès; les deux derniers étaient regardés comme les meurtriers de la femme du duc, et les trois premiers étaient accusés d'avoir commis de grands excès sous le pontificat de leur oncle. Enfin, après une procédure qui dura neuf mois, le cardinal Charles fut condamné à mort le 3 mars 1561, et étranglé dans sa prison la nuit suivante. Pareille sentence du même jour contre le duc de Palliano, le comte d'Alife et Léonard *di Cardine*, qui furent décapités dans la prison de Torre-di-nova. Pour le cardinal Alfonse, comme il était d'un caractère très doux, on lui fit grâce de la vie, moyennant une grosse amende. Panvini déclare avoir ouï de la bouche de Pie IV, qu'il s'était porté malgré lui à cette sévérité outrée, pour ne pas dire cruelle, mais qu'il l'avait crue nécessaire pour servir d'exemple, et apprendre aux neveux des papes futurs à ne pas abuser de leur faveur et de leur autorité. Mais les gens bien avisés, dit Muratori, n'eurent pas de peine à s'apercevoir qu'une rigueur si excessive n'était point dans le caractère de Pie IV, et qu'il y avait été poussé par le roi d'Espagne, son bienfaiteur, à qui les Caraffe s'étaient vantés de faire perdre le royaume de Naples. Le 29 décembre 1560, Pie IV, sur la menace qu'on faisait en France d'assembler un concile national, publie une bulle pour la continuation du concile de Trente, dont il indiqua la dix-septième session pour la semaine de Pâques de l'an 1561 : il fit partir en même-tems des nonces pour toutes les cours des princes, afin qu'ils y envoyassent leurs évêques et leurs ambassadeurs. Le concile recommença ses opérations le 18 janvier 1562, par la dix-septième session, et finit le 4 décembre 1563 par la vingt-cinquième. Pie IV publia dans un consistoire, le 26 janvier 1564, une bulle pour confirmer le concile. Le 13 novembre de la même année, Pie donna une bulle contenant une profession de foi fort étendue, avec ordre de la faire souscrire à tous les bénéficiers et supérieurs, tant séculiers que réguliers. C'est la même formule dont on exige la souscription de tous les hérétiques qui veulent rentrer dans le sein de l'église, et de tous ceux qui sont suspects dans la foi. On ne leur demande rien de plus; et beaucoup de théologiens sont persuadés qu'il serait inutile, et même dangereux, d'y ajouter de nouveaux formulaires. L'année suivante, au mois de janvier, on découvrit à Rome une conjuration, qui fit bien voir ce que pouvait alors le fanatisme. Benoît Accolti, fils du feu cardinal Accolti, le comte Antoine Canossa, Taddée Manfredi, le cavalier Pellicioni, Prospère Pittorio et quelques autres, tous gens de mauvaise vie, connurent, à ce qu'ils s'imaginèrent, par des révélations célestes, que le successeur de Pie IV serait le monarque du monde, et qu'il établirait partout la seule religion catholique. Afin donc de hâter cet événement, ces visionnaires concertèrent l'assassinat du pape, bien persuadés qu'ils obtiendraient chacun des principautés, comme s'ils eussent été les neveux de celui qui leur était prédit. Déjà même ils désignaient celles qui devaient leur échoir; au comte Antoine le domaine de Pavie, à Manfredi Crémone, à Pellicioni la cité d'Aquila, et ainsi d'autres seigneuries à chacun des autres conjurés. Pour mieux connaître l'illusion et la légèreté de ces têtes, il suffira de savoir qu'ils se préparèrent à l'attentat qu'ils méditaient par la confession, où certainement ils ne firent pas entrer cet horsible dessein. Le jour marqué pour son exécution, Accolti se présente aux pieds du pape, un matin, ayant un poignard dans sa manche : mais une frayeur subite arrête sa main. Ce coup manqué jette la discorde parmi les conjurés. Pellicioni, pour mettre se vie en sûreté, va tout révéler. Accolti et ses complices sont arrêtés On les applique à la question, on les interroge séparément. Ils répondent qu'ils n'ont rien projeté que de concert avec les anges, (ce n'était pas assurément ceux du paradis); et on ne peut leur arracher autre chose. On vit même Accolti rire persévéramment au milieu des supplices; ce qui montre, dit Muratori, un cerveau blessé qui méritait peut-être un traitement plus charitable. Quoiqu'il en soit, ajoute-t-il, pour se mettre à l'abri de pareils attentats, le pape établit une compagnie de cent arquebusiers pour la garde de son palais. Pie IV a laissé plusieurs monuments de sa magnificence et de son amour du bien public. L'an 1561, à l'occasion de quelques descentes que les Turcs avaient faites en Italie, il prit la résolution de mettre la cité léonine en si bon état de défense, qu'elle pût servir d'asile, en cas de besoin, au pape et à toute sa cour; c'est-à-dire qu'il fit du bourg de Saint-Pierre une forteresse dans laquelle il renferma le Vatican et le château Saint-Ange. Il ajouta plusieurs embellissements à l'église et au palais du Vatican. La belle levée, qui conduit à Monte-Cavallo, est encore son ouvrage. Il rétablit la voie Aurelia, fit construire à neuf celle qui traverse la campagne de Rome, releva les fortifications d'Ancône et de Civita-Vecchia, et commença le palais des Conservateurs dans le Capitole. N'oublions pas aussi la belle imprimerie qu'il fonda pour l'impression des livres écrits en langues orientales, et dont il confia la direction à Paul Manuce, qu'il fit venir pour ce sujet à Rome. Un peu trop d'attachement pour ses parents fit une tache à sa mémoire. Le soin qu'il eut de les enrichir eût mérité grâce, s'ils eussent tous ressemblé à l'illustre et saint cardinal Charles Boromée, son neveu. Enfin ce pape mourut la nuit du 8 au 9 décembre de l'an 1565, âgé de soixante-six ans, huit mois et neuf jours, après avoir tenu le saint siége six ans moins dix-sept jours.

Pie IV commençait ordinairement l'année, dans ses grandes bulles, au 25 mars. C'est pour cette raison que sa bulle confirmative du concile de Trente, est datée de l'an 1563. *Datum Romæ anno Incarnat. Dnicæ millesimo* (ajoutez, *quingentesimo*) *sexagesimo tertio, octavo kalendas februarii, Pontificatus nostri anno V.* C'est ainsi que Paul Manuce l'imprima d'abord. Cherubini, qui la fit reparaître depuis dans le Bullaire, crut qu'il fallait avertir de la vraie date par une note à la marge; avec cette précaution, il la data de l'an 1564; et le P. Labbe a conservé cette date dans son édition, sans y joindre l'avis de Cherubini.

CCXXII. PIE V.

1566. PIE V (Michel GHISLERI, né l'an 1504, le 17 janvier, à Boschi ou Bosco, en Ligurie, d'une famille noble et ancienne de Bologne, mais tombée dans l'obscurité, cardinal, en 1557, de l'ordre de Saint-Dominique) fut élu pape le 7 janvier 1566, et couronné le 17 du même mois, jour de sa naissance. Pie V avait été grand-inquisiteur avant son pontificat, et avait exercé cet office avec une rigueur qui lui avait fait donner le surnom de *Tyran Ecclésiastique*. Devenu pape, il continua de rechercher ceux qui avaient des sentiments suspects; plusieurs furent amenés, et brûlés à Rome par ses ordres. On regrette, entre ceux qu'il fit périr, le savant Aonius Paléarius de Verli, qui peut-être eût échappé au supplice qu'il subit en 1569, s'il n'eût attaqué directement l'inquisition, en la comparant à un poignard porté à la gorge des gens de lettres : *Inquisitionem sicam esse districtam in jugula litteratorum*. L'an 1567, Pie donna une bulle, datée du 1er. octobre, contre plusieurs propositions de Michel Baïus, célèbre théologien de Louvain, qui avait assisté au concile de Trente. Personne n'ignore les suites de cette bulle, les contradictions qu'elle a essuyées, et les différentes interprétations qu'on lui donne dans les écoles. L'an 1568, il en donna une autre en faveur des clercs de Saint-Mayeul ou Somasques. La bulle *in Cœna Domini*, ouvrage, comme on l'a dit, de Paul III, reçut des mains de Pie V quelques additions et un nouveau degré d'authenticité. Elle ne se publiait le jeudi-saint qu'à Rome. Il ordonna qu'on en ferait de même dans toute l'église. Les usures exorbitantes que les Juifs exerçaient en Italie le portèrent, en 1569, à les chasser de tout l'état ecclésiastique. Il n'excepta que les villes de Rome et d'Ancône. Pie V n'ignorait pas les maux qu'avait causés en Angleterre la conduite imprudente de Paul IV, son prédécesseur, envers la reine Elisabeth. Cela ne l'empêcha pas néanmoins d'excommunier cette princesse par une bulle du 25 février 1570, qui fut affichée à Londres par Jean Felton, au commencement du mois d'août. (Felton fut arrêté et mis à mort avec plusieurs catholiques qui avaient parlé en faveur de la bulle.) L'an 1571, le 8 février, Pie V supprima l'ordre des Humiliés, à cause des vices dont il était infecté, et de l'attentat commis par un de ses membres contre saint Charles. Il ratifia, au mois de mai de cette année, une ligue contre les Turcs, et n'épargna ni dépenses, ni fatigues pour mettre ses confédérés en état d'agir. Le grand armement avec lequel don Juan d'Autriche battit, le 7 octobre, la flotte des Turcs dans le golfe de Lépante, fut, en bonne partie, le fruit des soins et des libéralités de ce pontife. On crut même devoir cette victoire à ses prières. Mais il fit un honneur et trop profane et trop peu mérité au général de ses galères, Antoine Colonne, en lui faisant faire une entrée triomphante dans Rome à la manière des anciens Romains, quoi qu'il n'eût eu que la moindre part à ce glorieux événement. L'an 1572, par une bulle du premier janvier, il confirma la congrégation des Frères de la Charité. Ce pape mourut le 1er. mai de cette même année, en odeur de sainteté, après avoir tenu le saint siége six ans, trois mois et vingt-quatre jours. Le sultan Sélim, qui n'avait pas de plus grand ennemi, fit faire à Constantinople, pendant trois jours, des réjouissances publiques de sa mort. On rapporte que Pie disait à ses amis, qu'étant religieux il espérait le salut avec une grande confiance, qu'étant cardinal il en doutait, qu'étant pape il en désespérait presque absolument. Avec un caractère moins austère et un zèle plus éclairé, il eut eu toutes les vertus d'un pontife accompli, et toutes les qualités d'un grand roi. C'est sous ce pape qu'aux messes des morts on a supprimé le pseaume *Judica*, sans qu'on voie la raison de cette suppression. Clément XI l'a mis au nombre des saints en 1712.

CCXXIII. GRÉGOIRE XIII.

1572. GRÉGOIRE XIII (Hugues BUONCOMPAGNO, évêque de Vesti, cardinal en 1565, né à Bologne l'an 1502,) fut élu pape le 13 mai 1572, et couronné le 25, jour de la Pentecôte. La coutume était de jeter 15 mille écus d'or au peuple dans cette cérémonie ; Grégoire les fit distribuer aux pauvres : il en ordonna de même des 20 mille écus qu'on donnait aux conclavistes, disant qu'ils avaient trop peu souffert pendant le dernier conclave (il n'avait duré que trois jours) pour mériter une telle récompense. Il était versé dans le droit, qu'il avait professé dans sa jeunesse avec applaudissement, et était arrivé, par tous les degrés à la dignité pontificale. Grégoire montra le même zèle que son prédécesseur pour continuer la guerre contre les Turcs. Il demanda du secours à tous le princes catholiques, et n'en put obtenir que du roi d'Espagne. La flotte chrétienne, commandée par Marc Antoine Colonne et Jacques Foscarino, vénitien, ne remporta d'autre avantage que celui d'avoir fait peur aux infidèles, qui surent toujours éviter le combat. L'an 1572, Grégoire, ayant appris par le cardinal de Lorraine, qui était alors à Rome, le massacre des Huguenots, exécuté le jour de Saint-Barthélemi, fait tirer le canon du château Saint-Ange, et ordonne qu'on allume, le soir, des feux de joie dans toute la ville. Le lendemain, accompagné de tous les cardinaux, il se rend à pied dans les églises de Saint-Marc et de Saint-

Louis pour remercier le ciel d'une nouvelle qu'il jugeait si avantageuse à la religion. L'ambassadeur de l'empereur lui portait la queue; le cardinal de Lorraine dit la messe : on frappa des médailles sur cet événement; et on fit faire un grand tableau où les principaux traits de l'horrible scène de la Saint-Barthelemi étaient représentés. Dans une banderolle, au haut du tableau, ces mots étaient tracés : *Pontifex Colignii necem probat.* Cependant il était doux par caractère, et avait en horreur l'effusion du sang ; ce qui donne lieu de croire que toute cette représentation n'était qu'un jeu de théâtre que sa place lui paraissait exiger. L'an 1575, Grégoire confirma, par un bref du 15 juillet, l'établissement de la congrégation de l'Oratoire, fondée par saint Philippe de Néri à Rome, d'où elle a répandu la lumière et la bonne odeur au loin. L'an 1580, il sépara, par une bulle du 22 juin, les Carmes de la nouvelle réforme de Sainte-Thérèse d'avec les Carmes mitigés. L'an 1581, il envoya le P. Possevin, jésuite, pour travailler à la paix entre la Pologne et la Moscovie, à quoi il réussit. Grégoire XIII, l'année suivante, entreprit la réformation du calendrier romain. Après un long et pénible examen, il adopta le système de Louis Lilio, médecin, romain de naissance, et en ordonna l'exécution par une bulle du 24 février 1582. Dans le cours de la même année, il mit la dernière main à la correction du Décret de Gratien, et le publia, enrichi de savantes notes. Il avait travaillé lui-même à cette entreprise étant professeur à Bologne. Ce fut encore l'an 1582 qu'il canonisa saint Norbert, archevêque de Magdebourg, fondateur de l'ordre de Prémontré. Il frappa des foudres de l'église, l'année suivante, par sa bulle du 1er. avril, Gebhard Truchsès, archevêque de Cologne, qui, ayant embrassé l'hérésie, s'était marié. Les Maronites du Mont-Liban, réfugiés à Rome, trouvèrent dans sa charité d'abondantes ressources, qui tournèrent au bien de l'église par les services importants qu'ils lui rendirent. Il fonda pour eux, en 1584, le collége qui porte leur nom ; école renommée par les grands hommes qui en sont sortis. Mais son zèle ne fut pas à l'abri de la surprise dans le parti qu'il prit par rapport aux troubles qui agitaient la France. Vers la fin de novembre 1584, il approuva le plan de la fameuse ligue sur l'exposé du P. Claude Mathieu, jésuite, que les chefs de cette confédération avaient député à Rome pour cet effet.

« Au reste, dit ce jésuite, dans la lettre où il rend compte de
» son entretien avec le saint père au duc de Nevers, le pape
» ne trouve pas bon qu'on attente sur la vie du roi ; car cela ne
» se peut faire en bonne conscience. Mais si on pouvait se saisir
» de sa personne, et ôter d'auprès de lui ceux qui sont cause
» de la ruine du royaume, et lui donner gens qui le tinssent en

» bride, et qui lui donnassent bon conseil, et le lui fissent
» exécuter, on trouverait bon cela. » (Mém. du duc de Nevers,
tom. I, p. 657.) Grégoire néanmoins fit peu de chose en faveur
des ligueurs, et ne les secourut, comme disait le cardinal d'Est,
que de la menue monnaie du saint siége, c'est-à-dire des indulgences, encore ne les accorda-t-il que sobrement; car il ne
voulut jamais signer aucun écrit dont les ligueurs pussent s'autoriser, disant qu'il ne voyait pas assez clair dans toute cette
intrigue. (*Ibid.*, p. 663.) L'an 1585, il reçut à Rome, le
22 mars, une célèbre ambassade du Japon. Ayant entendu la
lecture des lettres dont les envoyés étaient chargés, il répandit
des larmes, et dit ces paroles du saint vieillard Siméon : *C'est
maintenant, Seigneur, que vous laisserez mourir en paix votre serviteur.* Il mourut effectivement peu de tems après, le 10 avril
de la même année, âgé de quatre-vingt-trois ans, après douze
ans, dix mois et vingt-huit jours de pontificat depuis son élection. Grégoire fut un pape charitable. Ses aumônes montèrent
à deux millions d'écus d'or. Magnifique, il orna quantité
d'églises, bâtit plusieurs beaux édifices dans Rome. Zélé pour
l'accroissement de la foi, la réformation des mœurs, et le rétablissement de la discipline, les fondations qu'il fit de divers colléges à Rome, et les sommes qu'il donna pour établir un grand
nombre de séminaires en différentes provinces, en fournissent
la preuve. Avant que d'entrer dans les ordres, il eut un fils,
Jacques Buoncompagno, duquel descend la maison de ce nom,
qui subsiste encore de nos jours. Trop d'attachement pour sa
famille, qu'il combla de richesses et de dignités, et trop peu
de soin pour le maintien de la police, sont les seuls défauts
qu'on lui reproche.

Grégoire XIII suivait ordinairement, dans la date de ses
bulles, le calcul florentin.

CCXXIV. SIXTE V.

1585. SIXTE V (Félix PÉRETTI, né le 13 décembre 1521, dans
les grottes de Montalte, village de la marche d'Ancône, gardeur de pourceaux, ensuite cordelier, général de l'ordre,
évêque de Sainte-Agathe; enfin cardinal de Montalte en 1570,)
fut élu pape le 24 d'avril 1585. On raconte qu'au moment de
son élection, et avant même qu'elle fût publiée, il jeta dans la
salle le bâton sur lequel il s'appuyait comme un vieillard décrépit; déclara son âge, qui était de sept ans moins qu'il n'avait
dit, se redressa et se dérida le front, donnant clairement à entendre qu'il prétendait gouverner avec vigueur. Le jour de son
couronnement, qui se fit le 1er. mai, au lieu de relâcher, sui-

vant la coutume de ses prédécesseurs, les criminels qui étaient dans les prisons, il en fit exécuter quatre des plus coupables ; ce qui jeta la consternation dans Rome. Ce fut en multipliant, pendant tout le cours de son pontificat de pareils actes de sévérité, dans quelques-uns desquels il montra même de la cruauté, qu'il vint à bout de rétablir la sûreté dans l'état ecclésiastique, d'où l'impunité des brigandages l'avait bannie. Les ligueurs de France ne trouvèrent pas en lui un approbateur. Peu de tems après son exaltation, le duc de Nevers étant venu le consulter sur cette faction qu'il avait embrassée, il lui déclara qu'il la regardait comme pernicieuse à l'autorité royale, à la tranquillité publique, au bien de l'état et aux intérêts de la vraie religion. Néanmoins, pour empêcher qu'un prince hérétique ne montât sur le trône français, il donna, le 10 septembre 1585, une bulle par laquelle il excommuniait le roi de Navarre et le prince de Condé, comme hérétiques et relaps, les privait, eux et leurs successeurs, de tous leurs états, spécialement du droit de succéder à la couronne de France, et déliait leurs sujets du serment de fidélité. Le parlement fit sur cette bulle des remontrances au roi, dignes de la sagesse et de la fermeté de cet auguste corps, toujours zélé pour le maintien des droits de la couronne et des libertés du royaume. Les deux princes excommuniés signalèrent eux-mêmes leur courage par une protestation contre l'entreprise du pape, qu'ils trouvèrent moyen de faire afficher aux portes mêmes du Vatican. Cet acte de vigueur ne déplut pas au pape, s'il est vrai, comme on le prétend, qu'à ce sujet, il dit au marquis de Pisani, ambassadeur de France à Rome, qu'il serait à souhaiter que le roi, son maître, montrât autant de résolution contre ses ennemis, que le roi de Navarre en faisait paraître contre ceux qui haïssaient son hérésie. L'an 1586, Sixte confirma, par une bulle du 5 mai, la congrégation des Feuillants, réforme de l'ordre de Cîteaux. La même année, il fit relever ce fameux obélisque que Caligula avait fait amener d'Egypte, et ériger dans Rome à l'honneur d'Auguste et de Tibère. Les barbares, ou l'injure des tems, l'avaient depuis renversé. Ce fut le chevalier Fontana, célèbre ingénieur, qui entreprit de le remettre sur pied, et il y réussit. Sixte acheva encore, dans le cours de cette année, un aqueduc de vingt mille pas de longueur, destiné pour amener des eaux à Rome, ouvrage qui le dispute à tous ceux de l'antiquité dans le même genre. On doit placer encore sous cette année la bulle *detestabilis*, qu'il publia le 21 octobre, et qui est devenue fameuse, parce qu'elle sert de règle aux canonistes pour la matière des contrats. Six semaines après (le 3 décembre,) il en donne une autre pour fixer à soixante-dix le nombre des cardinaux. Ce pontife avait une aversion marquée pour Philippe II, roi d'Espagne, et cherchait à lui susciter des ennemis, dans la vue de profiter de son embarras pour lui retirer le royaume de Naples. Il avait au contraire une haute estime pour Elisabeth, reine d'Angleterre, qu'il souhaitait ardemment de voir aux prises avec le roi d'Espagne. C'est ainsi qu'il s'en expliquait dans plusieurs entretiens qu'il eut avec le chevalier Karne, agent secret de cette princesse à Rome. Cependant lorsque la guerre fut déclarée entre l'Angleterre et l'Espagne, les sollicitations menaçantes de Philippe II l'obligèrent à publier, l'an 1588, une bulle terrible, par laquelle il mettait l'Angleterre en interdit, déclarait Elisabeth usurpatrice de ce royaume, hérétique, excommuniée, ordonnait aux Anglais de se joindre à l'armée espagnole pour la détrôner, et promettait de grandes récompenses à ceux qui s'assureraient de sa personne et la livreraient aux Catholiques pour la punir de ses crimes. Elisabeth usa de représailles; ayant assemblé dans Saint-Paul de Londres les principaux seigneurs et les magistrats de la ville, elle y fit publier, un dimanche, par l'évêque, une sentence d'excommunication contre la personne du pape Sixte et de ses cardinaux. Mais ceci n'était de part et d'autre qu'un jeu de politique. Sixte n'en apprit pas avec moins de joie, quelque tems après, que la tempête avait triomphé, pour les Anglais, de cette formidable flotte de Philippe II, à laquelle on avait donné le nom prématurée d'*Invincible*. « Votre reine, dit-il alors au chevalier » Karne, est heureuse ; elle a une belle occasion d'attaquer » l'ennemi qui la voulait perdre : elle devrait porter la guerre » jusque dans le cœur de l'Espagne. » Zélé pour la gloire de son ordre, il mit, la même année 1588, saint Bonaventure au rang des docteurs de l'église, par une bulle du 24 mars. L'an 1589, Sixte commença de réparer la fameuse bibliothèque du Vatican, dissipée au sac de Rome par les Allemands, en 1527 : à cet édifice, il joignit une très-belle imprimerie, destinée à faire des éditions correctes de l'Ecriture-Sainte, des conciles, etc. Sixte avait en tête une autre entreprise bien digne d'un génie tel que le sien. C'était d'élever, au milieu de l'arène du Colisée, une église où les religieux de quatre monastères qu'on devait bâtir sous les portiques ou dans les dégagements de ce superbe amphithéâtre, auraient célébré successivement et sans interruption l'office divin. Mais il mourut avant d'avoir mis la main à l'ouvrage, le 27 août 1590, âgé d'environ soixante-neuf ans. Il avait tenu le saint siége cinq ans, quatre mois et trois jours. Il fut peu regreté des Romains, à cause des grands impôts dont il les avait chargés pour fournir à l'exécution de ses vastes et nobles desseins. Le peuple, après sa mort, se vengea sur la statue qu'on lui avait érigée de son vivant, ce qui occasionna un décret du sénat, portant défense de dresser des statues à aucun pape durant sa vie. Sixte aimait, dit-on, le mercredi sur tous les jours de la semaine, parce qu'il disait que c'était le jour de sa naissance, de sa promotion au cardinalat, de son élection à la papauté, et de son couronnement. Ce pape eut des démêlés avec les Jésuites. Le cardinal de Montalte, son neveu, qu'ils avaient gagné, voulant l'engager à prendre son confesseur parmi eux : *Il serait plus à propos*, dit le S. Père, *que je confessasse les jésuites, que de les choisir pour mes confesseurs.*

Sixte V variait pour le commencement de l'année dans ses bulles.

CCXXV. URBAIN VII.

1590. URBAIN VII (Jean-Baptiste CASTAGNA, né à Rome, l'an 1521, fils de Côme, gentilhomme génois, archevêque de Rossano, cardinal en 1583,) fut élu pape le 15 septembre 1590. La joie universelle que cette élection causa, fut bientôt changée en tristesse. Dieu ne voulant que montrer à son église ce saint pape, le retira du monde treize jours après son élection, le 27 septembre. Il mourut dans de grands sentiments de piété, remerciant Dieu de la grâce qu'il lui faisait de le préserver, par la mort, des fautes qu'il aurait faites, s'il eût vécu plus long-tems dans cette dignité.

CCXXVI. GRÉGOIRE XIV.

1590. GRÉGOIRE XIV (Nicolas SFONDRATE, né à Crémone, l'an 1535, évêque de cette ville, cardinal en 1583,) fut élu pape le 5 décembre 1590, après deux mois moins trois jours de conclave, et couronné le 8. Le maintien ridicule et stupide qu'affecta ce pontife, le jour de son installation, lui attira plusieurs traits de satire. Plein d'une sotte joie au milieu des applaudissements et des acclamations du peuple, il souriait presque sans cesse. Il ne soutint pas avec plus de dignité les compliments des princes et des ambassadeurs. Vendu aux Espagnols, ainsi que toute sa famille, il se déclara pour le parti de la Ligue contre notre roi Henri IV, et employa les armes spirituelles et temporelles du saint siége pour déchirer la France. Il promit de l'argent et des troupes aux ligueurs, et envoya un nonce, chargé d'un monitoire contre le parti du roi. Les évêques de France, assemblés à Chartres, donnèrent, le 21 septembre 1591, un mandement, dans lequel ils déclarèrent les bulles du pape Grégoire XIV nulles dans le fond et dans la forme, injustes, données à la sollicitation des ennemis de la France, et incapables de lier, ni les évêques, ni les autres catholiques français, fidèles au roi. L'armée que Grégoire avait levée, pour aller ravager la France, aux dépens du trésor que Sixte V avait laissé pour défendre l'Italie, n'eut pas un meilleur sort que ses bulles. Elle fut battue et dissipée, et il ne resta au bon pape que la honte de s'être appauvri pour servir le monarque espagnol, et de s'en être laissé dominer. Grégoire mourut le 15 d'octobre 1591, n'ayant tenu le saint siége que dix mois et dix jours. Ce pape avait d'excellentes qualités; mais trop simple et facile, il compromit l'honneur du saint siége, en se rendant l'esclave et l'instrument d'une puissance qui couvrait ses vues ambitieuses du voile de la religion. Dans sa dernière maladie on ne le soutint, pendant plusieurs jours, qu'en lui faisant avaler de l'or moulu et des pierreries dissoutes, ce qui occasionna une dépense de 15 mille écus d'or; d'où il faut conclure, dit Muratori, qu'il avait autour de lui, ou des médecins bien habiles, ou des fripons bien adroits. C'est dans le conclave, où on l'avait élu, que furent composées, par les partisans du cardinal Simonelli, les fameuses Prophéties sur les Papes, attribuées faussement à saint Malachie, archevêque d'Armach, en Irlande, mort au douzième siècle.

Grégoire paraît avoir suivi constamment le calcul florentin dans ses bulles.

CCXXVII. INNOCENT IX.

1591. INNOCENT IX (Jean-Antoine FACCHINETTI, né à Bologne, l'an 1519, évêque de Nicastro, dans la Calabre, cardinal en 1583,) fut élu pape d'une voix unanime, le 29 octobre 1591, et couronné le 3 novembre. Il mourut, âgé de soixante-douze ans, le 30 décembre de la même année, n'ayant tenu le saint siége que deux mois. On a donné à ce pontife le surnom de *Clinicus* ou d'*Alité*, parce qu'il gardait le lit pour conserver le peu de chaleur naturelle qui lui restait; il y étudiait, et y donnait ses audiences.

CCXXVIII. CLÉMENT VIII.

1592. CLÉMENT VIII (Hippolyte ALDOBRANDIN, né à Fano, sur les côtes de la mer Adriatique, cardinal en 1585), fut élu pape, le 30 de janvier 1592, et couronné huit jours après. Lorsqu'il s'entendit proclamer, il se prosterna en terre pour prier Dieu de lui ôter la vie, si son élection ne devait pas être avantageuse à l'église. Sa devise était ces paroles : *Regardez-nous, ô Dieu, notre protecteur.* Dans le commencement de son pontificat, il se laissa tromper par les Espagnols et les ligueurs, au sujet des troubles qui régnaient en France; mais dans la suite, mieux instruit, il changea de disposition à l'égard du roi Henri IV; et l'an 1595, il consentit à lui accorder son absolution. La cérémonie de cet acte se fit à Rome, avec beaucoup d'appareil, le 17 septembre, dans la place de Saint-Pierre, devant l'église, dont les portes étaient fermées; elles ne s'ouvrirent que lorsque les sieurs d'Ossat et du Perron eurent fait abjuration au nom du roi, et reçu l'absolution pour lui. Le pape, après l'avoir prononcée, frappa d'une petite baguette, conformément au pontifical, les deux représentants. C'est une imitation de la manière dont les Romains affranchissaient leurs esclaves; l'église voulant marquer par là qu'elle rend la liberté chrétienne à ceux qui étaient liés par les censures. Mais dans la bulle d'absolution, que le pape publia quelques jours après, les envoyés eurent bien de la peine à empêcher qu'il ne se servît de cette formule : *Nous le réhabilitons dans la royauté.* Cette même année, Clément VIII reçut deux évêques russes, qui prêtèrent obédience à l'église romaine, au nom de tout le clergé de leur province. Mais de retour chez eux, ils trouvèrent les esprits plus obstinés que jamais dans le schisme. (*Voyez* à l'article de Gabriel VIII, patriarche jacobite d'Alexandrie, une députation qu'il fit à Rome, quelque tems auparavant.) L'an 1597, après la mort d'Alphonse II, duc de Ferrare, décédé sans enfants le 27 octobre de cette année, Clément employa les armes spirituelles et les matérielles, pour se mettre en possession de ce duché, au préjudice de César d'Est, qui se portait pour héritier d'Alphonse. Clément y réussit, et fit son entrée solennelle dans Ferrare, le 8 mai 1598. (*Voyez* César, *duc de Modène.*) Dès l'an 1595, il avait évoqué à Rome, le jugement du différent qui s'était élevé depuis quelques années entre les Dominicains et les Jésuites, sur les matières de la grâce : c'est ce qui occasionna les célèbres congrégations *de Auxiliis*, qui se tinrent sous ce pape, en présence des cardinaux et des plus habiles théologiens choisis dans tous les ordres : elles commencèrent le 2 janvier 1598. Clément accorda, l'an 1601, aux Jésuites, un quatrième examen, qui se fit en trente-sept assemblées, depuis le 25 janvier jusqu'au 31 juillet. Les Jésuites s'étant encore plaints au pape, du jugement des consultants, obtinrent un nouvel examen, auquel il présida lui-même : il se tint soixante-huit congrégations, depuis le 20 mars 1602, jusqu'au 22 janvier 1605; mais la mort de Clément empêcha la décision de cette grande affaire; il mourut de la goutte, à l'âge de soixante-neuf ans, le 3 ou le 5 mars 1605, après un pontificat de treize ans et trente-trois jours. Il avait approuvé, l'an 1604, la réforme de l'ordre de Saint-Benoît, en Lorraine, sous le titre de Saint-Vanne et Saint-Hydulphe. Ce fut aussi ce pape qui institua le cours perpétuel des quarante heures à Rome. Clément VIII était, suivant Muratori, d'un caractère impérieux et sévère. Le cardinal Bentivoglio en parle plus avantageusement. Selon ce prélat, Clément VIII réunit en lui toutes les qualités nécessaires pour former ce mélange admirable de puissance spirituelle et temporelle, qui se trouve dans la main du souverain pontife. Il savait parfaitement bien allier ces deux puissances, et sentait la prééminence de la première sur la seconde, ce qui lui attira la vénération non-seulement des Romains, mais de toute la chrétienté. Une preuve de l'estime qu'il faisait de la poésie, c'est l'honneur qu'il voulut faire au Tasse de le couronner au Capitole. Il l'avait fait venir pour cet effet, et avait envoyé au devant de lui les deux cardinaux, ses neveux, avec un grand nombre de prélats, pour l'amener en triomphe à Rome. Le jour du couronnement était marqué au 15 avril 1595. Le Tasse tomba malade, et mourut la veille de cette brillante cérémonie.

On a des brefs de ce pape, sans la date de l'année du pontificat. Quelquefois, les jours du mois sont comptés dans ses bulles à notre manière, c'est-à-dire dans l'ordre direct.

CCXXIX. LEON XI.

1605. LÉON XI (Alexandre Octavien, de la maison DE MÉDICIS, dit le cardinal de Florence), fut élu pape le 1er. avril 1605, et mourut le 27 du même mois, âgé de soixante-dix ans, regreté de tout le monde, à cause de son rare mérite. Clément VIII lui avait prédit son élévation, en lui disant un jour: *Monsignor Alessandro, sarete nostro successore.* Etant légat en France, dans des tems fâcheux, il fit paraître beaucoup de sagesse au milieu des troubles dont ce royaume était agité.

CCXXX. PAUL V.

1605. PAUL V (Camille BORGHÈSE, originaire de Sienne, romain de naissance, cardinal de Saint-Chrysogone en 1596), fut élu pape, le 16 mai 1605, et introducé le 29. Paul V, reprit les congrégations *de Auxiliis*; il s'en tint seize depuis le 14 septembre 1605, jusqu'au 1er. mars 1606, en présence du pape. L'an 1606, il publia, le 17 avril, une bulle monitoriale, adressée à la république de Venise, bulle qui causa de grandes brouilleries entre lui et cette république. Ce différent, l'un des points les plus importants de l'histoire du dix-septième siècle, avait commencé l'an 1605, et fut terminé amiablement le 21 avril 1607, par la médiation du roi Henri IV, et les soins du cardinal de Joyeuse. La même année, à la fin d'août, Paul congédia les disputants et les consultants sur l'affaire *de Auxiliis*, fit défense aux deux partis de se censurer, et laissa aux uns et aux autres la liberté de soutenir leur sentiment, en attendant qu'il eût publié sa décision. [On la trouva toute dressée en faveur des Dominicains, après sa mort; mais des raisons de politique l'avaient empêché de la publier.] Le 21 septembre suivant, il confirma, par un second bref, celui qu'il avait donné le 22 septembre 1606, pour défendre aux Catholiques d'Angleterre de prêter le serment d'*Allégeance*: ce serment avait pour objet le maintien de l'autorité temporelle du roi, et son indédance de toute autre autorité sur terre. Paul reçut, l'an 1608, une ambassade du roi de Congo, nouvellement converti à la foi, par les soins des Portugais. Ce prince, en présentant ses hommages au chef de l'église, lui demandait des missionnaires pour travailler à la conversion de son peuple. Par une bulle du 16 février de la même année, Paul confirma l'ordre militaire de Mont-Carmel et de Saint-Lazare, établi, ou plutôt renouvelé par Henri IV. Paul, jaloux d'affermir et d'étendre les prétentions de son siége, donna la dernière forme à la fameuse bulle *in Cœna Domini*, qu'il fit publier le vi des ides, ou 8 d'avril (jeudi-saint), de l'an 1610, et insérer ensuite dans le Rituel romain, qui était aussi son ouvrage, avec injonction à tous les confesseurs, d'en avoir un exemplaire par devers eux, pour s'y conformer. De là vient qu'on la nomme *la bulle de Paul V*, quoique quelques-uns de ses successeurs, tel qu'Urbain VIII, (en 1627), l'aient publiée en leur nom, mais dans les mêmes termes absolument. Paul, le 28 septembre suivant, en donna une autre bien plus louable et bien plus conforme à l'esprit de la religion. Elle portait que, dans tous les cours d'études des religieux rentés et des mendiants, on enseignerait les trois langues, hébraïque, grecque et latine. Pensée très-louable, dit Muratori, et réglement digne d'un zélé pontife, mais qui n'a pas trouvé et ne trouve pas encore, dans les supérieurs qu'il regarde, toute l'ardeur et la vigilance convenables pour son exécution. La même année, Paul canonisa saint Charles Boromée, le 1er. novembre. Il approuva l'ordre des religieuses de la Visitation, institué cette année, par saint François de Sales, et Jeanne-Françoise Frémiot, veuve de Christophe de Rabutin, baron de Chantal. Paul V confirma, le 23 septembre 1611, le nouvel institut formé à Paris, par une pieuse veuve, nommée Marie l'Huillier, sous le titre de Sainte-Ursule, et la règle de Saint-Augustin, pour l'éducation des jeunes filles. Il approuva, par une autre bulle du 8 mars de la même année, à la prière de la reine-mère, la célèbre congrégation de l'Oratoire de France, et en établit général, Pierre de Berulle, cardinal. Honteux de l'excessive autorité que le jésuite Martin Becan lui attribuait dans son livre *de la Puissance du Roi et du Souverain-Pontife*, il fit condamner cet ouvrage par un décret du saint office, du 3 janvier 1613. Paul V mourut le 28 janvier 1621, après quinze ans, huit mois et treize jours de pontificat. Ce pape ne fut pas un de ceux qui contribuèrent le moins à l'embellissement de Rome. Ce fut sous son pontificat que l'architecte Bernini acheva l'église de Saint-Pierre. Paul rassembla dans le Vatican, les plus beaux ouvrages de peinture et de sculpture; il rétablit une magnifique fontaine qu'Auguste avait édifiée, y fit amener l'eau par un aqueduc de trente-cinq mille pas, et lui donna le nom *d'Acqua Paola*; il en construisit de nouvelles, qui sont encore aujourd'hui les plus remarquables de Rome. Il fit aussi des augmentations au palais de *Monte Cavallo*. On remarque que Paul V, pendant son pontificat, ne manqua pas un seul jour d'offrir nos redoutables mystères. Cela suppose une grande pureté, ou peu de connaissance des véritables règles.

CCXXXI. GREGOIRE XV.

1621. GRÉGOIRE XV (Alexandre LUDOVISIO, né le 9 janvier 1554, d'une des plus illustres familles de Bologne, archevêque de cette ville, cardinal, en 1616), fut élu pape, le 9 février 1621, à l'âge de soixante-sept ans. S'étant aperçu de quelques abus qui régnaient dans le conclave, il donna une bulle, au mois de novembre suivant, par laquelle il prescrivait une nouvelle forme d'élection. Le maréchal de Lesdiguières lui avait promis autrefois, d'abjurer l'hérésie, lorsqu'il serait devenu pape, et il tint parole. Grégoire avait un grand zèle pour la conversion des infidèles. Ce fut par ce motif que, l'an 1622, il fonda le collége de la Propagande, qui fut augmenté et doté par son successeur. Cette même année, le 12 mars, il canonisa plusieurs bienheureux, saint Ignace de Loyola, saint François Xavier, sainte Thérèse, saint Philippe de Néri, etc. Ce fut encore cette année que Grégoire érigea le siége de Paris en métropole, à la prière de Louis XIII, par sa bulle du 13 des calendes de novembre. (20 octobre.) Jean-François de Gondi en fut le premier archevêque. L'an 1623, apprenant que l'électeur de Bavière s'était rendu maître d'Heidelberg, il engagea ce prince, par ses sollicitations, à lui céder les manuscrits de la riche bibliothèque palatine, alléguant qu'étant formée des dépouilles des monastères que les Protestants avaient détruits ou pillés, elle devait revenir au saint siége, comme étant aux droits des propriétaires qui n'existaient plus. On prétend que le célèbre Léo Allatius, que sa sainteté envoya pour recueillir ce trésor, en laissa enlever une partie par les Autrichiens, qui en enrichirent la bibliothèque de l'empereur. Ce qui est certain, c'est qu'il se rencontre dans celle-ci plusieurs manuscrits rares qui avaient appartenus à l'électeur palatin. Grégoire XV mourut le 8 juillet de la même année, ayant tenu le siége de Rome, deux ans, quatre mois et vingt-neuf jours. Ce pape avait érigé la congrégation de Saint-Maur, en France, le 17 mai de la première année de son pontificat. Le cardinal Louis Ludovisio, son neveu, fit, auprès de lui, les fonctions de premier ministre, et les remplit dans toute leur étendue, tandis que son oncle passait le tems à s'entretenir avec les académies qu'il avait établies dans son palais. Grégoire avait fourni de grandes sommes à l'empereur, contre les Protestants, et au roi de Pologne, contre les Turcs.

Tous les brefs de Grégoire XV commencent l'année au premier janvier, et toutes ses bulles au 25 mars. C'est lui, dit Papebroch, qui a fixé l'usage de la chancellerie romaine à cet égard. Mais cela n'a duré que jusqu'à Innocent XII, sous le pontificat duquel on reprit l'usage de commencer l'année au 1er. janvier dans les dates des bulles.

CCXXXII. URBAIN VIII.

1623. URBAIN VIII. (Maffée BARBERIN, d'une ancienne famille de Florence, archevêque de Nazareth, cardinal en 1606), fut élu pape le 6 août 1623, et couronné le 29 septembre. On loue, entr'autres vertus d'Urbain, sa piété, sa modestie, sa douceur. Il aimait et cultivait les belles-lettres, protégeait les savants, faisait fort bien des vers, et corrigea les hymnes de l'église. L'an 1625, il envoya le cardinal François Barberin, son neveu, avec le titre de légat en France, pour ménager la paix entre cette cour et l'Espagne, au sujet de la Valteline. Arrivé au mois de mai à Paris, Barberin en partit le 22 septembre, sans aucun fruit de sa légation; de là il se rendit en Espagne pour le même objet. Mais tandis qu'il était à Barcelone, le traité de paix y fut signé, à son insu, le 6 mars 1626: on le data de Monçon, pour ne pas l'offenser ouvertement. La même année, Urbain réunit au domaine du saint siége le duché d'Urbin, avec les comtés de Montéfeltro et de Gubio, la seigneurie de Pésaro et le vicariat de Sinigaglia, par la donation entre vifs que lui en fit le duc François Marie, dernier de la maison de la Rovère. L'an 1630, par une bulle du mois de juin, il accorda le titre d'*Eminentissime* au cardinaux, aux trois électeurs ecclésiastiques et au grand-maître de Malte, avec défense à toute autre personne de le prendre. L'an 1641, il déclare la guerre au duc de Parme, pour avoir fortifié quelques places dans le duché de Castro, contre les conditions auxquelles Paul III l'avait donné aux Farnèse. *Voy.* Odoard, *duc de Parme et Plaisance*.) Urbain VIII mourut le 29 juillet 1644, après vingt et un ans moins huit jours de pontificat. Le népotisme fut en grand crédit sous ce pape.

Urbain VIII ordonna que désormais les lettres apostoliques énonceraient le jour du mois tout au long, et nullement par chiffres arabes, ni lettres numérales.

CCXXXIII. INNOCENT X.

1644. INNOCENT X (Jean-Baptiste PAMPHILE, né à Rome le 7 mai 1574, cardinal le 6 juillet 1629), fut élu pape le 15 septembre 1644, et couronné le 29, à l'âge de soixante-douze ans. Ce fut à son adresse qu'il fut redevable de la tiare. La France avait chargé le marquis de Saint-Chaumont, son ambassadeur, de lui donner l'exclusion. Pamphile, étant prévenu de cet ordre, empêcha qu'il ne fut notifié, par la promesse qu'il fit au marquis d'un chapeau. Devenu pape, il se moqua de lui, et ne crut pas devoir tenir parole à un ministre qui avait manqué de fidélité au roi, son maître. L'an 1645, il se déclare ouvertement contre les Barberin, et fait rechercher leur administration sous le précédent pontificat. Le cardinal Antoine, voyant déjà deux de ses domestiques emprisonnés, se réfugie en France. Innocent, à cette occasion, donne une bulle le 4 décembre, portant défense aux cardinaux de sortir de l'état ecclésiastique sans sa permission, avec ordre à ceux qui en étaient sortis de revenir dans six mois. Le 25 février suivant, autre bulle de ce pontife pour obliger tous les cardinaux de résider à Rome. Le parlement de Paris déclare ces décrets nuls et abusifs. La reine, ou plutôt le cardinal Mazarin, défend en même tems d'envoyer de l'argent à Rome. Innocent fut obligé de se réconcilier avec les Barberin. L'an 1647, il acquit au saint siége, du duc Savelli, la ville d'Albano, dont le territoire produit les meilleurs vins d'Italie. L'an 1649, à la sollicitation du conseil d'Espagne, il refuse des bulles aux évêques nommés par Jean IV, nouveau roi de Portugal, comme si ce prince, rétabli par sa nation sur le trône de ses ancêtres, n'eût été qu'un usurpateur. Le roi consulte, sur ce qu'il doit faire, les universités de ses états. Elles répondent que si le pape persiste dans son refus, ce monarque peut assembler le clergé de son royaume, faire faire des élections canoniques, et prendre des évêques du dehors pour sacrer ceux qui seront élus. Comme ce refus durait encore l'année suivante, l'ambassadeur de Portugal en France consulte sur le même sujet, de la part de son maître, l'assemblée du clergé, qui se tenait alors. Elle répondit conformément à l'avis des universités; et de plus elle écrivit au pape une lettre aussi forte que respectueuse pour l'engager à accorder les bulles suivant l'usage ordinaire. Innocent se rendit à ces remontrances, et fit expédier les bulles que la crainte de l'Espagne lui avait fait refuser. L'an 1653, le dernier mai, Innocent donna une bulle contre les cinq fameuses propositions. Etant au lit de la mort, il dit au cardinal Sforce; *Vous voyez où vont aboutir les grandeurs d'un souverain pontife.* Il tint le saint siége dix ans, trois mois et vingt-deux jours, étant mort la nuit du 6 au 7 de janvier 1655. Son pontificat fut long-tems gouverné par Dona Olimpia Maidalchina, sa belle-sœur, femme de grand sens, dit Muratori, mais sujette aux vertiges de l'ambition et de l'intérêt.

Sous le pontificat d'Innocent X, vers l'an 1646, un grand nombre de syriens jacobites, c'est-à-dire, eutychiens, abandonnèrent leurs erreurs par les soins des Capucins, et se réunirent à l'église romaine. Le principal fut l'archevêque d'Alep, qui devint le chef de ces nouveaux catholiques de Syrie. Il fut confirmé par le saint siége, et il est regardé comme patriarche catholique d'Antioche.

CCXXXIV. ALEXANDRE VII.

1655. ALEXANDRE VII (Fabio CHIGI, né à Sienne, le 13 février 1599, d'une illustre maison, vice-légat à Ferrare, puis nonce à Cologne, cardinal le 29 février 1652), fut élu pape le 7 d'avril 1655. Il avait d'abord eu contre lui dans le conclave une faction puissante, à la tête de laquelle étaient les cardinaux Barberin et de Retz. Mais il vint à bout de gagner ces chefs en feignant un grand zèle pour la doctrine de saint Augustin, à laquelle ils le croyaient opposé. Le cardinal de Retz avoue qu'il fut si bien sa dupe eu cette occasion, qu'il communiqua de bonne foi son erreur à toute sa faction. Aussi, à la cérémonie de l'adoration, le nouveau pape lui dit: *Seigneur cardinal, voilà votre ouvrage.* L'an 1656, le 16 octobre, il confirma, par une bulle, celle d'Innocent X contre les cinq propositions. L'inquisition, l'an 1659, le 21 août, rendit, en présence d'Alexandre VII, un décret contre *l'Apologie des Casuistes*, composée par le P. Pirot, jésuite, pour répondre aux immortelles Provinciales de Pascal. L'an 1661, Alexandre se trouva compromis avec un grand monarque par une incartade de ses gens, qu'il eut les plus grandes peines à réparer. M. de Créqui, ambassadeur de France, fut insulté, le 20 août, par la garde corse du pape, au point qu'ils tirèrent sur son carosse et tuèrent un de ses pages. Voyant ensuite qu'il n'avait point de satisfaction à espérer là-dessus du pape ni de ses ministres, il se retira sur les terres de Florence. Louis XIV demanda réparation de cet attentat. Elle fut accordée en partie au bout de quatre mois. Le roi, ne la trouvant pas suffisante, se mit en devoir d'y suppléer lui-même. En conséquence, la ville et le comtat d'Avignon furent saisis, et réunis à la couronne par arrêt du parlement de Provence, donné le 26 juillet 1663. On fit passer des troupes en Italie. Enfin, après avoir vainement sollicité les princes catholiques de se liguer en sa faveur, Alexandre prit le parti de contenter le roi de France. L'accommodement se fit à Pise, le 22 février 1664. Le cardinal Neveu, vint en France la même année, et fit au roi, le 29 juillet, la satisfaction qui lui était due. Avignon et ses dépendances furent rendus au pape. L'an 1665, le 15 février, Alexandre envoya le formulaire en France. Le 25 juin, il donna une bulle contre les censures, que la faculté de théologie de Paris avait faite des erreurs de Jacques Vernant, carme, le 24 mai 1664, et d'Amédeus Guiménius (Guillaume de Moïa, jésuite), le 3 février 1665. Le parlement rendit, le 29 juillet, un arrêt contre cette bulle sur les conclusions des gens du roi. Alexandre, cette année 1665, canonisa saint François de Sales. L'an 1667, il publia, le 7 mai, une bulle, par laquelle il défendit d'écrire sur la matière de l'Attrition. Ce pape mourut le 22 mai de la même année (Bianchini.) ayant tenu le saint siége douze ans, un mois et quatorze jours. Alexandre, au commencement de son pontificat, avait affecté un air de régularité, qui ne tarda pas à s'évanouir. Il s'était déclaré contre le népotisme, et il en devint l'esclave dans la suite. La véracité n'était point sa vertu favorite, s'il fallait s'en rapporter au témoignage de Renaldi, ambassadeur du grand duc de Florence à Rome. Ce ministre, en parlant de lui, écrivait à son maître : *Habbiamo un papa che non dice mai una parola di verita.* (*Mém. du card. de Retz.*) A sa mort, dit Muratori, Alexandre laissa ses parents bien enrichis, et peu de regrets de sa personne parmi le peuple de Rome ; qu'il avait chargé de neuf subsides nouveaux, sans diminuer les anciens. Il est vrai qu'ils ne tournèrent pas entièrement à l'avantage de sa famille ; car une partie fut employée à l'achèvement du collége de la Sapience, commencé par Léon X sur les desseins de Michel-Ange, sans parler de la belle colonnade de la place de Saint Pierre, qu'il commença l'an 1661, et de la chaire de bronze de cet apôtre, qu'il fit fondre et placer derrière le grand autel de l'église du Vatican, dont elle fait un des ornements.

CCXXXV. CLÉMENT IX.

1667. CLÉMENT IX (Jules ROSPIGLIOSI, né, l'an 1600, à Pistoie, en Toscane, d'une des plus considérables familles de cette ville, cardinal en 1657), fut élu pape le 20 juin 1667. Il n'avait ni brigué, ni recherché cette éminente dignité, qu'il remplit avec beaucoup de sagesse. Clément travailla heureusement à pacifier l'église de France, troublée par les disputes qui regardaient le formulaire ; la paix fu conclue, l'an 1668, par le concours des deux puissances. Le pape, par un bref du 28 septembre, congratula Louis XIV sur cet accommodement : le monarque, ayant reçu la lettre du pape, déclara, le 23 octobre, par un arrêt du conseil, que le pape étant satisfait, il l'était aussi. (Les ministres avaient fait espérer des lettres-patentes confirmatives de cet arrêt ; mais ceux qui avaient intérêt de fomenter les troubles, ne leur permirent point de tenir parole.) Clément IX n'eut pas moins de part à la paix conclue, entre la France et l'Espagne, par le traité d'Aix-la Chapelle. Ce pape avait fort à cœur le secours de Candie, assiégée par les Turcs ; et outre celui qu'il y envoya par lui-même, il en procura un très-considérable de la part de la France. Mais tous ces soins ne purent empêcher que la place ne fût prise. Le chagrin que cette perte lui causa fut si vif, qu'il en mourut le 9 décembre 1669, après deux ans, cinq mois et dix-neuf jours de pontificat. Une bulle remarquable de ce pape, est celle, qu'à la demande du roi de France, il donna le 15 mars 1668, par laquelle il autorisait les magistrats et officiers du parlement de Paris, pourvus d'indult, à réquérir des collateurs *en commende*, les bénéfices réguliers, *autres néanmoins que les prieurés conventuels électifs, et les offices claustraux.* Avant cette bulle, le droit des indultaires ne s'étendait qu'aux bénéfices séculiers.

CCXXXVI. CLÉMENT X.

1670. CLÉMENT X (Jean-Baptiste-Emile ALTIERI, romain, cardinal en 1669), fut élu pape, le 29 avril 1670, à l'âge de quatre-vingts ans, après un conclave de quatre mois et quatre jours. Clément IX, dans sa dernière maladie, s'était hâté de le revêtir de la pourpre sacrée. Il lui en dit à lui-même la raison ; c'est qu'il avait un pressentiment que Dieu le destinait à lui succéder. (Muratori). La prédiction s'accomplit. Clément X était le dernier de sa maison ; il la créa de nouveau, en faisant prendre le nom et les armes d'Altieri à celle de Paluzzi, dans laquelle il maria ses nièces. L'an 1671, il donna, le 20 mai, un édit en faveur de la noblesse commerçante. L'an 1674, à la

demande du roi de France, il érigea en évêché l'église de
Québec, en Canada. Ce pape fit peu de chose par lui-même.
Son grand âge et ses infirmités l'obligèrent à se décharger d'une
grande partie du fardeau des affaires, sur le cardinal Altieri,
son neveu adoptif; ce qui fit dire au peuple, qu'il y avait deux
papes, l'un de nom, et l'autre de fait. Clément X mourut le
22 juillet 1676, ayant tenu le saint siège six ans, deux mois et
vingt-quatre jours.

CCXXXVII. INNOCENT XI.

1676. INNOCENT XI (Benoît ODESCALCHI, né à Côme,
dans le Milanais, l'an 1611, cardinal en 1647, évêque de
Novarre), fut élu pape le 21 septembre 1676. Dès qu'il fut
sur le saint siège, il se déclara contre le népotisme, et voulut
même l'abolir à perpétuité, par une bulle qu'il se proposait
de faire signer à tout le sacré collége. Mais y ayant trouvé des
obstacles insurmontables, il se contenta de condamner cet
abus par son exemple. En conséquence, il défendit à son neveu,
Livio Odescalchi, de résider au palais pontifical, de se mêler
du gouvernement, et de recevoir des visites à titre de neveu
du pape. Le pontificat d'Innocent fut troublé par deux grandes
affaires avec la cour de France; celle de la régale, et celle du
droit de franchise, dont jouissaient à Rome les ambassadeurs.
La première commença l'an 1678, et la seconde éclata entièrement l'an 1687. L'une et l'autre eurent des suites fâcheuses,
dont on peut voir le détail et les époques, avec les pièces, dans
le IIIe. tome de l'Histoire ecclésiastique du dix-septième siècle,
par M. Dupin. L'an 1679, ce pape condamna, par une bulle
du 2 mars, soixante-cinq propositions, extraites des casuistes
modernes. Sous Innocent XI, Molinos, prêtre espagnol, fit
revivre les erreurs des Hésicastes à Rome. On donna le nom
de Quiétistes, qui signifie la même chose, à la nouvelle secte.
L'inquisition rendit, le 28 août 1687, contre la personne et
les écrits de Molinos, un décret, qui fut confirmé par une
bulle du 19 novembre de la même année. Innocent XI mourut
le 12 d'août 1689, après avoir tenu le saint siège douze ans,
dix mois et vingt-deux jours. Le peuple, à sa mort, l'invoqua
comme un saint, et se disputa ses reliques.

CCXXXVIII. ALEXANDRE VIII.

1689. ALEXANDRE VIII (Pierre OTTOBONI, né à Venise,
le 19 avril 1610, cardinal en 1652, évêque de Brescia, puis de
Frascati), fut élu pape le 6 octobre 1689, à l'âge de soixante

et dix-neuf ans. Louis XIV lui rendit, l'an 1690, le comtat d'Avignon, qu'il avait fait saisir sur Innocent XI. Cette faveur n'empêcha pas Alexandre de condamner les quatre fameux articles de l'assemblée du clergé de France, tenue en 1682, et de continuer à refuser des bulles, comme avait fait son prédécesseur, aux prélats qui avaient été de cette assemblée. Le 14 août de l'an 1690, il proscrivit, par un décret, l'erreur du *Péché philosophique*, enseignée à Dijon, l'an 1686, par le jésuite Musnier. Alexandre mourut le premier février de l'an 1691, n'ayant occupé la chaire de Saint-Pierre, que quinze mois et vingt-six jours. Le népotisme, malgré l'exemple d'Innocent XI, qui l'avait aboli, domina sous ce pontificat.

CCXXXIX. INNOCENT. XII.

1691. INNOCENT XII (Antoine PIGNATELLI, né à Naples, le 13 mars 1615, cardinal, archevêque de Naples, en 1681), fut élu pape le 12 juillet 1691, et couronné le 15 du même mois. L'an 1692, il exécuta le projet d'Innocent XI, pour l'abolition du népotisme. « Après avoir bien pris ses mesures,
» dit Muratori, il fit souscrire, par tout le sacré collège, une
» bulle, par laquelle il défendait, à l'avenir, toute complai-
» sance excessive en faveur des neveux pontificaux, et la publia
» le 28 juin, avec obligation aux cardinaux, présents et futurs,
» de s'y conformer, et de la ratifier avec serment à chaque
» conclave, et à tout pape élu de la jurer de nouveau ». Les pauvres furent substitués à ses neveux. Il répandit sur eux tous les biens que la plupart de ses prédécesseurs prodiguaient à leurs parents. L'an 1693, fut le terme du différent de la cour de Rome avec celle de France. Les évêques nommés, qui avaient assisté à l'assemblée de 1682, obtinrent enfin des bulles, après avoir écrit au pape une lettre de soumission, qu'on traita de rétractation, à Rome, et qui en avait assez l'air, par l'ambiguité des termes dont elle était composée. Mais le clergé de France, ne s'est jamais départi de la doctrine des quatre fameux articles, qui renferment le précis de ses libertés. Innocent XII aimait la paix. L'an 1694, il adressa aux évêques de Flandre deux brefs, en date du 28 janvier et du 6 février, par lesquels il défend d'accuser de Jansénisme, ceux qui condamnent les cinq propositions dans leur sens propre et naturel. Le Quiétisme, malgré la condamnation qui en avait été faite sous Innocent XI, continua de faire du progrès, et passa de Rome en France, où il fut vivement combattu par MM. de Paris, de Meaux et de Chartres. L'archevêque de Cambrai, Fénélon, ayant publié, l'an 1697, un écrit sur cette matière, sous le titre *d'Explication*

des maximes des saints, sur la vie intérieure, etc., ce livre fut condamné par une bulle d'Innocent XII, datée du 12 mars 1699. Le roi Louis XIV l'ayant reçue, ordonna à tous les métropolitains de tenir des assemblées provinciales pour l'examiner. Elle fut acceptée unanimement; et, en conséquence, le monarque donna, le 4 août 1699, des lettres-patentes pour l'ériger en loi de l'état. Les contestations sur les cérémonies chinoises, qui s'étaient élevées dès le pontificat d'Innocent X, et avaient continué sous les pontificats suivants, devinrent très-vives sous celui d'Innocent XII; il se fit, de part et d'autre, plusieurs écrits, présentés par les parties à la congrégation de la Propagande; mais pendant que l'affaire s'instruisait, le pape mourut dans la quatre-vingt-sixième année de son âge, le 27 septembre 1700. Il avait tenu le saint siège neuf ans, deux mois et quinze jours.

Ce pape reprit le calcul qui fixe le commencement de l'année au premier janvier, en quoi les cinq papes suivants l'ont imité.

CCXL. CLEMENT XI.

1700. CLÉMENT XI (Jean-François ALBANO, né le 22 juillet 1649 à Pesaro, cardinal – diacre du titre de Saint-Sylvestre, de la création du 13 février 1690), fut élu pape le 23 novembre 1700, après quarante-cinq jours de conclave, et consacré le 30 du même mois. Ce pape a donné trois bulles fameuses, 1°. le 15 juillet 1705, la bulle *Vineam Domini*, contre ceux qui, prétendant satisfaire, par le silence respectueux, aux constitutions apostoliques, couvriraient l'erreur sous un pareil silence; 2°. le 8 septembre 1713, la bulle *Unigenitus*, connue de tout l'univers, et sur laquelle l'empereur Joseph II a prescrit un silence absolu, dans tous ses états héréditaires, par un réglement du 19 avril 1781, qui ordonne de déchirer, dans tous les rituels, les feuilles qui la contiennent, ainsi que celles où se trouve la bulle *in Cœna Domini*: réglement qui n'a souffert aucune opposition; 3°. le 19 mars 1715, la bulle *Ex illa die*, contre les pratiques superstitieuses et idolâtriques, que certains missionnaires permettaient aux nouveaux convertis de la Chine. Clément XI eut un grand démêlé avec le duc de Savoie, devenu roi de Sicile, en 1713, à l'occasion du tribunal, appelé *la Monarchie de Sicile*. Ce tribunal, en vertu d'une bulle d'Urbain II, accordée, le 5 juillet 1098, à Roger, comte de Sicile, était en possession de juger souverainement et sans appel toutes les affaires ecclésiastiques. Clément XI publia, l'an 1715, le 20 février, une constitution pour l'abolir. Il y eut appel de cette bulle au pape mieux informé. La situation où se trouvait l'Europe alors, tint le différent comme suspendu pendant la suite de ce pontificat. Clément XI mourut le 19 mars 1721, après avoir occupé le saint siége vingt ans, trois mois et vingt-six jours. Ce pape était disciple du fameux cardinal Célestin Sfondrati, dont il avait adopté les préjugés sur les prétentions ultramontaines, et favorisé les opinions sur la prédestination et la grâce. C'était lui qui, avant son exaltation, avait fait imprimer l'ouvrage posthume de ce cardinal, intitulé *Nodus prædestinationis dissolutus*, et qui en avait empêché la condamnation, demandée par Bossuet et quatre autres des plus illustres prélats de France.

CCXLI. INNOCENT XIII.

1721. INNOCENT XIII (Michel-Ange CONTI, romain, né le 15 mai 1655, successivement nonce en Suisse et en Portugal, évêque de Viterbe en 1712, créé cardinal le 7 juin 1707, fut élu pape le 8 mai 1721, et couronné le 18 du même mois. Il mourut le 7 mars de l'an 1724, après deux ans, neuf mois et vingt-neuf jours de pontificat. C'est le huitième pape de la famille de Conti. Innocent ne remplit pas les espérances qu'il avait données en montant sur le saint siége. Cependant, irrité de la désobéissance des Jésuites, il leur avait fait défense de recevoir des novices, et prenait des mesures pour supprimer cet institut, lorsque la mort le surprit

CCXLII. BENOIT XIII.

1724. BENOIT XIII (Pierre-François ORSINI, fils de Ferdinand Orsini, duc de Gravina, et de Jeanne Frangipani, né le 2 février 1649, dominicain, profès du 13 février 1668, créé, malgré lui, cardinal, le 1er. mars 1672, archevêque de Bénévent en 1685, etc.), fut élu pape le 29 mai 1724, et couronné le 4 juin. Benoît porta sur le saint siége toutes les vertus religieuses qui l'accompagnèrent jusqu'au tombeau. Sa mort arriva le 21 février 1730, après un pontificat de cinq ans, huit mois et vingt-trois jours. On a desiré en lui plus de fermeté, et moins d'entêtement pour les prétentions excessives de son siége. Le cardinal de Noailles, son ami, dès qu'il eût appris son exaltation, lui écrivit pour le féliciter, et l'engager à donner la paix à l'église. Benoît répondit favorablement. Le cardinal lui écrivit, le 1er. octobre de la même année, une deuxième lettre, dans laquelle étaient renfermés douze articles doctrinaux sur les disputes du tems, qu'il priait sa sainteté d'approuver. Benoît les trouvant exacts, était disposé à les munir solennellement de son approbation. Mais l'opposition qu'il trouva, dans le sacré collége, à son dessein, ne lui permit pas de l'exécuter. Il adressa, le 6 novembre suivant, un bref aux Dominicains, pour les exhorter à continuer de soutenir la doctrine de la prédestination gratuite et de la grâce efficace par elle-même, qu'il appelle *tutissima et inconcussa SS. Augustini et Thomœ dogmata*. Benoît montra, pour la soutenir, une fermeté qui ne paraissait pas être dans son caractère. Le cardinal Tolomei lui ayant fait des représentations sur ce bref : *Vous m'avez fait pape*, répondit-il, *malgré moi ; je vous ferai obéir malgré vous*. Celles que lui firent les Jésuites, sur le même sujet, ne furent pas mieux accueillies. *Appellerez-vous au concile général?* leur dit-il, *vous m'y trouverez*. L'an 1725, il tint à Rome un concile, dont l'ouverture se fit le 11 mai. La réformation des mœurs et de la discipline en était le principal objet. Dans les actes qui en furent rédigés après coup, le secrétaire Fini glissa, contre l'intention de l'assemblée, que la bulle *unigenitus* est une règle de foi. La cour de Rome n'a pas néanmoins réclamé contre cette supercherie. L'an 1729, Benoît canonisa, le 19 mai, saint Jean Népomucène. C'est le seul prêtre séculier, avec saint Yves de Tréguier, qui ait reçu cet honneur, selon toutes les formalités prescrites par le rit nouveau. Encore ne l'obtint il qu'à raison de son martyre. Ce pape eut le malheur d'être constamment trompé par son ministre, le cardinal Coscia, qui, quoique fils d'un barbier napolitain, s'enrichit aux dépens du saint siége. Il fut enfin enfermé au château Saint-Ange, où il mourut en 1755.

CCXLIII. CLEMENT XII.

1730. CLÉMENT XII (Laurent CORSINI, d'une ancienne famille de Florence, né à Rome le 7 avril 1652, créé cardinal le 17 mai 1706, évêque de Frascati en 1725), fut élu pape d'une voix unanime, après quatre mois et sept jours de conclave, le 12 juillet 1730, et couronné le 16 du même mois. L'abolition d'une partie des impôts et la recherche de ceux qui avaient mal versé sous le dernier pontificat, sont les traits les plus remarquables de son gouvernement. Ce pape mourut le 6 février 1740, après avoir occupé le saint siége neuf ans, six mois et vingt-quatre jours. Ce pape fut aveugle la plus grande partie de son règne, d'où l'on peut juger si les trésoriers et les receveurs de l'état ecclésiastique avaient de bon yeux.

CCXLIV. BENOIT XIV.

1740. BENOIT XIV (Prosper LAMBERTINI, né à Bologne le 31 mars 1675, d'une famille illustre, créé cardinal en 1728, archevêque de Bologne en 1731), fut élu pape le 17 août 1740. C'était, sans contredit, le membre du sacré collége le plus digne de parvenir à ce rang suprême. La pureté de ses mœurs était attestée par une régularité de conduite parfaitement soutenue ; sa prudence et son intégrité, par la sagesse qu'il avait fait paraître dans tous les postes qu'il avait occupés ; son zèle actif et éclairé, par les grands biens qu'il avait faits dans son diocèse ; ses profondes connaissances dans les matières ecclésiastiques, par les savantes et volumineuses productions de sa plume ; la bonté de son caractère et la douceur de son commerce, par tous ceux qui l'avaient fréquenté. Devenu tout ce qu'il pouvait être, il ne s'oublia point à l'exemple de quelques-uns de ses prédécesseurs. Dans son élévation, il ne connut que l'étendue de ses obligations, et regarda comme une contrainte les honneurs attachés à sa dignité. Il faut néanmoins en convenir, Benoît porta sur le saint siége des préjugés dont il ne sentit le danger qu'après avoir essayé vainement de les faire prévaloir. Du reste, il y eut peu d'années de son pontificat qui ne fussent marquées par quelque bulle ou bref, soit pour maintenir le dépôt de la saine doctrine contre les erreurs qui l'attaquaient, soit pour réformer des abus, ou pour introduire des usages utiles. Nous nous bornerons à indiquer les principales de ces pièces. L'an 1744, il donna une bulle contre les pratiques superstitieuses, que certains missionnaires, qu'il se dispense de nommer par ménagement, mais qu'il est facile de deviner, autorisaient à la Chine et dans les Indes. L'année suivante, il fit rendre, par la sacrée congrégation de Rome, un décret pour flétrir et proscrire la *Bibliothèque Janséniste* du jésuite Colonia : ouvrage qu'un autre jésuite (Patouillet,) a depuis reproduit sous le titre de *Dictionnaire des livres Jansénistes*. Parmi ces livres, les Jésuites rangeaient les Œuvres théologiques du cardinal Noris, zélé défenseur de la doctrine de saint Augustin, et ils avaient même engagé l'inquisition d'Espagne à les faire mettre à l'*Index*. Benoît XIV, disciple et admirateur de Noris, pris sa defense dans un bref adressé, le 31 juillet 1748, au grand inquisiteur d'Espagne, auquel il enjoignit de retirer cet article de l'*Index*, comme exempt de tout reproche. L'assemblée du clergé de France s'étant partagée, en 1755, sur la manière de se conduire dans l'administration des sacrements à l'égard des non-constitutionnaires, crut devoir écrire au pape pour le consulter sur ce point. Benoît répondit, par un bref du 16 octobre 1756, qui, bien entendu (il ne le fut pas de tous à beaucoup près), rendait les refus des sacrements si rares, que jamais la paix de l'église n'en serait troublée. Benoît, par un décret du 17 avril 1755,

avait condamné l'*Histoire du peuple de Dieu*, composée dans un style romanesque par le jésuite Berruyer, avec des dissertations favorables au Pélagianisme et au Socinianisme. L'ouvrage ayant reparu depuis, traduit en italien et en espagnol, le pape rendit le 17 février 1758, un nouveau décret en forme de bulle, pour foudroyer cette production dangereuse en quelque langue et quelque idiôme qu'elle fût reproduite, ainsi que les écrits publiés pour sa défense. La même année, à la demande du roi de Portugal, il établit par lettres, en forme de bref, datées du 1er. avril, le cardinal Saldanha, portugais, visiteur et réformateur des Jésuites dans tous les états soumis à ce monarque. Ce fut le dernier acte public d'autorité qu'il fit. Ce grand pape termina sa carrière le 3 mai suivant, après un pontificat de dix-sept ans, huit mois et seize jours. Benoît emporta dans le tombeau les regrets de tous les gens de bien, et l'estime de tous les justes appréciateurs du mérite. Le roi de Prusse lui avait donné des marques de déférence et de considération personnelle, en traitant avec lui touchant les intérêts des églises catholiques de Silésie, depuis la réunion de cette province à sa couronne. L'impératrice de Russie, Elisabeth Pétrowna, lui montra les mêmes égards dans la correspondance qu'il entretint avec cette princesse. Tous les princes et seigneurs étrangers, qui vinrent à Rome pendant son pontificat, publièrent ses louanges à leur retour, d'après ce qu'ils avaient vu et entendu. Sa conversation familière avec décence, spirituelle sans affectation, semée de bons mots sans être offensante, leur avait causé une espèce d'enchantement. Les pélerins du plus bas état trouvaient en lui un consolateur dans leurs peines, et un père charitable dans leurs besoins. Mais ses entretiens les plus délicieux étaient avec les savants, dont il encourageait les travaux par ses discours et souvent pas ses libéralités. Il avait fondé à Rome une académie pour l'histoire ecclésiatique, dont il est sorti des mémoires lumineux sur des sujets importants. La bibliothèque du Vatican, ce magasin de richesses en tout genre de littérature, s'accrut considérablement par ses soins. Les fouilles qu'il fit faire à Rome et dans les environs, lui fournirent quantité de monuments anciens et précieux, qu'il fit transporter au Capitole dans un bâtiment construit à cet effet, qu'on nomma le Musée, pour y être exposés à la vue du public. « Benoît était de petite taille ; il avait le
» front large, le visage long, la vue perçante, un air fin et en-
» joué, qui dénotait la pénétration de son esprit et la gaîté de
» son caractère. Il disait, à cette occasion, qu'il n'avait point
» une phisionomie papale, parce qu'il n'était pas assez grave ;
» mais qu'il prierait les peintres et les sculpteurs de la lui don-
» ner ». (d'Alais, *Hist. des papes*.)

CCXLV. CLEMENT XIII.

1758. CLÉMENT (Charles REZZONICO, noble vénitien, originaire de Côme, dans le Milanais, né le 7 mars 1693, cardinal en 1737, évêque de Padoue en 1743), fut élu pape le 6 juillet 1758, et couronné le 16 du même mois. Ce pontife étant évêque de Padoue, avait donné des marques de prédilection aux Jésuites; un d'entre eux était son théologien et son grand-vicaire; il avait non-seulement ouvert dans son diocèse un asile, mais accordé des pouvoirs, sur une rétractation équivoque, au père Benzi ; auteur de la doctrine des *Mamillaires*, dont le simple exposé fait rougir la pudeur. Cependant, élevé sur le saint siége, il ne put se dispenser de condamner la troisième partie de l'*Histoire du peuple de Dieu*, par ses lettres apostoliques du 2 décembre 1758. Non content de la réprouver, il déclare dans ces lettres qu'elle met le comble au scandale excité par les deux premières parties. Il fit encore plus; comme ce livre attaquait spécialement le dogme d'un Dieu en trois personnes, pour affermir les fidèles dans la foi de ce mystère, il ordonna qu'à la messe on dirait tous les dimanches la préface affectée à celui de la Trinité. L'an 1759, Clément XIII donna de nouvelles preuves de sa vigilance pastorale, par des lettres apostoliques du 31 janvier, portant condamnation et prohibition du fameux livre de l'*Esprit*, composé par Helvétius, *comme tendant à renverser la religion chrétienne, et étouffer la loi et l'honnêteté naturelles*, etc. Le port de Civita-Vecchia était négligé depuis long-tems, et commençait à se combler. Clément XIII le fit nettoyer et reconstruire; et ce beau monument de son règne date de l'an 1761. La disette, qui se fit sentir à Rome en 1764, donna occasion à ce pontife de faire éclater sa prudence et sa charité. L'année 1768 ne fut pas une époque, à beaucoup près, aussi glorieuse pour Clément XIII. L'infant, duc de Parme, ayant rendu plusieurs édits, depuis l'an 1764, pour restreindre la juridiction ecclésiastique dans ses états, et empêcher les biens fonds d'être affranchis des taxes ordinaires, en passant dans les mains du clergé, le pape, par un bref en forme de monitoire, du 30 janvier 1768, s'éleva contre cette entreprise, comme attentatoire *à la liberté de l'église, à la cause de Dieu et aux droits du saint siége*. Ce qui en résulta, c'est que le bref fut supprimé, la même année, par les cours de Parme, le 3 mars suivant; d'Espagne, le 16 du même mois; de France, le 26 suivant; de Portugal, le 5 mai; de Naples, le 4 juin. On n'en demeura point là; et sur le refus que fit le saint père de révoquer son bref, la cour de France fit saisir le comtat d'Avignon, le 11 juin de la même année, et celle de Naples, celui de Bénévent quelque tems après. Ces cours avaient à la fois plus d'un grief contre Clément XIII. Sa résistance à la demande qu'elles lui faisaient d'éteindre la société des Jésuites, était pour elle un nouveau sujet de plainte. Elles revinrent à la charge sur cet article, et parlèrent si haut qu'à la fin il se détermina à leur accorder ce qu'elles demandaient. En conséquence, il indiqua, pour le 3 février 1769, un consistoire dans lequel il devait annoncer aux cardinaux la résolution où il était de satisfaire aux desirs de ces cours. Mais la nuit qui précéda le jour indiqué, comme il se mettait au lit, il se trouva mal subitement, et s'écria : *Je me meurs*. Deux saignées, qu'on lui fit consécutivement, furent suivies d'un vomissement de sang qui le conduisit à la mort dans la même nuit, après avoir tenu le saint siège dix ans, six mois et vingt-sept jours. Le genre de sa mort et les conjonctures où elle arriva donnèrent lieu à des bruits sinistres, et firent douter qu'elle fût naturelle. Son successeur, loin de détruire ce doute, parut depuis le confirmer dans sa fameuse bulle, dont nous parlerons ci-après, en disant qu'il était mort contre l'attente de tout le monde, *præter omnium exspectationem*. Quoi qu'il en soit, Clément XIII avait les intentions droites, de la piété, du savoir, mais trop de facilité à se laisser surprendre, et trop peu de discernement dans le choix de ses conseillers.

CCXLVI. CLEMENT XIV.

1769. CLÉMENT XIV (Jean-Vincent-Antoine GANGANELLI, né d'un médecin, le 31 octobre de l'an 1705, au bourg de Saint-Arcangelo, près de Rimini, religieux conventuel de l'ordre de Saint-François, profès en 1723, cardinal le 24 septembre 1759) fut élu pape le 19 mai 1769, après un conclave fort tumultueux d'environ trois mois, consacré le 28 mai, et couronné le 4 juin suivant. Il était le seul régulier dans le sacré collège, et il l'emporta sans brigue, par le seul éclat de son mérite, sur le cardinal Chigi, arrière-petit-neveu d'Alexandre VII, qu'une nombreuse faction portait avec ardeur. Son principal soin fut de regagner les puissances que la conduite imprudente de son prédécesseur avait aliénées. Il y réussit en écartant tout ce qui pouvait leur faire ombrage, et en traitant directement avec elles sous le sceau du secret. L'usage que Clément XIII avait voulu faire de la bulle *in Cœna Domini* contre le duc de Parme, leur avait ouvert les yeux sur le danger de cette pièce, et fait demander qu'elle fût révoquée. Clément XIV les satisfit, en supprimant la publication qui s'en faisait à Rome tous les ans le jeudi-saint. Le Portugal, non content d'avoir aboli chez soi le tribunal de la Nonciature et congédié celui qui l'occupait, menaçait encore de se donner un patriarche, avec tous les attributs de cette dignité, pour n'avoir plus de commerce avec Rome que par l'union des prières. Clément XIV mania si adroitement l'esprit du roi Joseph, qu'il le fit consentir à recevoir un nonce de sa main, tel que le recevaient les autres princes catholiques, c'est-à-dire sans juridiction. Mais il restait la grande affaire des Jésuites à terminer, celle de leur extinction, que ces princes continuaient de solliciter avec une nouvelle ardeur. Clément, par son premier état et par sa dignité, protecteur né des ordres religieux, crut devoir prendre, dans une cause aussi grave, toutes les précautions que la prudence peut dicter. En conséquence, il établit une commission de cinq cardinaux, auxquels il joignit les plus habiles avocats, pour balancer les avantages et les inconvénients de la demande qu'on lui faisait. D'après l'avis unanime de ces consultants, il prononça la dissolution de la société par son bref du 21 juillet 1773, adressé à tous les évêques catholiques, avec injonction de s'y conformer. Après l'avoir signé, il dit, en s'appuyant sur son bureau : « La voilà donc » faite cette suppression. Je ne m'en repends pas. Je ne m'y » suis déterminé qu'après avoir tout examiné et bien pésé. J'ai » cru devoir la faire ; et je la ferais encore si elle n'était pas » faite : mais cette suppression me donnera la mort. » *Ma questà suppressione mi dara la morte.* Cette prédiction est remarquable. On prétend que jusqu'alors il avait joui d'une santé robuste ; mais depuis on le vit tomber par degrés dans une espèce de marasme, dont la cause n'est pas certaine. La plus vraisemblable à notre avis est celle qu'assigna son médecin après sa mort, en disant que, par des sueurs forcées qu'il se procurait habituellement, même dans les plus grandes chaleurs de l'été, il avait ruiné son tempérament. Ses ennemis, qui le voyaient dépérir, répandirent sourdement le bruit dans Rome qu'il devait bientôt mourir. Il eut néanmoins encore la force de se rendre au Vatican, le jour de l'Ascension 1774, pour y faire publier, en grande cérémonie, la bulle du grand Jubilé, qu'on devait compter pour le dix-huitième. Ses ennemis ne manquèrent pas de divulguer qu'il n'en ferait pas l'ouverture, et eurent même l'audace d'afficher, au palais pontifical, un placard contenant seulement ces cinq lettres I. S. S. S. V., ce qui signifiait, *In settembre sara sede vacante.* En septembre le saint siège sera vacant. L'événement vérifia leur prédiction. Il mourut le 22 septembre suivant, à l'âge de soixante-huit ans, dix mois et vingt-deux jours, après un pontificat de cinq ans, quatre mois et trois jours. Le pontife, le prince et l'homme de lettres se firent également admirer dans la personne de Clément XIV. Infatigable au travail, il veillait une partie des nuits pour s'occuper des affaires de l'église, dont il était le chef, et de ses états, dont il était le père.

A la vénération sincère des fidèles pour ce pontife, se joignit l'estime de ceux qui n'avaient pas le bonheur d'être du nombre de ses ouailles. Les Anglais, de son vivant, placèrent son buste parmi ceux des grands hommes ; ce qui lui étant revenu, il dit : *Plût à Dieu qu'il fissent pour la religion ce qu'ils font pour moi !* Après sa mort on a vu paraître une prétendue traduction de ses Lettres, qu'on supposait écrites avant et durant son pontificat. Elle fut accueillie du public avec autant d'empressement que de crédulité. Mais un des nôtres (1), étant allé à la source, révoque en doute, avec fondement, la sincérité de la plupart de ces pièces. Les savants sauront éternellement gré à Clément XIV, du superbe *Museum* qu'il fit construire au Vatican pour y déposer les précieux morceaux d'antiquité qu'on découvrait et qu'on découvre journellement dans les ruines de Rome.

CCXLVII. PIE VI.

1775. PIE VI (Jean-Ange BRASCHI), né à Césène, le 27 décembre 1717, fut d'abord trésorier de la chambre apostolique, et parvint au cardinalat sous le pontificat de Clément XIV, le 26 avril 1773 ; ce pontife étant mort le 22 septembre 1774, le conclave s'ouvrit le 5 octobre suivant ; les voix se réunissaient en faveur du cardinal Pallavicini, dont l'élection était appuyée par la France. Mais ce prélat ayant signifié aux cardinaux qu'il renonçait absolument à la tiare, désigna le cardinal Braschi pour être élu à sa place ; alors tous les suffrages se réunirent en faveur de ce dernier, qui fut proclamé le 14 février 1775. Jean-Ange Braschi, en apprenant son élection, fondit en larmes et s'écria : *Oh mes amis, votre conclave est terminé, et c'est mon malheur, peut-être, qui commence.* Prédiction fatale, qui ne fut que trop accomplie ; et cependant, si des malheurs sans fin signalèrent son règne, la postérité ne peut faire aucuns reproches à sa mémoire. Il prit le nom de Pie VI, et commença son pontificat par distribuer d'abondantes aumônes au peuple, et par supprimer pour quarante mille écus romains de pensions onéreuses au trésor de l'état ; il régla toutes les affaires de l'administration publique, et porta tous ses soins à faire administrer la justice avec la plus grande impartialité. Son goût pour les arts lui fit compléter le Muséum, commencé

---

(1) Un bénédictin, sans doute. (*Note de l'éditeur.*)

par son prédécesseur; il ordonna, dans les états de l'église, des fouilles, pour recueillir les vases, les statues et les médailles qui ornèrent, dans la suite, ce magnifique monument. On en publia, en 1783, les gravures et la description : le musée du Vatican, qui avait, d'abord, porté le nom de Clémentin, fut nommé, dans la suite, *Pio-Clémentin;* on n'y pouvait faire un pas, on n'y voyait pas un piédestal, qu'on n'y lut l'inscription : *Ex munificentia Pii-Sexti.* La réparation du port d'Ancône, et la construction du beau fanal qui y manquait, sont encore dûs à la munificence de ce pontife, qui voulait étendre les progrès du commerce dans tous ses états; il conçut aussi le projet du desséchement des marais Pontins, qui occupent toute la vallée qui s'étend des Appenins à la mer, et qui, commençant au port d'Astura, couvrent la côte de Terracine et s'étendent jusqu'au royaume de Naples; ce vaste territoire, qui devait être rendu à l'agriculture, et purgé des vapeurs pestilentielles, avait déjà été l'objet des travaux d'Appius Claudius, qui y avait fait construire la voie célèbre qui porte son nom; l'empereur Auguste y avait fait creuser un large canal, et les papes Boniface VIII, Martin V, Léon X et Sixte-Quint, y avaient également fait exécuter d'immenses travaux. Pie VI les imita, et fit pratiquer une route sure, réparer l'ancien aqueduc de Terracine, dégager la voie Appienne du limon sous lequel elle avait disparu, et creuser le canal de Sogliano. Il consacra à l'exécution de cette entreprise toutes ses épargnes, et visita chaque année les ouvrages qu'il avait ordonnés, afin de les ranimer par sa présence. Sa grande piété et son extrême amour pour les pauvres lui firent fonder nombre d'hôpitaux. On lui doit aussi la construction d'une église, dans l'abbaye de Subiaco, qu'il enrichit d'une immense bibliothèque. La basilique de Saint-Pierre de Rome n'ayant point de sacristie, Pie VI la fit élever avec magnificence, et acheva de perfectionner ainsi le premier temple de la religion chrétienne.

Son affabilité et la douceur de son caractère furent admirées par les divers souverains qui visitèrent ce pontife. Joseph II, empereur d'Allemagne, le grand-duc, depuis Paul Ier., empereur de Russie, Gustave III, roi de Suède, les fils du roi d'Angleterre et son frère, le duc de Glocester, furent touchés de l'accueil qu'ils en reçurent, et s'empressèrent de rendre aux vertus du saint père, tous les hommages qu'elles méritaient.

Le grand-duc de Toscane, Pierre-Léopold, ayant assujetti, dès 1775, tous les biens ecclésiastiques aux mêmes impôts que les autres, et supprimé les ermitages dans ses états, cela occasionna entre lui et le pape Pie VI un démêlé, dans lequel le souverain pontife fit éclater autant de modération, que de politique; et, en 1788, il abolit la nonciature dans les états toscans, et supprima dans les causes du clergé, tout appel au saint siége.

Pie VI réclama pour ses ambassadeurs, les mêmes droits qu'obtenaient ceux des autres souverains; et, en temporisant, il parvint à empêcher, à cet égard, toute innovation.

En 1782, une affaire sérieuse attira toute l'attention et tous les soins du pape. L'empereur Joseph II venait de mettre à exécution, dans ses états, un vaste plan de réforme qui renversait l'ancienne discipline de l'église, plaçait tous les ordres monastiques sous l'autorité immédiate des évêques, et les enlevait ainsi à la juridiction papale. Pie VI, craignant les lenteurs d'une négociation par délégués, se décida à aller traiter lui-même cette affaire avec l'empereur. Il quitta Rome, le 27 février 1782, en laissant le gouvernement de ses états au cardinal Colonna, et s'achemina vers la capitale de l'Autriche. L'empereur et son frère Maximilien allèrent à sa rencontre, à quelques lieues de Vienne; ils descendirent de voiture dès qu'ils aperçurent Pie VI, et l'embrassèrent. Joseph II fit prendre place au pape dans son carrosse, et ils firent ainsi leur entrée solennelle à Vienne, le 22 mars. Leurs conférences furent fréquentes et toujours amicales, et quoique les dires réciproques ne furent point rendus publics, l'empereur parut depuis beaucoup moins ardent à poursuivre l'exécution de son projet. Il permit même les dispenses, dont il avait, jusqu'alors, supprimé les droits, et il disait souvent : *la vue du pape m'a fait aimer sa personne, c'est le meilleur des hommes.* La cupidité ne fut point étrangère aux innovations de Joseph II, quoique cependant les biens monastiques servirent souvent à fonder des hôpitaux, des écoles et d'autres établissements utiles; mais ces innovations lui firent perdre les Pays-Bas, mécontentèrent une grande partie de ses sujets, et excitèrent plus de murmures que de reconnaissance; c'est ce qu'il avoua lui-même au lit de la mort : « Je ne regrette » pas le trône, disait-il, à un de ses ministres; je suis tran- » quille, un seul souvenir pèse sur mon cœur, c'est qu'après » toutes les peines que je me suis données, *j'ai fait peu d'heu-* » *reux et beaucoup d'ingrats* ».

De retour à Rome, Pie VI eut encore, avec la cour de Naples des démêlés, dont il triompha en 1789. Il fut convenu, que chaque roi de Naples, à son avènement au trône, paierait cinq cent mille ducats, en forme de pieuse offrande à Saint-Pierre; que celle de la haquenée serait abolie pour jamais, et que le monarque cesserait d'être nommé *vassal du saint siège.*

La révolution française, qui arriva cette même année, fut

un objet de tribulation et de douleur pour le saint père, qui refusa d'approuver les décrets sur la constitution civile du clergé; il rendit même une bulle, en 1791, tout-à-fait contraire à l'esprit de ces nouvelles lois. Un grand nombre de prêtres français ayant été déportés, en 1792, pour s'être conformés aux anciennes lois de l'église, et avoir refusé de se soumettre à ces innovations, Pie VI les accueillit dans ses états, avec une bonté et une générosité extraordinaires. Il les plaça tous dans des maisons religieuses, et pourvût à leurs besoins. Mais la guerre, qui éclata quelque tems après, ayant conduit les armées de Buonaparte en Italie, Urbin, Bologne, Ferrare et Ancône tombèrent, en 1796, au pouvoir des Français. Le pontife se trouva, alors, dans la cruelle nécessité de faire une paix, qui fut conclue à *Tolentino*, et en vertu de laquelle il se soumit à payer trente et un millions à la France. Un évènement malheureux rompit bientôt ce traité; le meurtre du général Duphot, arrivé dans une émeute, qui eut lieu à Rome le 28 décembre 1797, fut cause que les Français, qui étaient aux portes de cette ville, s'en emparèrent aussitôt, et se saisirent de la personne du souverain pontife, que l'on conduisit d'abord à Sienne, puis dans une chartreuse près de Florence. Mais comme la présence du pape en Italie pouvait exciter les peuples à se soulever contre les Français, il fut décidé qu'il serait conduit à Valence, en Dauphiné. Ce respectable vieillard traversa les Alpes et le mont Genèvre, porté par quatre hommes, sans paraître ému des dangers qu'offrait, à chaque instant, une route escarpée et semée de précipices. Ses cheveux aussi blancs que la neige qui couvre ces montagnes, étaient sans cesse agités par un vent piquant et froid; des hussards piémontais, pénétrés de l'horrible position du pontife, voulurent lui faire accepter leurs pélisses; il les remercia avec affection, et ne consentit jamais à les en priver.

A peine Pie VI fut-il arrivé à Briançon qu'un peuple immense, rassemblé sous ses fenêtres, demanda à le voir; les cris qui s'élevaient de la foule annonçaient d'une part des menaces et des injures, et de l'autre, des expressions de respect et d'amour. Dans cette circonstance délicate, Pie VI s'avance lentement, appuyé sur deux prêtres, le corps affaissé sous les douleurs, et se montre à la multitude, en s'écriant: *Ecce homo*. Ces paroles, dites avec un sentiment d'humilité chrétienne, relevé par la majesté de l'âge et de la personne de ce pape, pénétrèrent tous les cœurs d'attendrissement, et commandèrent un respect si profond à ceux qui étaient venu pour l'outrager, qu'ils se prosternèrent eux-mêmes à ses pieds.

Pendant la suite de son voyage, Pie VI reçut les mêmes

marques d'honneur et d'admiration, à Gap, à Grenoble et à Voiron, mais à peine fut-il rendu à Valence, qu'il y mourut le 29 août 1799, après une maladie de onze jours. Ses intestins, renfermés dans une urne d'or, restèrent déposés dans cette ville, mais son corps fut transporté à Rome, et reçu avec pompe le 17 février 1802, par S. S. Pie VII, assisté de dix-huit cardinaux.

Delille lui a consacré ces vers :

> Pontife révéré, souverain magnanime,
> Noble et touchant spectacle et du monde et du ciel;
> Il honore à la fois, par sa vertu sublime,
> Les malheurs, la vieillesse, et le trône et l'autel.

PIE VII.

1800. PIE VII. (Barnabé CHIARAMONTI), né à Césène le 14 août 1742 ; de l'ordre de Saint-Benoît, cardinal et évêque d'Imola, neveu du précédent, fut élu pape, par le conclave tenu à Venise, le 14 mars 1800 et couronné le 21 du même mois. Il prit le nom de Pie VII, et gouverne l'église aujourd'hui.

Nous donnerons dans notre seconde partie, l'histoire de ce pontife.

CHRONOLOGIE HISTORIQUE

DES

PATRIARCHES DE L'ÉGLISE D'ORIENT.

Les patriarches de l'église d'Orient sont au nombre de quatre, savoir : ceux de Constantinople, d'Alexandrie, d'Antioche et de Jérusalem. Ces trois derniers furent créés par les apôtres. Celui de Constantinople ne fut érigé que dans le quatrième siècle. Nous en parlerons successivement.

L'Egypte, sur laquelle s'étend le patriarcat d'Alexandrie, ne comprenait, du tems d'Auguste, que trois provinces, l'Egypte proprement dite, la Thébaïde et la Libye. On y ajouta ensuite deux autres provinces, l'Augustamnique et la Pentapole. Cette division subsista jusqu'au cinquième siècle. On fit ensuite une nouvelle division du diocèse ou gouvernement d'Egypte ; division suivant laquelle on le partagea en huit provinces, savoir, la première et la seconde Egypte, la première et la seconde Augustamnique, la Thébaïde supérieure, la Thébaïde inférieure, la Haute-Libye ou Cyrénaïque, et la Basse-Libye. L'église d'Alexandrie, dans les premiers siècles, était la seconde après Rome, et la première de l'Orient. Cette prééminence, d'abord ébranlée dans le deuxième concile général, lui fut entièrement ravie par le troisième, et transférée à l'église de Constantinople. On sait les oppositions que firent les papes à cette innovation ; mais enfin elle prévalut par l'autorité des empereurs et la complaisance des évêques d'Orient.

PATRIARCHES D'ALEXANDRIE.

I. S. MARC.

L'an de Jésus-Christ 52, saint Marc, disciple de saint Pierre, et non pas l'un des soixante-douze disciples de Jésus-

Christ, différent aussi de Jean Marc, cousin de saint Barnabé, fut envoyé par son maître pour fonder l'église d'Alexandrie. Il apporta avec lui l'Evangile qu'il avait composé à Rome sous les yeux de saint Pierre, à la prière des fidèles. C'était le précis de ce que cet apôtre leur avait appris de vive voix touchant la vie et les discours de Jésus-Christ. Que l'ouvrage ait été écrit en grec, et non en latin, les savants n'en doutent plus. On est convaincu présentement que l'ancien exemplaire latin qu'on montre de cet évangile à Saint-Marc de Venise, comme l'original, n'est qu'une portion de l'Evangéliaire qui était autrefois à l'usage de l'église de Frioul. (Saccarelli, *Hist. Eccl.*, tom. I, p. 258.) La prédication de saint Marc fit des progrès si rapides dans Alexandrie, qu'en peu de tems il s'y forma une église comparable à celle de Jérusalem pour le nombre et pour la ferveur des fidèles. Le démon ne lui pardonna pas les conquêtes qu'il faisait sur lui dans une ville dévouée de tout tems à son culte le plus licencieux et le plus absurde. Ses ministres les prêtres de Sérapis, dans leurs réjouissances fanatiques pour la fête de cette divinité, s'étant saisis du saint évêque, lui procurèrent la couronne du martyre le 29 de leur mois pharmuthi (24 avril), la huitième année de Néron (62 de Jésus-Christ), suivant Eusèbe et saint Jérôme.

II. ANIEN.

62. ANIEN succéda à saint Marc. Eusèbe, qui l'appelle un homme agréable à Dieu, et admirable en toute sa conduite, lui donne vingt-deux années d'épiscopat, et rapporte sa mort à la quatrième année de Domitien, (85 de Jésus-Christ).

III. ABILIUS.

85. ABILIUS, nommé par les Arabes MÉLIAN, et par les Cophtes MILVI, fut le successeur d'Anien. Il gouverna treize ans, et mourut, suivant Eusèbe, la première année de Trajan (l'an de Jésus-Christ 98). Le martyrologe romain fait mémoire de lui le 22 février.

IV. CERDON.

98. CERDON fut élu pour succéder à Abilius. Son gouvernement fut de douze ans commencés. Il mourut la douzième année de Trajan (de Jésus-Christ 109), le 5 juin.

V. PRIMUS.

109. PRIMUS, nommé par les Arabes ABRIMIUS et EPHRÆ-

mius, monta sur le siége d'Alexandrie après la mort de Cerdon. On lui donne, comme à son prédécesseur, douze années d'épiscopat, et l'on assigne sa mort au 27 juillet de la cinquième année d'Adrien, (122 de Jésus-Christ,) ce qui s'accorde avec le témoignage d'Eusèbe.

VI. JUSTE.

122. JUSTE fut substitué à Primus. Il mourut la quatorzième année d'Adrien, (de Jésus-Christ 130,) après le 11 août, suivant Eusèbe.

VII. EUMENES.

130. EUMENES, ou HYMENÉE, remplaça l'évêque Juste. Eusèbe lui donne treize années d'épiscopat, et les Cophtes placent sa mort au 10 du mois paophi ; ce qui revient au 7 octobre de l'an de Jésus-Christ 143.

VIII. MARC II.

143. MARC, ou MARCIEN, remplit le siége d'Alexandrie après la mort d'Eumenes. Eusèbe lui donne dix années d'épiscopat. Sa mort arriva, suivant les Cophtes, le 6 du mois tybi, (1er. janvier de l'an de Jésus-Christ 154.)

IX. CÉLADION.

154. CÉLADION prit le gouvernement de l'église d'Alexandrie après Marc II, et l'exerça pendant quatorze ans. Il mourut l'an de Jésus-Christ 167, le 9, suivant Elmacin, du mois épiphi (3 juillet.)

X. AGRIPPIN.

167. AGRIPPIN fut le successeur de Céladion. Il tint le siége douze ans et quelques mois, et mourut la première année de Commode, le 5 du mois égyptien mechir (30 janvier de l'an de Jésus-Christ 180.)

XI. JULIEN.

180. JULIEN prit la place d'Agrippin. Eusèbe, qui fait l'éloge de son savoir et de sa vertu, rapporte sa mort à la dixième année de Commode, ou cent-quatre-vingt-neuvième de Jésus-Christ. Les Egyptiens la datent du 8 de leur mois phaménoth, ou 4 mars. Ce fut vers la fin de son épiscopat que le prêtre

Pantenus, catéchiste d'Alexandrie, alla en mission dans l'Ethiopie, à la demande des peuples du pays, chez qui, dit-on, il trouva l'Évangile de saint Mathieu, écrit en hébreu de sa main.

XII. DEMETRIUS.

189. DÉMÉTRIUS, homme marié, mais vivant dans la continence, devint, l'an 189, évêque d'Alexandrie. On connaît ses démêlés avec Origène. L'an 231, après l'avoir obligé à sortir d'Alexandrie, il le fit condamner par deux conciles qu'il assembla contre lui. Démétrius mourut le 8 octobre de la même année, selon MM. Tillemont, Fleuri et Renaudot.

XIII. HERACLAS.

231. HÉRACLAS, successeur d'Origène dans l'école d'Alexandrie, le fut aussi de Démétrius dans le siége de cette église. Il la gouverna l'espace de seize ans, et mourut le 5 décembre de l'an de J. C. 247, la troisième année de l'empire de Philippe. (Pagi, Renaudot.)

XIV S. DENIS.

247. DENIS, disciple d'Origène, fut élevé sur le siége d'Alexandrie immédiatement après la mort d'Héraclas, et non pas au bout d'un an de vacance, comme il est marqué dans la Chronique Orientale. L'empereur Déce ayant fait publier au commencement de l'an 250 ses édits contre les Chrétiens, le saint évêque ne négligea rien pour préparer son peuple à la persécution. Mais comme il était personnellement recherché, il se tint quelque tems caché. Dieu permit néanmoins qu'il fût découvert et conduit avec d'autres fidèles dans la ville de Taposiris la petite. Mais ayant été enlevé sur la route par des paysans, il se retira, avec deux de ses prêtres qui l'accompagnaient, dans un désert de la province de Marmarique, en Libye. La persécution ayant cessé l'an 251, il revint à Alexandrie. L'an 252, il écrivit à Fabius, évêque d'Antioche, contre les Novatiens. L'an 254, dans une conférence, il ramène à la vérité les habitants d'Arsinoé, infectés des erreurs des Millénaires. L'an 256, dans la dispute qui s'éleva entre le pape saint Etienne et saint Cyprien à la tête des Africains, touchant le baptême donné par les Hérétiques, il adressa plusieurs lettres au premier pour l'engager à user de modération envers ceux qui ne pensaient pas comme lui sur cette matière. Il confessa la foi, l'an 257, devant le préfet Emilien, qui l'exila en

Libye. Rendu à son église l'an 260, il écrivit l'an 261 au pape Denis pour démentir le reproche qu'on lui faisait d'avoir attaqué la divinité de J. C. en réfutant les erreurs de Sabellius. Non moins opposé à Paul de Samosate qu'à cet hérésiarque, il adressa une lettre contre sa doctrine au concile d'Antioche, assemblé l'an 264 pour le juger. Denis mourut la même année, le 10 de septembre. Sa mémoire fut en telle vénération, qu'au rapport de saint Epiphane, on dédia une église à Alexandrie sous son nom. De tous ses écrits, qui étaient en grand nombre, il ne reste en entier que son épître canonique à Basilide.

XV. MAXIME.

264. MAXIME, prêtre, fut élu pour succéder à saint Denis, dont il avait été le compagnon dans son exil. Il mourut la dernière année de Probus, un dimanche 9 avril 282. (Pagi, Renaudot, le Quien.)

XVI. S. THEONAS.

282. THÉONAS remplaça Maxime. Il gouverna saintement l'église d'Alexandrie pendant l'espace de 19 ans commencés. Ce prélat mourut l'an 16 de l'ère des Martyrs (de J. C. 300), le 23 août, jour auquel l'église honore sa mémoire.

XVII. S. PIERRE.

300. PIERRE fut élu, entre le 23 août et le 25 novembre, pour succéder à saint Théonas. L'an 303, il fut mis en prison avec plusieurs évêques, prêtres, diacres et laïques, dans la persécution de Dioclétien. Mélèce, évêque de Lycople, en Thébaïde, se prévalut de la captivité de Pierre pour exercer les fonctions épiscopales dans son diocèse. Le prélat et les compagnons de sa prison lui écrivirent en vain pour lui remontrer la témérité de son entreprise. Son obstination détermina Pierre à le suspendre de la communion des fidèles par une lettre adressée à son clergé et à son peuple. (Saccarelli.) Mélèce fut lui-même enveloppé dans la persécution, et ne s'en tira pas avec honneur. Comme il n'en était pas moins arrogant, Pierre le déposa, l'an 305 ou 306, dans un concile, après l'avoir convaincu d'apostasie et d'autres crimes. Ce fut alors que commença le schisme de Mélèce, qui dura environ 150 ans, et causa de grands ravages dans l'Egypte. Plusieurs de ceux qui étaient tombés dans la persécution s'étant adressés à Pierre, il publia, l'an 306, une lettre canonique touchant la manière dont on devait se conduire envers eux, suivant les diverses circonstances de leur chûte. Mélèce, à qui un reste de pudeur aurait dû imposer silence, osa taxer de relâche-

ment les règles établies dans cette lettre, et il trouva des partisans. La persécution qui se renouvela l'an 311, suspendit la querelle. Le césar Maximin Daïa étant à Alexandrie, condamna à mort sans formalité Pierre et trois de ses prêtres, qui furent décapités le 29 du mois athyr, c'est-à-dire le 25 novembre de la même année.

XVIII. S. ACHILLAS.

311. ACHILLAS, ordonné prêtre et mis par saint Pierre à la tête de l'école d'Alexandrie, le remplaça ves la fin de l'an 311 dans le siége de cette église. La prudence n'était pas éminente en lui. L'an 312, il reçut à la communion ecclésiastique le diacre Arius, que son prédécesseur en avait retranché pour son attachement au schisme de Mélèce; il l'éleva même ensuite à la prêtrise. Achillas mourut vers le 13 juin de la même année. (Tillemont, Pagi, Renaudot, le Quien.)

XIX. S. ALEXANDRE.

312. ALEXANDRE fut substitué à saint Achillas. Son administration, dans le commencement, fut troublée par les mouvements des Mélétiens. L'an 321, il excommunia de nouveau le prêtre Arius, qui commença cette année à publier son hérésie contre la divinité de Jésus-Christ. (Voy. la *Chr. des Conciles*.) L'an 325, il assista, avec son diacre, Athanase, au concile de Nicée. Il mourut l'an 326, le 22 de pharmuti, un lundi 17 avril, suivant Renaudot, Pagi, Tillemont et Montfaucon. Les Bollandistes mettent cet événement à la fin de 325 ou au commencement de 326; et le P. Mansi le retarde jusqu'en 328. Le fameux Mélèce finit ses jours vers le même tems, laissant un Traité de l'Eucharistie, que M. Renaudot a fait imprimer dans son Recueil d'Ouvrages Anciens sur la même matière.

XX. S. ATHANASE.

326 ou 328. ATHANASE, diacre d'Alexandrie, désigné par saint Alexandre, pour son successeur, fut ordonné le 27 décembre, malgré les efforts qu'il avait faits pour s'enfuir. Devenu odieux aux Ariens, dès le concile de Nicée, où il avait combattu leur chef, ils ne cessèrent de le persécuter durant son épiscopat, comme il ne cessa de les réfuter de vive voix et par écrit. L'an 335, sur leurs calomnies, il est relégué à Trèves, par l'empereur Constantin. Rappelé l'an 338, après la mort de ce prince, il est déposé l'année suivante, dans un conciliabule d'Antioche, où l'on ordonne à sa place Pistus, prêtre de la

Maréote. Il part, sur la fin de cette même année, pour Rome, où il fit un séjour de dix-huit mois ou environ, mais non continus. De retour dans son église, il est de nouveau déposé l'an 341, par les Ariens, qui ordonnent à sa place Grégoire de Cappadoce. L'an 349, suivant Tillemont, 346, selon Mansi, il est rétabli par les soins de l'empereur Constant, après la mort de Grégoire, massacré cette année, par le peuple d'Alexandrie. L'an 355, le 19 février, il est encore obligé de fuir pour échapper aux recherches du duc Syrien. Georges de Cappadoce, élu par les Ariens, l'an 354, pour le remplacer, arrive à Alexandrie le 24 février 355. Il est mis à mort le 24 décembre 361. Délivré de ce rival, Athanase rentre dans son église au mois de février 362. Mais la faction arienne lui oppose presque aussitôt un nouvel antagoniste dans la personne de Lucius. Cet usurpateur, appuyé de la protection de l'empereur Julien, oblige Athanase à s'enfuir au mois d'octobre, et à se tenir caché pendant tout le règne de ce prince. Il reparaît au mois de février 364, sous le règne de Jovien, qui ordonne qu'il reprenne son siège, et que Lucius en soit chassé. Athanase vécut depuis ce tems en paix, et mourut au milieu de son peuple, le 18 janvier de l'an 373, comme le prouve M. Assemani (*Kalen. Univ.*, tom. VI, pag. 299), et non le 2 mai de la même année. Saint Athanase fut pour les Ariens, ce que saint Augustin a depuis été vis-à-vis des Pélagiens, le plus redoutable de leurs adversaires. L'un et l'autre furent spécialement suscités de Dieu, pour terrasser deux hérésies armées de toutes les subtilités de la plus captieuse dialectique. Mais en défendant la vérité, le premier eut perpétuellement à soutenir les assauts de la terre et de l'enfer, conjurés avec acharnement contre lui ; le second au contraire, vit l'univers applaudir aux triomphes qu'il remportait sur l'erreur. Saint Athanase est, à ce qu'on croit, le premier qui ait employé le titre d'archevêque, et cela en nommant l'évêque d'Alexandrie. (*Voy.* sa deuxième apologie, p. 791.) D. Montfaucon a donné ses œuvres l'an 1698, en 3 vol. in-fol. (*Voy. les Conciles.*)

XXI. PIERRE II.

373. PIERRE II, élu par les Catholiques, pour remplacer saint Athanase, est aussitôt mis en prison par Lucius et les ministres de l'empereur Valens. S'étant échappé de ses liens, il se sauve à Rome, d'où il ne revient que l'an 378. A son retour, en qualité de premier évêque d'Orient, il met, à la demande de plusieurs prélats, saint Grégoire de Nazianze à la tête de l'église de Constantinople. Mais ayant changé d'avis peu de tems après, il nomme à la même place le philosophe Maxime,

et envoie trois évêques d'Egypte pour l'ordonner. Pierre mourut l'an 380, le 20 de machir, ou 14 février.

XXII. TIMOTHÉE.

380. Timothée, frère de Pierre II, lui succède. L'an 381, il se rend au concile de Constantinople. Mais voyant cette assemblée mal disposée à son égard, il se retire. Timothée mourut l'an 385, le 26 épiphi (20 juillet).

XXIII. THEOPHILE.

385. Théophile, archidiacre d'Alexandrie, monta sur le siège de cette église, le 23 juillet, après la mort de Timothée. C'était un politique adroit et rusé, dont l'ambition réglait ordinairement la conduite. Ayant ouï dire, l'an 388, qu'il devait y avoir en Pannonie une action décisive entre l'empereur Théodose et le tyran Maxime, il fit partir Isidore, son homme de confiance, avec des lettres accompagnées de présents pour celui des deux qui serait le vainqueur : mais Isidore étant arrivé à Rome se laissa voler par un lecteur de sa compagnie, qui dévoila le mystère, en rendant publiques ces lettres. Le député saisi de frayeur ne tarda pas à se rembarquer pour regagner Alexandrie. (Socrate, *Hist. Ecclés.*) Théophile, la même année, fit montre de son zèle, en excitant son peuple à détruire le fameux temple de Sérapis, dont la circonférence embrassait un vaste terrein, et que Marcellin donne pour le plus superbe monument d'architecture après le Capitole. De toutes les idoles qu'il renfermait, le prélat ne conserva que celle du singe, pour montrer aux générations futures que tels étaient les ridicules objets du culte des Egyptiens. Plusieurs chrétiens devinrent en cette occasion les victimes de la fureur des Idolâtres, et l'empereur défendit qu'on recherchât ceux qui leur avaient procuré la couronne du martyre. Dix ans après, Théophile partagea la gloire, avec saint Jean Chrysostôme, d'éteindre le grand schisme d'Antioche, en réconciliant Flavien avec le saint siége. Jusqu'alors il avait paru favorable à la doctrine d'Origène. Mais il changea entièrement à cet égard, et poursuivit à outrance les Origènistes. De ce nombre étaient les moines de Nitrie, dont plusieurs attribuaient par simplicité une forme humaine à Dieu ; ce qui les fit nommer Antropomorphites. L'évêque d'Alexandrie les chassa à main armée de leurs retraites, et les obligea même à vider l'Egypte. Quelques-uns d'entre eux (c'étaient les plus éclairés) s'étant réfugiés à Constantinople, il trouva fort mauvais que saint Chrysostôme les eût

reçus ; et de là cette haine qu'il fit éclater depuis contre ce grand homme, dont il était d'ailleurs jaloux. Théophile néanmoins dans le même concile où il le fit condamner, rendit la paix à ces fugitifs, sans exiger d'eux aucune rétractation. (Socrate, Sozomène.) Le pape Innocent, instruit de l'injuste déposition de saint Chrysostôme et de ses suites, suspendit Théophile de sa communion, jusqu'à ce qu'il eût rétabli sa mémoire dans les diptiques. Mais l'orgueil de l'évêque d'Alexandrie ne put jamais s'abaisser à cette humiliante démarche. Il mourut, séparé du saint siége, le 18 de paophi (15 octobre) de l'an 412. Dans ses derniers moments il s'écria, suivant Pallade : « Que vous êtes heureux, Arsène, d'avoir toujours eu cette » heure présente à l'esprit ! » Cet Arsène était celui qui, après avoir été précepteur des enfants de Théodose, s'était consacré à Dieu dans la solitude. (*Voyez* saint Chrysostôme.)

XXIV. S. CYRILLE.

412. CYRILLE, neveu de Théophile, fut élu le 18 octobre, après de vives contestations touchant son successeur, et reçut la consécration le 23 du même mois. A l'exemple de son oncle, il ne se borna pas aux fonctions spirituelles, et voulut se mêler aussi de la police d'Alexandrie, ce qui le commit avec le préfet Oreste, magistrat fort jaloux de son autorité. Le peuple, dans leur querelle, prit le parti de son évêque ; et, s'imaginant que la célèbre Hypatie excitait Oreste, il mit en pièces, dans une sédition, cette fille, l'honneur de son sexe, non moins recommandable, quoique païenne, par la pureté de ses mœurs que par ses talents et l'étendue de son savoir. Ce malheur, que la calomnie osa imputer au prélat, est de l'an 415. Deux ans après, vaincu par les remontrances d'Atticus de Constantinople et de saint Isidore de Péluse, il consentit enfin à placer le nom de saint Chrysostôme dans les diptiques de son église. Il y était d'autant plus obligé, qu'il avait concouru, l'an 403, à sa condamnation dans le concile du Chêne, où il avait accompagné son oncle. C'est une faute qu'il couvrit dans la suite par les grands services qu'il rendit à la religion. Lorsque l'hérésie de Nestorius s'éleva, Cyrille parut divinement suscité pour terrasser ce monstre. Ce fut lui qui la dénonça au saint siége, et que le pape Célestin chargea de ses pouvoirs, l'an 430, pour en contraindre l'auteur par les voies de droit à se rétracter. En vertu de cette commission, Cyrille somma juridiquement Nestorius, par une lettre synodale, de souscrire douze anathématismes qu'il y avait joints pour les opposer à autant d'erreurs qu'il avait remarquées dans ses écrits. L'hérésiarque répondit en lui rendant

anathèmes pour anathèmes. La dispute s'échauffant de plus en plus, et les esprits se partageant suivant leurs dispositions, il fallut en venir à un concile général pour la décider. L'empereur Théodore II l'indiqua l'an 431 à Éphèse; et l'évêque d'Alexandrie y présida tant en son nom qu'en celui du pape. Il fut l'âme comme le chef de cette assemblée, et eut besoin de toute sa fermeté pour repousser les divers assauts qu'on lui livra. D'un côté, traversé par la cour, dont les officiers, abusant de la faiblesse de l'empereur, protégeaient hautement Nestorius; de l'autre, attaqué par un de ses collègues (Jean d'Antioche) qui, sous prétexte qu'on avait procédé sans l'avoir attendu, opposait concile à concile, quelle issue pouvait-il humainement envisager, sinon le triomphe de l'erreur? Sa patience néanmoins, soutenue par la foi, surmonta ces obstacles et les fit tourner à l'avantage de la cause qu'il défendait. L'empereur, désabusé par ses soins, confirma la sentence de déposition qu'il avait rendue contre Nestorius; obligea les évêques du parti de Jean d'Antioche d'y souscrire; cassa leur conciliabule, et les renvoya chacun dans leur diocèse. Saint Cyrille étant rentré le 30 octobre dans Alexandrie, y fut reçu avec les applaudissements qu'il méritait. La fermentation des esprits n'y était cependant pas entièrement calmée. Il vint à bout par ses insinuations de ramener les dyscoles à des sentiments de paix. Il eut même l'avantage, en 433, de se réconcilier avec les prélats qui l'avaient condamné à Éphèse. Depuis ce tems, il ne travailla plus qu'à édifier son peuple, au milieu duquel il mourut le 3 du mois épiphi, 27 juin de l'an 444, avec la gloire de l'un des plus saints évêques et des plus généreux défenseurs de la foi. Les fruits de sa plume sont nombreux. Ils ont été donnés, en 638, par Jean Aubert, chanoine de Laon, avec la traduction en six vol. in-fol.

XXV. DIOSCORE.

444. Dioscore, archidiacre de l'église d'Alexandrie, en devint le pasteur après la mort de saint Cyrille. L'an 449, il présida au concile d'Éphèse, assemblé pour l'examen de la doctrine d'Eutychès. Les violences qu'il y exerça firent tourner cette assemblée en brigandage. L'an 451, étant à Nicée, où l'empereur avait convoqué d'abord un nouveau concile général, il força dix évêques de sa dépendance à prononcer une sentence d'excommunication contre le pape saint Léon. Excommunié lui-même au concile de Calcédoine, tenu la même année, il fut exilé l'année suivante par ordre de l'empereur, à Gangres, où il mourut l'an 454, le 4 du mois thoth, ou le premier septembre,

sans donner aucune marque de repentir. Son episcopat est l'époque du renversement de la religion en Egypte. Sous l'appui de ce prélat frénétique, l'hérésie d'Eutychès y jeta de si profondes racines, que depuis 1300 ans, ni les saints évêques qui ont, par intervalle, occupé ce grand siége, ni les révolutions funestes qui ont plusieurs fois changé la face de l'Egypte, n'ont pu l'en arracher. (Le Beau.)

XXVI. PROTÉRIUS. TIMOTHÉE ÉLURE, *intrus*.

451. PROTÉRIUS, archiprêtre de l'église d'Alexandrie, fut élu pour succéder à Dioscore. L'an 452, il envoya, suivant l'usage, sa lettre synodique au pape saint Léon. Elle satisfit pleinement le pontife, qui le félicita sur la pureté de sa foi, par sa réponse du 10 mars 454. L'an 457, nouveaux troubles dans l'église d'Alexandrie, occasionnés par le prêtre Timothée et le diacre Pierre Monge. L'empereur Marcien les ayant bannis l'un et l'autre à cause de leur attachement à Dioscore, ils reviennent après la mort de ce prince. Le premier, au moyen d'une fourberie qui lui mérita le surnom d'Élure ou de Chat, réussit à se faire sacrer patriarche d'Alexandrie par deux évêques. Pour consommer le crime de son intrusion, il fait massacrer Protérius, avec six autres personnes, dans le baptistère de son église, le vendredi-saint, 29 mars de la même année 457. Timothée, suivant Elmacin, resta maître du siége d'Alexandrie jusqu'en 460, qu'il fut chassé par l'empereur Léon.

XXVII. TIMOTHÉE SOLOFACIOLE.

460. TIMOTHÉE SOLOFACIOLE, cinq mois après l'expulsion d'Élure, fut placé sur le siége d'Alexandrie. L'an 476, Élure, par la protection du tyran Basilique, revient de la Chersonèse, où l'empereur Léon l'avait relégué. A son arrivée, Solofaciole est obligé de se retirer à Canope. Élure persuade au tyran de condamner le concile de Calcédoine. L'an 477, le 7 de mésori, ou 31 juillet, il s'empoisonne, suivant Libérat, ou meurt de vieillesse, selon d'autres. Il est remarquable qu'Élure anathématisait également Eutychès et le concile de Calcédoine: le premier, parce qu'il niait que Jésus-Christ fut de même nature que nous; le concile, parce qu'il admettait deux natures en Jésus-Christ. Les Hérétiques lui substituèrent Pierre Monge, son archidiacre, que l'empereur Zénon fit chasser trente-six jours après son élection. L'an 482, mort de Timothée Solofaciole, vers le mois d'avril. Les écrivains orthodoxes lui reprochent un excès de complaisance envers les ennemis du concile de Calcédoine.

XXVIII. JEAN TALAIA.

482. JEAN TALAIA, prêtre de la congrégation de Tabenne, et économe de l'église de Saint-Jean d'Alexandrie, fut élu, par les Catholiques, pour succéder à Timothée Solofaciole. La lettre synodique qu'il écrivit à Acace, patriarche de Constantinople, pour lui faire part de son élection, s'étant égarée sur la route, ce prélat s'imagina qu'il ne lui en avait point adressé par mépris pour sa personne. Dans ce préjugé, il le fait chasser de son siége, et rétablit Pierre Monge vers le mois d'octobre 482. Jean Talaia se retire d'abord à Antioche, d'où, par le conseil du patriarche Calendion, il appelle à Rome et s'y rend. L'an 491, après la mort de Zénon, il part pour Constantinople dans l'espérance d'obtenir son rétablissement d'Anastase, successeur de ce prince, dont il était particulièrement connu. Le nouvel empereur le condamne au contraire à l'exil. Jean retourne à Rome. Le pape alors ne voyant plus de jour à son rétablissement, lui donné l'évêché de Nole, en Campanie. Jean Talaia, suivant Eutychius, ne tint le siége d'Alexandrie que six mois. Théophane dit qu'il l'occupa trois ans, en quoi il se trompe visiblement. (Tillemont, le Quien).

XXIX. PIERRE MONGE.

482. PIERRE MONGE, après l'expulsion de Jean Talaia demeure paisible possesseur du siége d'Alexandrie. Il reçoit l'hénotique de Zénon, comme il l'avait promis; mais il reçoit en même tems le concile de Calcédoine et le condamne ensuite. Les adversaires les plus ardents de ce concile, choqués de ses variations et de son attachement à l'hénotique, se séparent de sa communion. Ils furent appelés Acéphales parce qu'ils ne reconnaissaient pas de patriarche, et Sévériens, du nom de Sévère, leur chef. On peut voir dans MM. Fleuri et Tillemont le détail des persécutions que Pierre Monge fit aux Catholiques d'Egypte. Sa mort arriva l'an 490, le 2 ou le 4 du mois athyr, suivant Elmacin, c'est-à-dire le 29 ou 31 octobre.

XXX. ATHANASE II.

490. ATHANASE, surnommé par les uns CÉLITES, par les autres ABINAS, succéda à Pierre Monge. Il reçut l'hénotique de Zénon, et anathématisa le concile de Calcédoine. Mais le refus qu'il fit de rayer des diptiques le nom de son prédécesseur, empêcha les Acéphales de communiquer avec lui. Athanase

mourut un mardi 20 du mois thoth, ou 17 septembre de l'an 496. (Pagi.) M. Renaudot met sa mort à l'année suivante, et se trompe.

XXXI. JEAN II.

496. JEAN, surnommé HÉMULA, moine, prêtre et économe, est élevé sur le siége d'Alexandrie après la mort d'Athanase II. Il imita son prédécesseur dans l'acceptation de l'hénotique et la condamnation du concile de Calcédoine. Cependant il garda le silence sur ce dernier point dans les lettres synodiques qu'il écrivit aux patriarches. Jean mourut un vendredi 29 du mois d'avril de l'an 505. (Pagi.)

XXXII. JEAN III.

505. JEAN, surnomme NICÉOTE, succède à Jean II. Son aversion pour le concile de Calcédoine fut si grande, qu'il refusa de communiquer avec les trois autres patriarches d'Orient, parce qu'ils se contentaient de recevoir l'hénotique, sans s'expliquer sur ce concile. Les Acéphales demeurèrent pareillement séparés de sa communion, à cause de son respect pour la mémoire de Pierre Monge, qu'il refusa de flétrir. Néanmoins l'an 513, Sévère, leur chef, nouvellement élu patriarche d'Antioche, lui ayant envoyé sa lettre synodique, Jean ne fit point difficulté de communiquer avec lui. Mais leur réunion n'éteignit point le schisme des Acéphales. Jean mourut un lundi 27 du mois pachon, ou 22 de mai de l'an 517.

XXXIII. DIOSCORE II.

517. DIOSCORE, neveu de Timothée Elure, monta sur le siége d'Alexandrie le 22 mai 517, non sans de grands troubles; le jour même de la mort de Jean III, Il réunit à sa communion les Acéphales, en condamnant hautement le concile de Calcedoine, ainsi que la mémoire de Pierre Monge, sans néanmoins rejeter l'hénotique. Dioscore mourut le 8 octobre de l'an 519, comme le prouve le P. Pagi, et non le 14 du même mois de l'an 518, comme le marque le P. le Quien.

XXXIV. TIMOTHÉE III.

519. TIMOTHÉE remplaça, le 8 octobre 519, Dioscore II sur le siége d'Alexandrie. Ce fut encore un ennemi du concile de Calcédoine. Sévère, patriarche d'Antioche, chassé de son siége par l'empereur Justin, trouva un asile auprès de lui avec

Julien, évêque d'Halicarnasse, le compagnon de son erreur et de son exil. L'an 531, ces deux hôtes excitèrent de nouveaux troubles à Alexandrie par leur dispute sur la corruptibilité et l'incorruptibilité de la chair de Jésus-Christ avant sa résurrection. Sévère était pour la corruptibilité, Julien pour l'incorruptibilité. Les sectateurs de celui-ci furent nommés Incorrupticoles ou Phantasiastes. Du sentiment de Sévère, qui était le véritable, le diacre Thémistius inféra que Jésus-Christ avait ignoré quelque chose, et fonda la secte dite des Agnoëtes. Timothée pencha, tantôt pour Sévère, tantôt pour Julien. Sa mort est rapportée, par M. Renaudot et le P. le Quien, à l'an 535. Mais s'il est vrai, comme le dit Eutychius, qu'elle arriva un samedi 13 de machir, ou 7 de février, ce jour ne quadre qu'avec l'année 537, qui est effectivement celle qu'on voit marquée, pour cet événement, dans les Tables Chronologiques de Théophane.

XXXV. GAINAS, ou GAIEN.

537. Après la mort de Timothée il y eut deux partis dans l'église d'Alexandrie pour le choix de son successeur. Les uns élurent GAINAS, ou GAIEN ; les autres THÉODOSE : tous deux ennemis du concile de Calcédoine ; mais celui-ci était de la secte des Corrupticoles, et l'autre de celle des Phantasiastes. Le parti de Gainas étant le plus fort prévalut, et obligea Théodose à se retirer. Mais ce triomphe fut de peu de durée. Gainas, après cent trois jours de jouissance fut chassé le 22 mai 537, par ordre de l'impératrice Théodora, et envoyé en exil, d'abord à Carthage, et ensuite en Sardaigne. On ignore ce que dans la suite il devint.

XXXVI. THEODOSE.

537 THÉODOSE demeura seul possesseur du siège d'Alexandrie par l'exil de son rival. Mais peu de personnes voulurent communiquer avec lui. Les partisans de Gainas s'étant soulevés, l'eunuque Narcès entreprit de les réprimer ; et ne pouvant y réussir par la voix des armes, il prit le parti de livrer la ville aux flammes. L'an 538, au mois de novembre, Théodose, sur le refus qu'il fait à l'empereur de recevoir le concile de Calcédoine, est exilé près du Pont-Euxin, d'où il infecte de ses erreurs la cour et la ville de Constantinople. De sa secte naquirent les Trithéites, qui eurent pour chef le grammairien Jean Philopon ; et un autre parti opposé, qui confondait les trois personnes divines. Théodose mourut l'an 568.

XXXVII. PAUL.

538. Paul, l'un des abbés de Tabenne, est nommé sur la fin de 538 par l'empereur Justinien pour remplacer Théodose. Mennas, patriarche de Constantinople, l'ordonne quelques jours après en présence des apocrisiaires des autres patriarches. Paul continua sur son siége de professer la foi du concile de Calcédoine, dans laquelle il avait jusqu'alors vécu : mais sa conduite le déshonora. L'an 541, (Mansi.) Paul est déposé au concile de Gaza, pour crime d'homicide dont il est convaincu, et pour son attachement à l'Origénisme. De son tems les Monophysites, ou partisans de l'unité de nature en Jesus-Christ commencèrent d'être appelés Jacobites. Ce nom leur vint de Jacques Zanzale, dit Baradée, qui se qualifiait parmi eux d'évêque universel.

XXXVIII. ZOILE.

541. Zoile fut ordonné patriarche d'Alexandrie par le même concile qui avait déposé Paul. L'an 544, il souscrivit l'édit de Justinien contre Origène. Ce prince, l'an 551, le fait chasser de son siége le 14 juillet, parce qu'il refusait de condamner les trois chapitres. (Pagi.).

XXXIX. APOLLINAIRE.

551. Apollinaire, dans le mois d'août au plus tard, est mis sur le siége d'Alexandrie à la place de Zoile. Il assista, l'an 553, au cinquième concile général, dont il souscrivit les actes. La mort l'enleva vers la fin de la quatrième année de Justin le Jeune, c'est-à-dire l'an 569. L'année précédente, les Théodosiens, qu'on nommait spécialement Jacobites, ayant appris la mort de Théodose, leur patriarche, avaient élu pendant la nuit un certain Dorothée pour lui succéder. Celui-ci étant mort peu de jours après, ils s'accordèrent avec les Gaïanites pour lui substituer le moine Jean, que les derniers traitèrent ensuite avec indignité. Après lui Pierre fut élu par les Théodosiens, et mourut la même année qu'Apollinaire.

XL. JEAN IV, *catholique*. | DAMIEN, *jacobite*.

569. Jean fut élu patriarche d'Alexandrie par les Catholiques après la mort d'Apollinaire, et sacré à Constantinople par Jean,

Damien, moine d'Egypte, fut élu patriarche par les Jacobites d'Alexandrie, vers le même tems que Jean monta sur le patriarche de cette ville. Il fut attaché fermement à la foi catholique, et mourut l'an 579.

XLI. S. EULOGE, *catholique*.

580. EULOGE, prêtre et moine de l'église d'Antioche, fut substitué à Jean dans le siége d'Alexandrie. Ce prélat se rendit également recommandable par la pureté de sa foi et par celle de ses mœurs. Il combattit de vive voix et par écrit les Hérétiques, et maintint la concorde parmi les Catholiques. Saint Grégoire le Grand fut lié d'une étroite amitié avec lui. Euloge mourut l'an 607. Il avait composé divers ouvrages ascétiques et polémiques, dont il ne nous reste que quelques fragments dans Photius. Sa mémoire est honorée dans l'église le 13 septembre. (Pagi.)

XLII. THEOD. SCRIBON, *catholique*.

607. THÉODORE SCRIBON succéda à Saint Euloge. La Chronique d'Alexandrie nous apprend qu'il fut mis à mort l'an 609 par ses ennemis, c'est-à-dire vraisemblablement par les Hérétiques.

siége de cette église. Il précéda de deux ans saint Euloge au tombeau, étant mort le 2 juin de l'an 605. De son tems les Acéphales n'ayant plus que quatre prêtres sans évêque de leur secte, ceux de la partie orientale de l'Egypte délibérèrent entre eux de prendre l'ancien des quatre pour en faire un évêque, afin que la secte ne pérît point. Mais les Acéphales de la partie occidentale ayant appris qu'on agissait ainsi sans leur participation, ils en furent indignés, firent un évêque de leur côté ; ce qui produisit un schisme dans la secte.

ANASTASE, *jacobite*.

605. Le prêtre ANASTASE succéda à Damien. Il réconcilia les Jacobites d'Alexandrie avec ceux d'Orient dont ils étaient séparés, à cause du Trithéisme de Pierre, patriarche Jacobite d'Antioche. Il mourut l'an 614.

ANDRONIC, *jacobite*.

614. ANDRONIC fut substitué par les Jacobites au patriarche Anastase. Il cessa de vivre l'an 620. (Renaudot.)

XLIII. SAINT JEAN L'AUMONIER.

609. JEAN, que sa grande charité a fait surnommer l'AUMONIER, fut placé sur le siége d'Alexandrie après la mort de Théodore Scribon. Il était natif d'Amathonte, en Chypre, fils d'Epiphane, gouverneur de l'île, et avait été marié. Devenu veuf sans enfants, il se donna tout entier au soin des pauvres. On l'élut patriarche malgré lui. Sa charité redoubla dans ce

poste éminent, et produisit des effets presqu'incroyables. L'an 613, les habitants de Palestine, obligés de fuir devant Chosroès, maître de leurs pays, vinrent chercher une retraite en Egypte. Le saint prélat les reçut comme ses ouailles, et pourvut à tous leurs besoins. Son zèle ne se borna point à ces secours temporels, il fut égal, et plus grand encore pour le salut des âmes. Plusieurs hérétiques, par ses soins, rentrèrent dans le sein de l'église. Il instruisit assidûment son peuple; il extirpa la simonie de son clergé. L'an 616, les Perses s'étant emparés de l'Egypte, Jean se réfugia dans l'île de Chypre, où il mourut le 11 novembre de la même année. (Pagi.) Le Quien met sa mort en 620.

XLIV. GEORGES, *catholique*.

616. GEORGES monta sur le siége d'Alexandrie dans un tems où cette église gémissait sous la domination des Perses. On ne connaît point d'autres traits de sa Vie, sinon qu'il est auteur d'une vie de saint Jean Chrysostôme. Sa mort est marquée à l'an 630 de Jésus-Christ.

XLV. CYRUS, *melquite*.

630. CYRUS, évêque de Phasis en Colchide, fut nommé par l'empereur Héraclius pour remplir le siége d'Alexandrie après la mort du patriarche Georges. Ce choix fut l'effet des insinuations d'Anastase, patriarche jacobite d'Antioche. Cyrus avait été entraîné dans le Monothélisme par Sergius, patriarche de Constantinople. L'an 633, vers le mois de juin, il tient un concile, où il entreprend de réunir les Catholiques et les ennemis du concile de Calcédoine, à la faveur de cette doctrine. Les Jacobites se moquent de cette fausse réunion;

JEAN, *jacobite*.

620. JEAN fut substitué par les Jacobites théodosiens au patriarche Andronic, et mourut vers l'an 625.

BENJAMIM, *jacobite*.

625. BENJAMIN succéda, chez les Jacobites, au patriarche Jean. Il était, dit-on, d'une naissance distinguée, et avait d'abord embrassé la vie monastique. Lorsque Cyrus fut monté sur le siége d'Alexandrie, Benjamin se vit réduit à sortir de cette ville et à mener une vie errante dans l'Egypte et la Thébaïde. Mais aussitôt que les Sarrasins, secondés par ses intrigues, eurent fait la conquête de ce pays, il reparut et obtint du général Amrou une charte de pleine sécurité pour tous les Cophtes: c'est ainsi qu'on nommait dès lors les Egyptiens naturels, qui tous étaient Jacobites. Ce nom leur vint de la ville de Coptos, dans la Thébaïde, où la plupart d'entre eux

les bons catholiques en gémissent. Le moine *Sophrone* la combat de vive voix et par écrit. L'an 640, Cyrus est cité à la cour impériale comme coupable d'avoir livré l'Egypte aux Sarrasins. Il se purge de cette accusation, et néanmoins il est mis à la torture. L'an 641, il est renvoyé à son église, où il meurt l'an 643. (Pagi, le Quien.)

XLVI. PIERRE, *melquite.*

643. PIERRE succède à Cyrus, et adopte son erreur. Il est compris dans les anathèmes que le pape Martin lança l'an 649, au concile de Latran, contre les chefs du Monothélisme. L'an 653, voyant les Jacobites maîtres de toutes les églises d'Alexandrie et d'Egypte, sous la protection des Sarrasins, ils aban- se réfugièrent à l'arrivée des Musulmans. Les Grecs établis en Egypte suivaient au contraire la religion de l'empereur, et on les nommait, par cet raison, Melquites, c'est-à-dire royalistes. Benjamin, après la retraite de Pierre, patriarche melquite, en 653, resta seul en possession de l'église d'Alexandrie et de toutes ses dépendances jusqu'à sa mort, arrivée, suivant Elmacin, l'an 40 de l'Hégire, le 8 de tybi, 377 de l'ère des Martyrs, selon les Cophtes; ce qui revient au 3 janvier de l'an 661. Ce fut lui qui pervertit l'église d'Ethiopie, par la prédication d'un évêque et de quelques autres ecclésiastiques qu'il envoya sur les lieux, et qui réussirent à y faire adopter les erreurs des Jacobites.

donne son siége et se retire à Constantinople. L'Egypte, depuis lui, fut sans patriarche melquite l'espace de soixante-quatorze ans.

XLVIII. AGATHON, *jacobite.*

L'an 661. AGATHON, prêtre et disciple de Benjamin, fut élu par les Jacobites pour lui succéder. Les Gaïanites, toujours séparés des Théodosiens, lui donnèrent beaucoup d'exercice par leur mouvements. Il eut aussi beaucoup à souffrir de la part d'un certain Théodose de Calcédoine, à qui le prince Yesid, fils du calife Moavia, avait accordé toute autorité sur les chrétiens d'Alexandrie, de la Mareote et des lieux voisins. Ce Théodose, zélé catholique, rançonna le patriarche jacobite, et le persécuta de manière qu'il n'osait plus sortir de son monastère. Agathon mourut le 16 octobre 677.

XLIX. JEAN III, dit SEMNUDÉE, *jacobite.*

677. JEAN SEMNUDÉE, prêtre et archimandrite, fut mis sur le siége d'Alexandrie après la mort d'Agathon, qui l'avait demandé pour son successeur. Ayant manqué d'aller saluer Abdala

Aziz, lorsqu'il vint prendre possession du gouvernement d'Egypte, il fut déféré à cet emir par Théophane melquite, qui avait succédé au crédit de Théodose, son beau-frère, comme un rebelle qui avait accumulé de grandes richesses. Abdal-Aziz, sur cette délation, lui manda de lui apporter cent mille écus d'or, et pour l'y contraindre, il le fit mettre en prison sous la garde d'un homme barbare qui s'appliquait chaque jour à le tourmenter. Mais l'impuissance où il était de payer cette somme ayant été reconnue, on se réduisit à cnquante mille deniers d'or, que les Jacobites, employés auprès d'Abdal-Aziz, donnèrent pour délivrer leur patriarche. Les écrivains de sa secte disent qu'il fit rebâtir l'église de Saint-Marc, qu'il acquit plusieurs fonds à son patriarcat, et qu'il vit entrer dans sa communion un grand nombre de melquites ; ce qui lui était d'autant plus facile, que les Melquites n'avaient point alors d'évêques. De son tems (l'an 680) se tint le sixième concile général. Pierre, vicaire général du patriarcat d'Alexandrie pour les Melquites, se rendit à cette assemblée dont il souscrivit toutes les définitions. Les Melquites d'Alexandrie renoncèrent dès-lors au monothélisme dont ils avaient été imbus par le patriarche Cyrus. A l'égard du patriarche Jean, il mourut le premier du mois cohéac de l'an 403 de l'ère des Martyrs, (27 novembre de l'an de Jésus-Christ 686, et de l'hégire 67. Le Quien.)

L. ISAAC, *jacobite.*

686. ISAAC, désigné par Jean Semnudée pour son successeur, fut placé sur le siège d'Alexandrie par ordre d'Abdal-Aziz, gouverneur d'Egypte, à l'exclusion du diacre Georges, que les évêques et le peuple avaient élu. Peu de tems après, accusé devant ce gouverneur d'avoir écrit aux rois d'Ethiopie et de Nubie pour les réconcilier, il fut sur le point d'être condamné comme traître à l'état. Il mourut, suivant Elmacin, l'an 69 de l'Hégire (de Jésus-Christ 688 ou 689). De son tems Abdal-Aziz, contre la coutume de ses prédécesseurs, se mit à persécuter les Chrétiens; ordonnant de briser toutes les croix, et d'afficher aux portes des églises cette inscription : *Mahomet le Grand apôtre de Dieu. Jésus-Christ, apôtre de Dieu. Et Dieu n'engendre, ni n'est engendré.*

LI. SIMON, *jacobite.*

689. SIMON, né en Syrie, et moine du monastère où Sévère était inhumé, fut nommé par le gouverneur, Abdal-Aziz, à la demande d'un parti, pour remplir le siège d'Alexandrie. Telle fut l'issue des débats qui s'élevèrent sur le successeur du pa-

triarche Isaac. Simon tint un concile auquel assistèrent quelques melquites et quelques gaïanites. On y traita de certains chrétiens qui renvoyaient leurs femmes sans cause légitime, et en épousaient d'autres. Simon termina ses jours le 24 d'épiphi de l'an 416 de l'ère des Martyrs, ou 18 juillet de l an de J. C. 700. Après sa mort le siège d'Alexandrie demeura vacant l'espace de 3 ans, ou selon d'autres de cinq ans.

LII. ALEXANDRE, *jacobite*,

703 ou 705. ALEXANDRE, moine du Mont de Nitrie, fut élu pour remplacer le patriarche Simon. Les persécutions que les Mahométans firent aux Chrétiens sous son pontificat, le réduisirent à un tel excès de pauvreté, qu'il fut obligé de se servir de calices de verre pour les saints mystères, après avoir vendu toute l'argenterie de son église. Dans le cours de ses visites patriarcales, il réunit à sa communion les Agnoëtes, et plusieurs des gaïanites. Il mourut, suivant Elmacin, le 9 de tybi de l'ère des Martyrs 442, ou 4 janvier de l'an de J. C. 726.

LIII. COSME I, *jacobite*.

726. COSME, moine de S. Macaire, succéda, malgré lui, au patriarche Alexandre. La durée de son gouvernement fut courte. Il mourut, suivant Elmacin, le dernier jour de payni de l'an 443 de l'ère des Martyrs, ou 24 juin de l'an 727 de J. C.

LIV. COSME, *melquite*.

727. COSME fut élu patriarche des Melquites après la mort de Cosme le jacobite. Son métier était, suivant Eutychius, de faire des aiguilles. Le calife Hescham lui fit rendre la principale église d'Alexandrie. Il était infecté du Monothélisme au commencement de son pontificat. Mais l'an 742, il abjura cette hérésie avec tout son peuple. Cosme fut un des grands défenseurs du culte des saintes Images. On n'est pas bien assuré de l'année de sa mort. Mais le P. Pagi conjecture, avec assez

THÉODORE, *jacobite*.

727. THÉODORE, moine de la Maréote, monta sur le siège des Jacobites en même tems que Cosme fut élu patriarche des Melquites. Il mourut, suivant M. Renaudot, le premier février 738.

CHAIL I, *jacobite*.

CHAÏL, ou MICHEL, moine de S. Macaire, fut substitué par les Jacobites à leur patriarche Théodore, après une vacance de près de cinq ans. M. Renaudot prouve que son de vraisemblance, qu'il cessa de vivre l'an 775.

ordination date du 14 septembre de l'an 743. Le même auteur met sa mort en 766, le 16 de phaménoth., ou 12 mars.

MINAS, *jacobite.*

MINAS, ou MENNAS, fut le successeur de Chaïl. Le diacre PIERRE vint à bout, par ses calomnies auprès du calife, de le faire déposer, et de se faire mettre à sa place, qu'il occupa durant trois ans. Minas remonta ensuite sur son siège, et mourut l'an 775, le dernier jour du mois de cohéac, ou 26 décembre.

LV. POLITIEN, *melquite.*

775. POLITIEN, ou BALATHIEN, et non Athanase, comme le suppose le P. Pagi, succéda au patriarche Cosme. Il exerçait la médecine. Ayant guéri d'une grande maladie une des femmes du calife Haroun, il obtint un ordre de ce prince pour obliger les Jacobites à rendre plusieurs églises aux Melquites. Le P. le Quien place sa mort en l'an 801.

LVI. EUSTATHE, *melquite.*

801. EUSTATHE, supérieur du monastère d'Alkosair, monta sur le siège d'Alexandrie après la mort de Politien, et mourut l'an 805.

LVII. CHRISTOPHE, *melquite.*

805. CHRISTOPHE devint le successeur d'Eustathe. Peu de tems après son élection, il

JEAN IV, *jacobite.*

775. JEAN, prêtre et moine de S. Macaire, remplaça Minas parmi les Jacobites. Les suffrages étant divisés, son élection se fit par le sort : usage qui subsiste encore aujourd'hui chez les Cophtes. Il mourut le 16 du mois tybi, ou 11 janvier de l'an 799.

MARC I, *jacobite.*

799. MARC, successeur de Jean, reçut l'ordination le 2 machir, ou 27 janvier 799. Il mourut l'an 535 de l'ère des Martyrs, 819 de Jésus-Christ. Le siège des Jacobites vaqua sept ans après sa mort.

JACOB, *jacobite.*

826. JACOB, moine et prêtre de saint Macaire, succéda au patriarche Marc. Ayant été accusé d'un meurtre auprès du gou-

tomba dans une paralysie qui l'obligea de prendre un évêque nommé Pierre, pour faire ses fonctions. Sa mort arriva l'an 836.

LVIII. SOPHRONE I, *catholique.*

836. SOPHRONE, qu'Eutychius qualifie d'homme sage et de philosophe, fut élu par les Catholiques pour remplacer Christophe. De son tems, le calife Mothawakel défendit aux Chrétiens de monter à cheval, leur ordonna de se distinguer des Musulmans par leurs habits, et chercha à les avilir en différentes manières. Sophrone écrivit à l'empereur Théophile en faveur des saintes Images. Il prit la défense de saint Ignace, patriarche de Constantinople, contre Photius. Le P. le Quien rapporte sa mort à l'an 859, et donne de bonnes preuves de cette époque. Vers la fin du patriarcat de Sophrone, le gouverneur d'Egypte renouvela la persécution contre les Chrétiens, et voulut même les empêcher de célébrer les saints mystères.

verneur Macaire, il courut risque de perdre la vie. Jacob mourut, suivant M. Renaudot, l'an 836.

SIMÉON, *jacobite.*

836. SIMÉON, moine et diacre, fut ordonné patriarche d'Alexandrie par les Jacobites le 17 du mois cohéac de l'an 836. Il mourut l'année suivante, 837, le 3 de paophi, ou 30 septembre.

JUCAB, *jacobite.*

JUCAB, ou JOSEPH, succéda à Siméon. Sa mort arriva dans la douzième année de son patriarcat, le 23 de paophi, ou 20 octobre de l'an 537 de l'ère des Martyrs, suivant Elmacin, 850 de J. C. Jacob, dans les dernières années de sa vie, eut beaucoup à souffrir de la part de Molek-ebn-Nasser, gouverneur d'Egypte, qui le fit mettre en prison, et le tourmenta cruellement pour tirer de lui une somme d'argent.

CHAIL II, *jacobite.*

850. CHAÏL II, successeur de Jucab, dont il avait été syncelle, fut ordonné le 24 athyr, ou 20 novembre de l'an 850, et mourut le 22 pharmouthi, ou 17 avril de l'année suivante.

COSME II, *jacobite.*

851. COSME II, diacre de l'église de Saint-Macaire, qui remplaça Chaïl, fut ordonné le 14 épiphi, ou 8 juillet 851. Après un gouvernement de huit ans, il mourut le 21 athyr, ou 17 novembre de l'an 859. (Le Quien.)

LIX. MICHEL I, *melquite.*

859. MICHEL fut élevé l'an 859 sur le siége d'Alexandrie, vacant par la mort de Sophrone. L'an 869, il envoya Joseph, son archidiacre, au huitième concile général dont il approuva les actes. Le P. le Quien place sa mort avec assez de vraisemblance vers la fin de l'an 871.

LX. MICHEL II, *melquite.*

872. MICHEL II fut substitué par les Catholiques au patriarche Michel I. L'an 879, le prêtre Cosme, envoyé de sa part au conciliabule de Constantinople pour le rétablissement de Photius, désavoua tout ce que le prêtre Joseph avait fait au huitième concile général contre cet usurpateur ; en quoi il fut approuvé par celui qu'il représentait. Eutychius dit que Michel mourut un dimanche, sixième jour avant la fin du mois de ramadhan de l'an 292 de l'Hégire ; mais le 25 de ramadhan de cette année ne tombait pas un dimanche. Ce pourrait être plutôt le 25 du mois redgiab, qui tombait effectivement cette année 292 de l'Hégire (de Jésus-Christ 905), un dimanche. (Ici nous observerons une fois pour toutes qu'Eutychius souvent se trompe pour les jours auxquels il rapporte ses dates.

LXI. CHRISTODULE, *melquite.*

908. CHRISTODULE, natif d'Alep, remplit le siége patriarcal des Melquites, après trois ans de vacance. Ayant été d'abord ordonné à Jérusalem par le patriarche Elie, les Alexandrins voulurent que son ordination fut répétée dans son église ; et elle le fut en effet le

SANUT I, *jacobite.*

860. SANUT, élu successeur de Cosme, fut ordonné le 13 de tybi, ou 8 janvier de l'an 860, et non 859, comme le marque le P. le Quien d'après M. Renaudot. Il mourut, suivant le dernier, le 17 avril de l'an de J. C. 881, Sanut eut beaucoup à souffrir des Musulmans.

CHAIL III, *jacobite.*

881. CHAÏL, IIIe du nom, fut le successeur de Sanut. Il mourut le 23 de machir, ou 17 février de l'an de Jésus-Christ 907. La mort fut suivie d'une vacance de 6 ans.

GABRIEL, *jacobite.*

913. GABRIEL fut élu patriarche des Jacobites le 5 février de l'an 913. L'opinion commune met son décès en 923. Mais il paraît qu'il s'accorde mieux avec l'an 920.

COSME III, *jacobite.*

920. COSME III, successeur

4 de ramadhan de l'an 295 de l'Hégire, (8 juin de l'an 908 de Jésus-Christ.) Il mourut l'an 320 de l'Hégire, le onzième jour avant la fin de cette année, c'est-à-dire le 21 décembre de l'an de Jésus-Christ 933. Ces dates sont tirées d'Eutychius qui suit.

LXII. EUTYCHIUS, *melquite*.

934. EUTYCHIUS, nommé en arabe SAID BEN BATRIK, né l'an 876 au Caire, en Égypte, fut placé sur le siége d'Alexandrie le 8 février 934. C'est lui qui est auteur des Annales Arabiques qui portent son nom. On lui attribue d'autres ouvrages de théologie et de médecine, deux parties où il était fort versé. Comme la plupart de ses diocésains étaient jacobites, il eut avec eux de grands démêlés. Mais Alschscid, qui gouvernait pour lors l'Égypte en souverain, exigea de ceux-ci de si grandes sommes d'argent, et leur fit souffrir tant d'avanies, qu'il les mit d'accord avec le patriarche, et les fit assembler dans la même église. (d'Herbelot.) Eutychius cessa de vivre le 12 mai 940. Depuis lui on n'a plus une suite constante des patriarches melquites d'Alexandrie.

LXIII. SOPHRONE II, LXIV. ISAAC, LXV. JOB, *melquites*.

940. SOPHRONE II, ISAAC et JOB, dont on ne sait que les noms, occupèrent successivement le siége des Melquites d'Alexandrie après la mort d'Eutychius.

de Gabriel, donna un métropolitain aux Abyssins, qui en manquaient depuis long-tems, et dont le roi faisait les fonctions sacerdotales pendant la vacance. Cosme mourut le 27 janvier 934.

MACAIRE I, *jacobite*.

934. MACAIRE I, moine du Val-Habid, fut élu par les Jacobites pour succéder au patriarche Cosme III. Après son ordination il se retira d'Alexandrie, à l'exemple de ses prédécesseurs, Gabriel et Cosme III. La misère l'obligeait, comme eux, de prendre ce parti, Chaïl III ayant aliéné les biens de son église pour satisfaire aux taxes dont les gouverneurs musulmans l'avaient chargé. Il mourut le 24 de phaménoth, de l'ère des Martyrs 669, (20 mars de l'an de Jésus-Christ 953.)

THEOPHANE, *jacobite*.

953. THÉOPHANE fut donné par les Jacobites pour successeur à Macaire. Il mourut le 10 de cohéac de l'ère des Martyrs 675 (6 décembre de l'an de Jésus-Christ 958.) Les historiens cophtes disent qu'ayant été possédé du démon, il fut étouffé par les évêques et les

LXVI. ELIE, *melquite*.

ELIE occupait le siége patriarcal des Melquites en 968. C'est tout ce que l'on sait de ce prélat.

MINAS II, *jacobite*.

958. MINAS II, moine de Saint-Macaire, succéda chez les Cophtes au patriarche Théophane. Il fallut l'enchaîner pour le tirer de sa retraite, et le porter sur son siége. Il mourut le 15 athyr de l'an des Martyrs 694, ou 11 novembre de l'an de Jésus-Christ 977.

EPHREM, *jacobite*.

977. EPHREM, marchand syrien, se trouvant en Egypte à la mort de Minas II, fut élu pour lui succéder. Ce fut sa grande charité envers les pauvres qui attira les regards des Cophtes sur lui. Il était jacobite, et avait si peu d'envie d'être patriarche, qu'il fallut lui faire la même violence qu'à son prédécesseur pour l'introniser. Sévère, évêque d'Aschumin, auteur d'une Histoire des patriarches d'Alexandrie, et d'autres écrits, vivait de son tems. Ephrem mourut l'an 981, empoisonné, dit-on, par un chrétien, secrétaire du divan, qu'il avait retranché de la communion à cause de ses crimes.

PHILOTHÉE, *jacobite*.

981. PHILOTHÉE, moine de Saint-Macaire, successeur d'Ephrem, tint le siége depuis 981 jusqu'en 1005, époque de sa mort. C'est le même qui est nommé Philopon dans l'Histoire Saracenique, par une faute du manuscrit qu'avait Erpenius sous les yeux. Les historiens cophtes le représentent comme un homme perdu de débauches. Cependant il est loué comme un apôtre dans la Synaxaire des Ethiopiens. C'est parce qu'il avait ordonné un métropolitain pour cette église, qui manquait d'évêque et de prêtres depuis soixante-dix ans.

LXVII. ARSENE, *melquite*.

ARSÈNE fut nommé patriarche des Melquites par Aziz, son beau-frère, calife d'Egypte. Il était frère de Jérémie, qu'Aziz éleva pareillement sur le siége de Jérusalem. On ne peut

ZACHARIE, *jacobite*.

1005. ZACHARIE, économe de l'église de Saint-Michel, fut élu par les Jacobites pour succéder à Philothée. L'an 1009, le calife Hakem, auprès duquel on l'accusa de s'enrichir par rien dire sur le tems de son patriarcat, sinon qu'il commença au plutôt en 984. des voies simoniaques, le fit mettre en prison. Relâché l'année suivante, il se retira dans le désert de Saint-Macaire, où il passa neuf ans. Pendant son absence, le calife exerça de grandes violences sur les Chrétiens d'Egypte. Zacharie revint ensuite au Caire, où il paraît qu'il fit sa résidence. On rapporte sa mort à l'an 424 de l'Hégire, 748 de l'ère des Martyrs, 1032 de Jésus-Christ.

LXVIII. GEORGES ou THEOPHILE, *melquite*.

GEORGES fut le successeur d'Arsène parmi les Melquites, suivant les catalogues envoyés du Caire au P. le Quien. Ce savant croit qu'il est le même que THÉOPHILE dont parle Dosithée, patriarche de Jérusalem. L'an 1019, selon ce dernier, Théophile, patriarche d'Alexandrie, fut choisi par l'empereur Basile, pour arbitre d'un différent qui était entre lui et Sergius, patriarche de Constantinople. On ignore le tems de sa mort.

LXIX. LEONCE, LXX. JEAN, *melquites*.

LÉONCE est marqué à la suite du patriarche melquite Georges dans les catalogues dont nous avons parlé; et après lui vient JEAN, qui n'est pas mieux connu.

LXXI. SABAS, *melquite*.

SABAS fut donné pour successeur au patriarche Jean par les Melquites. C'est tout ce qu'on en sait.

SANUT II, *jacobite*.

1032. SANUT, moine et prêtre de Saint-Macaire, fut substitué par les Jacobites au patriarche Zacharie. Il se déshonora par la simonie qu'il exerça sans pudeur, en vendant les ordinations. Sa mort est marquée au 2 athyr de l'ère des Martyrs 763, (29 octobre de l'an de J. C. 1047.) Michel, continuateur de l'Histoire de Sévère, et dans la suite évêque de Tanis l'assista dans ses derniers moments.

CHRISTODULE, *jacobite*.

1047. CHRISTODULE, moine du Val-Habib, fut élu par les Jacobites pour succéder à Sanut. Le P. le Quien rapporte sa mort au 10 décembre 1077.

CYRILLE, *jacobite*.

1078. CYRILLE, moine de Saint-Macaire, fut mis par les Jacobites sur le siége patriarcal après deux mois de vacance. Il extirpa la simonie, il donna aux Ethiopiens pour métropolitain un jeune homme appelé Sévère, recommandable par son savoir. Celui-ci l'ayant averti que les Ethiopiens pratiquaient la polygamie, Cyrille leur envoya une constitution par laquelle il proscrivait cet abus. La mort de ce patriarche arriva le 6 juin de l'an de J. C. 1092.

LXXII. THEODOSE, *melquite*.

Théodose vient après Sabas dans le catalogue qui sert de guide au P. le Quien. Le nom de ce prélat est tout ce qui reste de sa mémoire.

CHAIL VI. *jacobite*.

1092. Chaïl IV, ou Michel fut substitué par les Jacobites le 9 octobre 1092 au patriarche Cyrille. Il donna aux Abyssins un métropolitain ou abuna, dans la personne de Grégoire, moine de Saint-Macaire. La conduite de celui-ci fut si déréglée, qu'il se fit chasser du pays. Elmacin raconte que du tems du patriarche Michel, les eaux du Nil étant fort basses, et l'Egypte menacée d'une stérilité, le calife Mostanser l'envoya vers le roi d'Ethiopie pour le prier de lever les écluses : ce qui lui fut accordé. Elmacin ne marque pas l'année où ceci arriva. M. Huet (*Hist. du Com.*, p. 326.) dit que ce fut l'an 482 de l'Hégire, qu'il rapporte à l'an 1104 de J. C. Il devait le rapporter à l'an 1089. Mais alors Michel n'était pas encore patriarche. Michel termina ses jours le 25 mai de l'an 1102.

LXXIII. CYRILLE II, *melquite*.

Cyrille II est placé immédiatement après Théodose, par le P. le Quien, dans la liste des patriarches melquites d'Alexandrie. Il était savant, et surtout versé dans la médecine. Mais on n'a aucun indice pour marquer ni le commencement ni la fin de son patriarcat.

LXXIV. EULOGE II, *melquite*.

Euloge II, était assis sur la chaire patriarcale des melquites vers l'an 1120. On a de lui, dans la bibliothèque de Médicis, un traité contre l'hérésie des

MACAIRE II, *jacobite*.

1103. Macaire II, prêtre et moine, fut élu, le 9 de novembre 1103, patriarche des Cophtes ou Jacobites. Elmacin donne pour époque de sa mort le 25 de cohéac de l'an 845 des Martyrs, (21 décembre de l'an de J. C. 1128.)

GABRIEL II, *jacobite*.

1131. Gabriel II, moine de Saint-Macaire, fut ordonné le 3 février 1131 patriarche des Jacobites, après que le siége eut vaqué deux ans et deux mois. Il retourna ensuite au monastère de Saint-Macaire, pour y être proclamé de nouveau suivant

Bogomiles. C'est le seul endroit par où ce patriarche soit connu. l'usage. Là, il fit en ces termes la confession de foi que les patriarches cophtes ont coutume de prononcer avant la communion : *Je crois et confesse que ceci est le corps que Jésus-Christ, Notre Seigneur et notre sauveur, a reçu de la Vierge Marie, sa sainte mère, et qu'il a rendu un avec sa divinité.* Les moines, scandalisés de ces dernières paroles, *qu'il a rendu un avec sa divinité*, l'obligèrent d'ajouter, *sans division, mélange ni confusion.* Mais les églises de Sahid, ou de la haute Egypte et de la Thébaïde, ont retenu sans addition la confession de foi de Gabriel. Sa mort arriva le 5 avril de l'an 1146.

CHAIL V, *jacobite*.

1146. CHAÏL, ou MICHEL, V^e. du nom, diacre, succéda au patriarche Gabriel le 29 juillet 1146, et mourut au mois d'avril de l'année suivante.

JEAN V, *jacobite*.

1147. JEAN V, diacre du monastère de Saint-Jean, succéda, le 25 août 1147, à Chaïl. Son gouvernement fit des mécontents, et il fut cité devant le visir, comme abusant de son autorité. Tandis qu'on instruisait le procès, ayant osé faire battre devant lui un de ses accusateurs, il fut mis en prison par ordre du magistrat, qui prit de là occasion de maltraiter les Chrétiens. Le patriarche Jean recouvra sa liberté quelque tems après, et mourut le 4 du mois pachon de l'an 883 des Martyrs, (29 avril de l'an 1167 de Jésus-Christ).

LXXV. SOPHRONE III, LXXVI. ELIE, *melquites*.

SOPHRONE III, patriarche meltique d'Alexandrie, fut, suivant Jean Cinname, du nombre des prélats qui assistèrent, l'an 1161, aux noces de l'empereur Manuel Comnène et de Marie d'Antioche. Il mourut au plus tard en 1180.

ELIE, successeur de Sophrone, occupait le siége d'Alexandrie en 1180. On ne sait point le tems de sa mort.

MARC II, *jacobite*.

1167. MARC II, fils de Zaara, fut substitué par les Cophtes, au patriarche Jean. Il abolit la confession auriculaire, et à cette pratique, il en substitua une autre, qui consistait à se confesser à Dieu, pendant que le prêtre ou le diacre faisait les encensements. Le moine Marc, fils d'Elkombar, s'éleva fortement contre cette superstition, soutenant qu'on ne pouvait obtenir la rémission des péchés, qu'en les confessant à un prêtre, et en accomplissant la pénitence marquée par les canons. Les historiens cophtes disent beaucoup de mal de ce Marc, fils d'Elkombar; mais ils conviennent qu'il avait de l'éloquence et de l'érudition. Ses déclamations lui attirèrent un grand nombre de cophtes, qui venaient se confesser à lui. Il blâmait aussi la conduite du patriarche, en ce qu'il tolérait la circoncision, pourvu qu'on la reçût avant le baptême. Le patriarche, irrité de cette liberté, l'excommunia; mais il ne put venir à bout de lui imposer silence. A la fin, se voyant poursuivi par le patriarche et les laïques de sa communion, il passa dans le parti des Melquites, et confessa les deux natures et les deux volontés en Jésus-Christ. Le patriarche Marc cessa de vivre le 6 du mois tybi de l'an 1305 des Martyrs (premier janvier de l'an 1189 de Jésus-Christ). La Chronique Orientale le représente comme un homme livré à la bonne chère, et lui fait un crime d'avoir fait servir de la chair sur sa table. C'est que l'usage parmi les Cophtes, était que le patriarche et les évêques, quoique tirés du clergé séculier, observassent la vie monastique, parce qu'avant que de les sacrer évêques, on les ordonnait archimandrites.

LXXVII. MARC II, *melquite*.

MARC II succéda, chez les Melquites (on ne peut dire en quelle année) au patriarche Élie. L'an de l'Incarnation, suivant les Alexandrins, 1203, indiction XIII, c'est-à-dire, l'an 1195, suivant notre calcul, il consulta Théodore Balsamon sur plusieurs points de la lithurgie de son église. Il vint ensuite à Constantinople, où on lui fit adopter les rits des Grecs. C'est à quoi se réduit tout ce qu'on sait de lui.

JEAN VI, *jacobite*.

1189. JEAN VI, nommé auparavant Abulmeged, moine de Saint-Macaire, dans la Vallée d'Habib, fils d'Abulgared, riche marchand syrien, succéda chez les Cophtes, le 5 février 1189, au patriarche Marc. Sous son gouvernement un moine apostat du couvent de Saint-Macaire, accusa devant le sultan Adel ses confrères d'avoir un trésor caché dans un puits. Sur ce récit, le prince ayant ordonné une recherche, on ne trouva dans le puits d'autre trésor que les vases sacrés qu'on y avait enfouis. Ils furent apportés au Caire; mais Abuchaker ayant représenté au sultan que ces mêmes vases, sur une semblable calomnie, ayant été apportés à Saladin, il avait ordonné de les rendre; Adel se fit un devoir d'imiter cette générosité. Le patriarche Jean, accompagné de son clergé et des plus notables de son peuple, alla les recevoir en pompe, et les ayant enfermés dans des espèces de châsses, il les fit entourer de cierges allumés, et les rapporta ainsi sur le dos d'un chameau dans l'église de Misr. Car tel est le respect des Orientaux pour l'Eucharistie, qui ne se borne pas à l'adoration des saints mystères; mais ils honorent, par le luminaire des cierges et par des processions, les vases mêmes destinés à contenir le corps et le sang de Notre-Seigneur. Les Ethiopiens, sous le règne du sultan Kamel, ayant député au patriarche Jean pour demander un métropolitain, le prélat leur envoya Kilus, évêque de Fua, qui fut reçu par l'empereur d'Ethiopie avec de grands honneurs et richement doté. Mais quatre ans après, (l'an 1210 de Jésus-Christ) Kilus s'en revint en Egypte pour de mauvais traitements qu'il s'était attirés; Jean le déposa, et nomma un autre métropolitain à sa place. On voit par-là et par d'autres traits, que l'église d'Ethiopie était entièrement dans la dépendance du siége d'Alexandrie. Le patriarche Jean mourut le 12 du mois tybi de l'an 932 des Martyrs, ou le 7 janvier de l'an 1216 de Jésus-Christ. Les électeurs ne pouvant s'accorder sur le choix d'un sujet, le siége patriarcal des Jacobites demeura vacant pendant vingt années.

LXXVIII. NICOLAS Ier. *melquite.*

Nicolas Ier. fut, suivant toutes les apparences, le successeur immédiat de Marc II, patriarche des Melquites. L'an 1210, le pape Innocent III lui écrivit pour le féliciter sur son attachement à l'église romaine. L'an 1215, ne pouvant se rendre au concile général de Latran, il y députa pour lui un diacre qui était son frère ou son proche parent. (Nangis.) L'an 1223, Nicolas écrivit au pape Honorius III une lettre où il lui faisait le récit des malheurs du Christianisme en Egypte. On ignore l'année de sa mort.

LXXIX GRÉGOIRE I, LXXX. NICOLAS II, *melquites.*

Grégoire I fut donné par les Melquites pour successeur au patriarche Nicolas. Il fut remplacé par un autre Nicolas qui vivait en 1260. Celui-ci, selon Pachimère, se déclara pour Arsène, patriarche de Constantinople, que l'empereur Michel Paléologue avait fait

CYRILLE II, *jacobite.*

1235. Cyrille II, nommé auparavant David, fut placé sur le siége patriarcal des Cophtes, après une vacance de vingt ans. Il vendit les ordinations pour payer la somme qu'il avait promise au sultan Kamel, le promoteur de son élection. Ses déportements scandaleux animèrent contre lui son clergé, qui fut sur le point de le dé-

déposer l'an 1260. Il prit tellement à cœur les intérêts de ce prélat, qu'il refusa jusqu'à la mort de communiquer avec ceux qui avaient concouru à sa déposition.

poser. Il mourut avec le mépris de ses ouailles le 10 mars de 1243. Sa mort fut suivie d'une vacance d'environ huit ans.

ATHANASE, *jacobite.*

1250. ATHANASE fut élu patriarche des Jacobites l'an 1250. Il gouverna onze ans, un mois et vingt-six jours son église, et mourut le 1er. décembre de l'an 1261.

LXXXI. ATHANASE III, *melquite.*

ATHANASE III, moine du Mont-Sinaï, fut nommé dans Constantinople patriarche d'Alexandrie, immédiatement après la mort du patriarche Nicolas II. L'an 1275, il fut présent à l'intronisation de Veccus, patriarche de Constantinople, mais sans vouloir accéder à la réunion des Grecs et des Latins, dont cet événement était le fruit. L'an 1283, il présida au conciliabule de Constantinople, où Veccus fut déposé. La conduite qu'il tint à cette assemblée, fut celle d'un politique qui ne voulait point se déclarer. Dans le fond, il était attaché au schisme ; mais le besoin qu'il croyait avoir de se ménager entre les deux partis, l'obligeait à dissimuler. Ce fut par le même motif qu'il refusa de prendre part aux disputes sur la procession du Saint-Esprit. L'an 1308, l'empereur, mécontent de lui pour d'autres raisons, le chassa de Constantinople. Il parcourut ensuite la

JEAN VII, *jacobite.*

JEAN VII, dit ABOUSAID, fut élu à Misr, par un certain nombre de laïques, pour remplir le siége patriarcal des Jacobites ; mais un autre parti s'étant assemblé au Caire, élut Gabriel, neveu de l'évêque de Tamid. Pour prévenir un schisme, on eut recours, suivant l'usage, à la superstition du sort des saints. Le sort tomba sur Gabriel. Mais Jean, appuyé du sultan, prévalut, et fut ordonné le 6 du mois tybi de l'an 978 des Martyrs, ce qui revient au 1er. janvier 1262. Cet intrus jouit de son usurpation jusqu'en 1269, qu'il fut chassé.

GABRIEL III, *jacobite.*

1269. GABRIEL III, que Jean avait supplanté, fut mis à sa place le 29 octobre 1269. Il s'y maintint jusqu'au 1er. janvier 1271, que Jean fut rétabli par l'ordre du sultan. Gabriel ne survécut pas long-tems à sa destitution. Jean mourut l'an 1293.

Grèce, où il eut diverses avantures, et de là revint à son église. On ignore l'année de sa mort.

THEODOSE II, *jacobite*.

1294. THEODOSE II, successeur de Jean VII, fut ordonné le 4 juillet 1294. Il descendit de son siége au tombeau le 5 de tybi de l'an 1016 des Martyrs; ce qui revient au 31 décembre 1299, et non à l'an 1300, comme le marque le P. le Quien, l'année des Martyrs commençant quatre mois avant celle de l'Incarnation.

JEAN VIII, *jacobite*.

1300. JEAN VIII, du nom, remplaça, chez les Jacobites, Théodose, le 8 février de l'an 1300. Il mourut l'an 1321.

LXXXII. GREGOIRE II, *melquite*.

GRÉGOIRE II, dont on ne connaît que le nom, fut substitué, par les Melquites, à leur patriarche Athanase, suivant Nicéphore Calliste.

JEAN IX, *jacobite*.

1321. JEAN IX fut donné, par les Jacobites, pour successeur à Jean VIII. Son ordination se fit le 28 septembre 1321. Dans le cours de son gouvernement, il eut la douleur de voir toutes les églises du Caire et de Misr, ou Misraïm, détruites par les Musulmans. Sa mort est marquée au 27 mars 1326.

LXXXIII GREGOIRE III, *melquite*.

GRÉGOIRE, III du nom, succéda, parmi les Melquites, à Grégoire II. Il siégeait vers l'an 1360.

BENJAMIN II, *jacobite*.

1327. BENJAMIN II fut substitué par les Jacobites, l'an 1327, au patriarche Jean IX. La mort l'enleva l'an 1339.

PIERRE, *jacobite*.

1340. PIERRE succéda au patriarche Benjamin, et fut ordonné l'an 1340. Il termina sa carrière l'an 1348.

MARC III, *jacobite*

1348. MARC III monta sur le siége patriarcal des Jacobites après la mort de Pierre. Son gouvernement fut très-orageux, par les persécutions que les Sarrasins renouvelèrent, l'an 1352, contre les Chrétiens. Marc sortit de ce monde l'an 1363. Après sa mort, les Cophtes furent sans patriarche l'espace de deux ans, peut-être à cause de la persécution qui durait toujours contre les Chrétiens.

LXXXIV. NIPHON,
melquite.

Niphon était patriarche des Melquites en 1367, comme il paraît par une lettre du pape Urbain V, écrite cette année aux trois patriarches d'Alexandrie, de Constantinople et de Jérusalem, en réponse à celle qu'il avait reçue d'eux touchant la réconciliation de l'église grecque avec l'église latine.

LXXXV. MARC II, *melquite.*

Marc II fut substitué, par les Melquites, au patriarche Niphon. Les anciens monuments historiques ne nous apprennent absolument rien sur sa personne.

LXXXVI. NICOLAS III,
LXXXVII. GREGOIRE IV,
melquites.

Nicolas III vient à la suite de Marc, dans le Catalogue des patriarches melquites d'Alexandrie, et après lui Gregoire IV. On ne connaît que leurs noms.

LXXXVIII. PHILOTHEE II,
melquite.

Philothée II, du tems du concile de Florence (l'an 1439) occupait le siége patriarcal des Melquites d'Alexandrie. Il fut représenté, dans cette assemblée, par Antoine, évêque

JEAN X,
jacobite.

1365. Jean X, surnommé Damascène, du nom de sa patrie, fut placé, l'an 1365, sur le siége patriarcal des Jacobites. On ignore l'année de sa mort.

GABRIEL IV,
jacobite.

Gabriel IV, archimandrite du monastère de Moharrak, fut élu par les Jacobites pour succéder au patriarche Jean X. Sa mort se rapporte à l'an 1376.

MATHIEU I,
jacobite.

1376. Mathieu I remplaça, l'an 1376, Gabriel IV sur le siége des Jacobites. On ne sait point l'année de sa mort.

GABRIEL V,
jacobite.

Gabriel V, qui fut le successeur de Mathieu, corrigea le Sacramentaire de son église en 1427. L'année de sa mort est incertaine.

d'Héraclée, qui en souscrivit les actes. le patriarche désavoua depuis cette souscription, et fut un des plus opposés à la réunion des deux églises. On ignore l'année de sa mort.

LXXXIX. ATHANASE IV,
melquite.

ATHANASE IV, qui n'est connu que par son nom, fut élu patriarche des Melquites après la mort de Philothée.

XC. MARC III,
melquite,

MARC III fut le successeur du patriarche Athanase chez les Melquites. Il est aussi peu connu que son prédécesseur.

XCI. PHILOTHÉE III,
XCII. GRÉGOIRE V,
melquites.

PHILOTHÉE III, ou THÉOPHILE, occupait le siége des Melquites en 1523, comme il paraît par une lettre qu'il écrivit au pape Adrien VI; lettre dans laquelle il le reconnaissait pour souverain pontife, et se soumettait à sa juridiction. GRÉGOIRE V, dont on ne sait que le nom, fut son successeur.

XCIII. JOACHIM I,
melquite.

JOACHIM I était patriarche des melquites d'Alexandrie l'an 1561. Il l'était encore en 1565. On le voit par l'acte d'appel que

JEAN XI,
DIT DE MAKO,
jacobite.

JEAN XI était, en 1430, patriarche des Jacobites. L'an 1438 il donna un métropolitain, ou abuna, aux Abyssins. L'an 1440, il envoya au pape Eugène l'abbé André, avec une lettre en réponse aux invitations que le P. Albert, cordelier, lui avait faites de la part du pape, de se réunir à l'église romaine. André vint trouver le pontife à Florence après le départ des Grecs. On ne sait point le succès de cette entrevue.

MATHIEU II,
jacobite.

MATHIEU II fut mis, par les Jacobites, à la place du patriarche Jean XI. Il tenait le siége en 1454. Mathieu, disent les Bollandistes, fut le dernier qui consacra le saint Chrême jusqu'en 1703.

GABRIEL VI,
jacobite.

GABRIEL VI, chez les Jacobites, remplaça le patriarche Mathieu.

CHAIL VI,
jacobite.

CHAÏL VI, ou MICHEL, monta sur le siége des Jacobites après Gabriel.

Joasaph II, patriarche de Constantinople, déposé cette année, interjeta au tribunal des trois autres patriarches, à la tête desquels Joachim d'Alexandrie est nommé.

JEAN XII,
JEAN XIII,
jacobites.

JEAN XII, ou YUNES NÉKADDI, devint patriarche des Jacobites après la mort de Michel. Il eut pour successeur JEAN, natif de Misr. (Le Quien.)

XCIV. SYLVESTRE,
melquite.

SYLVESTRE avait remplacé, l'an 1574, le patriarche melquite Joachim. L'an 1578, il assista au synode de Jérusalem, où Germain, patriarche de cette église, donna sa démission. L'an 1585, il tint, avec le patriarche d'Antioche, un concile, où l'on anathématisa Pachome, usurpateur du siége de Constantinople.

XCV. MELECE PIGA,
meltique.

MÉLÈCE, surnommé PIGA, natif de l'île de Candie, fut élu patriarche des Melquites d'Alexandrie après Sylvestre. Il avait fait ses études à Padoue, en Italie. De là, il s'était rendu à Constantinople, dont le patriarche l'avait fait exarque, c'est-à-dire comme official de son église.

GABRIEL VII, *jacobite.*

GABRIEL MONSCHARI fut le successeur du patriarche jacobite Jean XIII. Le pape Pie IV, qui tint le S. siége depuis 1559 jusqu'en 1566, lui députa l'évêque Ambroise et le jésuite Christophe Roderic, pour l'engager à rentrer dans la communion romaine, comme il l'avait fait espérer par deux lettres. Mais le rusé patriarche rendit inutile cette députation par ses défaites et sa mauvaise foi.

JEAN XIV, *jacobite.*

JEAN DE MONT-FALLUT était patriarche des Jacobites du tems de Sylvestre. Le pape Grégoire XIII lui écrivit pour l'inviter à se soumettre au saint siège. On ignore la réponse de ce prélat, et l'année de sa mort.

Ayant passé en Égypte, il devint proto-syncelle du patriarche Sylvestre, et enfin lui succéda. L'an 1593, il assista, avec les trois autres patriarches, au concile de Constantinople, où l'on confirma les droits patriarcaux accordés par Jérémie, patriarche de cette église, à l'archevêque de Moscow. L'an 1593 ou 1594, il écrivit deux lettres, dans chacune desquelles il établit clairement la doctrine de la *Transubstantiation*. L'an 1595, usant du droit de son siége, il prit soin de l'église de Constantinople du-

rant l'exil du patriarche Mathieu, et après la courte durée de ses
deux successeurs, Gabriel et Théophane. Mélèce fut un des plus
fougueux adversaires de l'église latine. Il composa contre elle
divers ouvrages également remplis de fiel et d'érudition. L'année de sa mort est incertaine. On a de ses Homélies à la Bibliothèque du Roi.

XCVI. CYRILLE LUCAR, melquite.

CYRILLE LUCAR, crétois ou candiot, succéda, parmi les meltiques, au patriarche Mélèce. Ce prélat, après avoir pris soin de son éducation, l'avait élevé au sacerdoce. Cyrille vint ensuite perfectionner ses études à Padoue. De retour en Egypte, il fut envoyé dans les îles de l'Archipel, pour y faire des quê- tes au nom de Mélèce. Il passa de là en Saxe, où il souscrivit

GABRIEL VIII, *jacobite*.

GABRIEL VIII du nom, fut mis par les Jacobites à la place de Jean XIV. L'an 1594, il écrivit au pape Clément VIII, et chargea de sa lettre Barsus, archidiacre de son église, avec des prêtres et des moines. Ces députés étant à Rome, souscri- virent en son nom, le 15 jan- vier 1595, une profession de foi pleinement orthodoxe. Il mou- rut en 1602.

une profession de foi luthérienne, moyennant 500 écus d'or
qu'on lui donna. Avec cet argent, et le produit de ses quêtes,
il vint à bout de se faire adjuger le patriarcat d'Alexandrie après
la mort de Mélèce. L'an 1610, Néophyte, patriarche de Constantinople, ayant été exilé par les Turcs, Cyrille se rendit sur
les lieux pour gouverner cette église en son absence. A la mort
de Néophyte, il brigua pour lui succéder. Timothée lui ayant
été préféré, il ne cessa de tendre à ce rival des embûches, qui
aboutirent enfin à le faire chasser lui-même de Constantinople.
Il s'enfuit au Mont-Athos. Un ordre de l'etrangler, donné par
le grand-seigneur, le poursuivit dans cette retraite, et l'obligea d'en sortir. Il erra quelque tems en Grèce. Durant son absence, ses amis réussirent à faire sa paix avec le patriarche de
Constantinople. Celui-ci étant mort en 1621, Cyrille parvint à
le remplacer. (*Voyez* les Patriarches de Constantinople.)

XCVII. GÉRASIME, *meltique*.

1621. GÉRASIME SPARTA- LIOTE, natif de Candie, monta sur le siége des Melquites d'A- lexandrie, après la translation de Cyrille Lucar sur celui de

MARC IV, *jacobite*.

1602.* MARC, IV du nom, succéda, le 15 septembre 1602, à Gabriel, patriarche des Coph- tes. Il eut du zèle pour les rè- gles. L'évêque de Damiette,

Constantinople. L'an 1629, Antoine Léger, ministre de Genève, et Corneille de la Haye, ambassadeur des états-généraux à la Porte, lui écrivirent pour l'engager à s'unir de communion aux Calvinistes. Gérasime rejeta cette proposition avec horreur, malgré les offres séduisantes dont elle était accompagnée. C'est ce qu'on voit par sa réponse du 8 juillet de cette année, rapportée par Allatius. (*De perp. cons.*, *liv. III*, *chap. 8.*) Ce prélat était savant, et composa plusieurs ouvrages sur l'Ecriture-Sainte. L'an 1637, se voyant près de sa fin, il abdiqua pour se livrer entièrement à la retraite.

s'obstinant à vouloir favoriser la polygamie, Marc prit le parti de l'excommunier. Le prélat flétri se vengea de cet affront. L'an 1610, il fit déposer Marc par le bacha d'Egypte. sur des accusations graves qu'il avança contre lui. Marc était alors sur le point de se soumettre à l'église romaine.

XCVIII. MÉTROPHANE, *melquite*.

1637. MÉTROPHANE, premier syncelle du patriarche de Constantinople, fut tiré de cette église l'an 1637, pour être placé sur le siége d'Alexandrie. L'an 1638, il assista au concile de Constantinople, tenu contre les erreurs de Cyrille Lucar. Il approuva les actes de cette assemblée, et les souscrivit. On prétend néanmoins qu'ayant fait ses études en Angleterre, dans l'université d'Oxford, il en rapporta les erreurs des Protestants, qu'il introduisit dans l'église d'Alexandrie. C'est lui, ajoute-t-on, qui est auteur d'une confession de foi demi-luthérienne, publié à Helmstadt l'an 1661, sous le faux titre de *Confession de l'église Orientale*. Tout cela montre qu'on le confond (est-ce à tort ou non?) avec Métrophane Critopule, qui avait réellement étudié chez les Anglais et adopté leurs erreurs. Quoi qu'il en soit, le patriarche Métrophane mourut peu de tems après le concile dont on vient de parler, et avant le mois de mai de l'an 1638.

JEAN XV, *jacobite*.

1610. JEAN XV, surnommé par quelques-uns MELAUVAN, et par d'autres, JEAN DE SAINT-MACAIRE, fut le successeur de Marc. On ignore la durée de son gouvernement.

XCIX. NICÉPHORE, *melquite*.

1639. NICÉPHORE, qualifié de grand théologien, fut or-

MATHIEU III, *jacobite*.

MATHIEU III devint patriarche des Cophtes après la mort, ou l'abdication de Jean XV.

donné patriarche d'Alexandrie, pour les Melquites, à Constantinople le 29 mai 1639, et mourut l'an 1642.

C. JOANNICE, *melquite*.

1642. JOANNICE, métropolitain de Bérée, en Macédoine, fut transféré sur le siége d'Alexandrie après la mort du patriarche Nicéphore. L'an 1643, il souscrivit la lettre que Parthénius, patriarche de Constantinople, écrivit pour approuver la confession de foi qui parut cette année au nom de l'église orientale. Joannice eut de grands démêlés avec les moines sinaïtes ; il porta les choses au point de leur interdire la célébration des saints mystères dans leur monastère d'Alexandrie. Sa mort ne devança point l'an 1664.

CI. JOACHIM II, *melquite*.

1665. JOACHIM II, évêque de Cos, fut placé sur le siége d'Alexandrie par le crédit de Parthénius IV, patriarche de Constantinople. On le représente comme un mauvais prélat.

L'an 1637, il écrivit au pape Urbain VIII pour l'assurer de son obéissance envers le saint siége. Il mourut, suivant les apparences, l'an 1645.

MARC V, *jacobite*.

1645. MARC V, surnommé de BAHGUIRA, prêtre et moine de Saint-Antoine, fut élu par les Cophtes pour remplacer le patriarche Mathieu. Il gouverna quinze ans son église, et mourut l'an 1660.

MATHIEU IV, *jacobite*.

1660. MATHIEU DE MIR, moine de Sainte-Marie au désert, fut substitué par les Cophtes au patriarche Marc V. Il vivait encore en 1675.

JEAN XVI, *jacobite*.

1675. JEAN EL-TOUKI remplaça, au mois d'avril 1675, Mathieu de Mir dans le siége des Cophtes, qu'il occupa jusqu'au mois de juin de l'an 1718.

La suite des patriarches d'Alexandrie n'offre rien d'intéressant ; ce qui a déterminé les Bénédictins à la supprimer.

FIN DU TROISIÈME VOLUME.

TABLE DES MATIERES

CONTENUES

DANS CE VOLUME.

Suite de la Chronologie des Conciles. 1
Chronologie historique des Papes. 243
Chronologie historique des Patriarches d'Alexandrie 462